KB262861

한국 고대 복식

그 원형과 정체

박 선 희

지식산업사

책을 내면서

우리의 역사와 문화를 이해하는 데 복식은 매우 중요한 위치를 차지한다. 복식은 그것을 발생시킨 그 시대가 갖는 역사의 모든 인소들을 내포하기 때문이다. 복식은 정치적인 특성뿐만 아니라 사회와 경제적인 요소를 내포하며, 여기에는 그 시대 사람들의 정신적인 요구와 가치 기준까지도 함께 담겨 있다. 따라서 한민족의 복식은 오랜 역사와 그 가운데 자리 잡고 있던 한민족의 정서가 만들어낸 것이라 하겠다.

저자는 중국고대사를 전공하면서 고대의 한국과 중국 및 북방지역을 비교해왔다. 그 결과 한민족의 문화와 중국이나 북방지역의 문화는 발생 초기부터 서로 다른 특성을 지니고 있었음을 알 수 있었고, 그 높낮이에서 고대의 한국이 중국이나 북방지역보다 훨씬 우수한 수준에 있었음을 확인할 수 있었다. 그런데 그간 우리 복식에 관한 연구들을 대하면서 우리 복식의 원형이 중국이나 북방지역의 영향으로부터 이루어졌다는 내용에 매우 혼란을 느꼈고 큰 모순이 있음을 알게 되었다.

그래서 저자는 우리의 고대 복식을 중국이나 북방 계통으로 보는 가장 주요한 근거였던 임형(衽形)에 대해 종래의 잘못된 견해들이 갖는 모순을 검토하는 작업에서 출발하여 지난 3년 동안 한민족의 복식 전반에 걸쳐 그 원형을 복원하는 연구에 전념해왔다.

한민족의 복식이 갖는 고유한 원형은 한국의 고대사회, 특히 고조선에서 찾아야 한다고 생각한다. 즉, 고조선시대의 복식을 알지 못한다면 한민족의 복식을 바르게 인식할 수 없다. 따라서 저자는 이 책에서 바로 한민족의 고대 복식의 내용들 가운데 고조선시대로부터 지속되어온 고유한 형제(形制)들을 확인해보고자 노력했다.

우리는 흔히 한민족의 복식이 세계적인 우아함을 지녔다고 말한다. 그러나 이 같은 찬사와 자부심에 앞서 전통문화의 정체(正體)를 바르게 인식해야 할 필요가 있을 것이다. 또한 이 같은 한민족의 전통문화를 잘 지키고 발전시켜나가야 할 것이다. 그래야만 한민족은, 문화의 국경 없이 하나의 무대가 되어가는 국제화시대에, 외래문화와의 접촉을 통하여 더 창조적인 발전을 이룰 수 있을 것이다.

이 책은 여는 글, 제1부 고대 한국 복식의 재료, 제2부 고대 한국 복식의 원형, 제3부 고대 한국의 갑옷, 닫는 글, 이렇게 다섯 부분으로 나누어져 있다. 여는 글에서는 복식사 연구의 문제점과 중요성, 기본 사료와 그 이용 방법에 대해 서술했다. 제1부에서는 고대 한국 복식의 재료인 가죽·모직물·사직물·면직물·마직물과 관련하여 중국이나 북방지역과 비교·분석했고, 제2부에서는 고대 한국 복식의 원형을 모자, 웃옷과 겉옷의 여밈새, 웃옷과 겉옷, 아래옷, 허리띠, 신 등의 순서로 복원했다. 제3부에서는 고대 한국의 갑옷을 중국이나 북방지역의 것과 비교했다. 닫는 글에서는 본론에서 얻은 결론에 따라 고대 한국 복식이 갖는 특징만을 간략하게 정리했다.

위의 연구에서 단국대학교 윤내현 교수님의 《고조선 연구》와 《한국 열국사 연구》 두 책의 도움이 컸다. 그간의 세심한 가르침과 격려에 진심으로 감사를 드린다. 그리고 심한 불경기에도 불구하고 이 책을 출판해주신 지식산업사 김경희 사장님과 좋은 책을 꾸미도록 노력해주신 편집부 여러분께도 진심으로 감사를 드린다.

2002년 11월 자하교정 연구실에서
박선희(朴仙姬)

차례

제2부 고대 한국 복식의 원형

제3부 고대 한국의 갑옷

시작하며

1. 고대 한국 복식사 연구의 문제점과 중요성

그간 한국사는 연구와 서술이 주로 정치사 중심으로 편중되어 사회생활사에 대해서는 인식의 부족 현상을 가져왔다. 이는 사회생활사에서 중요한 위치를 차지하는 복식의 경우도 마찬가지이다. 고대 한국의 복식은 국가가 성립하기 이전부터 인류의 역사와 함께 기나긴 발전 과정을 거쳐왔음에도, 고대 복식에 관해서는 아주 적은 기록만이 남아 있거나 정치사에서 중요한 구실을 했던 소수 지배계층들의 복식에 대한 자료만이 일부 전할 뿐이다. 게다가 이들 자료마저 중국의 사서에 남아 있는 것이 대부분이다.

이 같은 상황은 그 동안 고대 한국 복식에 관한 연구가 충분하게 이루어지지 못했던 가장 큰 요인이었다고 할 수 있겠다. 또한 고대 한국 복식사 연구는 한민족의 사회와 문화의 원형을 지니고 있는 고조선시대부터 진행되어야 하는데, 그 동안 고조선의 역사에 대한 연구가 충분하게 이루어지지 않았던 것도 한 이유가 되었다. 그런 탓에 고대 복식사 연구는 삼국시대에서부터 시작되었고, 그 결과 한민족의 복식사 전체를 이해하는 데 많은 문제가 발생했다. 이 같은 문제의 발생은 다음과 같은 세 가지 인식 부족에 말미암은 것이다.

첫째, 고조선과 그 이전 사회의 복식 발전에 대한 연구와 이해의 부족이다.

근래의 고고발굴과 그 연구 결과에 따르면, 한반도와 만주에는 구석기시대부터 계속해서 사람들이 살고 있었고 신석기시대나 청동기시대에 주민들이 다른 곳으로부터 이주해 왔을 것이라는 견해가 성립될 수 없다는 사실이 밝혀지게 되었다. 또한 한반도와 만주의 신석기시대 시작 연대는 동아시아지역에서 가장 일찍이 문화가 전개된 것으로 알려진 중국의 황하유역의 서기 전 6000년경보다 이른 서기 전 8000년경인 것으로 밝혀졌다.

신석기시대부터 한민족은 가락바퀴로 뽑은 다양한 굵기의 실을 가지고 중국보다 앞서 수직식 직기로 직물을 생산했으며, 뼈바늘 등을 사용하여 옷을 만들어 입었다. 이후 청동기시대에 오면 물레의 개발로 실의 생산량이 늘어나고 질이 높아져 이전 시기보다 다양하고 수준 높은 직물을 생산하게 되었다. 그런데 청동기문화의 시작 연대를 보면, 고조선지역의 청동기문화는 서기 전 2500년경이고 중국의 황하유역은 서기 전 2200년경이며 고조선지역과 문화적으로 관련이 있는 시베리아의 카라수크문화는 서기 전 1200년경에 시작되었다. 따라서 고조선지역의 문화는 황하유역이나 시베리아지역으로부터 전달되었을 것이라는 견해는 성립될 수 없으며, 이는 직물 생산 기술의 경우에서도 마찬가지이다. 신석기시대로부터 청동기시대로 이어지는, 중국보다 앞선 이러한 직물 생산 기술은 이후 철기시대에 오면 더욱 큰 차이를 보인다. 고조선은 경사도가 낮은 요기(腰機)를 사용했고 중국에서는 경사도가 가파른 사직기(斜織機)를 사용했다. 이 같은 고대 한국과 중국의 직기 구조상의 차이는 고대 한국의 직물 생산이 독자적으로 진행되었음을 보여주며, 그 결과 고대 한민족은 동아시아에서 가장 섬세하고 우수한 직물들을 다양하게 생산했던 것이다. 이 같은 상황은 고조선의 철기 생산 시작 연대가 서기 전 13세기로 중국의 서기 전 8세기경에 비하여 훨씬 앞섰던 것에서 그 가능성을 찾아볼 수 있다.

고조선 사람들의 복식은 바로 동아시아에서 가장 우수한 직물 생산과 앞선 시작 연대를 갖는 높은 수준의 청동기와 철기 등의 금속 가공 기술이 기초가 되었음을 인식해야 할 것이다. 고조선은 서기 전 24~23세기경에 건국되어 서기 전 1세기경에 붕괴되었으므로, 약 2,300여 년에 걸쳐 존속하는 동안 우수한 복식 재료를 기초로 고대 중국이나 북방지역과는 다른 독자적인 한민족의 복식문화를 이루어나갔던 것이다. 그 결과 직물에서뿐만 아니라 갑옷이나 장신구 등에서 중국이나 북방지역에 큰 영향을 주었다.

그러므로 한국 고대 복식사 연구는 고조선시대보다 앞선 신석기시대로부터 고조선시대와 고조선 붕괴 이후 독립국이 된 여러 나라의 복식 모습까지 포함해서 그 원형이 복원되어야 할 것이다. 이 시기는 한국 복식사 연구의 출발점이 되어야 하며 마땅히 큰 비중으로 인식해야만 한다.

둘째, 복식발전의 시기 구분에 관한 잘못된 인식이다.

그간의 복식사 연구에서 가장 큰 문제점으로 지적될 수 있는 것은 신석기시대부터 고조선시대에 이르기까지의 시기와 고조선 붕괴 이후 각기 독립했던 여러나라 시기 및 이후 고구려·백제·신라·가야의 네 나라가 존재했던 시대가 구분되어 논의되지 못했다는 점이다. 이는 지난날 한국 사학계가 이 시기에 대한 연구를 충분히 축적하지 못했던 점에도 원인이 있다. 그러나 요즈음 역사

학계는 선사시대로부터 사국시대에 이르는 기간에 대한 문헌자료의 새로운 해석과 고고학의 새로운 발굴자료에 따라 상당히 많은 연구의 내용이 축적되었다. 따라서 복식사 연구에서도 이 같은 연구 내용을 수렴하여 새로운 시각에서 고대 복식에 관한 연구가 이루어져야 할 것이다.

지난날의 복식사 연구에서 삼국시대 이전의 역사에 대한 인식 부족은 고대 한국 복식 연구의 출발점을 일반적으로 삼국시대부터 잡게 되었다. 삼국시대는 그 초기부터 중국이나 북방 및 일본 등의 지역과 접촉이 활발했다. 그러므로 종래의 복식사 연구에서는 삼국시대에 사용된 복식의 재료와 양식은 당연히 중국이나 북방지역으로부터 수입되었거나 영향을 받았을 것이라는 선입관이 작용했던 것이다.

이같이 한국 복식사 연구의 출발점을 삼국시대부터로 잡은 것은 그 양식 변화에 따른 구분이라기보다는 일반 정치사 중심의 시대구분을 그대로 따른 것이었다. 그러나 복식의 변화와 발전이 역사 일반의 그것과 반드시 일치하는 것은 아니다. 복식은 왕조가 바뀌더라도 그 형식이 쉽게 변하지 않으며, 설사 외래적 요소가 더해진다 하더라도 그 기본 구조는 그대로 존속되는 것이다. 따라서 존속된 부분과 변화된 부분이 공존하게 된다. 그러므로 복식사의 시대구분은 복식 자체가 갖는 재료와 형제(形制) 및 내용 등의 변화가 기준이 되어야 할 것이다.

셋째, 종래의 고대 한국 복식사 연구에서는 그 시대의 한국과 중국 및 북방지역의 복식이 충분히 비교·분석되지 못한 상태에서 이루어졌다.

그간의 고대 한국 복식사 연구에서는 1947년에 출간된 이여성(李如星)의 《조선복식고(朝鮮服飾考)》의 내용이 비판과 분석 없이 금과옥조처럼 채택되었다. 그런데 《조선복식고》는 그 출판 시기가

해방 직후로서, 아직은 우리의 복식사 연구가 초보 단계일 때였
다. 이러한 사정 때문에, 선사시대부터 삼국시대에 이르기까지 중
국 및 북방지역 등의 복식과 비교를 해보지 않은 상태에서, 한민
족의 복식이 중국이나 북방지역의 영향을 받았을 것이라는 선입
관을 가지고 연구를 진행하는 잘못을 일으켰다.

근래의 연구 결과에 따르면, 고조선의 영역은 북경 근처에 있는
난하(灤河)유역과 갈석산(碣石山)지역을 중국과의 경계로 하여 지
금의 하북성(河北省) 동북부로부터 내몽고자치구 동부, 요령성 전
부, 길림성 전부, 흑룡강성 전부 및 한반도 전부를 그 영역으로
하고 있었음이 밝혀졌다. 그러므로 고대 한민족의 복식에 관한 연
구는 이 지역을 그 범위로 하고 중국 및 북방지역의 복식에 관한
문헌자료와 출토 유물이 비교·분석되어야 할 것이다.

이 같은 연구의 결과로 복원된 복식사는 고대 한민족의 생활사
를 풍부하게 해줄 뿐만 아니라 한민족의 정체와 문화 수준을 바
르게 아는 데도 크게 기여할 것이다. 복식은 주어진 자연환경과
사회환경에 적응하면서 그 속에서 표출된 그들의 욕구와 의식 및
가치관이 반영되어 만들어진 것이기 때문이다. 또한 복식의 재료
가 되는 직물과 금속 및 비금속 등에 대한 연구와 이를 생산하고
가공했던 도구들에 대한 연구는 당시의 경제 수준과 사회 수준을
구체적으로 이해하도록 해줄 것이다. 이렇게 볼 때 복식사 연구는
그 자체로서 큰 의미를 지닐 뿐만 아니라 그 시대의 정치·경제·
사회·문화를 이해하는 데도 크게 도움이 될 것이다.

2. 고대 한국 복식사 관계의 기본 사료와 이용 방법

고대 복식의 복원은 사료에 의존하게 된다. 그러므로 연구자가

채택한 사료의 객관성과 신빙성의 정도는 그 연구의 성패를 가름하게 된다. 사료에는 문헌사료와 고고자료가 있다.

고조선이 붕괴되자 여러 나라들 가운데 일부는 독립국을 세웠는데, 지금의 요하 동부 만주와 연해주 및 한반도에 동부여·읍루·고구려·동옥저·최씨낙랑국·동예·한 등의 나라가 섰고, 한에서 신라·백제·가야가 분열되어 나오고 대방국이 추가됨으로써 본격적으로 여러나라시대가 전개되었다. 이들 여러나라시대의 사회는 지역에 따라 약간의 차이를 보이기는 하지만, 고조선시대에 기초가 마련된 한민족의 복식이 그대로 계승되던 시기였다. 이러한 복식의 동일성은 고구려·백제·신라·가야의 사국시대를 거쳐 이후 삼국으로 이어진다. 삼국시대는 초기부터 중국이나 북방지역 및 일본 등과 접촉이 활발했다. 그런데 복식은 왕조가 바뀌더라도 그 기본 형제는 그대로 지속되면서 변화되는 부분과 공존하기 때문에 고대 한국 복식을 복원하기 위한 자료로는 삼국시대까지의 것을 부분적으로 활용할 필요가 있다.

고대 한국의 복식을 연구하는 데서 사료 채택에 신중을 기해야 하지만, 그것을 다루는 데서도 공정한 시각으로 분석하고 비판하는 작업을 거쳐 다시 종합해야 한다. 그러기 위해서는 복식에 관한 자료뿐만 아니라 일반 역사 연구에서 필요로 하는 자료까지도 검토할 필요가 있다. 또한 고대 한국의 복식을 복원하기 위해서는 그 시대의 중국이나 북방 등 주변 지역의 복식과 비교와 분석이 이루어져야 하므로 이들 주변 지역에 관한 사료도 검토되어야 한다.

삼국시대까지의 복식에 관한 문헌자료는 다음과 같다. 한국문헌으로는 《삼국사기(三國史記)》·《삼국유사(三國遺事)》·《제왕운기(帝王韻紀)》·《고려사(高麗史)》 등이 있고 외국문헌으로는 《시경(詩經)》·《상서(尙書)》·《춘추좌씨전(春秋左氏傳)》·《논어(論語)》·《맹자(孟子)》·《전국책(戰國策)》·《죽서기년(竹書紀年)》·《주례(周禮)》·《사기(史記)》·

《한서(漢書)》·《설문해자(說文解字)》·《동관한기(東觀漢記)》·《삼국지(三國志)》·《후한서(後漢書)》·《한관육종(漢官六種)》·《진서(晉書)》·《송서(宋書)》·《남제서(南齊書)》·《위서(魏書)》·《양서(梁書)》·《북제서(北齊書)》·《주서(周書)》·《남사(南史)》·《북사(北史)》·《수서(隋書)》·《구당서(舊唐書)》·《신당서(新唐書)》·《일본서기(日本書紀)》·《통전(通典)》·《당회요(唐會要)》·《서한회요(西漢會要)》·《문헌통고(文獻通考)》·《자치통감(資治通鑑)》·《방언(方言)》·《석명(釋名)》·《이아(爾雅)》·《위략(魏略)》·《진회요(秦會要)》·《풍속통의(風俗通儀)》·《한원(翰苑)》 등이 있다. 그러나 이들 사료들을 이용할 때 우리는 가치가 높은 사료를 선택하기 위하여 그것들을 평가하고 분석하고 비판하는 작업을 거쳐야 한다.

특히 복식에 관한 연구에서는 이들 사료들이 대부분 중국의 역사서라는 점에 주의해야 한다. 중국의 역사서에는 주변국들에 대한 기술에 공정하지 못한 내용이 많이 있기 때문이다. 중국의 역사는 사실상 변방 민족의 역사라고 할 만큼 끊임없는 종족적인 혼혈과 문화적인 혼합이 거듭되었다. 그런데도 중국인들은 주왕조(周王朝)의 예(禮) 질서에 편입되지 않은 종족이나 이민족을 문화 수준이 낮은 종족이나 민족으로 차별하는 '화이사상(華夷思想)'을 가지고 있었다.

이 '화이사상'은 중국 최초의 통일국가인 진(秦)·한(漢)시대로부터 그 뒤 새로운 황조가 세워질 때마다 주변 민족에 대한 중국의 정치적 영향력을 행사하는 지배 원리로서 강하게 작용했다. 즉, 중국인들은 고대부터 천하가 중국 천자의 지배를 받아야 한다는 천하사상(天下思想)을 정치사상의 근간으로 두어 주변국의 정치와 문화도 같은 연장선상에서 평가하고 기록했던 것이다. 그러한 생각은 중국 복식사에서도 작용하여, 주로 북방 계통 의복의 모습에서 나타나는 좌임(左衽)과 착수(窄袖) 등의 모습은 문화 수준이 낮은 북방 호복 계통에 따른 것이라는 주장을 하고 있고, 우임(右衽)과 광수(廣袖) 등은 중국 계통의 것이라고 구분하고 있다. 그러나 중국의 경우 상(商)왕조시대부터 춘추전국시대에 이르는 시기의 고유 복식과 함께 북방민족의 복식 형태가 큰 부분을 차지하며, 진·한제국시대에 복식제도 등을 중국식으로 제도화하면서 변화를 보이지만 여전히 북방민족 복식의 형태가 부분적으로 지속된다. 이후 양진남북조(兩晋南北朝)시대부터는 북방민족들의 복식인 고습(袴褶)이 유행하는 국면이 된다. 그러므로 우리는 중국의 문헌기록을 사료로 이용할 때 합리적이지 못한 부분을 제거하는 작업을 시도해야 하며 객관성과 공정성을 유지해야만 한다.

고대 한국 복식의 경우처럼 사료가 충분하지 못한 상황에서 기록으로 남아 있지 않은 부분을 연구하기 위해서는 고고학 자료가 매우 중요한 가치를 갖는다. 근래에는 고고발굴과 그 연구가 활발해져 고고학 자료가 급격하게 증가했기 때문에 고대 한민족의 복식을 복원하는 데 이러한 자료들이 충분히 수렴되어야 할 것이다. 그런데 고고학의 자료를 바르게 활용하기 위해서는 고조선시대부터 여러나라시대 이후 사국시대와 삼국시대의 지리 범위와 시간 범위가 확정되어야 한다. 그래야만 유적과 유물의 취급 범위가 결정될 수 있고 같은 시기의 중국이나 북방지역 또는 일본에서 출토된 유물들과 비교 및 분석이 가능해진다. 이 같은 유적과 유물 자료들은 문헌 사료를 뒷받침해줄 뿐만 아니라 문헌을 통하여 밝히지 못한 부분을 보완해주어 고대 한국 복식의 실상을 복원하는 데 크게 도움이 된다.

고고학자료를 해석하는 데는 주의해야 할 점이 있다. 그것은 고대 한국의 문화가 중국의 황하유역이나 시베리아지역으로부터 전달되었을 것이라는 선입관을 가져서는 안 된다는 점이다. 지난날, 한국 고고학이 아직 충분한 연구 수준에 이르지 못했던 시기에

학자들은 한국의 고대문화는 그 전개가 다른 지역보다 늦을 것으로 생각했다. 그러나 근래의 고고발굴과 그 연구 결과에 따르면, 고조선지역의 신석기시대 시작 연대는 중국의 황하유역보다 이르며 청동기문화와 철기문화의 시작 연대는 중국이나 시베리아지역보다 앞섰던 것으로 확인되었다. 그러므로 고조선지역의 복식문화가 황하유역이나 시베리아지역으로부터 영향을 받았을 것이라는 견해는 성립될 수가 없는 것이다.

그러므로 우리는 고대 복식의 비교연구에 관한 중국학자들과 일본학자들의 연구물을 대할 때 매우 주의해야 한다. 중국학자들은 오늘날 만주가 그들의 영토이기 때문에 그곳에 대한 고대로부터의 연고권을 주장하는 경향이 있다. 그들은 이 지역에서 출토되는, 고조선과 그 뒤를 이은 여러 나라의 고고자료에 대해서도 중국의 유물이라거나 이름 모를 북방민족의 것이라고 분류하는 경우가 많다. 일본 학자들은 전통적으로 고조선의 존재를 부인해왔고, 한국의 고대문화는 중국으로부터 영향을 받아 형성되었다고 주장해왔다. 오늘날의 일본학자들도 이러한 일본 학계의 전통을 이어받고 있다. 이 같은 중국과 일본 학계의 경향은 일반사 연구에서뿐만이 아니라 복식사 연구에도 그대로 드러나고 있는 것이다.

끝으로 강조하고 싶은 것은, 고대 한민족의 복식을 복원하기 위한 사료의 종합에서 의식의 전환이 필요하다는 점이다. 앞에서 말했듯이 문헌이나 고고학에서 얻은 사료들은 분석과 비판을 거쳐 종합되어야 하는데, 이때 한민족이 가지고 있는 환경과 특수성이 중요시되어야 한다. 종래에는 이러한 작업에서 중국이나 북방의 복식을 기준으로 하는 경우가 많았다. 그러나 한민족은 그들 나름의 자연환경과 사회환경에서 형성된 가치관과 문화의 특수성이 있으며, 이러한 환경과 특수성은 복식문화에도 그대로 반영되었을 것이기 때문이다.

제1부 고대 한국 복식의 재료

제1장 고대 한국의 가죽과 모직물

1. 여는 글

이 글은 고대 한국의 복식 재료 가운데 가죽과 모직이 중국이나 북방지역과 비교하여 어느 정도의 수준이었는지 밝히는 것을 목적으로 하고 있다.

고조선은 가죽에 대한 가공 기술이 매우 높았고, 모직도 중국이나 북방지역보다 그 직조 연대가 앞설 뿐만 아니라 그 기술 수준도 높았다.

모직과 관련된 문헌자료에 계(罽)·구유(氍毹)·구수(毬氀)·탑등(毾㲪)·탑등(氍毹)·장일(障日) 등이 보인다. 이들 자료로부터 복식사는 물론이고 일반사에서도 고대 한국에서 모직이 일찍부터 사용되었다고 받아들이고 있다. 그러나 이들 모직물이 고대 한국에서 직접 생산했다고 긍정적으로 보려고도 했지만,[1] 부정적인 견해[2] 역시 동

---

1) 李如星, 《朝鮮服飾考》, 白楊堂, 1947, pp.301~302. 이여성은 긍정적으로 보려다가 야생초면으로 만든 白氎을 모직물로 보려 하기도 했다.

반했다. 또 수입품이라고 하거나[3] 한민족이 직접 생산했다고 하더라도 그 기술은 외국으로부터 들여왔을 것이라는 견해[4]도 있다. 이러한 견해들은 모두 문헌자료와 상황만을 근거로 추리한 것일 뿐 고고자료들을 충분히 검토하지 않았다는 문제점을 지니고 있다.

고대 한국의 복식 재료에 관한 연구는 문헌자료가 충분하지 못하기 때문에 자연히 고고자료가 매우 중요하다. 고고자료는 또한 복식 연구에서 빼놓을 수 없는 가공 기술을 가늠할 수 있는 도구와 관련된 자료를 제공한다. 종래에는 이와 관련된 연구가 거의 이루어지지 않았기 때문에 더더욱 큰 관심을 갖지 않을 수 없다.

따라서 저자는 이 글에서 문헌자료와 함께 고고자료를 근거로 고조선의 가죽과 모직의 종류 및 그 생산과정에 대해 상세히 밝혀보고자 한다. 이 결과는 고대 한국 복식 연구의 기초가 될 것이며, 이로 말미암아 고대 한국의 경제사와 수공업사 및 대외관계사 등에도 새로운 의미가 부여되기를 기대한다.

2. 가죽의 종류와 가공품

고조선에서 생산했던 가죽은 크게 특수한 고급 가죽과 일반 가죽으로 분류할 수 있다. 높은 수준의 가공 기술로 아름답게 만들

---

2) 金東旭, 《百濟의 服飾》, 百濟文化開發研究院, 1985, pp.14~16.

3) 杉本正年 著·문광희 譯, 《동양복장사논고》 고대편, 경춘사, 1995, p.355 ; 李龍範, 〈海外貿易의 發展〉, 《한국사》 3, 국사편찬위원회, 탐구당, 1981, pp.516~517 ; 李龍範, 〈三國史記에 보이는 이슬람 商人의 貿易品〉, 李弘稙博士回甲紀念 《韓國史論叢》, 新丘文化社, 1969, pp.98~99 ; 鄭玩燮, 《織物의 起源과 交流》, 書景文化社, 1997, pp.113~124 ; 무함마드 깐수, 《新羅西域交流史》, 檀國大學校出版部, 1992, pp.252~256.

4) 朴南守, 《新羅手工業史》, 신서원, 1996, p.72 ; 閔吉子, 〈織物의 歷史〉, 《토프론》(Summer), 동양나일론, 1993, p.27.

어진 특수한 고급 가죽들은 품질이 우수하고 희귀하여 중국 등이
교역 상품으로 큰 관심을 가졌으며, 일반 가죽들은 그 종류가 다
양하고 양이 풍부하여 당시 일반 복식의 재료로 널리 쓰였다.

우선 특수한 고급 가죽의 종류와 중국 등과 거래된 무역상품을
알아보자.

《시경(詩經)》〈한혁(韓奕)〉편에는 다음의 시가 있다.

　　즐거운 한후(韓侯)의 땅이여, 냇물과 못물이 넘쳐흐르고, 방어와
연어가 큼직큼직하며, 암사슴 수사슴이 모여 우글거리고, 곰도 말곰
도 있으며 삵쾡이도 범도 있다.…… 비(貔)[5]의 가죽과 붉은 표범, 누
런 말곰 가죽 바치었도다.[6]

윤내현은 위의 시를 서주(西周) 선왕(宣王) 때(서기 전 828~782
년)의 것으로 보고, 고조선의 단군이 서주를 방문했을 때 환영했
던 내용이라고 보았다.[7] 이 시에는 고조선지역의 자연 환경이 매
우 풍요롭게 묘사되어 있다. 특히 사슴이 많았다는 것은 고조선지
역의 유적에서 사슴 뼈가 가장 많이 출토되는 것[8]과 부합된다.

---

5) 貔에 대해 《說文解字》에서는 "표범에 속하며 맥국에서 난다(豹屬, 出貉
國)"고 했고, 《爾雅》〈釋獸〉에서는 "貔白狐, 其子穀"의 注에서 "一名執, 夷虎
豹之屬"이라고 했으며, "陸機는 貔에 대해 貔는 호랑이 같다고 하고 혹은
곰 같기도 하다고 하고, 執夷 또는 白狐라고도 부르고, 遼東 사람들은 이를
白羆라고도 부른다(陸機疏云：貔似虎, 或曰似熊, 一名執夷, 一名白狐, 遼東人
謂之白羆)"고 했다. 윤내현은 貉(貊)이 지금의 遼西지역에 위치해 있었다고
했다(윤내현, 《고조선 연구》, 一志社, 1994, pp.451~454 참조).
6) 《詩經》〈大雅〉蕩之什 韓奕. "孔樂韓土, 川澤訏訏, 魴鱮甫甫, 麀鹿噳噳, 有
熊有羆, 有猫有虎.…… 獻其貔皮, 赤豹黃羆."
7) 윤내현은 이곳의 한후가 고조선의 최고 통치자인 단군을 중국식으로 부른
것으로서 단군은 중국의 제후가 아니라고 했다(尹乃鉉, 〈古朝鮮의 社會性格〉,
《韓國古代史新論》, 一志社, 1986, pp.156~162). 그리고 단군이 가지고 온 예
물을 공물로 표현하고 있지만, 단군이 중국의 제후가 아니기 때문에 수출
상품의 성격도 지녔다고 했다(윤내현, 《고조선 연구》, p.588).

중국 사람들이 고조선에서 나오는 비의 가죽과 붉은 표범 그리
고 누런 말곰 가죽 등에 큰 관심을 보이고 구입했던 것과 관련해
자료를 살펴보자.

《관자(管子)》 〈규도(揆道)〉편에는 제(齊)나라의 환공과 관중이
나눈 다음의 대화가 있다.

> 환공이 관자에게 묻기를, '내가 해내(海內)의 옥폐(玉幣)로 일곱
> 가지가 있다고 들었는데, 그것들에 대해서 들을 수 있겠는가'라고
> 했다. 관자가 대답하기를, '…… 음산(陰山)의 연민(礝碈)이 그 한
> 가지이고, 자산(紫山)의 백옥이 그 한 가지이고, 발(發)과 조선(朝
> 鮮)의 문피(文皮)가 그 한 가지이고, 여한(汝漢)의 황금이 그 한 가
> 지이고, 강양(江陽)의 주(珠)가 그 한 가지이고, 진명산(秦明山)의
> 증청(曾靑)이 그 한 가지'라고 했다.[9]

즉, 관중은 발과 조선의 특산물로 빛깔이 화려하고 무늬가 아름
다운 범과 표범류의 가죽인 문피(文皮)[10]를 일곱 가지 중요 특산물
가운데 세번째로 꼽았다. 《이아(爾雅)》 〈석지(釋地)〉에서는 동북에
있는 척산(斥山)의 문피가 가장 아름답다고 했다.[11] 척산은 지금 산
동반도의 동래군(東萊郡) 문등현(文登縣)에 있으며,[12] 영주(營州) 관

---

8) 김신규, 〈우리나라 원시 유적에서 나온 포유 동물상〉, 《고고민속론문집》 2,
　　사회과학원출판사, 1970, pp.106~109.
9) 《管子》 卷23 〈揆道〉. "桓公問管子, 曰 : 吾聞海內玉幣七筴, 可得而聞乎. 管
　　子對, 曰 : …… 陰山之礝碈一筴也, 燕之紫山白金一筴也, 發·朝鮮之文皮一
　　筴也."
10) 《爾雅》 〈釋地〉의 文皮에 대해 郭璞은 "虎豹之屬. 皮有縟綵者, 是文皮, 卽文
　　豹之皮也"라고 했다.
11) 《爾雅》 〈釋地〉. "東北之美者, 有斥山之文皮焉."
12) 《隋書》 〈地理志〉에서는 "동래군 문등현에 척산이 있다(東萊郡文登縣有斥
　　山)"고 했고, 《漢書》 〈地理志〉에서는 동래군은 "청주에 속한다(屬靑州)"고
　　했다. 또 《括地志》에서는 "管仲의 무덤이 靑州 臨淄縣 남쪽 21리 떨어진 牛

내에 있어 발해를 건너 요동에서 동북지역의 특산물을 사들였다
고 했다.[13] 이러한 관계로 본다면, 관중은 발해를 건너 요동에서 발
및 조선 등 동북지역의 민족들로부터 고급의 문피를 구입하고 있
는 것을 알고 바로 그들의 교역품을 받아들인다면 중국을 침략하
지 않을 것이라고 대책을 내놓았던 것이다. 《후한서(後漢書)》〈동
이열전(東夷列傳)〉 예전(濊傳)에서는,

무늬가 아름다운 표범의 가죽이 많고, 과하마(果下馬)가 있으며,
바다에는 반어(斑魚)가 나는데, 사신이 올 때마다 이들을 바쳤다.[14]

라고 하여, 지금의 강원도지역으로 옮겨간 예(濊)에서 그 특산물인
문피와 반어피(斑魚皮)를 동한(東漢)의 사신에게[15] 주었다고 했다.

____

山 위에 있고, 환공의 무덤과 이어져 있다(管仲冢在靑州臨淄縣南二十一里牛
山上, 與桓公冢連)"고 했다. 이로 볼 때 우산은 지금의 山東半島에 위치했던
청주에 있었다고 하겠다.

13) 《爾雅》〈釋地〉의 척산에 대해 正義의 내용을 보면 다음과 같다. "이것은
영주의 이익을 설명하는 것이다. 《隋書》〈地理志〉에 따르면, 동래군 문등현
에 척산이 있다. 《太平寰宇記》에는 바로 《爾雅》의 척산이라 기록하고 있다.
척산은 지금의 登州府 榮成縣 남쪽 120리에 있다. 《管子》〈揆道〉편의 '발과
조선의 문피', 또한 〈輕重甲〉편에서 '발과 조선이 來朝하지 않는 것은 문피
와 毦服을 화폐로 할 것을 청했다'고 한 발과 조선의 지역이다. 척산은 영
주 구역 안에 있는데, 영주에서 바다를 건너면 遼東 땅이므로 東北의 훌륭
한 산물을 모을 수 있었다(此釋營州之利也. 《隋書》〈地理志〉：東萊郡文登縣
有斥山. 《太平寰宇記》：以爲卽爾雅之斥山矣. 斥山在今登州府榮成縣南一百二
十里. 《管子》〈揆道〉篇：發朝鮮之文皮. 又〈輕重甲〉篇：發朝鮮不朝, 請文皮毦
服而爲幣乎. 斥山在營州域內, 營州越海有遼東地, 故能聚東北之美)."

14) 《後漢書》 卷85 〈烏丸鮮卑東夷傳〉 濊傳. "又多文豹, 有果下馬, 海出斑魚, 使
來皆獻之."

15) 《後漢書》 卷85 〈烏丸鮮卑東夷傳〉 濊傳. "또한 무늬 있는 표범이 많고 과하
마가 있으며, 바다에는 반어가 나는데, 사절이 올 적마다 바쳤다(又多文豹,
有果下馬, 海出斑魚, 使來皆獻之)."；《三國志》 卷30 〈烏丸鮮卑東夷傳〉 "濊
傳". "바다에서는 반어의 가죽이 산출되며, 땅은 기름지고 무늬가 있는 표범
이 많다(其海出斑魚皮, 土地饒文豹)."；《爾雅》〈釋魚〉의 '魵鰕'에 대해 주석

또 《관자》〈경중갑(輕重甲)〉편에는 다음과 같은 내용이 보인다.

환공이 '사이(四夷)가 불복하니 그 역정(逆政)이 천하에 퍼질 것을 걱정해 나를 괴롭히고 있다. 내가 이를 위해 할 수 있는 길이 있겠는가'라고 말했다. 관자가 '오와 월이 내조(來朝)하지 않으면 주상(珠象)을 교역의 화폐로 하고, 발과 조선이 내조하지 않으면 문피와 타복(毤服)을 교역의 화폐로 청하십시오.…… 한 장의 표범가죽이 큰 값으로 계산된다면 8,000리나 떨어진 발과 조선도 내조하게 될 것입니다'라고 대답했다.[16]

당시 중국은 변방민족들의 공략으로 주의 제후국들이 멸망의 위기에 처했다. 제의 환공은 바로 이를 해결할 수 있는 방법을 관중에게 물었던 것이다. 이에 대해 관중은 이들의 특산물을 비싼 값으로 사준다면 이들은 교역을 위해 공략하지 않을 것이라고 대책을 제시했던 것이다. 즉, 발과 조선의 문피와 모직물인 타복을 교역품으로 받아준다면 그들은 8,000리나 먼 곳에서도 교역을 위

으로 실린 正義에서 "魵은 鰕라고 한다(魵一名鰕). 《魏略》에 '예나라에서 반어피가 나며, 漢 恒帝 때 그것을 바쳤다는 것이 이런 것들이다(《魏畧》云：濊國出斑魚皮, 漢時恒獻之是其類也)'라고 했다. 郭璞은 魵은 小鰕의 다른 이름이라고 한다(郭璞云, 魵小鰕別名)"고 한 내용으로 보아, 반어는 小鰕라고 할 수 있다. 鰕는 《爾雅》〈釋魚〉에 대한 주석으로 실린 正義에서 "큰 鯢를 鰕라 한다. 鯢魚는 鮎魚와 비슷한데, 네 다리가 앞은 獼猴와 비슷하고 뒤는 개와 비슷하며 소리는 어린아이가 우는소리와 같고 큰 것은 길이가 8·9척이며 鰕라고 달리 부르기도 한다(鯢大者謂之鰕, 今鯢魚似鮎魚四脚前似獼猴似狗聲如小兒啼大者長八九尺 別名鰕)"고 했다.

16) 《管子》 卷24 〈輕重甲〉. "桓公曰：四夷不服, 恐其逆政游於天下, 而傷寡人, 寡人之行爲此有道乎. 管子對, 曰：吳·越不朝, 珠象而以爲幣乎. 發·朝鮮不朝, 請文皮毤服而以爲幣乎,…… 一豹之皮容金也, 然後八千里之發·朝鮮可得而朝也." 여기서 '毤服'은, 《管子》〈輕重甲〉篇의 주석에서 '毤'를 '落毛也'라고 밝히고 있고, 《集韻》에서 '毤'는 본래 '毻'로 쓰며 '鳥易毛也'라고 하므로, 새의 털로 만든 모직물 옷이라고 할 수 있다.

해 내조할 것이라고 했던 것이다. 이로 본다면 중국과 인접해 있던 발과 조선 및 예 등이 춘추시대 이전에 이미 그들의 특산물인 문피와 타복을 중국 등지에 수출했다고 하겠다.

그 밖에도 고구려에는 흰 사슴,[17] 흰 노루,[18] 자색(紫色) 노루, 주표(朱豹)[19] 등이 있었고, 백제에는 흰 사슴과 신록(神鹿)[20]이, 마한·진한·변한 등에는 꼬리 길이가 5척이나 되는 세미계(細尾雞)[21]가 있었다. 부여에는 희귀한 사슴과 꼬리가 긴 토끼, 길이가 두 길이

---

17) 《三國史記》 卷15 〈高句麗本紀〉 太祖大王 10年條. "가을 8월에 동쪽으로 사냥하여 흰 사슴을 잡았다(秋八月, 東獵, 得白鹿)."; 《三國史記》 卷15 〈高句麗本紀〉 太祖大王 46年條. "봄 3월에 왕이 동쪽으로 책성을 순행하니 책성 서쪽 계산에 이르러 흰 사슴을 잡았다(春三月, 王東巡柵城, 至柵城西罽山, 獲白鹿)."

18) 《三國史記》 卷13 〈高句麗本紀〉 琉璃王 2年條. "9월에 서쪽으로 순수하여 흰 노루를 잡았다(九月, 西狩, 獲白獐)."; 《三國史記》 卷14 〈高句麗本紀〉 閔中王 3年條. "가을 7월에 왕이 동쪽으로 순수하여 흰 노루를 잡았다(秋七月, 王東狩, 獲白獐)."

19) 《三國史記》 卷15 〈高句麗本紀〉 大祖大王 55年條. "9월에 왕이 質山 남쪽에서 사냥하여 자색 노루를 잡았다. 겨울 10월에 東海谷 太守가 朱豹를 바치니 꼬리 길이가 9척이었다(秋九月, 王獵質山陽, 獲紫獐. 冬十月, 東海谷守獻朱豹, 尾長九尺)."

20) 《三國史記》 卷23 〈百濟本紀〉 溫祚王 10年條. "가을 9월에 왕이 사냥을 나가서 신록을 잡아 마한에 보냈다(秋九月, 王出獵獲神鹿, 以送馬韓)."; 《三國史記》 卷23 〈百濟本紀〉 己婁王 27年條. "왕은 漢山에서 사냥했고, 신록을 잡았다(王獵漢山, 獲神鹿)."; 《三國史記》 卷23 〈百濟本紀〉 肖古王 48年條. "가을 7월에 서부 사람 회회가 흰 사슴을 잡아 바치자, 왕이 상서로운 일이라 하여 곡식 100석을 내렸다(秋七月, 西部人茴會獲白鹿獻之. 王以爲瑞, 賜穀一百石)."; 《三國史記》 卷26 〈百濟本紀〉 東城王 5年條. "봄에 왕이 사냥을 나갔고, 漢山城에 이르러 군사와 백성들을 위무하고 열흘 만에 돌아왔다. 여름 4월에 熊津 북쪽에서 사냥하여 신록을 잡았다(春, 王以獵出, 至漢山城, 撫問軍民, 浹旬乃還. 夏四月, 獵於熊津北, 獲神鹿)."

21) 《三國志》 卷30 〈烏丸鮮卑東夷傳〉 韓傳. "또한 세미계가 나는데, 그 꼬리는 모두 길이가 5자 남짓이다(又出細尾雞, 其尾皆長五尺餘)."; 《後漢書》 卷85 〈東夷列傳〉 韓傳. "꼬리가 긴 닭이 있는데, 꼬리의 길이가 5척이다(有長尾雞, 尾長五尺)."

나 되고 털빛이 밝고 꼬리가 없는 범과 꼬리의 길이가 아홉 자나
되는 표범[22]과 낙타[23]가 있었다. 그리고 숙신(肅愼)에는 자줏빛 여
우와 흰매·흰말[24]이 생산되었다. 이와 같이 고조선의 영역이었던
한반도와 만주지역에서는 다양한 종류의 희귀한 동물들이 살았다.
이들 특수 가죽의 생산지와 품목을 정리하면 다음 〈표 1〉과 같다.
  이제 교역의 주요 품목이었던 고급 가죽 이외에 일반적인 복식
의 재료로는 어떤 짐승들의 가죽이 사용되었는지 알아보겠다.
  《삼국사기(三國史記)》〈온달전(溫達傳)〉에서는,

  고구려는 늘 봄 3월 3일에 낙랑 언덕에 모여 사냥하고, 잡은 돼지
  와 사슴으로 하늘과 산천의 신에게 제사를 지냈다.[25]

---

22) 《三國史記》卷15 《高句麗本紀》大祖大王 25年條. "겨울 10월에 부여의 사
   신이 와서 뿔이 셋 달린 사슴과 긴 꼬리 토끼를 바치니, 왕은 이를 瑞物이
   라 하여 大赦했다(冬十月, 扶餘使來獻三角鹿·長尾兔, 王以爲瑞物, 大赦).";
   《三國史記》卷15 《高句麗本紀》大祖大王 53年條. "봄 정월에 부여의 사신이
   와서 범을 바치니 길이가 一丈二尺이고, 털의 색이 매우 밝고 꼬리가 없었
   다(春正月, 扶餘使來獻虎, 長丈二, 毛色甚明而無尾)."
23) 백금보류형의 유적들에서 나온 짐승 뼈 가운데 낙타의 뼈는 아직 알려져
   있지 않으나, 이 유적들에서 나오는 일부 새김무늬 그릇에는 낙타의 무리가
   양·말과 함께 몇 개의 선과 점으로 장식되어 있다. 또한 이후 신라와 백제
   에서도 일본에 낙타를 보낸 것으로 보아 당시 한반도와 만주지역에는 낙타
   가 있었을 것으로 생각된다. 사회과학원력사연구소 고고학연구소, 《원시사》,
   과학백과사전종합출판사, 1997, pp.223~224 참조. 《日本書紀》卷29 天武天
   皇 8年條. "겨울 10월 戊申朔에 신라가 阿湌 金項那와 沙湌 薩藥生을 보내
   조공했는데, 조공물은 金, 銀, 鐵, 鼎, 錦, 絹, 布, 皮, 말, 개, 노새, 낙타의
   類로 10여 종이었다(冬十月戊申朔, 新羅遣阿湌金項那·沙湌薩藥生朝貢也. 調物,
   金銀鐵鼎, 錦絹布皮, 馬狗騾駱駝之類, 十餘種).";《日本書紀》卷22 推古天皇
   8年條. "가을 9월 癸亥朔에 백제가 낙타 1마리, 노새 1마리, 양 2마리, 흰꿩
   1마리를 바쳤다(秋九月癸亥朔, 百濟貢駱駝一匹·驢一匹·羊二頭·白雉一隻)."
24) 《三國史記》卷15 〈高句麗本紀〉 太祖代王 69年條. "겨울 10월에…… 숙신의
   사신이 와서 자줏빛 여우의 갖옷과 흰매와 흰말을 바치니, 왕이 잔치를 베
   풀어 그들을 위로하여 보냈다(冬十月…… 肅愼使來獻紫孤裘及白鷹·白馬, 王
   宴勞以遣之)."

순서	고조선과 열국 명칭	가죽 종류
1	고조선	비, 붉은 표범, 누런 말곰
2	발·조선	문피, 표범
3	예	문피, 반어
4	고구려	흰 사슴, 흰 노루, 자색 노루, 주표
5	한	세미계
6	부여	삼각사슴, 꼬리가 긴 토끼, 붉은 표범, 낙타
7	숙신	자줏빛 여우, 흰매, 흰말

〈표 1〉 특수 가죽의 생산지와 생산 품목

고 하여, 고구려에서는 매년 3월 3일 왕과 신하 및 5부의 군사들이 모두 낙랑에 모여 사냥하고,[26] 여기서 잡은 멧돼지와 사슴을 제사의 희생물로 바쳤음을 알 수 있다. 아울러 행사의 규모로 보아 고구려에는 많은 사람들이 일시에 참여해 사냥할 수 있을 정도로 멧돼지와 사슴이 많이 살고 있었음을 알 수 있다. 이 사냥에서 잡은 멧돼지는 집돼지보다 질긴 가죽을 제공했을 것이다.

《삼국지(三國志)》〈오환선비동이전(烏丸鮮卑東夷傳)〉 부여전(夫餘傳)에 따르면,

(부여 사람들은) 국내에 있을 때…… 가죽신을 신었다. 외국에 나가면 두텁게 짠 사직물(絲織物)[繒] 옷,[27] 물들인 오색실로 짠 사직

---

25) 《三國史記》卷45〈列傳〉溫達傳. "高句麗常以春三月三日, 會獵樂浪之丘. 以所獲猪鹿祭天及山川神.";《三國史記》卷32〈雜志〉祭祀. "고구려는 늘 3월 3일에 낙랑 언덕에 모여 사냥을 하고 돼지와 사슴을 잡아서 하늘과 산천에 제사를 지냈다(高句麗常以三月三日, 會獵樂浪之丘, 獲猪鹿祭天及山川)."

26) 《三國史記》卷45〈列傳〉溫達傳. "그날이 되면 왕이 사냥을 나가고, 여러 신하와 5부의 병사가 모두 따라갔다(至其日, 王出獵, 羣臣及五部兵士皆從)."

27) 繒은 《說文解字》에 따르면 "帛也"라 했다. 《渤海國志長編》卷17〈食貨考〉에 따르면, 帛은 "《本草綱目》에 이르기를, '帛은 흰색 실로 짜는 것으로서 수건과 같이 길고도 좁기 때문에 글자도 흰 白자와 수건 巾자가 서로 합쳐

물에 수놓은[繡錦] 옷,[28] 푸른빛의 모직[罽][29] 옷을 즐겨 입고, 대인
(大人)은 여우, 너구리, 희거나 검은 담비가죽으로 만든 옷을 위에다
더 입었으며, 또 금·은으로 모자를 장식했다.[30]

고 하여, 부여에서는 여우, 너구리[狖],[31] 담비가 많이 나고, 좋은
말과 담비, 날(貀)[32]이 모피의 재료가 되었음을 알 수 있다. 담비가

졌다. 두텁게 짠 것은 繒이라 하고 겹실로 짠 것은 縑이라……'고 했다(又
本草綱目云, 帛素絲所織長狹如巾, 故字從白巾, 厚者曰繒, 雙絲者曰縑……)."
부여에서 두터운 사직인 繒을 짠 것과 달리 남방에 위치하고 있는 辰韓이
나 弁辰에서는 縑布를 짰는데, 縑布는 일반 絹보다 좀 성글면서도 매우 치
밀하게 짠 것으로(《古樂府》, 〈上山采蘼蕪〉에서 '織縑比織素爲慢'이라 했고,
《急就篇》顏師古의 주석에서는 '縑之言兼也, 幷絲而織, 甚致密也'라고 했다),
이는 기후 조건에 의한 것이라고 생각된다.

28) 《釋名》〈釆帛〉. "錦은 金으로, 그것을 공들여 만들었기 때문에 그 가치가
金과 같아서, 글자를 帛과 金을 합쳐 錦이라 했다(錦, 金也. 作之用功, 重其
價如金, 故其制字, 從帛與金也).";《渤海國志長編》 卷17 〈食貨考〉 第4 "錦
綵". "삼가 설문을 살펴본다면 錦襄은 물감을 들여 무늬를 섞어 짠 것이다.
本草綱目에 이르기를, 錦은 오색실로 짜서 문장을 만든다. 글자도 帛자와
金자가 합쳐졌고 諧聲도 귀하다(謹案設文錦襄色織文也, 本草綱目云, 錦以五
色絲織成文章字從金諧聲且貴之也)."

29) 《漢書》 卷1下 〈高帝紀〉. "상인들은 물감을 들인 오색실로 섞어 짠 사직에
수놓은 옷, 무늬가 있는 사직옷, 고운 베와 모시옷, 무늬 있는 모직물 옷을
입지 못하게 했다(賈人毋得衣錦繡·綺縠·絺·紵·罽)." 顏師古는 "계는 털로 짠
것으로 지금의 (모직물의 종류인) 氍과 구유와 같은 종류이다("罽, 織毛, 若
今氍及氍毹之類也)"라고 했다. 《袁山松書》에서는 《後漢書》 卷51 〈李恂列傳〉
의 '香罽之屬'에 대해, 계는 "털로 짜서 포를 만든 것(織毛爲布者)"이라고 했
다. 《後漢書》 卷86 〈南蠻西南夷列傳〉의 '輕毛氍雞'에 대해 郭璞은 "《山海經》
에 '氍雞는 꿩과 비슷한데, 크고 푸른색이며 毛角이 있고, 적을 죽일 때까지
싸운다(山海經曰 : 氍雞似雉而大, 靑色, 有毛角, 鬪敵死乃止)'"고 했다. 《風俗
通》에서는 "털로 짠 요를 구유라고 한다(織毛褥, 謂之氍毹)"고 했다. 따라서
'罽'는 공작류의 푸른 새털로 짠 옷이라고 하겠다.

30) 《三國志》 卷13 〈烏丸鮮卑東夷傳〉 扶餘傳. "在國…… 履革鞜., 出國則尙繒繡
錦罽, 大人加狐狸狖白黑貂之裘, 以金銀飾帽."

31) 《說文解字》에서는 狖에 대해 "쥐에 속한다(鼠屬)"고 했고, 〈倉頡篇〉에서는
"너구리 같다(似貍)"고 했다.

32) 《後漢書》 卷85 〈東夷列傳〉 扶餘傳. "좋은 말과 붉은 구슬, 담비, 날이 생산

죽은 숙신에서도 생산되었고,[33] 동옥저에서는 담비가죽으로 조세를 받을 정도로 그 수가 많았다.[34] 담비 가운데 흰색 담비는 서양에서는 왕실이나 귀족의 의식에만 쓰일 정도로 귀하게 여기는 최고급 모피이다. 현재 우리나라에서 흰색 담비[35]의 서식 여부가 알려지지 않고 있으나, 검은색 담비와 누런색 담비는 아직 북한지역에 서식하고 있다고 한다.[36] 여우, 너구리, 담비, 놜은 작은 털 짐승인데, 사냥을 통해 이것들을 획득했을 것이다.

된다(出名馬·赤玉·貂·豽).”；《三國志》卷30〈烏丸鮮卑東夷傳〉夫餘傳. “出名馬·赤玉·貂·豽·美珠.”；《爾雅》〈釋獸〉에서 “貀은 앞발이 없다(貀無前足)”고 하고 《異物志》에서 “貀는 조선에서 나는데, 猩猩과 비슷하고 검푸른색으로 앞의 두 발이 없으나 쥐를 잡을 수 있다(貀出朝鮮, 似猩猩, 蒼黑色, 無前兩足, 能捕鼠)”고 한 것으로 볼 때 놜과 豽가 다른 동물임을 알 수 있다.

33) 《晋書》卷97〈東夷列傳〉肅愼條. “魏나라 景元 말경에 楛나무로 만든 화살·돌화살촉·활과 갑옷·담비가죽 따위를 가지고 와서 바쳤다(魏景元末, 來貢楛矢·石砮·弓甲·貂皮之屬).”

34) 《後漢書》卷85〈東夷列傳〉東沃沮傳. “조세로 담비가죽과 魚鹽을 징수했다(責其租稅, 貂布魚鹽).”

35) 宋啓源·李茂夏·蔡榮錫, 《皮革과 毛皮의 科學》, 先進文化社, 1998, p.226. “(흰 담비의) 冬毛는 전신이 백색이며 꼬리 끝 부분만은 黑色이라, 이것이 특징으로 되어 있다. 그런데, 春季부터 털갈이 전까지는 腹部는 白色이고 꼬리 끝은 黑色이나, 다른 부위는 초콜릿색 또는 赤褐色을 나타낸다. 양식에 의한 白色 밍크가 나오기 전까지 왕실과 귀족의 儀式用으로 쓸 수 있는 백색의 고급 모피는 흰 담비뿐이었기 때문에 굉장히 귀중한 모피로 되어 있었으며, 오늘날에도 영국의 대관식용 衣冠으로 쓰인다고 한다. 털은 보드랍고 짧으며 순백색의 것이 최고급품으로 되어 있다.”

36) 누런색 담비는 산달이라고도 불리는데, 북한에서는 누른돈 또는 금담비라고 부른다. 검은색 담비는 잘이라고도 불리는데, 북한에서는 검은돈 또는 담비라고 부른다. 즉, 검은색 담비는 동북아시아 특산종으로 현재 북한에 서식하고 있는데, 최상급 모피로 유명하여 수난을 당하기 때문에 북한에서도 천연기념물로 지정하여 보호하고 있다. 누런색 담비는 현재 우리나라와 일본에서만 분포하는 귀중한 동물로서, 북한에서는 백두산 일대에 소수가 서식하고 있고 남한에서는 1923년 충남 천안에서 두 마리가 잡힌 것이 처음 학계에 발표되었다. 역시 남북한 모두 천연기념물로 지정하여 보호하고 있다(동아일보사, 《과학동아》 10호, 동아일보사, 1998, pp.134~145 참조).

고조선의 유민이 살았던 낙랑지역은 서기 1세기 중엽에 피변(皮弁)을 썼다.[37] 고구려에서는 피관(皮冠)을 쓰고[38] 동물의 가죽으로 옷을 지어 입었으며 가죽으로 된 띠[39]를 둘렀다. 안악(安岳) 2호분 서쪽벽 인물군상도에 털 두루마기를 입고 털모자를 쓰고 서 있는 여자들의 모습에서도 집짐승의 가죽과 함께 사냥으로 얻은 야생 짐승의 가죽을 복식의 재료로 사용했음이 확인된다. 고구려 고분 벽화 가운데는 당시의 사냥 활동을 사실적으로 묘사한 수렵도가 많은데, 개별적 사냥을 묘사한 것도 있지만 대부분은 규모가 매우 큰 집단적 사냥을 묘사한 것이다.

이 같은 벽화의 내용으로부터 당시 일반적인 복식의 재료로 쓰인 동물의 다양한 종류와 그 양적인 풍부함을 살펴볼 수 있다. 무용총의 수렵도를 보면 산을 사이에 두고 앞쪽과 뒤쪽에서 호랑이·여우·사슴 등을 사냥하는 등 그 규모가 컸음을 짐작할 수 있다. 약수리 고분벽화의 수렵도 역시 집단사냥을 그린 것으로, 호랑이와 멧돼지, 여우, 사슴, 노루, 곰 등이 보인다. 덕흥리 고분벽화 수렵도도 집단사냥을 묘사한 것으로, 사슴, 호랑이, 곰, 멧돼지, 노루, 꿩 등이 보이며, 장천 1호분의 야유수렵도에서는 노루, 사슴, 멧돼지, 담비, 족제비, 수달, 꿩, 사냥개 등이 보인다. 이로 보아 앞의 문헌자료에 보이는 멧돼지와 사슴 이외에 호랑이, 곰, 노루, 담비, 수달, 여우 등이 주된 사냥 동물들이었음을 확인할 수 있다.

또한 안악 3호 고분의 육고도(肉庫圖)에는 꿩, 멧돼지, 노루 등을 걸어놓고 훈연을 시키는 장면이 그려져 있는데, 이 동물들은 이미 털이 벗겨진 상태이다. 이는 사냥에서 잡은 짐승의 고기를

---

37) 《論衡》〈恢國〉편.

38) 《隋書》卷81〈列傳〉高(句)麗傳. "사람들은 모두 가죽관을 썼다(人皆皮冠)."

39) 《北史》卷94〈列傳〉高麗傳. "帛과 가죽을 입고,…… 흰 가죽띠와 누런 가죽신을 신었다(衣布帛及皮.…… 素皮帶·黃革履)."

훈연시켜 식품으로 저장했음을 말해주기도 하지만, 동물의 몸체가 분리되지 않은 채 털이 벗겨진 점으로 보아 이는 털이나 가죽을 복식의 재료로 이용하기 위한 것이라 하겠다.

실제로 신석기시대부터 철기시대에 이르기까지 고조선의 여러 유적에서 출토된 짐승 뼈의 유물로부터도 위의 사실이 확인된다. 고조선의 영역이었던 한반도와 만주지역의 신석기시대 사람들은 정착생활과 함께 농업과 목축업을 발전시켰는데, 사냥 또한 중요한 위치를 차지하고 있었다. 한국의 신석기시대 유적에서 발굴된 짐승 뼈에는 말사슴, 노루, 사슴과 같은 동물을 비롯하여 멧돼지, 사향노루, 산양, 표범, 곰, 족제비, 여우, 승냥이, 청서 및 물개, 넝에, 고래와 같은 바다짐승도 있었다. 이 밖에도 궁산유적에서는 지금은 볼 수 없는 물소도 있었다.[40] 이 같은 발굴자료들은 문헌자료와 벽화에 나타나는 동물 관련 내용을 뒷받침해준다.

사냥의 도구로 활촉이 많이 출토되는 것으로 보아 활을 쏘아 짐승을 잡는 사냥 방법이 널리 보급되었음을 알 수 있는데, 이는 유적들에서 발견되는 짐승 뼈들에 의해서도 알 수 있다. 짐승뼈 가운데 가장 많은 것은 사슴이나 노루 같은 사슴과이다.[41] 한반도 북부지역에 사슴이 많았던 것은 부여에 '녹산(鹿山)'[42]이라는 지명

---

40) 조선기술발전사편찬위원회, 《조선기술발전사》 원시·고대편, 과학백과사전 종합출판사, 1997, p.23.

41) 사회과학원력사연구소 고고학연구소, 《조선전사》 1 ─ 원시편, 과학백과사전 종합출판사, 1991(2판, 백산학회 영인본), p.140 ; 김신규, 〈미송리 동굴의 동물 유골에 대하여〉, 《문화유산》, 1961년 6호, p.11 ; 김신규, 〈립석리 원시 유적에서 나온 짐승 뼈에 대하여〉, 《고고 민속》, 1965년 1호, 사회과학원출판사, pp.41~48 ; 김신규, 〈농포 원시 유적의 동물 유골에 대하여〉, 《문화유산》, 1962년 2호, pp.44~60 ; 김신규, 〈무산 범의 구석 원시 유적에서 나온 짐승 뼈에 대하여〉, 《고고 민속》, 1963년 4호, 사회과학원출판사, pp.11~20.

42) 《資治通鑑》 卷97 〈晉紀〉 孝宗穆皇帝條. "처음에 부여는 녹산에 거주했는데, 백제의 침략을 받아 부락이 쇠퇴하고 흩어져서 서쪽의 燕 가까이 이주했으나 城柵 등을 설치하지 않았다(初, 夫餘居于鹿山, 爲百濟所侵, 部落衰散,

이 있었던 것을 통해서도 알 수 있으며, 고구려[43]와 백제지역[44]에
도 마찬가지로 사슴이 풍부했다.

신석기시대에 표범과 같은 맹수들을 잡을 때는 주로 함정을 이
용하고 족제비와 오소리, 너구리 같은 짐승들을 잡을 때는 올 코
를 사용하거나 동암리 고분벽화에서 보이는 것처럼 덫사냥 방법
을 사용했을 것이며[45] 그물을 사용하기도 했을 것이다.[46]

이 같은 다양한 방법의 사냥 기술과 목축업의 발전으로 신석기시
대의 유적들에서는 집짐승의 뼈와 야생짐승들의 뼈가 다양하게 함
께 출토되는데, 집짐승의 종류로는 개, 돼지, 소, 말, 양 등이 있다.

개는 구석기 후기에 집짐승으로 길들여져 신석기시대에 와서는
보편적으로 기르는 가축이 되었다.[47] 한반도의 신석기 전기의 유적
으로 분류되는 평안북도 의주군 미송리유적 1문화층(서기 전 6000~
5000년기)에서 돼지과의 뼈가 출토되었는데, 그 가운데 집돼지의
뼈가 함께 나와[48] 한반도에서의 돼지 사육 연대가 매우 이름을 알
수 있다. 그리고 고조선지역에서 일반적으로 널리 돼지를 기르기

西徙近燕而不設備)."
43) 《三國史記》 卷13 〈高句麗本紀〉 瑠璃王 21年條. "國內城 尉那巖에 이르러
    그곳 산수가 깊고 험하며 토양이 오곡을 심기에 적당함을 알았다. 또 순록
    과 물고기와 자라들의 생산이 많았다(至國內尉那巖, 見其山水深險, 地宜五
    穀, 又多麋鹿魚鼈之産)."
44) 《三國史記》 卷24 〈百濟本紀〉 古爾王 3年條. "겨울 10월에 왕이 서해의 큰
    섬에서 사냥을 하여 손수 40마리의 사슴을 쏘아 맞혔다(冬十月, 王獵西海大
    島, 手射四十鹿)."
45) 《원시사》, p.143 ; 김혜숙, 〈고구려 벽화 무덤에 그려진 수렵도의 류형에 대
    하여〉, 《조선고고연구》, 사회과학원출판사, 1993년 제4호, pp.24~25.
46) 청동기시대 유적인 황해북도 봉산군 신흥동유적의 3호 집자리에서 그물이
    발견되었는데, 그물에 그물추가 없기 때문에 발굴자들은 이 그물을 짐승 사
    냥에 쓰인 것으로 보았다(《원시사》, p.228).
47) 림영규, 〈원시시대 집짐승 기르기에 대한 몇 가지 고찰〉, 《조선고고연구》,
    사회과학원 고고학연구소, 1996년 제1호, p.34.
48) 김신규, 〈미송리 동굴의 동물 유골에 대하여〉, 《문화유산》 6, 1961, pp.11~12.

시작한 것은 서기 전 4000년대인 신석기 중기 무렵이다.[49] 그것은
신석기 초기의 유적들에서는 집돼지 뼈가 출토된 일이 없고, 신석
기 중기와 그 이후의 유적들에서 집돼지 뼈와 함께 돌을 다듬거
나 흙으로 빚은 돼지가 나타나기 때문이다.[50] 소가 가축으로 길들
여진 것은 다른 집짐승보다 비교적 늦은 서기 전 4000년경이다.[51]
소뼈는 두만강유역의 청동기시대 유적들에서 잘 알려져 있으나
발굴된 수가 적고, 그 밖의 지역에서는 잘 보이지 않는다. 이는
지질관계 때문이기도 하지만, 당시 사람들이 소를 기른 목적이 식
용이나 가죽보다는 주로 노동력으로 사용하기 위한 것이었기 때
문일 것이다.[52] 평안북도 염주군 주의리의 토탄층에서 출토된 고조
선의 평후치와 수레바퀴 조각은 이를 실증해주고 있다.[53] 그러나 소
의 가죽은 의복 재료로 이용되었을 것이다. 그 밖에 쓰인 짐승으
로는 말과 양이 있는데, 이는 뒤의 모직물에서 다루도록 하겠다.

  신석기시대에는 목축업이 발달했으나, 이 시기 유적에서 출토되
는 뼈의 89퍼센트 이상이 야생짐승의 뼈인 것으로 보아 야생짐승
에 대한 사냥은 그들의 생활에서 여전히 떼어낼 수 없을 만큼 중

---

49) 사회과학원력사연구소, 《조선전사》 1－원시편, p.124.
50) 곽가촌유적 1기층(신석기 중기, 서기 4000년기), 소주산유적 2기층(신석기
    중기, 서기 전 4000년기), 오가촌유적(신석기 중기, 서기 전 4000년기), 서포
    항유적 4기층(신석기 후기, 서기 전 3000년기), 농포유적(신석기 후기, 서기
    전 3000년기), 범의구석유적 1문화층(신석기 후기, 서기 전 3000년기), 곽가
    촌유적 2기층(신석기 후기, 서기 전 3000년기)에서 집돼지 뼈와 함께 흙으
    로 빚은 돼지가 나왔고, 용당포유적(신석기 중기, 서기 전 4000년기)에서는
    돌로 만든 돼지가 나왔다 ; 김신규, 〈농포 원시 유적의 동물 유골에 대하여〉,
    《문화유산》, pp.44~60 ; 사회과학원력사연구소, 《조선전사》 1－원시편, p.124·
    p.187·p.224·p.256 참조.
51) 림영규, 〈원시시대 집짐승 기르기에 대한 몇 가지 고찰〉, 《조선고고연구》,
    p.35.
52) 사회과학원력사연구소, 《조선전사》 1－원시편, pp.225~226.
53) 조선기술발전사편찬위원회, 《조선기술발전사》 원시·고대편, 1997, pp.170~171.

요했다고 생각된다. 이후 청동기시대로 오면서 출토되는 짐승뼈로는 신석기시대에 비해 야생짐승의 비율이 집짐승보다 낮아진다.[54]

그렇기는 하지만 청동기시대 유적들에서는 야생짐승으로 여전히 족제비, 산달, 수달, 검은돈, 토끼 같은 작은 짐승을 비롯하여 노루, 사향노루, 복작노루, 사슴, 누렁이 등의 사슴과 동물과 산양, 멧돼지, 오소리, 너구리, 여우, 승냥이, 곰 등 다양한 종류의 동물뼈가 출토되었다. 그 가운데 여우, 너구리, 삵, 족제비, 수달, 산달, 검은돈, 오소리 등의 작은 털가죽 짐승의 비율이 매우 높고 돼지, 양, 말 등의 집짐승 뼈도 많이 나타나 이들이 당시의 주요한 동물이었음을 보여준다.[55]

이와 같이 털가죽 짐승의 비율이 높아진 것은 청동기의 보급과 함께 농업과 수공업이 발달하여, 사냥에 많이 의존했던 가죽옷이 누에고치솜이나 사직물 또는 마직물[56] 등으로 대체되면서 일어난 현상으로 보인다.

동물들의 먹이가 많은 북쪽의 초원지대에서는 다른 지역보다 일찍 집짐승 사육이 발전하여 목축업으로 전환되었다. 그런 곳에서는 집짐승이 주요 식량자원이지만, 집짐승의 가죽이나 털을 이용하여 모피옷이나 모직옷이 일반화되기도 했을 것이다.

고조선 후기에 이르면 철기가 사용되기 시작한다. 철기는 청동기가 주로 손칼·끌·송곳 같은 공구류와 장식품이나 무기 또는 무기의 부분품으로 이용되었던 것과는 달리 다양한 농기구와 공구 및 무기 등으로 이용되었다. 특히 철기가 농기구 제작에 많이 사용되어 농업 생산 증대에 크게 기여했다. 고조선에서는 발달된 농

---

54) 고고학연구소, 《고고민속론문집》 2, 사회과학원출판사, 1970, p.119.
55) 사회과학원력사연구소, 《조선전사》 1-원시편, p.229 ; 김신규, 〈우리나라 원시 유적에서 나온 포유 동물상〉, pp.108~109 참조.
56) 이 책의 제1부 제2장 〈고대 한국의 마직물〉과 제3장 〈고대 한국의 사직물〉 참조.

업을 바탕으로 하여 수공업과 목축업이 이전보다 성행했다. 철기 초기에 오면 집짐승의 사육이 매우 발전해, 출토된 뼈 가운데 산짐승보다 집짐승이 현저히 높은 비율을 차지한다.[57]

북방지역은 겨울에는 기온이 낮으므로 직물보다 짐승의 가죽으로 만든 옷을 계속 입었다. 그 재료로 이용된 가죽은 사냥에도 의존했지만 목축업의 발달로 집짐승의 가죽이 많이 이용되었다. 집짐승의 가죽은 옷과 모자·신발·허리띠 등의 주된 재료로 이용되기에 이르렀던 것이다. 고구려·부여·숙신·읍루 등에 관한 기록에서 집짐승의 가죽을 사용한 복식의 다양한 모습을 엿볼 수 있다.

고조선의 유적인 심양시 정가와자 6512호 무덤과 누상무덤에서 묘주의 아래 다리가 있는 자리에 수많은 청동 단추가 널려 있었다. 이것에 대해 묘주가 청동 단추를 여러 줄 단 가죽장화를 신었던 것으로 추측했다.[58] 이러한 추측을 그대로 받아들인다면, 고조선시대에 화려한 청동 장식이 달린 가죽장화를 신었음을 알 수 있다. 또한 고구려에서는 신분에 구별 없이 성인 남자 모두 가죽관을 쓰고[59] 황혁리(黃革履)를 신고 무늬가 없는 가죽띠를 착용했으며,[60] 부여와 한(韓)에서도 가죽신을 신었다.[61]

가죽신은 복식 가운데 가장 많은 수요를 차지하는 것이기 때문에 집짐승 가운데 가장 많이 생산되는 돼지가죽을 사용했을 가능

---

57) 김신규, 〈우리나라 원시 유적에서 나온 포유 동물상〉, pp.73~120 참조.

58) 박진욱, 《조선 고고학 전서》 고대편, 과학 백과사전 종합 출판사, 1988, pp.57~58 ; 조선유적유물도감편찬위원회, 《조선 유적 유물 도감》 1−고조선· 진국·부여편, 1988, p.70.

59) 《隋書》 卷81 〈東夷列傳〉 高麗傳. "사람들은 모두 가죽관을 썼고, 使人은 새 깃을 더 꽂았다(人皆皮冠, 使人加揷鳥羽)."

60) 《北史》 卷94 〈列傳〉 高麗傳. "貴者…… 服大袖衫·大口袴·素皮帶·黃革履.";《周書》 卷49 〈列傳〉 高句麗傳. "丈夫衣同袖衫·大口袴·白韋帶·黃革履."

61) 《三國志》 卷30 〈魏書〉 扶餘傳. "在國…… 履革鞜.";《三國志》 韓傳. "발에는 가죽신을 신고 힘차게 다녔다(足履革蹻蹋)."

성이 높다. 돼지는 사육이 빠르기 때문에 가죽을 대량으로 쉽게 얻을 수도 있고 털이 적은 동물은 털이 많은 동물보다 가죽이 질기고 강한 장점[62]을 지니고 있기 때문에 신의 재료로서 적당했을 것이다.

건국신화에 돼지우리와 마구간이 등장하고[63] 마가·우가·저가·구가[64]의 짐승의 이름이 관직명으로 사용된 것을 보더라도, 부여에서는 목축업이 발달했음을 알 수 있다. 토성자유적 대부분의 돌관무덤에서는 돼지의 이빨과 뼈가 대량으로 출토되어[65] 부여에서 돼지를 많이 길렀음을 알 수 있다. 숙신에서도 돼지를 많이 길러 고기는 식용으로 하고 가죽과 뼈로는 갑옷을 만들었으며 털은 짜서 포(布)를 만들었다.[66] 읍루에서도 돼지를 많이 길러 그 가죽으로 옷을 만들었다.[67]

동물의 가죽은 벗긴 그대로 사용할 수 없다. 따라서 이용 목적에 알맞은 가죽으로 만드는 작업[68]을 거쳐야 하는데, 이에 대한 기

---

62) 宋啓源·李茂夏·蔡榮錫, 《皮革과 毛皮의 科學》, 先進文化社, 1998, p.42.

63) 《後漢書》 卷85 〈東夷列傳〉 夫餘傳. "왕이 돼지우리에 버리게 했으나, 돼지가 입김을 불어주어 죽지 않았다. 다시 마구간에 옮겼으나 말도 그같이 했다(王令置於豕牢, 豕以口氣嘘之, 不死. 復徙於馬蘭, 馬亦如之)."

64) 《後漢書》 卷85 〈夫餘傳〉. "여섯 가축의 이름으로 관명을 지어 마가·우가·구가가 있으며 그 읍락은 모두 加들에 소속되었다(以六畜名官, 有馬加·牛加·狗加, 其邑落皆主屬諸加)."

65) 吉林省博物館, 〈吉林江北土城子古文化遺址及石棺墓〉, 《中國考古集成》 東北卷 靑銅時代(三), 北京出版社, pp.2358~2363.

66) 《晋書》 卷97 〈列傳〉 肅愼傳. "소와 양은 없고 돼지를 많이 길러서, 그 고기는 먹고 가죽은 옷을 만들며 털을 모아 포를 만들었다.…… 석촉(石鏃)과, 가죽과 뼈로 만든 갑옷……(無牛羊, 多畜猪, 食其肉, 衣其皮, 積毛以爲布…… 有石鏃, 皮骨之甲……)."

67) 《後漢書》 卷85 〈東夷列傳〉 挹婁傳. "돼지 기르기를 좋아하며 그 고기는 먹고 가죽은 옷을 해 입는다(好養豕, 食其肉, 衣其皮)."

68) "건조피는 부드러움이나 유연성이 없어 매우 딱딱하고 잘 부러지며, 구부릴 때 표면에 균열이 생기므로 의류나 기타 다른 용도에 부적합하며 또한 습기를 흡수하게 되면 부패되어 버리게 된다. 따라서 이러한 결점을 해결하

록은 남아 있지 않다. 후대의 자료이기는 하지만 다음의 내용을 참고하고자 한다. 고구려를 계승한 발해에 관한 기록인 《발해국지장편(渤海國志長編)》〈식화고(食貨考)〉를 보면,

　　삼가 말왕(末王) 19년에 사신을 보내 후당(後唐)에 가죽을 바친 것을 살펴본다. 이는 대체로 짐승의 가죽을 무르게 하여 부드럽고 질기게 만드는 것으로 지금 길림성과 흑룡강성에 많다.[69]

고 했다. 가죽 가공방법에 대한 설명은 없지만 고조선지역에서 오래전부터 이용되었던 가공방법이 계속해서 이어져 내려왔을 것으로 생각된다. 황철산은 오늘날에도 함경북도 북부 산간 지대의 '재가승(在家僧)' 부락에서는 짐승의 가죽에 개의 뇌를 비롯한 짐승의 뇌를 가죽 안쪽에 바르고 반복하여 비비는 방법을 사용하고 있다[70]고 했다. 이러한 가죽 가공법은 고대부터 이어져왔을 것으로 추정된다.

　이상의 내용을 통해 고조선지역에는 희귀한 특수 가죽과 일반 복식의 재료로 사용된 가죽의 종류가 매우 다양하고 양이 풍부했음을 알 수 있다. 이처럼 다양한 동물들의 가죽은 사냥과 목축업의 활동으로 공급되었고, 높은 수준의 가공 기술을 거쳐 사직물이나 모직물·마직물과 함께 복식의 재료로서 잘 조화를 이루며 고대 한국 복식의 주요한 구성요소가 되었다고 할 수 있다.

　기 위해 유제(tanning)를 하게 되었다. 연기·식물성 타닌·동물이나 생선 기름 혹은 다양한 염을 이용하여 수행되는 유 작업에 의해 동물피는 젖은 상태에서 부패하지 않고 건조해도 딱딱하거나 부러지지 않게 된다."(宋啓源·李茂夏·蔡榮錫, 《皮革과 毛皮의 科學》, p.15).

69) 《渤海國志長編》 卷17 〈食貨考〉 第4. "謹案末王十九年遣使進革於後唐 ; 此蓋由獸皮熟製使柔靭者, 今吉林黑龍江兩省多有之."

70) 황철산, 〈狗皮衣에 관한 고찰〉, 《문화유산》 5, 1957, p.58.

3. 모직의 재료와 가공품

한민족이 고급의 가죽과 모직물을 생산했고, 이를 중국에 수출했음을 앞에서 보았다. 여기서는 유물을 통해 모직물 직조 기술과 가죽 가공 기술을 확인해보고자 한다.

고조선 중기에 해당하는 서기 전 1000년기 초로 그 연대가 확인된 길림성 영길현(永吉縣) 성성초(星星哨)유적 17호 돌널무덤에서는 양털과 개털을 섞어서 짠 모직물로 묘주의 얼굴을 덮었다.[71] 한반도와 만주지역에서 처음으로 기른 집짐승은 개였고, 늑대 등이 길들여진 것은 구석기 후기로 보는데, 공주 석장리유적(서기 전 3만~2만 년)의 집자리에서 개 모양의 돌 조각품이 나온 것이 이를 실증해준다.[72] 신석기 전기에 속하는 궁산유적 1기층(서기 전 6000~5000년)과 서포항유적 1·2기층 및 신석기 후기에 속하는 농포유적(서기 전 3000년)에서도 많은 개뼈가 출토되는 등, 신석기 여러 유적에서 예외 없이 출토되었다. 이후 청동기시대에 속하는 오동유적(서기 전 2000년기 후반)에서는 출토된 전체 동물뼈 가운데 개와 돼지의 것이 가장 많았다.[73]

---

71) 吉林省博物館·永吉縣文化館, 〈吉林永吉星星哨石棺墓第3次發掘〉, 《考古學集刊》 3, 中國社會科學出版社, 1983, p.120. 성성초에서 나온 모직천을 감정한 결과 날실은 양털, 씨실은 개털로 짠 것이었다. 천 조직의 제곱센티미터당 밀도는 날실이 8~9올이고, 씨실은 14~15올이다(趙承澤, 〈星星哨石棺墓織物殘片的初步探討〉, 《考古學集刊》 3, pp.126~127 참조). 이 유적의 방사성탄소 측정 연대는 서기 전 1015±100년(2965±100 B.P.)인데, 교정 연대는 서기 전 1275±160년이다 ; 中國社會科學院考古研究所 編著, 《中國考古學中碳14年代數據集》, 文物出版社, 1983, p.34.

72) 림영규, 〈원시시대 집짐승 기르기에 대한 몇 가지 고찰〉, 《조선고고연구》, 사회과학원출판사, 1996년 제3호, p.34.

73) 김신규, 〈회령오동원시유적의 포유 동물상〉, 《고고 민속》 3호, 사회과학원출판사, 1963, pp.46~47 ; 김신규, 〈농포 원시 유적의 동물 유골에 대하여〉, 《문화유산》 2호, pp.47~50 ; 김신규, 〈미송리 동굴의 동물 유골에 대하여〉,

또한 당시 고조선지역에서는 양도 많이 길렀던 것으로 보인다. 청동기시대로 오면서 신석기시대 유적에 비해 발굴되는 짐승의 뼈는 야생짐승의 비율이 집짐승보다 낮아지는데,[74] 돼지, 양, 말, 개 등의 집짐승 뼈가 많이 출토되어 이들이 주요한 가축들이었음을 말해준다. 예를 들어, 동부여의 유적인 백금보유형의 유적에서 출토된 새김무늬 그릇에 양과 말, 낙타 등 집짐승의 떼가 몇 개의 선과 점으로 장식되어 있는데, 이것은 목축업이 그들의 주요 생산원이었음을 말해준다. 백금보유형의 유적들에서 나온 뼈 가운데 낙타의 뼈는 아직 발굴되지 않고 있으나, 소와 말, 양, 돼지, 개 등의 집짐승 뼈는 많다.[75]

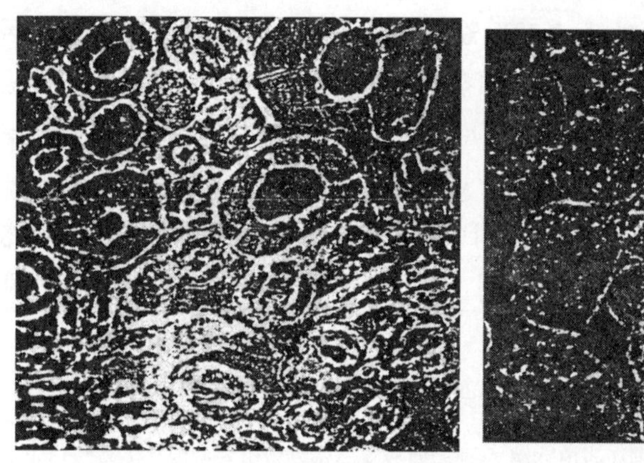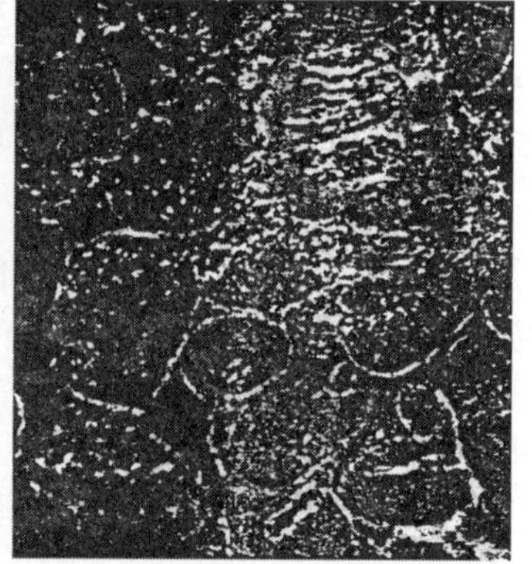

〈그림 1〉 성성초유적에서 출토된 모직물 잔편(500배 확대)

성성초유적에서 출토된 모직물(그림 1)은 오늘날 생산되는 것보다 다소 거칠지만 당시 고조선으로서는 무척 정교한 모직물이었

《문화유산》 6호, pp.5~7.
74) 고고학연구소, 《고고민속론문집》 2, p.119.
75) 사회과학원력사연구소, 《조선전사》 1-원시편, pp.223~224.

을 것이다.[76] 그 시기가 중국의 상대(商代) 말에서 서주(西周) 초에 해당하는 것으로 보아 고조선지역에서 생산한 모직물이 중국에 알려진 것은 이보다 훨씬 앞섰을 것으로 생각된다.

숙신에서는 돼지털로 모포(毛布)를 짰고, 고구려에서도 돼지털로 짠 모직물인 장일(障日)[77]을 생산했다. 중국학자들은 절강성 여요(余姚) 하모도(河姆渡)유적(서기 전 5010년)[78]에서 발굴된 흙으로 빚은 돼지와 집돼지의 뼈를 근거로 세계에서 최초로 돼지를 사육했다고 주장하고 있다.[79] 그러나 한반도에서는 신석기 전기의 유적으로 분류되는 평안북도 의주군 미송리유적 1문화층(서기 전 6000~5000년)에서 돼지과의 뼈가 출토되었는데, 그 가운데 집돼지의 뼈가 함께 나왔으며,[80] 같은 신석기 전기에 속하는 서포항유적 1기층에서도 집돼지의 뼈가 출토되었다.[81] 이는 한반도에서 돼지가 중국보다 앞서 사육되었음을 증명하는 것이다. 앞에서 보았듯이, 한반도와 만주 등에서는 서기 전 4000년대인 신석기 중기 무렵부터 널리 돼지를 기르기 시작했다.[82]

흑룡강성 영안현(寧安縣) 경박호(鏡泊湖) 남단에 위치한 앵가령(鶯歌嶺)상층유적에서 몇 개의 흙으로 빚은 돼지가 출토되었는데,

---

76) 趙承澤, 〈星星哨石棺墓織物殘片的初步探討〉, 《考古學集刊》 3, pp.126~127.

77) 《翰苑》〈蕃夷部〉 高(句)麗條.

78) 浙江省文管會·浙江省博物館, 〈河姆渡發現原始社會重要遺址〉, 《文物》, 1976年 第8期, p.12. 이 유적의 제4층에서 수집된 도토리에 대한 방사성탄소 측정을 통하여 얻은 연대는 서기 전 4775(5895±115B.P., 수정 연대는 6725±140 B.P.)년이었고, 나무 조각에 대한 방사성탄소 측정을 통하여 얻은 연대는 서기 전 5010(6310±100B.P., 수정 연대는 6950±100 B.P.)년으로 나타났다고 밝혔다.

79) 鐘遐, 〈從河姆渡遺址出土猪骨和陶猪試論我國養猪的起源〉, 《文物》, 1976年 第8期, pp.24~26.

80) 김신규, 〈미송리 동굴의 동물 유골에 대하여〉, 《문화유산》 6, pp.11~12.

81) 김신규, 〈회령오동원시유적의 포유 동물상〉, 《고고 민속》 3호, p.46.

82) 사회과학원력사연구소, 《조선전사》 1-원시편, p.124.

그 연대는 서기 전 1250년경[83]으로 확인되었다. 이 지역은 고조선의 변경으로서 고조선 후기에 변경지역에서도 돼지가 사육되었음을 알려준다.

중국의 하모도유적에서 출토된 흙으로 빚은 돼지의 체구를 보면, 앞과 뒤의 비율이 약 1 대 1인 데 비해 야생 돼지 체구의 비율은 7 대 3이고 현대의 집돼지는 반대로 3 대 7이므로, 하모도유적의 흙으로 빚은 돼지는 야생돼지와 현대 집돼지의 중간에 속한다고 할 수 있다.[84] 고조선 앵가령유적에서 발굴된 돼지의 체형은 비대한 모습으로, 지금의 집돼지와 비슷하다. 야생돼지에서 집돼지로 길들여진 기간이 매우 긴 것으로 보아[85] 고조선에서 돼지를 사육한 연대는 앵가령상층유적보다 훨씬 오래되었을 것이다. 따라서 고조선인들이 집돼지 털로 모직물을 짠 시기도 더 앞서게 될 것이다.

한반도에서는 신석기 전기의 유적에서 가락바퀴와 씨실 넣는 데 사용되었던 갈구리가 출토되었고, 신석기 중기의 유적에서는 갈구리와 함께 날실들 사이에 씨실을 넣는 북이 출토되었다. 이것들은 한민족의 거주지역에서는 일찍이 신석기 중기부터 직물 생산 기술이 널리 보급되었음을 말하는 것이다. 따라서 고조선지역에서 모직물이 생산된 것은 신석기 전기인 서기 전 6000~5000년기이고, 직물 생산이 널리 보급된 것은 신석기 중기인 서기 전 4000년기라고 볼 수 있다.

숙신은 제순(帝舜) 25년(서기 전 2209년)에 중국과 접촉했고,[86] 상·

---

83) 이 유적의 상층에서 수집된 목탄에 대한 방사성탄소 측정 연대는 3025±90 B.P.와 2985±120 B.P.로서 수정 연대는 1240±155 B.C.와 1190±145 B.C.였다.
84) 杜石然·范楚玉·陳美東·金秋鵬·周世德·曹婉如 編著, 川原秀城·日原傳·長谷部英一·藤井隆·近藤浩之 譯, 《中國科學技術史》上, 東京大學出版會, 1997, p.19.
85) 容鎔, 《中國上古時期科學技術史話》, 中國環境科學出版社, 1990, pp.122~124.
86) 《竹書紀年》〈五帝本紀〉帝舜有虞氏條.

주 교체기에도 중국과 접촉했다. 즉, 서주 무왕(武王)이 상(商)을 멸망시키자 숙신이 호나무로 만든 화살과 돌화살촉을 보내왔는데, 무왕은 그의 딸이 결혼할 때 그 화살에 '숙신이 보낸 화살'이라고 글을 새겨 사위인 진후(陳侯)에게 기념으로 주었다.[87]

이처럼 숙신의 화살이 알려졌듯이 그들이 만든 모직물도 중국에 알려졌을 것이다. 고조선의 모직물은 《관자》〈경중갑〉편에서 보듯이 중국의 주요 수입품 가운데 하나였던 것이다.

고대 중국에서는 모직물이 거의 발달되지 않았던 것 같다. 상대 후기에 속하는 하북성 고성(藁城) 대서촌(臺西村) 상대 유적에서 출토된 마직물에서 양모(羊毛) 한 오라기가 나왔을 뿐 모직물이 발견된 예가 없다.[88] 한대에 이르러서도 모직물이 널리 보급되지 않았고,[89] 그 수준도 낮았던 것 같다. 따라서 모직으로 만든 옷은 가난한 사람이 입는 옷으로 인식되었고,[90] 고급 모직물은 한민족이나 서아시아와 중앙아시아[91] 등에서 수입되었다. 그러므로 고조선

---

87) 《國語》 卷5 〈魯語〉 下. "옛날에 (주의) 무왕이 상을 이기고 道가 九夷와 百蠻에 통하자 각각 그 지방의 특산물을 바치고 그들의 직분을 잊지 않도록 했다. 그러자 肅愼氏는 호나무 화살과 돌화살촉을 가져왔는데, 그 길이가 한 척 조금 넘었다. 先王이 그의 令德이 먼 곳까지 미친 사실을 후인들에게 보여 오래도록 거울로 삼고자 했다. 그런 까닭에 그 호나무에 '肅愼氏가 공납한 화살'이라고 새기고 太姬(주 무왕의 장녀)에게 나누어주고 虞胡公과 결혼시켜 陳에 봉했다(昔武王克商, 通道於九夷百蠻, 使各以其方賄來貢, 使無忘職業. 於是肅愼氏貢楛矢石砮, 其長尺有咫. 先王欲昭其令德之致遠也, 以示後人, 使永監焉. 故銘其楛曰肅愼氏貢矢, 以分太姬, 配虞胡公而封諸陳)."
88) 容鎔, 《中國上古時期科學技術史話》, 中國環境科學出版社, 1990, p.122 ; 鄭若葵, 《中國遠古暨三代習俗史》, 人民出版社, 1994, pp.87~88.
89) 孫機, 《漢代物質文化資料圖說》, 文物出版社, 1991, pp.74~75.
90) 秦代에는 粗麻로 만든 옷을 갈옷이라 했으나, 漢代에는 모포로 만든 옷을 갈옷이라 했다. 睡虎地秦墓竹簡整理小組, 《睡虎地秦墓竹簡》, 文物出版社, 1978, p.66. "囚有寒者爲褐衣.…… 用枲三斤."(이 책의 제1부 제2장 〈고대 한국의 마직물〉 참조) ;《淮南子》〈覽冥訓〉의 褐에 대하여 高綉는 "褐, 毛布. 如今之馬衣也"라고 했다. 《後漢書》〈趙典傳〉의 褐에 대하여 李賢은 "褐, 織毛布之衣, 貧者所服"이라고 했다.

의 모직물은 당시 중국보다 생산 연대가 앞서고 질적인 면에서도 비교가 되지 않을 만큼 수준이 높았다고 보아야 할 것이다.

그러면 고대 호(胡)의 모직물은 어떠했는지 알아보자. 고대 호복 가운데 모직물로 가장 이른 것은 신강(新疆)의 동부에 위치한 지금부터 3,000년 전의 청동기 초기에 속하는 유적인 합밀오보향(哈密五堡鄉) 고묘에서 출토된 웃옷[92]과, 같은 시기인 공작하(孔雀河) 고묘에서 출토된 어린아이를 싼 모포가 있다.[93]

고조선과 호의 모직물은 실물을 비교할 수 없어 어느 것이 앞선다고 말하기는 어렵다. 합밀오보향 고묘의 연대는 서기 전 1000년으로 그 지역의 청동기 초기에 속한다. 이에 견주어 고조선의 청동기는 이보다 훨씬 앞선 서기 전 2500년경에 시작되었다.[94] 고조선에서 합밀오보향 고묘보다 약 1,500년이나 앞서 청동기가 만들어진 것으로 보아 고조선지역의 모직물 생산도 앞섰을 것으로 생각된다.

고조선지역에서는 신석기 초기에 원시적인 방직기계[95]를 이용하여 옷감을 짰다. 그러나 청동기 말기부터 철기시대에 이르면서 신석기시대의 가락바퀴가 사라지고 물레와 북을 이용한 수직식직기가 개발되었다.[96] 이러한 발전은 고조선의 모직물 생산을 증가시키

---

91) 李肯冰, 《中國西域民族服飾硏究》, 新疆人民出版社, 1995, pp.83~85.
92) 같은 책, p.52.
93) 같은 책, pp.50~54.
94) 이 책의 제3부 제11장 〈고조선의 갑옷 종류와 특징〉, 주 8 참조.
95) 조선기술발전사편찬위원회, 《조선기술발전사》 원시·고대편, p.62. "서포항유적 1기층(서기 전 6000년기~5000년기)에서는 씨실넣기에 쓴 갈구리가 나타났다."
96) 조선기술발전사편찬위원회, 《조선기술발전사》 원시·고대편, pp.62~63. "실넣이에 물레가 도입됨으로서 천짜기에서는 새로운 발전이 이루어졌다. 이에 대하여서는 오동 유적에서 나온 짐승의 어깨뼈로 만든 바디와 강계시 공귀리 유적에서 나타난 흙추가 잘 설명해준다. 뼈바디는 길이 20센티미터 정도이던 것이 현재 10센티미터의 크기로 보존되어 있었으며 바디 살에서의 간격은 1밀리미터 정도이고 바디살 깊이는 2밀리미터 정도이다. 모양은 머리

고 그 종류도 더욱 다양하게 했을 것이다.

평양시 낙랑구역 정백동 1호묘(서기 전 2세기 말~서기 전1세기 초)[97]에서는 고조선 말기의 것으로 보이는 3개의 천 조각이 발굴 되었다. 그 가운데 하나는 사직물이고, 둘은 말꼬리 털로 짠 것이 다. 이 말꼬리 털로 짠 천은 간단평짜임과 특수평짜임이었다. 간 단평짜임으로 짠 천은 재질이나 짜임의 특성으로 보아 망건이나 갓, 탕건 같은 것을 만드는 데 쓰였을 것으로 보인다. 특수평짜임 으로 짠 천은 날씨실 밀도의 균일도가 높고 날씨실 조직점 간격 도 좁은 것으로 보아 당시 방직 기술이 매우 높고 섬세했음을 알 수 있다.[98] 이와 같이 말꼬리 털을 모직물의 재료로 한 것은, 고조 선 후기로 오면서 목축업의 발달과 함께 말을 많이 길렀기 때문

빗 형태이다.”(〈회령오동유적 발굴보고〉, p.52). “흙추의 모양은 원통형, 장방 형, 제형이고 가운데에 긴 구멍이 새로 곧추 뚫려져 있다. 길이는 5.3~5.7 센티미터, 굵기는 4~4.3센티미터 정도이다.”(〈강계시 공귀리 원시 유적 발 굴보고〉, p.29).

97) 조선유적유물도감편찬위원회, 《조선유적유물도감》 고조선·부여·진국편, p.109.

98) 조선기술발전사편찬위원회, 《조선기술발전사》 원시·고대편, pp.68~69. “정 백동에서 발굴된 고조선 말기의 것으로 보이는 천 조각들의 짜임형식을 보 면 간단평짜임한 것과 특수평짜임한 것이었다. 천 유물을 분석한 데 따르면 간단평짜임한 천은 말꼬리털을 날씨실로 해서 짠 것이었다. 이 천은 날실의 밀도 140~170올/10센티미터로서 균일하지 못하다. 이것은 날실배열에서 실 사이의 간격을 잘 일치시키지 못했으며 또 바디 치기를 고르롭게 하지 못 했다는 것을 말해준다. 이 천은 재질이나 짜임특성으로 보아 망건이나 갓· 탕건 같은 것을 만드는 데 쓰였다고 본다. 특수평짜임한 천은 역시 날씨실 로 말꼬리털을 써서 짠 천인데, 간단평짜임한 천과는 달리 날씨실의 어김각 이 45도였다. 일반적으로 날씨실의 어김각은 90도이다. 그러나 이 천은 어 김각이 45도 이면서 날씨실의 밀도도 다같이 170올/10센티미터로서 균일도 도 높고 날씨실의 조직점 사이의 간격도 높은 수준에서 보장되었다. 이것을 통하여 당시 천짜기 기술이 매우 섬세했으며 높은 기술과 방법을 가지고 천짜기를 했다는 것을 알 수 있다. 특히 날실에 대한 씨실의 사굼각을 45도 로 보장하면서 천을 짰다는 것은 천짜임방식에서 독특한 수법을 적용했다 는 것을 말해준다.”

이라고 생각된다. 그리고 말의 털은 돼지의 털보다 길고 부드러운 장점을 가졌기 때문이었을 것이다.

서한 무제(武帝) 원봉(元封) 2년(서기 전 109년)에 서한의 공략을 받고 다급해진 위만조선의 우거왕(右渠王)은 말 5,000필을 보내 공략을 피해보려 했다.[99] 예에서도 과하마[100]라는 말이 있었고, 또한 고조선 초기부터 말기에 이르기까지 대부분의 무덤에서 마구와 수레 부속품들이 많이 출토되는 것으로부터도 말의 이용이 많았음이 확인된다.

《후한서》〈동이열전〉 마한전(馬韓傳)에서는,

금, 보화, 물들인 실로 짠 금(錦)과 푸른 새털로 짠 계를 귀하게 여기지 않았으며……[101]

라고 했다. 계는 꿩과의 갈치(鶡雉)의 털로 짠 푸른빛의 모직물이다.[102] 즉, 계는 춘추시대 발과 조선이 중국에 수출했던 타복과 같은 종류일 것이다. 이를 통해 마한에서는 중국의 지배계급들이 입

---

99) 《史記》 卷115 〈朝鮮列傳〉. "遣太子入謝, 獻馬五千匹, 及饋軍糧."
100) 《三國志》 卷30 〈烏丸鮮卑東夷傳〉 濊傳. "또 果下馬가 나는데, 後漢의 桓帝 때 바쳤다(又出果下馬, 漢桓時獻之)."
101) 《後漢書》 卷85 〈東夷列傳〉 韓傳. "不貴金寶錦罽."
102) 《漢書》 卷1下 〈高帝紀〉, pp.65~66. "상인들은 錦·繡·綺·縠·絺·紵·罽로 만든 옷을 입지 못하게 했다(賈人毋得衣錦·繡·綺·縠·絺·紵·罽)." 顔師古는 계에 대하여 "계는 털로 짠 것으로 지금의 鼦과 구유와 같은 종류이다(罽, 織毛, 若今鼦及氍毹之類也)"라고 했다. 《後漢書》 卷51 〈李恂列傳〉의 "香罽之屬"에 대하여 《袁山松書》는 "털로 짜서 포를 만든 것(織毛爲布者)"이라고 했다. 《後漢書》 卷86 〈南蠻西南夷列傳〉의 "輕毛鶡雞"에 대하여 郭璞은 "山海經에서 '鶡雞는 꿩과 비슷하지만 크고 푸른색이며 머리의 털이 뿔 모양을 이루고, 싸우면 적이 죽어야 멈춘다'고 했다(山海經曰：鶡雞似雉而大, 靑色, 有毛角, 鬪敵死乃止)"며 인용하고 있다. 구유는 《風俗通》에서 "털로 짠 깔개를 구유라고 한다(織毛褥, 謂之氍毹)"고 했다. 이를 종합하면 계는 공작류의 푸른 새딜로 짠 것이라고 하겠다.

는 금(錦)뿐만 아니라 계를 보편적으로 생산했음을 알 수 있다.
《삼국지》〈오환선비동이전〉 부여전에서,

> 국내에 있을 때의 옷은 무늬 없는 것을 숭상하여 무늬 없는 천으
> 로 만든 큰소매의 포와 바지를 입고 혁탑(革鞜)을 신었다. 외국에 갈
> 때는 두껍게 짠 증(繒), 수를 놓거나 여러 색으로 물들여 짠 금(錦),
> 푸른 새털로 짠 계를 숭상하고, 대인은 그 위에다 여우·유(狖)·희거
> 나 검은담비로 만든 가죽옷을 덧입었다.[103]

고 한 것처럼, 부여에서도 증·수(繡)·금(錦)과 함께 아름다운 색을
띤 계를 귀하게 여겼다. 부여에서 아름다운 색의 화려한 옷에다
가죽옷을 덧입은 복장은 우아한 분위기를 더하는 것이었다. 이러
한 복장은 우수한 직조 기술과 높은 문화가 아니면 이루어낼 수
없었을 것이다.
  이 같은 훌륭한 기술은 후대로 이어져 신라에서는 계뿐만 아니
라 구유[104]와 구수 그리고 탑등(毾㲪)을 생산했고,[105] 백제에서도 탑
등(毲㲪)을 생산했다.[106] 《설문해자》에 따르면, 이 구유·구수·탑등

<hr>

103) 《三國志》卷30〈烏丸鮮卑東夷傳〉夫餘傳. "在國衣尙白, 白布大袂袍·袴, 履
革鞜. 出國則尙繒繡錦罽, 大人加狐狸·狖·白黑貂之裘."
104) 《三國遺事》卷3 萬佛山 條. "(景德)王은 또 唐나라 代宗皇帝가 불교를 숭
상한다는 말을 듣고 공장이에게 명하여 오색 모포를 만들었다(王又聞唐代宗
皇帝優崇釋氏. 命工作五色毾㲪)."
105) 《三國史記》卷33〈雜志〉器用 條. "6두 및 5두품은 금, 은과 도금, 도은을
사용하지 못하며 호표와 모직 보료와 모포를 사용하지 못한다. 4두품에서
백성들에 이르기까지 금, 은, 황동과 붉은 바탕에 금, 은 돋음한 칠 그릇의
사용을 금하며 모직 보료와 모포와 호피와 중국 담요의 사용도 금한다(六頭·
五頭品, 禁金銀及鍍金銀. 又不用虎皮·毬稷·毾㲪. 四頭品至百姓, 禁金銀鍮石
朱裏平文物. 又禁毬稷·毾㲪·虎皮·大唐毯等)."
106) 《日本書紀》卷19 欽明天皇 15年條. "單船으로 주달했지만 좋은 錦 두 필,
탑등 한 장, 도끼 300자루, 포로한 백성 남자 2명, 여자 5명을 보내고 경박
하여 송구스럽다고 했다(單船遣奏, 但奉好錦二匹, 毲㲪一領, 斧三百口, 及所

(毾㲪)·탑등(氍毹)은 모두 동물의 털로 실을 만들어 짠 것으로, 덮개나 깔개의 용도로 쓰였다.[107]

기존의 연구에서는 계를 비롯하여 구유·구수·탑등(毾㲪)·탑등(氍毹) 등을 모두 남해나 서아시아 또는 중앙아시아나 북방, 중국 등지를 거쳐 우리나라에 전래된 것으로 보았는데,[108] 이는 잘못된 것이다. 그 이유는 다음과 같다.

첫째, 《삼국사기》〈잡지(雜志)〉에서 "4두품에서 평민에 이르기까지…… 모직 보료, 모포, 호피, 중국 담요의 사용을 금한다"[109]고 하여 신라의 모직물과 중국의 모직물을 구별해 설명하고 있다.

둘째, 신라의 경덕왕(景德王)은 당(唐) 대종(代宗)이 불교를 숭상한다는 말을 듣고 오색 모포를 만들어 보냈는데, 이는 신라의 특산품이었다.

셋째, 갈치의 털을 짠 타복과 같은 종류의 고급 모직물인 계는 고조선 때부터 한반도와 만주지역에서 널리 생산되었다. 따라서 같은 직조 방법으로 생산된 모직물인 구유·구수·탑등(毾㲪)·탑등(氍毹) 등이 고대 한민족 사회에 출현한 것은 매우 당연하다 할 것이다.

물론 당시에 신라는 중국이나 북방 또는 남방 등과 널리 교역한 지 오래이다. 따라서 외국에서 들여온 물품에 큰 관심을 보이며 국내의 물품을 낮게 보았기 때문에 신라에서도 제제를 가했던 것이다. 그렇다고 이들 고급 모직물을 신라에서 생산되지 않는 외

　　獲城民, 男二女五, 輕薄追用悚懼)."
107) 《說文解字》. "氍毹氍毹皆氍緂之屬, 蓋方言也."
108) 杉本正年 著·문광희 譯, 《동양복장사논고》 고대편, p.355 ; 李龍範, 〈海外貿易의 發展〉, pp.516~517 ; 李龍範, 〈三國史記에 보이는 이슬람 商人의 貿易品〉, pp.98~99 ; 鄭玩燮, 《織物의 起源과 交流》, pp.113~124 ; 무함마드 깐수, 《新羅西域交流史》, pp.252~256.
109) 《三國史記》 卷33 〈雜志〉 器用 條. "四頭品至百姓,…… 又禁毬㲪·毾㲪·虎皮·大唐毯等."

래적인 것이나 외국의 기술을 도입한 것으로 볼 필요는 없을 것
이다.

4. 가죽과 모직의 가공 도구

앞에서 서술한 많은 종류의 동물 가죽과 털이 다양하게 복식의
재료로서 사용될 수 있었던 것과 조직의 특색을 달리하는 여러
가지 종류의 모직물이 생산되어 수출되고 생활 용품으로 널리 이
용될 수 있었던 것은 오랜 시간 가공을 거치면서 축적된 수준 높
은 기술의 공정 과정을 거쳤기 때문이다. 그러므로 이 공정 과정
에서 사용된 가공 도구와 생산 도구는 가죽과 모직물 생산 수준
에 직접적인 영향을 주었다고 하겠다.

고대 한민족의 가죽 가공 기술은 구석기시대부터 짐승을 사냥
하여 털가죽을 옷의 재료로 사용하기 시작하면서부터 쌓아온 기
술 축적의 결과였다. 구석기 전기에 흔히 사용되었던 칼날 모양의
타제석기[110]와 구석기 중기·후기에 보이는 송곳·칼날·긁개·찌르개·
새기개·뚜르개와 같은 도구[111]들이 짐승의 가죽을 가공하는 데 쓰
였던 도구들이었다고 볼 수 있다. 특히 구석기 중기에는 석기의
제작 기술이 진보했을 뿐만[112] 아니라 이 시기의 유적들에서 긁개·

---

110) 金元龍·崔茂藏·鄭永和, 《韓國舊石器文化硏究》, 韓國精神文化硏究院, 1981,
　　　pp.1~14 ; 손보기, 〈石壯里의 전기·중기구석기文化層〉, 《한국사연구》 7, 1972.
　　　pp.1~58 ; 조선유적유물도감편찬위원회, 《조선유적유물도감》 1－고조선·진
　　　국·부여편, p.43 ; 고고학연구소, 〈상원 검은모루유적 발굴중간보고〉, 《고고
　　　민속론문집》 1, 사회과학원출판사, 1969, pp.18~23.
111) 손보기, 〈구석기문화〉, 《한국사 I》, 국사편찬위원회, 1977, pp.34~39.
112) 이융조, 〈舊石器時代〉, 《한국사론》 1 古代, 國史編纂委員會, pp.1~32 참조 ;
　　　金元龍, 〈廣州渼沙里 櫛文土器遺蹟〉, 《歷史學報》 14, 1961, pp.133~145 참조 ;
　　　조선유적유물도감편찬위원회, 《조선유적유물도감》 1－고조선·진국·부여편, p.43.

찌르개·뚜르개·새기개·주먹도끼 등 갖가지 용도에 쓰였을 것으로 생각되는 여러 종류의 뼈도구들이 적지 않게 발견되어 뼈도구가 크게 발전했음도 알 수 있다. 구석기 후기의 유적들에서 출토된 칼날·뼈송곳·뼈바늘[113] 등은 새기개·밀개 등의 석기와 함께 가죽을 자르고 가공하는 데 사용되었고, 뼈바늘은 짐승의 힘줄이나 삼껍질 등을 바느질 실로 사용해 형태를 갖춘 옷을 짓거나 누비었으며 그물 같은 것을 뜨는 데도 사용되었던 것이다.

그 동안의 고고발굴과 연구에 의하여 한반도와 만주에는 구석기시대부터 계속해서 사람들이 살고 있었음이 확인되었고, 신석기나 청동기시대의 주민들이 다른 곳으로부터 이주해왔다는 견해가 성립될 수 없다는 사실이 밝혀지게 되었다.[114] 또한 한반도와 만주의 신석기시대가 시작된 연대가 중국의 황하(黃河)유역과 비슷하거나 앞섰던 것[115]으로 밝혀졌다. 황하유역에서 발견된 신석기시대 유적 가운데 가장 연대가 올라가는 것은 하남성의 배리강문화(裵李崗文化)유적[116] 그리고 하북성과 하남성 경계지역의 자산문화(磁山文化)유적[117]으로 그 시작 연대가 모두 서기 전 6000년경인데, 한

---

113) 손보기, 〈구석기문화〉, p.44 ; 孫寶基, 〈石莊里의 後期 舊石器時代 집자리〉 《韓國史研究》 9, 1973, pp.15~57 ; 水野淸一,〈滿洲舊石器時代の骨角器資料〉, 《人類學雜誌》 48-12, 1933, pp.476~483 ; 直良信夫, 〈朝鮮 潼關鎭 發掘舊石器時代の遺物〉, 《滿蒙學術調査硏究報告》 6-3, 1940, pp.1~12.
114) 李鮮馥, 〈신석기·청동기시대 주민교체설에 대한 비판적 검토〉, 《韓國古代史論叢》 1, 駕洛國史蹟開發硏究院, 1991, pp.41~66.
115) 제주도 고산리유적에서 화살촉 등과 함께 토기가 발견되었는데, 그 연대가 서기 전 8000년경으로 추정되고 있다(임효재, 〈한·일문화 교류사의 새로운 발굴자료〉, 《제주 신석기문화의 원류》, 한국신석기연구회, 1995 참조).
116) 開封地區文管會·新鄭縣文管會, 〈河南新鄭裴李崗新石器時代遺址〉, 《考古》, 1978年 第2期, pp.73~74 ; 嚴文明, 〈黃河流域新石器時代早期文化的新發現〉, 《考古》, 1979年 第1期, p.45 ; 中國社會科學院考古硏究所實驗室, 〈放射性碳素測定年代報告(六)〉, 《考古》, 1979年 第1期, p.90.
117) 邯鄲市文物保管所·邯鄲地區磁山考古隊短訓班, 〈河北磁山新石器時代遺址試掘〉, 《考古》, 1977年 第6期, p.361 ; 安志敏, 〈裴李崗·磁山和仰韶〉, 《考古》,

반도와 만주지역에서도 강원도 양양의 오산리유적,[118] 내몽고자치구 동부의 홍륭와(興隆洼)유적[119]의 연대가 서기 전 6000년경으로 확인되었다.

신석기 전기유적인 궁산유적 제1기층(서기 전 6000~5000년)에서는 크고 작은 그물추들이 많이 출토되어 실이 널리 쓰였음을 알 수 있다. 또한 가락바퀴로 뽑은 가는 베실이 뼈바늘에 꿰어 있는 것이 발견되어[120] 신석기시대에 이미 바느질을 했음을 보여주고 있다. 궁산유적을 비롯한 같은 신석기 전기의 유적인 서포항유적 제1기층(서기 전6000~5000년)과[121] 지탑리유적 1호(서기 전 6000~5000년) 집자리[122]에서 바늘과 더불어 가락바퀴가 나왔고 서포항유적 1기층에서는 가락바퀴와 더불어 씨실넣기에 쓴 갈구리가 출토되었다.[123]

가락바퀴가 출현하기 이전에는 손으로 비벼서 실을 얻었는데, 이렇게 단순한 방법으로 얻은 실은 비교적 길이가 짧고 질기지 못했을 것이다. 그러나 가락바퀴의 출현은 질기고도 긴 길이의 실을 얻을 수 있게 하여 단순히 바느질 실이나 그물 짜는 재료로만 사용된 것이 아니라 직물 생산의 중요한 계기를 마련했을 것이다.

신석기 중기의 유적인 곽가촌유적 1기층(서기 전 4000년)에서는

1979年 第4期, p.340.

118) 任孝宰·李俊貞,《鰲山里遺蹟 Ⅲ》, 서울大學校博物館, 1988.

119) 楊虎,〈內蒙古敖漢旗興隆洼遺址發掘簡報〉,《考古》, 1985年 10期, pp.865~874.

120) 김용남,〈궁산문화에 대한 연구〉,《고고민속론문집》8, 과학 백과 사전 출판사, 1983, p.35 ; 조선기술발전사편찬위원회,《조선기술발전사》원시·고대편, p.59.

121) 김용간·서국태,〈서포항원시유적발굴보고〉,《고고민속론문집》4, 사회과학출판사, 1972, pp.40~108. 이 유적에서 발굴된 바느질바늘은 길이 4.5센티미터와 7.5센티미터인데, 4.5센티미터의 바늘은 귀구멍이 2밀리미터 정도로 매우 가늘다.

122) 도유호·황기덕,〈지탑리 유적 발굴 중간 보고(1)〉,《문화유산》5, 사회과학원출판사, 1957, p.36.

123) 김용간·서국태,〈서포항원시유적발굴보고〉, p.45.

가락바퀴 142점과 짐승뼈를 갈아 만든 북이 출토되었다.[124] 북은 갈구리와 함께 날실들 사이에 씨실을 넣어주기 위한 도구로서, 북의 출현은 신석기 중기부터는 직물 생산이 널리 진행되었음을 의미한다. 신석기 중기에 속하는 서포항유적 3기층(서기 전 4000년)에서도 바늘[125]과 함께 여러 가지 형태의 뼈로 만든 북이 출토되었다(그림 2). 이 뼈도구들에 대해 김원룡(金元龍)은 신상(神像)과 여신상(女神像) 및 패식(佩飾)으로 보았으나,[126] 북한 학자들은 북으로 보고 있다. 이 뼈도구들은 길이가 보통 7~8센티미터이고 긴 것은 19~20센티미터 정도이며, 끝 부분은 모두 뾰족하고 귀 부분에는 거의 다 구멍이 있다. 이 뼈도구를 심으로 하고 거기에 실을 감은 다음 귀 부분의 구멍으로 실을 뽑아 쓰는 북으로 쓰였다는 것이 북한 학자들의 견해인데,[127] 이는 매우 타당성이 있다.

신석기 후기인 농포유적(서기 전 3000년)에서는 가락바퀴가 95점이 나왔고, 같은 시대의 서포항유적 5기층에서도 가락바퀴와 함께 바늘과 바늘통[128]이 나왔다. 지금까지 알려진 신석기시대의 가락바퀴는 뼈로 만든 것[129]과 돌을 갈아 만든 것 외에 질그릇 조각이나 진흙으로 빚어 구워 만든 것들이 있다. 그 생김새로는 원반 모양, 산 모양, 주산알 모양 등이 있다.

---

124) 사회과학원력사연구소 고고학연구소, 《원시사》, p.150 ; 조선기술발전사편찬위원회, 《조선기술발전사》 원시·고대편, p.62.
125) 김용간·서국태, 〈서포항원시유적발굴보고〉, p.69.
126) 金元龍, 《韓國考古學硏究》 3版, 一志社, 1992, pp.122~124.
127) 조선기술발전사편찬위원회, 《조선기술발전사》 원시·고대편, p.61.
128) 김용간·서국태, 〈서포항원시유적발굴보고〉, p.69·p.105. 바늘 통은 짐승의 다리뼈의 한쪽 끝을 좀 잘라버리고 쓴 것이고, 바늘은 길이는 17.5센티미터·9.8센티미터·10~13센티미터 등으로 다양하고 모두 1밀리미터도 안 되는 가는귀가 뚫려 있는 것으로 보아 바느질 기술이 정교했다고 생각된다.
129) 中國社會科學院考古研究所內蒙古工作隊, 〈內蒙古敖漢旗周家地墓地發掘簡報〉, 《考古》, 1984年 5期, p.819(圖 12).

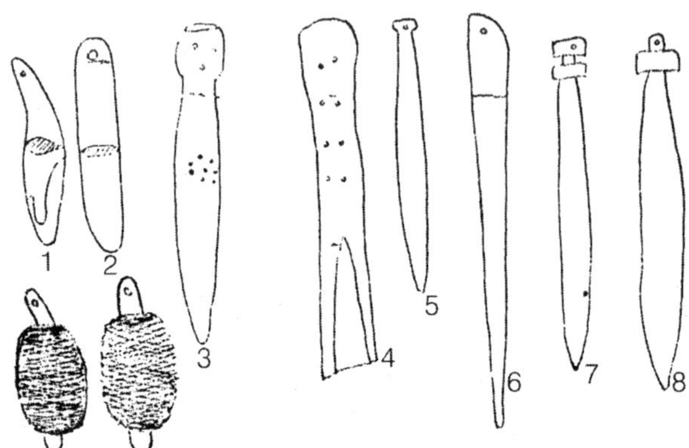

〈그림 2〉 서포항유적 3기층에서 출토된 뼈도구

가락바퀴의 형태는 빔주기나 실을 켜려는 섬유의 종류에 따라
서로 다르다. 질그릇 조각으로 만든 가락바퀴는 질량이 작기 때문
에 털솜과 같은 실을 뽑는 데 쓰이고, 진흙을 빚어 만든 것 혹은
산 모양이나 주산알 모양의 가락바퀴는 질량이 상대적으로 크므
로 보다 질긴 섬유인 베실의 빔주기 또는 파고치나 찌끼고치로부
터 실을 뽑는 데 쓰였을 것이다.[130] 따라서 고조선의 모직물 생산
에는 주로 질그릇 조각으로 만든 가락바퀴가 사용되었을 것이다.

그런데 여기서 중요한 점은 고조선지역에서 발굴된 가락바퀴들
은 그 표면에 나타나는 문양에서 공통점을 갖고 있다는 점이다.
이는 북방지역이나 중국지역에서 출토되는 가락바퀴들의 모양과
전혀 다른 것으로, 고조선지역만의 특징으로 나타난다.

즉, 가락바퀴에 새겨진 무늬는 질그릇에 새긴 무늬와 같은 방법
으로 점과 선을 누르거나 그어서 새긴 것이다. 이같이 선을 그어
서 만든 무늬는 신석기시대 유적과 청동기시대 유적에서 나온 뼈
바늘통(그림 3)[131]이나 그 밖의 뼈 조각품에 새겨진 기하문양에서도

---

130) 조선기술발전사편찬위원회, 《조선기술발전사》 원시·고대편, p.60.

보인다. 고조선의 영역이었던 한반도와 만주
지역에서 발견된 가락바퀴 무늬의 모양은
대체로 26가지로 정리되는데(〈표 3〉 참조),[132]
무늬는 대부분 복판의 구멍을 중심으로 햇살
이 퍼져나가듯이 점선을 곧바로 또는 휘게
여러 줄 새긴 공통점을 갖고 있다. 이러한
문양의 가락바퀴가 돌아가는 모양은 마치
바람개비가 돌아가는 모양과 같았을 것이다.

이 같은 고조선지역의 가락바퀴와 북방지
역 및 중국 가락바퀴의 특징을 견주어보면
다음과 같다.

서역지역의 가락바퀴는 무늬가 없는 것이
특징이다. 예를 들어, 중국 한대(漢代)에 해당
하는 누란(樓蘭) 고태고묘(孤台古墓)유적에서
흙으로 만든 가락바퀴 5점과 납으로 만든 가
락바퀴 7점이 출토되었는데(그림 4),[133] 흙으로
만든 것 가운데 한 가락바퀴에 두 줄로 다
섯 곳에 선을 그은 무늬가 보일 뿐 모두 무
늬가 없다. 또한 같은 시대에 해당하는 산보
랍(山普拉) 고묘에서 출토된 가락바퀴는 질
그릇·나무·돌로 만들어졌는데,[134] 역시 무늬가 없다.

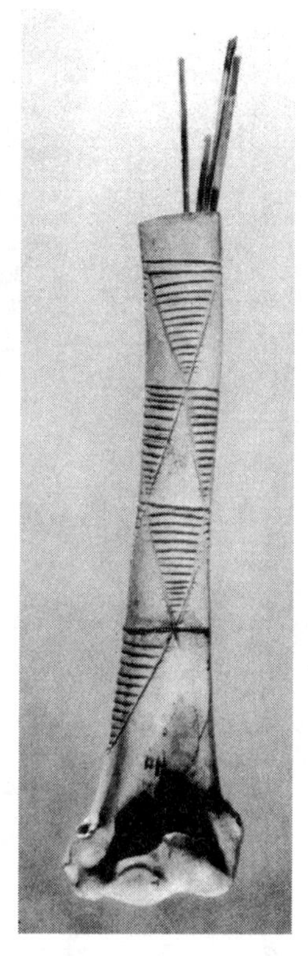

〈그림 3〉 서포항유적에
서 출토된 바늘과 뼈
바늘통

---

131) 付惟光·辛建, 〈滕家崗遺址出土的刻劃紋飾藝術〉, 《中國考古集成》 東北卷 新
　　　石器時代(二), p.2075 ; 김용간·서국태, 〈서포항원시유적발굴보고〉, p.116.
132) 〈표 3〉 가락바퀴의 무늬 특징별 출토지 일람표는 그간 발표된 발굴보고서
　　　와 고고학 논문에 실린 가락바퀴들을 저자가 유형별로 정리한 것이다.
133) 李肯冰, 앞의 책, pp.78~79.
134) 같은 책, pp.85~87.

〈그림 4〉 고태고묘에서 출토된 가락바퀴

중국 가락바퀴는 한반도와 마찬가지로 주로 돌을 갈거나 흙을
구워 만든 것들이다. 황하유역에서 발견된 신석기시대 유적 가운
데 가장 연대가 오래된 것은 하남성의 배리강유적[135] 그리고 하북
성 남부와 하남성의 동북부 경계 지역의 자산유적이다. 배리강유
적에서는 가락바퀴가 발견되지 않았고 자산유적에서만 가락바퀴
가 발견되었다. 자산유적에서는 흙으로 구워 만든 흙 가락바퀴가
뼈바늘·뼈송곳 등과 함께 발견되었다.[136] 이는 한반도에서 가락바
퀴가 발견된 유적들 가운데 가장 연대가 오랜 궁산유적, 서포항유
적 제1기층, 지탑리유적 1호 집자리와 비슷한 시기이다. 그런데
중국의 가락바퀴는 한반도나 만주지역에서 출토된 가락바퀴들이
새김무늬의 모습을 갖는 것과는 달리 중국의 채색 질그릇에서 보
이는 것과 같은 문양이 채색되어 있거나(그림 5)[137] 등문(滕紋) 혹
은 팔각등문이 그려져 있다(그림 6).[138] 중국에서 출토된 가락바퀴

135) 開封地區文管會·新鄭縣文管會, 〈河南新鄭裴李崗新石器時代遺址〉, 《考古》,
       1978年 第2期, pp.73~74 ; 嚴文明, 〈黃河流域新石器時代早期文化的新發現〉,
       《考古》, 1979年 第1期, p.45 ; 中國社會科學院考古硏究所實驗室, 〈放射性碳素
       測定年代報告(六)〉, 《考古》, 1979年 第1期, p.90.
136) 邯鄲市文物保管所·邯鄲地區磁山考古隊短訓班, 〈河北磁山新石器時代遺址試
       掘〉, 《考古》, 1977年 第6期, pp.363~371.
137) 譚旦冏, 《中國藝術史論》, 乙·史前論, 1980, p.18·p.31.

의 모양을 정리하면 〈표 2〉와 같다.

	출토지	근거 문헌자료	실물 모양
1	湖北省 孝感地區	孝感地區博物館, 〈湖北孝感地區新石器時代遺址調査試掘〉, 《考古》, 1990年 第11期 p.984.	
2	湖北省 天門市 鄧家灣遺址	石河考古隊, 〈湖北天門市鄧家灣遺址1992年發掘簡報〉, 《文物》, 1994年 第4期 p.37.	
3	湖北省 石河遺址	石河考古隊, 〈湖北省石河遺址群1987年發掘簡報〉, 《文物》, 1990年 第8期 p.13.	
4	湖北省 雲夢縣	雲夢縣博物館, 〈湖北雲夢新石器時代遺址調査簡報〉, 《考古》, 1987年 第2期 p.99·p.103.	
5	湖北省 京山縣	湖北省荊州地區博物館, 〈湖北京山油子岭新石器時代遺址的試掘〉,《考古》, 1994年 第10期 p.875.	
6	山東省 濟寧市	國家文物局考古領隊培訓班, 〈山東濟寧程子崖遺址發掘簡報〉, 《文物》, 1991年 第7期 p.45.	
7	江西省 清江縣	江西省文物工作隊·清江縣博物館·中山大學考古專業, 〈清江樊城堆遺址發掘簡報〉, 《考古與文物》, 1989年 第2期 p.24·p.33.	

---

138) 沈從文, 《中國古代服飾研究》, 香港商務印書館, 1992, pp.19~21 ; 河姆渡遺址
考古隊, 〈浙江河姆渡遺址第二期發掘的主要收穫〉, 《文物》, 1980年 第5期, pp.
1~11.

8	甘肅省 秦安縣	甘肅省博物館·秦安縣文化館·大地灣發掘小組, 〈甘肅秦安大地灣新石器時代早期遺存〉, 《文物》, 1981年 第4期, p.5.	
9	甘肅省 康樂縣	臨夏回族自治州博物館, 〈甘肅康樂縣邊家林新石器時代墓地清理簡報〉, 《文物》, 1992年 第4期, p.70.	
10	河南省 孟縣	河南省文化局文物工作隊, 〈河南孟縣澗溪遺址發掘〉, 《考古》, 1961年 第1期, p.37.	
11	福建省 福清縣	福建省文物管理委員會, 〈福建福清東張新石器時代遺址發掘報告〉, 《考古》, 1965年 第2期, p.49.	
12	陝西省 長安縣	陝西省文物管理委員會, 〈陝西張安灃西張家坡西周遺址的發掘〉, 《考古》, 1964年 第9期, p.445.	
13	上海市 清浦縣	上海市文物保管委員會, 〈上海清浦縣金山玫遺址試掘〉, 《考古》, 1989年 第7期, p.580.	
14	鄭州市 商代遺址	鄭州市博物館, 〈鄭州商代遺址發掘簡報〉, 《考古》, 1986年 第4期, p.325.	
15	天津市 薊縣	天津市文物管理處考古隊, 〈天津薊縣圍坊遺址發掘報告〉, 《考古》, 1983年 第10期, p.877.	

| 16 | 湖北省 京山, 天門 河南省 淅川 | 吳山,〈試論我國黃河流域 長江流域和華南地區新石器時代的裝飾圖案〉, 《文物》, 1975年 第5期, p.68. |  |

〈표 2〉 중국에서 출토된 가락바퀴의 출토지 일람표

이와 같이 고대 한민족이 사용하던 가락바퀴가 중국이나 북방지역과 달리 독자적인 특징을 가지고 있다는 것은 고대 한민족이 일찍부터 독자적으로 직물 기술을 발전시켜나갔음을 알게 해준다. 또한 이것은 한반도와 만주지역에서 발전한 신석기시대의 선을 위주로 한 새김무늬 질그릇의 특징적인 문화의 일부임도 확인시켜준다. 서기 전 2000년기에 속하는 신암리, 쌍타자 2기, 곽가촌, 조공가 등지의 청동기 초기에 속하는 유적에서 발견되는 질그릇 무늬는 신석기시대 이래로 그곳에서 자라난 새김무늬 그릇의 무늬 장식을 계승한 것으로, 당시에 벌써 도식화의 과정에 있었음을 보여준다. 이는 이후 청동기문화를 특징짓는 선을 위주로 하는 무늬 도안으로 이어져 한반도와 만주지역에서 보이는 청동 단검·창끝·도끼를 비롯한 도구와 무기·거울 등의 일용품 그리고 銅泡 등의 장식품에 공통적으로 나타나는 무늬 장식인 선을 주로 하는 기하무늬 장식으로 발전한다. 이러한 무늬 장식의 특징은 중국이나 호의 고대 유물에서는 찾아볼 수 없는 고대 한민족만의 특징인 것이다.

따라서 문헌자료의 분석과 함께 비파형동검, 세형동검, 청동거울, 새김무늬 질그릇이 출토되는 지역에 근거하여 고조선의 문화권을 설정하는 견해[139]에 가락바퀴는 또 하나의 좋은 근거가 될 것이다.

---

139) 윤내현, 《고조선 연구》, pp.170~306 참조.

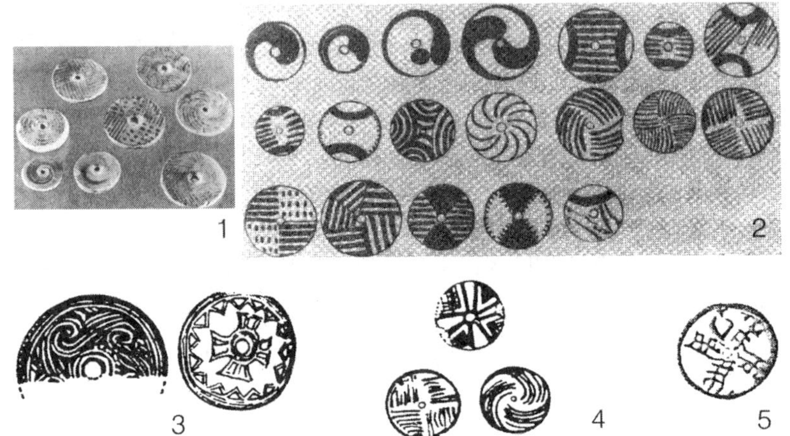

〈그림 5〉 채도 가락바퀴(1과 2. 석가하에서 출토, 3. 하모도에서 출토, 4. 제
가유적에서 출토, 5. 굴가령유적에서 출토)

〈그림 6〉 등문[팔각등문]문양의 가락바퀴(1. 강소성 무진반가당에서 출토, 2.
절강성 하모도에서 출토, 3. 절강성 비현대돈자에서 출토)

그런데 신석기 초기부터 실 생산에 쓴 이 같은 가락바퀴는 청
동기 말기에서 철기 초기에 이르러 점차 사라진다. 오랫동안 실
생산에 사용되던 가락바퀴가 사라졌다는 것은 가락바퀴보다 더
생산성이 높은 다른 도구가 개발되었다는 것을 의미한다. 무산 범
의구석유적 8호 집자리(서기 전 2000년기 후반기)에서 자세로 꼰, 불
에 타다 남은 베실이 나왔다. 자세로 가늘게 꼬았다는 것은 물레

로 실을 생산했다는 것을 알려준다. 물레의 개발은 실의 생산량을 늘리고 질을 높이며 천의 종류를 넓힐 수 있게 해주었다. 물레로는 베실만이 아니라 양털이나 개털을 비롯한 여러 가지 털로 짠 실과 파고치나 찌끼고치로부터도 원하는 굵기의 실을 뽑을 수 있었다. 또한 이미 뽑은 한 올을 두 올 이상으로 합하거나 빔을 줄 수도 있었다.[140]

물레의 등장과 더불어 회령의 오동유적(서기 전 2000년기 후반기)에서는 짐승의 어깨뼈로 만든 바디[141]가 출토되었으며, 강계시 공귀리유적에서는 흙추[142]가 출토되었다. 이러한 유물은 당시 수직식 직기가 사용되었음을 뜻한다. 이러한 방직기가 사용됨으로써 마직물뿐만 아니라 모직물과 사직물 등 여러 천들을 짤 수 있게 되었고, 그 조직도 다양하게 변화시킬 수 있게 되었다.

따라서 한민족은 청동기시대인 서기 전 2000년 전후인 고조선 전기에 이미 직물 생산 기술이 높은 단계에 올라, 질이 좋고 다양한 조직의 모직물을 대량으로 생산하기에 이르렀던 것이다.

고대 한민족은 고급스런 모직물과 더불어 높은 질의 가죽옷을 생산했는데, 그것은 발달한 가죽 가공 도구를 통해서도 알 수 있다. 신석기시대와 청동기시대 유적에서는 구석기시대 이래로 사용되던 칼과 긁개·밀개와 같은 석기들이 자주 발견되는데, 먼저 타정을 하고 다시 갈아 만들어 구석기시대의 것보다 발전된 정교한 모양이다.[143] 특히 구석기 후기의 유적에서 처음 보이는 예리한 흑

---

140) 조선기술발전사편찬위원회, 《조선기술발전사》 원시·고대편, p.62.
141) 사회과학원 고고학 및 민속학 연구소, 《회령 오동 원시유적 발굴보고》－유적 발굴보고 7, 사회과학원출판사, 1960, p.52 및 도판 CXX의 1 ; 사회과학원력사연구소, 《조선전사》 1－원시편, 과학백과사전출판사, 1979, p.237.
142) 사회과학원 고고학 및 민속학 연구소, 《강계시 공귀리 원시 유적 발굴 보고》－유적발굴보고 6, 사회과학원출판사, 1959, pp.28~30.
143) 金元龍, 〈春川校洞 穴居遺跡과 遺物〉, 《歷史學報》 20, 1963, pp.1~27 참조.

요석제[144]의 칼이나 긁개가 청동기시대 유적의 집자리에서 많이 나오는데, 이는 가죽옷을 이기거나 마르는 데 쓰는 도구라는 것을 알 수 있고, 청동기 후기에 보이는 창끝 모양의 편암제의 칼과 예리한 뼈송곳이 많이 보이는 것은[145] 손칼 등의 청동기와 함께 갖옷을 만드는 데 사용된 도구였을 것이다.

청동으로 만들어진 공구로는 주로 도끼·칼·송곳·끌 등인데, 이들은 가죽 제품을 가공하는 데 큰 도움을 주었을 것이다. 이 공구 가운데 도끼와 칼은 무기로도 쓰였다. 와룡천무덤에서 출토된 길이가 3.5센티미터 되는 작은 도끼와 정가와자 6512호 무덤에서 출토된 날 부분과 자루를 합한 길이가 20센티미터 정도인 칼은 가죽 등을 세밀하게 가공할 수 있는 공구였을 것으로 생각된다.[146]

청동기시대는 한반도와 만주지역이 황하유역보다 빠른 것으로 확인된다. 황하유역에서 가장 빠른 청동기문화인 이리두문화(二里頭文化)는 그 시기가 서기 전 2000년경[147]이다. 한반도와 만주의 청동기시대 유적인 경기도 양수리의 지석묘[148]와 전남 영암군 장천리의 집자리[149] 및 요서(遼西)지역의 하가점(夏家店)하층문화[150]는 모두

---

144) 흑요석은 화산이 분출할 때 나오는 돌물이 식어서 만들어진 것으로서 매우 굳고 보통 검은색의 유리 광택을 내며, 굳기나 깨지는 모양이 예리한 날을 만들어 내기에 좋은 석재이다 ; 김교경, 〈흑요석의 물붙임층 연대측정법〉, 《조선고고연구》, 1990년 제3호, 사회과학원 고고학연구소, pp.46~48 참조.
145) 고고학연구소, 〈두만강 류역의 청동기시대 문화〉, 《고고민속론문집》 2, 사회과학원출판사, 1970, pp.35~39.
146) 박진욱, 《조선 고고학 전서》, 과학 백과사전 종합 출판사, 1997, p.54.
147) 中國科學院考古研究所洛陽發掘隊, 〈1959年河南偃師二里頭試掘簡報〉, 《考古》, 1961年 第2期, p.82 ; 中國科學院考古研究所發掘隊, 〈河南偃師二里頭遺址發掘簡報〉, 《考古》, 1965年 第5期, p.215 ; 夏鼐, 〈碳一14測定年代和中國史前考古學〉, 《考古》, 1977年 第4期, p.229.
148) 李浩官·趙由典, 〈楊平郡兩水里支石墓發掘報告〉, 《八堂·昭陽댐水沒地區遺蹟發掘綜合調査報告》, 文化財管理局, 1974.
149) 崔盛洛, 《靈巖 長川里 住居址》 2, 木浦大學博物館, 1986, p.46.
150) 中國社會科學院考古研究所編, 《新中國的考古發現和研究》, 文物出版社, 1984,

서기 전 2600~2500년경으로 확인되었다. 이 같은 결과는 한반도와 만주에 살던 사람들의 문화가 중국보다 앞섰음을 말해준다. 직물의 경우 중국과 한반도 및 만주지역이 그 사용된 때가 비슷하게 나타나지만, 이후 청동기문화에서는 중국보다 앞선 고조선지역이 훨씬 앞선 생산 수준을 갖게 되었을 것이다.

고조선 후기에 이르면 철기가 사용되기 시작했다. 중국 철기의 시작은 서기 전 8세기 이전으로 보고 있다. 김원룡은 한국 철기의 시작을 서기 전 3세기로 보았다.[151] 그러나 황기덕과 김섭연은 송화강(松花江)유역의 길림성 소달구(騷達溝)유적 돌곽무덤에서 출토된 철기에 대한 분석에 근거하여 서기 전 8~7세기 또는 그 이전으로 소급해야 한다고 주장했다.[152] 윤내현은 중국의 전국시대에 해당하는 요령성지역의 유적에서 보편적으로 출토되는 철기의 제조 기술 수준이 황하 중류유역과 동등하고 철제 농기구가 보편적으로 많이 출토되고 있는 점에 근거하여, 철기가 보편화되기까지는 오랜 기간을 필요로 할 뿐만 아니라 황하 중류유역과 기술 수준이 동등하다면 그 시작된 연대도 비슷할 것으로 보고, 한국의 철기시대는 서기 전 8세기보다 앞설 것으로 보았다.[153] 이 같은 주장들을 보다 확실히 해줄 수 있는 유물이 서기 전 12세기의 무덤인 강동군 송석리 문선당 1호 돌판 무덤에서 출토되었다. 이 유적

---

pp.340~344.

151) 金元龍, 《韓國考古學槪說》 第3版, 一志社, 1986, pp.101~103.

152) 황기덕·김섭연, 〈우리나라 고대 야금기술〉, 《고고민속론문집》, 과학백과사전출판사, 1983, p.172. "소달구 돌곽무덤에서 나온 조롱박 모양의 단지는 서기 전 8~7세기경에 고조선지역에서 나타나는 미송리형단지의 한 종류이다. 그리고 돌곽무덤에서 나온 날이 부채살처럼 퍼진 청동 도끼와 자루 부분에 도드리가 있는 청동 칼 등의 청동기와 흰토막구슬은 료하유역에서 서기 전 8세기를 전후한 시기에 유행한 물건들이다. 따라서 소달구의 돌곽무덤의 연대는 대략 서기 전 8~7세기로 추정된다."

153) 윤내현, 《고조선연구》, p.108.

에서는 순도가 높은 철로 만든 쇠거울이 출토되어[154] 한국 철기시대가 서기 전 12세기 이전으로 거슬러 올라갈 수 있음을 입증해주었다. 이 유적의 발굴 결과는 윤내현·황기덕·김섭연의 주장을 확실하게 뒷받침해주고 있으며, 고조선의 철기시대는 중국보다 무려 4세기 정도나 앞서 시작되었음을 알게 해준다.

철기는 농기구에 가장 많이 사용되었고, 그 다음으로 일반 공구이며, 무기는 공구보다 적다.[155] 농기구로는 호미·괭이·삽·낫·반달칼·도끼 등이 있고, 공구로는 자귀·끌·손칼·송곳 등이 있다. 이같은 상황은 농업 생산의 증대와 목축업과 수공업의 발달을 가져왔다. 이를 바탕으로 한 가공 도구의 발달과 일반 공구의 보편적인 보급 현상은 가죽 가공 기술이 그 이전보다 훨씬 발달하도록 만들었을 것이다.

이상의 고찰을 통해 우리는 고조선지역에서 우수한 가죽 제품을 많이 생산하고 수준 높은 직조 기술로 다양한 모직물을 생산할 수 있었던 기반을 다음 두 가지로 요약할 수 있을 것이다. 첫째는 사냥과 목축업을 통하여 얻을 수 있는 동물자원이 풍부했고, 둘째는 중국이나 북방지역보다 청동기나 철기가 훨씬 앞서 시작되었기 때문에 가공 도구와 기술에서 이른 발달을 가져왔다는 점이다.

이 글의 뒤에 첨부한 도표는 한반도와 만주지역의 신석기시대부터 청동기시대까지의 여러 발굴 보고서에 등재되어 확인할 수 있는 가락바퀴의 모습을 비슷한 무늬끼리 정리한 것이다. 그 결과는 다음과 같다.

첫째, 고조선지역의 가락바퀴는 중국이나 북방지역의 가락바퀴

---

154) 조선기술발전사편찬위원회, 《조선기술발전사》 원시·고대편, pp.42~43. 철의 순도를 C 0.06퍼센트, Si 0.18퍼센트, S 0.01퍼센트, Mn 흔적으로 밝히고 있다.
155) 박진욱, 《조선 고고학 전서》, p.139.

와는 다른 다양한 새김무늬의 특색을 갖는 것으로 확인되었다.

둘째, 새김무늬의 모습을 갖는 이들 가락바퀴가 분포되어 있는 지역은 한반도와 만주의 전 지역이다.

5. 닫는 글

지금까지 저자는 한국과 중국의 문헌자료와 고고자료를 근거로 하여 고대 한민족의 복식 재료 가운데 가죽과 모직물의 발달 과정과 종류 및 수준에 대하여 살펴보았다.

고대 한민족이 생산했던 가죽은 특수 가죽과 일반 가죽으로 분류된다. 문헌자료에 나타난 특수 가죽의 생산지와 생산 품목은 다음과 같다. 고조선에는 비, 붉은 표범, 누런 말곰이 있었고, 발과 조선에서는 문피와 표범이, 예에는 문피와 반어가 있었다. 고구려에서는 흰 사슴, 흰 노루, 자색 노루, 주표가, 한에서는 세미계가, 부여에서는 삼각사슴, 꼬리가 긴 토끼, 붉은 표범, 낙타가, 숙신에서는 자줏빛 여우, 흰매, 흰말이 생산되었다. 이 같은 동물들의 가죽은 당시 중국에서 크게 관심을 가졌던 희귀한 특수 가죽들이다. 문헌자료에 따르면, 이 같은 특수 가죽 외에 한반도와 만주에서 일반 가죽 생산에 쓰인 동물로는 멧돼지, 사슴, 여우, 너구리, 말, 담비, 놜, 호랑이, 곰 등이 있으며, 고구려 고분벽화에서는 위의 동물 외에 노루, 꿩, 족제비, 수달이 보인다. 그런데 실제로 신석기에서 철기시대까지의 한반도와 만주지역의 유적에서는 위의 동물 외에도 돼지, 개, 소, 말사슴, 사향노루, 복작노루, 승냥이, 토끼, 산양, 양, 낙타, 오소리, 물소, 청서 등의 육지 동물과 물개, 넝에, 고래와 같은 바다짐승도 확인되어 실제로는 이러한 다양한 동물의 가죽들이 모두 가죽 제품의 재료로 이용되었을 것으로 생각된다.

한민족은 신석기시대부터 다양한 방법의 사냥 기술과 목축업의 발전으로 야생동물과 함께 많은 집짐승의 가죽을 생산하기 시작했다. 그 뒤 청동기시대 유적에서는 작은 야생동물들과 집짐승의 비율이 높아지는데, 이 시기에는 청동기의 보급과 함께 농업과 목축업 및 수공업이 발달하여 사냥에 많이 의존했던 복식 재료가 집짐승의 가죽이나 그 털로 짠 모직물로 바뀌었을 것이다. 그리고 사직물·누에고치솜·삼베 등이 혼용되어 야생동물 가죽을 옷으로 이용하는 것이 줄어들었을 것이다.

고조선 후기에 이르면 철기가 사용되었는데, 철기는 농업 생산 증대에 크게 기여했고 이를 바탕으로 목축업이 한층 발달하여 집짐승의 가죽이 수공업품의 재료로서 이전보다 훨씬 많이 사용되었다. 문헌자료에 따르면, 고구려·부여·한 등에서는 모두 가죽신을 신었다고 했는데, 신발은 복식 가운데 가장 많은 수요를 필요로 하는 것으로 집짐승의 가죽을 사용했을 것이다. 이 같은 특수 가죽과 일반 가죽들은 모두 생가죽 상태로는 사용할 수 없기 때문에 부드럽게 만드는 작업을 통해 생피의 단백질을 부패시키지 않고 안정된 가죽으로 전환시키는 처리과정을 거쳐야 한다. 고조선지역에서 이미 가죽 가공방법의 지식이 발달했기 때문에 질 좋은 물건을 만들 수 있었을 것이다. 그러나 이에 대한 기록은 남아 있지 않아 후대의 기록인 《발해국지장편》의 내용과 현재 함경북도 산간지역에 남아 있는 원시적인 방법으로부터 추측해볼 수 있을 뿐이다.

모직의 경우, 서기 전 7세기경인 중국의 춘추시대에 발과 조선이 중국에 팔았다는 기록이 있어, 고조선의 모직물 품질이 매우 우수했음을 알 수 있다. 고조선 중기의 유적인 성성초의 17호 돌널무덤(서기 전 1000년기 초)에서 그러한 사실이 확인되었는데, 그곳에서는 양털실과 개털실을 섞어 짠 모직물이 출토되었다. 구석기 후기의 유적인 석장리유적(서기 전 3만~2만 년)에서 돌로 만들어진 개의 조각품이 출토되어 한반도의 주민들이 개를 길들이기 시작한 것은 구석기 후기부터임이 확인되었다. 양의 경우는 청동기시대의 유적에서 돼지, 말, 개와 함께 양의 뼈가 많이 출토되어 양이 당시에 중요한 목축 동물이었음을 알게 해준다.

성성초 유적에서 발굴된 모직물은 오늘날의 생산되는 다소 거친 모직물에 가까운 것으로서, 고조선에서는 무척 정교한 모직물을 생산했음을 알 수 있었다. 이 시기는 중국의 상·주 교체기에 해당하는데, 고조선이 모직물을 생산하고 그것이 중국에 알려진 것은 이보다 훨씬 앞섰을 것이다.

숙신에서는 일찍부터 돼지를 기르고 그 털로 모직물을 생산했고, 고구려도 돼지털로 짠 모직물인 장일을 생산했다. 돼지의 경우 중국학자들은 하모도유적(서기 전 5010년)에서 도저(陶猪)와 가저(家猪)의 뼈가 발굴되어 세계에서 최초로 돼지를 사육했다고 주장한다. 그러나 한반도에서는 신석기 전기에 속하는 미송리유적 1문화층과 서포항유적 1기층(서기 전 6000~5000년)에서 집돼지의 뼈가 출토되어 한반도에서의 돼지 사육 연대가 중국보다 앞선다는 것을 보여주었다.

고조선 후기의 유적인 앵가령상층유적(서기 전 1250년)에서 몇 개의 도저가 출토되었는데, 중국의 하모도유적에서 출토된 도저의 체구가 야생 돼지와 현대 돼지의 중간에 속하는 데 견주어 앵가령유적에서 출토된 도저는 현대의 돼지와 비슷하여 야생 돼지에서 순화된 기간이 매우 긴 것으로 보인다. 그러므로 고대 한민족이 돼지를 사육하기 시작한 연대는 앵가령상층유적의 연대보다 훨씬 거슬러 올라가야 할 것이다. 따라서 고조선인들이 집돼지의 털로 모직물을 짜기 시작한 것은 매우 오래되었을 것으로 추정된다.

신석기 전기의 유적에서는 가락바퀴 이외에 씨실넣기에 쓴 갈구리가 출토되었고 신석기 중기의 유적에서는 날실 사이에 씨실을 넣기 위한 도구인 북이 출토되어 신석기 중기부터 직물이 활발히 생산되었음이 확인된다. 따라서 고조선지역에서 모직물이 생산된 것은 신석기 전기인 서기 전 6000~5000년경이고 모직물 생산이 널리 진행된 것은 신석기 중기인 서기 전 4000년경이었을 것으로 추정할 수 있다.

숙신은 제순 25년(서기 전 2209년)에 중국과 교역을 했고 그 뒤 서주 무왕 때도 화살과 화살촉 등을 예물로 보냈던 사실로 보아 모직물도 당시 중국에 알려졌을 것이다. 그러했기 때문에 그 뒤 춘추시대에 와서도 고조선의 문피가 중국으로 알려졌던 것이다.

중국은 고대에 모직물이 전혀 발달하지 않았다. 중국은 한대에 이르기까지 모직물이 발달하지 못해 대부분을 수입에 의존했다. 고대 호의 모직물 수준도 고조선보다 뒤떨어졌던 것으로 보인다. 고대 호복의 자료 가운데 모직으로 된 가장 이른 연대의 것은 그 지역의 청동기 초기에 속하는 합밀오보향 고묘에서 발견된 모직옷 그리고 같은 시기의 공작하 묘에서 발견된 모직물이다. 이보다 앞선 서기 전 2500년경을 청동기문화가 시작된 연대로 하고 있는 고조선지역은 호의 지역보다 모직물 생산 기술도 훨씬 우수했을 것이다.

고조선지역에서는 신석기 초기에 발명된 원시적인 방직 기계를 점차 발전시켜 청동기 말기로부터 철기시대에 이르러서는 가락바퀴가 점차 사라지고 물레와 북이 사용되고, 수직식직기가 개발되어 고조선의 직물 수준이 큰 발전을 가져왔었다는 점도 이를 뒷받침한다. 그 결과 다양한 조직의 모습을 보이는 여러 가지 형태의 모직물을 생산할 수 있게 되었던 것이다. 정백동 1호 무덤(서기 전 2세기 말~서기 전 1세기 초)에서 출토된 천은 말꼬리 털로 짠

것들인데, 하나는 간단평짜임을 한 것이었고 하나는 특수평짜임을
한 두 가지 종류였다.

마한 사람들과 부여 사람들은 고급 사직물과 같은 수준을 가진
화려한 푸른빛의 모직물인 계를 생산하여 이미 널리 보급시켰다.
이 같은 기술은 이후 신라와 백제로 이어져 구유·구수·탑등(毾㲪)·
탑등(氍毹) 등의 생산을 가져왔다.

기존의 연구에서는 구유·구수·탑등(毾㲪)·탑등(氍毹) 등을 외래
품으로 보았으나, 고조선의 모직물 직조 기술은 가죽의 가공 기술
과 그 역사를 같이하여 오랜 기간에 걸쳐 축적됨으로써 계에 이
어 구유·구수·탑등(毾㲪)·탑등(氍毹) 등을 새로운 생산품으로 출현
시켰다고 보아야 할 것이다.

이와 같은 가죽과 모직물의 생산과 발달은 한반도와 만주에서
구석기시대부터 사용했던 가공 도구들의 발달사와 함께 한다. 구
석기시대의 돌과 뼈로 된 다양한 용도의 도구들은 가죽을 자르고
가공하는 데 사용되었고, 특히 뼈바늘은 바느질을 했음을 알려준
다. 신석기시대의 가락바퀴와 북은 직물 생산이 크게 발달하는 데
기여했다. 청동기시대에 이르면 청동으로 만들어진 도끼·칼·송곳·
끌 등의 공구류가 가죽 제품을 가공하는 데 큰 도움을 주었으며,
물레가 개발되고 수직식직기가 사용되기 시작하여 직물 생산에
큰 발전을 가져왔다.

청동기문화의 시작 연대는 고조선지역이 황하유역보다 빠른 것
으로 확인되었고 고조선 후기에 이르면 철기가 사용되기 시작했
는데, 철기문화가 시작된 연대도 중국보다 앞섰던 것으로 보인다.
이러한 문화의 발달은 가죽 가공 기술과 모직물 생산 수준을 그
이전보다 크게 향상시켰다고 보아야 할 것이다.

저자는 이상의 고찰을 통해 위의 내용과 함께 또 다른 두 가지
의 의미 있는 결과를 얻었다. 첫째로 고조선의 가죽과 모직물의

생산 수준은 당시 중국이나 북방지역보다 상당히 앞서 있었음을 알 수 있었는데, 중국에서는 지배계층에서만 모직물이 사용되었던 것과 달리 고조선에서는 가죽과 고급 모직물이 사직물이나 마직물 등과 함께 복식 재료로서 이미 대중화되었음을 확인할 수 있었다. 둘째로, 신석기시대부터 청동기시대까지의 유적에서 출토된 가락바퀴를 정리하는 과정에서 고대 한민족의 가락바퀴의 특징을 확인할 수 있었다. 중국의 가락바퀴가 중국의 채색 질그릇에 보이는 채색문양을 하거나 등문 혹은 팔각등문을 특징으로 보이고 호의 가락바퀴가 거의 무늬가 없는 특징을 보이는 것과는 달리, 고조선의 가락바퀴는 다양한 모양의 새김무늬를 그 특징으로 하고 있다는 점이다.

이는 고조선의 영역을 비파형동검, 세형동검, 청동거울, 새김무늬 질그릇이 출토되는 것에 근거하여, 한반도와 만주지역으로 잡고 있는 견해에 좋은 보완자료가 될 것이다.

	문양 설명	출토지 및 근거 문헌자료	실물 모양
1	가락바퀴의 윗부분과 밑둘레로 돌아가면서 얕게 둥글린 선 여러 줄을 그어놓았고, 다른 한쪽 면에는 윗부분 가운데를 중심으로 짧은 선을 두르고 얕게 둥글린 선을 4줄로 대칭되게 그린 무늬.	김용간·서국태, 〈서포항원시유적발굴보고〉, 《고고민속론문집》 4, 사회과학출판사, 1972, pp.69~70의 그림 31의 3. 吉林省文物考古硏究所·吉林市博物館, 〈吉林市猴石山遺址第二次發掘〉, 《中國考古集成》 東北卷 靑銅時代(三), p.2321의 圖 19.	
2	가락바퀴의 윗부분에서 밑둘레 부분까지 혹은 가운데 구멍 주위를 점선으로 한 번 돌리고 다시 점선으로 휘거나 곧은 선을 나타낸 무늬.	김용간·서국태, 〈서포항원시유적발굴보고〉, 《고고민속론문집》 4, 사회과학출판사, 1972, pp.69~70의 그림 31의 3. 遼寧省博物館·旅順博物館, 〈大連市郭家村新石器時代遺址〉, 《中國考古集成》 東北卷 新石器時代(二), p.1409의 圖 8. 李殷福, 〈吉林省庫倫·奈曼兩旗夏家店下層文化遺址分布與內涵〉, 《中國考古集成》 東北卷 靑銅時代(一), p.851의 圖 5. 張紹維, 〈我國東北地區的還狀石器〉, 《中國考古集成》 東北卷 靑銅時代(一), p.305의 圖 5. 사회과학원역사연구소 고고학연구소, 《원시사》, 과학백과사전종합출판사, 1991, p.149, 곽가촌유적 1기층의 그림 39.	
3	점선으로 일정한 사이를 두고 한두 줄씩 돌렸고, 점과 선으로 삼각형 혹은 사각형을 이루는 무늬가 가락바퀴의 한 면에 거의 장식되어 있다. 또는 윗부분에서 밑둘레까지 선 혹은 점선을 그어 여러 개의 삼각형 구획을 만들고 그 안에 평행선 혹은 평행점선을 여러 줄 그은 무늬.	김용간·서국태, 〈서포항원시유적발굴보고〉, 《고고민속론문집》 4, 사회과학출판사, 1972, p.70의 그림 31의 5. 과학원 고고학 및 민속학 연구소, 〈회령 오동 원시 유적 발굴 보고〉, 《유적발굴보고》 7, 과학원출판사, 1960, 도판 LXXXVIII-5.	

4	구멍을 중심으로 해서 점선으로 네 등분을 하고 매 나눈 선의 왼쪽 아래 절반 부분 가까이 여러 줄의 평행 점선을 그어 삼각형을 이루게 했으며, 오른쪽 윗부분에 가까이 평행 점선을 다섯 줄 정도 그어 사각형 비슷한 모양을 돋친 무늬.	김용간·서국태, 〈서포항원시유적발굴보고〉, 《고고민속론문집》 4, 사회과학출판사, 1972, p.70의 그림 31의 2. 조선유적유물도감편찬위원회, 《조선유적유물도감》 1-원시편(함경북도 청진시 송평구역 농포리유적), 조선유적유물도감편찬위원회, 1988, p.1의 33의 그림 246.	
5	구멍을 중심으로 사각을 만들고 매 각 사이에 두 변의 중심선을 연결해 이음선을 밑변으로 하는 삼각형을 만든 뒤 그 안에 평행선을 그어 채우기도 하고 그냥 남겨놓기도 한 무늬. 또는 구멍을 중심으로 밑둘레에 이음선을 그어 다각형을 만들기도 하고 그 안에 점선을 넣기도 한 무늬.	김용간·서국태, 〈서포항원시유적발굴보고〉, 《고고민속론문집》 4, 사회과학출판사, 1972, p.70의 그림 31의 4. 許玉林, 〈遼寧東溝大崗新石器時代遺址〉, 《考古》, 1986年 4期, p.304의 圖 9. 遼寧省博物館·旅順博物館, 〈大連市郭家村新石器時代遺址〉, 《中國考古集成》 東北卷 新石器時代(二), p.1409의 圖 8. 遼寧省博物館·旅順博物館, 〈長海縣光鹿大長山島貝丘遺址〉, 《中國考古集成》 東北卷 新石器時代(二), p.1489의 圖 13. 조선유적유물도감편찬위원회, 《조선유적유물도감》 1-원시편(함경북도 무산군 무산읍 범의구석유적), 조선유적유물도감편찬위원회, 1988, p.137의 그림 259.	
6	구멍을 중심으로 해서 십자 모양으로 선을 그어 여덟 칸을 만들고, 한 칸씩 건너 여러 개의 선을 채워 넣은 무늬.	김용간·서국태, 〈서포항원시유적발굴보고〉, 《고고민속론문집》 4, 사회과학출판사, 1972, p.90의 그림 45-1.	
7	구멍에서 약간 내려와 위에서 밑 부분을 향해 점선을 휜 모습으로 전면에 그린 무늬.	김용간·서국태, 〈서포항원시유적발굴보고〉, 《고고민속론문집》 4, 사회과학출판사, 1972, p.90의 그림 45-2.	
8	아랫부분에 일정한 사이를 남겨놓거나 혹은 남김이 없이 가락바퀴 윗부분에 점을 둥글게 돌리면서 가득 채운 무늬.	김용간·서국태, 〈서포항원시유적발굴보고〉, 《고고민속론문집》 4, 사회과학출판사, 1972, p.90의 그림 45-3. 延邊博物館, 〈吉林省龍井縣金谷新石器時代遺址淸理簡報〉, 《中國考古集成》 東北卷 新石器時代(二), p.1890의 圖 8.	

9	구멍에서 밑둘레로 혹은 구멍의 주위를 선으로 한 번 돌리고 그곳에서 점선 의 사이를 넓히면서 한 줄 혹은 두 줄씩 선을 그 린 무늬.	김용간·서국태, 〈서포항원시유적발굴보고〉, 《고고민속론문집》 4, 사회과학출판사, 1972, pp.102~105의 그림 56-2. 沈陽市文物管理辨公室, 〈沈陽新民縣高台山遺址〉, 《考古》, 1982年 2期, p.126의 圖 6. 遼寧省博物館·旅順博物館, 〈大蓮市郭家村新石器時代遺址〉, 《中國考古集成》 東北卷 新石器時代(二), p.1409의 圖 8. 遼寧省博物館·旅順博物館·長海縣文化館, 〈長海縣光鹿大長山島貝丘遺址〉, 《中國考古集成》 東北卷 新石器時代(二), p.1489의 圖 13. 許玉林, 〈海岫鐵路工程沿線考古調查和發掘情況簡報〉, 《中國考古集成》 東北卷 青銅時代(三), p.1094의 圖 6. 사회과학원력사연구소 고고학연구소, 《원시사》, 과학백과사전종합출판사, 1991, p.149의 그림 39의 4·5, 곽가촌유적 1기층. 조선유적유물도감편찬위원회, 《조선유적유물도감》 1-원시편(함경북도 회령군 회령읍 오동유적), 조선유적유물도감편찬위원회, 1988, p.191의 그림 411. 張少靑·許志國, 〈遼寧康平縣越家店村古遺址及墓地調查〉, 《考古》 1992年 第1期, pp.1~10. 許玉林·楊永芳, 〈遼寧岫岩北溝西山遺址發掘簡報〉, 《考古》, 1992年 第5期, pp.389~398. 許玉林, 〈遼寧東溝縣石佛山新石器時代晚期遺址發掘簡報〉, 《考古》 1990年 第8期 pp.673~683.	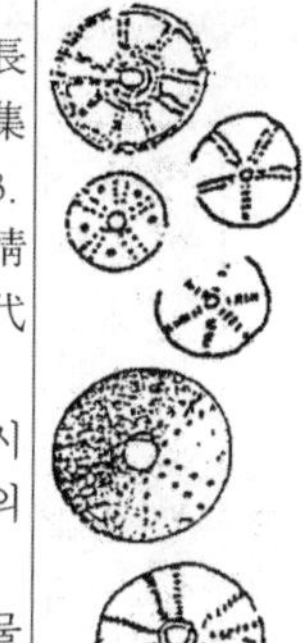
10	점선으로 여러 개의 각을 만들기도 하고 그냥 선을 드리우기도 해서 꽃모습 처럼 새긴 무늬.	김용간·서국태, 〈서포항원시유적발굴보고〉, 《고고민속론문집》 4, 사회과학출판사, 1972, pp.102~105의 그림 56의 3.	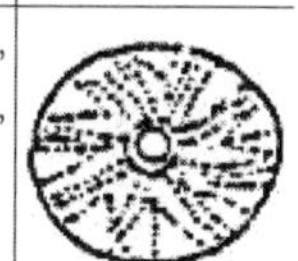
11	밑둘레를 따라 점무늬를 한 줄 돌리고 점무늬와 가운데 구멍 사이를 잇닿 게 선으로 연결한 무늬.	김용간·서국태, 〈서포항원시유적발굴보고〉, 《고고민속론문집》 4, 사회과학출판사, 1972, pp.102~105의 그림 56의 1.	

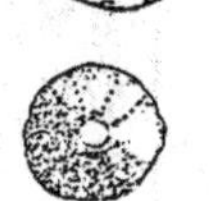

12	붉은 간그릇과 같이 색칠을 한 것.	김용간·서국태, 〈서포항원시유적발굴보고〉, 《고고민속론문집》 4, 사회과학출판사, 1972, p.129.	
13	밑둘레를 따라 점선 혹은 구멍무늬를 한 줄 돌리고 구멍에서 여섯 줄에서 여덟 줄 정도를 점선 혹은 구멍무늬로 연결한 것.	沈陽市文物管理辨公室, 〈沈陽新民縣高台山遺址〉, 《中國考古集成》 東北卷 新石器時代(二), p.1409의 圖 8. 遼寧省博物館·旅順博物館, 〈大連市郭家村新石器時代遺址〉, 《中國考古集成》 東北卷 新石器時代(二), p.1409 曹桂林·許志國, 〈遼寧法庫縣彎柳街遺址調査報告〉, 《中國考古集成》 東北卷 靑銅時代(二), 北京出版社, p.1916의 圖 2. 曹桂林, 〈法庫縣靑銅文化遺址的考古發現〉, 《中國考古集成》 東北卷 靑銅時代(二), 北京出版社, p.1918의 圖 1. 齊俊, 〈本溪地區太子河流流域新石器靑銅時期遺址〉, 《中國考古集成》, 東北卷 靑銅時代(三), p.1115의 圖 8. 李殿福, 〈吉林省庫倫·奈曼兩旗夏家店下層文化遺址分布與內涵〉, 《中國考古集成》 東北卷 靑銅時代(一), 北京出版社, p.851 圖 5의 14. 遼寧大學歷史系考古敎硏室·鐵岭市博物館, 〈遼寧法庫縣灣柳遺址發掘〉, 《中國考古集成》 東北卷 靑銅時代(二), p.1933 圖 10의 5·6.	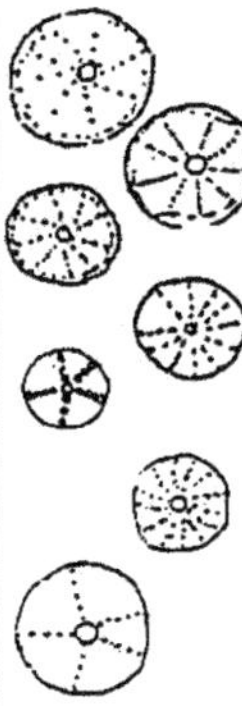
14	구멍에서 밑둘레로 선을 적게 혹은 많이 새겨 넣은 무늬.	沈陽市文物管理辨公室, 〈沈陽新民縣高台山遺址〉, 《考古》, 1982年 2期, p.126의 圖 6. 王增新, 〈遼寧撫順市蓮花堡遺址發掘簡報〉, 《考古》 1964年 6期, p.290의 圖 5. 과학원 고고학 및 민속학 연구소, 《회령 오동 원시 유적 발굴 보고》-유적발굴보고 7, 과학원출판사, 1960, 도판 LXXXVIII-6. 王增新, 〈遼寧撫順市蓮花堡遺址發掘簡報〉, 《中國考古集成》 東北卷 靑銅時代(二), p.2000 圖 5의 1. 서울대학교박물관, 《서울대학교박물관 발굴유물도록》, 1997, p.68의 그림 14(경기도 여주군 점동면 흔암리유적).	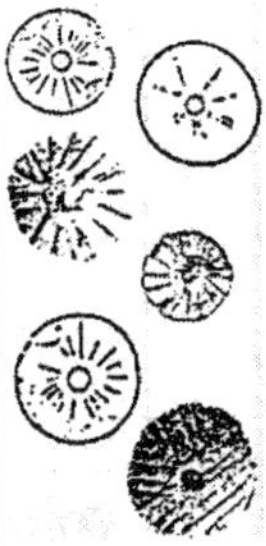

15	윗면 전체에 한 방향으로 사선을 새기거나 그 위에 다시 다른 방향으로 사선을 그은 무늬.	許玉林·傅仁義·王傳善, 〈遼寧東溝縣後洼遺址發掘槪要〉, 《中國考古集成》 東北卷 新石器時代(二), 北京出版社, p.1277의 圖 21. 과학원 고고학 및 민속학 연구소, 《회령 오동 원시 유적 발굴 보고》—유적발굴보고 8, 과학원출판사, 1961, 도판 CLI. 서울대학교박물관, 〈夢村土城〉, 《서울대학교 박물관 유물도록》, p.267 그림 225(서울시 송파구 방이동). 慶州文化財 硏究所, 《殿廊址·南古壘 發掘調査報告書》, 1995, p.256의 그림 5. 李隆助·禹鐘允, 《先史遺蹟 發掘圖錄》, 忠北大學校 博物館, 1998, p.305.	
16	윗면으로부터 혹은 구멍으로부터 좀 떨어져서 밑둘레를 따라 여러 줄로 점선을 돋친 무늬.	遼寧成博物館·旅順博物館, 〈大連市郭家村新石器時代遺址〉, 《中國考古集成》 東北卷 新石器時代(二), p.1409의 圖 8과 p.1421의 圖 21. 張永平·于崗, 〈磐石縣梨樹上屯西山發現一座靑銅時代墓葬〉, 《中國考古集成》 東北卷 靑銅時代(三), p.2505의 圖 2. 集安縣文物保管所, 〈集安岭前鴨綠江流域原始社會遺址〉, 《中國考古集成》 東北卷 靑銅時代(三), p.2616의 圖3. 吉林市博物館, 〈吉林永吉楊屯大海猛遺址〉, 《中國考古集成》 東北卷 靑銅時代(三), p.1403의 圖 21. 董學增, 〈吉林東團山原始·漢·高句麗·渤海諸文化遺存調査簡報〉, 《中國考古集成》 東北卷 靑銅時代(三), p.1441의 圖 3. 사회과학원력사연구소 고고학연구소, 《원시사》, 과학백과사전종합출판사, 1991, 사진 51. 조선유적유물도감편찬위원회, 〈굴포리 서포항유적〉, 《조선유적유물도감》 1—원시편, p.80 그림 127.	 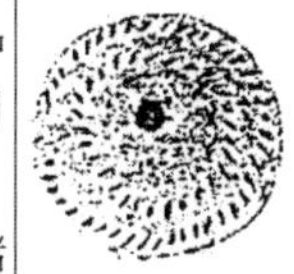 
17	銅泡의 모습에서 자주 나타나는 무늬로, 가락바퀴의 밑둘레를 따라 한 줄 혹은 두 줄로 선을 새긴 무늬.	遼寧省博物館·旅順博物館, 〈大連市郭家村新石器時代遺址〉, 《中國考古集成》 東北卷 新石器時代(二), p.1409의 圖 8과 圖 21.	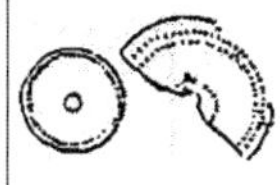

| 18 | 銅泡의 모습에서 자주 나타나는 무늬로, 밑둘레를 따라 한 줄 혹은 두 줄로 선을 긋거나 구멍 둘레로 선을 그은 무늬. 또는 무늬 없이 밑둘레가 윗부분보다 깎아져 있는 모습. | 과학원 고고학 및 민속학 연구소, 《회령 오동 원시 유적 발굴 보고》-유적발굴보고 7, 과학원출판사, 1960, 도판 LXXXVIII.
吉林省博物館·吉林大學考古專業, 〈吉林市騷達溝山頂大棺整理報告〉, 《中國考古集成》 東北卷 青銅時代(三), p.2376 圖 4의 7.
內蒙古文物考古研究所·包頭市文物管理處, 〈包頭西園春秋墓地〉, 《中國考古集成》 東北卷 青銅時代(一), p.936 圖 9의 3(뼈 가락바퀴).
東北考古發掘團, 〈吉林西團山石棺墓發掘報告〉, 《中國考古集成》 東北卷 青銅時代(三), p.2161 圖 8의 6·11과 圖 9의 2.
王增新, 〈遼寧撫順市蓮花堡遺址發掘簡報〉, 《中國考古集成》 東北卷 青銅時代(二), p.2000 圖 5의 1.
圓光大學校博物館, 《益山 熊浦里 百濟古墳群》-1992, 1993年度 發掘調查, 百濟文化開發研究院, 1995, p.204의 도판 92와 p.238의 도판 163.
安春培, 〈南江上流의 先史文化研究〉-紅陶의 傳播經路를 中心으로, 《白山學報》 第23號, 1977년 12월, p.308의 圖 35.
趙榮濟·朴升圭, 《晋州加佐洞古墳群》 1~4號墳, 慶尙大學校博物館, 1989, p.91 도판 29의 4.
韓炳三·鄭澄元, 〈東區貝塚 發掘調查報告〉, 《馬山外洞城山貝塚發掘調查報告》, 文化公報部 文化財管理局, 1976, p.101의 도판 13과 도판 28.
李浩官·趙由典, 〈城郭 및 北區貝塚發掘調查報告〉, 《馬山外洞城山貝塚發掘調查報告》, 文化公報部 文化財管理局, 1976, p.282의 도판 88과 도판 89.
西海岸高速道路發掘調查團, 《西海岸高速道路建設區間(舒川~群山間) 文化遺蹟發掘調查報告書》, 韓國道路公社, 1998, 도판 32의 1·9와 도판 47의 5 그리고 도판 50의 4. | 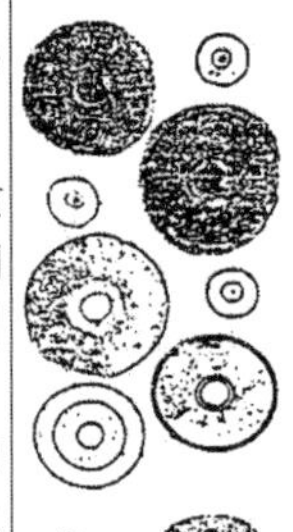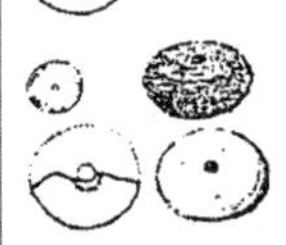 |

		慶北大學校博物館·大邱敎育大學博物館·昌原大學校博物館,《大邱~春川間 高速道路 建設豫定地域內 文化遺蹟發掘調査報告書》(大邱~軍威間), 1991, p.294 도판 14의 4와 도판 23의 4 그리고 사진 25의 1과 사진 75의 3. 文化財管理局 慶州史蹟管理事務所,《慶州地區 古墳發掘調査報告書》第二輯, 1987, 도판 7의 4. 鄭永和·梁道榮·金龍星,《陜川댐 水沒地區 發掘調査報告 3 陜川 苧浦里 古墳群(A地區)》, 慶尙南道 嶺南大學校博物館, 1987, p.330 도판 62의 5와 도판 83의 5 그리고 도판 85의 5. 정영호·복기대,《사천 송지리 옛 무덤떼》, 단국대학교 석주선기념박물관, 1999, p.42의 사진 34와 사진 35. 林永珍·徐賢珠,《光州 治平洞遺蹟》, 全南大學校博物館·光州 廣域市 都市開發公社, 1997, p.139 사진 63의 1.	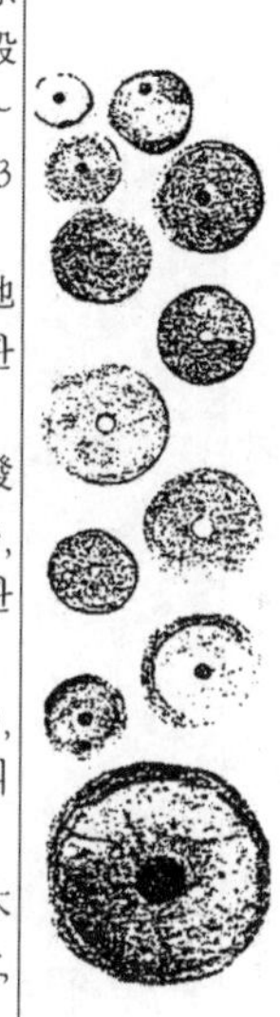
19	윗부분의 전면을 작은 점선으로 꽉 채운 무늬.	崔玉寬,〈鳳城縣南山頭古墓調査〉,《中國考古集成》東北卷 靑銅時代(二), p.2074 圖 2의 10. 吉林省文物考古硏究所·吉林市博物館,〈吉林市猴石山遺址第二次發掘〉,《中國考古集成》東北卷 靑銅時代(三), p.2315 圖 10의 1·3.	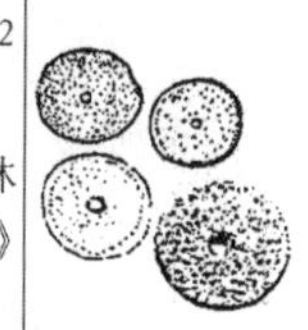
20	윗부분에 두 줄 혹은 세 줄로 구멍무늬나 점선무늬를 새긴 것.	吉林市博物館,〈吉林口前藍旗小團山, 紅旗東梁崗石棺墓淸理簡報〉,《中國考古集成》東北卷 靑銅時代(三), p.2445 圖 5의 4. 黑龍江省文物考古硏究所,〈黑龍江賓縣慶華遺址發掘簡報〉,《中國考古集成》東北卷 靑銅時代(三), p.2796 圖 4의 19. 吉林省文物考古硏究所,〈吉林九台市石砬山·關馬山西團山文化墓地〉,《中國考古集成》東北卷 靑銅時代(三), p.2456 圖 2의 4. 金旭東,〈1987年吉林東豊南部蓋石墓調査與淸理〉,《中國考古集成》東北卷 靑銅時代(三), p.2616 圖 4의 2.	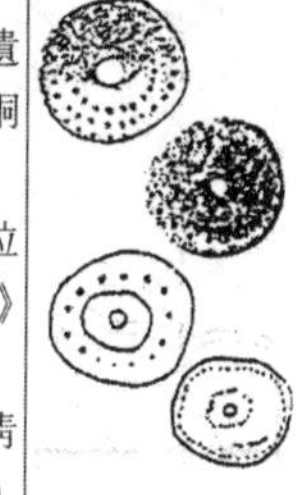

		集安縣文物保管所, 〈集安岭前鴨綠江流域原始社會遺址〉, 《中國考古集成》 東北卷 青銅時代(三), p.2616 圖 3의 25. 張永平·于崗, 〈磐石縣梨樹上屯西山發現一座靑銅時代墓葬〉, 《中國考古集成》 東北卷 靑銅時代(三), p.2505 圖 2의 6. 中國社會科學院考古硏究所東北工作隊, 〈沈陽肇工街和鄭家洼子遺址的發掘〉, 《中國考古集成》 東北卷 靑銅時代(二), p.1885 圖 6의 4. 과학원 고고학 및 민속학 연구소, 《회령 오동 원시 유적 발굴 보고》-유적발굴보고 7, 과학원출판사, 1960, 도판 LXXXVIII의 2. 조선유적유물도감편찬위원회, 《조선유적유물도감》 1-원시편, 조선유적유물도감편찬위원회, 1988, p.277 그림 617의 3(서단산 돌상자무덤).	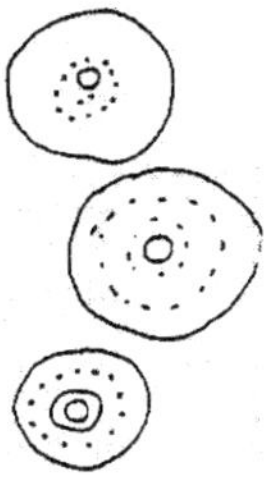
21	윗부분에 구멍무늬를 많이 혹은 적게 산재해 새긴 무늬.	朱永剛, 〈吉林省梨樹縣二龍湖古城址調査簡報〉, 《中國考古集成》 東北卷 靑銅時代(三), p.2559 圖 6의 11. 조선유적유물도감편찬위원회, 《조선유적유물도감》 1-원시편, 조선유적유물도감편찬위원회, 1988, p.233 그림 533(자강도 시중군 심귀리유적). 조선유적유물도감편찬위원회, 《조선유적유물도감》 1-원시편, 조선유적유물도감편찬위원회, 1988, p.147 그림 283(굴포리 서포항유적).	
22	구멍을 중심으로 크게 네 등분으로 사선을 긋고 끝부분에서 다시 각을 만든 무늬.	沈陽市文物管理委員會辦公室, 〈新民縣公主屯后山遺址試掘簡報〉, 《中國考古集成》 東北卷 靑銅時代(二), p.1912 圖 3의 14·16.	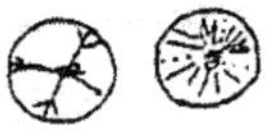
23	윗면 전체에 방향을 통일하지 않고 자유롭게 사선을 그은 무늬.	張紹維, 〈我國東北地區的環狀石器〉, 《中國考古集成》 東北卷 靑銅時代(二) 上, p.306 圖 5의 1.	
24	구멍을 중심으로 별꽃 모양의 무늬를 새긴 것.	中國科學院考古硏究所內蒙古工作隊, 〈寧城南山根遺址發掘報告〉, 《中國考古集成》 東北卷 靑銅時代(二) 上, p.306 圖 5의 1.	

25	윗부분의 전면에 나이테 모양의 무늬를 둥글게 새긴 것.	張紹維, 〈我國東北地區的環狀石器〉, 《中國考古集成》 東北卷 靑銅時代(二) 上, p.305 圖5의 4.	
26	청동거울이나 銅泡에 보이는 문양과 같이 구멍을 중심으로 몇 개의 원이 둘려지고 그 안에 삼각형이 연이어 이루어진 무늬.	張紹維, 〈我國東北地區的環狀石器〉, 《中國考古集成》 東北卷 靑銅時代(二) 上, p.305 圖5의 4.	

〈표 3〉 한반도와 만주지역에서 출토된 가락바퀴의 무늬 특징별 출토지 일람표

제2장 고대 한국의 마직물

1. 여는 글

이 글은 고대 한국에서 마직물이 생산된 시작 연대와 그 종류 및 특성을 밝히는 데 목적이 있다.

앞에서 이미 고대 한국이 중국보다 가죽과 모직물을 앞서 생산했고, 그 가공 및 직조 기술의 수준도 발달했음을 살펴보았으며, 사직물(絲織物)도 중국과 비슷한 때 고조선이 독자적으로 생산했음을 다음 장에서 밝힐 것이다.

마직물은 다른 직물들과 마찬가지로 중국보다 생산 연대나 직조 수준이 앞섰음에도 불구하고 종래의 복식사 연구에서 이를 정확히 밝히지 못했다. 첫째, 고대 한국이 어떤 마직물을 생산했는가에 대해 불확실했고, 둘째, 마직물이 언제 생산되기 시작했는가에 대해서도 분명히 하지 못했다. 가령, 이여성(李如星)은 《조선복식고(朝鮮服飾考)》에서 문헌자료에 면포(縣布)가 사직물과 관련되어 있음을 의심하고, 무리함을 알지만 마한(馬韓)·변한(弁韓) 등에

서 생산한 면포를 식물성 섬유인 마직물로 보고자 했다. 이는 고
대 한국에서 마직물의 생산을 앞당기고 싶었던 것이었으나,[1] 이후
의 복식사 연구자들은 이여성이 남긴 문제를 풀기보다 그대로 따
랐을 뿐이었다.[2]

저자는 면(縣)이 식물성 섬유가 아니라 누에고치실로 짠 사직물
임을 확인했고,[3] 변한 등에서 생산한 포(布)는 마포(麻布)나 저포
(楮布)가 아니라 경마(檾麻)로 만든 저포(紵布)이며, 저포 가운데
폭이 넓고 곱게 짠 것이 세포(細布), 즉 전포(絟布)임을 확인했다.

이 글에서는 고대 한국의 마직물이 갖는 고유성을 분석하기 위
해 구석기시대부터 고조선 유민들이 다시 나라를 세우기 시작한
시대를 대상으로 할 것이다. 고조선 유민들이 나라를 세우기 시작
할 때는 고조선시대와 달리 여러 방면에서 중국의 영향을 크게
받기 시작했다. 그러나 복식의 재료가 되는 직물의 생산은 사회구
조가 크게 바뀌거나 외래문화가 들어왔다고 하더라도 그 기술과
형식은 쉽게 변화되지 않으며, 외래적 요소가 더해졌다 하더라도

---

1) 李如星, 《朝鮮服飾考》, 白楊堂, 1947, pp.299~300. "특히 縣布의 縣은 字義
  曖昧한 것이어서 곧 楮皮의 纖維에 比定하는 것은 多少危險한 일이지만, 縣
  은 普通絹類의 動物性纖維가 아니고 植物性纖維를 指稱하는 것이며 더욱 그
  것이 마 혹 저가 아니라는 것은 문자가 明示하는 바이므로, 당시(主로 三國
  時代) 朝鮮·滿洲·支那(중국)·일본에 많이 재배되었던 楮(一作穀又作柠)에 比
  定하인바 一律的으로 臆說이라고만 돌릴 수는 없을 것이다. 만약 이 견해가
  용납된다면……. 그러므로 前引한 魏志의 馬韓縣布의 記事는 馬韓이란 땅이
  新羅의 隣接地였고, 住民 風土를 같이했던 지방인 이상 그 땅에서 産出하는
  縣布도 卽 楮布이었다고 말할 수 있는 것이겠다. 车韓布[三國志 魏志 韓傳
  에 인용된 魏略에 车韓布로 기재되어 있으나 이여성은 이를 변한포의 誤記
  라고 보았다]라는 것은…… 아마 麻布였든가 혹은 楮布였을 것 같다."
2) 柳喜卿, 《한국복식사연구》, 梨花女子大學校 出版部, 1989, pp.121~122 ; 이
  은창, 《한국 복식의 역사》-고대편, 세종대왕기념사업회, 1978, p.32 ; 임영
  미, 《한국의 복식문화 I》, 경춘사, 1996, p.6.
3) 이 책의 제1부 제3장 〈고대 한국의 사직물〉 참조.

전통적 기술과 양식은 새로운 요소와 함께 그대로 지속되었을 것이기 때문에 한민족의 고유성을 찾는 데는 그렇게 어렵지 않을 것이다.

마포와 저포는 삼국시대까지 주된 조세징수 품목이었기 때문에 경제사에서 이들 포를 조세에 관한 연구대상으로 다루었다. 그러나 조세만을 분석대상으로 했기 때문에 마포와 저포 등에 대한 구분과 직물의 종류를 분류하는 데 오류를 낳기도 했다.[4] 이 같은 상황은 수공업사에 관한 연구에서도 역시 마찬가지로 나타나고 있다.[5] 그러므로 고대 한국의 마직물에 관한 연구는 복식사 연구뿐만 아니라 고대 한국의 경제사와 수공업사 연구에도 도움이 될 것이다.

2. 마직물의 기원

고대 한민족의 식물성 섬유의 생산은 구석기시대부터 야생 식물성 줄기섬유를 널리 이용하면서 쌓아온 기술축적의 결과라고 생각한다. 구석기 중기의 것으로 추정되는 함경북도 선봉군 굴포문화 1기층[6]에서 집터가 발굴되었다. 발굴자들은 이곳에서 출토된

---

4) 김기흥, 《삼국 및 통일신라 세제의 연구》, 역사비평사, 1994, pp.29~30·pp.45~46 참조. 김기흥은 첫째로, 세포와 마포가 서로 다른 직물의 종류임을 구분하지 않고, 막연히 마포를 平布로 보고 세포 1필은 平布 2필 정도로 추정했다. 둘째로, 세포를 베로 보았다. 그러나 뒤에서 상세히 보겠지만 세포는 絟이라 부르는 모시보다 섬세한 마섬유이며, 가는 베는 세마포라 한다.
5) 박남수, 《신라수공업사》, 신서원, 1996, pp.70~71 ; 박남수는 변한포를 베와 마포로 보았는데, 베와 마포는 같은 직물이다. 변한에서 생산한 포는 마포가 아니라 白紵布와 廣幅細布이다. 白紵布는 경마로 생산한 모시이며, 廣幅細布는 모시보다 섬세한 마섬유인 絟을 넓은 폭으로 짠 것이다.
6) 이융조, 〈編年〉, 《韓國史論》 12, 國史編纂委員會, 1986년 도판, p.381.

찍개나 찌르개 등의 석기들이 집을 짓는 재료인 야생 식물성 줄기섬유를 다루던 도구라고 보았다.[7] 구석기 후기의 유적들에서 출토된 칼날·뼈바늘·뼈송곳·돌송곳도[8] 짐승의 힘줄이나 마(麻) 등의 야생 식물성 섬유를 가공하는 데 사용했음을 보여준다. 구석기 후기의 동굴벽화에는 그물을 치고 짐승을 사냥하는 장면이 있는데, 이는 그들이 이미 식물성 재료로 그물을 만들어 사용했음을 말해주는 것이다.[9]

그 동안의 고고발굴과 연구에 따라 한반도와 만주에는 구석기시대부터 계속해서 사람들이 살고 있었음이 밝혀지면서 신석기시대나 청동기시대의 주민들이 다른 곳으로부터 이주해 왔다는 견해는 수정이 불가피해졌다.[10] 또한 한반도와 만주의 신석기시대가 동아시아에서 가장 일찍 문화가 전개된 것으로 알려진 황하유역보다 이르거나 비슷한 시기에 시작되었음도 밝혀졌다. 함경북도 선봉군 굴포리 서포항유적,[11] 강원도 양양의 오산리유적,[12] 내몽고 자치구 동부의 흥륭와(興隆洼)유적,[13] 황하유역에서 발견된 신석기

---

7) 조선기술발전사편찬위원회, 《조선기술발전사》 1 — 원시·고대편, 과학백과사전종합출판사, 1997, p.58.
8) 손보기, 〈구석기문화〉, 《한국사》 1, 국사편찬위원회, 1977, pp.34~39 ; 孫寶基, 〈石莊里의 後期 舊石器時代 집자리〉, 《韓國史研究》 9, 1973, pp.15~57 ; 水野淸一, 〈滿洲舊石器時代の骨角器資料〉, 《人類學雜誌》 48-12, 1933, pp.476~483 ; 直良信夫, 〈朝鮮 潼關鎭 發掘 舊石器時代의 遺物〉, 《滿蒙學術調査研究報告》 6-3, 1940, pp.1~12.
9) 황기덕, 《조선 원시 및 고대 사회의 기술발전》, 과학백과사전출판사, 1997, p.166.
10) 李鮮馥, 〈신석기·청동기시대 주민교체설에 대한 비판적 검토〉, 《韓國古代史論叢》 1, 駕洛國史蹟開發研究院, 1991, pp.41~66.
11) 조선유적유물도감편찬위원회, 《조선유적유물도감》 1 — 원시편, 1988, p.63 ; 북한학자들은 이 유적을 서기 전 5000년기로 편년을 했으나 任孝宰는 서기 전 6000년으로 보았다(任孝宰, 〈新石器時代 編年〉, 《韓國史論》 12, 國史編纂委員會, 1983, pp.707~736).
12) 任孝宰·李俊貞, 《鰲山里遺蹟 III》, 서울大學校博物館, 1988.

시대 유적 가운데 가장 연대가 올라가는 하남성의 배리강(裴李崗)유적,[14] 하북성과 하남성의 경계지역의 자산문화(磁山文化)유적[15]의 연대가 모두 서기 전 6000년경으로 확인되기 때문이다.

신석기시대에 이르면 정착생활과 함께 여러 종류의 곡물 이외에 마섬유를 생산할 수 있는 식물들이 재배되었다. 그간 출토된 한반도와 만주 및 중국의 신석기시대 유물 가운데 마섬유와 관계된 자료를 비교해보면 고대 한국이 중국보다 마섬유의 생산 기술이 매우 앞섰음을 확인할 수 있다.

한반도의 신석기 초기의 유적인 함경북도 선봉군의 서포항유적 제1기층(서기 전 6000년)에서 뼈바늘과 바늘통·어망추·가락바퀴 등이[16] 출토되어 신석기시대의 시작과 함께 이미 실을 생산하고 그물을 짰음을 알려준다. 실제로 평안남도 온천군 궁산유적 1기층(서기 전 4500년)[17]에서 베실이 꿰어져 있는 뼈바늘이 출토되기도 했다.[18] 그 밖에도 궁산유적과 같은 시기인 서울 암사동유적(서기

---

13) 楊虎,〈內蒙古敖漢旗興隆洼遺址發掘簡報〉,《考古》, 1985年 10期, pp.865~874.

14) 開封地區文管會·新鄭縣文管會,〈河南新鄭裴李崗新石器時代遺址〉,《考古》, 1978年 第2期, pp.73~74 ; 嚴文明,〈黃河流域新石器時代早期文化的新發現〉,《考古》, 1979年 第1期, p.45.

15) 邯鄲市文物保管所·邯鄲地區磁山考古隊短訓班,〈河北磁山新石器時代遺址試掘〉,《考古》, 1977年 第6期, p.361 ; 安志敏,〈裴李崗·磁山和仰韶〉,《考古》, 1979年 第4期, p.340.

16) 고고학연구소,《고고민속론문집》4, 사회과학원출판사, 1972, pp.40~108 ; 고고학 및 민속학 연구소,《궁산리 원시유적 발굴보고》-유적발굴보고 제2집, 사회과학원출판사, 1957, pp.25~26.

17) 조선유적유물도감편찬위원회,《조선유적유물도감》1-원시편, 1988, p.81 ; 북한학자들은 이 유적을 서기 전 4000년기로 편년을 했으나 任孝宰는 서기 전 4500년으로 보았다(任孝宰,〈新石器時代 編年〉,《韓國史論》12, 國史編纂委員會, 1983, pp.707~736) ; 고고학·민속학 연구소,〈궁산리 원시유적 발굴보고〉,《유적발굴보고》제2집, 1957.

18) 사회과학원력사연구소,《조선전사》2-고대편, 과학백과사전출판사, 1979, pp.30~31.

전 4500년)에서도 어망추와 가락바퀴[19]가 출토되었고, 구멍이 여러 곳에 나 있는 질그릇이 출토되었는데,[20] 이 구멍에는 끈이 사용되었을 가능성도 있다.

또한 만주지역의 신석기 초기유적인 요동반도에 위치한 여대시(旅大市) 장해현(長海縣) 소주산(小珠山)하층유적(서기 전4500~5000년)과[21] 요동반도 황해(黃海) 연안의 후와(后洼)하층유적(서기 전 4000년)의 집자리에서 질그릇 조각으로 만들어진 가락바퀴가 출토되었다.[22] 흑룡강성 밀산현(密山縣) 신개류(新開流)유적(서기 전 4000년)의 집자리에서도 역시 가락바퀴와 바늘이 출토되었다.[23]

이 같은 사실들은 한반도와 만주지역에서 같은 시기에 마섬유가 생산되었음을 알려주는 좋은 자료이다.

그 밖에 신석기시대의 여러 유적에서 그물추가 다량으로 발견되었다. 지탑리유적 1기층(서기 전 5000년) 집자리에서는 그물추가 발견되었고,[24] 특히 평양시 사동구역 금탄리유적 제2문화층 및 삼석구역 남경유적 신석기시대 집자리에서는 그물추가 한 장소에 보통 600~650개 정도씩, 최고 2,000개까지 쌓여 있었다.[25] 또한 남경유적 31호 집자리에서는 그물추가 무려 3,000여 점이나 출토되

---

19) 金元龍, 《韓國考古學研究》, 一志社, 1992년 도판, p.93 ; 任孝宰, 〈新石器時代 編年〉, pp.719~725.
20) 金元龍, 《韓國考古學研究》, p.79.
21) 許玉林, 〈東北地區新石器時代文化槪述〉, 《中國考古集成》 東北卷 新石器時代(一), 北京出版社, p.37.
22) 許玉林, 〈東北地區新石器時代文化槪述〉, pp.37~38 ; 이 유적의 연대는 방사성탄소 측정의 결과 지금부터 6055±96년·6180±96년·6205±96년·6255±170년으로 나타났다.
23) 許玉林, 〈東北地區新石器時代文化槪述〉, p.47 ; 이 유적의 연대는 방사성탄소 측정의 결과 5430±90년이고 교정 연대는 6080±130년이다.
24) 고고학·민속학 연구소, 〈지탑리 원시유적 발굴보고〉, 《유적발굴보고》 제8집, 1961.
25) 황기덕, 《조선 원시 및 고대 사회의 기술발전》, pp.115~116.

었다.[26] 이들 그물추는 돌그물추인 경우에 길이가 5~7센티미터 정도의 큰 것도 있지만 땅콩알 크기의 작은 것들도 적지 않다. 이는 그물의 종류와 크기에 따라 추의 무게가 서로 달라 여러 종류의 그물이 만들어졌고 실의 굵기도 다양했음을 알려주는 것이다.[27] 실제로 광주군 동부면 미사리유적(서기 전 4000년)[28]에서는 돌로 만든 그물뜨개바늘이 출토되어[29] 가락바퀴를 이용해 베실로 여러 종류의 그물을 떴음을 확인할 수 있다.[30] 또한 베실은 활에도 사용되었다.[31]

이상의 사실들은 한반도와 만주에 거주했던 사람들이 신석기 초기부터 정착생활[32]에 들어가 마을을 이루고 살면서 마 등의 식물성 섬유로 다양한 굵기의 실을 만들어 여러 용도로 널리 사용했음을 말해준다.

그러면 이 시기 중국은 어떠했는가? 중국에서는 신석기 초기의 유적으로 지금의 장강(長江) 하류에 있는 절강성(浙江省) 여요현(餘姚縣)의 하모도(河姆渡)유적의 제4층에서 승문(繩紋)이 새겨진 질그릇이 발굴되었고,[33] 가락바퀴와 함께 방직에 사용되었다고 보이는 나무로 된 위도(緯刀)가 발굴되어 발굴자들은 식물성 섬유를 이용한 원시적인 방직이 이루어졌을 것으로 보았다.[34] 이 하모도유적의

---

26) 사회과학원력사연구소 고고학연구소, 《원시사》, 과학백과사전종합출판사, p.126.

27) 사회과학원력사연구소 고고학연구소, 《원시사》, pp.128~129.

28) 任孝宰, 〈新石器時代 編年〉, pp.719~725.

29) 崔淑卿, 〈渼沙里遺蹟의 一磨石器〉, 《考古美術》 第4卷 第6號, 1963.

30) 사회과학원력사연구소 고고학연구소, 《원시사》, p.128.

31) 사회과학원력사연구소 고고학연구소, 《원시사》, p.139.

32) 金正其, 〈新石器時代 住生活〉, 《韓國史論》 17, 國史編纂委員會, 1987, pp.76~130.

33) 浙江省文管會·浙江省博物館, 〈河姆渡發現原始社會重要遺址〉, 《文物》, 1976年 第8期, p.8.

34) 浙江省博物館自然組, 〈河姆渡遺址動植物遺存的鑒定研究〉, 《考古學報》, 1978年 第1期, p.105.

92

제3층과 제4층은 지금까지 장강유역에서 발견된 신석기시대의 유
적 가운데서 연대가 가장 빠른 것으로,[35] 그 연대는 서기 전 5010
년이다.[36] 섬서성 서안시(西安市) 반파촌(半坡村)에 있는 앙소문화
층(仰韶文化層)인 반파(半坡)유적(서기 전 4210~4840년)[37]에서는 질그
릇 밑에 포의 흔적이 나타나고,[38] 하남성 섬현(陝縣)의 앙소문화층
인 묘저구(廟底溝)유적(서기 전 3595~3880년)[39]에서도 포의 흔적이
남겨진 질그릇이 출토되었다.[40] 이 포들의 흔적은 제곱센티미터당
날실과 씨실의 올수가 약 10올 정도이다.[41] 위의 자료를 근거로,
중국의 경우 식물성 섬유로 성글게 만든 포는 신석기 전기에 속
하는 하모도유적의 제4층을 기준으로 만들어지기 시작했다고 할
수 있다.

　식물성 섬유는 부패하기 쉽기 때문에 실물이 출토되기는 어렵

35) 浙江省文管會·浙江省博物館, 〈河姆渡發現原始社會重要遺址〉, p.7.
36) 浙江省文管會·浙江省博物館, 〈河姆渡發現原始社會重要遺址〉, p.12 ; 中國科學
　　院考古研究所에서 이 유적의 제4층에서 수집된 도토리의 방사성탄소 측정을 통
　　하여 얻은 연대는 서기 전 4775(5895±1154 B.P., 교정 연대는 6725±140 B.P.)
　　년이었고, 나무 조각에 대한 방사성탄소 측정을 통하여 얻은 연대는 서기 전
　　5010(6310±100 B.P., 교정 연대는 6960±100 B.P.)년인 것으로 나타났다.
37) 中國社會科學院考古研究所, 《中國考古學中碳十四年代數据集》 1965~1991,
　　文物出版社, 1992, pp.261~262. 반파유적의 방사성탄소 측정 결과 그 연대는
　　서기 전 3540±160년(5490±160 B.P.)·3635±105년(5585±105 B.P.)·3890±105
　　년(5840±105 B.P.)·3955±105년(5905±105 B.P.)·4115±110년(6065±110 B.P.)
　　으로 교정 연대는 서기 전 3990~4933년이 된다.
38) 李孝定, 〈從幾種史前和有史早期陶文的觀察蠡測中國文化的起源〉, 《南陽大學
　　學報》 第3期, 1969, pp.1~28.
39) 묘저구유적의 방사성탄소 측정 연대는 仰韶문화층이 서기 전 2955±170년
　　(4905±170 B.P.)·3280±100년(5245±100 B.P.)으로 교정 연대는 서기 전
　　3360~3990년이 된다.
40) 黃河水庫考古工作隊, 〈一九五六年秋河南陝縣發掘簡報〉, 《考古通迅》, 1957年
　　第4期,　 pp.1~9 ; 中國科學院考古研究所, 　《廟底溝與三里橋》, 　科學出版社,
　　1959, pp.24~63.
41) 沈從文, 《中國古代服飾研究》, 香港商務印書館, 1992, p.21.

다. 한반도와 만주의 경우 현재까지 출토된 신석기 전기의 유물로
는 한반도의 궁산유적 1기층의 베실이 있다. 그러나 비록 실물이
출토되지 않는다 해도, 당시 실을 뽑고 직물을 생산했다는 고고학
적 증거로 가락바퀴를 들고, 신석기 초기의 유적에서 출토되는 가
락바퀴를 방직의 기준 시점으로 삼고 있다. 고대 한국의 가락바퀴
는 궁산유적보다 앞서서 나타나기 때문에 마직물 생산은 더 앞설
것이다.

중국에서 출토된 가락바퀴 가운데 가장 오래된 것은 황하 중류
지역의 하북성 무안현(武安縣) 자산유적에서 출토된, 흙을 구워서
만든 흙가락바퀴이다.[42] 자산유적은 서기 전 5900년경으로 추정된
다.[43] 그러나 한반도에서는 서기 전 6000년경으로 추정되는 서포항
유적 1기층에서 가락바퀴가 출토되었다. 따라서 가락바퀴의 출토
로 보면 서포항유적 1기층 유적과 자산유적의 연대가 거의 비슷
해 한반도와 중국은 거의 같은 시기에 마직물을 생산했다고 할
수 있다.

다음에 서술되겠지만, 직기(織機)의 경우 현재까지 한반도에서
출토된 직기가 중국보다 앞선다. 서포항유적 1기층[44]에서는 수직식
직기의 씨실넣기에 쓰인 뼈로 만든 갈구리가 출토되었다.[45] 중국의
경우는 하모도유적에서 나무로 된 위도가 출토되었는데, 연구자들
은 이를 수평식거직기(水平式踞織機)에 사용된 것으로 보았다.[46] 이
로 보아 중국의 하모도유적의 직기보다 서포항유적에서 쓰였던

---

42) 〈河北磁山新石器時代遺址試掘〉, pp.363~371.
43) 嚴文明, 〈黃河流域新石器時代早期文化的新發現〉, p.45.
44) 《조선전사》 1, 1991에 실린 신석기 유적의 시기 구분에서는 서포항유적 1
    기층을 서기 전 6000년기~5000년기로 편년을 했다. 任孝宰는 서기 전 6000
    년으로 보았다(任孝宰, 〈新石器時代 編年〉, pp.707~736).
45) 조선기술발전사편찬위원회, 《조선기술발전사》 1－원시·고대편, p.62.
46) 沈從文, 《中國古代服飾硏究》, p.19.

수직식직기가 훨씬 앞서 만들어졌다고 하겠다.

이상의 비교를 통해 다음과 같은 사실이 확인된다.

첫째, 한반도와 만주지역에서는 중국과 같은 시기에 신석기시대가 진행되었고 가락바퀴의 출현도 비슷한 시기이기 때문에, 같은 시기에 마 등에서 실을 뽑고 방직을 했다.

둘째, 한반도는 중국보다 앞서 직기를 사용했기 때문에, 마직물의 생산도 당연 중국보다 앞섰을 것이다.

이 같은 가능성은 다음의 여러 이유에서도 찾을 수 있다.

중국의 경우 신석기 후기에 속하는 절강성 오흥시(吳興市) 전산양(錢山樣)유적(서기 전 2620~3370년)[47]에서 비교적 부패되지 않은 평문(平紋)의 마포 조각과 세마(細麻)로 된 끈과 매듭이 출토되었다. 중국학자들은 이를 근거로 중국에서 신석기시대에 비교적 정교한 마직물 등을 생산했다고 주장했다.[48] 그러나 이 시기에 고대한국은 중국보다 앞선 마직물 생산 기술을 가졌음이 아래의 여러 내용에서 확인된다.

전산양유적보다 다소 늦은 시기에 속하지만 한반도의 범의구석 8호 집자리(서기 전 2000년기 후반)에서는 움바닥과 움벽가에서 봇나무 껍질을 실로 만들어 누빈 것이 발견되었다.[49] 이 실의 재료는 마이고 두 가닥을 꼰 것으로 굵기는 1밀리미터 정도이다. 그리고 실의 굵기는 이 시기에 사용되었던 뼈바늘에 뚫린 구멍의 크기와

---

47) 中國社會科學院考古硏究所, 《中國考古學中碳十四年代數据集》 1965~1991, 文物出版社, 1992, p.110. 이 유적의 방사성탄소 측정 연대는 서기 전 2190±85년(4140±85 B.P.)·2295±85년(4245±85 B.P.)·2745±90년(4695±90 B.P.)·2750±100년(4700±100 B.P.)이고, 교정 연대는 서기 전 2464년부터 서기 전 3496년 사이가 된다.

48) 浙江省文物管理委員會, 〈吳興錢山漾遺址第一·二次發掘報告〉, 《考古學報》, 1960年 第2期, pp.73~92 ; 沈從文, 《中國古代服飾硏究》 pp.21~123.

49) 황기덕, 〈무산범의구석유적 발굴보고〉, 《고고 민속 론문집》 6, 사회과학원 출판사, 1975, p.173 ; 사회과학원력사연구소 고고학연구소, 《원시사》, p.250.

같다.[50] 또한 집자리 바닥에서는 가느다란 올의 야삼으로 꼰 노끈
이 감겨진 장대가 발견되었다.[51]

　범의구석 8호 집자리유적에서 직물이 출토되지 않았지만, 전산
양유적과 출토된 실은 비교할 수 있다. 전산양유적의 실 직경이
하나는 3밀리미터이고 다른 하나는 2.5밀리미터이다.[52] 그러나 두
가닥을 꼰 범의구석유적 실은 직경이 1밀리미터로 중국보다 매우
섬세하다. 중국에서는 이보다 훨씬 후대에 속하는 고성(藁城) 태서
촌(台西村) 상대(商代) 유적(서기 전 1230~1240년)[53]에서 출토된 마
직물의 조각을 분석한 결과, 날실의 직경이 약 0.8~1밀리미터이
고 씨실의 직경이 0.41밀리미터였다.[54] 이로 보아 중국에서는 한반
도의 범의구석유적보다 약 700년이 지난 뒤에야 범의구석유적과
비슷한 정도의 섬세한 실을 생산했을 가능성이 크다. 이 같은 가
능성은 가락바퀴의 무게에서도 분명히 증명된다. 만주지역에 속하
는 내몽고자치구 옹우특기(翁牛特旗) 석붕산(石棚山)유적(서기 전
1590~1730년)에서는[55] 질그릇과 돌로 만든 가락바퀴가 출토되었는
데, 가장 큰 것은 98그램이고 가장 작은 것은 8그램으로, 무게의
차이가 매우 다양하다. 이는 굵고 가는 다양한 실을 생산했음을
뜻한다. 가락바퀴와 함께 출토된 뼈바늘 구멍의 직경이 0.5밀리미
터도 안 되어 사용된 실이 매우 가늘다. 이는 직물도 매우 섬세했
을 것이라는 증거이다. 또한 함께 출토된 비식(臂飾)의 거친 포는
나무껍질섬유이거나 마직물 종류로 만든 것으로, 사용된 실이 현대

---

50) 사회과학원력사연구소, 《조선전사》 1 ― 원시편, 과학백과사전출판사, 1979,
　　 p.235.
51) 황기덕, 〈무산범의구석유적 발굴보고〉, p.173.
52) 浙江省文物管理委員會, 〈吳興錢山漾遺址第一·二次發掘報告〉, p.86.
53) 中國社會科學院考古硏究所, 《中國考古學中碳十四年代數据集》 1965~1991, p.23.
54) 高漢玉·王任曹·陳雲昌, 〈台西村商代遺址出土的紡織品〉, 《文物》, 1979年 第6
　　 期, pp.44~48.
55) 中國社會科學院考古硏究所, 《中國考古學中碳十四年代數据集》 1965~1991, p.55.

마대(麻袋)의 실보다 더 가늘다.[56] 그러나 이보다 후대에 속하는 중국의 고성 태서촌 상대 유적의 가락바퀴는 25그램·45그램·60그램·50그램으로서[57] 차이가 크지 않아 실의 굵기가 석붕산유적보다 다양하지 못하다.

이상의 사실들을 한반도와 만주를 그 영역으로 하는 고조선지역이 황하유역보다 약 200~300년 앞선 청동기문화 시작 연대를 갖는 점[58]과 연결시켜볼 때, 고조선지역은 중국보다 훨씬 이른 시기에 마직물을 생산했을 것으로 추정된다. 이러한 저자의 추정은 고대 한국의 가죽과 모직의 가공 및 방직 기술이 중국보다 매우 앞섰다는 점에서도 뒷받침된다.

또한 고대 한반도와 만주지역에서 발굴된 가락바퀴와 고대 중국이나 북방지역에서 발굴된 가락바퀴는 그 모양에서 다르다. 이는 문화권을 구분할 수 있는 중요한 근거이다. 중국의 가락바퀴는 채색 질그릇에 보이는 채색문양을 하거나 등문(滕紋) 혹은 팔각등문을 특징으로 하고 있다. 호(胡) 등 북방민족의 가락바퀴는 무늬가 없다. 이와 달리 한반도와 만주지역의 가락바퀴는 다양한 모양의 새김무늬를 그 특징으로 하고 있다.[59] 이는 고대 한국이 중국 및 북방지역과 달리 방직에서 독자적 생산양식을 갖고 발달했음을 보여준다.

---

56) 李恭篤, 〈昭烏達盟石棚山考古新發現〉, 《中國考古集成》 東北卷 新石器時代 (一), 北京出版社, pp.580~584.

57) 주 54와 같음.

58) 고조선지역의 청동기문화 시작 연대는 서기 전 2500년경이고 중국 황허유역의 청동기문화 시작 연대는 서기 전 2200년경이다(윤내현, 《고조선연구》, 一志社, 1994, p.29 참조).

59) 이 책의 제1부 제1장 〈고대 한국의 가죽과 모직물〉 참조.

3. 마직물의 생산도구

한반도와 만주의 신석기시대 여러 유적에서는 중국이나 북방지역과 달리 다양한 새김무늬의 특색을 갖는 가락바퀴가 많이 출토되었다. 가락바퀴는 실을 꼬아 길게 만드는 도구이다. 이는 단순히 바느질 실이나 그물을 짜는 등의 재료로만 사용되지 않고 직물 생산의 중요한 계기를 마련했을 것이다.

한반도와 만주지역의 유적들에서는 이른 시기부터 가락바퀴와 함께 뼈나 뿔로 만든 송곳과 바늘 등이 출토되어, 이 시기에 마섬유 등을 이용한 방직과 재봉이 보편적으로 이루어졌음을 알게 한다. 예를 들면, 흑룡강성 동부지역으로 러시아와의 접경지대인 밀산현의 신개류유적(서기 전 4239~3995년)[60]과 소주산하층유적(서기 전 약 4000년경)[61]에서 방직과 재봉에 사용된 도구들이 출토되었다. 이후 서기 전 3000~4000년 시기의 유적에서는 가락바퀴나 바늘과 함께 뼈나 뿔로 만든 송곳 등이 대량으로 출토되어 방직이 이전보다 활발했음을 말해준다. 그 예로 만주지역의 내몽고자치구 소오달맹(昭烏達盟) 파림좌기(巴林左旗) 호이토공사(浩爾吐公社)의 부하구문촌(富河溝門村)의 부하구문유적(서기 전 3510~3107년)[62]에서는

---

60)　中國社會科學院考古硏究所, 《中國考古學中碳十四年代數据集》 1965~1991, p.96. 이 유적의 방사성탄소 측정 연대는 서기 전 3480±90년(5430±90 B.P.)으로, 교정 연대는 서기 전 4239~3995년이다 ; 黑龍江省文物考古工作隊, 〈密山縣新開流遺址〉, 《中國考古集成》 東北卷 新石器時代(二), 北京出版社, pp.2125~2142 ; 譚英杰, 〈密山新開流遺址〉, 《中國考古集成》 東北卷 新石器時代(二), 北京出版社, pp.2143~ 2144.

61)　遼寧省博物館 外, 〈長海縣廣鹿島大長山島貝丘遺址〉, 《考古學報》, 1981年 第1期, pp.66~110.

62)　中國社會科學院考古硏究所, 《中國考古學中碳十四年代數据集》 1965~1991, p.55. 이 유적의 방사성탄소 측정 연대는 서기 전 2785±110년(4735±110 B.P.)으로 교정 연대는 서기 전 3510~3107년이다 ; 中國科學院考古硏究所內蒙古工作隊, 〈內蒙古巴林左旗富河溝門遺址發掘簡報〉, 《考古》, 1964年 第1期, pp.565~569.

가락바퀴와 송곳이 대량으로 출토되었고, 매우 정교한 뼈바늘도 출토되었다.[63] 같은 시기에 속하는 내만기(奈曼旗) 대심타랍(大沁他拉)유적에서는 가락바퀴와 뼈송곳 및 바늘의 출토와 더불어 질그릇 표면과 밑바닥에 편직문(編織紋)이 찍힌 흔적[64]이 남아 있어 직물 생산 기술의 상황을 확인해주었다. 요령성 여대시 장해현 소주산중층유적(서기 전 4000년)에서도 방직에 사용되었던 도구가 출토되었다.[65] 특히 요령성 대련시(大連市) 곽가촌(郭家村)하층유적(서기 전 3780~3530년)[66]에서는 가락바퀴·뼈북·뼈바늘·뼈송곳·질송곳·뿔바늘 등 여섯 종류, 360여 개에 달하는 도구들이 출토되었다.[67] 그 가운데 가락바퀴는 크기와 무게가 달라 굵기가 다른 여러 종류의 실이 생산되었다고 하겠다. 그 뒤 이들 지역에서의 방직 기술은 더욱 발전하고 섬세해졌다. 소주산상층문화 유형인 오가촌(吳家村) 유적에서 발굴된 뼈바늘은 길이가 7.1센티미터이고 굵기는 1.5밀리미터이다.[68]

위와 같은 방직 기술과 재봉도구의 발달은 한반도지역에서도 마찬가지이다. 신석기 초기의 유적인 서포항유적 1기층과 신석기 중기의 유적인 서포항유적 3기층, 곽가촌유적 1기층(서기 전 4000년)[69] 및 좌가산유적과 신석기 후기의 유적인 서포항유적 4기층(서기 전 3000년)에서는 바늘통과 함께 정교한 바늘들과 가락바퀴 및

---

63) 〈內蒙古巴林左旗富河溝門遺址發掘簡報〉, pp.1~3.

64) 朱風瀚, 〈吉林奈曼旗大沁他拉新石器時代遺址調查〉, 《中國考古集成》 東北卷 新石器時代(一), 北京出版社, pp.407~417.

65) 遼寧省博物館 外, 〈長海縣廣鹿島大長山島貝丘遺址〉, pp.66~77.

66) 中國社會科學院考古研究所, 《中國考古學中碳十四年代數据集》 1965~1991, p.70. 이 유적의 방사성탄소 측정 연대는 서기 전3065±100년(5015±100 B.P.)으로 교정 연대는 서기 전 3780~3530년이다.

67) 許玉林·蘇小幸, 〈略談郭家村新石器時代遺址〉, 《中國考古集成》 東北卷 新石器時代(二), 北京出版社, pp.1400~1403.

68) 주 61과 같음.

69) 사회과학원력사연구소 고고학연구소, 《원시사》, 1997, p.150.

여러 형태의 뼈로 만든 북이 출토되었다.[70] 북[71]은 갈고리와 함께 날실들 사이에 씨실을 넣어주기 위한 도구로서, 이 같은 북의 출현은 신석기 초기에 이미 직물을 만들었으며 신석기 중기에는 보편화되었음을 뜻한다. 앞에서 언급한 서포항유적 1기층에서 출토된 갈고리도 수직식직기를 이용해 신석기 초기부터 직물을 생산했음을 확인시켜주는 것이다.

신석기 초기부터 실 생산에 사용되었던 가락바퀴는 청동기 말기에서 철기 초기에 걸쳐 점차 사라진다. 오랫동안 실 생산에 사용되었던 가락바퀴가 사라진 것은 가락바퀴보다 더 생산성이 높은 다른 도구가 개발되었다는 것을 뜻한다. 앞에서 언급한 무산 범의구석유적 8호 집자리(서기 전 2000년기 후반기)에서는 불에 타다 남은 마섬유 실이 나왔다. 이 실은 가는 올을 자세로 꼰 것이다. 이는 물레로 실을 만들었음을 말한다. 물레의 개발은 실의 생산량을 늘리고 질을 높이며 직물의 종류를 다양하게 해주었다.[72]

물레의 등장과 더불어 함경북도 회령 오동유적(서기 전 2000년기 후반기)에서는 짐승의 어깨뼈로 만든 머리빗 모양의 바디[73]가 출토

---

70) 김용간·서국태, 〈서포항원시유적발굴보고〉, 《고고민속론문집》 4, 사회과학원출판사, 1972, pp.104~105.

71) 이 뼈도구들에 대하여 김원룡은 神像과 女神像 및 佩飾으로 보고 있으나(金元龍, 《韓國考古學研究》 3版, 一志社, 1992, pp.122~124), 북한학자들은 이를 북으로 보고 있다. 이 뼈도구들은 길이가 보통 7~8센티미터이고 긴 것은 19~20센티미터 정도이며, 끝 부분은 모두 뾰족하고 귀 부분에는 거의 다 구멍이 있다. 이 뼈도구를 심으로 하고 거기에 실을 감은 다음 귀 부분의 구멍으로 실을 뽑아 쓰는 북으로 쓰였다는 것이 북한 학자들의 견해인데(조선기술발전사편찬위원회, 《조선기술발전사》 1-원시·고대편, p.61), 김원룡의 견해보다는 타당성이 있다.

72) 조선기술발전사편찬위원회, 《조선기술발전사》 1-원시·고대편, p.62.

73) 사회과학원 고고학 및 민속학 연구소, 《회령 오동 원시유적 발굴보고》-유적발굴보고 7, 사회과학원출판사, 1960, p.52 및 도판 CXX의 1 ; 사회과학원력사연구소, 《조선전사》 1-원시편, p.237.

되었고, 강계시 공귀리유적(서기 전 2000년기 후반기)에서는 수직식 직기에 쓰인 것으로 보이는 흙추[74]가 출토되었다. 이 유물들은 당시 수직식직기가 사용되었음을 알게 해준다. 흙추를 이용한 수직식직기는 2인용이었을 것으로 추정하고 있다.[75]

고조선의 청동기시대 유적에서는 이전시대에 비하여 뼈바늘이 훨씬 많이 출토되었는데, 이는 많은 옷을 만드는 데뿐만 아니라 다른 여러 가지 용도로도 쓰였을 것이다. 실제로 하가점하층문화에 속하는 요령성 북표시(北票市) 풍하(豊下)유적에서는 마포 조각이 출토되었고,[76] 본계(本溪)의 청동기시대 묘지에서도 역시 발견되었다.[77] 함경남도 북청군 토성리유적(서기 전 1000년기 전반)[78]에서는 청동기를 싼 천이 출토되었다.[79] 발굴자들은 이 천에 대해 밝히지 않았지만 유물사진[80]으로 보아 굵게 짠 마포로 생각된다. 서기 전 4세기경의 유적으로 추정되는 길림성 후석산(猴石山)유적에서는 직기로 짠 마포가 출토되었다.[81] 이 같은 사실들은 고조선 사람

---

74) 사회과학원 고고학 및 민속학 연구소, 《회령 오동 원시유적 발굴보고》, p.52, 도판 120의 1 ; 과학원 고고학 및 민속학 연구소, 《강계시 공귀리 원시유적 발굴 보고》－유적발굴보고 6, 사회과학원출판사, 1959, pp.28~30.

75) 조선기술발전사편찬위원회, 《조선기술발전사》, p.63.

76) 遼寧省文物干部培訓班, 〈遼寧北票豊下遺址 1972年 春發掘簡報〉, 《考古》, 1976年 3期, p.197.

77) 李恭篤, 〈本溪發現多處洞穴墓地域遺址〉, 《中國文物報》, 1988年 12月 9日 3版 ; 李宇峰, 〈中國東北史前農作物的考古發現與研究〉, 《中國考古集成》 東北卷 綜述(一), 北京出版社, pp.299~300.

78) 조선유적유물도감편찬위원회, 《조선 유적 유물 도감》 2－고조선·진국·부여편, p.225.

79) 김용간·안영준, 〈함경남도·량강도 일대에서 새로 알려진 청동기시대 유물에 대한 고찰〉, 《조선고고연구》, 사회과학원 고고학연구소, 1986년 제1호, p.24.

80) 김용간·안영준, 〈함경남도·량강도 일대에서 새로 알려진 청동기시대 유물에 대한 고찰〉, p.24.

81) 吉林地區考古短訓班, 〈吉林猴石山遺址發掘簡報〉, 《考古》, 1980年 第2期, p.141.

들이 널리 직기를 사용해 마직물을 생산했음을 뜻한다.

하가점상층문화유적인 요령성 건평(建平) 수천성자(水泉城子)유적(서기 전 340~130년)에서 동(銅)단추 뒷면에 녹이 묻어 있는 마포 조각이 출토되었다. 이는 평문직물로 센티미터당 날실과 씨실이 18~19올이다. 성성초(星星哨) 석관(石棺)무덤에서 출토된 모직천에도 3센티미터 길이의 마 이삭이 붙어 있었다.[82] 연구자들은 날실과 씨실의 밀도 및 굴곡 정도로 볼 때 직조된 상태가 일반 직물과 크게 다르다고 했다. 즉, 날실과 씨실 모두 두 올의 단사(單紗)를 합쳐 만들었으며, 직물의 질량을 높이기 위해 올의 방향을 반대로 하여 날실과 씨실의 교차점에서 밀도와 두께를 증가시키는 방법을 썼다. 이러한 특징은 직기를 사용했기 때문에 가능했던 것이며,[83] 그 수준은 현대의 거친 모직물에 가깝다고 했다.[84] 이 같은 직조 기술은 마직물에도 그대로 적용되었을 것으로 생각된다.

고조선 후기에 이르면 철기가 사용된다. 중국의 철기문화는 서기 전 8세기 이전에 시작되었다고 보고 있다. 그러나 고조선 철기문화의 시작은 중국보다 무려 4세기 정도나 앞선 서기 전 12세기 이전으로 거슬러 올라간다.[85] 철기는 농구 제작에 가장 많이 사용

---

82) 趙承澤,〈星星哨石棺墓織物殘片的初步探討〉,《考古學集刊》 3, 中國社會科學出版社, pp.126~127.

83) 佟鎜,《中國東北史》, 吉林文史出版社, 1987, pp.196~197 참조.

84) 吉林省博物館·永吉縣文化館,〈吉林永吉星星哨石棺墓第三次發掘〉,《考古學集刊》 3, 中國社會科學出版社, 1983, p.120 ; 趙承澤,〈星星哨石棺墓織物殘片的初步探討〉,《考古學集刊》 3, pp.126~127.

85) 중국은 철기시대의 시작을 서기 전 8세기 이전으로 보고 있다. 김원룡은 우리나라 철기시대의 시작을 서기 전 3세기로 보고 있으나(金元龍,《韓國考古學槪說》第3版, 一志社, 1986, pp.101~103), 황기덕과 김섭연은 吉林省 騷達溝遺蹟 돌곽무덤에서 출토된 철기를 근거로 서기 전 8~7세기 또는 그 이전으로 소급해야 한다고 주장했다(황기덕·김섭연,〈우리나라 고대 야금기술〉,《고고민속론문집》, 과학백과사전출판사, 1983, p.172). 윤내현은 중국의 전국시대에 해당하는 요령성지역의 유적에서 보편적으로 철기가 출토되고

되었고, 그 다음은 일반공구였으며 무기는 공구보다 적다.[86] 호미·
괭이·삽·낫·반달칼·도끼 등의 다양한 농구와 자귀·끌·손칼·송곳
등의 공구가 많이 만들어졌다. 이 같은 생산도구의 발달과 보급은
마 등의 농업 생산물의 증대와 이를 직물로 생산하는 수공업의
발달을 가져왔을 것이다.

여대시 장해현 상마석(上馬石)유적(서기 전 14세기~16세기)[87]에서
청동단검·검병(劍柄)과 함께 검수(劍首)를 덮은 마포가 출토되었
다. 요령성 심양시(沈陽市) 정가와자(鄭家窪子)유적(서기 전 841~476
년)[88]에서 출토된 동경(銅鏡) 위에 녹이 슨 평문의 마포 흔적이 있
는데,[89] 센티미터당 날실과 씨실이 각각 15올로 매우 세밀하다.[90]
화전(樺甸) 서황산(西荒山)에서 출토된 3개의 철로 만든 낫에도 녹
이 묻은 마포가 있는데, 평문포(平紋布)로 날실과 씨실의 간격이
고른 편이다. 직조 방법에서 이것들은 가락바퀴를 사용하여 바싹
꼬아 튼 뒤에 편직(編織)한 것으로 보인다. 길림시(吉林市) 교외 후
석산유적(서기 전 325년)에서 출토된 마포는 올이 세밀하고 줄 간

있으며 특히 철제 농구가 많이 출토되고 있는 점에 근거하여 철기가 보편
화되기까지는 오랜 기간을 필요로 하기 때문에 우리나라의 철기시대도 중
국과 같이 서기 전 8세기이전에 시작되었을 것으로 보았다(윤내현, 《고조선
연구》, p.108). 서기 전 12세기경의 무덤인 강동군 송석리 문선당 1호 돌판
무덤에서 순도가 높은 철로 만든 쇠거울이 출토되었는데(조선기술발전사편
찬위원회, 《조선기술발전사》, pp.42~43), 이는 윤내현·황기덕·김섭연의 주
장을 뒷받침해준다. 따라서 고조선은 중국보다 무려 4세기 정도나 앞선 서
기 전 12세기경에 철기시대가 시작되었다고 하겠다.

86) 박진욱, 《조선 고고학 전서》, p.139.
87) 中國社會科學院考古研究所, 《中國考古學中碳十四年代數据集》, pp.29~30.
88) 中國社會科學院考古研究所東北工作隊, 〈沈陽肇工街和鄭家窪子遺址的發掘〉,
　　《中國考古集成》東北卷 靑銅時代(二), 北京出版社, pp.1883~1888.
89) 沈陽故宮博物館·沈陽市文物管理辨公室, 〈沈陽鄭家窪子的兩座靑銅時代墓葬〉,
　　《考古學報》, 1975年 1期, pp.142~153 ; 박진욱, 《조선 고고학 전서》-고대
　　편, 과학백과사전종합출판사, 1988, p.71.
90) 佟燊, 《中國東北史》, p.277.

격이 겹치지 않았으며, 날실은 밀도가 센티미터당 약 20올이고 씨실은 약 10올 정도이다. 이들은 가락바퀴로 실을 바싹 꼬아 방직기로 짠 것으로 확인된다.[91]

〈그림 1〉 마선구 1호묘의 '기직도'

〈그림 2〉 대안리 1호묘의 '기직도'

그러나 이들 직물들을 어떤 방직기로 짰는지 방직기가 발견된 것이 없어 확인되지 않는다. 서기 4세기 초에 만들어진 것으로 추정되는[92] 길림성 집안현(輯安縣) 마선구(麻線溝) 1호 고구려묘에서 기계의 몸체를 갖춘 '기직도(機織圖)'가 그려져 있는데, 앞에 사람이 앉은 것이 희미하게 나타나고 직기 전면에는 직물을 감는 기구의 흔적도 보여(그림 1)[93] 우리나라 직기의 모습을 밝히는 데 중요한 자료가 된다. 또한 서기 5세기 초와 5세기 중엽 사이로 추정되는[94] 평안남도 용강군(龍岡郡) 대안리(大安里) 1호묘의 남벽에서 고구려

---

91) 주 81과 같음.

92) 李殷福, 〈集安卷雲紋銘文瓦當考辨〉, 《中國考古集成》 東北卷 兩晋至隨唐(二), 北京出版社, pp.706~711. 압록강 浴池遺址에서 東晋 太寧 4년(326년, 고구려 미천왕 27년)의 年號가 새겨진 瓦가 출토되었고, 마선구의 中學遺址 등 여러 곳에서 같은 시기의 것으로 보이는 瓦들이 출토되었다. 이로 보면 마선구 1호묘는 4세기 초의 묘로 추정된다.

93) 吉林省博物館輯安考古隊, 〈吉林輯安麻線溝一號壁畵墓〉, 《中國考古集成》 東北卷 兩晋至隋唐(二), 北京出版社, 1992, pp.617~622.

94) 朱榮憲, 《高句麗の壁畵古墳》, 朝鮮畵報社, 1972, p.151.

여인이 옷감을 짜는 모습을 그린 '기직도'(그림 2)가 발견되었다.[95] 이 고분벽화는 심하게 손상되어 직기의 모양이 정확하지 않으나 경사직기(傾斜織機)의 모양만은 확연하다. 우리나라의 직기는 요기(腰機)로 분류된다. 대안리 1호묘 기직도 직기의 경사도는 오늘의 우리나라 베틀의 경사도와 유사하다(그림 3).[96] 이 같은 고구려의 직기는 동한(東漢) 화상석(畵像石) 등에 보이는 중국의 사직기(斜織機)(그림 4)[97]와는 전혀 다른 형태이며, 동한에서도 요기를 사용했으나 고구려의 요기와 달리 경사도가 매우 가파르다(그림 5).[98] 이 같은 고구려와 중국의 직기 구조의 차이는 신석기시대부터 발달한 고대 한국의 방직 기술이 줄곧 독자적으로 진행되어왔음을 보여주는 것이라고 하겠다.

〈그림 3〉 안동민속박물관 소장 재래식 베틀

---

95) 최무장·임연철, 《高句麗壁畵古墳》, 신서원, 1990, p.339.
96) 〈그림 3〉의 베틀은 안동민속박물관에서 소장하고 있는 재래식베틀이다.
97) 孫機, 《漢代物質文化紫蓼圖說》, 文物出版社, 1991, pp.51~55 ; 宋伯胤·黎忠義, 〈從漢畵象石探索漢代織機構造〉, 《文物》, 1962年 第3期, pp.24~30.
98) 段拭, 〈江蘇銅山洪樓東漢墓出土紡織畵象石〉, 《文物》, 1962年 第3期, pp.31~32.

〈그림 4〉 강소성 패현 유성진에서 출토된 한화상석(왼쪽), 강소성 동산 홍루에 서 출토된 한화상석(오른쪽)

4. 마직물의 종류와 특성

《설문해자(說文解字)》에서 "마에 속하는 것은 모두 마를 따랐다 [凡麻之屬, 皆從麻]"라고 했듯이, 마는 어느 한 특정한 식물을 가리 킨 것이 아니다. 마는 식물 줄기의 껍질에서 채취한 것, 엽경(葉 莖) 또는 잎에서 채취한 것, 과실에서 채취한 것 등으로 거칠고 강한 긴 섬유를 총칭한다.[99] 마는 식물학적으로 50~60종이나 되 고,[100] 그 가운데 고대 한국에서는 비교적 섬유질이 유연한 대마 (大麻)와 저마(紵麻)가 주를 이루었다. 그리고 황마(黃麻)는 고려시 대에 와서야 황마포(黃麻布) 또는 세황마포(細黃麻布)가 생산된 것 으로 보아[101] 고려시대에 그 종자를 들여왔을 것으로 생각된다. 황

───────────────

99) 金仁圭·申東泰,《섬유재료》, 白山出版社, 1996, p.85 참조.
100) 같은 책, 같은 쪽.

마의 주산지가 인도인 것으로[102] 보아 남방으로부터 들어왔을 가능
성이 크다.

〈그림 5〉 송응성(宋應星)의 《천공개물(天工開物)》에 기재된 '요기'

　대마[hemp]는 뽕나무과에 속하는 1년생 식물로서 우리나라에서
는 '삼베' 또는 '베'라고도 하며, 껍질에서 마섬유를 뽑는다.[103] 저
(紵, ramie)는 쐐기풀과에 속하는 다년생 관목식물로서 우리나라에
서는 '모시'라고 하며 또한 껍질에서 저섬유를 뽑는다.[104] 저는 섬
유질이 가늘기 때문에 이를 뭉쳐 솜으로 만들어 사서(絲絮, 누에고
치솜)의 대용품으로 쓰기도 했다. 이는 《한서(漢書)》〈초원왕전(楚

---

101) 《高麗史》, 〈列傳〉 卷36 朱印遠. "印遠이 세황마포 두 상자를 바치니 왕이
　　봉한 것을 열고 좌우로 하여금 다투어 갖게 하여 재미로 했다…… 지금 또
　　여러 道에 명하여 20升의 황마포를 바치게 하는데, 여공이 방적하기에 가장
　　어려운 일이다(印遠, 貢細黃麻布二籠. 王開緘, 令左右爭取, 以爲戲…… 今又
　　令諸道, 貢二十升黃麻布, 紡績於女工, 最難).
102) 金仁圭·申東泰, 《섬유재료》, p.104.
103) 金仁圭·申東泰, 《섬유재료》, p.100.
104) 金仁圭·申東泰, 《섬유재료》, p.95.

元王傳)〉의 문제(文帝)가 죽은 뒤에도 저서(紵絮, 저솜)로 근검하게 장례를 치렀다고 한 것[105]에서 알 수 있다. 고대 한국의 문헌자료를 보면, 《삼국사기》에서는 통일신라 헌안왕(憲安王) 때의 기재에 '마저(麻紵)'[106]로 구별하고 《삼국유사》에서는 '저포(紵布)'[107]로 쓴 것으로 보아, 통일신라 때 마포와 저포를 분명히 구별하기도 했음을 알 수 있지만, 대부분 이 둘을 꼭 구별하지 않고 포로 쓴 것도 많다. 그러나 이 같은 마포와 저포의 구분은 고려에 내려오면서 보다 분명해진다. 《고려사》에서는 '광저광포각십오필(廣紵廣布各十五匹)'[108], '백저포팔필·흑마포칠필(白紵布八匹·黑麻布七匹)', '저마포유차(紵麻布有差)'[109]처럼 저포와 마포를 분명하게 구분했다. 조선시대에 편찬된 《동사강목(東史綱目)》에서는 신라의 마직물에 대해 '포저삼단(布紵衫段)'[110]이라 했고, 고려시대의 마직물에 대해 '백저(白紵)'[111]·'세마포(細麻布)'[112]·'문저포(紋紵布)'[113]로 기술함으로써 마포와 저포의 여러 종류까지도 구별했던 것으로 보아, 고려시대에 와서 마와 저에 대한 직조 기술이 더 발전했음을 알 수 있다.

중국의 기록을 보면 남송(南宋) 때 씌어진 《제번지(諸蕃志)》에서는 신라에서 생산한 저포를 '모시포(毛施布)'라고 했고,[114] 송대(宋

---

105) 《漢書》 卷36 〈楚元王傳〉. "孝文皇帝居霸陵, 北臨厠, 意悽愴悲懷, 顧謂羣臣, 曰：'嗟乎! 以北山石爲槨, 用紵絮斮陳漆其間, 豈可動哉!."
106) 《三國史記》 卷11 〈新羅本紀〉 憲安王 4年條. "헌안왕 4년…… 王族 膺廉이 '…… 한 사람은 재물이 많아 사치스러운 의복을 입을만 해도 늘 마와 저로 만든 것으로 자족했다(一家富於財, 可以侈衣服, 而常以麻紵自喜)'고 대답했다."
107) 《三國遺事》 卷3 〈塔像〉 前後所將 舍利. "…… 저포 300필을 押衙內史에게 뇌물로 주었다(…… 紵布三百匹, 行賂於押衙內史)."
108) 《高麗史》 卷82 〈志〉36 兵二.
109) 《高麗史》 卷133 〈列傳〉46 辛禑.
110) 《東史綱目》 卷5 景文王 9年條.
111) 《東史綱目》 卷11 下 忠烈景孝王 元年六月條.
112) 《東史綱目》 卷12 下 忠烈王 14年3月條.
113) 《東史綱目》 卷14 下 恭愍王 4年7月條.
114) 《諸蕃志》 卷上 〈新羅國〉.

代)에 씌어진 《선화봉사고려도경(宣和奉使高麗圖經)》에서도 '백저
(白紵)'[115]·'저마(紵麻)'[116]라고 하여 역시 저포와 마포를 정확히 구분
했다. 그리고 원대(元代)에 씌어진 《송사(宋史)》에서도 '마저(麻紵)'
로 마포와 저포를 구별했고, 저포만을 가리킬 때는 '저포(紵布)'로
기술했다.[117]

고대 한민족이 생산한 마직물의 종류를 살펴보면 다음과 같다.

고구려는 포·백(帛)·피(皮)를 복식의 재료로 함께 사용했으나[118]
포를 부세(賦稅)로 받았던 것으로 보아 포의 생산량이 많았던 것
으로 보인다.[119] 그런데 이 포가 어떤 것인지 알 수 없는데, 비교적
후대의 기록이기는 하지만 고구려 유민들이 건국한 발해에 관한
《발해국지장편(渤海國志長編)》의 다음 두 기록이 중요한 참고가 될
것이다.

삼가 발해가 포를 생산했다는 말을 한 것을 살펴본다. 이미 동단
국(東丹國, 동거란)이 처음 건국했을 때 해마다 추포(麤布) 10만 단
(端)과 세포 5만 단을 거란[契丹]에 바치기로 약속했다. 이 포는 또
추포와 세포로 나누었다.[120]

삼가 동단국 감로(甘露) 3년(서기 928년) 인황왕(人皇王)이 백저
를 거란에 바쳤다는 것을 살펴본다 ; 이것 또한 발해(渤海)에서 생산
된 것이다. 《설문(說文)》은 '저는 경(絟)에 속하며, 가는 것은 전

---

115) 《宣和奉使高麗圖經》 卷11 〈龍虎中猛軍〉 ; 《宣和奉使高麗圖經》 卷20 〈婦人〉.
116) 《宣和奉使高麗圖經》 卷23 〈土産〉.
117) 《宋史》 卷487 〈列傳〉 外國 三.
118) 《魏書》 卷100 〈高句麗傳〉. "백성들은 모두 토착민으로 산골을 따라 살고
포와 백 및 피로 옷을 지어 입는다(民皆土著, 隨山谷而居, 衣布帛及皮)."
119) 《通傳》 卷186 高句麗 條. "고구려는…… 부세로 견과 포 및 조를 받았다
(高句麗…… 賦稅則絹布及栗……)."
120) 《渤海國志長編》 卷17 〈食貨考〉. "謹案渤海産布說 : 已見前東丹國初建, 約歲
貢麤布十萬端·細布五萬端於契丹, 是布又有麤細之分."

(絟)[121]이고, 거친 것은 저이다'라고 했다.…… 《성경통지(盛京通志)》
는 '경마는 사인(士人)이 이것을 구하여 끈을 만들고, 그것을 밭에
심었다'고 기재했다. 《길림외기(吉林外紀)》는 '마는 선마(線麻)와 경
마로 나누는데, 선마는 견실해 모두 끈으로 물건을 싸고 묶는 것으
로 쓰고, 쓰임이 무궁해 길림성 북쪽에 심은 사람이 많았다. 해마다
수확이 담배보다 줄고 모두 내지로 운반했다'고 했다. 내가 살펴본
바 지금 봉천성·길림성 두 성에 마가 많이 생산되고, 인황왕이 바쳤
다는 백저는 바로 경마와 선마를 말한다.[122]

고구려가 망한 뒤 그 유민들이 고구려의 국역에서 발해를 건국
했다. 요(遼)의 태조 아보기(阿保機)가 발해를 멸망시킨 뒤 동단국
(서기 926~936년)으로 이름을 바꾸고 아들 야율배(耶律倍)를 국왕
으로 봉한 뒤 인황왕으로 불렀다. 그런데 발해에 들어와 꼭 마직
물을 만들었다고 볼 수는 없으며, 더 거슬러 올라가 고구려에서
마직물을 만들었다고 보아야 할 것이다. 이렇게 본다면 고구려에
서는 대마로 추포를 만들고, 선마와 경마를 길러 전과 저를 만들
었다고 하겠다. 《설문해자》에 경은 '시속(枲屬)'이라 하고 시(枲)는
'마(麻)'라고 하여 경과 시를 모두 마과(麻科)로 분류했으며, 이 가
운데 경에서 가늘게 뽑은 것을 전이라 하고 거칠게 뽑은 것을 저
라고 했다.[123]

고구려는 전포보다 더 고운 세백포(細白布)와 60종포(綜布)를 생
산했음이 《발해국지장편》의 다음 기록에서 확인된다.

---

121) 《說文解字》. "絟, 枲屬, 細者爲絟, 粗者爲紵."
122) 《渤海國志長編》 卷17 〈食貨考〉. "謹案東丹國甘露三年, 人皇王獻白紵於契丹：
　　此亦渤海所産也. 《說文》云；絟, 枲屬, 細者爲絟, 粗者爲紵.…… 《盛京通志》
　　載；有枲麻, 士人需此治繩, 種之田中. 《吉林外紀》云；麻有線麻·枲麻之分, 線
　　麻堅實, 一切繩套綑縛, 爲用無窮, 吉林城北種者居多. 每歲所收減於菸, 並皆轉
　　運內地. 愚按, 今奉天吉林兩省多産麻, 人皇王所獻之白紵, 卽所謂枲麻·線麻也."
123) 《說文解字》. "絟, 枲屬, 細者爲絟, 粗者爲紵."

110

《수서(隋書)》에 '말갈(靺鞨)의 부인은 포를 입었다'고 했다. 발해
때 흑수말갈(黑水靺鞨)이 60종포를 바쳤고, 발해는 또 배구(裵璆)를
사신으로 보내 세포를 후당(後唐)에 바쳤다. 또한 말갈이 세백포로
거란과 교역했다. 이는 모두 발해에서 포를 생산했다는 증거이다. 현
주(顯州)는 지금의 길림성 화전현지(樺甸縣地)로 발해 때 포를 생산
하는 것으로 유명했다. 지금 길림성에서 마를 생산하고 있는데, 현
주[124]의 포 혹은 직마(織麻)가 이것이다.[125]

발해를 건국한 대조영(大祚榮)은 말갈 출신으로 698년에 지금의
요령성 심양시 부근에서 발해를 건국했으며, 713년 2월 측천무후
(則天武后)가 대조영을 좌효위대장군발해군왕(左驍衛大將軍渤海郡王)
에 봉하고 그 영역을 홀한주(忽汗州)로 했다. 이로 본다면 흑수말
갈은 고구려의 영역에 있었다고 할 수 있고, 이 흑수말갈에서 세
포의 종류인 60종포를 생산했다.[126] 《설문해자》에서 종(綜)은 '기루
(機縷)'라 했고, 루(縷)는 '선(線)'이라고 했다. 종은 바디를 말하고
보통 직기는 1개의 종을 사용하는데, 60개의 종을 사용한 것은 무
늬를 넣기 위한 것이다. 따라서 60종포는 무늬 있는 전을 말한다.
마한은 포(布)로 만든 포(袍)를 입었고[127] 변한과 진한에서도 폭

---

124) 顯州는 天寶(서기 908∼913년)年間에 발해왕이 도읍한 곳으로 지금의 西古
城을 중심으로 한 지역에 설치되었다(방학봉, 《발해의 강역과 행정제도에
관한 연구》, 연변대학출판사, 1996, pp.59∼61).
125) 《渤海國志長編》 卷17 〈食貨考〉. "隋書謂靺鞨婦人服布. 渤海時, 黑水靺鞨獻
六十綜布, 渤海又使裵璆貢細布於後唐. 又靺鞨以細白布與契丹交易. 此皆渤海
産布之證. 顯州爲今吉林省樺甸縣地, 渤海時以産布名. 今吉林省産麻, 顯州之
布或織麻爲之."
126) 《渤海國志長編》 卷17 〈食貨考〉. "삼가 살펴본다 ; 이것은 곧 세포의 일종이
다. 大興 11년(748)에 黑水部에서 60종포를 唐에 바쳤다(謹案 ; 此卽細布之
一種也. 大興十一年, 黑水部獻六十綜布於唐)."
127) 《後漢書》 卷85 〈東夷列傳〉 馬韓條. "마한 사람들은…… 布로 만든 袍를 입
고, 짚신을 신었다(馬韓人…… 布袍草履)."

이 넓은 세포를 만들었다.[128] 폭이 넓은 세포는 위 《발해국지장편》
의 내용으로 보아 경마로 곱게 짠 전임을 알 수 있다. 《선화봉사
고려도경》에서는,

> 신이 삼한(三韓)의 의복제도를 들었지만, 염색에 대해서는 듣지
> 못했습니다. 다만 꽃무늬만은 금했습니다.…… 옛 풍속에 여자의 옷
> 은 무늬 없는 저로 만든 황색 치마였고, 위로는 공족과 귀가에서 아
> 래로 백성과 하층민 및 처첩에 이르기까지 한 모양이어서 구별이 없
> 습니다.[129]

라고 했다. 이를 보면, 삼한에서 생산한 포는 경마로 만든 저포이
며, 또한 신분을 구분하지 않고 모두 백저포(白紵布)로 만든 옷을
입은 것으로 보아 백저포가 일반화했음을 알 수 있다.

　복식자료의 출토 내용으로 보더라도, 한민족은 고조선이 붕괴되
기 이전 한반도와 만주 전역에 걸쳐 살았다.[130] 이를 볼 때 한민족
은 한반도의 거의 대부분 지역에서 경마로 전과 저를 생산했고,
또 섬세한 세포인 전보다 더 고운 마직물을 만들 수 있는 최고의
직조 기술을 갖고 있었다.

　부여에서는 백포(白布)로 만든 소매가 큰 포와 바지를 입었고,[131]
거상(居喪) 때 부인들은 포면의(布面衣)를 입었다.[132] 부여가 생산했

---

128) 《三國志》 卷13 〈烏丸鮮卑東夷傳〉 弁辰 條. "변진은 진한과 섞여 살았고,
　　 역시 성곽이 있고, 의복과 거처는 진한과 같다.…… 또한 폭이 넓은 세포를
　　 만들었다(弁辰與辰韓雜居, 亦有城郭, 衣服居處與辰韓同.…… 亦作廣幅細布)."
129) 《宣和奉使高麗圖經》 卷20 〈婦人〉. "臣聞三韓衣服之制, 不聞染色. 唯以花文
　　 爲禁.…… 舊俗女子之服白紵黃裳, 上自公族貴家, 下及民庶妻妾, 一槪無辨."
130) 朴仙姬, 〈복식자료를 통해 본 고조선의 영역〉, 《白山學報》 第61號, pp.5~46.
131) 《三國志》 卷13 〈烏丸鮮卑東夷傳〉 夫餘傳. "국내에 있을 때 옷은 무늬 없는
　　 것을 숭상하여 무늬 없는 布로 만든 큰소매의 포와 바지를 입으며……(在國
　　 衣尙白, 白布大袂袍·袴……)."
132) 《三國志》 卷13 〈烏丸鮮卑東夷傳〉 夫餘傳에서 裵松은 《魏略》의 내용을 빌

던 포는 고구려와 마찬가지로 대마와 선마 및 경마이며, 경마로 전과 저를 만들었을 것이다. 그 예로 고조선의 유적인 후석산유적 1호 무덤에서는 마직물이 출토되었다.[133] 숙신도 포를 생산했고[134] 동옥저가 포를 조세로 받았던 것으로[135] 보아 이들도 많은 포를 만들었음을 알 수 있다.

이상과 같이 한반도와 만주에 위치했던 고조선의 유민들이 세운 나라들은 모두 일찍부터 섬세한 여러 종류의 마직물을 생산했다. 이는 고조선의 우수하고 고유한 직물 기술을 그대로 이어받은 것이라고 하겠다. 고려시대의 상소문 등에서 종종 외국의 물건을 금하고 우리나라의 토산물인 주(紬)[136]·저포·마포를 써야 한다고 한 내용으로부터도 이를 알 수 있다.[137]

신라에서는 마를 많이 재배했다.[138] 건국 초기부터 왕실이 주도적으로 여자들에게 마포의 생산을 권장하는 대회를 열었으며 남자들에게는 활을 쏘게 하여 마포를 상으로 내리기도 했다. 이는 신

어 "거상에 남녀가 모두 흰 옷을 입었고, 부인은 포면의를 입었다……(其居 喪, 男女皆純白, 婦人着布面衣……)"고 했다.

133) 吉林地區考古短訓班, 〈吉林猴石山遺址發掘簡報〉, 《考古》, 1980年 第2期, p.141.

134) 《晋書》 卷97 〈列傳〉. "…… 布로 襜을 만드는데, 길이는 1척 남짓하며 이것으로 앞뒤를 가린다(以布作襜, 徑尺餘, 以蔽前後)."

135) 《通典》 卷186. "동옥저는…… 조세로 초피·포·어·염을 받았다(東沃沮…… 責其租稅貂布魚鹽)."

136) 주는 굵은 실로 두텁게 짠 사직물로, 縣布를 말한다. 면은 한반도 남부에 있었던 濊와 韓에서 생산했다(이 책의 제1부 제3장 〈고대 한국의 사직물〉 참조).

137) 《高麗史》, 〈志〉 卷39 刑法二. "우리나라는 토양에 맞는 細紵와 麻布만을 사용했는데, 여러 해를 입을 수 있어 상하가 넉넉했다. 지금은 귀족이나 천한 사람이나 가리지 않고 다투어 다른 나라의 물품과 바꾸고 있다(我朝, 只用土宜細紵麻布, 而能多歷年所, 上下饒足. 今也, 無貴無賤, 爭貿異土之物)."

138) 《南史》 卷79 〈列傳〉 新羅 條. "토지가 비옥하여 오곡을 심기에 마땅하고, 뽕과 마가 많아 겸과 포로 된 옷을 지었다(土地肥美, 宜植五穀, 多桑麻, 作縑布服)".

라의 직조 기술을 더욱 발전시킬 수 있는 계기가 되었을 것이다.

신라 문무왕(文武王) 12년(서기 673년)에는 40승포(升布) 6필과 30승포 60필을,[139] 경문왕(景文王) 9년에는 40승(升) 백첩포(白氎布) 40필과 30승 저삼단(紵衫段) 40필을 당에 예물로 보냈고,[140] 또한 일본에 금견(錦絹)과 포를 예물로 보내기도 했다.[141] 《성호사설(星湖僿說)》에서는 40승포에 대해 '우리나라 북도(北道)에는 한 필 포가 밥그릇에 들어가는 것이 있으니 이것이 바로 40승포이다'[142]라고 하여 신라인들의 손끝에서 만들어진 40승포가 얼마나 정교한가를 형용했다. 신라 또한 섬세한 대소포(大小布) 및 모시포를 생산한 것 외에 치밀포(緻密布)[143]와 금총포(金總布)[144]도 생산해 중국에 예물로 보냈다.

---

139) 《三國史記》 卷7 〈新羅本紀〉 文武王條. "(문무왕 12년)…… 우황 120푼, 금 120분, 40승포 6필, 30승포 60필을 바쳤다(…… 牛黃百二十分·金百二十分·四十升布六匹·三十升布六十匹)."

140) 《三國史記》 卷11 〈新羅本紀〉 景文王條. "(경문왕 9년) 가을 7월에 왕의 아들 소판과 김윤 등을 당에 보내어 은혜를 사례하고, 겸하여 말 2필, 부금 100량, 은 200량, 우황 15량, 인삼 100근, 큰 꽃무늬 어아금 10필, 작은 꽃무늬 어아금 10필, 조하금 20필, 40승 백첩포 40필, 30승 저삼단 40필,……을 보냈다(秋七月, 遣王子蘇判金胤等入唐謝恩, 兼進奉馬二匹, 麩金一百兩, 銀二百兩, 牛黃十五兩, 人蔘一百斤, 大花魚牙錦一十匹, 小花魚牙錦一十匹, 朝霞錦二十匹, 四十升白疊布四十匹, 三十升紵衫段四十匹,……)."

141) 《日本書紀》 卷29 〈天武天皇 下〉. "甲子에 신라에서…… 조물은 금·은·철로 만든 정과, 수놓은 비단·포·피·말·개·나귀·낙타와 같은 10여 종이었다(甲子, 新羅遣…… 調物, 金·銀·鐵鼎, 錦絹·布·皮·馬·狗·驟·駱駝之類十餘種)."

142) 《星湖僿說》 卷6 〈萬物門〉. "우리나라 북도에는 한필 포가 밥그릇에 들어가는 것이 있으니 이것이 바로 40승포의 종류이다(我國北道, 有入鉢布即此類)."

143) 《三國遺史》 卷5 〈感通〉 善律還生. "아울러 치밀포를 이불과 요 사이에 감추어 두었다(幷藏緻密布於寢褥間)."

144) 《三國史記》 卷5 〈新羅本紀〉 眞德女王 7年條. "겨울 11월에 사신을 당에 보내 금총포를 바쳤다(冬十一月, 遣使大唐, 獻金總布)." 《설문해자》에 綃에 대해 "綺絲之數也. 漢律曰 : 綺絲數謂之綃, 布謂之總, 綬組謂之首"라 했고, 總은 '聚束也'라고 했다. 總은 布의 날씰의 數를 말하는 것으로 보아 금총포는 날씰에 금실을 섞어 짠 것이라고 하겠다.

신라는 서기 전 1세기경에 진한(辰韓)에서 건국되었다. 따라서 신라가 여러 종류의 포를 생산할 수 있었던 것은 한(韓)이 경마로 저포와 광폭세포(廣幅細布) 또는 백저포 등을 생산한 기술을 이어받아 발전시킨 것이라 할 수 있겠다. 이는 김춘추가 당의 복제(服制)를 받아들이기 이전까지 한(韓)의 고유한 복식을 그대로 따른 것에서도 알 수 있다.[145]

고구려는 청포(青布)를 생산했다. 선덕왕(善德王) 12년(서기 644년) 김춘추가 고구려를 방문하러 갈 때 대매현(代買縣) 사람이 김춘추에게 청포를 예물로 주었다.[146] 청포는 푸른빛으로 물들인 것으로, 고려에서는 이것으로 용호중맹군(龍虎中猛軍)의 투구와 갑옷 속에 입던 웃옷을 만들었다.[147]

백제는 한강유역에서 건국하자 곧 마한 전역을 점령했다. 따라서 백제는 한(韓)의 마직물 생산 기술을 그대로 이어받았다고 하겠다. 이는 서기 396년 고구려 광개토왕의 공략을 받은 백제의 아신왕(阿莘王)이 투항하며 백성 1,000명과 세포 1,000필을 바친 사실에서 알 수 있다.[148] 또한 백제는 고구려와 의복이 거의 같았다

---

145) 《高麗史》〈志〉卷26 興服 1. "동국은 삼한으로부터 의장과 복식이 고유한 풍속을 쫓다가 신라 태종왕에 이르러 당의 제도를 따르기를 청했고, 그 뒤 관복제도는 차츰 중국을 따랐다(東國自三韓, 儀章服飾循習土風, 至新羅太宗王, 請襲唐儀, 是後, 冠服之制, 稍擬中華)."

146) 《三國史記》卷41〈列傳〉金庾信 上. "春秋가 訓信 沙干과 함께 고구려를 방문했다. 대매현에 이르자 고을 사람 豆斯支 沙干이 청포 300步를 그에게 선사했다(春秋與訓信沙干, 聘高句麗. 行至代買縣, 縣人豆斯支沙干贈青布三百步)."

147) 《宣和奉使高麗圖經》卷11〈龍虎中猛軍〉. "용호중맹군은 청포로 만든 좁은 窄衣와 무늬 없는 저로 만든 窮袴를 입고 다시 투구와 갑옷을 덧입었다……(龍虎中猛軍, 服青布窄衣, 白紵窮袴, 復加鎧甲……)."

148) 《廣開土王陵碑》. "百殘이 義에 복종하지 않고 감히 나와 싸웠다. (광개토)왕이 크게 노하여 아리수를 건너 精兵을 보내어 성을 압박했다…… 이에 (百)殘主가 困逼해지자, 男女生口 1,000명과 세포 1,000필을 바치고 (광개토)왕에게 투항하여, 지금부터 영구히 奴客이 될 것을 맹서했다(殘不服義, 敢出百戰. 王威赫怒, 渡阿利水, 遣刺迫城, □□歸穴□便圍城, 而殘主困逼, 獻

고 한 것으로 보아,[149] 백제도 고구려에서 생산했던 추포와 세포 및 세백포·60종포·청포 등을 생산했을 것이다.

이렇게 삼국 등에서 생산했던 마직물은 고려로 이어져 대마로 는 세마포[150]와 흑마포(黑麻布)[151]를 생산했다. 세마포는 왕이나 권력층에게 보내는 예물로 사용되었으므로[152] 매우 섬세한 고급품이 었을 것이다. 경마로는 세저포(細紵布)[153]·황저포(黃紵布)·홍저포(紅紵布)[154]와 문저포[155]를 생산했는데, 황저포나 홍저포는 백저포나 흑마포와 함께 물감을 들이거나 물감을 들인 실로 짠 것이라고 생각된다. 문저포는 무늬를 넣어 짠 모시포이고, 6종포나 7종포는[156] 앞

出男女生口一千人·細布千匹, 歸王, 自誓, 從今以後, 永爲奴客)."

149) 《隋書》 卷81 〈列傳〉 百濟. "그들의 의복은 고(구)려와 대략 같다(其衣服與高(句)麗略同)." ; 《南史》 卷79 〈列傳〉 百濟傳. "언어와 복장은 대략 고(구)려와 같다(言語服章, 略與高(句)麗同)."

150) 《高麗史》 卷30 〈世家〉 忠烈王. "무술년에 경상도 권농사가 세마포 바치는 것을 금했다(戊戌, 禁慶尙道勸農使獻細麻布)."

151) 《高麗史》 卷46 〈列傳〉 辛禑. "중서성 태사 활활첩목아·태보 합자장·태위 만자에게는 각 백저포 8필·흑마포 7필과 안자 1면을, 평장참정대대부 이하 내관과 소신에 이르기까지 모두 저포와 마포를 차등 있게 보냈다(中書省太師闊闊帖木兒·太保哈刺章·太尉蠻子, 各白紵布八匹·黑麻布七匹·鞍子一面, 平章參政臺大夫下至內官小臣, 皆遺紵麻布有差)."

152) 《東史綱目》 卷12 忠烈王 14年條. "세마포 바치는 것을 금지했다. 앞서 慶尙道 勸農使 蔡謨가 세마포를 많이 거두어 들여 왕에게 바치고 또 세도가에게 뇌물로 주었는데……(禁獻細麻布. 先是慶尙道勸農使蔡謨多斂細麻布, 獻王, 又賂權貴……)."

153) 《高麗史》 卷23 〈世家〉 高宗.

154) 《高麗史》 卷46 〈列傳〉 辛禑. "두 황후에게 백저포 9필, 황저포 5필, 홍저포 4필을……(二皇后, 白紵布九匹, 黃紵布五匹, 紅紵布四匹,……)."

155) 《東史綱目》 卷14 恭愍王 4年條. "元에서 紋紵布를 바치는 것을 그만두게 했다(元罷貢紋紵布)."

156) 《高麗史》 卷36 〈兵二〉. "그 옮긴 200호는 호마다 은 1근·7종포 50필을 집 짓는 비용으로, 백저포 3필·7종포 15필은 농기구의 값으로 주었다.…… 또 주4필·면 4근·67종포 15필을……(其所徙二百戶, 戶給銀一斤·七綜布五十匹爲屋舍之費, 白苧布三匹·七綜布十五匹爲農器之直,…… 又給紬四匹·緜四斤·六七綜布十五匹……)."

서 고구려가 생산한 60종포와 함께 섬세한 문저포의 종류들이다.

고려시대에는 일반적으로 마직물을 많이 입었다.[157] 왕도 평상시에는 백성과 다를 바 없이 검은 건(巾)에 흰 모시도포를 입었다.[158] 여자들은 위로는 왕가의 친척과 귀족으로부터 아래로는 백성의 처첩에 이르기까지 모두 흰모시와 노랑치마를 입었다.[159] 또한 충렬왕은 상복(喪服)으로 참쇠마질복(斬衰麻絰服)을 입기 시작했고,[160] 선비들은 집에 있을 때 짚신을 신고 외출 때만 베신[麻履]을 신는 등,[161] 고려 말에 이르러서는 귀천을 가리지 않고 마직물만을 입는 등의 경제적 어려움을 겪기도 했다.

다음 고대 한국에서 포를 가름했던 치수에 대해 알아보면 다음과 같다. 신라는 문무왕 5년(서기 666년) 이전에 견(絹)이나 포는 10심(尋)을 1필(匹)로 했는데, 문무왕 5년에 이를 바꾸어 길이 7보(步)와 폭의 넓이 2척(尺)을 1필로 했다.[162] 10심은 80척이다. 당시

---

157) 《宋史》卷487〈列傳〉外國條. "고려는…… 蠶絲가 적어서 縑布 한 필의 값이 은 10냥이므로 마포나 저포 옷을 많이 입었다(高麗…… 少蠶絲, 匹縑直銀十兩, 多衣麻紵)."

158) 《宣和奉使高麗圖經》卷7〈王服〉. "고려왕은 常服에는…… 혹 평상시 쉴 때에는 검은 건에 백저포로 된 袍를 입어 백성과 다를 바 없었다(高麗王, 常服…… 或聞平居燕息之時, 則皂巾白紵袍, 與民庶無別也)."

159) 《宣和奉使高麗圖經》卷20〈婦人〉. "옛 풍속에 여자의 옷은 백저 저고리에 황색치마인데, 위로는 왕가의 친척과 귀한 집으로부터 아래로는 백성과 서인 및 처첩에 이르기까지 한 모양이어서 구별이 없다 한다(舊俗女子之服白紵黃裳, 上自公族貴家, 下及民庶妻妾, 一槪無辨)."

160) 《高麗史》〈志〉卷18 禮六. "(충렬왕 원년) 9월 壬午에 왕이 빈전에 나아가 처음으로 참최마질을 입고 군신을 거느리고 곡을 했다(九月壬午, 王詣殯殿, 始服斬榱麻絰, 率群臣哭)."

161) 《東京通志》卷5〈風俗〉. "내가 영남의 선비들이 모두 베신[麻履]를 신은 것을 보고 그에게 물었더니 '집에 있을 때는 짚신[草履]을 신고 베신은 신지 않는다'고 했다. 그들의 검소함이 이와 같으므로……(余見嶺士皆躡麻履, 問之, 則曰'在家草履, 麻亦不及也.' 其儉如此……)."

162) 《三國史記》卷6〈新羅本紀〉文武王 5年條. "견과 포는 예전에 10심을 1필로 했는데, 길이 7보와 넓이 2척을 1필로 고쳤다(絹布舊以十尋爲一匹, 改以

당(唐)에서는 5척이 1보였으나,[163] 신라에서는 6척이 1보였다.[164] 따라서 7보는 42척이 되므로 1필의 길이가 약 반 정도 줄어든 셈이 된다.

《수호지진묘죽간(睡虎地秦墓竹簡)》의 〈금포율(金布律)〉에 따르면, 중국은 진대(秦代)에 포의 폭이 2척 5촌(寸)[165]이었고, 한대에 포 1필의 길이가 4장(丈),[166] 즉 40척이었다. 돈황(敦煌)에서 출토된 한대(漢代)의 '임성국항부겸(任城國亢父縑)'에 표기된 '폭광이척이촌, 장사장(幅廣二尺二寸, 長四丈)'[167]이라는 내용을 통해, 한(漢)에서는 포의 폭이 2.2척, 1필의 길이가 40척이었다. 또한 마왕퇴(馬王堆) 1호묘에서 출토된 사직물은 대다수의 폭관(幅寬)이 48~51센티미터이고 신강(新疆) 민풍(民豊) 이아(尼雅)에서 출토된 만세여의금(萬世如意錦)의 폭이 47센티미터 정도인 것으로 보아,[168] 진한시대의 중국과 북방지역에서 사용한 1척은 약 23.5~25.5센티미터 정도였다. 양진남북조시대 동위(東魏)는 1척이 약 30센티미터 정도였고,[169] 이후 당(唐)은 1척이 29.3~31.2센티미터[170]와 29.5~30.7센티

長七步廣二尺爲一匹)."

163)《舊唐書》卷48〈食貨志〉上. "武德七年(서기 624년), 始定律令, 以度田之制, 五尺爲步, 步二百四十爲畝, 畝百爲頃."

164) 신라가 문무왕 때 6척을 1보로 했음은 宣德王12년(서기 643년)에 세워진 皇龍寺九層塔의 높이로부터 알 수 있다. "鐵盤以上, 高□□, 以下高三十步三尺"(皇龍寺九層木塔刹柱本記), "刹柱記云, 鐵盤以上, 高四十二尺, 以下一百八十三尺"(《三國遺事》卷3,〈塔像〉皇龍寺九層塔)에서 鐵盤 이하의 높이 30보 3척은 183척과 같으므로, 이 두 개의 치수를 계산하면 1보는 6척이 된다.

165) 睡虎地秦墓竹簡整理小組,《睡虎地秦墓竹簡》,〈金布律〉, 文物出版社, 1978, p.56.

166)《漢書》卷24 下〈食貨志〉. "布帛廣二尺二寸爲幅, 長四丈爲匹."

167)《流沙墮簡·考釋》四三.

168) 孫機,《漢代物質文化資料圖說》, 文物出版社, 1991, p.72.

169) 吳洛,《中國度量衡史》, 臺灣商務印書館, 1937, p.213.

170) 國家計量總局·中國歷史博物館·古宮博物院 主編,《中國古代度量衡圖集》, 文物出版社, 1984, pp.20~29.

미터 정도[171]였다.

고구려의 척은 중국과 다르다. 고구려가 평양으로 천도한 이후 427년부터 552년까지 약 120여 년간 안학궁(安鶴宮)에서 사용된 1척의 길이는 34.7∼35센티미터였고, 서기 498년에 건립된 금강사(金剛寺) 터에서도 1척이 35센티미터였다.[172] 또한 고구려의 유적으로 밝혀진 평양성 외성유적과 서기 7세기경의 유적인 강서대묘(江西大墓)의 건축에서도 같은 척이 사용되었다.[173] 그럼에도 불구하고 일본학자들은 고구려가 동위의 척을 받아들였다고 잘못 해석했다.[174]

이상의 길이를 재는 치수를 보면 고구려가 사용한 척도는 중국이나 북방지역과 다르다. 신라도 문무왕 5년을 전후하여 척도를 바꾸었지만 고구려와 마찬가지로 중국이나 다른 나라의 척도를 따르지 않고 신라 스스로의 척도에 따랐다.

이제 포의 승수(升數)[175]로부터 포의 섬세도를 알아보면 다음과 같다. 중국의 경우 7종포(綜布)에서 9종포는 조포(粗布)라고 했다. 가장 거친 7종포는 1폭(幅)의 날실이 560줄이고, 날실의 밀도는 모두 센티미터당 11.5올이다. 서한(西漢)시대에는 요역에 복무하는 사람과 형도(刑徒)가 7종포를 입었다.[176] 춘추시대에는 10종(綜)에서 12종까지를 세포로 구분했으나, 대부분 10종포였다.[177] 서한 말

---

171) 丘光明, 《中國歷代度量衡考》, 科學出版社, 1992, pp.70∼89.

172) 리화선, 〈안악궁의 터자리 복원을 위한 몇 가지 문제〉, 《력사과학》, 1980년 제1호, pp.40∼47.

173) 關野貞, 《朝鮮の建築と美術》, 岩波書店, 1941, pp.345∼399.

174) 狩谷掖齋 著·富谷至 校注, 〈本朝度巧〉, 《本朝度量權衡巧》, 現代思潮社, 1978, p.35 ; 關野貞, 《朝鮮の建築と美術》, p.363.

175) 《儀禮》〈喪服〉에서 "布, 八十縷爲升"이라 했고, 《漢書》〈王莽傳〉의 繌에 대하여 孟康이 "繌, 八十縷也"라 했다. 《설문해자》는 稷에 대하여 "布之八十縷爲稷"이라 했다. 升은 繌과 같은 뜻이다. 繌 및 稷은 통용이고, 綜 또는 總 및 摠 등으로도 썼다.

176) 《史記》 卷11 〈孝景本紀〉. "令徒隷衣七綜布."

177) 《晏子春秋》〈內篇雜〉下 第6. "十至十二綜, 則以爲細布, 而以十綜布爲其常制."

에는 공경 이하 관리의 녹봉으로 한달에 10종포 2필을 주었다.[178]

중국의 춘추시대에 해당하는 고조선의 유적인 요령성 심양시 정가와자유적[179]에서 발굴된 평문의 마포 흔적은 센티미터당 날실과 씨실이 각 15올인 것[180]으로 보아 대략 9종 정도이다. 그러나 전국시대에 해당하는 길림시 교외 후석산유적(서기 전 325년)에서 발굴된 마포는 날실이 센티미터당 약 20올이고 씨실이 약 10올 정도인 것으로 보아 약 12종에 해당하는 세포였다. 서한초에 속하는 마왕퇴 1호묘에서 출토된 N29-2호 대마포(大麻布)는 10종포였다. 같은 묘에서 출토된 N27-2호 저포는 날실의 밀도가 센티미터당 32.4올로 약 21종포였고, N26-10호 저포는 날실의 밀도가 센티미터당 37.1올로 약 23종포였다.[181] 이로 보아 한대 초기는 춘추와 전국시대보다 훨씬 섬세한 포를 생산했음을 알 수 있다.

이들 자료들과 비교할 수 있는 고조선시대의 마직물은 출토된 것이 없어 정확한 비교는 어렵다. 문헌자료를 살펴보면, 문무왕 때 40승포와 30승포 그리고 저포를 중국에 예물로 보냈고, 흥덕왕(興德王) 즉위 9년에 내린 규제를 볼 때 당시의 귀족이었던 진골대등(眞骨大等) 남자는 26승 이하의 포로 하고 진골여자는 28승 이하 포로 제한했으며, 가장 신분이 낮은 평민 남자는 12승 이하의 포로 규제했다.[182] 중국에서는 후한 말에도 30승포를 가장 섬세한 세포로 보았다.[183] 이와 비교한다면 고대 한국에서 생산한 40승포

---

178) 《漢書》〈王莽傳〉. "공경이하 한 달의 祿은 10종포 2필이었다(自公卿以下, 一月之祿, 十綬布二匹)."

179) 주 89와 같음.

180) 佟鎔, 《中國東北史》, p.277.

181) 孫機, 《漢代物質文化資料圖說》, 文物出版社, 1991, p.72.

182) 《三國史記》 卷33 〈雜志〉 色服 참조.

183) 《論語》〈子罕篇〉의 "麻冕, 禮也"에 대하여 孔安國은 "冕, 緇布冠也. 古者績麻三十升布以爲之"라 했다. 1승이 80루이기 때문에 30승은 2,400루가 된다. 이는 너무 조밀하여 만들기 어렵다고 했다. 후한 말의 蔡邕이 《獨斷》에서

는 당시로서는 동아시아에서 가장 섬세한 마직물이었고, 신라의 평민들에게 입게 했던 12승포도 세포에 해당한다고 하겠다.

5. 닫는 글

고대 한국에서 생산된 마직물은 구석기시대부터 한반도와 만주 지역에 거주하던 사람들이 야생섬유 재료인 줄기섬유를 널리 이용하면서 쌓아온 기술 축적의 결과였다. 신석기시대에 이르면 정착생활과 함께 식물성 섬유로 실을 만들어 옷을 만드는 등 다양한 용도로 사용했다. 한반도와 만주 및 중국의 신석기시대 유물 가운데 마직물과 관계된 자료를 비교해본 결과는 다음과 같다.

첫째, 한반도와 만주 및 중국지역은 신석기시대가 거의 비슷하게 진행되었고, 가락바퀴의 출현 시기나 식물성 섬유로 실을 생산한 시기 역시 같았다.

둘째, 현재까지 출토된 유물에 따르면 한반도는 중국보다 앞서 직기를 사용했고 따라서 마직물을 생산하기 시작한 연대도 중국보다 훨씬 앞섰을 가능성이 있다. 이 같은 가능성은 다른 자료들에 의해서도 충분히 설명된다.

한반도의 범의구석 8호 유적의 연대가 다소 뒤지기는 하지만 그곳에서 발굴된 세마로 된 끈과 중국의 전산양유적에서 발굴된 세마로 된 끈을 비교한 결과 범의구석 8호 유적의 실은 두 가닥을 꼰 굵기가 1밀리미터 정도로서 전산양유적에서 출토된 3밀리미터와 2.5밀리미터의 실보다 훨씬 섬세했다. 또한 내몽고자치구

"用三十六升布則太密. 非所容也."라 하여 36승포는 만들 수 없다고 했다. 한 포폭에 80올의 날실이 整經[warping]되었을 때를 1승이라고 한다. 따라서 승의 수가 많을수록 섬세한 직물이다.

옹우특기 석붕산유적과 그보다 후대에 속하는 중국의 고성 태서촌 상대 유적에서 출토된 가락바퀴의 무게를 비교해본 결과 앞선 연대에 속하는 석붕산유적에서 출토된 가락바퀴는 그 무게가 8～98그램으로 무게의 폭이 커 실의 굵기가 다양했을 것으로 보이나, 상대 유적의 것은 25그램·45그램·50그램·60그램으로 석붕산유적보다 그 폭이 적었다.

신석기시대의 실과 직조 기술은 청동기시대로 이어지면서 더욱 발전했다. 이 시기의 유적에서는 이전 시대에 비해 뼈바늘이 훨씬 많이 출토되어 이 시기에 천이 많이 생산되었음을 알 수 있다. 실제로 고조선의 영역이던 한반도와 만주의 여러 지역에서 천이 출토되었고, 이 천들이 방직기를 사용해 짠 것임도 확인되었다.

신석기 초기부터 실 생산에 사용되던 가락바퀴가 청동기 말기에서 철기 초기에 점차 사라지고, 실의 생산량을 늘리고 질을 높이며 종류를 확대시킬 수 있는 물레가 개발되었다. 물레의 등장과 더불어 짐승의 어깨뼈로 만든 바디와 흙추도 출토되었다. 이 흙추는 수직식직기가 사용되었음을 말해준다.

고조선 철기문화의 시작은 중국보다 무려 4세기 정도나 앞선 서기 전 12세기이다. 철기는 농구가 가장 많고, 그 다음으로 일반 공구가 많으며, 무기는 공구보다 적었다. 이 같은 철기구의 보급은 농산물과 직물의 생산을 증가시켰을 것이다. 실제로 이 시기에 만들어진 천들은 직기를 사용해 만든 것으로, 이때 이미 매우 정교한 직물을 생산했다. 비록 어떠한 직기였는지는 확인할 수 없으나, 대안리 1호와 마선구 1호 고구려 고분벽화에 보이는 '기직도'를 통해 직기의 복원이 가능할 것으로 생각된다.

고분벽화에 나타나는 직기의 경사도는 요즈음 베틀의 경사도와 비슷하다. 이 같은 고구려의 직기는 동한 화상석 등에 보편적으로 보이는 중국의 사직기와는 달리 경사도가 가파르지 않다. 이 같은 고구려와 중국의 직기 구조의 차이는 신석기시대부터 발달하기 시작한 고대 한국의 직물 생산 기술이 줄곧 독자적으로 진행되어 왔음을 보여준다고 하겠다.

고대 한국에서는 마와 저를 생산했고, 황마는 고려시대에 남방으로부터 들어온 것으로 생각된다. 고조선의 모든 지역에서 마직물이 복식의 재료가 되었다. 고구려는 대마포를 사직물과 함께 복식의 주요 재료로 했고, 부세로 받기도 했다. 고구려는 그 밖에도 추포와 저포를 만들었고, 전으로는 최고의 기술을 요구하는 60종포를 만들기도 했다. 그리고 물을 들여 짠 청포를 만들기도 했다.

백포를 만든 것으로 보아 부여에서도 고구려처럼 저포와 전포뿐만 아니라 세백포 등도 생산했을 것이다. 숙신과 동옥저도 마찬가지였을 것이다.

마한과 변한 및 진한에서도 저포와 전포를 만들었을 뿐만 아니라 폭이 넓은 세포 및 백저포를 생산했고, 신분에 구분 없이 이것들을 옷의 재료로 했다. 한(韓)의 마직물 생산 기술을 이어받은 신라는 직조 기술을 더욱 발전시켜 매우 정교한 30승포와 40승포를 생산했고, 크고 작은 폭의 대소포와 모시포 및 금총포 등을 생산하기도 했다. 백제는 한(韓)의 저포와 전·백저포·광폭세포 등 직조 기술을 이었다. 고려시대로 오면서 마직물이 주류를 이루었다. 세마포와 세저포 외에도 표백한 백저포와 물들인 흑마포·황저포·홍저포·문저포 등을 만들었다.

치수를 살펴보면, 신라는 문무왕 5년 이전에 견이나 포는 10심을 1필로 했고, 문무왕 5년에는 길이 7보와 넓이 2척을 1필로 바꾸었다. 당시 당나라에서는 5척이 1보였으나, 신라에서는 6척이 1보였다. 따라서 7보는 42척으로 계산되므로 1필의 길이가 약 반 정도 짧아진 셈이 된다. 중국은 진대에는 포의 폭이 2.5척이었으며, 한대에는 1필이 40척이고 폭은 2.2척이었다. 진한대의 중국과 북방지역에서 사용한 1척은 약 23.5~25.5센티미터 정도였고, 남북 조시대의 동위에서는 약 30센티미터 정도였으며, 당에서는 29.3~ 31.2센티미터와 29.5~30.7센티미터 정도였다. 그러나 고구려에서는 1척이 34.7~35센티미터 정도였다. 이로 보아 신라와 고구려는 중국이나 북방지역의 척도를 따르지 않았음을 알 수 있다. 이는 우리나라가 중국이나 북방지역과 달리 직조 기술을 독자적으로 발전시켰다는 중요한 증거자료가 될 것이다.

포의 섬세도도 다르다. 중국은 춘추시대에 10종에서 12종포를 세포로, 7종포에서 9종포를 조포로 구분했다. 서한 초기에 속하는 마왕퇴 1호묘에서 출토된 마포가 10종포였고, 저포는 대략 21종포와 23종포였다. 서한의 요역자나 형도가 7종포를 입었다. 이러한 자료는 춘추·전국시대보다 섬세한 포를 생산했다는 증거가 된다.

춘추시대에 해당하는 고조선 유적인 요령성 심양시 정가와자에서 발굴된 마포의 흔적은 대략 9종 정도였다. 전국시대에 해당하는 고조선 유적인 길림시의 후석산유적에서 발굴된 마포는 약 12종에 해당한다. 중국의 서한시대에 해당하는 고조선의 마직물은 출토된 것이 없어 정확한 비교는 어렵다. 신라는 문무왕 때 40승포와 30승포 그리고 저포를 중국에 보냈고, 그 뒤 사치가 극심해지자 진골대등 등 귀족 등에게 28승포 이하로, 평민은 12승포 이하로 만들도록 제한했다. 동한 말에 30승포를 가장 섬세한 세포로 설명하는 것으로 보아 신라에서 만든 40승포가 얼마나 섬세했는가는 짐작할 수 있을 것이다.

한민족이 이렇게 앞선 직조 기술을 갖게 된 것은 스스로 여러 섬유재료를 갖고 있었으며 또한 독자적인 직조 기술을 오랫동안 이어왔기 때문이라고 생각된다. 이는 마직물뿐만 아니라 가죽·모직물·사직물·면직물 등에서도 공통적으로 나타난다. 따라서 고대 한국 복식의 원형은 복식사 연구에서 흔히 주장되는 것처럼 외래

적인 것이 아니라 한민족의 의식과 여러 조건들이 어우러져 만들
어진 것으로 보아야 할 것이다.

제3장 고대 한국의 사직물

1. 여는 글

고대 한국에서 누에고치실로 짠 옷감은 그 종류와 특징이 다양하고 명칭도 여러 가지이다. 금(錦)·견(絹)·면(綿)·주(紬)·겸(縑)·증(繒)·백(帛)·능(綾)·기(綺)·환(紈)·나(羅)·사(紗)·단(緞)·연(練)·곡(縠)·초(綃) 등이 그것이다. 견이 자연의 누에고치실을 있는 그대로 짠 것이고 비단(緋緞)이 붉게 물들여 짠 것이듯, 위의 종류들도 모두 직조와 가공방법 등이 다르다. 그러나 일반뿐만 아니라 복식사 연구에서도 이들의 다양한 특성을 정확히 구분하지 않고 견 또는 비단 등으로 부르고 있다. 이렇게 직조와 가공방법을 구별하지 않고 불러왔던 것은 우리나라 고유의 명칭을 잃어버리고, 중국의 명칭을 빌려쓰거나 일반의 명칭을 그대로 썼기 때문이다.

《설문해자(說文解字)》에서는 사(絲)에 대해 "누에가 토해낸 것이다. 두 개의 사(糸)를 따랐고, 모든 누에고치실에 속하는 것은 모두 사(絲)를 따랐다"[1]고 했다. 누에고치실은 누에의 체내 좌우에 있는 두 사선(絲腺)에서 나오며, 누에 고치실에서 나오는 천연의 세리신을 이용해 두 가닥을 접착하여 뽑는다. 따라서 《설문해자》의 "從二糸"라는 설명은 누에 고치실을 뽑는 작업을 세밀히 관찰한 결과에서 나온 것이라고 하겠다. 따라서 '사(絲)'는 누에 고치실이 어떻게 만들어졌는가를 대표하는 글자가 되고, '직(織)'은 이를 어떤 가공과정을 거쳐 어떻게 짰는가를 대표하는 글자가 될 것이다. 따라서 저자는 '사직물(絲織物)'로 누에고치실로 만든 옷감의 총칭으로 삼고자 한다.

종래의 연구에서는 한국과 중국 및 일본의 학자들 모두가 고대 한국의 양잠 기술은 중국에서 수입된 것이라고 믿어왔고, 지금도 그대로 믿고 있는 실정이다. 그러나 뒤에서 밝히겠지만 고대 한국은 중국과 같은 시기인 서기 전 2700년경에 사직물을 독자적으로 생산했고, 이러한 사직물 생산은 그대로 이어져 우리나라만의 고유한 사직물을 만들었다. 중국에서 사직물은 지배계층에서만 입었던 것과 달리 고대 한국에서는 신분에 큰 차별 없이 평민까지 입을 정도로 널리 대중화되었던 것도 바로 이런 까닭이었다. 이러한 점들을 검토하지 않고서는 고대 한국의 사직물을 바르게 이해할 수 없을 것이다. 따라서 이 장에서는 고대 한국의 양잠과 사직물의 독자성 및 그 종류와 발달을 문헌과 고고자료 등을 근거로 상세히 밝혀보고자 한다.

이 연구는 고대 한국의 사직물이 갖는 고유성을 분명하게 드러내기 위해 고대 한국이 중국이나 북방지역의 영향을 구체적으로 받기 이전으로 그 연구대상을 좁히고자 한다. 그래야만 고대 한국의 사직물이 갖는 고유성이 분명하게 나타날 수 있기 때문이다. 그러나 여기서 가장 아쉬운 것은 사직물과 관련된 고대 문헌자료

---

1) 《說文解字》. "絲, 蠶所吐也. 從二糸, 凡絲之屬皆從絲."

가 모두 우리의 고유한 말이 아니라 중국의 글자를 빌어 썼기 때문에 혼란을 일으킬 수 있는 점이다. 종래의 오해는 바로 이런 혼란을 극복하지 못했기 때문에 일어난 결과이기도 하다.

2. 사직물의 기원

고대 한국의 사직물에 대하여 종래의 연구에서는 《한서(漢書)》와 《후한서(後漢書)》 등 중국 역사서의 기자(箕子)와 양잠에 관련된 기재를 근거로 상(商)·주(周) 교체기인 서기 전 12세기 말경 중국으로부터 수입되었을 것으로 보았다.[2] 중국에서 수입되었는지의 여부를 밝히기 위해 중국사서의 기재들을 다시 검토해보면 다음과 같다.

《한서》〈지리지(地理志)〉에 나오는 내용 가운데 기자와 관련된 원문은 "殷道衰箕子去之朝鮮教其民以禮義田蠶織作"이다. 이는 크게 아래 두 가지로 나누어 해석하는 것이 가능하다. 하나는,

은의 도가 쇠퇴하자 기자는 조선으로 갔고, 예의와 누에를 치며 옷감 짜는 법을 그 백성들에게 가르쳤다〔殷道衰, 箕子去之朝鮮, 教其民以禮義·田蠶·織作〕.

로, 예의·전잠·직작의 세 가지를 조선의 백성에게 가르쳤다고 해석할 수 있다. 또 다른 하나는,

---

2) 蔣猷龍, 《家蠶遺傳育種學》, 中國農業科學院 蠶業研究所主編, 1981, p.240 ; 민길자, 《세계의 직물》, 한림원, 1998, p.71 ; 朴京子, 〈古墳壁畵에서 본 高句麗服飾 小考〉, 《韓國服飾論攷》, 新丘文化社, 1983, p.29 ; 鄭玩燮, 《織物의 起源과 交流》, 書景文化社, 1997, p.99.

　　은의 도가 쇠퇴하자 기자는 조선으로 갔고, 예의를 그 백성에게 가르치고, 누에를 치며 옷감을 짰다〔殷道衰, 箕子去之朝鮮, 敎其民以 禮義, 田蠶織作〕.

로, 기자는 조선의 백성에게 예의를 가르치는 한편, 자신은 누에를 치고 옷감을 짜며 보냈다는 것으로 해석할 수 있다. 이 둘의 해석은 상당한 차이를 보인다. 《한서》보다 앞서 씌어진 《사기》 등의 기자와 관련된 내용을 검토해보면 위의 해석 가운데 어느 것이 옳은지를 자연스럽게 알 수 있을 것이다.

　　기자는 상 종실의 한 사람이다. 상의 제신(帝辛〔紂〕)이 날로 포학해지자 기자는 거짓으로 미친 척하여 감옥에 갇혔다.[3] 주 무왕 형제와 제후들은 제신을 죽인 뒤 상의 종실을 제후로 봉하고, 죽은 비간(比干)의 묘를 세우고는 소공(召公)에게 기자를 풀어주도록 하는 등 상민(商民)을 수습했다. 상민이 이러한 주의 수습책을 그대로 받아들일 까닭이 없다. 주가 제신을 죽였다고 하지만 상이 무너진 것은 아니다. 흩어진 상민이 다시 결집하고 상의 지지세력이 규합한다면 무왕 형제는 감당하기 어렵다. 따라서 무왕 형제는 일단 주로 후퇴하여 다른 수습책을 찾았다. 마땅한 수습책을 찾지 못한 무왕은 기자를 찾았다. 이와 관련된 《사기(史記)》〈주본기(周本紀)〉의 기재는 다음과 같다.

　　무왕이 벌써 은을 멸망했고, 2년이 지난 뒤 기자에게 은이 망한 까닭을 물었다. 기자는 은의 악한 것을 말할 수 없어, 국가 존망으로 대답했다. 무왕 또한 못마땅해 천도로서 물었다.[4]

---

3) 《今本竹書紀年》에는 帝辛 50년에 帝辛이 기자를 가두고, 왕자 比干을 죽이고, 微子가 도망쳤다고 했다. 주무왕 형제는 다음해인 52년부터 상을 공략하기 시작하여, 12월에 상을 멸망시켰다.

4) 《史記》卷4〈周本紀〉. "武王已克殷, 後二年, 問箕子殷所以亡. 箕子不忍言殷

주의 무왕이 기자를 만난 것은 바로 기자가 풀려난 2년 뒤이다. 즉, 무왕은 기자에게 상의 패망을 인정하고 상민에게 현실을 받아들이도록 설득해달라고 만났던 것이다. 그러나 기자는 제신의 잘못은 인정하지만 상이 망한 것을 인정하려 하지 않았던 것이다. 무왕이 못마땅해 하자 기자는 현실을 받아들이고 받아들이지 않는 것은 주에 달렸다며 홍범(洪範)의 정치를 베풀라고 무왕에게 말했던 것이다.

《사기》에서 기자는 독립된 세가나 열전으로 기록되지는 못했다. 다만 《사기》 권38 〈송미자세가(宋微子世家)〉에 부분적으로 언급되었을 뿐인데, 여기서도 '무왕은 기자를 조선에 봉했으나 신하는 아니었다[於是武王乃封箕子於朝鮮而不臣也]'고 했다. 이는 조선으로 이주한 기자가 서주의 신하가 아니라 고조선의 제후였음을 말하는 것이다. 그래서 뒤에 씌어진 《한서》에서도, 감옥에서 풀려난 기자가 상을 떠나 조선으로 갔다고는 했지만 후(侯) 등으로 봉해졌다고 하지 않았던 것이다. 《사기》는 그 기술 대상에 중국의 천자를 중심으로 그의 통치 아래 있는 곳만을 포함시키고 그 밖의 지역은 제외했기 때문이다. 그리고 《후한서》에 와서는 다음과 같이 기자가 조선의 후로 봉해졌다고 완전히 바뀌었다.

옛날에 무왕이 기자를 조선에 봉했고, 기자는 예의와 누에 치는 법을 가르쳤다.[5]

이러한 왜곡은 바로 《사기》·《한서》·《후한서》가 쓰일 당시의

惡, 以存亡國宜告. 武王亦醜, 故問以天道."
5) 《後漢書》 卷85 〈東夷列傳〉 濊傳. "昔武王封箕子於朝鮮, 箕子敎以禮義田蠶." '箕子敎以禮義田蠶'은 '箕子敎以禮義, 田蠶'으로 해도 좋지만, 조선에 봉해진 후가 누에를 쳤다는 것은 받아들이기 어렵다. 따라서 누에치는 법을 가르쳤다고 해석하는 것이 옳을 것이다.

정치적 상황도 함께 작용했다고 하겠다. 즉, 《사기》가 쓰였을 때 비록 한 무제가 위씨(衛氏)를 공략한 뒤 그 점령 지역에 군현(郡縣)을 설치했지만 아직 확실히 점령하지 못했던 것으로 보인다.[6] 《한서》가 쓰였던 동한 때에는 고구려의 국력이 급성장하여 고구려의 옛 영토를 되찾는 등 중국을 압박했기 때문에 한의 군현이 었던 지역을 되찾고자 기자와 조선을 관계지으려 했던 것으로 보인다. 그러나 《후한서》가 쓰였을 때는 고구려가 위(魏) 등의 공략으로 도읍이 완전히 파괴당하는 위축을 보였기 때문에 조선을 기자의 봉지(封地)로 하여 중국의 영역에 넣으려는 의도를 보였던 것이다. 신라가 당(唐)의 힘을 빌려 백제를 멸망시킨 뒤 중국에 사대(事大)의 외교정책을 펴면서부터 조선조가 망할 때까지 우리나라는 줄곧 조선을 기자의 봉지라고 긍정적인 입장을 취했던 것도 부인할 수 없다.

　다시 중국 사서들의 기자와 관련된 자료를 정리하면 다음과 같다. 《사기》는 기자가 고조선의 제후였음을 말하고 있다. 《한서》는 기자가 조선으로 갔다고 했고, 《후한서》는 주 무왕이 기자를 조선의 후로 봉했다고 했다. 기자와 조선을 관련시킨 것은 바로 《한서》에서 시작되었고, 《후한서》는 한발 더 나아가 조선을 주의 제

---

6) 《史記》 卷115 〈朝鮮列傳〉에 "元封三年夏, 尼谿相參乃使人朝鮮王右渠來降. 王險城未下, …… 以故遂定朝鮮, 爲四郡. 封參爲澅淸侯, 陰爲荻苴侯, 唊爲平州侯, 長(降)爲幾侯. 最以父死頗有功爲溫陽侯."라고 하여 원봉 3년 여름에 조선을 점령하고 군을 설치했다고 했다. 그러나 〈建元以來侯者年表〉에 따르면 澅淸侯는 원봉 3년 6월에, 荻苴侯는 원봉 3년 4월에, 平州侯는 원봉 3년 4월에 봉해졌고, 幾侯는 원봉 4년 3월에. 溫陽侯는 원봉 4년 3월에 봉해지는 등 1년여에 걸쳐 봉해졌다. 먼저 봉해진 후들은 조선이 점령당하며 곧 바로 봉해진 것으로 보아 무제가 투항을 조건으로 후로 봉한 것으로 볼 수 있다. 그러나 이들을 후로 봉하여 조선 등을 점령하고 군을 설치했다고 했지만 이 군들은 아직 점령되지 못한 상태에서 전략적으로 군이 설치된 것으로 했던 것 같다.

후국으로 만들고 기자를 조선후(朝鮮侯)로 책봉한 것처럼 만들어 버렸던 것이다.

그러나 만일 기자가 상이 망한 뒤 조선으로 망명했다면 기자는 조선의 통치자가 아니라 백성의 한 사람으로 살았을 것이다. 그렇지 않다면 기자의 후손에 관한 기재가 없을 수 없을 것이다. 즉, 기자는 상의 유민(遺民)으로써 조선의 토착민에게 상의 예의를 가르쳤을 것이고, 그들처럼 양잠과 옷감을 짜면서 자신의 남은 삶을 마쳤을 가능성이 클 것이다.

또한 기자가 망명했던 조선은 주의 영역과 먼 곳이었을 것이고, 조선은 주와 친화적 관계를 맺었다기보다 서로 필요로 하는 것들을 교환하는 정도의 교류를 유지했다고 하겠다. 그리고 여기서 우리가 확인할 수 있는 것은, 뒤에서 서술하겠지만, 기자가 망명했던 서기 전 12세기경 당시 조선 등에서는 이미 누에를 치고 옷감 등을 짰다는 사실이다.

다음 한민족이 언제부터 중국 등과 교류를 갖기 시작했는가에 대해 문헌자료를 간단히 검토해보면 다음과 같다.

《삼국지(三國志)》〈오환선비동이전(烏丸鮮卑東夷傳)〉에서는,

우(虞)에서 주에 이르기까지 서융(西戎)에서는 백환(白環)이 바쳤고,[7] 동이(東夷)에서는 숙신(肅愼)이 바쳤는데, 모두 여러 해가 지나서야 이르렀으니 그 멀고멀기가 이와 같았다.[8]

고 하여, 동이 가운데 가장 멀리 있던 숙신이 우의 순(舜)이 제위

---

7) 《今本竹書紀年》〈五帝〉帝舜有虞氏 9年條의 "九年西王母來朝"에 대하여 王國維는 西王母가 來朝할 때 白環玉玦을 바쳤다고 했다.

8) 《三國志》卷30〈烏丸鮮卑東夷傳〉東夷傳. "自虞曁周, 西戎有白環之獻, 東夷有肅愼之貢, 皆曠世而至, 其邈遠也如此."

132

에 오른 뒤부터 주대(周代) 건국 초까지 교류해왔다고 했다. 《사기》〈오제본기(五帝本紀)〉에서는,

> 요(堯)가 늙자, 순에게 천자(天子)의 정치를 섭행(攝行)시켜 순수(巡狩)하게 했다. 순은 20년을 일했고, 요는 섭정(攝政)을 시켰다. 섭정 8년에 요가 죽었다. 3년 상을 마치고 (요의 아들) 단주(丹朱)에게 넘겨주었으나 천하는 순에게 돌아섰다.…… 이 스물두 사람 모두 궐공(闕功)을 이루었고,…… 9주를 정하고, 각자 이 직분으로 내공(來貢)하니, 궐의(闕宜)를 잃지 않았다. 사방 5,000리로 황복(荒服)에 이르렀다. 남쪽으로 교지(交阯)·북발(北發)을, 서쪽으로 융(戎)·석지(析枝)·거수(渠廋)·저(氐)·강(羌)을, 북쪽으로 산융(山戎)[9]·발(發)·식신(息愼)을, 동쪽으로 장(長)·조이(鳥夷)를 어루만지니, 사해가 모두 제순(帝舜)의 공으로 추켜세웠다.[10]

고 하여, 제순이 제위에 오른 뒤 중국의 세력이 미치지 않는, 즉 '황복'의 영역에 있던 여러 나라들까지 조공을 바쳤고, 이 가운데 발과 식신, 즉 숙신도 있었다고 했다. 위의 내용은 제순을 칭찬하기 위한 것으로 숙신 등과 어떤 정치적 관계를 가졌던 것을 의미하는 것은 아니지만 교류가 있었음을 알려준다.

《금본죽서기년(今本竹書紀年)》에 나오는 숙신과 중국에 관한 자료는 다음과 같이 세 가지이다. 오제(五帝) 제순유우씨(帝舜有虞氏) 25년조에 "식신씨(息愼氏)가 내조(來朝)하여 활과 화살을 바쳤다"[11]

---

9) 《今本竹書紀年》 殷商 名和 3年條. "西征丹山戎."

10) 《史記》 卷1 〈五帝本紀〉. "堯老, 使舜攝行天子政, 巡狩. 舜得擧用事二十年, 而堯使攝政. 攝政八年而堯崩. 三年喪畢, 讓丹朱, 天下歸舜.…… 此二十二人咸成闕功,…… 定九州, 各以其職來貢, 不失闕宜. 方五千里, 至于荒服. 南撫交阯·北發, 西戎·析枝·渠廋·氐·羌, 北山戎·發·息愼, 東長·鳥夷, 四海之內咸戴帝舜之功."

11) 《今本竹書紀年》〈五帝〉帝舜有虞氏 25年條. "息愼氏來朝, 貢弓矢."

는 것과 주 무왕(武王) 15년조의 "숙신씨내빈(肅愼氏來賓)" 그리고 성왕(成王) 9년조의 "숙신씨가 내조했다. 왕은 영백(榮伯)을 보내고 숙신씨명(命)을 내렸다"[12]는 것이다. 이는 숙신이 제순 25년(서기 전 2209년)에 중국과 정치적인 교섭이 있었음을 말해준다. 주 무왕 15년은 무왕이 상을 멸망시킨 지 4년째 되던 해로 무왕이 상민의 반란을 수습하기 위해 노력하던 때이다. 그리고 성왕 9년은 성왕이 동이를 공략하던 시기로, 이때 숙신이 내조했다는 것을 널리 알리려는 목적에서 '회숙신씨지명(賄肅愼氏之命)'[13]을 짓게 했던 것이다. 이들 자료는 모두 정권 교체기 때 자신들을 지지해 달라는 정치적 목적과 관련된 내용이다. 그러나 한민족이 기자가 활동했던 상·주 교체기 이전에 이미 중국과 우호적인 정치적 관계를 가져왔음을 알게 한다. 따라서 만일 한민족이 중국으로부터 사직 기술을 받아들였다면 이 같은 정치적 교류과정에서 가능했을 것으로, 상·주 교체기에 와서야 기자로부터 양잠 기술을 배우기 시작했다는 것은 객관적으로 타당성이 없다.

그러면 이 시기 중국의 양잠과 사직물의 상황은 어떠했는가?

1926년 산서성(山西省) 하현(夏縣) 서양촌(西陽村)의 앙소(仰韶)문화유적(서기 전 5000~3000년)에서 반쪽이 잘린 누에가 출토되었다. 중국학자들은 이를 근거로 신석기시대에 양잠업이 있었다고 했다. 이에 대하여 하내(夏鼐)는 신석기 유적에 누에가 온전하게 남아 있을 수 없기 때문에 그 누에는 후대에 앙소문화유적에 섞여 들어간 것이라며 앙소문화 시기에 양잠이 행해졌다는 견해를 일축했다.[14]

---

12) 《今本竹書紀年》 周 成王 9年條. "肅愼氏來朝. 王使榮伯錫肅愼氏命."
13) 《史記》 卷4 〈周本紀〉. "成王旣伐東夷, 息愼來賀. 王賜榮伯, 作賄息愼之命."
14) 夏鼐, 〈我國古代蠶·桑·絲·綢的歷史〉, 《考古》, 1972年 第2期, pp.12~14. 하내는 "우리들의 발굴경험에 의하면, 華北 黃土지대 신석기시대 유적의 문화층에서는 蠶絲와 같은 재료의 물건은 그렇게 완전하게 보존되는 것이 불가능한 것이며, 신석기시대 또 무슨 예리하게 자르는 도구가 있어 누에고치를

1958년에 서기 전 2700년경의 신석기 유적인 절강성 오흥현(吳興縣)의 전산양(錢山樣)에서 사직물이 발견되었는데, 이것은 집누에로 짠 것이라고 했다.[15] 따라서 중국 고고 학계는 잠정적으로 서기 전 2700년경을 사직물이 생산되기 시작한 연대로 했지만, 그 연대를 더 끌어올리기 위해 노력했다. 1960년 산서성 예성현(芮城縣) 서왕촌(西王村)의 앙소문화 후기층에서 도잠용(陶蠶蛹)이 출토되었고, 또한 여러 앙소문화유적에서 가락바퀴들이 발견되었다. 그리고 섬서성(陝西省) 서안현(西安縣) 반파(半坡)[16]와 화현(華縣) 등의 앙소문화유적에서 표면에 마포(麻布)의 흔적이 있는 질그릇이 출토되었다. 하내의 말대로 앙소문화층에 누에가 온전하게 남아 있을 수는 없겠지만, 이런 여러 정황은 앙소문화시대에 이미 방직이 시작되었고 사직물도 생산되었음을 확인시켜주었다.[17] 1978년 절강성 여요현(余姚縣) 하모도(河姆渡)의 신석기유적(서기 전 4900년)에서 누에가 그려지고 편직(編織)의 화문(花紋)이 있는 그릇이 출토되었다.[18] 그렇지만 이 누에는 완전한 집누에가 아니라 야생에서 집누에로 변화되어 가는 과도기의 것으로 보았다.

이상으로 보면, 중국에서 사직물이 생산된 것은 야생누에의 경우 서기 전 5000년경 이전으로 소급되고 집누에의 경우는 서기

잘라낼 수 있겠으며, 아울러 누에고치의 가장자리를 정말 곧바르게 할 수 있었겠는가(根據我們的發掘經驗, 在華北黃土地帶新石器時代遺址的文化層中, 蠶絲這種質料的東西是不可能保存得那麼完好的 ; 而新石器時代又有什麼鋒利的刀器可以翦割或切割蠶茧, 并且使之有極平直的邊緣呢?)"라면서 신석기시대의 누에고치가 남아있는 것은 불가능하며 또 당시의 도구로 그렇게 예리하게 자를 수 없다며 누에고치는 신석기시대의 유물이 아니라고 했다.

15) 回顧,《中國絲綢紋樣史》, pp.14~15.
16) 考古研究所西安工作隊, 〈新石器時代村落遺址的發現-西安半坡〉,《考古通迅》, 1955年 第3期, pp.11~16.
17) 回顧,《中國絲綢紋樣史》, 黑龍江美術出版社, 1990, p.14.
18) 河姆渡遺址考古隊, 〈浙江河姆渡遺址第二期發掘的主要收獲〉,《文物》, 1980年 第5期, pp.7~11.

전 2700년경이라고 볼 수 있겠다.

그러면 고조선에서는 언제 양잠이 시작되었는지 알아보자.

고조선지역의 신석기 유적 가운데 그 연대가 서기 전 3000년경인 평양시 삼석구역 호남리유적에서 도토리와 함께 질그릇이 출토되었는데, 그 밑바닥에는 뽕잎무늬가 있었다. 이것은 이 유물을 남긴 사람들이 누에를 길렀다는 것을 간접적으로 말해준다.

이 질그릇 밑바닥의 뽕잎 무늬가 통잎이었는데, 이것은 이때 한민족이 야생종인 분렬잎 뽕나무와 함께 통잎 뽕나무를 재배했다는 사실을 말해준다.[19] 이로 보면 고조선에서는 신석기시대에 분렬잎 뽕나무를 먹는 야생누에로부터 토종뽕누에로 순화되었음을 간접적으로 알 수 있다. 또한 한반도와 만주 등의 신석기 유적에서 많이 출토되는 가락바퀴들은 누에고치에서 실을 뽑거나 풀솜에서 실을 뽑아 천을 짰다는 것도 뒷받침해준다고 하겠다.[20]

한반도와 만주 등에서 출토되는 가락바퀴는 중국이나 북방지역의 가락바퀴와 전혀 다른 문양을 하고 있으며, 이 문양이 바로 고대 한민족의 고유성을 나타낸다.[21] 또한 고대 한민족은 모직물의 생산에서도 주변국들보다 앞서 있었다. 중국은 고대에 모직물이 크게 발달되지 않아 한대(漢代)에 이르기까지 고급의 모직물은 대부분 수입에 의존했다. 북방민족인 고대 호(胡)의 모직물 수준도

---

19) 조선기술발전사편찬위원회, 《조선기술발전사》 원시·고대편, 1997, p.171.
20) 가락바퀴의 재료는 질그릇 조각이나 흙이었으며 형태에는 원반형·산형·주산알형이 있다. 그 가운데 질그릇 조각으로 만든 가락바퀴는 질량이 작기 때문에 털솜과 같은 것에서 실을 뽑는 데 쓰이고, 흙을 빚어 만든 산형이나 주산알형은 질량이 상대적으로 크므로 보다 질긴 섬유인 베실의 빔주기, 파고치나 찌끼고치로부터 실을 뽑는 데 쓰였을 것이다. 또한 신석기 유적 층에서 출토된 갈고리와 북으로 쓰인 뼈도구들은 엮음식 천짜기와 갈고리식 천짜기 그리고 창대식 천짜기를 한 원시적 수직직기에 쓰였던 도구라고 하겠다 (조선기술발전사편찬위원회, 《조선기술발전사》 원시·고대편, pp.60~63참조).
21) 이 책의 제1부 제1장 〈고대 한국의 가죽과 모직물〉 참조.

고조선보다 뒤떨어져 있었다. 그러나 고조선지역에서는 신석기 전기인 서기 전 6000~5000년경에 이미 모직물을 생산했고, 신석기 중기인 서기 전 4000년경에는 모직물 생산이 널리 보급되었다. 이는 중국이 집누에로 사직물을 생산한 서기 전 2700년보다 훨씬 앞서는 것이고, 야생누에를 집누에로 순화시켜갔던 하모도의 신석기유적보다 조금 앞선다고 하겠다.

고조선에는 갈치(羯雉)의 털로 짠 타복(紽服), 푸른빛의 고급 모직물인 계(罽), 높은 가공 기술로 만든 특수 가죽이 보편화되었고, 중국은 이들을 구입하기도 했다.[22] 고조선의 이 같은 생산력과 기술이 급속하게 발전할 수 있었던 것은 청동기문화가 일찍 시작되었던 데 있다.

고조선의 청동기문화가 시작된 때는 서기 전 2500년경이고, 중국 황하유역의 청동기문화는 이보다 늦은 서기 전 2200년경에 시작되었다. 즉, 고조선의 앞선 청동기문화는 생산도구의 발전을 가져왔고, 새로운 생산도구는 사직물 등의 생산을 보편화시켰을 뿐만 아니라 생산 기술도 급성장시켰던 것이다.

이상으로 보면 고대 한국의 사직물 생산 기술이 상·주 교체기에 중국에서 들어왔다는 사서의 기재는 의미가 없다. 한반도 및 만주 등의 고조선지역의 고고발굴자료에서 신석기시대인 서기 전 5000년경에 고조선은 이미 모직물을 생산했고, 청동기문화가 시작되면서 발전된 생산 기술은 사직물의 보편화와 고도화에도 크게 도움을 주었다고 하겠다. 따라서 고대 한민족은 중국과 거의 같은 시기인 신석기시대인 서기 전 3000년경에 양잠을 시작했고 사직물 역시 생산했을 것으로 생각된다.

---

22) 이 책의 제1부 제1장 〈고대 한국의 가죽과 모직물〉 참조.

3. 사직물의 특성

조희승은 평양의 낙랑유적에서 출토된 고조선의 사직물을 실험·분석하고,[23] 고조선 사직물의 독자성과 고유성에 대해 다음과 같이 밝혔다.

그는 사직물의 날실과 씨실을 구분하고, 실 충전도, 실 직경, 섬유 직경, 날씨실 올수, 날씨실 올수비, 사직물의 종류와 특징 등을 실험·분석했으며, 1945년 이전 일본인들이 평양지역에서 발굴된 사직물에 대한 분석으로부터 그것들이 중국의 사직물이라고 왜곡한 '고대 비단 천 분석표'와 비교했다.[24]

저자는 여기서 조희승이 분석한 '고대 비단 천 분석표'와 1945년 이전 일본인이 분석한 '고대 비단 천 분석표'를 중심으로, 같은 시대의 중국 사직물과 더불어 비교·분석하고자 한다. 이러한 분석을 통해서 고대 한국이 생산했던 사직물의 특징을 보다 더 분명하게 밝힐 수 있을 것이다. 아울러 이로써 과거 일본인들이 평양지역에서 출토된 사직물을 중국의 것이라고 단정한 잘못도 밝힐 수 있으리라 생각한다.

---

23) "비단이 들어난 대표적인 무덤들은 석암리21호·194호·205호·212호·214호·219호무덤, 대동군 오야리 18호·19호무덤, 정백동 1호·2호·3호·37호·147호·166호·200호·389호무덤, 정오동 1호·4호·5호·12호·36호무덤, 토성동34호·4호·486호무덤과 채협총인데, 여기에서 출토된 고대 비단들 가운데서 비교적 보존상태가 좋은 몇례의 비단과 조선중앙력사박물관에 보존된 일제 시기에 출토되었던 10여점의 고대 비단들과 함께 과학적으로 실험분석을 했다."(조희승, 〈평양 락랑유적에서 드러난 고대 비단에 대하여〉, 《조선고고연구》, 사회과학원 고고학연구소, 1996년 제1호, pp.20~24).
24) 조희승, 〈평양 락랑유적에서 드러난 고대 비단에 대하여〉, pp.20~24.

138

번호	시료 무덤 이름	현재 색깔	날실 과 씨실 의 구분	비단섬유의 실계측값			날씨실 올수 (올/cm)	날씨실 올수 의 비	비단 의 종류 와 특징	발굴 년도
				실 충전도 (%)	실 직경 (미크론)	섬유 직경 (미크론)				
1	정백동 200호 동쪽관 머리부 분의 비단	진한 밤색	날실	33.07	50.87± 4.01	8.69±0.99	65	1.91	겸포 (편직)	1940 년경
			씨실	19.28	56.71± 4.67	9.96±1.67	34			
2	정백동 200호 동쪽관 의 배 허리 부분 비단	진한 밤색	날실	20.41	30.02± 3.34	10.63±2.29	68	1.89	겸포 (편직)	1940 년경
			씨실	15.61	43.37± 2.36	9.80±1.75	36			
3	조선중 앙력사 박물관 등록 번호 르441 -2	진한 밤색	날실	44.37	64.30± 4.29	9.23±1.22	69	2.16	1올 무늬 항라 천	1940 년경
			씨실	22.21	69.40± 3.43	8.55±0.35	32			
4	〃 르441 -1	진한 밤색	날실	39.94	63.40± 8.57	11.05±2.50	63	1.91	편직	1940 년경
			씨실	31.94	96.80±22.40	10.08±0.50	33			
5	낙랑장 진리 2 00호 무덤 르-442 거울주 머니	진한 밤색	날실	48.06	53.40± 7.11	9.80±1.59	90	2.79	편직 (붓으 로 무 늬를 그림)	1940 년경
			씨실	32.59	101.20±14.99	9.40±1.73	32			

6	낙랑 2 14호 르441 -8	연한 갈색	날실	?	?	8.76±0.25	57	1.73	편직	1940 년경
			씨실	?	?	8.76±0.25	33			
7	〃 르441 -9	진한 밤색	날실	72.34	164.50±27.80	8.34±4.17	44	1.83	편직	1940 년경
			씨실	48.29	201.20±19.10	8.34±4.19	24			
8	〃 르441 -7	진한 밤색	날실	73.02	121.70± 6.28	8.34±4.17	60	1.58	편직 (넝쿨 무늬 를 수 놓음)	1940 년경
			씨실	46.02	121.60± 9.43	8.54±2.09	38			
9	〃 르441 -3	진한 밤색	날실	103.58	132.80± 3.29	8.76±1.04	78	1.69	편직	1940 년경
			씨실	47.79	103.90± 5.19	9.17±1.81	46			
10	〃 르441 -5	진한 밤색	날실	74.55	99.40± 7.43	10.08±1.53	75	2.03	편직 (넝쿨 무늬 를 수 놓음)	1940 년경
			씨실	36.15	97.70± 8.57	7.75±4.10	37			
11	〃 르441 -11 〈서관 흥부라 는 기 록이 있음〉	진한 밤색	날실	51.74	53.90± 6.57	12.30±2.33	96	2.67	1올 무늬 항라 천	1940 년경
			씨실	27.14	75.40± 5.99	13.10±3.23	36			
12	낙랑 정백동 389호	진한 밤색	날실	15.38	37.53± 2.52	8.03±0.15	41	1.46	편직 (겸포)	1940 년경
			씨실	28.95	103.42± 8.32	7.76±0.70	28			

※ 위의 실험분석은 북한의 국가과학원 경공업과학분원 방직연구소 견가
공연구실에서 진행되었다. 번호 3~12는 조선중앙력사박물관 등록번호
이며 '르'은 '낙랑'이라는 기호이다.

〈표 1〉 고대 비단 천 분석표[25]

번호	시료 무덤 이름	현재 색깔	날실과 씨실의 구분	비단섬유의 단면 계측 값			날씨실 올수 (올/cm)	날씨실 올수 비	비단의 종류	발굴 년도
				완전도(%)	실 직경(미크론평방)	섬유수				
1	왕우묘	진한 밤색	날실	66.5±4.69	59.2±9.33	16	76	2.00	편직 (겸포)	1945 년 이전
			씨실	56.7±4.69	67.4±3.74	26	38			
2	〈채협총〉 및 대정 13년 3호무덤	〃	날실	47.8±3.59	80.6±8.67	30	70	2.33		
			씨실	47.6±3.58	64.3±5.54	32	30			
3	〃	〃	날실	48.3±3.58	74.7±6.38	36	80	2.00		
			씨실	49.4±4.02	61.6±5.87	42	40			
4	〃	자주색	날실	45.8±2.81	24.6±2.21	33	80	2.00		
			씨실	46.3±3.07	30.9±2.34	50	40			
5	석암리 212호 무덤	진한 밤색	날실	50.5±3.47	49.4±4.30	42	74	1.85	편직 (겸포)	1945 년 이전
			씨실	46.8±2.57	38.2±2.76	50	40			
6			날실	54.4±3.51	42.9±3.49	31	80	2.42		
			씨실	49.6±2.73	36.4±2.53	51	33			
7			날실	44.1±4.27	35.8±3.71	38	100	2.50		
			씨실	54.0±3.73	38.2±3.35	50	40			
8			날실	54.2±4.38	53.1±5.59	39	70	2.33		
			씨실	55.4±3.74	46.6±3.03	51	30			

〈표 2〉 고대 비단 천 분석표[26]

---

25) 조희승, 〈평양 락랑유적에서 드러난 고대비단에 대하여〉, p.21.
26) 조희승은 "이 실험분석자료는 일본 교또 공예섬유대학 누노메 쥬로 명예교수의 실측자료"라고 밝혔다.

번호	시료 무덤 이름	날실과 씨실의 구분	날실과 씨실의 올수 (올/cm)	실 직경 (mm)	미크론 (μ)으로 환산한 길이	견직물의 종류	조직의 특징
1	장사 좌가당 초묘	날실 씨실	69 20	약 0.26 약 0.2	75 50	菱紋錦	三重經錦
2		날실 씨실	40 22	? ?	? ?	矩紋錦	三重및 二重經錦
3		날실 씨실	38 22	약 0.25 약 0.08	62.5 20	矩紋錦	?
4		날실 씨실	65 22	약 0.13 약 0.18 약 0.7	32.5 45 175	붉은줄 暗 花와 龍과 鳳紋의 錦	錦紋 및 幾何紋의 二重經錦
5		날실 씨실	140 60	약 0.07 약 0.12 ?	17.5 30 ?	方格紋錦	二重經錦
6		날실 씨실	126 24	약 0.17 약 0.05	42.5 12.5	幾何塡花 燕紋의 錦	二重經錦
7		날실 씨실	84 50	약 0.1 약 0.1	25 25	絹	單層平紋
8		날실 씨실	75 45	약 0.08 약 0.08	20 20	絹	單層平紋
9		날실 씨실	75 45	약 0.08 약 0.08	20 20	絹	單層平紋

※ 위의 도표는 저자가 1957년 장사 좌가당 초묘에서 발굴된 사직물의 측정된 분석내용을 정리해 도표화한 것이다. 날실과 씨실의 실 직경 밀리미터를 비교의 편의를 위하여 미크론으로 환산했다. 1미크론은 1미터의 100만 분의 1로, 부호로는 'μ'으로 표시한다.

〈표 3〉 저자가 정리한 도표

위의 〈표 1〉과 〈표 2〉에 보이는, 지금의 평양 일대에 위치하고 있는 유적들의 연대는 다음과 같다. 정백동유적은 서기 전 3세기~서기 전 2세기에, 석암리 212호 유적은 서기 전 2세기 후반에 속한다.[27] 이 시기는 중국의 전국 말기에서 서한 초기에 해당한다. 왕우묘(王旰墓)에서 출토된 사직물은 서기 69~서기 133년에 속한다고 할 수 있는데,[28] 이 시기는 중국의 동한시대에 해당한다. 그 외의 무덤은 낙랑이라는 기호가 표시되어 있으므로 정백동과 왕우묘의 연대에 근거해 서기 전 3세기~서기 2세기경에 속한 유물로 볼 수 있다.

위의 〈표 1〉과 〈표 2〉의 사직물을 같은 시기의 중국의 사직물과 비교하기 위해 다음의 중국 출토자료들을 참고하려고 한다. 즉, 상대(商代)에 속하는 출토 사직물, 전국 중기에 속하는 좌가당(左家塘) 초묘(楚墓)의 출토 사직물, 그 밖의 전국 시기에 속하는 출토 사직물인 나와 사, 한대에 속하는 출토 사직물에 대한 보고서 내용을 참고할 것이다.

첫째로 평문견(平紋絹)을 비교해보면 다음과 같다.

견은 평문견과 휴문견(畦紋絹)[29] 둘로 나눌 수 있는데, 고조선의

---

27) 조선유적유물도감편찬위원회, 《조선유적유물도감》 고조선·부여·진국편, 외국문물종합출판사, 1989.

28) 小場恒吉·樋本龜次郎, 《樂浪王光墓》, 朝鮮古蹟硏究會, 昭和 10(1935) ; 駒井和愛, 《樂浪》, 中央公論社, 昭和 47(1972), p.5. 왕우묘에서는 銘文이 있는 칠기가 출토되었는데, 그 가운데 '永平 十二年'이라는 기록이 있었다. 永平 12년은 東漢시대로 서기 69년이다. 그리고 이 古墳에서 수집된 木材를 이용해 방사성탄소 측정을 한 결과는 서기 133년(1850±250 B.P.)이었다.

29) 夏鼐, 〈我國古代蠶,桑,絲,綢的歷史〉, 《考古》, 1972年 第2期 pp.14~17. "(商代) 휴문의 평문조직은 날실이 씨실에 비하여 약 1배 정도 많은데, 가는 것이 날실 72올 씨실 35올이고, 거친 것이 날실이 40올 씨실이 17올이다.…… (漢代 휴문은)날실이 센티미터당 60~85올이 가장 보편적이며, 일반적으로 씨실보다 1배 정도 더 많다.…… 가늘고 치밀한 휴문견으로 최근에 滿城 中山靖王劉勝墓에서 출토된 것이 이와 같은데 날실과 씨실이 제곱센티미터당

유물 가운데 휴문견은 아직 발견되지 않았으므로 평문으로 짠 견만을 중국의 견과 비교할 수밖에 없다. 중국의 상대 평문견은 날실과 씨실의 올수가 대체로 같은데, 30올에서 50올이다.[30] 이 같은 조직의 직조 방법은 한대까지 그대로 이어진다. 고고발굴에 의해 출토된 한대의 사직물은 거의 대부분이 평문견이다. 일반적으로 평문견은 날실과 씨실의 올수가 대략 서로 같으며, 밀도는 제곱센티미터당 50~59올, 40~49올, 60~69올이다.[31] 〈표 3〉에 따르면 전국 중기의 좌가당 초묘에서 출토된 평문견의 날실과 씨실의 올수는 84올·50올(올수비는 약 1.68 : 1)이거나, 75올·45올(올수 약 1.67 : 1)로 비율이 거의 비슷하여 상대나 한대의 것과 다른 비율을 보여준다. 날실과 씨실의 실 직경은 같은 굵기이다.

중국의 평문견과는 달리 고조선 평문견은 날실과 씨실의 올수가 63올·33올(올수 약 1.99 : 1), 57올·33올(올수 약 1.73 : 1), 44올·24올(올수 약 1.83 : 1), 60올·38올(올수 약 1.57 : 1), 78올·46올(올수 약 1.69 : 1), 19올·16올(올수 약 1.18 : 1), 75올·37올(올수 약 2 : 1)로서 여러 가지 다른 비율을 보여주고 있으며, 그 직조된 모양 또한 매우 다양하다. 그리고 날실과 씨실의 실 직경도 동일한 경우가 없는 점[32]이 특징이다.

중국의 상대로부터 한대에 이르는 기간의 평문견은 날실과 씨

200올×90올이었다(畦紋的平紋組織. 經線比緯線約多一倍, 每平方厘米細者經 72根·緯35根, 粗者經40根·緯17根, 由經線顯出畦紋…… 經線以每厘米60-85根 爲最普通, 一般較緯線多出一倍…… 細致的畦紋絹如最近滿城中山靖王劉勝墓 所出,………)."

30) 夏鼐, 〈我國古代蠶,桑,絲,綢的歷史〉, 《考古》, 1972年 第2期, p.14.
31) 夏鼐, 〈我國古代蠶,桑,絲,綢的歷史〉, 《考古》, p.17.
32) 이와 같이 실의 직경이 서로 다른 원인은 조희승이 〈표 1〉에 대한 설명에서 "누에고치실은 세리신을 완전히 제거하지 않고 반숙하여 수직기에서 짠 것이었다. 그것은 실의 밀도가 불균형적인데서 확인할 수 있다"고 한 내용으로 설명될 수 있다.

실의 올수가 대체로 약 1 : 1이고 전국시대의 평문견이 약 1.7 : 1 이다. 반면에 같은 시대인 고조선 평직천의 날실과 씨실 올수의 비율은 약 1.2 : 1～약 2 : 1로서 매우 다양하다. 또한 중국 견의 경우 날실과 씨실의 실 직경이 같은 굵기인 데 비해 고조선의 견은 실 직경이 매우 다양하다. 이 같은 사실은 고조선의 평직천이 중국 직조 기술에 의한 것이 아니라는 점을 말해준다.

또한 고조선 견의 섬유 직경은 〈표 1〉로 보아 약 7～11미크론으로, 현대에 생산되는 견섬유 직경의 대체적인 평균 범위인 12～18미크론[33]보다도 훨씬 가늘어 그 기술의 우수성을 충분히 짐작할 수 있다.

조희승은 〈표 1〉의 직물재료를 야생누에가 아니라 집누에 가운데 한국에서만 기르는 석잠누에의 고치실로 보고, 누에의 염색체와 생식세포의 수가 중국의 누에와 다르다고 했다.[34] 누에고치에서 실을 뽑을 때 충분히 끓이지 않고 세리신을 완전히 제거하지도 않고 반숙해 수직기로 짠 것이기 때문에 실들의 굵기가 매우 가늘어 2d에 못 미친다고 했다.[35]

---

33) 南相瑀, 《被服材料學》, 修學社, 1998, p.37.
34) 조희승, 〈평양 락랑유적에서 드러난 고대 비단에 대하여〉, p.23. "오늘의 모든 뽕누에 체세포의 염색체수(2n)는 56개이고, 생식세포(n)는 28개이다. 중국을 비롯한 대륙에 야생하는 메누에도 체세포의 염색체수(2n)가 56개이고, 생식세포(n)는 28개이다. 그런데 유독 우리나라에 야생하는 메누에의 반수체(n)만이 27개이다.…… 중국에도 석잠누에와 넉잠누에가 있다.…… 중국의 사천 석잠누에는 색갈이 희며 형태는 길둥근형으로서 우리나라의 석잠누에와 생김새가 전혀 다르다. 우리나라의 것은 누런 황견이며 장구형이다."
35) 조희승, 〈평양 락랑유적에서 드러난 고대 비단에 대하여〉, 《조선고고연구》, 사회과학원 고고학연구소, 1996년 제1호, pp.20～24참조. "중국에도 석잠누에와 넉잠누에가 있다.…… 사천 석잠누에는 몸에 반점이 없고 체격이 매우 작으며 경과가 빨라서 26일이면 고치를 틀기 시작한다. 고치는 작고 형태는 계란형 또는 짧은 방추형이다. 이 종의 고치는 실량이 적고 섬도가 현저하게 가늘다. 고치질량은 1.106g이며 고치의 색갈은 희다. 중국의 사천 석잠누에는 색갈이 희며 형태는 길둥근형으로서 우리나라의 석잠누에와 생김새가

이 같은 특성들을 현대의 견 생산으로 유추해보면 다음과 같은 설명이 가능하다. 현대 고치실의 섬도는 누에의 품종·사육 시기에 따라서 차이가 있지만 대체로 2.5~3.0d 정도[36]이다. 그러므로 고조선 섬유의 굵기가 현대보다 더 가늘게 생산되었음을 알 수 있다. 또한 고조선의 견과 같이 정련 공정에서 약간의 세리신을 남겨두는 것이 탄성을 부여하는 데는 더 좋으며, 세리신이 섬유표면에 0.5퍼센트 남아 있는 경우에는 완전히 정련된 경우에 비해 염색이 최고 1.6배나 진하게 된다.[37] 이 같은 사실들은 고조선 사람들이 사직물의 생산뿐만 아니라 염색 기술 방면에도 높은 수준의 지식을 갖고 있었음을 알게 해준다.

고조선의 의복이 화려하고 다양했으며 여러 색상을 이용했다는 사실은 고조선을 이은 고구려 고분벽화의 내용을 통해서 엿볼 수 있다. 고구려의 고분벽화 가운데 장천 1호 고분벽화의 야유수렵도와 삼실총의 행렬도 그리고 무용총의 무용도에 보이는 사람들이 입은 옷의 재료는 대부분 사직물로 추정되는데, 그 색상이 매우 다양하고 화려하면서도 자연 염료가 주는 단아하고 우아한 멋을 풍기고 있다.[38]

더구나 이들 옷에 자주 나타나는 둥글고 큰 점무늬는 당시 고구려의 염색기법이 매우 우수했음을 말해준다. 이 같은 무늬의 의복이 중국이나 북방지역의 벽화나 출토자료에서 나타나지 않는 점은 고대 한국의 사직물 생산과 염색기법이 중국으로부터 온 것

전혀 다르다. 우리나라의 것은 누런 황견이며 장구형이다. 우리나라 잠학계가 거둔 연구성과에 따르면 오늘날 중국종이라고 하는 길둥근형고치품종에서 장구형고치품종이 절대로 분리될 수 없다고 한다."

36) 남중희·신봉섭,《실크과학》, 서울대학교출판부, 1998, p.92·p.133·p.147.

37) 같은 책, 같은 쪽.

38)《後漢書》卷115〈東夷列傳〉高句麗傳. "그들의 공공 모임에는 모두 錦에 수놓은 의복을 입고 금과 은으로 장식한다(其公會衣服皆錦繡金銀以自飾)."

이 아니라는 점을 확인시켜주는 것이다.

이상의 여러 분석으로부터 〈표 1〉의 평양 일대 유적에서 출토된 평문견은 모두 중국 사직물의 특징과는 차이를 갖는다는 점을 알 수 있다. 따라서 이로부터 이 사직물들이 모두 고조선의 생산품임을 확실히 증명할 수 있게 되며, 이 유적들이 중국의 유적이 아닌 고조선의 유적임을 더불어 확인할 수 있게 된다. 정백동(貞栢洞) 무덤과 석암리 212호 무덤[39]에서 요령성과 한반도지역의 특징적 청동기인 세형동검이 출토되었고, 또한 정백동의 무덤에서 출토된 '부조예군(夫租薉[濊]君)'의 은인(銀印)은[40] 이들 묘주가 고조선의 후예임을 증명하는데, 이는 여기서 출토된 사직물이 고조선의 특징을 갖고 있다는 점에서도 뒷받침된다.

둘째로 평직(平織)으로 누에고치실을 겹쳐 짠 겸포(縑布)를 비교해보면 다음과 같다.

출토자료로 보아 고조선에서 겸을 생산한 상한 연대는 잠정적으로 서기 전 3세기경인 중국의 전국 후기에 해당하는 시기로 잡을 수 있다. 중국의 경우 한대 이전의 역사서에서는 겸이 보이지 않는다. 이로 보아 한대에 와서야 비로소 겸을 생산했다고 하겠다. 이렇게 볼 때 고조선에서 겸을 생산하기 시작한 연대는 중국보다 앞선다.

고조선은 겸의 생산 기술면에서도 중국보다 앞서 있었다. 〈표 1〉에서 보이는 겸의 날실과 씨실의 실 직경을 밀리미터로 환산해 정리하면 다음과 같다(〈표 4〉).

---

39) 박진욱, 《조선 고고학 전서》 고대편, 과학백과사전종합출판사, 1988, pp.148~158.

40) 백련행, 〈부조예군의 도장에 대하여〉, 《문화유산》 1962년 4호, p.61 ; 尹乃鉉, 《韓國古代史新論》, 一志社, 1986, pp.325~326.

번호	시료무덤 이름	날실과 씨실	실 직경(단위 : mm)
1	정백동 200호 (머리 부분의 겸)	날실 씨실	약 0.05 약 0.056
2	정백동 200호 (허리 부분의 겸)	날실 씨실	약 0.03 약 0.043
3	정백동 389호	날실 씨실	약 0.037 약 0.1

〈표 4〉 저자가 정리한 도표

〈표 4〉에서 보이는 고조선 겸의 실 직경은 〈표 3〉에서 보이는 중국 평문견에 사용된 날실이나 씨실의 실 직경인 약 0.1밀리미터 또는 0.08밀리미터보다 훨씬 가는 것[41]으로 확인된다. 만성(滿城) 1호 서한묘에서 발견된 겸의 날실과 씨실의 올수는 75올과 30올[42]로서, 〈표 2〉에 보이는 고조선의 겸보다 후대에 생산되었으면서도 그 조직은 고조선 겸보다 세밀하지 못한 편이다. 이러한 사실은 당시 고조선의 누에고치실 생산 기술이 중국보다 정교했다는 증거가 될 것이다.

셋째로 〈표 1〉에 보이는 2개의 무늬 있는 고조선의 나와 중국의 것을 비교하면 다음과 같다. 중국의 경우 전국시대에 해당하는 유성교(瀏城橋) 초묘에서 나에 가까운 성근 조직의 방안사(方眼紗)가 1971년에 출토되었는데, 날실과 씨실의 올수가 42올과 32올이었다. 고궁박물원(故宮博物院)에 수장되어 있는 춘추시대의 옥도(玉

---

41) 중국의 누에가 넉잠누에(사면잠)인 것과 달리 우리나라의 누에는 석잠누에
(삼면잠)이며 이 석잠누에의 누에고치를 반숙하여 뽑은 누에실이기 때문에
실의 굵기가 가늘다. 넉잠누에의 실이 매우 굵고 누에고치도 굵고 무겁다
(조희승, 〈평양 락랑유적에서 드러난 고대 비단에 대하여〉, p.20 참조).
42) 中國社會科學院考古硏究所·河北省文物管理處, 《滿城漢墓發掘報告》 上冊, 文
物出版社, 1980, p.155.

刀) 윗면에 이 같은 사의 잔편(殘片)이 남아 있다. 또한 이 옥도와 같은 시기에 속하는 지금의 호북성 강릉현(江陵縣) 마산(馬山)에 있는 전광(磚廣) 1호묘에서 출토된 사는 날실과 씨실의 올수가 46 올과 26올[43]로 유성교 초묘에서 출토된 사보다 성근 편이다. 같은 전광 1호묘에서 출토된 나의 경우 날실과 씨실의 올수가 46올과 42올[44]로 역시 성근 편이다.

중국학자들은 전국 이전에 나직(羅織)이 생산되었다고 말하지만, 위에서 본 것처럼 그 직법(織法)은 여전히 평직으로 나직은 아니었다. 다만 날실과 씨실의 밀도가 모두 성글기 때문에 네모진 구멍이 생긴 것이다.

또 다른 예로 1957년에, 전국 말에 해당하는 하남성 신양(信陽) 초묘에서 사직물이 발굴되었다. 발굴자들은 이를 방안사로 보았다.[45] 이로 본다면 중국에서는 전국시대에 나에 가까운 방안사 등이 직조되었고, 한대에 와서 비교적 정교한 나가 생산되었음을 알 수 있다. 한대에 이 같은 평문(平紋)조직의 방안사가 직조되었는데, 그 날실과 씨실의 밀도는 23.5올과 20올로 역시 성글었다. 낙음조랍(諾音鳥拉)에서 출토된 MP937호·MP1729호 표본은 이와 같은 종류의 평직사이다. 이 같은 평직 방안사가 항상 유골의 두개골 옆에서 출토된 것으로 보아 관모에 쓰였던 것으로 보인다.[46] 지금까지 살펴본 바와 같이 중국의 나직은 한대부터 생산되었다고 하겠다.

고조선의 나가 출토된 르441-2와 르44-11의 유적 연대를 정확히 알 수는 없으나, 낙랑 유적이라고 불리는 이 유적들은 서기 전

---

43) 荊州地區博物館, 〈湖北江陵馬山磚廣一號墓出土大批戰國時期絲絲織品〉, 《文物》, 1982年 第10期, p.5.
44) 같은 글, 같은 쪽 참조.
45) 夏鼐, 〈我國古代蠶,桑,絲,綢的歷史〉, p.15.
46) 夏鼐, 〈我國古代蠶,桑,絲,綢的歷史〉, pp.15∼17.

3세기~서기 2세기에 속했을 것으로 추정되고 있다. 그러므로 고조선이 중국보다 앞서 나직을 생산했을 가능성이 크다. 아래에서 보듯이 고조선의 나직이 중국의 나직보다 세밀한 점에서도 이러한 추정이 가능하다.

앞에서 설명한 것처럼, 중국의 평직천은 날실과 씨실의 실 직경을 볼 때 그 굵기가 같았다. 하남성(河南省) 신양 초묘에서 출토된 방안사에 대하여 발굴자들은 "사직품(絲織品)의 직법이 현재 보통 볼 수 있는 면직품(棉織品)과 같으나, 단지 날실이 비교적 굵고 씨실이 비교적 가늘다"[47]고 설명했다. 이와 같이 중국의 평직천은 날실과 씨실의 실 직경이 같거나 날실이 비교적 굵은 편이다. 그러나 이와 달리 고조선의 사직물은, 앞의 〈표 1〉에서 본 것처럼, 나뿐만 아니라 평문견이나 겸직(縑織)에서 모두 날실이 씨실보다 실 직경이 가늘게 나타난다. 이는 현대의 사직물 직조 방법과 비슷한 것이다.[48]

한대의 나직으로는 장사(長沙) 마왕퇴(馬王堆) 1호묘에서 출토된 것이 있는데, 이의 날실과 씨실은 각각 46올과 42올로 성근편에 속한다.[49] 1959년에 민풍(民豊)에서 출토된 화문이 있는 나직의 날실과 씨실의 밀도는 66올과 26올(약 2.53 : 1)이었고, 1968년에 만성 서한묘(西漢墓)에서 출토된 것도 이와 같았다.[50] 그러나 고조선의

---

47) 《河南信陽楚墓出土文物圖錄》, 1959, p.4, 圖170~175. "絲織品的織法, 與現在常見的棉織品相同, 不過經線較粗而緯線較細."

48) "經絲(날실-warp)란 織物의 길이의 方向실로 일반적으로 緯絲에 비하여 꼬임도 많고 强한 실에 풀을 먹여 사용한다. 그 까닭은 織機에서 큰 힘을 받으며, 또한 북의 往來時 많은 摩擦을 받기 때문이다."(南相瑀. 《被服材料學》, 修學社, 1998, p.221 참조).

49) 湖南省博物館·中國科學院考古硏究所, 《長沙馬王堆一號漢墓》, 文物出版社, 1973 ; 上海市紡織科學硏究院·上海市絲綢工業公司文物硏究組, 《長沙馬王堆一號漢墓出土紡織品的硏究》, 文物出版社, 1980.

50) 夏鼐, 〈我國古代蠶,桑,絲,綢的歷史〉, p.18.

무늬 있는 나의 경우 날실과 씨실의 밀도는 하나가 69올과 32올(약 2.15 : 1)이고, 다른 하나는 96올과 36올(약 2.67 : 1)로 중국의 나직보다 세밀하다.

고조선이 누에고치실 생산 및 직조 기술에서 중국과 분명한 차이를 보이고 있고 또한 나직의 생산 연대도 중국보다 앞서고 있는 점은 고조선의 나직 생산 기술이 중국으로부터 수입된 것이 아니라 독자적인 발달과정을 갖고 있음을 입증해주는 것이며, 이러한 여러 내용은 평양지역에 고조선의 유민들이 그들의 고유한 문화와 생활방식을 그대로 간직한 채 살았음을 보여주는 것이다. 따라서 이 고조선의 유물을 중국의 것으로 보는 것은 잘못이라고 하겠다. 평양지역에서 출토된 금속유물들도 중국의 것이 아니라는 견해가 주장되고 있듯이,[51] 복식 방면에서도 이와 같이 중국의 것으로 보았던 종래의 견해를 수정할 수 있는 근거를 마련하게 되었다.

이상의 내용처럼, 고조선에서 중국과 같은 시기에 누에를 기르기 시작했고 또한 모직물 직조 기술이 발달한 것 등으로 보아 고대 한국에서 중국과 동일한 시기에 사직물을 생산했다는 것은 지극히 자연스럽다. 따라서 《한서》와 《후한서》 등의 기자와 관련된 기재에 대해 기자가 상·주 교체기에 고조선 사람들에게 양잠과 직조 기술을 가르쳤다고 해석하는 것은 잘못이라고 하겠다. 여기서 고조선에서 상·주 교체기에 이미 사직물을 생산했고, 그 독자적이고 고유한 직조 기술은 그대로 후대로 이어졌다는 사실이 확인되는 것이다.

---

51) 강승남, 〈락랑유적의 금속유물에 대하여〉, 《조선고고연구》, 사회과학원 고고학연구소, 1996년 제2호, pp.37~43.

4. 사직물의 종류

여기서는 고대 한민족이 중국이나 북방 또는 다른 지역과 상호 접촉을 크게 갖기 시작하기 이전에 한민족이 생산했던 사직물의 종류와 그 발달의 특성을 분석하고자 한다.

《삼국지》〈위지(魏志)〉예전(濊傳)에 따르면, 진·한 교체기에 연(燕)·제(齊)·조(趙)의 백성 수만 명이 조선(朝鮮)으로 피해 왔고, 투항했던 연나라 출신 위만(衛滿)이 통치권을 빼앗았으며, 서한 무제가 위씨를 멸망시키고 군현을 설치한 뒤 한족(韓族)과 한족(漢族)이 서로 융화되기 시작했다고 했다.[52] 위만이 조선의 영역을 통치했다고 하지만, 위만이 장악한 것은 고조선 서쪽 변경 일부지역의 상권(商權)이었을 뿐 통치권은 아니었다고 할 수 있다. 따라서 위만에서 한 무제가 군현을 설치하기까지 한민족은 고유한 풍속을 그대로 지켜왔다고 하겠다. 한(漢)이 고조선의 일부지역에 군현을 설치한 뒤부터는 한민족의 고유한 풍속도 점차 한화(漢化)되기 시작했고 한족(漢族)도 한민족의 풍속에 점차 융화되기 시작했다고 하지만, 한(漢)은 이 지역을 중국의 영역으로 확보하기보다는 상권을 통해 이익을 추구하는 데 주력했다. 따라서 중국화시키려기보다는 한민족의 고유성을 그대로 놓아두었다고 하겠다.

서한 무제의 대흉노전이 도리어 중국을 위기로 몰아넣자 무제는 정벌정책을 공존정책으로 바꾸었다. 즉, 투항한 흉노를 侯로 봉하여 그들의 존재를 인정하고 교역의 이권을 장악했던 것이다. 이렇게 한의 공존정책이 소제(昭帝)와 선제(宣帝)로 이어지면서 정착되어갈 때 바로 신라·고구려·백제 등이 건국되었다. 이때가 바

---

52) 《三國志》卷30〈魏書〉濊傳. "其後四十餘世朝鮮侯准潛號稱王. 陳勝等起天下叛秦. 燕齊趙民避地朝鮮數萬口. 燕人衛滿魋結夷服, 復來王之. 漢武帝伐朝鮮, 分其地爲四郡. 自是之後, 胡漢稍別無."

로 서기 전 1세기이다. 진·한 교체기 이후 중국의 이주민과 한 무제에 의해 고조선의 체제와 문화가 중국의 영향을 크게 받았을 것이라고 생각하지만, 삼국 등 건국까지의 과정을 잘 살펴본다면 한민족은 중국화보다는 민족 고유성을 거의 그대로 지켜왔고, 이 고유성은 그 뒤에도 그대로 이어졌다고 할 수 있다.

신라는 고구려나 백제보다 늦게 외래 문물을 받아들임으로써 오히려 그들 문화의 고유성을 오래 보존했다. 법흥왕(法興王, 서기 514~518년) 때 중국과의 대외관계에 노력을 기울이지만 불교의 공인(서기 527년)은 고구려나 백제보다 늦게 이루어졌고, 법흥왕 때부터 신분에 따른 복식의 차이를 제도화했으나[53] 신라 고유의 것을 고수했다.[54] 〈그림 1〉에 보이는 '경주 백률사 석당기(慶州 栢栗寺 石幢記)'에 양각되어 있는 이차돈(異次頓)의 순교 당시 입은 의복이 그 좋은 증거가 된다.[55]

신라는 진덕여왕(眞德女王) 2년에 김춘추가 당에 가서 당의 복제(服制)를 따르겠다고 말하고 돌아온 뒤인 진덕여왕 3년(서기 649년)부터 당의 복제를 받아들였다.[56] 그리고 문무왕 4년(서기 664년)에는 부인들까지도 중국의 복제를 따르도록 했다.[57] 따라서 신라의 경우 진덕여왕 2년까지의 자료를 이 글의 주된 자료로 삼고자 한

---

53) 《三國史記》 卷4 〈新羅本紀〉 法興王 7年條. "봄 정월에 율령을 반포하여 처음으로 백관의 공복을 붉은 빛과 자주 빛으로 하는 등급을 제정했다(春正月, 頒示律令, 始制百官公服朱紫之秩)."

54) 《三國史記》 卷33 〈雜志〉 色服. "신라 초기의 의복제도는 그 색을 알 수 없다. 23대 법흥왕에 이르러 처음으로 6부 사람들의 복색존비의 제도를 정했는데, 역시 夷俗이었다(新羅之初, 衣服之制, 不可考色. 至第二十三葉法興王, 始定六部人服色尊卑之制, 猶是夷俗)."

55) 국사편찬위원회 소장, 《慶州栢栗寺石幢記》.

56) 《三國史記》 卷5 〈新羅本紀〉 眞德王 3年條. "봄 정월에 처음으로 중국의 의관을 착용했다(春正月, 始服中朝衣冠)."

57) 《三國史記》 卷6 〈新羅本紀〉 文武王 4年條. "교서를 내려 부인들도 중국 의복을 입게 했다(下敎婦人亦服中朝衣裳)."

다. 이러한 저자의 생각은 〈그림 1〉과 사신도 등에서도 확인된다.

백제는 서기 전 18년 혈통이 부여계인 비류와 온조 두 형제에 의해 마한과 낙랑의 사이에서 건국했다. 건국의 시조인 온조왕이 곧 마한을 점령한 뒤 낙랑 등 북쪽으로 국세를 확장하고자 했다. 국세가 확장된 고이왕 27년(서기 260년) 백제는 관제와 신분제를 정비하고 관직과 품계에 따라 왕은 물론 관리들도 정해진 색깔의 옷을 입도록 했다.[58] 이 같은 복식의 제정에서

〈그림 1〉 경주 백률사 석당기

백제는 고구려와 마찬가지로 당시 중국의 복제를 받아들이지 않았다.

마한이 양잠과 방직에서 이미 오랜 역사와 큰 보급량을 갖고 있었고, 면포(綿布)의 생산도 대중화되었기 때문에 백제인들이 사용한 금·나·견·백·겸포 등은 마한으로부터 그대로 이어받았다고 하겠다. 백제의 복식이 고구려와 같다고 한 문헌자료[59]로 보아 백제 및 고구려와 신라가 같은 계통의 복식을 착용했음을 알 수 있는데, 이는 고조선시대부터 전해온 고대 한국 복식의 특징을 당초까지 그대로 고수한 것이라고 할 수 있다.

이제 가야의 사직물에 대해 알아보자. 한(韓)의 변한(弁韓)지역

---

58)《三國史記》卷24〈百濟本紀〉古尒王 27年條. "2월에 명령을 내려 6품 이상은 자줏빛 옷을 입고 은꽃으로 관을 장식하며, 11품 이상은 붉은 옷을 입으며, 16품 이상은 푸른 옷을 입게 했다(二月, 下令六品已上服紫, 以銀花飾冠. 十一品已上服緋, 十六品已上服靑)."

59)《隋書》卷81〈列傳〉新羅傳. "風俗·刑政·衣服은 대략 고구려·백제와 같다(風俗·刑政·衣服, 略與高(句)麗百濟同)."

154

에서 건국한 가야는 한(韓)을 계승한 나라이다. 가야의 사직물에 관한 직접적인 자료는 양산(梁山) 부부총(夫婦塚)에서 출토된 사로 만든 관모뿐이다.[60] 그러나 가야인들은 일본열도의 여러 곳에서 고구려·백제·신라와 더불어 가야(임나) 소국을 형성하여 활동했기 때문에[61] 이 시기 일본열도에서는 가야의 것이나 그 영향을 받은 유물들이 많이 출토된다.[62] 그리고 《일본서기(日本書紀)》에는 가야의 사직물을 살펴볼 수 있는 기록이 있다. 《일본서기》에서는 일본 양잠의 시작에 관하여,

　　눈썹 위에 누에고치가 생겼다. 눈 속에서 패(稗)가 생겼다. 배에서 벼가 생겼다. 음(陰)에서 보리 및 콩과 팥이 생겼다.…… 그 벼 종자를 천협전(天狹田) 및 장전(長田)에 심었다.…… 또 입속에서 누에

---

60) 朝鮮總督府, 〈梁山夫婦と其遺物〉, 《古蹟調査特別報告》 第5冊, 1927, pp.39~43.

61) 윤내현, 《한국열국사연구》, pp.488~489. "한반도에서 왜열도와 대마도를 향한 문화전파는 구석기시대부터 신석기시대를 거치면서 계속되었지만 서기 전 3세기경부터 서기 3세기경까지 왜열도의 彌生文化 시기에 현저했다. 彌生文化는 청동기문화와 철기문화가 복합된 문화로서 왜열도에 돌연히 출현했는데, 한민족이 왜열도로 이주하면서 가지고 간 것이었다.…… 왜열도의 彌生文化 시기는 한반도에서는 고조선 말기와 열국시대 전기로서 매우 발달된 국가 단계의 사회였다.…… 왜열도에는 彌生文化의 뒤를 이어 서기 4세기경에 고분문화가 출현했는데, 이 문화는 한반도의 가야지역에서 건너간 것이었다.…… 한반도에서 이주한 가야인들은 왜열도의 이곳 저곳에서 가야 소국을 형성하고 한반도의 본국과 밀접한 관계를 가지면서 활동했는데, 한반도의 본국은 서기 562년 멸망했으나 왜열도에서는 서기 646년경까지도 활동을 했던 것으로 기록에 나타난다. 한반도에서 왜열도로 이주한 가야인들은 한민족의 발달한 문화를 그곳에 전달했을 뿐만 아니라 왜열도에 정치적 경험을 전달하여 일본이라는 국가를 출현하도록 하는데도 중요한 역할을 했던 것이다."

62) 조희승, 《일본에서 조선소국의 형성과 발전》, 과학백과사전종합출판사, 1990, p.44 ; 西谷 正, 〈加耶와 倭의 文物交流〉, 《加耶史論》, 고려대학교 한국학연구소, 1993, pp.123~156 ; 尹石曉, 〈伽倻의 倭地進出에 대한 一研究〉, 《百濟·新羅·伽倻史研究》, 白山學會, 1995, p.302.

고치를 물고 실을 뽑을 수 있었다. 이로부터 양잠의 길이 열렸다.[63]

고 했다. 위의 내용은 일본열도에서 벼농사가 시작된 야요이문화(彌生文化) 시기(서기 전 3세기경~서기 3세기경)의 상황을 말한 것으로, 일본열도에서는 이 시기에 처음으로 양잠을 시작했다고 했다.

일본열도의 야요이문화는 한반도의 문화가 전달되어 형성된 것인데, 이 시기에 많은 사람들이 한반도에서 일본열도로 이주했다. 따라서 벼농사와 더불어 양잠 기술이 한반도에서 옮겨간 이주민에 의해 시작되었을 것이다. 일본열도에서는 야요이문화의 뒤를 이어 서기 4세기경에 고훈(古墳)문화가 출현하는데, 이 시기에 왜는 견을 생산해 임나(任那)왕에게 보내기도 했다.[64] 고훈문화는 한반도의 가야지역에서 건너간 것이었다. 그러므로 왜의 견 생산 기술은 한(韓)에서 배웠다고 볼 수 있다. 일본의 사서에는 당시에 겸이나 금(錦)을 생산했다는 기록이 보이지 않으므로, 견만을 생산했을 뿐 겸이나 금(錦)과 같은 수준 높은 사직물은 아직 생산하지 못했다고 볼 수 있다.

일본은 사직물뿐만 아니라 옷을 만드는 기술도 늦었다. 처음으로 양잠이 시작된 서기 전 3세기부터 서기 3세기에 이르는 시기에 아직 옷 만드는 기술이 없어 옷을 잡아매어 바지 모양으로 입

---

63) 《日本書紀》 卷1 〈神代 上〉 四神出生 條. "眉上生繭. 眼中生稗. 腹中生稻. 陰生麥及大小豆…… 卽以其稻種, 始殖于天狹田及長田. 其秋垂穎, 八握莫莫然, 甚快也. 又口裏含繭, 便得抽絲. 自此始有養蠶之道焉."

64) 《日本書紀》 卷6 垂仁天皇 2年條. "이해, 任那人 蘇那曷叱智가 그에게 나라에 돌아가고 싶다고 했다. 아마 선황때 來朝하여 아직 돌아가지 않았던 것이다. 그러므로 蘇那曷叱智에게 후하게 상을 주고, 붉은 견 100필을 주어 任那王에게 내렸다. 그러나 신라인이 길을 막고 빼앗으니 두 나라의 원한이 이때부터 일어났다(是歲, 任那人蘇那曷叱智請之, 欲歸于國. 蓋先皇之世來朝未還歟. 故敦賞蘇那曷叱智. 仍齎赤絹一百匹, 賜任那王. 然新羅人遮之於道而奪焉, 其二國之怨, 始起於是時也)."

기도 했다.[65] 서기 4세기에 와서야 왜는 백제에 재봉 기술을 가진
공녀(工女)를 요청해 옷을 만드는 시조로 삼았다.[66]

이 시기 한반도에서 생산된 사직물은 당시 중국의 사직물과 문
양의 기법에서 이미 큰 차이를 드러냈다. 중국의 경우 양진남북조
시대는 다양한 종족의 혼혈과 함께 문화적인 혼합이 이루어졌고
그 위에 서역(西域)을 통해 들어온 불교문화가 성행했으며, 그 밖
에 페르시아나 로마 등의 문물을 받아들이기도 했다. 이러한 경향
은 사직물 문양에서도 잘 나타나 있다.

고구려 고분벽화 및 일본 정창원(正倉院)에 보관된 서기 7~8세
기경에 만들어진 고구려와 신라의 사직물 및 신라의 모직물로 된
깔개[67] 등에는 중국이 받아들였던 외래적인 인소가 보이지 않고 고
대 한국의 고유한 문양만 나타난다. 그러므로 고구려·백제·신라·
가야와 관계된 자료를 고찰하는 데서 이런 점에 근거해 시대를
구분하고 그 고유성을 축출해야 할 것이다. 그리고 후대의 자료는
보조자료로서 참고할 필요가 있을 것이다.[68] 이러한 관점에서 고대
한국이 생산한 사직물의 종류와 특징을 살펴보면 다음과 같다.

---

65) 《日本書紀》 卷1 神代 上條. "웃옷을 묶어 바지로 했다(縛裳爲袴)."
66) 《日本書紀》 卷10 應神天皇 14年條. "봄2월, 백제왕이 옷을 깁는 공녀를 바
    치니 眞毛津이라고 했다. 이가 지금의 來目衣縫의 시조이다(春二月, 百濟王
    貢縫衣工女. 曰眞毛津, 是今來目衣縫之始祖也)."
67) 李如星, 《朝鮮服飾考》, 白楊堂, 1947, pp.295~296 ; KBS 역사 스페셜, 1999
    년 2월 6일 방영.
68) 복식의 재료가 되는 직물 생산은 왕조가 바뀌거나 문화방면에 변화가 있
    었다고 하더라도 그 기술과 형식이 쉽게 변화되지 않으며 설사 외래적 요
    소가 가해졌다 하더라도 전통적 기술과 양식은 새로운 요소와 함께 그대로
    지속되었을 것이기 때문이다.

(1) 금(錦)

《후한서》〈동이열전(東夷列傳)〉에서는,

동이는 거의 모두 토착민으로서 술 마시고 노래하며 춤추기를 좋
아하고, 변(弁)을 쓰고 금(錦)으로 만든 옷을 입었다.[69]

고 하여, 고대에 한반도와 만주 일대에 위치했던 한민족이 일반적
으로 금(錦)으로 만든 옷을 입었다고 했다. 고구려 사람들은 공공
모임에는 모두 금(錦)과 수놓은 옷을 입었다.[70]
고구려의 실권자 연개소문(淵蓋蘇文)에 이어 대막리지(大莫離支)
가 된 장남 천남생(泉男生)이 동생들에게 축출되자 당으로 망명했
고, 당은 천남생을 앞세워 고구려를 멸망시켰다. 천남생은 당에서
2000戶의 식읍(食邑)을 받으며 통한과 후회 속에서 죽었다. 그의
묘지(墓誌)에는,

제기(祭器)를 안고 율려(律呂)를 살피다, 금수(錦繡)를 생각하며
낭묘(廊廟)에 올랐다.…… 그 사(詞)는……
크게 국가의 경영을 도모하며 크게 백성의 삶을 살피었고
금(錦)과 수(繡)의 옷을 입고 죄와 형을 논했다네.
…………
작은 수레로 출무(出撫)하고, 금(錦)을 덧입고 새벽에 나서
높고 낮은 곳을 오르내리니 단주(亶洲)[71]에 갇혔다네.[72]

---

69) 《後漢書》 卷85 〈東夷列傳〉 序. "東夷率皆土著, 憙飲酒歌舞, 或冠弁衣錦."
70) 《後漢書》 卷85 〈東夷列傳〉 高句麗傳. "其公會衣服皆錦繡."
71) 단주는 중국의 동해에 신선이 산다는 섬이다. 진시황이 徐福을 단주에 보
내 신선을 찾아오도록 한 유명한 이야기가 있다. 이곳서는 남생이 중국에서
갇혀 살던 곳을 말한다.
72) 《大唐故特進泉君墓誌》. "抱俎豆而窺律呂, 懷錦繡而登廊廟.…… 其詞曰,……

라고, 천남생이 금(錦)과 수로 만든 고구려의 옷을 입고 옛 고구려의 영광을 그리워하며 죽어가고 있다고 했다. 즉, 금수를 고구려의 고유한 상징으로 표현했다. 《한원(翰苑)》〈번이부(蕃夷部)〉에 고구려에서 운포금(雲布錦)·오색금(五色錦)·자지힐문금(紫地纈文錦) 등 다양한 무늬로 짠 옷감을 만들었다고 했다.[73]

부여도 마찬가지로 국역을 벗어날 때는 증수금계(繒繡錦罽)를 입었고,[74] 동옥저도 고구려나 부여와 다를 바가 없을 것이다.[75]

마한 등 한(韓)에서도 금(金)이나 보물뿐만 아니라 금(錦)과 계를 귀하게 여기지 않을 정도로 널리 입었다.[76] 백제가 건국 초부터 누에치기를 권장했던 것[77]도 모두 마한의 오랜 양잠과 그 직조 기술을 이은 것이라 하겠다. 고이왕(古尒王) 27년 관제(官制)와 복식(服式)을 정했다. 이때 왕은 자줏빛 큰소매의 포(袍)와 푸른빛 금(錦)으로 만든 바지를 입었으며,[78] 금(錦)을 중국에 예물로 보내기도 했다.[79]

訐謨國緯, 烏弃人經. 錦衣繡服, 議罪詳刑(其一).…… 輕軒出撫, 重錦晨遊. 抑揚稜穴, 堤封亶洲(其六)."

73) 《翰苑》〈蕃夷部〉 高(句)麗 條.

74) 《三國志》 卷30 〈烏丸鮮卑東夷傳〉 夫餘傳. "出國則尙繒繡錦罽."

75) 《後漢書》 卷85 〈東夷列傳〉 東沃沮傳. "언어·음식·거처·의복은 (고)구려와 비슷하다(言語·飮食·居處·衣服有似句驪)."; 《三國志》 卷30 〈烏丸鮮卑東夷傳〉 東沃沮傳. "음식·주거·의복·예절은 (고)구려와 비슷하다(食飮居處, 衣服禮節, 有似句麗)."

76) 《後漢書》 卷85 〈東夷列傳〉 韓傳. "金이나 寶物과 물감을 들인 오색실로 섞어 수놓아 짠 사직물, 청색 빛깔의 모직물 옷을 귀하게 여기지 않는다(不貴金寶錦罽)."; 《三國志》 卷13 〈烏丸鮮卑東夷傳〉 馬韓傳. "金銀錦繡를 진귀하게 생각하지 않았다(不以金銀錦繡爲珍)."

77) 《三國史記》 卷23 〈百濟本紀〉 始祖溫祚王 38年條. "3월에 사신을 보내 농업과 잠업을 권장했다(三月, 發使勸農桑)."

78) 《三國史記》 卷24 〈百濟本紀〉 古尒王 28年條. "왕은 자색으로 된 큰 소매의 두루마기와 청색의 금으로 된 바지를 입는다(王服紫大袖袍·靑錦袴)."; 《新唐書》 卷220 〈東夷列傳〉 百濟傳. "왕은 소매가 큰 자주색 포와 푸른색 錦으로 만든 바지를 입었고……(王服大褎紫袍·靑錦袴,……)."

　　신라에서도 건국부터 양잠을 권장했고,[80] 금(錦)과 수놓은 옷을
입었다.[81] 진흥왕(眞興王) 15년(서기 555년)과 문무왕(文武王) 19년
(서기 680년)에는 금(錦)을,[82] 신문왕(神文王) 2년(서기 682년)에는 하
금(霞錦)을 왜에 보내기도 했다.[83] 진덕여왕 4년(서기 651년)에는 오
언시(五言詩)인 태평송(太平頌)을 금(錦)으로 만들어 당에 보내 신
라의 높은 금(錦) 생산 수준을 알리기도 했다.[84] 또한 대화어아금

---

79) 《三國史記》 卷25 〈百濟本紀〉 蓋鹵王 18年條. "바친 錦布와 해산물은 비록
　　모두 오지 않았으나 卿의 지극한 마음은 잘 알았다(所獻錦布海物, 雖不悉達,
　　明卿至心)."
80) 《三國史記》 卷3 〈新羅本紀〉 朴赫居世 17年條. "王巡撫六部, 妃閼英從焉. 勸
　　督農桑, 以盡地利."
81) 《三國史記》 卷3 〈新羅本紀〉 炤知麻立干 22年條. "가을 9월에 왕이 날기군
　　에 갔다. 이 고을 사람 파로에게 딸이 있어 이름은 벽화라고 하고 나이는
　　열여섯 살인데, 참으로 일국의 미인이었다. 그의 아버지가 그에게 금수를
　　입혀 가마에 태우고 색견을 씌워 왕에게 바쳤다(秋九月, 王幸捺已郡. 郡人波
　　路有女子, 名曰碧花, 年十六歲, 眞國色也. 其父衣之以錦繡, 置轝幰以色絹, 獻
　　王)."
82) 《日本書紀》 卷19 欽明天皇 15年條. "배로 주만 보내며, 다만 좋은 錦 2필,
　　탑등 1장, 도끼 300자루, 사로잡은 城民 남자 2명과 여자 5명을 보냅니다.
　　얼마 안 되어 송구스럽기만 합니다(單船遣奏. 但奉好錦二匹·氍㲪一領·斧三
　　百口, 及所獲城民, 男二女五. 輕薄追用悚懼).";《日本書紀》 卷29 天武天皇 8
　　년. "甲子에 신라에서 아찬 김항나와 사찬 살류생을 보내 조공했다. 조공물
　　은 金, 銀, 鐵, 鼎, 錦, 絹, 布, 皮, 말, 개, 노새, 낙타의 유로 10여 가지이다
　　(甲子, 新羅遣阿湌金項那·沙湌薩虆生朝貢也. 調物, 金銀鐵鼎, 錦絹布皮, 馬狗
　　騾駱駝之類, 十餘種)."
83) 《日本書紀》 卷29 天武天皇 10年條. "乙酉에 신라에서 沙喙一吉湌 金忠平과
　　大奈末 金壹世를 보내 예물을 주었다. 金·銀·銅·鐵·錦·絹·鹿皮·細布의 종류
　　마다 각각 여럿이었다. 따로 天皇·皇后·太子에게 바쳤으니 金·銀·霞錦·幡皮
　　의 종류마다 각각 여럿이었다(乙酉, 新羅遣沙喙一吉湌金忠平·大奈末金壹世
　　貢調. 金銀銅鐵錦絹鹿皮細布之類各有數. 別獻天皇·皇后·太子, 金銀霞錦幡皮
　　之類各有數)."
84) 《三國史記》 卷5 〈新羅本紀〉 眞德王 4年條. "6월에 사신을 당에 보내 백제
　　를 무너트린 것을 알렸다. 왕은 금을 짜 五言太平頌을 만들고, 김춘추의 아
　　들 법민을 보내 당 황제에게 바쳤다(六月, 遣使大唐, 告破百濟之衆. 王織錦,
　　作五言太平頌, 遣春秋子法敏, 以獻唐皇帝)."

(大花魚牙錦)·소화어아금(小花魚牙錦)·조하금(朝霞錦)[85] 등 다양한 금(錦)을 생산하기도 했다.

이처럼 한민족은 영역을 가리지 않고 습속으로 금수를 입었으며, 다양한 금을 생산했다. 여기서 한민족이 금수를 입은 것은 일시적 또는 계급적 취향이나 외래적인 것이 아니었음이 분명해진다.

운몽(雲夢) 수호지(陲虎地) 11호 진묘(秦墓)에서 출토된 진간(秦簡)의 법률 답문에,

금리(錦履)를 신지 못한다. 금리를 신은 것이란 어떤 것이냐? 율(律)이 말하는 것은 누에고치 색실을 섞어 신을 짜, 신에 무늬가 있는 것이 금리이다. 색실이지만 무늬가 없는 것은 금리가 아니다. 그리고 일을 하는 데 이에 견준다.[86]

고 하여, 물들인 누에실로 짠 것을 금(錦)이라고 정의했다. 한가지 색만으로 짠 것은 금(錦)으로 보지 않고, 여러 색을 섞어 짠 것만을 금(錦)으로 보았다. 즉, 금(錦)은 누에고치실을 여러 색으로 물들이고 이를 섞어 화려한 문양으로 짠 것으로 정의되었다. 《설문해자》에서는 금(錦)에 대해 "양읍에서 무늬를 짠 것이다. 백을 따르며, 금성이다[襄邑織文也. 從帛, 金聲]"라고 했다. 양읍은 진유군(陳留郡)의 읍으로 금(錦)의 생산지로 이름난 곳이다.[87] 《석명(釋名)》

---

85) 《三國史記》 卷11 〈新羅本紀〉 景文王 9年條. "가을 7월에 왕자 소판 김윤 등을 당에 보내 사은하고 아울러 말 2필, 부금 100량, 은 200량·우황 15량, 인삼 100근, 큰 꽃무늬 어아금 10필, 작은 꽃무늬 어아금 10필, 조하금 20 필,……(九年秋七月, 遣王子蘇判金胤等入唐謝恩, 兼進奉馬二匹·麩金一百量·銀 二百量·牛黃十五量·人蔘一百斤·大花魚牙錦一十匹·小花魚牙錦一十匹·朝霞錦 二十匹,……)."

86) 睡虎地秦墓竹簡整理小組 編, 《睡虎地秦墓竹簡》, 文物出版社, 1978. "毋敢履 錦履. 履錦履之狀何如. 律所謂者, 以絲雜織履, 履有文, 乃爲錦履, 以錦緱履不 爲. 然而行事比焉."

〈석채백(釋采帛)〉에도 "금(錦)은 금(金)이다. 그것을 만드는 일이 힘들어 그 값이 금(金)처럼 값지기 때문에 글자를 만드는 데 백(帛)과 금(金)을 따랐다"고 했다.[88]

위 진간은 진시황이 전국을 통일하고 군현제를 실시하면서 내린 조치의 하나이다. 중국에서는 춘추전국 시기에 지배계급뿐만 아니라 상인 등 부유한 계층이 금(錦) 등으로 만든 옷을 입었다.[89] 금(錦)을 만들려면 많은 공이 든다. 진시황은 전국을 통일하자 사치를 막기 위해 금(錦)으로 만든 옷이나 신을 금지했던 것이다. 이러한 금지조치는 유방(劉邦)이 한(漢)을 건국한 뒤에도 그대로 이어졌다. 즉, 한 고조 유방은 상인들에게 금(錦)과 수 등과 값진 모직으로 만든 옷 등을 입지 못하게 했다.[90] 물론 막 전국을 통일

---

87) 《論衡》〈程材〉편. "齊郡世刺繡, 恒女无不能, 襄邑俗織錦, 鈍婦无不巧."

88) 《釋名》〈釋采帛〉. "錦은 金이다. 공을 들여 만들어 그 값이 金처럼 값지기 때문에 글자를 만드는 데 帛과 金을 따랐다(錦, 金也. 作之用功, 重其價如金, 故其制字從帛與金也)."; 《渤海國志長編》 卷17 〈食貨考〉 第四 錦綵. "삼가 설문의 '錦은 물을 들여 무늬를 짠 것이다(錦, 襄色織文也)'라는 것을 살펴본다 : 《本草綱目》에서 '錦은 오색실로 문양을 이루어 짠 것이다. 글자는 金을 따랐고, 諧聲이다. 또한 이것을 귀하게 여겼다'고 했다(謹案說文錦襄色織文也 : 本草綱目云 : 錦以五色絲織成文章, 字從金諧聲, 且貴之也)."

89) 《詩經》〈國風〉 魏風 "높은 사람 휜칠하고, 錦으로 만든 褧衣를 입으셨네(碩人其頎, 衣錦褧衣)."; 《詩經》〈國風〉 終南. "군자가 머무시니, 錦으로 만든 옷과 여우 갖옷 입으셨네(君子至止, 錦衣狐裘)."

90) 《漢書》 卷1下 〈高帝紀〉. "상인들은 물감을 들인 오색실로 섞어 짠 사직물에 수놓은 옷, 무늬가 있는 사직물 옷, 고운 베와 모시 옷, 무늬 있는 모직물 옷을 입지 못하게 했다(賈人毋得衣錦繡·綺縠·絺·紵·罽)." 이 구절의 계에 대한 顏師古의 주석을 보면, "계는 털을 짠 것으로 지금의 (모직물 종류인) 갈과 구유와 같은 종류이다(罽, 織毛, 若今氍及氀毹之類也)"라고 했다 ; 《後漢書》 卷51 〈李恂列傳〉의 "香罽之屬"에 대한 《袁山松書》의 주석에서는 계가 "털을 짜서 포를 만든 것(織毛爲布者)"이라고 했다. 갈에 대해서 살펴보면, 《後漢書》 卷86 〈南蠻西南夷列傳〉에, "輕毛氈雞"에 대한 주석으로 실린 郭璞의 주석에서 《山海經》에서 말하길, 갈계는 꿩과 비슷한데, 크고 청색이며 머리 위의 털이 뿔 모양을 이루었고 적과 죽을 때까지 싸운다(《山海經》曰, 氈雞似雉而大, 青色, 有毛角, 鬪敵死乃止)"고 했다. 구유에 대해서

한 진시황이나 또 진(秦)을 멸망시키고 장기간 내전을 겪으며 황제에 즉위한 유방으로서는 민심을 수습하기 위한 조치였다는 것을 감안하지 않을 수 없다. 장사 마왕퇴 1호묘 등에서 금(錦) 등의 고급 사직물이 많이 출토된 것으로 보아 당시에도 열후에 속하는 최고위 지배계층들은 여전히 고급의 사직물을 선호했음이 분명하다. 그러나 이들 사직물은 당시 중국으로서는 여전히 값진 것이었기에 일반에게까지 보편화되기는 어려웠다고 하겠다.

그러나 한민족은 중국과 달리 널리 오색의 사직물로 짠 금(錦)과 아름다운 문양을 수놓은 옷을 입었다. 이는 한민족 스스로 금(錦)을 생산하지 못했다면 불가능하다. 따라서 한민족은 삼국이 건국하기 이전부터 금(錦)과 수놓은 옷을 입었음에 틀림없다.

이여성(李如星)은 고구려와 백제 등의 금(錦) 생산 기술을 중국의 한(漢)으로부터 수입되었을 것으로 보았다.[91] 이여성은 그 까닭에 대해 설명하지 않았다. 미루어 보면 삼국이 건국하기 이전에 금수의 옷을 입었다는 문헌자료가 없다. 또 서한 문제(文帝) 때 형제의 맹약을 맺은 흉노의 단우(單于)에게 증서(繒絮)를 바쳤고, 단우가 이 옷을 좋아하자 한(漢)의 사신(使臣)이었다가 흉노에 귀화한 중행열(中行說)이 이를 막았다. 금수와 증서 같은 사직물과 누에고치솜옷은 말을 타는 데 적합하지 않으며, 이는 한이 흉노를 약화시키기 위한 것이라고 했다.[92] 대부분 이를 근거로 흉노 등 북

는 《風俗通》에서 "털을 짜서 누울 때 방바닥에 까는 것을 구유라고 한다 (織毛褥謂之氍毹)"고 했다.

91) 李如星, 《朝鮮服飾考》, p.294.

92) 《史記》 卷110 〈匈奴列傳〉. "漢遺匈奴書曰：…… 使者言單于自將伐國有功, 甚苦兵事. 服繡袷綺衣·繡袷長襦·錦袷袍各一, 比余一, 黃金飾具帶一, 黃金胥紕一, 繡十匹, 錦三十匹, 赤綈·緣繒各四十匹, 使中大夫意, 謁者令肩絹單于.…… 孝文帝復遺宗室女公主爲單于閼氏, 使宦者燕人中行說傅公主. 說不欲行, 漢彊使之.…… 初, 匈奴好漢繒絮食物, 中行說曰：匈奴人衆, 不能當漢之一郡. 然所以彊者, 以衣食異, 無仰於漢也. 今單于變俗好漢物, 漢物不過什二, 則匈奴盡歸

방민족은 사직물을 입지도 만들지도 못했다고 생각했던 것이다. 따라서 북방민족에 속한 우리나라도 흉노 등과 마찬가지로 생각했던 것으로 보인다.

흉노 등 북방민족들은 사직물을 만들지 못했기 때문에 진·한 교체기 이후 중국의 사직물을 입기 시작했는지 모르지만, 우리나라는 다르다. 한민족이 고급의 사직물을 입고 만든 것을 인정하고 그 독자적 직조 또한 발달했기 때문에 당시 중국의 사서들도 상·주 교체기에 기자가 전했다고 했던 것이다. 즉, 중국은 한민족의 사직물 생산의 역사가 매우 오래고 독자적인 것을 인정했던 것이다.

고조선의 붕괴 이후 여러 나라들은 한민족의 고유한 습속과 문물을 이어갔다. 신라와 백제에서 중국에 예물로 금(錦)을 보낸 것으로 미루어 보아 한민족이 만든 금(錦)은 중국과 그 성격을 달리하는 독특한 것이었다고 생각된다. 또한 중국에서 금(錦)과 수의 옷을 입었다는 문헌자료는 춘추시대 이후이다. 춘추시대는 북방민족 등의 문화가 중국에 크게 유입되었던 사실로 보아 앞으로 중국 금수의 연원에 대한 검토도 요구된다.

여기서 분명히 할 것은 고구려 고분벽화에 보이는 고구려의 금(錦)과 수가 중국과 그 성격을 달리하고 있다는 점이다. 즉, 우리나라와 중국의 금(錦)과 수를 같은 것으로 보아서는 안 될 것이다. 진간의 설명대로 중국의 금(錦)은 여러 색실로 문양을 짠 것을 말한다. 그러나 고구려의 금(錦)과 수는 웃옷·치마·바지 등 여러 옷을 하나하나 다른 색실로 짜고 옷 전체를 아름다운 색의 조합으로 만들고, 아름다운 문양을 곳곳에 수놓아 조합의 예술적 성취를 끌어올렸다. 다시 말해, 고구려는 옷 전체를 금(錦)과 수로 만들었

於漢矣. 其得漢繪絮, 以馳草棘中, 衣袴皆裂敝, 以示不如旃裘之完善也. 得漢食物皆去之, 以示不如湩酪之便美也.

던 것이다.

(2) 견(絹)

《설문해자》에서 견은 "증으로 보리줄기 같다[繒, 如麥稍]"고 했다. 또 《설문해자》에서 증은 백(帛)이라고 했다. 《본초강목(本草綱目)》에는 "백은 물들이지 않은 누에고치실로 짠 것이고, 길이가 수건처럼 긴 까닭에 그 글자는 백(白)과 건(巾)을 따랐다. 두터운 것은 증이라 하고, 겹실로 짠 것은 겸이라 한다"는 내용이 있다.[93] 《설문해자》에서는 '稍'를 '보리줄기'라고 했다.[94] 《발해국지장편》의 〈식화고(食貨考)〉에서는,

> 삼가 《석명》의 '견은 질긴 것이다. 그 실이 질기고 두터우면서도 성글다'고 한 것을 살펴본다 : 《광아(廣雅)》에 '견은 겸이라' 했고, 《본초강목》에는 '견은 성근 백으로, 날것은 견이라 하고, 익힌 것은 연이라'고 했다. 인안(仁安) 9년 당에서 견을 내렸다.[95]

고 했다. 즉, 견은 가공하지 않은 누에고치실로 짠 것으로, 두텁게 짠 것을 증 또는 백이라 하고 삶아 짠 것을 연이라 했다.

고구려에서는 부세(賦稅)로 받았을 정도로[96] 견의 생산이 일반화되었다. 신라에서는 박혁거세(朴赫居世) 거서간(居西干) 17년(서기 전 40년)부터 양잠을 장려했고,[97] 파사(婆娑) 이사금(尼師今) 3년(서

---

93) 《說文解字》. "繒, 帛也" ; 《本草綱目》. "帛, 素絲所織, 長狹如巾, 故字從白巾. 厚者曰繒, 雙絲者曰縑."
94) 《說文解字》. "稍, 麥莖也."
95) 《渤海國志長編》 卷17 〈食貨考〉. "謹案釋名絹絓也, 其絲絓厚而疏也 : 廣雅絹縑也. 本草綱目云 : 絹, 疏帛, 生曰絹, 熟曰練. 仁安九年, 唐賜以絹."
96) 《通傳》 卷186 "賦稅則絹布及栗."

기 83년)에도 계속 양잠을 권장했다.[98] 소지(炤知) 마립간(麻立干)
22년(서기 500년)에 날이군(捺已郡)의 파로(波路)가 그의 딸에게 금
수로 만든 옷을 입히고 색견(色絹)으로 수레를 덮어 왕에게 바친
일이 있었다.[99] 문무왕 5년(서기 665년)에는 일선(一善)과 거열(居
列) 두 곳에서 견포(絹布)를 군자(軍資)로 보내기도 했고, 광척(廣
尺)을 바꾸었다.[100] 이로 보아 서기 6세기에 이르러서는 지방의 평
민들도 손쉽게 물들인 견을 구할 수 있을 정도로 보편화되었고,
지방에서는 집중적으로 생산했음을 알 수 있다.

홍덕왕 재위 9년 되던 서기 834년에, 고위 지배계층과 6품이하
관리 및 백성들이 신라에서 생산한 견 등을 천하게 여기고 외국
것을 사들이는 등 복식에 대한 사치가 극에 달하자 홍덕왕은 신
분과 남여에 따라 복식을 규제하는 조치를 취했다. 이때 평민들에
대한 규제만을 보면 다음과 같다.

평민의 복두(幞頭)는 견포만을 쓰고, 표의(表衣)·고(袴)는 포(布)
만을 쓰고, 내의(內衣)는 견포만을 쓰고, 대(帶)는 동철(銅鐵)만을 쓰

---

97) 《三國史記》 卷1 〈新羅本紀〉 始祖赫居世居西干 17年條. "백성들에게 농사와
   양잠을 장려했다(勸督農桑)."
98) 《三國史記》 卷1 〈新羅本紀〉 婆娑王 3年條. "春正月…… 有司에게 농사와
   양잠을 장려하고 군사를 훈련시켜 만일의 사변에 대비하게 했다(春正月……
   宜令有司, 勸農桑練兵革, 以備不虞)."
99) 《三國史記》 卷3 〈新羅本紀〉 炤知麻立干 22年條. "가을 9월에 왕이 날이군
   에 갔다. 이 고을 사람 파로에게 딸이 있는데, 이름은 碧花라 하고 나이는
   열여섯 살이니 참으로 나라의 미인이었다. 그의 아버지가 그에게 금수를 입
   히고, 물들인 견으로 가마를 덮어 왕에게 바쳤다(秋九月, 王幸捺已郡. 郡人
   波路有女子, 名曰碧花, 年十六歲, 眞國色也. 其父衣之以錦繡, 置轝幪以色絹,
   獻王)."
100) 《三國史記》 卷6 〈新羅本紀〉 文武王 5年條. "겨울에 일선과 거열 두 주의
    백성이 하서주에 군자를 보내니, 견과 포는 예전에 열 尋을 한 필로 했는데,
    이를 고쳐 길이 일곱 步와 넓이 두 자를 한 필로 했다(冬, 以一善·居列二州
    民輸軍資於河西州, 絹·布舊以十尋爲一匹, 改以長七步廣二尺爲一匹)."

고, 화(靴)는 오경추문(烏麐皺文)·자피(紫皮)를 금하고, 화대(靴帶)는
철동(鐵銅)만을 쓰고, 이(履)는 마(麻) 이하를 쓴다. 포(布)는 12승
이하를 쓴다. 평민 여자의 표의는 면주포(綿紬布)만을 쓰고, 내의는
시견(絁絹)·면주포(綿紬布)만을 쓰고, 고는 시(絁) 이하를 쓰고, 표상
(表裳)은 견 이하를 쓰고, 반(襻)은 능(綾) 이하만을 쓰고, 대는 능·
견 이하만을 쓰고, 말요(襪袎)는 무늬가 없는 것을 쓰고, 말(襪)은 시
면(絁綿)·주 이하를 쓰고, 소(梳)는 본래의 소아(素牙)·각(角) 이하
를 쓰고, 채(釵)는 유석(鍮石) 이하를 쓴다. 포(布)는 15승 이하를
쓰고, 색(色)은 4두품의 여자와 같이한다.[101]

규제를 했음에도 평민에게 견 등 사직물을 입도록 한 것으로
보아 신라에서 사직물은 귀한 것이 아니었다. 또한 견은 4세기부
터 5세기 초 왜(倭)에 보내졌으며,[102] 오색(五色)의 사직물들이 상
선 가득히 중국으로 팔려 가기도 했다.[103]

가락국에서도 교견(鮫絹)에 초상화를 그렸을 정도로 신라와 같

---

101) 《三國史記》 卷33 〈雜誌〉 色服. "(興德王 9年)…… 平人, 幞頭只用絹布, 表
衣·袴只用布, 內衣只用絹布, 帶只用銅鐵, 靴禁烏麐皺文·紫皮, 靴帶只用鐵銅,
履用麻已下, 布用十二升已下.…… 平人女, 表衣只用綿紬布, 內衣只用絁絹·綿
紬布, 袴用絁已下, 表裳用絹已下, 襻只用綾已下, 帶只用綾·絹已下, 襪袎用無
文, 襪用絁綿紬已下, 梳用素牙·角已下, 釵用鍮石已下, 布用十五升已下, 色與
四頭品女同.

102) 《日本書紀》 卷9 仲哀天皇 9年條. "신라왕 波沙 寐錦은 곧 微叱己知 波珍干
岐를 인질로 하고, 금·은·채색 및 綾·羅·縑·絹을 80척의 배에 실어 보내며,
官軍을 따르도록 했다(新羅王波沙寐錦, 卽以微叱己知波珍干岐爲質, 仍齎金銀
彩色及綾·羅·縑·絹載于八十艘船, 令從官軍)."; 《日本書紀》 卷11 仁德天皇 7
年條. "가을 9월…… 신라인이 그를 두려워하여 헌납하니, 조물은 絹 1460필
및 여러 가지 물건과 배 80척이었다(秋九月…… 新羅人懼之, 乃貢獻, 調絹一
千四百六十匹及種種雜物, 并八十艘)."

103) 《諸蕃志》 卷上 〈新羅國〉. "중국에서 사신이 오면 반드시 날을 가린 뒤에
예를 갖추어 조서를 받으며…… 상선이 정박하면 오색으로 견을 엮고 한자
로 널리 교역했다(中國使至, 必涓吉而後, 具禮受詔,…… 商舶, 用五色纈絹及
建本文字博易)."

이 견을 생산했고,[104] 백제에서는 서기 2세기경 오색의 견을 왜에 선물로 보냈으며,[105] 부세로 받기도 했다.[106]

(3) 면(緜)·주(紬)

예(濊)에서 사직물인 면포(緜布)를 생산했다. 《삼국지》〈오환선비동이전〉 예전과 《후한서》〈동이열전〉에서는,

(예에서는) 마포가 있고, 누에를 길러 면(緜)을 만들었다.[107]

(예에서는) 마를 심고 누에를 기를 줄 알아 면포와 마포를 짰다.[108]

고 했다. 마한(馬韓)에서도 누에를 길러 면포를 생산했다.[109]

이여성은 면포를 식물성 섬유로 보려고 했다.[110] 그러나 《후한서》와 《삼국지》 모두 분명히 마포와 면포를 구분해 설명했고, 면(緜)을 양잠과 연결한 것으로 보아 면(緜)은 식물성 섬유가 아니

---

104) 《三國遺事》 卷2 〈紀異〉 駕洛國記. "삼척 교견에 초상화를 그렸다(以鮫絹三尺摸出眞影)."
105) 《日本書紀》 卷9 〈神功皇后〉 攝政 46年條. "이때 백제의 肖古王은 매우 기뻐하여 대접을 후하게 하고, 오색 綵와 絹 각 한 필과 角弓箭 및 철화살촉 40매를 爾波移에게 주었다(時, 百濟肖古王深之, 歡喜而厚遇焉, 仍以五色綵絹 各一匹及角弓箭幷鐵鋋四十枚, 幣爾波移)."
106) 《周書》 卷49 〈列傳〉 百濟 條. "賦稅以布絹絲麻及米等."
107) 《三國志》 卷30 〈烏丸鮮卑東夷傳〉 濊傳. "有麻布, 蠶桑作緜."
108) 《後漢書》 卷85 〈東夷列傳〉 濊傳. "知種麻養蠶, 作緜布."
109) 《後漢書》 卷85 〈東夷列傳〉 韓傳. "馬韓人知田蠶作緜布.";《三國志》 卷30 〈烏丸鮮卑東夷傳〉 韓傳. "知蠶桑作綿布."
110) 李如星, 《朝鮮服飾考》, 白楊堂, 1947, p.299. "緜은 普通絹類의 動物性纖維가 아니고 植物性纖維를 指稱하는 것이며……."; 柳喜卿, 《한국복식사연구》, 梨花女子大學校 出版部, 1989, p.119. "역시 麻布와 같은 布類로 보는 바이다."

라 바로 누에고치에서 만든 옷감이라는 것을 알 수 있다.

이러한 사실은 다음 자료들이 분명하게 밝혀준다.《수호지진묘죽간(睡虎地秦墓竹簡)》〈봉진식(封診式)〉의 혈도(穴盜)는 옷을 잃어버린 사건을 어떻게 다룰 것인가를 보여준 예이다.

밤부터을(乙)의 '夏結衣' 하나를 을의 방안에 두었다.…… 을은 2월부터 이 옷이 있었으니 50척의 백 안에 사서(絲絮) 5근을 두었고, 증 5척을 옷가에 둘러 장식했다.…… 을에게 '結複衣'가 있었음을 알았고, 옷가를 두른 장식이 새것이었다. 그 안에 무엇을 넣었고 없어진 상황을 모르니 이로써 옷값을 셈한다.[111]

'夏結'에 대하여 주석자들은 복거(複裾)로 보았다.《설문해자》에 복의(複衣)는 "협의(夾衣) 또는 면의(綿衣)"라[112] 했다. 이 협의는 습의(襲衣)라고도 한다.《거연한간(居延漢簡)》에는 협의를 만드는 데 한 필의 백(帛)으로 겉과 안을 만들고 누에고치솜[緜]을 두었다[113]고 했다.

후대의 기록이지만,《발해국지장편》〈식화고〉의 누에고치솜과 면(綿)에 관한 기재는 이를 밝힐 수 있는 중요한 참고 자료가 된다.

삼가 면(綿)을 본래 면(縣)으로 쓴 것을 살펴본다 :《본초강목》에 '옛날의 면서(綿絮)는 누에고치실이 엉켜 천을 짤 수 없는 것이고, 지금의 면서는 대부분이 목면(木綿)이다'라고 했다. 이 말의 분석은

---

111)　睡虎地秦墓竹簡整理小組,《睡虎地秦墓竹簡》,〈封診式〉穴盜, 文物出版社, 1978, pp.270～271. "自宵, 臧乙複結衣一乙房內中,…… 乙以迺二月爲此衣, 五十尺帛裏, 絲絮五斤紸(裝), 繆繒五尺緣及殿(純).…… 見乙有複結複衣, 繆緣及殿, 新也. 不知其裏□何物及亡狀. 以此値衣價."
112)《說文解字》. "複衣, 夾衣或綿衣."
113)《居廷漢簡》. "表裏用帛一匹, 緜."

매우 정확하다. 발해(渤海)와 옥주(沃州)의 면(緜)은 곧 사면(絲綿)
이다. 주작(朱雀) 4년(서기 816년)에 당에서 면(綿)을 내렸고, 일본
도 여러 번 면(綿)을 보냈는데, 이는 곧 목면이 발해에 없었기 때문
이다.[114]

면(緜)과 면(綿)은 통용된 지 오래이다. 그러나 옛날에는 이 둘
이 달랐다. 김육불(金毓黻)은 면서는 옛날 누에고치실로 만들었으
나 뒤에는 목화로 만들었다고 했다. 즉, 발해지역에서는 9세기까
지 목화가 재배되지 않았기 때문에 이곳의 면서(緜絮)는 예전처럼
누에고치솜이라고 했다. 고대 한국에서도 실을 뽑을 수 없는 누에
고치솜으로 실을 만들어 짠 것을 면포라고 한다고도 했다.[115] 누에
고치솜은 일반 평민들까지 널리 사용되었고,[116] 신라에서는 건국
초에 이미 시장에서 매매되는 등[117] 우리나라 면(緜)의 역사는 매

---

114) 《渤海國志長編》 卷17〈食貨考〉第4. "謹案綿本作緜：本草綱目云：古之綿絮
   乃繭絲纏延不可紡織者. 今之綿絮則多木綿. 此語分晰至確. 渤海沃州之緜卽絲
   綿也. 朱雀四年, 唐賜以綿, 日本亦屢以綿爲贈, 此卽木綿爲渤海之所無者."
115) 조선기술발전사편찬위원회, 《조선기술발전사》 원시·고대편, p.67. "고조선
   사람들은 물레로써 파고치, 찌기고치로부터 실을 뽑았다. 파고치는 구멍난
   고치, 부분적으로 썩은 고치, 누에의 배설물이 심하게 묻어 오염된 고치 등
   을 말한다. 구멍난 고치는 구멍이 생긴 부위에서 견실이 끊어지므로 실 켜
   기에 쓸 수 없다. 그러므로 이러한 파고치들은 삶아 말리고 헤쳐 솜을 켠
   다음 가락바퀴나 물레를 써서 실을 뽑게 된다. 찌끼고치는 정품고치에서 실
   을 다 뽑은 다음 남은 찌끼를 말한다. 이것 역시 헤쳐 말린 다음 솜같이 만
   들고 실을 켠다. 이렇게 파고치나 찌끼고치에서 뽑은 실은 일반적으로 굵고
   균일도가 낮으므로 등길이, 양말, 목도리를 비롯하여 뜨개용으로 많이 쓴다.
   이 시기에 생산된 천의 이름 가운데 면포라는 것이 있는데, 이것은 파고치,
   찌끼고치솜으로 실을 뽑아 짠 천이다."
116) 《三國史記》 卷45〈列傳〉昔于老. "(助賁王) 16년에 고구려가 북쪽 변경을
   침범했고,…… 여러 사람이 마음에 감격하여 솜옷을 입은 듯 기뻐했다(十六
   年, 高句麗侵北邊…… 羣心感喜如夾纊)." 《說文解字》에 "纊, 絮也."라 했고,
   《禮玉藻》에 "纊爲繭"이라 하여 纊이 누에고치솜임을 알 수 있다.
117) 《東國通鑑》 卷3〈三國紀〉新羅 儒禮尼師今 15年條. "신라왕이 인관과 서조

우 오래다. 이를 확인해보면 다음과 같다.

신라에서는 여러 차례 당나라에 어아주(魚牙紬)와 조하주(朝霞紬)를 예물로 보냈다.[118] 주에 대해 《발해국지장편》에서 김육불은 다음과 같이 말했다.

삼가 《후한서》 〈동이전(東夷傳)〉의 '예의 풍속에 면포를 만들 줄 알았다'는 것을 살펴본다 : 면포는 곧 주이다. 발해 때에 흑수말갈(黑水靺鞨)이 일찍이 어아주와 조하주를 당에 바쳤으니, 이것이 발해 북부에서 주를 생산했다는 증거가 된다. 용주(龍州)는 상경(上京)으로서 용천부(龍泉府)에서 가장 큰 주이니 곧 지금의 영안현(寧安縣) 지방으로 분명 흑수말갈과 가깝다.[119]

《설문해자》에서 주는 "굵은 실로 두텁게 짠 증"[120]이라고 했다. 김육불은 누에고치솜을 실로 만들어 짠 포를 주라고 했고, 예에서 만들었다는 면포가 바로 주라고 했다. 발해시대에 흑수말갈뿐만 아니라 신라에서도 여러 가지 주를 만들어 당에 예물로 보내기도 했다.

에게 벼슬을 내렸다.…… 인관은 시장에서 솜을 팔았고 서조는 곡식으로 솜을 사가지고 돌아왔다(新羅王賜印官?觀署調二人爵,…… 印官?觀賣綿於市, 署調以穀買之而還)."

118) 《三國史記》 卷8 〈新羅本紀〉 聖德王 22年條. "여름 4월에 사신을 당에 보내 과하마 한 필, 우황, 인삼, 다리, 조하주, 어아주, 아로새긴 매 방울, 해표가죽, 금, 은 등을 바쳤다(夏四月, 遣使入唐, 獻果下馬一匹·牛黃·人蔘·美髮·朝霞紬·魚牙紬·鏤鷹鈴·海豹皮·金銀等).";《三國史記》 卷9 〈新羅本紀〉 惠恭王 9年條. "여름 4월에 사신을 당에 보내 신년을 축하하고, 금, 은, 우황, 어아주, 조하주 등 토산물을 바쳤다(夏四月, 遣使如唐賀正, 獻金銀·牛黃·魚牙紬·朝霞等方物)."

119) 《渤海國志長篇》 卷17 〈食貨考〉. "謹案後漢書東夷傳濊俗知作縣布 : 縣布卽紬也. 渤海時, 黑水靺鞨曾獻魚牙紬朝霞紬於唐, 此爲渤海北部産紬之證. 龍州爲上京, 龍泉府之首州, 卽今寧安縣地, 固近於黑水靺鞨也."

120) 《說文解字》. "紬, 大絲繒也."

여기서 우리의 관심은 한민족이 언제 양잠을 했는가 하는 점이다. 고구려에 복속된 예는 일찍부터 양잠을 했고, 누에고치솜으로 면포를 만들었다. 그리고 이 면포의 직조 기술은 고구려를 거쳐 발해로 이어져 어아주·조하주 등을 만들었던 것이다.

김육불이 선비족의 중심지였던 용주에서 면포, 즉 주를 만든 것은 바로 흑수말갈이 옆에 있었기 때문에 그들로부터 직조 기술을 배웠다고 보았다. 이 흑수말갈에 전해졌다는 면포의 직조 기술은 중국이나 북방민족으로부터 전해진 것이 아니라 바로 예가 속해 있던 고조선에서 전해 내려온 것이라고 할 수 있다.

신라도 일찍부터 면포를 생산했다. 홍덕왕 때 사치가 극심해지며 토산품보다는 외국의 옷감 등을 선호하자 사치를 금하기 위하여 신분에 따라 복식의 재료를 규제했다.[121] 이때 가장 많이 입도록 한 것이 바로 주이다. 주는 진골대등(眞骨大等) 이상은 입지 않았고, 6두품에서 평민에 이르기까지 특히 면주(綿紬)를 가장 많이 입게 했다. 이는 누에고치로 짠 면주(縣紬)가 바로 신라의 고유한 토산품이었기 때문이다.

지금의 황해도지역에서는 야생누에고치에서 실을 뽑아 짠 주를 견주(繭紬)라고 부른다. 이 견주는 양잠으로 만든 주와 달리 매우 질겨 10년을 빨아 입어도 해지지 않고 물들이지 않아도 검붉은색이 나며, 이들 견은 나무에 나며 크기는 새알만 하고, 우리나라에는 춘견(椿繭)과 저견(樗繭)이 많다고 했다.[122] 이로 보면 우리나라

---

121) 《三國史記》 卷33 〈雜志〉 色服. "興德王卽位九年太和八年, 下敎曰 : "人有上下, 位有尊卑, 名例不同, 衣服亦異, 俗漸澆薄, 民競奢華, 只尙異物之珍寄, 却嫌土産之鄙野, 禮數失於逼僭, 風俗至於陵夷, 敢率舊章, 以申明命, 苟或故犯, 固有常刑."

122) 《畵永編》 卷2. "우리나라 황해도 산골 마을에 야생누에고치가 있고, 그곳 사람들이 실을 뽑아 주를 짰는데, 바탕이 매우 질기고, 물감으로 물들이지 않아도 스스로 검붉은색이 난다. 淸初 사람이 쓴 野蠶紬가 바로 이것이다.

에서는 옛부터 꼭 양잠의 누에가 아니더라도 야생의 누에고치가 여러 나무에서 자생했고, 그 고치에서 실을 뽑아 천을 짰음을 알 수 있다.

고조선의 사직물 직조 기술이 후대로 계속 이어졌음은 지금의 단동(丹東)지역에서 출토되는 전국(戰國)부터 청조(淸朝)까지 해당하는 모든 와(瓦)에서도 증명된다. 발굴자들은 이 지역에서 출토되는 와에 나타나는 포문(布紋)은 다른 지역의 포문이 주로 거친 마포문(麻布紋)인 것과 달리 아주 미세한데, 이는 마와 사(絲)의 혼합방직이었기 때문이라고 보기도 했다.[123]

(4) 겸(縑)

《설문해자》에서는 겸에 대해 '실을 겹쳐 두텁게 짠 것'[124]이라고

그곳에 '견주는 明初에 아직 쓰이지 않았으나 崇禎 때에 이르러 臣僚들이 황제가 華麗한 것을 싫어한다는 것을 듣고 많은 사람이 견주로 입어 盛行하기 시작했다. 색은 물들이지 않고 십년을 빨아도 망가지지 않는다. 山東 각처에 이것이 있는데, 槲에서 사는 것은 槲繭이고, 椿은 춘견으로 부르고, 椒은 椒繭으로 불렀다. 크기는 새알만 하고 그곳 사람들이 이에 의지해 생업을 삼았다'고 했다. 우리나라는 곧 춘견과 저견이 가장 많다.…… 우리나라에 없는 것은 槲繭 한 종류뿐이다(我國黃海道山邑有野蠶繭, 土人繰織成紬. 質甚堅紐, 不染顏色, 自成黯赤. 淸初人所記, 野蠶紬卽此也. 其說曰 : 繭紬明初尙未行, 至崇禎時, 臣僚聞上惡其華麗, 遂多服繭紬始盛行, 色不加染浣濯十年不敗, 山東各處有之, 槲生者槲繭, 椿名椿繭, 椒名曰椒繭. 大如鳥卵, 土人恃此爲業. 我國則唯椿楮繭爲多.…… 我國獨無槲繭一種耶)."

123) 崔雙來, 〈從考古學角度談丹東地區蠶業的起源與發展〉, 《中國考古集成》東北卷 綜述(二), pp.1153~1156. 崔雙來는 이 글에서 와를 만들 때 천을 쓰는 목적은 와가 망가지지 않고 와를 만드는 틀과 떨어지지 않게 하기 위해서인데, 마로만 짠 마포를 사용하면 압력이나 마찰과 흡착력에 부족한 점이 있으나 사와 마를 혼합 방직한 천을 사용하면 이 같은 결점을 보완할 수 있다고 했다.

124)《說文解字》. "縑, 幷絲繒也."

했다. 《석명》〈석채백〉에서는 겸에 대해 "겹친 것이다. 그 실이 가늘고 촘촘한 것은 견보다 여러 차례 겹쳤기 때문이다. 겹쳐 오색으로 물들여도 가늘어 물이 새지 않는다"[125]고 했다. 《급취편(急就篇)》의 '綈絡縑練素帛蟬'에 대해 안사고(顔師古)는 "겸(縑)을 겸(兼)이라고도 하는데, 실을 겹쳐 짜 매우 치밀하다[縑之言兼也, 幷絲而織, 甚致密也]"고 했다. 즉, 겸이란 가는 누에고치실을 겹쳐 짰기 때문에 물이 새지 않을 정도로 촘촘해진 것을 말한다. 겸의 색에 대해 《회남자(淮南子)》〈제속훈(齊俗訓)〉에서는, 겸이 본래 누런색이기 때문에 붉은색으로 물들이면 빨간색이 된다고 했다.[126] 이는 앞의 〈표 1〉과 〈표 2〉의 사직물이 밤색과 자주색으로 나타나는 것과 부합된다.

우리나라에서는 마한과 진한 및 변진에서 모두 겸포를 생산했고,[127] 이어 신라에서도 겸을 생산했다.[128] 백제에서 겸을 만들었다는 문헌자료는 없다. 그러나 백제가 마한의 영역[129]에서 건국한 점으로 보아 마한의 겸포 생산을 그대로 이었다고 할 수 있다.

부여와 고구려에서 겸포를 생산했다는 자료 역시 없다. 그러나

---

125) 《釋名》〈釋采帛〉. "縑, 兼也. 其絲細緻, 數兼于絹. 染兼五色, 細致不漏水也."

126) 《淮南子》 卷11 〈齊俗訓〉. "夫素之質白, 染之以涅, 則黑. 縑之性黃, 染之以丹, 則赤."

127) 《翰苑》〈蕃夷部〉 三韓. "土地肥美, 宜五穀, 知蠶桑, 作縑布.";《後漢書》 卷85 〈東夷列傳〉 韓傳. "辰韓…… 知蠶桑, 作縑布.";《三國志》 卷30 〈烏丸鮮卑東夷列傳〉 弁辰傳. "曉蠶桑, 作縑布."

128) 《南史》 卷79 〈列傳〉 新羅. "토지가 비옥하여 오곡을 심기에 마땅하고, 상과 마가 많아 겸과 포로 옷을 만들었다(土地肥美, 宜植五穀, 多桑麻, 作縑布服).";《梁書》 卷54 〈諸夷傳〉 新羅. "토지가 비옥하여 오곡을 심기에 마땅하고, 상과 마가 많아 겸과 포로 옷을 만들었다(土地肥美, 宜植五穀, 多桑麻, 作縑布)."

129) 《後漢書》 卷85 〈東夷列傳〉. "한은 3 종이 있으니, 하나는 마한, 둘째는 진한, 셋째는 변진이다…… 그 여러 나라의 왕의 조상은 모두 마한 종족의 사람이다(韓有三種, 一曰馬韓, 二曰辰韓, 三曰弁辰.…… 其諸國王先皆是馬韓種人焉)."

부여에서 사직물로 두껍게 짠 증으로 만든 옷을 입었다고 한 점으로 보아 겸과 증을 정확히 구별했는가는 의심스럽다. 고구려에서 겸포를 생산했다는 문헌자료는 없으나 고분벽화의 의복의 두터운 질감이 아마도 겸 또는 증으로 만든 것으로 보인다.

고구려 등 삼국이 건국되었을 때 겸포가 보편화되었지만, 당시 중국에서도 평민들이 겸포로 홑옷을 만들어 입기도 했다.[130]

(5) 백(帛)

《설문해자》에서 백은 "繒也"라고 하고 증은 "帛也"라고 하여, 백과 증을 같은 것으로 보았다. 《본초강목》에는 "백은 자연의 실로 짠 것으로 수건처럼 길고 좁기 때문에 글자는 백(白)과 건(巾)을 따랐다. 두껍게 짠 것을 증이라 하고 겹실로 짠 것은 겸이라고 했다"[131]고 나온다. 이러한 내용으로 볼 때, 백은 두껍게 짠 증으로 폭이 좁고 길게 짠 것으로 가장 그 역사가 오래며 옷감의 대명사처럼 쓰였다.

서기 전 37년에 추모(鄒牟)가 광개토경평안호태왕비(廣開土境平安好太王碑)가 있는 지금의 집안지역에서 고구려를 건국했다. 추모가 건국할 때 그곳의 토착민들은 백으로 옷을 지어 입었다[132]고 했

---

130) 《漢書》 卷97 〈外戚傳〉. "(王)媼은 翁須를 위하여 겸으로 된 홑옷을 만들어 (劉)仲卿의 집에 보냈다(媼爲翁須作縑單衣, 送仲卿家)." 옹수는 서한 선제의 어머니다. 왕온이 14살 때 처음 王更得과 결혼했고, 왕경득이 죽자 王迺始과 재혼하여 아들 둘과 딸 하나를 낳았다. 이 딸이 옹수다. 옹수는 8~9살 때 유중경의 집에 보내졌다. 이때 어머니는 어린 딸을 유중경의 집에 보내며 옷을 만들어주었던 것이다. 이 옹수가 바로 서한 선제의 어머니다.

131) 《本草綱目》. "帛, 素絲所織, 長狹如巾, 故字從白巾. 厚者曰繒, 雙絲者曰縑."

132) 《魏書》 卷100 高句麗傳. "(그들은) 주몽과 함께 紇升骨城에 이르러 그곳에 정착했다.…… 백성들은 모두 토착민으로 산골짜기를 따라 살며 布帛과 가죽을 입었다(與朱蒙紇升骨城, 遂居焉.…… 民皆土著, 隨山谷而居, 衣布帛及

다. 이로 볼 때 고구려가 건국하기 이전부터 이 지역에서 백이 생산되었음을 알 수 있다.

한족인 마한·진한·변한 등에서 백을 생산했다는 자료는 없다. 그러나 이들 지역에서 금(錦)뿐만 아니라 누에고치솜으로 짠 겸을 생산한 것으로 볼 때 백의 생산은 당연했을 것이다.

신라의 제4대 이사금인 탈해이사금은 서기 전 18년경[133] 백에 싸여 발견되었다고 한다. 탈해의 어머니는 여국(女國)의 공주로 다파나국(多婆那國)의 왕비가 되었다. 그러나 결혼 7년 만에 알을 낳자 다파나국의 왕이 불길하다 하여 왕비가 알을 백에 싸 바다에 띄워 보냈던 것이다. 이렇게 버려진 탈해는 처음 금관국(金冠國)에 닿았으나 이를 거두지 않았고, 다음 진한의 아진포(阿珍浦) 어구에 닿았을 때 알이 아이로 바뀌어 한 노파가 거두어 길렀던 것이다. 다파나국이 왜의 동북 1,000리에 있다고 하지만 어디인지 분명하지 않고, 여국의 위치도 분명하지 않다. 왜에서 귀화한 호공(瓠公)이 마한왕에게 신라는 진한의 유민뿐만 아니라 낙랑(樂浪)·변한·왜 등의 유민들도 혁거세를 지지한다고 한 점으로 볼 때 당시 신라에는 왜의 유민들도 많았던 것으로 보인다.

탈해를 싼 백이 그의 모국에서 만들어진 것인지 아니면 당시 신라 일반인들의 옷감을 빗대어 한 말인지 분명하지는 않다. 그러나 혁거세가 양잠을 장려한 것으로 보아 신라에서 이미 백을 생산했음은 충분히 짐작할 수 있다. 눌지마립간은 늙은 백성들에게 곡식과 함께 백을 내렸고,[134] 김유신의 상사(喪事)에 채백(彩帛)[135]을

皮).”;《北史》卷94〈列傳〉高(句)麗傳. “사람들은 모두 토착민으로 산골짜기를 따라 살며 布帛과 가죽을 입었다(人皆土着, 隨山谷而居, 衣布帛及皮).”

133)《三國史記》卷1〈新羅本紀〉脫解尼師今 條.

134)《三國史記》卷3〈新羅本紀〉訥祇麻立干 7年條. “여름 4월에 남당에서 노인들을 모셨다. 왕은 손수 음식을 집어주고 곡식과 백을 차등 있게 내렸다(夏四月, 養老於南堂. 王親執食, 賜穀帛有差).”;《三國史記》卷6〈新羅本紀〉文

부의(賻儀)로 내리기도 했다. 이후 신라는 백을 중국이나 백제에 선물로 보내기도 하고,[136] 왕비를 맞아들일 때 예물로도 썼으며,[137] 맹약(盟約) 등을 쓰는 데 사용되기도 했다.[138]

백제는 온조왕 26년 마한을 급습해 그 국읍을 점령하고 다음해 원산(圓山)과 금현(錦峴) 두 성을 함락해 완전히 마한의 영역을 점령했다.[139] 따라서 백제는 마한의 직조 기술을 그대로 이어받아 백뿐만 아니라 여러 고급 사직물을 생산했을 것이다. 백제가 왜에 백을 보낸 것이 그 좋은 증거이다.[140]

(6) 나(羅)·기(綺)·증(繒)·환(紈)·능(綾)

중국에서는 전국시대에 나에 가까운 방안사 등이 생산되었고, 한대에 와서 정교한 나가 생산되었다. 그러나 고조선의 나직은 중국보다 생산 시기가 앞설 뿐만 아니라 그 조직 또한 세밀했다.

武王 8年條. "…… 幣帛을 내리니 매우 후했다(…… 賜幣帛頗厚)."

135) 《三國史記》 卷43 〈列傳〉 金庾信傳下. "채백 1,000필과 벼 2,000석을 부의로 내려 상사에 쓰게 했다(贈賻彩帛一千匹·租二千石, 以供喪事)."

136) 《三國史記》 卷6 〈新羅本紀〉 文武王 5年條. "(2월) 왕은 당의 사신에게 金帛을 두터이 주었다(王贈唐使者金帛厚)."

137) 《三國史記》 卷8 〈新羅本紀〉 神文王 3年條. "일길찬 김흠운의 어린 딸을 맞아 부인을 맞을 때 먼저 이찬 문영과 파진찬 삼광을 보내 날을 정하고, 대아찬 지상에게 納采하게 하니 幣帛이 15 수레였다(納一吉湌金欽運少女爲夫人. 先差伊湌文穎·波珍湌三光定期, 以大阿湌智常納采. 幣帛十五轝)."

138) 《三國遺事》 卷1 〈紀異〉 太宗春秋公. "맹세가 끝나자 幣帛을 壇의 북쪽에 묻고, 맹세한 글은 大廟에 간직했다(埋幣帛於壇之壬地. 藏盟文於大廟)."

139) 《三國史記》 卷23 〈百濟本紀〉 始祖溫祚王 26年·27年條.

140) 《日本書紀》 卷17 繼體天皇 10年條. "여름 5월에 백제는 前部의 木羅不麻甲背를 보내 物部 連 등을 己汶에서 맞아 위로하고 그를 인도하여 입국했다. 여러 신하가 서로 衣裳·斧鐵·帛布를 내어 나라의 토산물을 더하여 조정에 쌓아 두었다(夏五月, 百濟遣前部木羅不麻甲背, 迎勞物部連等於己汶, 而引導入國. 群臣各出衣裳斧鐵帛布, 助加國物, 積置朝廷)."

나는 《설문해자》에서 새를 잡는 그물로[141] 설명했다. 《이아(爾雅)》 〈석기(釋器)〉에서는 "새 그물을 나라고 한다[鳥罟謂之羅]"고 했고, 《석명》에서는 "무늬가 성근 것이 나[文疏羅也]"[142]라고 했으며, 《유편(類篇)》에서는 백(帛)이라고 했다. 즉, 나는 누에고치실로 그물처럼 성글게 짠 것임을 알 수 있다.

기는 《설문해자》에서 "文繒也"라 하여 무늬를 넣어 두껍게 짠 것이라 했고, 《육서고(六書攷)》 〈공사(工事)〉에서는 금(錦)과 달리 물들이지 않은 누에고치실로 무늬를 넣어 짠 것을 기라고 했다.[143] 《한서》 〈고제기(高帝紀)〉의 기에 대해 안사고는 기란 '무늬 있는 증이며 당대(唐代)의 세능(細綾)[文繒也. 卽今之細綾也]'이라고 했다.[144]

증은 《설문해자》에서 "帛也"라 했다. 《본초강목》에는 "백은 생누에고치실로 짠 것으로서 수건처럼 길고 좁기 때문에 글자도 백(白)과 건(巾)을 따랐다. 홀실로 두텁게 짠 것을 증이라 하고 겹실로 짠 것을 겸이라 한다"[145]고 했다

환은 《설문해자》에서 "素也"라 했고, 소(素)는 "白緻繒也"라 했다. 여러 겹으로 겹쳐 촘촘히 짰기 때문에 생누에고치실 본래의 색이 희게 나타난 것을 말한다.

능(綾)에 대해서는 《설문해자》에서 "동제(東齊)에서는 포(布)라고 부르며, 백 가운데 가는 것이 능"[146]이라고 했다. 《석명》 〈석채백〉에는 "능은 능(凌)이다. 그 무늬를 보면 얼음결 같다"[147]고 했다.

이상을 정리하면, 나는 날실과 씨실의 간격을 넓게 짜 그물처럼

---

141) 《說文解字》. "羅, 以絲罟鳥也. 從網從維. 古者芒氏初作羅."
142) 《釋名》 〈釋采帛〉. "羅, 文羅疏也."
143) 《六書攷》 〈工事〉. "織采爲文曰錦, 織素爲文曰綺."
144) 《漢書》 卷1 〈高帝紀〉. "賈人毋得衣錦繡綺縠絺紵罽"
145) 《本草綱目》. "帛, 素絲所織, 長狹如巾, 故字從白巾. 厚者曰繒, 雙絲者曰縑."
146) 《說文解字》. "綾, 東齊謂布, 帛之細曰綾."
147) 《釋名》 〈釋采帛〉. "綾, 凌也. 其文望之, 如冰凌之理也."

네모난 눈 모양이 생긴 사직물이고, 기는 무늬를 넣어 짠 백이며, 능은 얼음결이 어리듯이 짠 백이다. 이 셋은 모두 백의 종류이지만 무늬를 넣어 짜거나 날실과 씨실의 간격을 넓히고 좁힌 것이 다를 뿐이다.

부여에서는 증을 생산하고 신라에서는 나[148]와 능 및 기 그리고 환[149]을 생산했음이 신라의 향가 등에 보인다.[150] 또한 신라와 발해에서 중국에 문서나 별록(別錄) 등을 보낼 때 금화(金花)와 오색의 능으로 만든 종이에 썼다.[151] 즉, 누에고치실을 옷감 이외에 종이를 만드는 데도 사용했던 것이다. 이 같은 누에고치실로 만든 종이는 고려시대로 이어졌으며, 이 견지(繭紙)는 송나라에 수출되는 주요 품목이기도 했다.[152]

고구려는 시조 추모왕 10년(서기 전 27년)에 서인(庶人)에게 사나나로 만든 옷을 입지 못하게 하고,[153] 관(冠)을 만드는 데만 나를 사용했다. 왕은 백라관(白羅冠)을, 대신들은 청라관(靑羅冠)을 썼고,

---

148) 《三國史記》卷33〈雜志〉色服 ; 문화재관리국,〈발굴 유물의 보존 및 과학적 고찰〉-유물에 대한 실험결과의 고찰,《天馬塚發掘報告書》, 1974, pp.240~245.

149) 《說文解字》에서는 "紈, 素也"라고 하면서 "素, 白緻繒也"라고 했다. 따라서 환은 희며 촘촘하고 두껍게 짠 사직물로, 증의 종류 가운데 하나임을 알 수 있다.

150) 《三國遺事》卷5〈避隱〉永才遇賊. "(元聖王 때)······ 도둑들은 永才의 뜻에 감동되어 그에게 능 2端을 주었다.······ 기와 환과 珠玉이 어찌 마음 다스리겠는가(賊感其意, 贈之綾二端······ 綺紈珠玉豈治心)."

151) 《渤海國志長編》〈補遺〉. "무릇 신라와 발해왕의 국서 및 별록에는 모두 金花五色綾紙로 썼고, 다음 白檀香木에 큰 무늬를 놓은 자개함에 은으로 만든 자물쇠를 채웠다(凡新羅渤海王書及別錄, 並用金花五色綾紙, 次白檀香木瑟瑟鈿函銀鏁)."

152) 《古事通》第二編〈海外의 商船〉. "宋이 高麗로부터 수입한 물품은 銀·銅·人蔘·茯苓·白附子·黃漆·硫黃·布·繭紙·松烟墨·銅器·螺鈿·摺扇 등이었다."

153) 《增補文獻備考》卷80〈禮考〉. "동명왕 10년에 서인에게 무늬와 빛깔 있는 사와 나의 옷을 금했다(東明王十年, 禁庶人着紋彩紗羅衣)."

그 다음은 강라관(絳羅冠)을 썼는데, 새 깃 둘을 꽂았고 금과 은을 섞어 테를 둘렀다.[154] 결혼한 남자 또는 지배계층은 자라(紫羅)로 만들고 금(金)과 은(銀)으로 장식한 소골(蘇骨)이라고 부르는 관을 썼다.[155] 악공(樂工)들도 자라모(紫羅帽)를 쓰고 새의 깃으로 장식했을 뿐만 아니라 고동색 큰소매 웃옷 위에 자라(紫羅)로 만든 띠를 맸다.[156] 고구려에서는 관의 색이나 장식으로 신분을 구별했지만, 가무를 즐길 때는 신분의 제약을 두지 않았다.[157] 관 또는 모자를 쓴 것은 고구려의 고유한 습속이다.

백제도 고구려와 마찬가지로 나로 관을 만들어 썼다. 왕이 쓴 오라관(烏羅冠)에는 금실로 꽃무늬를 장식했다.[158]

---

154) 《新唐書》 卷202 〈列傳〉 高(句)麗傳. "왕은 5색의 옷을 입고, 白羅로 관을 만들고, 혁대에는 모두 금테를 둘렀다. 대신들은 청라관을 쓰고, 그 다음은 강라관을 쓰는데, 귓고리 양쪽에 새 깃을 꽂았고, 금과 은을 섞어 테를 둘렀다(王服五采, 以白羅製冠, 革帶皆金釦, 大臣青羅冠, 次絳羅, 珥兩鳥羽, 金銀雜釦)."

155) 《周書》 卷49 〈列傳〉 高麗傳. "결혼한 남자는 소매가 넓은 웃옷과 통이 큰 바지, 흰 가죽띠에 누런 가죽신을 신는다. 그 관은 骨蘇라고 하는데, 대부분 자줏빛 나로 만들었으며 금과 은을 섞어 장식했다(丈夫衣同袖衫·大口袴·白韋帶·黃革履. 其冠曰骨蘇, 多以紫羅爲之, 雜以金銀爲飾)."; 《北史》 卷94 〈列傳〉 高麗傳. "귀한 사람의 관은 소골이라 하고, 대부분 자줏빛 나로 만들고 금과 은으로 장식했다. 큰 소매의 웃옷과 통이 큰 바지를 입고, 흰 가죽띠를 매고, 누런 가죽신을 신었다(貴者其冠曰蘇骨, 多用紫羅爲之, 飾以金銀. 服大袖衫·大口袴·素皮帶·黃革履)."

156) 《三國史記》 卷32 〈雜志〉. "고구려 음악은 《通典》에 이르기를 '악공들은 자색 나로 만든 모자에 새 깃을 장식하고 누른 큰 소매 달린 웃옷에 자색 비단 띠를 매고 통이 넓은 바지에 붉은 가죽신을 신고 오색 물을 들인 줄로 장식했다(高句麗樂, 《通典》云 : 樂工人紫羅帽, 飾以鳥羽, 黃大袖·紫羅帶·大口袴·赤皮鞾·五色緝繩)."

157) 《魏書》 卷100 〈高句麗傳〉. "그 풍속은 가무를 좋아하고 밤에 남녀가 모여서 놀이를 하는데, 귀천의 제약을 받지 않았다(其俗謠好歌舞, 夜則男女羣聚而戲, 無貴賤之節)."

158) 《新唐書》 卷220 〈列傳〉 百濟傳. "왕은 소매가 큰 자줏빛 두루마기와 푸른색 바지를 입고, 물들이지 않은 가죽 띠를 두르며, 검은색 가죽신을 신고,

(7) 사(紗)·곡(縠)

《광운(廣韻)》에 사는 "견에 속하고, 방로(紡纑)라고도 부른다"고
했다.[159] 《한서》〈강충전(江充傳)〉에 강충이 사와 곡으로 된 단의
(襌衣)를 입었다고 했다. 사곡(紗縠)에 대해 안사고는 "누에고치실
을 뽑아 짠 것으로 가벼운 것은 사이고 주름진 것은 곡"[160]이라고
했다. 곡은 《설문해자》에 "작은 매듭[細縛也]"이라고 했고, 《석명》
에는 "좁쌀이다. 그 무늬가 촘촘하고 넓게 뿌려져 좁쌀처럼 보인
다[粟也. 其文足足而踧踧, 視之如粟也]"고 했다. 즉, 사는 누에고치실을
꼬아 짜지 않아 얇고 고운 천이고, 곡은 누에고치실을 바싹 꼬아
짰기 때문에 작은 매듭이 주름처럼 무늬져 보이는 천을 말한다.

고구려에서는 시조 추모왕 10년에 서인에게는 사로 만든 옷을
입지 못하게 했다.[161] 이는 고구려의 토착민들이 사를 생산했으나
그 생산에 많은 시간과 노력이 들기 때문에 서인들에게는 입지
못하게 했던 것으로 보인다. 신라의 경우 진평왕(眞平王) 9년(서기
588년)에 붉은 사가 있었던 것으로 보아 사를 여러 색으로 염색했
음도 알 수 있다.[162] 가야에서도 사를 생산했다.[163]

검은 나로 만든 관을 썼는데, 금실로 꽃무늬를 짜 넣어 장식했다(王服大袖
紫袍·靑錦袴·素皮帶·烏革履·烏羅冠, 飾以金以金蘤)."
159) 《廣韻》. "紗, 絹屬. 一曰紡纑也."
160) 《漢書》卷45〈江充傳〉. "(江)充衣紗縠襌衣"에 대하여 안사고는 "紗縠, 紡絲
而織之也. 輕者爲紗, 縐者爲縠"이라 했다.
161) 《增補文獻備考》卷80〈禮考〉. "동명왕 10년에 서인에게 무늬와 물들인 사
와 나의 옷을 입지 못하게 했다(東明王十年, 禁庶人着紋彩紗羅衣)."
162) 《三國遺事》卷3〈塔像〉四佛山·掘佛山·萬佛山條. "(眞平王 9년 甲申) 모두
붉은 사로 그것을 보호했다(皆以紅紗護之)."
163) 같은 책.

(8) 단(段, 緞)

단(段)은 단(緞)이라고 쓰기도 한다. 단(段)에 대해 《설문해자》에는 "椎物也. 從殳耑, 省聲"이라고 나온다. 즉, 물건을 묶는다는 뜻이다. 《천공개물(天工開物)》〈내복(乃服)〉에 "단(緞)은 먼저 실을 물들인 뒤 짠 것"이라 했다.[164]

신라 경문왕 9년에 왕자 김윤을 사은사로 보낼 때 대화어아금·소화어아금·조하금과 40승 백첩포(白氎布)와 함께 30승 저삼단(紵衫段)을 예물로 보낸 것[165]으로 보아 통일신라 때 단을 만들었음을 알 수 있다. 고려 공양왕(恭讓王) 3년에 단(段)을 세(稅)로 거두었다는 것으로 보아[166] 고려 말에 단(段)의 생산이 일반화되었던 것 같다.

주(綢)는 《설문해자》에서 "繆也"라고 했고, 무(繆)는 "枲之十絜也. 一曰綢繆"라고 했으며, 시(枲)는 "麻也"라 했고, 혈(絜)은 "麻一耑也"라 했다.[167] 《시경(詩經)》[168]이나 《한서》[169]에서는 주와 무를 통용했고, 땔나무 등을 묶는 끈의 뜻으로 쓰였다. 또한 《시경》〈소아(小雅)〉에서는 주는 곱고 가지런하다는 뜻으로 쓰였다.[170]

---

164) 《天工開物》〈乃服〉. "先染絲而後織者曰緞"
165) 《三國史記》 卷6〈新羅本紀〉景文王 9年條. "秋七月, 遣王子蘇判金胤等入唐謝恩, 兼進奉馬二匹·麩金一百兩·銀二百兩·牛黃十五兩·人蔘一百斤·大花魚牙錦一十匹·小花魚牙錦一十匹·朝霞錦二十匹·四十升白氎布四十匹·三十升紵衫段四十匹……"
166) 《高麗史》 卷79〈志〉食貨2. "공양왕 3년 3월에…… 바라건대 지금부터 紗·羅·綾·段·絹子·綿布 등은 모두 官印을 사용하고, 그 경중과 장단에 따라 하나 하나 세를 거두고,……(恭讓王三年三月,…… 願自今其紗·羅·綾·段·絹子·縣布等皆用官印, 隨其輕重長短, 逐一收稅,……)."
167) 《說文解字》에서 "繆, 枲之十絜也. 一曰綢繆"라 했고, "枲, 麻也"라 했고, "絜, 麻一耑也"라 했다.
168) 《詩經》〈唐風〉綢繆. "綢繆束薪"
169) 《漢書》 卷76〈張敞傳〉. "進退則鳴玉佩, 內飾則結綢繆."

원에서 고려에 금단(金段)·수단(繡段)·능소단(綾素段) 등을 보내기도 했다.[171] 비단도 이런 여러 가지 단 가운데 하나이며 붉은색으로 두껍게 짠 것이었다.[172] 주단(綢緞)도 비단과 마찬가지로 재질이 두껍고 촘촘하며, 한쪽 면에 윤기가 나도록 짠 사직물이다.

삼국과 통일신라시대에 사직물 생산이 많았지만, 고려시대에 들어오면서 사직물 생산은 급격히 줄고 대신 마직물 생산이 증가한다. 그 까닭은 앞으로 연구해야 할 과제이다. 이러한 고려시대에 비단과 주단 등이 중국으로부터 수입되었고, 비단과 주단이 점차 사직물의 총칭으로 불리기 시작했는데, 이는 여러 종류의 사직물이 널리 생산되지 못한 원인도 있겠지만 한민족이 전통적으로 두터운 사직물을 선호했던 것도 주요한 원인 가운데 하나였다고 생각한다.

(9) 연(練)

연은 《설문해자》에 "涷繒也", 즉 삶아 짠 증이라 했다.[173] 《급취편》에서 안사고는 연을 삶은 겸이라 했다. 《주례(周禮)》〈천관(天官)〉의 염인(染人)에 나오는 "染人掌染絲帛. 凡染, 春暴練, 夏纁玄"의 폭련(暴練)에 대해 정원(鄭元)은 햇볕에 쏘여 본래의 색을 바래 희게 만드는 것이라고 했다.[174] 연은 사직물을 삶아 희게 만드는

---

170) 《詩經》〈小雅〉都人士. "저 군자 딸 綢의 곧기가 머리발 같다(彼君子女, 綢直如髮)."

171) 《高麗史》卷31〈世家〉忠烈王 22年條. "12월 辛亥에 帝가 王에게 金 4錠과 金段 2필과 絹 2필을 내리고, 從臣에게 銀 5千錠·金段 18필·繡段 10필·綾素段 578필·絹 486필을 내렸다(十二月辛亥, 帝賜王金四錠·金段二匹·絹二匹, 賜從臣銀五十錠·金段十八匹·繡段十匹·綾素段五百七十八匹·絹四百八十六匹)."

172) 《說文解字》. "緋帛, 赤色也."

173) 《說文解字》. "練, 涷繒也."

174) 《周禮》〈天官〉染人. "染人掌染絲帛. 凡染, 春暴練, 夏纁玄." 鄭元 注："暴

것이다. 탈색은 햇볕에 쪼이거나 삶아 햇볕에 쪼이는 두 가지 방법이 있다. 《후한서》〈명덕마황후기(明德馬皇后紀)〉에 나오는 "常衣大練裙"의 대련군(大練裙)에 대해 이현(李賢)은 '큰 천[大帛也]'[175]이라고 했지만, 이는 탈색하여 희고 깨끗하게 된 천으로 만든 치마라는 뜻이다. 낙랑의 탈색 기술은 중국에서도 정교하기로 이름이 났다.[176] 신라 조분(助賁) 이사금 17년(서기 247년)과 자비(慈悲) 마립간 21년(서기 479년)의 기록 그리고 백제 아신왕(阿莘王) 14년(서기 406년)의 기록에 '연(練)'으로 묘사된 것[177]으로 보아 신라와 백제에서도 서기 3세기 이전부터 사직물의 탈색 기술이 크게 발달했음을 알 수 있다. 따라서 연은 직조 방법보다는 가공, 즉 탈색 기술로 분류된 것이라고 하겠다.

(10) 초(綃)

《설문해자》에서는 초를 "生絲也"라 했다. 또한 《급취편》에서 안사고는 "생사로 짠 것으로 흰 증이다. 겸과 같지만 성근 것[生白繒. 似縑而疏者]"이라 했다. 초는 생누에고치실로 겸처럼 두텁게 짜 희

練, 練其素而暴之故."

175) 《後漢書》 卷10 上 〈明德馬皇后紀〉 李賢 注 : "大練, 大帛也"라고 했다.

176) 《太平御覽》 卷820. "무릇 진귀한 것이 나는 곳은 모두 중국 및 서역인데, 다른 곳의 토산물이 이에 못 미친다. 代郡의 黃布가 세밀하고, 낙랑의 연이 깨끗하며, 江東의 太末布가 희지만, 모두 白疊이 곱고 깨끗함만 못하다(夫珍玩所生, 皆中國及西域, 他方物比不如也. 代郡黃布爲細, 樂浪練爲精, 江東太末布爲白, 皆不如白疊鮮潔也)."

177) 《三國史記》 卷2 〈新羅本紀〉 助賁王 17年條. "겨울 10월에 동남방에 흰 기운이 연을 필로 편 듯했다(冬 十月, 東南有白氣如匹練)."; 《三國史記》 卷3 〈新羅本紀〉 慈悲王 21年條. "봄 2월 밤에 붉은 빛이 연을 필로 편 듯이 땅에서 하늘까지 뻗쳤다(春二月, 夜赤光如匹練, 自地至天)."; 《三國史記》 卷25 〈百濟本紀〉 阿莘王 14年條. "봄 3월에 흰 기운이 왕궁 서쪽으로부터 일어나니 연을 필로 편 듯했다(春三月, 白氣自王宮西起, 如匹練)."

게 보이는 것으로 날실과 씨실의 간격을 벌려 성글게 보이는 것이다. 즉, 초는 겸을 성글게 짜 공기층을 넓힌 것이라고 하겠다. 신라에서는 아달라(阿達羅) 이사금 4년(서기 158년)에 고운 초를 짰다는 기록이 있다.[178]

이상으로 고대 한민족이 생산했던 사직물의 종류들을 살펴보았다. 그 결과 한반도와 만주지역에서는 신석기시대부터 양잠을 시작했고, 그 직조에 대한 오랜 경험과 기술의 축적이 삼국시대로 그대로 이어져 다양한 사직물을 생산하는 큰 발전을 가져왔음을 알 수 있었다. 또한 생산 규모도 보편화 될 정도로 컸다. 이 같은 사직물의 대중화가 가능했던 것은 청동기와 철기문화의 발달과 그들의 삶이 넉넉했던 때문이었다고 하겠다.

5. 닫는 글

지금까지 고대 한국 사직물의 기원과 특성 및 종류 등을 살펴보고, 새로운 고고발굴자료를 근거로 우리 민족의 사직물 생산은 신석기시대로 거슬러 올라갈 뿐만 아니라 독자적으로 발전되었음을 확인할 수 있었다. 이러한 새로운 사실은 우리나라 고대 사직물 생산과 관련된 《한서》·《후한서》 등의 문헌자료에 대한 과거의

---

178) 《三國遺事》 卷1 〈紀異〉 延烏郎과 細烏女. "제8대 아달라왕이 즉위한 4년 丁酉에…… 내가 이 나라에 온 것은 하늘이 시킨 일인데, 어찌 돌아갈 수 있겠는가. 그러나 나의 妃가 짠 고운 초가 있으니 이것으로 하늘에 제사를 드리면 될 것이라며 초를 주었다. 사자가 돌아와서 보고하고 그 말대로 하늘에 제사를 지냈다. 그런 뒤에 해와 달이 옛날과 같아졌다. 그 초를 임금의 창고에 간수하여 국보가 되었으니 그 창고를 貴妃庫라 불렀다(第八, 阿達羅王卽位四年丁酉…… 我到此國, 天使然也. 今何歸乎. 雖然朕之妃有所織細綃. 以此祭天可矣, 仍賜其綃. 使人來奏, 依其言而祭之. 然後日月如舊. 藏其綃於御庫爲國寶. 名其庫爲貴妃庫)."

해석에 많은 문제점이 있었음을 지적하지 않을 수 없다.

중국이 집누에에서 사직물을 생산한 것은 서기 전 2700년경부터였다. 그러나 서기 전 3000년경의 고조선 신석기 유적에서 통잎 뽕나무 조각무늬가 새겨진 질그릇이 출토되어 우리나라에서는 신석기시대에 야생누에에서 뽕누에로 순화되었음을 알게 해주었다. 그리고 평양의 낙랑유적에서 출토된 고조선 시기의 사직물을 실험·분석한 결과 고조선이 생산했던 사직물의 독자성과 고유성이 확인되었다. 따라서 《한서》·《후한서》 등에 근거하여 고대 한국의 양잠 기술이 서기 전 12세기 말경 기자에 의해 중국으로부터 수입되었다는 견해는 수정이 불가피하다.

이를 더욱 분명히 하기 위해 저자는 조희승이 분석한 '고대비단 천 분석표'와 1945년 이전 일본에 의해 분석된 '고대비단 천 분석표'를 기준으로 삼아 중국의 같은 시대에 속하는 출토 사직물들과 비교·분석했다. 그 결과 중국의 상대와 한대의 평문견은 날실과 씨실의 올수가 대체로 약 1 : 1이고 전국시대의 평문견이 약 1.7 : 1 정도였다. 그러나 고조선 평문견의 날실과 씨실 올수 비율은 약 1.2 : 1～약 2 : 1로 매우 다양했다. 또한 중국은 날실과 씨실의 실 직경이 거의 같은 굵기인 데 비해 고조선의 견은 실 직경이 매우 다양하게 나타났다.

또한 고조선 평문견의 실 직경은 약 7～11미크론으로 오늘날 생산되는 직경의 대체적인 평균 범위인 12～18미크론보다도 굵기가 훨씬 가늘어 그 기술의 우수성을 확인할 수 있었다. 고조선이 생산한 누에고치실의 실 직경이 가는 것은 겹실로 짠 겸에서도 나타난다. 즉, 고조선 겸의 날실과 씨실의 올수가 중국 평문견에 사용된 홑실의 날실이나 씨실의 실 직경보다도 매우 가늘었다.

이렇게 실 직경이 가는 것은 나(羅)의 생산에서 더 뚜렷해진다. 중국의 나는 날실이 비교적 굵고 씨실은 가늘다. 그러나 고조선에서 생산한 나·평직견(平織絹)·겸 등은 모두 날실이 씨실보다 가늘었다. 이는 현대의 사직물 생산 기술과 다름없는 높은 수준이었다. 이러한 가는 실의 생산은 중국보다 날실과 씨실의 밀도도 더 정교한 고조선만의 나를 생산하게 했던 것이다. 이러한 발달된 생산 기술은 중국으로부터 수입된 것이 아닌 독자적인 것임을 입증해주는 것이다.

고조선은 사직물의 정련 공정에서 약간의 세리신을 남겨두어 탄성을 부여하는 데도 좋고 염색에도 큰 효과를 갖는 것으로 나타나, 고조선 사람들은 염색 기술 방면에도 높은 수준에 이르러 있었음을 알 수 있었다. 이 같은 여러 특징들은 고조선 평직천 생산 기술이 중국으로부터 수입된 것이 아니라는 것을 말해주는 좋은 증거들이 될 것이다.

고조선이 붕괴된 뒤 고조선의 유민들은 과도기를 거치며 건국에 들어갔다. 이들이 세운 여러 나라는 고조선을 이어 사직물들을 생산했다. 중국이 양한과 양진남북조를 거치며 서역을 통해 페르시아·로마·인도 등지로부터 외래적 문양 및 종교적 신화 등을 받아들이며 융화의 길을 걸었다. 그러나 고구려의 많은 벽화에서 보듯이 불교 등 서역적 인소를 받아들이면서도 복식에서는 고구려 고유의 양식을 그대로 지키고 있었다. 고구려 고분벽화뿐만 아니라 사신도나 일본 정창원의 신라 사직물과 모직물로 만든 깔개 등에서도 그들이 고유한 양식을 그대로 지키고 있음이 확인된다. 그러나 신라가 한반도를 통일한 뒤 당의 복제를 받아들이게 되면서 신라는 그 고유성을 점차 잃기 시작했고, 통일신라 말에는 외래적인 것을 다투어 사들이는 등 사치가 극에 달하자 신분에 따라 복식과 재료를 제한했다. 즉, 신라가 민족 고유의 재료를 사용하도록 한 이 제한은 민족 고유성을 지킬 수 있는 중요한 계기가 되었다고 생각된다.

당시 우리나라에서 생산했던 사직물의 종류로는 금(錦)·견·면(縣)·주·겸·증·백·능·기·환·나·사·곡·단·연·초 등이 있는데, 이들 하나하나를 살펴보면 다른 곳에서 수입되거나 영향을 받기보다 고조선 고유의 사직물을 그대로 이은 것임을 확인할 수 있다.

그 대표적인 것이 바로 고구려뿐만 아니라 신라와 백제 등 고조선 유민 모두가 입었던 금(錦)과 수이다. 금은 여러 색으로 물들인 누에고치실로 짠 사직물이다. 신라는 운포금·오색금·자지힐문금 등도 생산했고, 대화어아금·소화어아금·조하금 등을 생산하는 등 더욱 발전된 새로운 옷감을 만들었으며, 신라와 백제에서는 이들을 중국에 보내기도 했다.

견은 고구려와 신라·백제 등에서 부세로 받을 정도로 보편적으로 생산되었으며, 지배계층뿐만 아니라 평민들도 이를 입었다. 통일신라가 사치를 규제했을 때 평민의 속옷의 재료로 견을 사용하도록 했던 것으로 보아, 이때 견은 누구나 쉽게 구할 수 있는 재료였음을 알 수 있다. 이러한 한민족의 견 생산은 서기 4세기부터는 일본에도 전해졌고, 오색의 아름다운 사직물은 중국으로의 주요한 수출품이 되었던 것이다.

면서는 누에고치를 솜으로 만든 것으로 예와 한(韓)에서도 이를 생산했다. 종래의 연구에서는 면포를 식물성 섬유로 보았다. 그러나 면(縣)은 누에고치에서 뽑은 것이기 때문에 사직물로 분류되어야 할 것이다. 주는 바로 면을 포(布)로 만든 것이다. 발해에서도 어아주와 조하주를 생산했고, 통일신라에서는 보편화된 직물 가운데 하나였다.

겸은 겹실로 촘촘하게 짠 것으로 삼한에서는 대중화되었다. 나는 성글게 짠 것으로 고구려의 지배계급은 주로 관을 만들었고, 통일신라 때에는 사치스런 옷감으로 주목받기도 했다.

누에고치실은 생고치에서 실을 뽑거나 물에 삶아 뽑는 두 가지가 있다. 또 이들을 햇볕에 바래 희게 만들기도 하고 물을 들이기도 한다. 이러한 여러 가지 가공에서도 한민족은 고유한 생산방식을 갖고 있어 중국에서도 이름을 얻기까지 했다. 또한 누에고치실을 종이를 만드는 데 이용해 능지(綾紙)를 만들기도 했는데, 송(宋)에서 수입한 고려의 견지는 바로 누에고치실을 넣어 만든 것이었다.

이상과 같이 고대 한국은 중국과 같은 시기에 양잠과 방직을 시작해 독자적인 방법으로 다양하고 특색 있는 사직물을 생산했다. 이들 독자적인 기술과 방법은 고조선의 유민들에게 그대로 전해졌고, 삼국 이후에는 더욱더 양잠을 증가시켜 일반 평민들까지 사직물을 입을 수 있을 정도로 확대되었던 것이다.

이러한 한민족의 고유하고 높은 수준의 사직문화의 전통을 올바르게 인식하고, 더 진일보하여 그 고유한 특성을 밝히는 연구로 발전했으면 한다.

제4장 고대 한국의 면직물

1. 여는 글

이 글은 고려시대 문익점(文益漸)이 원(元)에서 목화 종자를 들여오기 이전 고대 한국에서 품질이 우수한 면직물을 이미 생산했음을 밝히고 그 기원과 특성 및 발달 과정을 확인하는 데 목적이 있다.

고대 한국에서는 원에서 재배했던 목면(木棉)과 품종이 다른 야생종 초면(草綿)에서 뽑은 실로 짠 백첩포(白氎布)를 생산했고, 또한 면(綿)과 사(絲)의 합성 직물인 면주포(綿紬布)와 시면주포(絁綿紬布)도 생산했다. 그러나 대개 면주포가 어떤 것인가에 대해서도 잘 알지 못했다.

종래에는 일반사와 복식사 및 직물연구에서 첩(疊)과 첩(氎)을 같은 글자 또는 같은 뜻으로 파악하고 첩(氎)을 모직물(毛織物)로 본 탓에,[1] 고대 한국에서는 면직물이 생산되지 않았다고 생각했다.

---

1) 李如星, 《朝鮮服飾考》, 白楊堂, 1947, p.301. "다음은 毛織物인데, 이것도 相

따라서 우리나라에서는 고려 공민왕(恭愍王) 12년(서기 1363년)에 문익점이 원에서 목화씨를 들여와 공민왕 14년 재배에 성공한 때부터 면직물이 생산되었다고 했다.

근래에 들어와 직물방면의 연구에서 백첩포(白疊布)와 백첩포(白氈布)를 고구려와 통일신라 때 중국에서 인도·동남아시아·중앙아시아 등의 면직물들을 지칭한 것이라고 해석하면서 문익점이 목화를 들여오기 이전 면직물이 만들어졌을 것이라는 간략한 견해가 제시되기도 했다.[2]

일반적으로 인도·동남아시아 등지에 재배되었던 목화는 인도를 발원지로 하는 인도 면으로 알려져 있으며 이는 고고발굴자료에서도 밝혀졌다.[3] 문익점이 원에서 들여온 목화는 바로 이 인도 면[Gossypium arboreum Linnaes]이었다. 뒤에서 자세히 살펴보겠지만, 백첩포(白疊布) 또는 백첩포(白氈布)는 인도 면이 아니라 고대 한국

當히 많이 使用되었든 것인바 그 가운데 白氈布라는 것은 三國史記 景文王條에 보이는 것이며 또 그 類音類字의 白疊布라는 것이 翰苑蕃夷部高麗條에 記錄되어 있다. 아마 이 兩者는 同一物일 것이다."; 柳喜卿, 《한국복식사연구》, 이화여자대학교출판부, 1980, p.122. "白氈布는 毛織物의 일종으로서 《三國史記》〈新羅本紀〉景文王條에 보이는데,…… 《翰苑》〈蕃夷部〉高麗條에 기록되어 있는 白疊布는 아마도 白氈布의 誤書이거나 그렇지 않으면 氈字를 疊字로 略해 쓴 것이 아닌가 생각된다."; 이은창, 《한국 복식의 역사》—고대편, 세종대왕기념사업회, 1978, p.152 ; 朴南守, 《新羅手工業史》, 신서원, 1996, p.72 ; 북한학자들은 《三國史記》와 《高麗史》의 번역에서 白疊布 혹은 白氈布를 모두 모직물로 해석하고 있다.

2) 민길자, 《전통옷감》, 대원사, 1998년도 판, pp.31~32. "고패는 면직물의 옛 이름이고 백첩은 중국인들이 인도·동남아시아·중앙아시아지역의 면직물명으로 명명한 것이다. 결국 우리나라에서는 문익점 선생의 면 종자 반입 이전에 면직물을 제직한 셈인데, 섬유의 출처는 알 수가 없다."

3) 馮澤芳, 《中國的棉花》, 財政經濟出版社, 1956, pp.46~52 ; 容觀瓊, 〈關于我國南方棉紡織歷史研究的一些問題〉, 《文物》, 1979年 第8期, pp.50~53 ; 鐘遐, 〈從蘭溪出土的棉毯談到我國南方棉紡織的歷史〉, 《文物》, 1976年 第1期, pp.89~93 ; 中原虎南, 《織物雜考》, 紡織雜誌社, 1934, p.104 ; 吉田光那, 《染織の東西交涉》, 京都書院, 1982, p.20.

과 신강(新疆)의 고창(高昌) 등지에서 자랐던 야생면인 초면, 즉 아프리카 면[Gossypium herbaceum Linnaes]으로 짠 것이었다.

중국은 남송(南宋) 때에 와서야 남쪽에서 재배되던 인도 면이 널리 보급되기 시작했고, 원 초부터 면방직 기술이 널리 보급되었으며, 청(淸) 말에 육지면(陸地棉)이 새로 들어오기 이전까지 고온다습한 기후에서 재배되던 인도 면이 중면(中棉)으로 토착화되었던 것이다.

이같이 목화의 종류가 다르기 때문에 중국에서는 인도 면으로 짠 것을 고패포(古貝布) 또는 길패포(吉貝布) 등으로 불렀다. 그러나 우리나라에서 최근까지 아프리카 면, 즉 초면과 인도 면을 구별하지 않았기 때문에 초면이 우리나라에 자생했던 것을 알지 못했던 것이다.

고대 한국에서는 고구려와 신라에서 백첩포가 생산되었고, 신라는 백첩(白氎)과 누에고치실을 합사(合絲)한 면주포 또는 시면주포를 생산했으며, 고려도 백첩포를 생산했다. 이와 같이 다양한 면직물을 생산할 수 있었던 것은 주변국보다 높은 수준의 방직 기술을 갖고 있었기 때문이라고 생각한다.

이 장에서는 고대 한국의 초면의 특성을 상세히 밝혀 고대 한국 면직물의 고유성을 확인해보고자 한다. 이는 고대 한국 복식사 연구의 새로운 기초가 될 것이며, 고려시대 문익점이 원에서 목화를 들여온 뒤 비로소 면직물이 생산되기 시작했다는 지금까지의 견해를 수정할 수 있을 것이다.

2. 면의 기원

《고려사》 및 《조선왕조실록》 등에는 고려 공민왕 12년에 서장관(書狀官)으로 원에 갔던 문익점이 귀국할 때 목화씨를 가져왔고, 공민왕 14년 목화의 재배에 성공했으며,[4] 문익점의 장인 정천익이 호승(胡僧) 홍원(弘願)으로부터 실을 뽑고 천을 짜는 기술을 배웠다고 기록되어 있다.[5] 따라서 일반적으로 한반도에서 면직물은 고려 공민왕 15년 이후에 생산된 것으로 알려지게 되었다. 면직물 등에 관한 연구에서도 위의 자료를 근거로 아무런 의심도 없이 면직물과 그 방직 기술을 외래적인 것으로 보았던 것이다.

먼저 한반도의 면직물 생산의 기원에 대해 분석하고, 다음 그 방직 기술에 관한 것을 살펴보자.

---

4) 《高麗史》 卷111 〈列傳〉 文益漸傳. "문익점은…… 원나라에 사신으로 갔다.…… 돌아오면서 木縣씨를 가지고 와 장인 鄭天益에게 그것을 심도록 부탁했다. 처음에는 재배방법을 몰라 거의 다 말라버리고 한 그루만 남았는데, 3년 동안 풍년이 들어 마침내 크게 늘어났다. 그 목화씨를 뽑는 물레와 실을 켜는 물레는 모두 정천익이 새로 만들었다(文益漸…… 奉使如元…… 乃還得木縣種歸, 屬其舅鄭天益種之. 初不曉培養之術, 幾槁止一莖, 在比三年, 遂大蕃衍. 其取子車繰絲車, 皆天益創之).";《朝鮮王朝實錄》〈太祖實錄〉 卷14 太祖 7年 6月 13日條: "(문익점이)…… 원나라에 갔다 돌아오면서 길가에서 목면나무를 보고 그 열매 10여 개를 따 주머니에 가득 채워 돌아왔다. 갑진년에 진주로 가서 고을사람으로 전객령으로 벼슬을 마친 정천익에게 그 반을 주었다. 심어 길렀으나 겨우 한 대가 살았다. 천익이 가을에 목화씨 100여 개를 거두어 해마다 더 심었다. 정미년 봄에 고을사람들에게 그 씨를 나누어주고 심도록 권했다. 익점이 심은 것은 하나도 살지 못했다(赴元朝, 將還, 見路傍木縣樹, 取其實十許枚盛囊而來. 甲辰至晉州, 以其半與鄉人典客令致仕鄭天益. 種而培養, 唯一枚得生. 天益至秋取實至百許枚, 年年加種. 至丁未春, 分其種以給鄉里, 勸令種養. 益漸自種, 皆不榮)."
5) 《朝鮮王朝實錄》〈太祖實錄〉 卷14 太祖 7年6月13日條. "호승 홍원이 천익의 집에 들렀다가 목면을 보고 감격해 울면서 '오늘 고향의 물건을 다시 보게 될 줄은 몰랐다'고 말했다. 천익이 여러 날 머물게 하며 실을 뽑고 천을 짜는 방법을 물었다. 홍원이 상세한 것을 차근차근 설명하고 또 도구를 만들어 그에게 주었다. 천익이 집의 여종에게 가르쳐 무명 1필을 짜고, 이웃 마을에서 서로 전하며 배워 온 고을에 퍼지니, 10년도 안되어 또 온 나라에 퍼졌다(胡僧弘願到天益家, 見木縣感泣曰 : 不圖今日復見本土之物. 天益留飯數日, 因問繰織之術. 弘願備說其詳, 且作具與之. 天益敎其家婢織成一匹, 隣里傳相學得, 以遍一鄉, 不十年又遍一國)."

《동경통지(東京通志)》〈풍속(風俗)〉에서는,

> 영남은 서울과 멀어 풍속이 완전히 다르다. 누에를 기르고 삼베를
> 짜며 아울러 목면을 만드니 여자들이 밤잠을 설치며 사철 의복을 만
> 든다.[6]

고 하여, 신라에서 목면을 생산했음을 말하고 있다. 《동경통지》는
저자 미상으로 전해오던 《동경지(東京誌)》를 경주부사 민주면(閔周
冕)이 증수하여 1669년 처음 간행한 것이다.[7] 17세기는 이미 목면
에 관해 잘 알고 있던 때이기 때문에 민주면이 목화와 양잠 및
베에 대해 잘못 기록했을 것이라고 보기는 어렵다. 이 같은 신라
면직물 생산의 사실성 여부는 또 다른 자료에서도 확인해볼 수
있다.

《삼국사기(三國史記)》〈신라본기(新羅本紀)〉 경문왕 9년조에는,

> 가을 7월 왕자 소판(蘇判) 김윤(金胤) 등을 당(唐)나라에 보내 사은
> 하고 아울러 말 2필, 부금(麩金) 100량, 은 200량, 우황 15량, 인삼 100
> 근, 큰 꽃무늬 어아금(魚牙錦) 10필, 작은 꽃무늬 어아금 10필, 조하
> 금(朝霞錦) 20필, 40승 백첩포 40필, 30승 저삼단 40필…… 바쳤다.[8]

---

6) 《東京通志》 卷5 〈風俗〉. "嶺南遠於京, 犛風俗頓別. 養蠶積麻兼治木棉, 婦女
   夜少睡爲四時衣服." 東京은 高麗 3경 가운데 경주를 가리킨다.
7) 1669년 경주부사 민주면이 《東京誌》를 증수하여 《東京雜記》로 이름을 바
   꾸었고, 1711년 南至薰이 다시 간행했다. 1845년 成原默이 다시 정정하여
   간행했고, 1910년 朝鮮古書刊行會가 활자본으로 간행되었다가, 1933년에 다
   시 《東京通志》로 이름을 고쳐 간행되었다.
8) 《三國史記》 卷11 〈新羅本紀〉 景文王 9年條. "秋七月, 遣王子蘇判金胤等入
   唐謝恩, 兼進奉馬二匹·麩金一百兩·銀二百兩·牛黃十五兩·人蔘一百斤·大花魚
   牙錦一十匹·小花魚牙錦一十匹·朝霞錦二十匹·四十升白氈布四十匹·三十升紵
   衫段四十匹,……."

고 하는 기록이 있는데, 이를 통해 서기 9세기에 신라에서 백첩포를 중국에 예물로 보냈음이 확인된다. 또한 고구려에서도 매우 아름다운 백첩포를 만들었음을 《한원(翰苑)》〈번이부(蕃夷部)〉에서 인용한 《고려기(高驪記)》의 기재에서 확인할 수 있다.

(고구려) 사람 또한 금(錦)을 만들었으며 자지힐문(紫地纈文)이란 것이 맨 위이고, 다음이 오색금(五色錦), 그 다음이 운포금(雲布錦)이다. 또 백첩포와 청포(靑布)를 만들었으니 특히 아름답다…….[9]

고려에서도 혜종(惠宗) 2년(서기 945년)에 백첩포 등을 진(晉)에 예물로 보냈다.[10]

다음으로, 백첩포가 어떤 직물인지 알아보면 다음과 같다.

현응(玄應)은 《일절경음의(一切經音義)》〈대방등대집경(大方等大集經)〉에서 첩포(氎布)에 대해, 그 원래 이름은 가파라(迦波羅)이고, 고창[지금의 토로번(吐魯番) 녹주(綠洲)지역]에서는 ‘첩(氎)’이라 불렀기 때문에 그 풀솜으로 만든 포(布)를 첩포라고 불렀다고 했다.[11] 《남사(南史)》〈이맥열전(夷貊列傳)〉에는 다음과 같은 내용이 나온다.

---

9) 《翰苑》〈蕃夷部〉. "高驪記云：其人亦造錦, 紫地纈文者爲上, 次有五色錦, 次有雲布錦. 又有造白疊布靑布而尤佳.…… "

10) 《高麗史》 卷2 惠宗 2年條. "진나라가 范匡政과 張季凝 등을 보내 왕을 책봉했을 때 혜종은 사은품으로 細苧布 100필, 白氎布 200필, 細中麻布 300필 등을 주었다(晉遣范匡政張季凝來冊王,…… 又勅高麗國王省所奏進奉謝恩…… 細苧布一百匹·白氎布二百匹·細中麻布三百匹)."

11) 玄應, 《一切經音義》 卷1 〈大方等大集經〉 卷15 音義. "劫波育은 혹 劫貝라고 말하는 것은 잘못이다. 바른 말은 迦波羅이고, 고창에서 氎이라 부르며, 布를 짤 수 있다. 罽賓 이남에서는 큰 것은 나무가 되고, 罽賓 이북의 것은 크기가 작고 모양은 해바라기 같다. 껍질이 갈라져 나온 꽃은 버들개지 같고, 이를 짜 포를 만든다(劫波育 ; 或言劫貝者, 訛也. 正言迦波羅, 高昌名氎, 可以爲布. 罽賓以南, 大者成樹, 以北形小, 狀如土葵. 有殼, 剖以出華如柳絮, 可縫以爲布也)."

고창국(高昌國)에 풀이 있는데, 열매가 누에고치 같고 고치 속의 실이 가는 실 같아 백첩자(白疊子)라고 불렀다. 나라 사람들이 이를 가져다 포를 짜니 매우 부드럽고 희어 물물교환에 쓰였다.[12]

《양서(梁書)》〈고창전(高昌傳)〉에서도 유사한 내용을 볼 수 있다.

고창에 풀과 나무가 많은데, 풀 열매가 누에고치 같고 누에고치 속의 실이 가는 베와 같아 백첩자라고 불렀다. 나라 사람들이 대부분 그것을 갖고 천을 짰는데, 포는 매우 부드럽고 희어 물물교환에 사용되었다.[13]

위의 두 기재를 통해 고창에서 일찍부터 백첩포를 만들어 팔았음을 알 수 있다. 《신당서(新唐書)》〈지리지(地理志)〉에서도 고창이 속한 서주(西州)에서 첩포(氎布)를 공물(貢物)로 보냈다고 했다.[14]

첩(疊)은 '氎' 또는 '毢'으로 쓰기도 한다. 《사기(史記)》〈화식열전(貨殖列傳)〉의 탑포(楋布)에 대해 안사고(顔師古)는 탑포는 거칠고 두터운 포이며 백첩(白疊)과는 다르다고 했고, 《사기정의(史記正義)》에서는 백첩은 목면으로 짠 것이며 중국에서 생산된 것이 아니라고 했다.[15] 이로 본다면 백첩포(白疊布) 또는 백첩포(白氎布)

---

12) 《南史》 卷79 〈夷貊列傳〉. "高昌國有草, 實如繭, 繭中絲如細縷, 名曰白疊子. 國人取織以爲布, 甚軟白, 交市用焉."

13) 《梁書》 卷54 〈西北諸戎傳〉 高昌傳. "高昌多草木, 草實如繭虫, 繭虫中絲如細縷, 名爲白疊子. 國人多取織以爲布, 布甚軟白, 交市用焉."

14) 《新唐書》 卷40 〈地理志〉에 "土貢絲·氎布·毢·刺蜜·蒲萄五物"이라 하여 西州(지금의 吐魯番縣 東南 60里에 위치한 高昌을 말한다)의 토산 공물 가운데 氎布가 있다. 《通典》〈食貨典〉 賦稅에 西州 혹 交河郡에서 매년 疊布 10端을 공물로 보냈다는 기재로 보아 疊布가 唐代에 西州의 토산품이었음을 알 수 있다.

15) 《史記》 卷129 〈貨殖列傳〉. "其帛絮細布千鈞, 文采千匹, 楋布皮革千石"의 楋布에 대해 《漢書音義》는 楋布는 白疊이라 했고, 《廣志》는 疊을 毛織이라고

는 모직물이 아니라 면직물이며, 당대(唐代)까지 중국에서는 생산되지 않았음을 알 수 있다.

이상을 정리하면, 백첩자는 식물의 열매이고, 그 열매는 누에고치와 같고, 열매 속에는 베와 같은 가는 실이 있어 고창에서는 그 실로 희고 부드러운 포를 짰으며, 백첩포는 값진 상품이었다. 이 백첩포는 당이 고창을 점령한 뒤 군수품으로 받기 시작하면서 중국에 널리 알려졌다.[16]

백첩자가 목화류인 것을 다시 확인해보면 다음과 같다.

혜림(惠琳)은 《일절경음의》〈대반야경(大般若經)〉 음의(音義)에서,

백첩 ; 서국(西國)의 풀이름이다. 그 풀꽃 솜은 포를 만들 수 있다.[17]

고 했고, 같은 책 〈대반야경〉 전여신경(轉女身經) 음의에는 다음과 같은 내용이 나온다.

했다. 그러나 안사고는 "거칠고 두터운 포다. 그 값이 싸서 피혁과 같은 값이니, 백첩이 아니다(麤厚之布也. 其價賤, 故與皮革同重耳, 非白疊也)"라고 했다. 《史記正義》에서는 안사고의 견해를 받아들여 "백첩은 목면으로 짠 것으로 중국에 있는 것이 아니다(白疊, 木綿所織, 非中國有也)"라고 했다.

16) 吳震, 〈介紹八件高昌契約〉, 《文物》, 1962年 第7·8期, pp.76~82. "…… 元年辛未歲(三)月(二)日…… 邊擧中行疊六十匹, 要(約)到八月…… (償)中行疊九十匹. 若過期不償, 一匹上…… 公償"의 발굴자료로부터 白疊布가 당시 중국의 西北 邊境인 高昌의 주요상품이었음을 알 수 있다. 위 문서는 西魏에서 고창으로부터 疊을 빌리는 契約문서로 吐魯番縣 阿斯塔那北區 326호묘에서 출토되었다. 발굴자들은 이를 西魏 大統 17년(서기 551년)에 이루어진 것으로 보고있다 ; 沙比提, 〈從考古發掘資料看新疆古代的棉花種植和紡織〉, 《文物》, 1973年 第10期, pp.48~51. "…… 疊布袋貳伯柒拾九…… 八月卅日付懷舊府…… 九月二日疊布袋參…… 隊正姚世通領."의 발굴자료는 吐魯番의 白疊이 唐代 군수품으로 보내지는 주요 공물의 하나였음을 보여준다. 위 문서는 1966년 阿斯塔那 44호 唐墓(서기 655년)에서 출토되었다.

17) 慧琳, 《一切經音義》 卷4 〈大般若經〉 卷398 音義. "白疊 ; 西國草名也. 其草花絮, 堪以爲布."

꽃은 버들개지 솜과 같고, 토속(土俗)에 모두 비틀어 당기는 그들의 물레가 실을 만들고, 이를 짜서 포를 만드니, 이를 이름하여 첩(疊)이라고 했다.[18]

즉, 첩의 재료인 풀꽃 솜이 버들개지와 같다고 한 설명에서 이것이 목화라는 것을 확인할 수 있다. 아울러 비틀어 뽑는 그들만의 물레로 실을 만들고 이를 천으로 짠 것이 바로 백첩이었다.

이 같은 내용들로부터 우리는 고구려와 신라 및 고려에서 생산한 백첩포(白氎布) 혹은 백첩포(白疊布)가 면직물이라는 것을 확인할 수 있으며, 《동경통지》에 나오는, 신라가 생산했다는 목면이 바로 백첩임이 분명하다.

이로 본다면, 한민족이 면직물을 생산한 시기는 고구려에서 백첩포를 생산했기 때문에 그 상한은 삼국 이전으로 거슬러 올라가며, 《고려사》 권22의 〈세가〉 고종8년조에서 고려시대에 백첩포를 생산하고 초면의 씨를 몽골에게 주었다고 한 것으로 볼 때 그 하한은 고려시대일 것으로 추정된다.

이 초면의 명칭과 관련하여 B. 로불이(勞佛尒)는 백첩의 고음(古音)이 'bak-dip'이고, 이 가운데 'bak'은 중고 페르시아어 'pambak-dip〔棉花〕'을 줄인 것이며, 'dip'는 중고 페르시아어 'dib' 혹은 'dẹp〔錦〕'에 해당할 것이라고 했다. 즉, 백첩은 페르시아어 'pambak-dip'을 번역한 것이라고 보았다.[19] 만일 이 견해를 받아들인다면, 고구려 등의 금수(錦繡)는 바로 백첩으로 만든 것으로 그 역사는 더 소급될 수도 있으며, 금수의 재료 역시 사직물뿐만 아니라 면직물일 가능성도 있을 것이다.

---

18) 慧琳, 《一切經音義》 卷4 〈大般若經〉 卷34 轉女身經 音義. "花如柳絮, 土俗 皆抽捻夷紡成縷, 織以爲布, 名之爲疊."
19) 孫機, 《漢代文化資料圖說》, 文物出版社, 1991, p.73 참조.

3. 면의 특성

백첩포와 문익점이 들여온 목화는 그 종자가 다르다.
현응은 《일절경음의》〈대방등대집경〉 음의에서,

> 겁파육(劫波育)을 혹 겁패(劫貝)라고 말하는 것은 잘못이다. 바른 말은 가파라이고 고창에서는 첩(氍)이라고 부르며 포를 짤 수 있다. 계빈(罽賓) 이남에서 큰 것은 나무가 되고, 계빈 이북의 것은 크기가 작고 모양은 해바라기 같다. 껍질이 갈라져 나온 꽃이 버들개지 같고, 이를 짜 포를 만든다.[20]

고 했다. 계빈은 지금 인도와 중앙아시아 사이에 있는 카슈미르(Kashmir)고원이다. 현응은 카슈미르 이남과 이북의 목화 종류와 그 명칭이 다르다고 지적했다. 카슈미르 이남인 인도에서는 가파라라고 하지만 중국에서는 겁파육이라고 음역했다며, 이를 겁패로 부르는 것은 옳지 않다고 했다. 그러나 중국에서 인도의 원어인 가파라를 겁파육 혹은 겁패로 음역했지만 고창에서는 첩(氍)이라고 불렀다고 지적했다. 이는 고창의 첩이 인도에서 들어온 목화가 아니라 그곳에 자생했던 다른 목화의 종이었음을 뜻하는 중요한 자료이다.

고창의 목화는 버들개지와 같이 작고 첩(氍)이라고 불렀다. 그러나 카슈미르 이남에서는 가파라라고 불렀으나, 중국에서는 이를 겁파육 혹은 겁패 등 음역으로 하여 외국의 것임을 알게 했다. 유정섭(兪正燮)은 《계사유고(癸巳類稿)》〈길패목면자의(吉貝木棉字義)〉

---

20) 玄應, 《一切經音義》 卷1 〈大方等大集經〉 卷15 音義. "劫波育 ; 或言劫貝者, 訛也. 正言迦波羅, 高昌名氍, 可以爲布. 罽賓以南, 大者成樹, 以此(北)形小, 狀如土葵. 有殻剖以出華如柳絮, 可縫以爲布也."

에서 고패(古貝)라고 하는 것은 잘못이고 길패(吉貝)가 옳다고 했
다.[21] 지금 고패 또는 길패에 대해 그 음역이 옳고 그름을 따질 필
요는 없다. 단지 이들 이름들이 모두 인도 면을 지칭하는 것이지
고창 등지의 초면을 지칭하는 것이 아님을 가려낼 수 있으면 되
는 것이다.

  길패, 즉 인도 면의 산지(産地)와 관련해 《대동야승(大東野乘)》
〈소문소록(謏聞瑣錄)〉에서는 지금의 복건성(福建省)과 광동성(廣東
省) 그리고 월남(越南)인 교지(交趾) 등지에서 생산되었고 꽃의 크
기가 술잔만 하며 민간에서 포를 만들었다고[22] 했다. 《일절경음
의》〈구사론(俱舍論)〉음의에서는 그 특징에 대해 "고패는 오색(五
色)의 첩(疊)으로 나무 이름이며 꽃으로 첩을 만든다"[23]고 했다.
즉, 북방의 목화는 풀이며 흰 버들개지처럼 꽃이 작다고 한 것과
는 달리 남방의 목화는 나무이며 꽃이 술잔만 하다고 한 것으로
보아, 이들의 품종이 서로 다르다는 것을 분명히 할 수 있다.

  또한 이 인도 면에 대해 《태평어람(太平御覽)》〈남주이물지(南州
異物志)〉에서는,

  오색의 반포(斑布)는 사직물(絲織物)과 같고, 고패는 목화로 만든
  것이다. 이 나무가 다 자랐을 때 그 모양은 거위털 같고, 가운데 옥
  구슬 같은 씨가 있으며, 가늘기가 누에고치실보다 더하다. 사람들이
  이것을 쓰려면 그 씨를 꺼내 다루지만 실을 뽑을 뿐 천을 짜지는 않
  았다. 임의로 조금씩 끌어당겨도 끊어지지 않으며, 반포를 만들려면
  이를 오색으로 물들여 포를 짜는데, 약하고 부드러우며 두텁다.[24]

---

21) 兪正燮, 《癸巳類稿》〈吉貝木棉字義〉. "作古貝, 誤, 作吉貝, 是."
22) 《大東野乘》 卷3 〈謏聞瑣錄〉. "木棉, 産閩廣交趾等處. 其大如盂, 土人爲布,
    名曰吉貝."
23) 慧琳, 《一切經音義》 卷70 〈俱舍論〉 卷9 音義. "古貝, 五色疊也, 樹名也, 以
    花爲疊也."

라고 했고, 《양서(梁書)》〈해남제국전(海南諸國傳)〉에서는,

> 길패는 나무의 이름이다. 그 꽃이 여물었을 때 거위털과 같고, 그
> 끝을 뽑아 실을 만들고 포를 만든다. 깨끗하고 희기가 모시와 다르
> 지 않고, 또한 오색으로 물들여 짜면 반포가 된다.[25]

고 했다. 이 두 기재를 보면, 길패는 꽃이 커서 거위털과 같고 이를
오색으로 물들여 반포를 짰으며 이는 부드럽고 두텁다는 것이다.
　후대의 자료지만 청대(淸代)의 진원룡(陳元龍)은 《격치경원(格致
鏡原)》에서 지금의 廣州지역에서 나는 목화에 대해 다음과 같이
말했다.

> 높이는 두세 키이며 나무는 오동류(梧桐類)이고, 잎은 복숭아류보
> 다 조금 크다. 꽃의 색은 짙은 붉은색으로 산차류(山茶類)이며, 봄과
> 여름에 꽃이 피면 나무에 가득하다. 꽃이 시들면 열매가 맺으며 크
> 기는 술잔 같고, 솜을 입에서 토하며, 활짝 피면 가는 새털 같다. 옛
> 날부터 해남(海南)의 토착민들이 포를 만들었다고 한다.[26]

이는 앞의 《태평어람》〈남주이물지〉와 《양서》〈해남제국전〉에
나오는 내용과 거의 같으나, 나무는 오동류이고 잎은 복숭아류로
꽃은 짙은 붉은색이라는 것이 더해졌다. 즉, 길패는 오동나무과에

---

24) 《太平御覽》 卷820 〈南州異物志〉. "五色斑布似絲布, 古貝木花所作. 此木熟
　　時, 狀如鵝毛, 中有核如珠珣, 細過絲綿. 人將用之, 則治出其核, 但紡不績. 任
　　意小抽牽引, 無有斷絶. 欲爲斑布, 則染之五色, 織以爲布, 弱軟厚致."
25) 《梁書》 卷54 〈海南諸國傳〉 林邑國 條. "吉貝者樹名也. 其華成時如鵝毲, 抽
　　其緖紡之以作布. 潔白與紵布不殊, 亦染成五色, 織爲斑布也."
26) 《格致鏡原》 卷64 〈梧潯雜佩〉. "高數丈, 樹類梧桐, 葉類桃以稍大. 花色深紅
　　類山茶, 春夏花開滿樹. 花謝結子大如酒杯, 絮吐于口, 茸如細毲. 舊云海南蠻人
　　織以爲布."

속하는 인도 면이라는 것이 확실해진다. 따라서 길패와 백첩을 동일한 것으로 보거나 고대 한국에서 생산된 백첩을 인도 면으로 본 것은[27] 잘못이라고 하겠다.

중국에서 언제부터 인도 면을 기르고 반포를 짰는지는 확실하지 않다. 《후한서(後漢書)》〈서남이전(西南夷傳)〉에서는 지금의 운남성(雲南省)지역에서 나는 길패를 오동목화(梧桐木花)[28] 또는 동화(橦花)[29]라고 부르고 있는데, 이것으로 보아 동한(東漢)시대에 중국의 남부에서 이미 인도 면을 기르기 시작한 것이 확인될 뿐이다.

백첩을 생산했던 고창이 있던 토로번(吐魯蕃)의 아사탑나(阿斯塔那) 230호묘[30]에서는 중서문하(中書門下)에서 여러 주에 보낸 문서가 출토되었다.

一 諸州庸調先是布鄕兼絲綿者, 有□□情願輸綿絹絁者聽, 不得官人, 州縣公廨典及富彊之家偰勾代輸.

---

27) 민길자, 《전통 옷감》, 대원사, 1998년도 판, p.32. "고패는 면직물의 옛이름이고 백첩은 중국인들이 인도·동남아시아·중앙아시아지역의 면직물명으로 명명한 것이다.…… 지금으로부터 2,000여 년전 인도면은 동남아시아 각 지역과 오늘날 중국의 남부지역 민남·강남지역에 들어와 있었다."; 鄭玩燮, 《織物의 起源과 交流》, p.146. "우리나라의 高句麗·新羅·高麗에서 製織하고 貢物했던 白疊布와 白氎布가 印度의 白色纖維 綿織物의 일종이었음이 확증된다."

28) 《後漢書》卷116〈西南夷傳〉. "有梧桐木花, 績以爲布".

29) 《全上古三代秦漢三國六朝文》第二冊〈全晋文〉卷74〈蜀都賦〉의 "布에 橦花가 있다(布有橦花)"에 대해 李善은 '橦花는 나무의 이름으로 그 꽃의 부드럽기가 새털 같고, 포를 짤 수 있으며, 永昌에서 난다(橦華者樹名, 橦其華柔毳,, 可織爲布也, 出永昌).'라는 張揖의 말을 인용하여 주를 달았다. 永昌은 지금의 운남성에 있고, 橦花는 면화임을 알 수 있다.

30) 아사탑나 230호묘에서 儀鳳 3년(서기 678년)에 中書門下에서 각 州로 보낸 문서가 출토되었다. 이 묘는 부부합장묘로서 부인은 뒤에 묻혔다. 武周長安二年(서기 702년)張禮臣墓誌가 출토되었고, 출토된 문서 가운데 가장 이른 것은 文明 원년(서기 684년)의 것이고, 가장 늦은 것은 開元 9년(서기 721년)의 것이다.

一 擬報諸蕃等物, 並依色數送□. 其交州都督府報蕃物, 於當府…….

당대에 고창뿐만 아니라 길패가 생산되던 교주(交州) 등의 토산물을 공납받은 것으로 보아 당대에 인도 면으로 만든 면이 널리 알려지기 시작했다고 생각된다. 남송에 와서는 남방에서 길패의 재배를 적극적으로 보급했고,[31] 원 초부터는 그 방직 기술도 보편화되어 중국 대부분 지역이 인도 면을 재배하게 되었다. 이렇게 중국 남부지역에 인도 면이 보급된 것은 따뜻하고 습도가 높은 기후조건 때문이었고, 이는 청 말에 육지면이 들어온 이후에도 마찬가지였다.[32]

중국의 남방과 달리 고창 등 북방지역에서는 기후조건 때문에 기존의 초면을 인도 면으로 교체하지 못했던 것 같다. 오늘날 신강지역에서 아직 초면을 재배하고 있는 것도 바로 이런 까닭이고, 중국에서 생산되는 면직물 가운데 신강에서 생산되는 면이 고가로 거래되고 있는 것은 섬유가 길고 품질이 매우 뛰어나기 때문이다.[33]

31) 1966년 浙江省 蘭溪縣에서 발굴된 남송의 무덤에서 棉毯이 발굴되었다. 鐘遐는 이 棉毯이 湖南省지역에서 생산된 것으로 보고 宋代에 長江유역에서 면방이 발달했을 것으로 보았다(鐘遐, 〈從蘭溪出土的棉毯談到我國南方棉紡織的歷史〉, 《文物》, 1976年 第1期, pp.89~93) ; 《朱文公文集》 卷100 〈勸農文〉. "(漳州)…… 更加多種吉貝·麻苧, 可以供備衣著, 免被寒凍.";《資治通鑑》 卷159 〈梁紀〉 高祖武皇帝條의 "身衣布衣, 木縣皁帳"에 대하여 胡三省은 "木棉, 江南多有之…… 及熟時, 其皮四裂, 其中綻出如棉. 土人以鐵鋌碾去其核, 取如綿者, 以竹爲小弓, 長尺四五寸許, 牽弦以彈縣, 令其習細. 卷爲小篅, 就車紡之…… 織以爲布"라고 했고, 方勺도, "閩·廣多種木綿, 樹高七八尺, 葉如柞, 結實如大菱而色青, 秋深卽開露, 白綿茸然. 土人摘取去殼, 以鐵杖捍盡黑子, 徐以小弓彈令紛起, 然後紡績爲布, 名曰吉貝"라고 했다. 이로 보아 棉毯은 吉貝로 만든 것이라고 생각된다.
32) 沙比提, 〈從考古發掘看新疆古代的棉花種植和紡織〉, 《文物》, 1973年 第10期, pp.49~50.
33) 胡欣著·尹源鎬譯, 《中國經濟地理》, 신서원, 1994, p.55.

1959년 신강 파초현(巴楚縣)의 당대 유물층에서 면직물과 목화 종자가 출토되었다. 중국 농업과학원 면화연구소는 이 목화 종자를 초면, 즉 아프리카 면이라고 밝혔다.[34] 이는 앞서 목화의 종류를 인도 면과 백첩 두 가지로 나누어 보았던 견해[35]가 옳았음을 알려주는 것이다. 청 말에 육지면이 들어오기 이전에 중국에서는 신강지역과 감숙성(甘肅省)의 하서주랑(河西走廊)지역에만 초면이 분포되어 있었고, 다른 지역은 모두 인도 면이 분포되어 있었다.[36]

초면의 특징은 면방울이 아주 작아 채취가 불편할 뿐만 아니라 생산량도 적다는 점이다. 초면은 성숙기간이 인도 면보다 짧다. 따라서 일반 식물이 130일 정도 성장할 수 있는 신강지역의 기후가 초면이 자라기에 적합하다.[37] 한반도도 신강지역과 마찬가지로 북위 35~45도 사이에 위치하고 있기 때문에 자생한 초면에서 백첩을 생산했다고 하겠다.

지금 중국 면방직 산업의 3대 중심지역은 양자강 삼각주 면방직지구,[38] 화북평원 및 황하 중하류 면방직지구[39]와 무한 중심의 강한평원 및 부근지구[40]이다. 이들 가운데 양자강과 강한평원지역

---

34) 沙比提, 〈從考古發掘資料看新疆古代的棉花種植和紡織〉, 《文物》, 1973年 第 10期, pp.48~51.

35) 郝欽銘, 《棉作學》 上冊, 商務印書館, 1939, pp.3~4 ; 胡竟良, 〈關于棉業的史料〉, 《胡竟良先生棉業論文選集》, 中國棉業出版社, 1948, p.2.

36) 같은 책 참조.

37) 馮澤芳, 《中國的棉花》, 財政經濟出版社, 1956, pp.46~52.

38) 胡欣著·尹源鎬譯, 《中國經濟地理》, p.159. "상해·남통·무석·소주·상주·진강·항주·영파·가흥·호주 등 10여 개의 대중소도시에는 생산효율이 높은 일련의 면방직 기업이 설치되어 있다." 이들 지역은 북위 30도선에 걸쳐 분포되어 있다.

39) 주 33과 같음. "천진·석가장·정주·북경·서안·함양·한단·태원·유차·신향·낙양·개봉·보계 등"의 지역이다. 이들 지역은 북위 35도~40도선에 분포되어 있다.

40) 胡欣著·尹源鎬譯, 《中國經濟地理》, p.160. "이 기지는 면방직공업이 발달된 무한·사시·광주·양번·의창·상담·장사·남창·구강 등 9개 대중 도시를 포괄한다." 이들 지역은 북위 23~30도 사이에 분포되어 있다.

은 북위 23~30도 사이에 위치하고 있는 아열대 몬순기후대로, 면화 성장에 온도가 적당하고 일조조건도 가장 좋은 지역이다. 그러나 북위 35~45도 사이에 위치한 화북평원 및 황하 중하류지역은 위 두 지역보다 자연조건이 좋지 않아 생산량도 적고 품질도 떨어진다.[41]

문익점이 심은 것은 모두 죽고 정천익(鄭天翼)[42]이 겨우 한 줄기만을 살릴 수 있었던 것은, 재배 방법을 몰랐다기보다 한반도의 기후조건에 적합하지 않은 인도 면이었기 때문이다. 그 가운데 한 줄기만 자랄 수 있었던 것도 비교적 남쪽에 위치한 진주지역이었기 때문이었으며, 그 뒤 기후에 적응력을 갖게 되면서 번식하게 되었다고 할 수 있다.

지금까지 살펴본 것처럼, 신강지역에서는 자생의 초면에서 실을 뽑아 백첩포를 만들었으며, 문익점이 인도 면을 들여오기 이전에 우리나라에서 생산한 백첩포 역시 바로 초면에서 뽑은 실로 짠 것이었다고 하겠다. 즉, 한반도 및 만주지역의 초면은 중국이나 다른 지역으로부터 수입된 것[43]이 아니라 한반도 등지에서 자생한 야생면이었을 것이다.

---

41) 胡欣著·尹源鎬譯, 《中國經濟地理》, pp.54~55 참조.
42) 《高麗史》 卷111 〈列傳〉 文益漸傳에 鄭天益이 문익점의 舅로 기재되어 있어 외삼촌 혹은 장인으로 해석되는데, 《朝鮮王朝實錄》, 〈太祖實錄〉 卷14에는 鄭天益이 문익점과 한 고을 사람으로 전객령의 벼슬을 지낸 것으로 다르게 기재되어 있으나 《高麗史》가 《朝鮮王朝實錄》보다 앞서 편찬되었으므로 《高麗史》의 기재에 따른다.
43) 鄭玩燮, 《織物의 起源과 交流》, 書景文化社, 1997, p.196.

4. 면의 발달

앞에서 고구려의 백첩포(白疊布)와[44] 신라 및 고려에서 생산한 백첩포(白氎布)가[45] 같은 면직물임을 확인했다. 저자는 서론에서 신라가 생산한 면주포와 시면주포를 백첩과 사직물의 합사직물로 보았다. 이제 신라가 생산한 면직물의 다양함을 구체적으로 밝혀 보고자 한다.

면포(緜布) 혹은 면포(綿布)는 고대 한국이나 고대 중국에서 인도 면이 보급되기 이전까지 사직물을 의미하는 명칭으로 사용되었다. 1975년 호남성(湖南省) 운몽(雲夢) 수호지(睡虎地) 11호 진묘(秦墓)에서 출토된, 진시황(秦始皇) 재위 당시의 《수호지진묘죽간(睡虎地秦墓竹簡)》〈봉진식(封診式)〉 혈도(穴盜)에 '누에고치솜〔絲絮〕'으로 옷을 만들었다고 한 것[46]으로 보아, 중국에서는 전국 말까지 옷 안에 누에고치솜을 넣었음이 확인된다.

《후한서》는 지금 우리나라 강원도지역에 있었던 동예[47]와 한반도 남부의 마한에서 '면포(緜布)'[48]를 생산했다고 기재했다. 면포와 관련해 김육불은 《발해국지장편》[49]〈식화고(食貨考)〉에서,

---

44) 주 9와 같음.

45) 주 8·9와 같음.

46) 睡虎地秦墓竹簡整理小組, 《睡虎地秦墓竹簡》,〈封診式〉穴盜, 文物出版社, 1978, pp.270~271. "(複)結衣…… 五十尺, 帛里, 絲絮五斤紫(裝), 繆繒五尺緣 及殿.

47) 《後漢書》卷85〈東夷列傳〉濊傳. "知種麻養蠶, 作緜布."

48) 《後漢書》卷85〈東夷列傳〉韓傳에서는 "馬韓人知田蠶作緜布"라 했고, 같은 내용을 《三國志》卷30〈烏丸鮮卑東夷傳〉韓傳에서는 "知蠶桑作綿布"라 하여 綿과 緜을 같은 것으로 보았다.

49) 《渤海國志長編》은 唐晏이 지은 《渤海國志》를 1919년 중국의 金毓黻이 개정·증보하여 편집한 책이다.

삼가 면(綿)이 본래 면(縣)으로 쓰인 것을 살펴본다 : 본초강목(本草綱目)에 '옛날의 면서(綿絮)는 곧 누에고치실이 엉켜서 연이어 방직할 수 없었는데, 지금의 면서는 목면(木綿)이 많다'고 했다. 이 말은 매우 정확한 분석이다. 발해와 옥주(沃州)의 면(縣)은 곧 사면(絲綿)이다. 주작(朱雀) 4년 당에서 면(綿)을 하사했고 일본에서도 여러 차례 면(綿)을 보냈는데, 이는 곧 목면이 발해에 없었기 때문이다.[50]

고 하여, 당 이전에 누에고치솜을 면(縣)으로 썼고, 당대에 인도 면으로 만든 솜을 면(綿)으로 썼다고 했다. 즉, 주작 4년(서기 916년) 중국에서 발해와 왜 등에 보낸 것을 '목면'으로 쓴 것은 발해와 왜에 아직 인도 면이 없었기 때문이었다고 했다. 김육불의 견해를 그대로 받아들인다면, 동예와 마한 등지에서 생산했다는 '면포(縣布)'는 누에고치솜으로 만든 것이라고 하겠다. 그러니까, 우리나라에서 누에고치솜으로 만든 포는 '면포'로, 야생 초면으로 만든 포는 '백첩포(白疊布)' 또는 '백첩포(白氎布)'로 썼다는 말이 된다.

우리나라는 백첩포의 생산도 무척 발달했다.《태평어람》에서는,

위(魏) 문제(文帝)가 "무릇 진귀한 물건이 나는 곳은 모두 중국과 서역으로, 다른 지방의 토산물은 이보다 못하다. 대군(代郡)의 황포(黃布)가 곱고, 낙랑(樂浪)의 연(練)이 정교하고, 강동(江東)의 태말포(太末布)가 희지만 모두 백첩의 깨끗함만 못하다"고 했다.[51]

고 하여, 위의 문제가 백첩포의 곱고 깨끗함은 어느 것도 따를 수

---

50)《渤海國志長編》卷17〈食貨考〉第4. "謹案綿本作縣, 本草綱目云, 古之綿絮乃繭絲纏延不可紡織者, 今之綿絮, 則多木棉, 此語分晰至確, 渤海沃州之縣卽絲綿也. 朱雀四年唐賜以綿, 日本亦屢以綿爲贈, 此卽木綿爲渤海之所無者."

51)《太平御覽》卷820 "魏文帝詔曰, 夫珍玩所生, 皆中國及西域, 他方物比不如也. 代郡黃布爲細, 樂浪練爲精, 江東太末布爲白, 皆不如白疊鮮潔也."

없다고 극찬했음을 알려준다. 이는 선비족인 문제의 개인적 취향 (趣向)에서 한 말은 아니다. 백첩포가 중국에 알려진 당대에 백첩 포의 우수함을 모두 극찬했다. 두보(杜甫)는 〈대운사찬공방(大雲寺 贊公房)〉이라는 시에서 백첩의 밝게 빛나는 아름다움을 '광명백첩 건(光明白疊巾)'이라고 했다.

인도 면 등의 열매 껍질 또는 잎의 유지질(油脂質), 탄닌질, 기 타 갈색색소 등은 표백제에도 강한 저항성을 갖고 있다.[52] 인도 면 등의 꽃이 큰 목화종은 수확할 때 이러한 성분들이 묻어 들기 쉽 다. 이와 달리 초면은 꽃이 작고 단단해 수확이 적고 섬유질을 빼 기가 쉽지 않다. 따라서 껍질을 깨고 실을 뽑는 것이 아니라 실끝 을 비틀어 꼬아 뽑는 물레를 이용하기 때문에 껍질 등의 성분이 묻어 들지 않으며, 또한 섬유질도 누에고치실처럼 가늘뿐만 아니 라 흰빛을 낸다. 따라서 초면으로 짠 백첩포는 지금도 인도 면과 달리 최고급품으로 인정받고 있다.

우리나라에서는 고구려와 신라에 이어 고려에서도 백첩포가 생 산되었다.

신라에서는 경문왕 9년(서기 869년)에 왕자 김윤을 당에 사신으 로 보낼 때 대화어아금(大花魚牙錦)·소화어아금(小花魚牙錦)·조하금 과 40승 백첩포 40필을 보냈다. 40승 백첩포는 최고급 사직물보다 더 섬세한 것이라 하겠다. 고려 태조 왕건(王建)이 백첩포를 중국 에 공물로 보냈고,[53] 혜종 2년(서기 944년)에는 백첩포를 진에 공물 로 보냈다.[54] 또한 백첩을 물들여 만든 채첩건(綵氎巾)도 만들었다.

---

52) 金仁圭·申東泰, 《섬유재료》, 白山出版社, 1996, p.75.

53) 《冊府元龜》 卷970 〈外臣部〉 朝貢.

54) 《高麗史》 卷2 〈世家〉 惠宗 條. "2년 진나라가 范匡政과 張季凝 등을 보내 어 왕을 책봉했다.…… 또 고려국왕에게 준 칙서에는 다음과 같이 씌어 있 었다.…… 가는 모시 100필, 백첩포 200필……(二年晉遣范匡政張季凝來冊王, 勅曰…… 又勅高麗國王…… 細苧布一百匹·白氎布二百匹……).

《고려사》 고종 8년조에는 다음과 같은 내용이 나온다.

　　8월 기미(己未)일에 몽고 사신 저고여(著古與) 등 13명과 동진(東眞) 사람 8명과 여자 1명이 우리나라에 왔다.…… 모두 수달피·면주(縣紬)·면자(縣子) 등의 물품을 요구했다.[55]

　　몽골에서는 면주포(縣紬布)와 면자, 즉 목화씨를 요구했던 것이다. 이때는 고려에 인도 면이 들어오기 이전이므로 몽골이 요구한 면자는 백첩의 씨였던 것이다. 이를 뒷받침해주는 자료로는 고종 37년(서기 1250년)조의 다음과 같은 내용이다.

　　춘 정월 최항(崔沆)이 왕교(王敎)로 별감첩(別監牒)을 정하고, 청주(淸州)의 설면자(雪縣子)를 면제하고…….[56]

　　여기서 청주에서 세금으로 거두어들이지 않도록 한 '설면자'는 바로 백첩의 씨임에 틀림없다.

　　공민왕 12년(서기 1363년)에 문익점이 들여온 인도 면은 처음에는 기후 조건 때문에 어려움을 겪었으나 정천익이 겨우 한 그루를 살리면서 재배에 성공한 뒤 공민왕 14년(서기 1365년) 이후부터는 급속히 보급되었다. 그리고 10년이 지난 뒤에는 전국에 널리 보급되었고,[57] 25년이 지난 공양왕(恭讓王) 3년(서기 1391년)에는 백성에게 혼수용으로 면포(綿布)만을 사용하게 했을 정도로 많은 양이 생산되었다.[58]

---

55)《高麗史》卷22〈世家〉高宗 8年 8月 己未條. "蒙古使著古與等十三人, 東眞八人幷婦女一人來.…… 皆徵求獺皮, 縣紬縣子等物."
56)《高麗史節要》卷16 高宗安孝大王 37年條. "春正月, 崔沆以敎定別監牒, 除淸州雪縣子……."
57) 주 5 참조.

　이처럼 인도 면의 재배와 면방직이 급속히 증가하고 성공한 까닭은 바로 문익점이 인도 면을 들여오기 이전에 초면의 재배와 면방직의 기술을 축적하고 있었기 때문이다. 이런 까닭에 몽골 등지에서 백첩포와 그 씨를 원했던 것이다.
　《조선왕조실록》에는 정천익이 호승 홍원에게 실을 뽑고 천을 짜는 도구를 배웠다는 내용이 나온다. 그러나 《고려사(高麗史)》에서는서는,

　　그 취자거(取子車)와 소사거(繅絲車)는 다 천익이 창제했다.[59]

고 하여, 이후 교차(攪車)라고 불린, 목화씨를 빼는 취자거[60]와 실을 뽑는 소사거를 정천익이 만든 것이라고 했다. 이익(李瀷)은 《성호사설(星湖僿說)》에서 정천익이 처음 만든 것은 그 회전속도가 중국의 것보다 두 배나 빠르다[61]고 했다. 이러한 도구는 꼭 정천익이 홍원의 도움을 받아 새로 만들었다기보다 우리나라 재래의 방직도구를 더욱 발전시킨 것으로, 이 재래의 방직도구는 중국과 그 계통을 달리하고 있었음을 암시한다고 하겠다. 동아시아에서 가장 섬세한 40승 백첩포를 신라에서 짤 수 있었던 사실[62]이 이를 뒷받

---

58) 《高麗史》 卷85 〈志〉 刑法 條. "원하건대 이제부터는 혼인하는 집들은 오로지 면포만을 쓰고 외국물건은 일체 금하되 만일 종전의 폐습을 그대로 따르는 자가 있으면 법령 위반 죄로 논하십시요(願自今, 婚姻之家, 專用緜布, 一禁異土之物, 如有仍行舊弊者, 以違制論)."
59) 《高麗史》 卷111 〈列傳〉 文益漸傳. "其取子車·繅絲車, 皆天益創之."
60) 《星湖僿說》 卷4 〈萬物門〉 蠶綿具. "攪車란 것은 지금 목화씨를 빼는 기구가 그것인데, 바퀴 끝의 굽은 자루는 씨아손이라고 한다(攪車者今木棉去核者是也, 其軸末曲柄謂之棹拐)."
61) 《星湖僿說》 卷4 〈萬物門〉 蠶綿具. "우리나라 물레는 문익점의 장인 정천익이 처음 만든 것이다.…… 중국 물레와 비교하면 일을 갑절이나 할 수 있으니, 또한 묘하게 만들어졌다 하겠다(我國紡車卽文益漸之舅鄭天益所甁也. 捷疾比中國之器, 功必增倍, 亦巧制也)."

침한다.

다음 면주포에 대해 알아보면 다음과 같다.

중국은 동한 명제(明帝) 영평(永平) 12년(서기 69년)에 동화포(橦華布)가 생산되는 영창(永昌)지역에 애뢰현(哀牢縣)을 설치했다.[63] 영창군은 지금의 운남성 보산현(保山縣)지역으로 사천(四川) 등의 상인이 인도로 갈 때 반드시 거쳐가는 교통로였다. 그러므로 중국은 영창지역과 서기 2세기경부터 한(漢)에 내속(內屬)한 주강(珠江)과 민강(閩江)유역[64] 그리고 서역을 거쳐[65] 인도 면을 수입했을 가능성이 크다. 그리고 당대에 이르러 백첩포와 인도 면인 목면을 공납받으면서 면직물이 널리 알려졌다.[66]

송대(宋代)에 씌어진 《자치통감(資治通鑑)》에서는 이 인도 면을

---

62) 이 책의 제1부 제2장 〈고대 한국의 마직물〉 주 182 참조.

63) 《後漢書》 卷86 〈南蠻西南夷列傳〉. "(哀牢) 土地沃美, 宜五穀蠶桑, 知染采文繡, 罽氊帛疊, 蘭于細布, 織成文章如綾錦. 有梧桐木華, 績以爲布, 幅廣五尺, 潔白不受垢汙((哀牢縣)의 土地가 기름져 五穀과 蠶桑에 마땅하고, 염색과 무늬를 수놓은 것을 알아 罽氊과 帛疊을 만들었고, 細布로 활통을 만들고, 綾錦과 같은 무늬를 넣어 천을 짜았다. 梧桐木華로 포를 짜니 幅은 5척이나 되고 희고깨끗하여 때를 타지 않았다)."; 동화포가 생산되는 영창지역은 지금의 운남성에 위치하고 있어 서기 전 2세기경부터 중국 四川지역 등의 상인이 인도로 갈 때 반드시 거쳐가는 곳이었다. 이는 주 65의 《史記》 卷116 〈西南夷列傳〉과 《史記》 卷123 〈大宛列傳〉의 내용에서도 확인된다.

64) 《太平御覽》 卷820 〈南州異物志〉. "五色斑布以(似)絲布, 古貝木所作. 此木熟時, 狀如鵝毛, 中有核, 如珠珣, 細過絲綿. 人將用之則治出其核, 但紡不績, 任意小抽牽引, 無有斷絶. 欲爲斑布, 則染之五色, 織以爲布, 弱軟厚致"라 하여 棉花의 방직과정을 상세히 묘사하고 있다.

65) 《史記》 卷116 〈西南夷列傳〉. "及元狩元年, 博望侯張騫使大夏來, 言居大夏時, 見蜀布·邛竹杖, 使聞所從來, 曰從東南身毒國. 可數千里, 得蜀賈人市.";
《史記》 卷123 〈大宛列傳〉. "昆明之屬無君長, …… 然聞其西可千餘里有乘象國, 名曰滇越, 而蜀賈姦出物者或至焉."

66) 陳鴻의 《東城老父傳》에 唐 玄宗 때 長安城에서는 "賣白衫·白疊布行鄰比塵間"이라 했고, 杜甫는 〈大雲寺贊公房〉이라는 시에서 "光明白疊巾"이라 했다. 《太平廣記》 卷165 〈夏侯孜〉條에 "桂管布爲之騄貴"라 했고, 白居易는 《醉后狂言贈蕭·殷二協律》 詩에서 "吳綿細軟桂布密"이라 했다.

'목면(木緜)'으로 기록했고,[67] 《고려사》에서도 문익점이 원에서 가져온 것을 목면으로 기록했다.[68] 이는 누에고치솜과 같다는 점과 식물성 섬유임을 나타내기 위해 '목(木)'과 '면(緜)'을 합해 쓴 것이라고 하겠다. 그러나 면직물이 보편화되면서 목면(木綿) 또는 목면(木棉)으로 쓰게 되었다.

김육불은 《발해국지장편》 〈식화고〉에서 면포(緜布)는 바로 주(紬)[69]라고 했다. 《설문해자(說文解字)》에서는 주에 대해 "굵은 누에고치실로 두텁게 짠 증(繒)[70]이라고 했다. 김육불의 설명을 받아들인다면, 면(緜)은 실로 풀어내지 못한 누에고치를 뜯어 솜으로 만든 것이고, 고구려를 이은 발해에서 만든 면포는 누에고치솜을 실로 만들어 짠 사직물이 된다. 그리고 동예와 마한 등지에서 생산한 면포 또한 발해의 면포와 같은 사직물이 된다.

초면과 인도 면은 후한대에 중국에 알려지기 시작했고, 당대에는 도호부가 설치된 변방에서 이들을 공납받는 등 보편화되기 시작했다. 다만 초면과 인도 면을 누에고치와는 달리 모두 식물성 섬유라고 알고 풀과 나무로만 구별했던 것이다.

토로번 아사탑나 189호묘에서 출토된 〈당인수필잡서(唐人隨筆雜書)〉의 다음과 같은 내용에서 '면(綿)'이란 곧 인도 면을 말하는 것이다.

四言 秋

---

67) 《資治通鑑》 卷159 〈梁紀〉 高祖武皇帝 條. "身衣布衣, 木緜皀帳."
68) 《高麗史》 卷111 〈列傳〉 文益漸傳. "문익점은…… 원에 사신으로 갔다가…… 본국으로 돌아오면서 목면씨를 가지고 와서 장인인 鄭天益에게 부탁하여 그것을 심었다(文益漸…… 乃還得木緜種歸, 屬其舅鄭天益種之."
69) 《渤海國志長篇》 卷17 〈食貨考〉. "삼가 《後漢書》 〈東夷傳〉의 濊의 풍속에 緜布를 만들 줄 알았다는 것을 살펴본다 : 緜布는 곧 紬이다(謹案後漢書東夷傳濊俗知作緜布 : 緜布卽紬也)."
70) 《說文解字》. "紬, 大絲繒也."

綿袴子一紫絁 綿裙一腰 白練
錢一千四百五十文[71]

또한 토로번 아사탑나 178호묘에서 출토된 〈당지용식구장(唐支用食具帳)〉의 다음과 같은 내용에서 '첩자(疊子)'는 바로 초면의 씨를 말한다.

食合卄具, 疊子卅箇, 大食卜梡卄□……
□食單五條, 匙卄張, 莇□……[72]

이를 볼 때, 7세기에서 8세기에 이르러서는 초면과 인도 면의 구별은 첩(疊)과 면(緜) 또는 면(綿)으로 했고, 김육불의 설명처럼 면(緜)과 면(綿)으로 구별하지 않았다고 보아야 할 것이다.

고구려와 신라에 이어 고려에서도 백첩포와 면주포 등이 생산되었다. 이는 문익점에 의해 인도 면이 보급되기 이전까지 초면이 줄곧 생산되었다는 것을 뜻한다.

신라 흥덕왕(興德王) 9년(서기 835년)에 복식의 재료를 규제할 때, 면직물과 관련된 재료로는 주포·면주포·시면주포가 있었지만, 초면과 관련된 백첩 등은 없었다.[73] 그러나 경문왕 9년(서기 869년)에

---

71) 《吐魯番出土文書》第8冊, 文物出版社, 1987년, p.258. 이 묘에서 출토된 문서 가운데 가장 오랜 것은 神龍 원년(서기 705년)이고, 가장 늦은 것은 開元 10년(서기 722년)이다.

72) 《吐魯番出土文書》第8冊, 文物出版社, 1987년, p.398. 이 묘에서 출토된 문서들은 開元 28년(서기 740년)의 紀年만 있을 뿐이다.

73) 《三國史記》卷33 〈雜志〉 色服. "사람은 윗사람과 아랫사람이 있고 직위에는 높고 낮은 것이 있어서, 명분이 같지 않으며 의복도 역시 다른 것인데…… 풍속은 질서가 없게 되었으므로 삼가 옛 법전에 근거하여 명확하게 법령을 선포하나니…… 六頭品은,…… 겉옷은 다만 綿紬와 紬布를 쓰며…… 바지는 다만 絁絹綿紬布를 쓰며…… 버선은 다만 絁綿紬布를 쓰고…… 五頭品은…… 바지는 다만 綿紬布를 쓰며…… 버선은 다만 면주를 쓰고……

왕자 김윤을 당에 사신으로 보낼 때는 대화어아금·소화어아금·조하금과 40승 백첩포 40필을 보냈다. 고구려에서 백첩을 만들었던 것으로 보아 흥덕왕 9년 이후에 백첩을 만든 것으로 볼 수는 없고, 신라는 건국 초부터 백첩을 만들었을 것이다. 그렇다면 흥덕왕 때 왜 백첩을 규제하지 않았는가 하는 의문이 생기는데, 아마도 면주포가 바로 초면에서 뽑은 백첩과 누에고치실과의 혼방이 아니었는가 추측된다. 시(絁)는 거친 것을 말한다.

앞에서 본 것처럼, 면(緜)이 누에고치솜이고 면(綿)이 인도 면을 지칭한 것이라는 김육불의 설명을 그대로 받아들인다면, 경문왕 때 백첩포를 만들고 고려에서도 백첩포를 만들었다는 것은 매우 이상한 일이 된다. 진·한 교체기에 누에고치솜을 옷 안에 넣었던 것으로 보아 김육불의 설명은 후한대까지는 받아들일 수 있으나 그 이후는 받아들이기 어렵다. 이미 당대의 혜림과 현응 등이 초면과 인도 면은 같은 목화이며 그 종이 다르다고 지적한 것처럼, 당대에는 목화를 알게 되었고, 초면은 고창의 이름대로 백첩으로, 인도 면은 인도의 명칭을 음역한 길패 등으로 구분해 불렀으며, 이들 목화를 통칭하여 면(綿)으로 썼음이 확인되기 때문이다. 따

四頭品은…… 내의와 등거리는 다만 絁絹綿紬布를 쓰고…… 四頭品에 속하는 여자는 겉옷은 다만 綿紬 이하를 쓰며…… 띠는 수놓은 것과 땋은 것과 野草羅織과 乘天羅織과 越羅를 금하고 다만 綿紬이하를 쓰고…… 버선은 다만 적은 무늬 綾織과 絁綿紬布를 쓰며…… 平民의 여자는 겉옷은 다만 綿紬布를 쓰고 내의는 다만 絁絹綿紬布를 쓰며…… 버선은 絁綿紬 이하를 쓰며……(人有上下, 位有尊卑, 名例不同, 衣服亦異…… 風俗至於陵夷, 敢律舊章, 以申明命…… 六頭品,…… 表衣只用綿紬紬布,…… 袴只用絁絹綿紬布,…… 襪只用絁綿紬布,…… 五頭品,…… 袴只用綿紬布,…… 襪只用綿紬,…… 四頭品,…… 內衣·半臂只用絁絹綿紬布,…… 四頭品女, 表衣只用綿紬已下,…… 帶禁繡組及野草羅乘天羅越羅, 只用綿紬已下,…… 襪只用小文綾絁綿紬布,…… 平人女, 表衣只用綿紬布, 內衣只用絁絹綿紬布,…… 襪用絁綿紬已下).";《三國史記》卷33〈雜志〉車騎 條. "六頭品은,…… 안장 방석은 綿紬와 絁布皮를 쓰고(六頭品,…… 鞍坐子用綿紬絁布皮,……)."

라서 통일신라에서도 초면을 꼭 백첩이라고 부르지 않고 통칭인 면(綿)으로 썼을 가능성이 크다. 그런 까닭에 흥덕왕 때에 백첩이란 명칭을 쓰지 않았던 것이라고 하겠다. 그렇다면 흥덕왕 때의 명칭인 면주포는 면직물과 사직물의 합사직물일 가능성이 매우 크다.

《설문해자》에서 면(綿)은 "聯微也", 즉 매우 가늘고 길게 이어진 것이라 했다. 《석명(釋名)》에서는 "猶湎湎柔而無文也", 즉 물이 스미듯 부드럽고 무늬가 없는 것이라 했다. 전국 이전의 자료에 보이는 면은 대부분 가늘고 긴 누에고치실을 상징하는 의미로 쓰인 것[74]으로 보아 면은 사직물이었음에 틀림없다. 《설문해자》에서 서(絮)는 "敝綿也", 즉 망가진 면이라고 했다. 실을 뽑을 수 없이 벌레를 먹거나 엉클어진 누에고치로 솜을 만든 것임이 진간(秦簡)에서 확인된다. 주는 두텁게 짠 사직물이다. 그러나 이미 목화가 널리 알려진 당대에는 같은 사직물인 면과 주를 섞어 천을 짤 필요가 없었다. 따라서 이 면은 초면이든 인도 면이든 목화에서 뽑은 실을 말하는 것이라고 하겠다. 토로번의 아사탑나 230호묘에서 출토된 문서의 '사면자(絲綿者)'와 '면견시자(綿絹絁者)'의 내용에서 면과 사직물을 섞어 짠 것으로 보아, 신라의 면주포와 시면주포도 같은 면과 사의 합사직물로 보아야 할 것이다. 현실적으로 면은 누에고치실보다 굵어 합사할 수 없다고 생각할 수도 있다. 그러나 야생면인 초면의 실은 40승의 백첩포를 만들 수 있을 정도로 매우 가늘기 때문에 누에고치실과 잘 어울릴 수 있었을 것이다. 다만 초면의 실 길이가 누에고치실만큼 길지 못해 자연히 실을 겹쳐 짤 수밖에 없어 두터운 주와의 합사가 가능했을 것이다.

면주포는 능(綾)이나 견(絹) 또는 나(羅) 등의 사직물보다 그 가

---

74) 《詩經》〈王風〉. "綿綿葛藟." ; 《詩經》〈周頌〉. "綿綿其麃."

격이 훨씬 낮아[75] 일반인들이 사용했던 것[76]으로 생각된다.

5. 닫는 글

지금까지 고대 한국 목면의 기원과 특성 및 면직물의 발달에 대해 살펴보았다.

고대 한국에서는 매우 일찍부터 야생의 초면을 가지고 면직물을 생산했다. 고려 말 문익점이 원에서 꽃이 크고 생산량이 많은 인도 면종인 목화를 들여오면서 초면은 급격히 사라졌다. 따라서 우리나라 면방직이 문익점과 정천익으로부터 시작되었다고 보았던 것은 바로 인도 면이 처음 길러졌다는 것일 뿐이다. 이를 우리나라에서 처음으로 목화가 길러졌다고 해석하는 것은 잘못된 것이라고 하겠다.

고구려에서는 백첩포(白疊布)를 생산했고 신라에서는 백첩포(白氈布)와 면주포 또는 시면주포를 생산했다. 이어서 고려도 백첩포와 면주포를 생산했다. 이 가운데 면주포와 시면주포는 목화와 누에고치실의 합사직물이었다.

목화는 크게 아프리카종과 인도종 두 가지로 나뉜다. 야생의 초

---

75) 공민왕 12년(서기 1363년) 원나라로부터 목화가 들어오기 248년 이전인 고려 예종 10년(서기 1115년)에 개정된 祿折計法으로부터 縣紬의 가격이 일반 사직물의 반에 상당하고 있음을 알 수 있다. 《高麗史》 卷34 〈志〉 食貨. "睿宗 10년에 三司가 녹의 折計法을 고치니 ; 大絹 1匹은 쌀 1石7斗로 折價하고,…… 大綾 1匹은 4石으로 折價하고, 中絹 1匹은 1石으로 折價하고, 縣紬 1匹은 6斗로 折價하고, 常平紋羅 1匹은 1石7斗5升으로 折價하고, 大紋羅 1匹은 2石5斗로 折價했다(睿宗十年, 三司改定祿折計法, 大絹一匹折米一石七斗,…… 大綾一匹折四石, 中絹一匹折一石, 縣紬一匹折六斗, 常平紋羅一匹折一石七斗五升, 大紋羅一匹折二石五斗)."
76) 주 73과 같음.

면, 즉 아프리카종은 고창에서 백첩이란 이름으로 길러졌고, 이것이 중국에 처음 알려지기 시작한 것은 서역과의 교통이 열린 서한 초이며, 가파라·겹파육·겹패·길패·고패·오동목화·동화 등 여러 이름으로 불린 인도종은 후한대에 고온다습한 중국의 남부에서 길러져 당대에 이르러 중국에 보급되기 시작했다. 또한 당대에 초면인 백첩과 인도 면이 같은 목화과로 품종이 서로 다르다는 것을 알게 되었다.

초면인 백첩은 한국과 신강 등 북위 35~45도에 위치한 한랭한 대륙성 기후에서 자란다. 풀로 알려진 백첩은 꽃이 작아 생산량이 적지만 희고 부드러우면서도 빛이 나, 이로 짠 백첩포는 최고로 여겼다. 문익점이 들여온 인도 면은 나무처럼 크고 꽃이 커 생산량이 많다. 따라서 직물의 수요를 충당하기 위해 중국에서는 인도 면이 널리 보급되어 목화의 총칭으로 불리기도 했다.

우리나라의 기후에는 초면이 자생하기에 충분하다. 인도 면이 들어오기 전인 고려 초에도 백첩포를 만들었고 몽골에서 초면의 씨를 요구했던 점 등을 볼 때, 우리나라 전역에서 초면이 재배되었다고 할 수 있다. 그리고 남부에서는 인도 면 재배도 가능했다. 문익점이 개성에 심은 인도 면이 모두 죽고 정천익이 진주에 심은 것 가운데 한 그루만 산 것도 바로 이런 기후조건 때문이었다. 그러나 우리나라에서는 고대로부터 초면을 재배해 실을 뽑고 이를 짜는 방직기구를 발전시켜왔기 때문에 문익점이 들여온 인도 면은 수 년 만에 평민들이 입을 정도로 널리 재배·가공되었던 것이다. 《조선왕조실록》 등에서는 인도 면의 가공과 방직 도구들이 정천익이 호승 홍원으로부터 배운 것이라고 했지만, 이들 도구들은 새로운 것이 아니라 더 섬세한 백첩포를 짰던 도구들을 개조한 것이라고 보아야 할 것이다. 신라 경문왕 9년에 40승 백첩포를 당에 보냈고, 고려 초에 중국과 진 및 몽골 등에 백첩포를 보냈던 것도 우수한 기술이 없었다면 불가능했을 것이다.

중국은 한대에 서역 및 인도 등과 교역하면서 면직물을 알게되었으나 목화를 재배하기 시작한 것은 당대에 이르러서이다. 당대에도 목화재배는 일부 특정 지역에 그쳤다가 송과 원을 거치며 널리 재배되기 시작했다. 이러한 중국과 달리 우리나라는 삼국 이전부터 야생의 초면에서 면직물을 만들었기 때문에 외래의 영향을 받지 않은 독자적인 기술을 갖고 이어져왔다. 그러나 신라 말에서 고려로 오며 초면의 생산은 늘어났다. 이는 이 기간에 사직물 생산이 급격히 줄어든 것도 큰 원인이었다고 생각된다. 이 당시 사직물의 생산이 급격히 감소하게 된 원인은 앞으로 밝혀야 할 문제가 될 것이다.

초면의 재배를 늘렸지만 초면의 면섬유가 많지 않기 때문에 신라나 고려가 필요한 양을 충족시키지는 못했을 것이다. 따라서 문익점이 원에서 생산량이 많은 인도 면을 들여왔고, 초면을 인도 면으로 대체하면서 어느 정도 필요한 양을 충족시킬 수 있었다고 하겠다. 문익점은 바로 고려가 필요로 했던 것을 해결해준 인물이었다고 생각된다.

저자는 이 글이 한민족의 면직물이 토착적인 것이었음을 바르게 인식하는 기회가 되기를 바란다.

제2부 고대 한국 복식의 원형

제5장 고대 한국의 관모

1. 여는 글

이 글은 고대 한민족이 사용하던 관모(冠帽)와 관식(冠飾)의 원형을 제시하고 이로부터 금관(金冠)의 기원 문제를 밝히는 데 그 목적이 있다.

종래의 고대 한국 관모에 대한 연구에서는 변(弁)을, '북방계(北方系)에 뿌리를 둔 피변(皮弁)이 삼국시대에 와서 절풍변모(折風弁帽)로 정착한 것'으로 보았다.[1] 또한 책(幘)과 절풍(折風)의 경우도 이 같은 북방계의 피변이 중국 한문화(漢文化)의 영향과 혼합되어 만들어진 것이라고 보았다.[2] 또한 고대 한국의 변은 쿨 오바(Kul Oba)지역에서 출토된 서기 전 4세기경의 호(壺)에 새겨진 스키타이 인물상과 아나니노(Ananyino) 고분에서 출토된 피노 스키틱(Finno

---

1) 權兌遠, 〈百濟의 冠帽系統考〉－百濟의 陶俑人物像을 中心으로, 《考古美術史》－史學志 論文輯 1, 檀國史學會, 1994, p.143.
2) 權兌遠, 〈百濟의 冠帽系統考〉－百濟의 陶俑人物像을 中心으로, pp.131～159.

Scythic) 인물상이 쓴 관(冠)과 같기 때문에, 고대 한국 변의 원류가 스키타이계의 관모에 있다고 보기도 했다.[3]

그러나 고대 한민족은 고조선시대 초기부터 변과 책 및 절풍을 한반도와 만주의 모든 지역에서 널리 사용했음이 다음 절에서 고고학의 출토자료를 통해 밝혀질 것이다. 그리고 호에 새겨진 스키타이 인물상과 피노 스키틱 인물상이 쓴 모(帽)는 윗부분은 삼각형 모습을 하고 있으나, 앞면은 앞이마를 덮고 뒷부분은 목 부분을 완전히 덮어 어깨부분까지 드리우고 있어 그 모양에서 고대 한국의 변과는 전혀 다르다.

신라의 백화수피(白樺樹皮)로 만든 절풍에 대해서도 신강(新疆) 자치구 낙보현(洛甫縣)에 위치한 노인-울라(Noin-ula)의 산보랍(山普拉) 고묘에서 출토된 화피(樺皮)로 만들어진 모와 그 재료와 제작 기법 및 형태 등에서 같다고 하여 그 원류를 북방계로 보는 견해가 일찌기 제출된 바 있다.[4] 그러나 뒤에서 밝히겠지만, 동부여의 유적에서는 화피로 만든 다수의 여러 가지 유물들이 출토되었기 때문에 고대 한민족이 이미 오랫동안 화피로 다양한 물건들을 만들어 사용했음을 알 수 있다. 또한 저자는 이미 노인-울라에서 출토된 복식 가운데 일부 고(袴)들이 한민족의 것이거나 한민족의 영향을 받은 것으로 보았다.[5] 따라서 노인-울라에서 출토된 화피로 만들어진 절풍도 한민족의 것일 가능성이 높다.

일반적으로 새 깃 등을 꽂은 관을 조우관(鳥羽冠)이라 부르는데, 이는 적합한 명칭이 아니라고 생각된다. 사서(史書)에는 단지 절풍

---

3) 金文子,《韓國服飾文化의 源流》, 民族文化社, 1994, pp.36~39.
4) 梅原末治,〈慶州金鈴塚飾履塚發掘調査報告〉,《大正十三年度古蹟調査報告》第1冊, 朝鮮總督府, 1924, pp.73~78 ; 이은창,《한국 복식의 역사》-고대편, 세종대왕기념사업회, 1978, pp.188~190 ; 金東旭,《增補 韓國服飾史研究》, 亞細亞文化社, 1979, pp.62~63 ; 金文子,《韓國服飾文化의 源流》, pp.39~43.
5) 이 책의 제2부 제8장 〈고대 한국의 바지[袴]와 치마[裙]〉 참조.

에 조우(鳥羽)를 꽂는다는[6] 설명만 있을 뿐 조우관이라는 명칭은
보이지 않는다. 그러므로 조우삽관(鳥羽揷冠)이라 부르는 것이 옳
을 것이다. 또한 관모의 분류에서 조우삽관은 절풍에 조우(鳥羽)의
장식만이 더해졌으므로 절풍으로 분류되어야지, 조우삽관과 절풍
을 별개로 구분하는 것도 옳지 않다고 생각한다.

고구려 고분벽화에 보이는 새 깃 또는 새 몸털 및 꼬리털 등을
꽂은 절풍과 출토된 금속제 새 깃과 새 날개 등의 관식을 북방계
유목민족으로부터의 영향이라고 흔히 설명한다.[7] 그 근거로《후한
서(後漢書)》〈여복지(輿服志)〉의 무관(武冠)에 관한 기재의 내용을
든다. 즉, 조(趙) 무령왕(武靈王) 때 호복(胡服)을 모방하여 관의 앞
에 초미(貂尾)를 꽂아 조혜문관(趙惠文冠)이라 하여 귀한 벼슬임을
나타내거나, 갈미(鶡尾)를 좌우에 꽂아 갈관(鶡冠)이라고 했다[8]는
내용을 제시하는 것이다. 그러나 이 내용이 말하는 것은 조미(鳥
尾)를 꽂았다는 것이지 조우를 꽂았다는 것은 아니다.

뿐만 아니라 북방민족들의 관모들은 앞에서 말했듯이 윗부분이
삼각형 모양이거나 둥근 모습으로 되어 귀와 머리 뒷부분을 모두
덮고 목 부분까지 내려오거나 또는 어깨까지 드리우는 것을 공통
점으로 한다. 그리고 이들 관모에는 새 깃이 장식된 경우가 보이
지 않는다.[9] 또한 중앙아시아의 카자흐스탄 이시크(Issyk) 적석묘에

---

6) 주 36~주 39와 같음.

7) 이은창, 《한국복식의 역사》-고대 편, p.201 ; 李如星, 《朝鮮服飾考》,
　　p.177.

8) 《後漢書》 卷30 〈志〉 輿服下. "武官, …… 侍中·中常侍加黃金璫, 附蟬爲文,
　　貂尾爲飾, 謂之趙惠文冠. 胡廣說曰, '趙武靈王效胡服, 以金璫飾首, 前挿貂尾,
　　爲貴職.' …… 武官, 俗謂之大冠, 環纓無蕤, 以靑系爲緄, 加雙鶡尾, 竪左右, 爲
　　鶡冠云."

9) 李肯冰, 《中國西域民族服飾硏究》, 新疆人民出版社, 1995 ; T. T. Rice, *The
　　Scythians, London*, Thames & Hudson, 1957 ; K. Jettmar, *Art of the Stepps*, Heidlberg,
　　1966 ; M. I. Artamonov, *Treasures from Scythian Tombs*, trans. Kupriyanova, Thames

서 출토된 관[10]은 금제(金制)의 새 깃을 꽂은 경우의 대표적인 예로 들어진다.[11] 그러나 이 관에 꽂아 있는 장식은 새 깃이 아니라 화살과 창의 모형일 뿐이다. 조우삽관에 대해서는 2절과 4절에서 상세히 분석될 것이다.

고대 한국의 금관에 대해서는 스키타이와 시베리아 유목민족의 영향을 받은 것으로 보는 견해[12]와 스키타이풍(風)의 북방적 성격과 불교전래와 함께 보살(菩薩)의 입화식관모(立華飾冠帽)의 인도적 성격이 합성된 위에 신라의 자생성(自生性)이 만들어낸 것으로 보는 견해가 있다.[13] 그리고 중앙아시아 틸리아—테페(Tillya-Tepe) 유적에서 출토된 박트리아시대에 제작된 금관(서기 전 1세기~2세기)이 신라 금관보다 앞선 연대에 만들어졌다 하여 '신라 금관의 조형(祖形)이 될 수 있다'고 보기도 한다. 또한 박트리아 금관의 기본 구조가 나무와 나뭇잎으로 되어 있는데, 이 모양이 신라 금관과 유사성을 갖는다는 것이다.[14]

뒤에서 상세히 밝히겠지만 고대 한국에서 금(金)이나 금동(金銅) 등으로 만든 관식과 관에는 거의 대부분 원형 또는 복숭아 모양[15]

& Hudson, 1969 ; S. I. Rudenko, *Frozen Tombs of Siberia*, trans. M. W. Thompson, J. M. Dent & Sons Ltd., 1970 ; 梅原末治, 《蒙古ノイン·ウテ發見の遺物》, 平凡社, 1960 ; 江上波夫, 《ユーテンの古代北方文化の研究》, 山川出版社, 1951 ; 香山陽坪, 《騎馬民族の遺産》, 新潮社, 1970 ; 岩村忍, 《中央アジアの遊牧民族》, 講談社, 1970 등 참조.

10) K. A. Akishev, *Issyk Mound*, Moscow, 1978.

11) 金文子, 《韓國服飾文化의 源流》, p.77.

12) 金元龍, 《韓國考古學概說》, 一志社, 1977, pp.180~181 ; 秦弘燮, 〈百濟·新羅의 冠帽·冠飾에 關한 二三의 問題〉, 《史學志》, 檀國史學會, 1973, pp.1~34 ; 金文子, 《韓國服飾文化의 源流》, pp.78~96.

13) 李如星, 《朝鮮服飾考》, pp.218~219.

14) 김병모, 《금관의 비밀》, 푸른역사, 1998, pp.39~41.

15) 金冠이나 金屬 冠飾 등에 달린 樹葉의 形制는 하트형·桃形·寶珠形·心葉形 등의 명칭으로 다양하게 불린다. 중국의 고분벽화(漢王得元墓畵像·武梁詞畵像·南珦堂山第五窟北齊小龕 등)와 敦煌壁畵에 보이는 樹葉의 모습과 달리

의 수엽(樹葉)이 달려 있고, 관을 구성하는 수지(樹支)의 끝 부분
은 거의 복숭아 모양으로 마무리 되어 있다. 그런데 이 원형과 복
숭아 모양의 장식 모습은 서기 전 25세기경인 고조선 초기 유물
에서 이미 보이기 시작하며, 이후 줄곧 계승되어 고대 한국 예술
품의 주된 형제(形制)로 발전한다. 또한 뻗어 올라간 수지의 모습
을 나타내는 형제도 고조선 중기에 해당하는 소조달맹(昭烏達盟)에
서 출토된 동검초(銅劍鞘)[16]에 새겨진 문양에서 보이기 시작한다.
서기 전 206~서기 전 70년경에 속하는 고조선 말기의 유적인 서
차구(西岔溝) 고묘에서 출토된 장식 동편(銅片)[17]에도 나타난다. 금
관이 만들어지기 이전 시기에는 이 같은 장식물들이 금이나 금동
으로 만들어져 관식으로 사용되다가 이후 금관의 주요한 구성 부

고구려 고분벽화(角抵塚·通溝 17호묘 抹角石隅交界處壁畫·五盔墳 4호묘 藻
井鍛鐵圖와 制輪圖 등)에서는 樹葉을 金冠飾에 달린 장식 모습과 같은 모습
으로 묘사하여 이 같은 장식물이 고조선 시기부터 樹葉을 표현했던 것임을
알 수 있다. 그런데 중국의 고분벽화 등에서 표현된 樹葉과 달리 고구려 고
분벽화 등에서 보이는 樹葉은 복숭아 모양을 띠고 있는 경우가 많다. 따라
서 저자는 이 글에서 이를 복숭아 모양으로 부르고자 한다.

16) 李逸右, 〈內蒙昭烏達盟出土的銅器調査〉, 《考古》, 1959年 第6期, pp.276~
277. 지금의 遼寧省에 위치한 昭烏達盟은 고조선의 영역이었다(윤내현, 《고
조선 연구》, 一志社, 1994, pp.170~306 참조). 이 유적에서는 고조선의 특징
을 갖는 청동 투구와 청동 장식단추(이 책의 제3부 제11장 〈고조선의 갑옷
종류와 특징〉 참조) 및 비파형동검과 부채 모양의 도끼 등이 출토되어 이
유적이 고조선의 유적임을 알게 한다.

17) 이 西岔溝 고묘는 발굴자들이 흉노족의 유적으로 분류하기도 하고 부여족
의 유적으로 분류하기도 한다(孫守道, 〈西岔溝古墓群被發掘事件的敎訓〉,
《中國考古集成》 東北卷 秦漢之三國(二), pp.929~932 ; 孫守道, 〈'匈奴西岔溝
文化'古墓群的發現〉, 《文物》, 1960年 8·9期, pp.25~35). 그러나 저자는 이미
이 유적이 고조선 말기부터 고구려 초기에 해당하는 한민족의 유적일 것으
로 밝힌 바 있다(이 책의 제3부 제12장 〈여러나라시대의 갑옷〉 참조). 이
유적에서는 心形으로 鍍金한 双鷹双鹿雲紋銅飾牌가 출토되었는데, 여기에
보이는 雲紋은 평양시 낙랑구역 정백동(서기 전 3세기~서기 전 2세기)에서
출토된 말관자의 馬面에 보이는 雲紋과 거의 같은 형태를 갖고 있어 고조
선의 고유문양으로 한민족의 유물임을 뒷받침한다.

분으로 수용되었던 것이다. 이 과정에서 고구려·백제·신라·가야의 여러 나라들이 중국이나 북방 또는 인도 등의 외래적인 영향으로 각기 그 성격이 조금 변했을 뿐이다. 그러므로 고대 한국에서 금 속으로 만든 관식이나 관들은 북방지역의 영향을 받아 만들어지 기 시작한 것이라던가 북방적 성격과 인도적 성격이 복합되어 만 들어진 것이라고 보는 것은 옳지 않다고 생각한다.

따라서 본고에서는 고대 한민족이 선사시대부터 사용해왔던 관 모를 분석하여 고대 한국의 관모와 관식의 고유 형제를 복원하고, 이후 이 요소들이 금관의 주요 형제로 계승되어져가는 모습을 밝 혀보고자 한다. 이 과정에서 고구려 고분벽화에 보이는 여러 관모 들의 국적이 바르게 밝혀질 것이며, 신라 금관이 갖는 우수성은 바로 고조선 관모의 고유 형제를 발전시켜나간 데 있었음을 알 수 있게 될 것이다.

2. 가죽과 수피로 만든 관

(1) 변·절풍·책

고대 한민족의 관에 대하여 《후한서》의 〈동이열전(東夷列傳)〉 서(序)에서는,

> 동이(東夷)는 거의 모두 토착민으로서, 술 마시고 노래하며 춤추
> 기를 좋아하고, 변을 쓰거나 금(錦)으로 만든 옷을 입었다.[18]

---

18) 《後漢書》 卷85 〈東夷列傳〉 序. "東夷率皆土著, 憙飮酒歌舞, 或冠弁衣錦."

고 하고 있다. 동한(東漢)시대 한반도와 만주에 거주하던 한민족이 공통적으로 변을 썼는데, 이들은 모두 토착인이라 했으므로 이는 고조선시대부터 사용해왔을 것으로 생각된다. 변은 《석명(釋名)》의 〈석수식(釋首飾)〉에서 두손을 서로 마주칠 때와 같은 모습으로[19] 설명되는데, 아마도 고깔의 모습이었을 것으로 보인다. 이 같은 변은 다음과 같이 고조선이 멸망한 후 여러나라에서 모두 사용했던 것으로 나타난다.

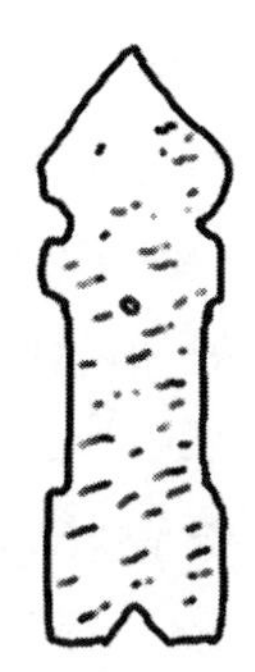

〈그림 1〉
납포달림
의 묘에서
출토된
화피 인형

동부여의 경우 동한 초기 속하는 흑룡강성 액이고납우기(額爾古納右旗) 납포달림(拉布達林)의 묘에서 출토된 화피로 만든 인형식(人形飾)(그림 1)에서[20] 그 모습이 실제로 확인된다. 발굴자들은 이 유적을 선비족의 유적일 것으로 추정하지만, 이 시기 이 지역에는 동부여가 위치하고 있었기[21] 때문에 화피 인형식은 동부여의 유물이다. 이 유적의 M24 묘에서 출토된 동령(銅鈴)은 고조선 동령의 특징인 타원형을 하고 있고, M6 묘에서 출토된 잔줄무늬의 동경(銅鏡)[22] 및 청동 장식단추[23] 등도 고조선 유물의 특징을 그대로 하고 있어 이 유적이 동

---

19) 《釋名》, 〈釋首飾〉. "弁如兩手相合抃時也."

20) 內蒙古文物考古研究所·呼倫貝爾盟文物管理站·額爾古納右旗文物管理所, 〈額爾古納右旗拉布達林鮮卑墓郡發掘簡報〉, 《中國考古集成》 東北卷 兩晉至隋唐(一), 北京出版社, pp.114~122.

21) 고조선의 멸망이후 동부여는 북부여의 지배세력이 동쪽으로 이동하여 세운 나라로서 지금의 吉林省 북부와 內蒙固自治區 동부의 일부지역 및 黑龍江省지역을 차지하고 있었다(윤내현, 《한국 열국사 연구》, 지식산업사, 1998, pp.56~83 참조).

22) 발굴자들은 M6 墓에서 출토된 잔줄무늬 銅鏡의 紋飾이 吉林省에 위치한 扎賚諾爾墓에서 출토된 漢代에 속하는 銅鏡의 紋飾과 같다고 했다. 扎賚諾爾墓가 위치한 지역은 고조선의 영역으로 그 출토된 유물들 역시 고조선 유물의 특징을 나타내며, 잔줄무늬 紋飾의 銅鏡은 고조선 銅鏡의 특징이다.

23) 고조선에서는 서기 전 25세기경부터 주로 원형과 타원형 및 복숭아 모양

부여의 것임을 뒷받침한다.

신라는 서기 전 57년에 건국되었는데, 건국의 핵심세력은 고조선시대부터 경주를 중심으로 거주하던 토착인들로 고조선이 붕괴된 뒤 한(韓)의 일부인 진한(辰韓)의 여섯부를 형성하고 있던 세력으로[24] 그들의 의복은 고조선의 것을 거의 그대로 이었다.[25] 관모의 경우에도, 경주의 황남리(皇南里)에서 출토된 여러 남자 토우(土偶)들이 대부분 고깔 모습을 한 관을 쓰고 있어(그림 2) 고조선을 이어 변을 썼음을 알 수 있다. 백제에서도 변을 사용했음이 부여에서 출토된 토기편(土器片)에 보이는 변의 모습(그림 3)[26]에서 확인되는데, 양쪽에서 영(纓)을 내려 턱밑에서 묶었음을 알 수 있다. 고구려의 경우도 백성들은 변을 쓰고,[27] 대가(大加)와 주부(主簿)는 모두 중국의 책과 비슷한 관을 쓰며 소가(小加)는 절풍을 쓰는데,[28] 이 책과 절풍의 모습에 대해《후한서》〈동이열전〉의 고구려전(高句麗傳)에서는,

---

의 형태를 가진 청동 장식단추를 생산하여 일반 복식에 장식했고, 이후 갑옷과 투구 등에 응용했다. 청동 장식단추에 나타나는 문양은 고조선의 영역에서만 나타나는 신석기시대부터 출현했던 가락바퀴나 질그릇 및 청동기에 보이는 문양과 같은 새김무늬 혹은 잔줄무늬의 모습으로 고조선의 유물이 갖는 특징과 그 맥락을 같이한다(이 책의 제3부 고대 한국의 갑옷 참조).

24) 윤내현,《한국 열국사 연구》, pp.218~241 참조.

25) 이 책의 제2부 제7장〈고대 한국의 웃옷과 겉옷[衫·襦·袍]〉과 제8장〈고대 한국의 바지[袴]와 치마[裙]〉참조.

26) 부여 박물관 소장, 백제 토기편.

27)《舊唐書》卷199〈列傳〉高(句)麗傳. "國人衣褐載弁.";《新唐書》卷220〈列傳〉高(句)麗傳. "庶人衣褐, 載弁."

28)《後漢書》卷85〈東夷列傳〉高句麗傳. "大加·主簿皆著幘, 好冠幘而無後, 其小加著折風, 形如弁(대가와 주부는 모두 책을 쓰는데, 冠幘과 같기는 하지만 뒤로 늘어뜨리는 부분이 없다. 소가는 절풍을 쓰는데, 그 모양이 고깔과 같다).";《三國志》卷30〈烏丸鮮卑東夷傳〉高句麗傳. "大加主簿頭著幘, 如幘而無餘, 其小加著折風, 形如弁(大加와 主簿는 머리에 책을 쓰는데, 책과 흡사하지만 뒤로 늘어뜨리는 부분이 없다. 소가는 절풍을 쓰는데, 그 모양이 고깔과 같다)."

〈그림 2〉 경주 황남리에서 출토된 신라의 토우

대가와 주부는 모두 책을 썼는데, 책과 같기는 하지만 뒤로 늘어
뜨리는 부분이 없다. 소가는 절풍을 썼는데, 그 모양이 변과 같다.[29]

고 했다. 또한 《남제서(南齊書)》의 〈열전(列傳)〉 고(구)려전(高[句]
麗傳)에서는,

고(구)려인의 습속은 궁고(窮袴)를 입고 양(梁)이 하나인 절풍을
썼는데, 이를 책이라 했다. 오경(五經)을 읽을 줄 알았다. (고구려)

---

29) 같은 책.

〈그림 3〉 백제 토기편
에 보이는 변

의 사신이 경사(京師)에 있을 때 중서랑(中書
朗) 왕융(王融)이 그를 희롱하여 '입은 것이
적합하지 않는 것은 몸의 재앙이라는 말이 있
는데, 머리 위에 얹은 것은 무엇인가?'라고 했
다. (고구려 사신이) '이것은 바로 옛날 변의
남은 모습이다'라고 대답했다.[30]

고 했는데, 이 두 기록으로부터 다음과 같은
사실을 알 수 있다. 첫째로 고구려 대가와
주부의 관은 중국의 책과 비슷하나 뒤에 늘
어뜨리는 것이 없어 중국의 책과 구분된다.
둘째로 절풍의 모양은 변
과 같고 책이라고도 부르
며, 책과 절풍은 옛날 변
의 남은 모습이라고 한 점
으로 보아 책과 절풍은 변
의 모습으로부터 변화를
가졌음을 알 수 있다. 요
령성 여순시(旅順市) 철
산구(鐵山區)에 위치한 고

〈그림 4〉 철산구의 고구려묘에서 출토된 도용

구려 고묘에서 출토된 도용(陶俑)(그림 4)[31]은 이 같은 고구려 사람
들이 썼던 책의 모습을 잘 보여준다.

---

30) 《南齊書》 卷58 〈列傳〉 高(句)麗傳. "高麗俗服窮袴, 冠折風一梁, 謂之幘." 知
讀五經. 使人在京師, 中書朗王融戲之曰 : "服之不衷, 身之災也. 頭上定是何
物?" 答曰 : "此卽古弁之遺像也."

31) 于臨祥, 〈考古簡訊－旅順老鐵山發現古墓〉, 《考古通訊》, 1956年 3期, pp.60～
61. 발굴자들은 이 墓가 東漢 말기에서 六朝시대에 속한다고 했는데, 이 시기
旅順지역은 고구려의 영역에 속했으므로 이 墓는 고구려의 유적인 것이다.

고구려는 독립국이 되기 전에는 고조선의
거수국이었으므로[32] 고구려인들이 착용했던
이 같은 책과 절풍은 변과 마찬가지로 고조
선 때부터 사용했던 것이라 하겠다. 실제로
고조선시대의 유적인 함경북도 무산군 무산
읍 범의구석유적 청동기문화층에서 출토된
남자 조각품은 머리 위가 둥근 모습으로 높
이 올라가 있어[33] 절풍을 쓴 것으로 보인다.
서포항유적 청동기문화층의 두 곳에서 출토

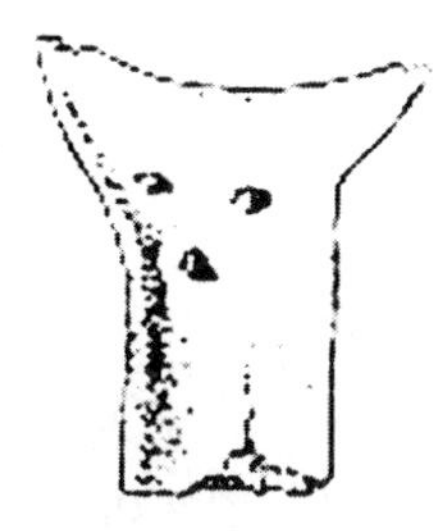

〈그림 5〉 오포산 신
석기시대 유적에
서 출토된 인형

된 흙으로 만든 남자 인형은 모자를 쓴 것으로 보이는데, 머리의
윗부분이 양쪽 옆으로 퍼져 각을 이루고 있어 책의 모습과 흡사
하다.[34] 이와 동일한 모습의 인형(그림 5)이 길림성 통유현(通楡縣)
오포산(敖包山) 신석기시대 유적에서도 출토되었다.[35] 이러한 유물
들이 갖는 공통성은 한민족을 형성했던 주체세력이 일찍부터 한
반도와 만주에 거주했던 토착인들이었음도 알게 해준다.

위에서 살펴본 것처럼, 고대 한민족은 고조선시대부터 변과 책
및 절풍을 모든 지역에서 써왔음을 알 수 있다. 그러면 이들은 어
떻게 사용되었고, 어떤 재료로 만들어졌을까? 《위서(魏書)》〈열전〉
고구려전에,

---

32) 윤내현, 《고조선 연구》, pp.446~451 참조.

33) 조선유적유물도감편찬위원회, 《조선유적유물도감》 1-원시편, 조선유적유
　　물도감편찬위원회, 1998, p.148.

34) 김용간·서국태, 〈서포항 원시유적 발굴보고〉, 《고고 민속 논문집》 4, 사회
　　과학원출판사, 1972, p.118·p.131.

35) 王國范, 〈吉林通楡新石器時代遺址調査〉, 《中國考古集成》 東北卷 新石器時
　　代(二), pp.1933~1938 ; 載麗君, 〈敖包山遺址的陶人〉, 《中國考古集成》 東北
　　卷 新石器時代(二), p.1943. 이 지역은 고조선의 강역에 포함되는 곳으로 여
　　기서 출토된 질그릇은 모두 고조선 질그릇의 특징인 之字무늬·새김무늬·점
　　선무늬 등을 나타낸다.

> 머리에는 절풍을 쓰니 그 모양이 변과 비슷하고, 양옆에 새의 깃
> 을 꽂았는데, 귀천에 따라 차이가 있다.[36]

고 하여, 고구려에서 남자들은 모두 변과 비슷한 모양의 절풍을
썼으며 양쪽 옆에 새의 깃을 꽂아 귀천을 가렸음을 알려준다. 그
차이와 절풍의 재료에 대해 《수서(隋書)》의 〈열전〉 고(구)려전과
《북사(北史)》의 〈열전〉 고구려전에는,

> 사람들은 모두 가죽관을 쓰고, 사인(使人)은 새의 깃을 더 꽂았다.[37]

> 사람들은 모두 머리에 절풍을 썼고, 그 모양은 弁과 같으며, 사인
> (士人)은 두 개의 새 깃을 더 꽂았다.[38]

고 하여, 고구려에서는 주로 가죽으로 절풍을 만들었음을 알 수
있다. 그러나 아래 표에서 설명되듯이 신라와 가야에서는 자작나
무 껍질로도 만들었다. 사인(士人)은 새 깃 두 개를 더 꽂는다고
하므로, 일반인들도 절풍에 새의 깃을 꽂았음을 알 수 있다. 이는
무용총 수렵도의 일부 기마인이 절풍에 새의 털을 가득히 꽂은
모습과 무용도의 무용하는 사람이 절풍에 몇가닥의 새털을 꽂은
모습에서 확인 된다. 고구려의 경우 악공인(樂工人)도 자라모(紫羅
帽)를 쓰고 새 깃으로 장식했다.[39] 고조선시대부터 북부여에서도

---

36) 《魏書》 卷100 〈列傳〉 高句麗傳. "頭著折風, 其形如弁, 旁揷鳥羽, 貴賤有差."
37) 《隋書》 卷81 〈列傳〉 高(句)麗. "人皆皮冠, 使人加揷鳥羽(사람들은 모두 가
　　죽관을 쓰는데, 사인은 새의 깃을 더 꽂는다)". 위의 '使人'을 《北史》 卷94
　　〈列傳〉 高句麗傳에서는 '士人'이라 했다.
38) 《北史》 卷94 〈列傳〉 高句麗傳. "人皆頭著折風, 形如弁, 士人加揷二鳥羽(사
　　람들은 모두 머리에 절풍을 쓴다. 그 모양이 弁과 같은데 士人은 두 개의
　　새 깃을 더 꽂는다).
39) 《舊唐書》 卷29 〈志〉 音樂 二. "高麗樂, 工人紫羅帽, 飾以鳥羽."

관에 새 깃을 꽂았다.[40] 백제는 조배(朝拜)나 제사 지낼 때 절풍에 새의 깃을 꽂았던 것으로[41] 보아 고구려와 마찬가지로 일반인들도 새의 깃을 사용했음을 알 수 있다. 이와 같이 모자에 새 깃을 꽂는 풍습은 신라의 경우도 마찬가지였다. 단지 백제에서는 모를 관이라 하고[42] 신라에서는 관을 유자례(遺子禮)라고 불렀기 때문에[43] 명칭의 차이가 있었을 뿐이다. 한반도와 만주지역의 여러 나라들이 모두 이와 같이 새 깃을 꽂는 동일한 풍습을 갖는 것은 고조선의 풍습을 이은 것이라 하겠다. 1922년 낙양에서 출토된 연개소문의 아들 천남산(泉男産)의 묘지명(墓誌銘)에서,

  …… 나이 30세에 태대막리지(太大莫離支)가 되니 관위(官位)는 곳 따라 높았으나 총애는 왕부에서 받지 못하니, 절풍에 새 깃을 꽂았던 영예는 고향 구려[44]와 끊어졌다.[45]

---

40) 李奎報, 《東明王篇》. “漢 神雀 3년 壬戌年에 하느님이 태자를 보내어 扶余 王의 옛 도읍에 내려가 놀게 했는데, 解慕漱라 이름했다.…… 웅심산에 머물다가 십여 일이 지나서야 비로서 내려왔다. 머리에는 鳥羽冠을 쓰고 허리에는 용광의 칼을 찼다(漢神雀三年壬戌歲, 天帝遣太子降遊扶余王古都号解慕漱,…… 止熊心山經十餘日始下. 首戴鳥羽之冠, 腰帶龍光之劍).”

41) 《北史》 卷94 〈列傳〉 百濟傳. “若朝拜祭祀, 其冠兩廂加翅, 戎事則不(朝拜나 제사 지낼때에는 관의 양쪽곁에 〔새의〕 깃을 꽂았으나 군사 일에는 그렇지 않았다).”

42) 《南史》 卷79 〈列傳〉 百濟傳. “言語服章略與高麗同, 呼帽曰冠, 襦曰複衫, 袴曰褌(언어와 복장은 고[구]려와 거의 같다. 모를 관이라 부르고 유를 복삼, 고를 곤이라고 한다).”

43) 《南史》 卷79 〈列傳〉 新羅傳. “其冠曰遺子禮, 襦曰尉解, 袴曰柯半, 靴曰洗(그들은 관을 유자례라 하며, 저고리를 위해, 바지를 가반, 신을 세라 한다).”

44) 《後漢書》 卷85 〈東夷列傳〉에서는 高句驪와 句驪 둘로 나누고, 구려에 대하여 ‘一名貊. 有別種, 依小水爲居, 因名曰小水貊. 王莽初, 發句驪兵以伐匈奴,……’라고 한 것으로 보아 연개소문 一家가 바로 구려 출신인 것으로 보인다.

45) 〈泉男産 墓誌銘〉. “…… 卅爲太大莫離支. 官以地遷, 寵非王署. 折風揷羽, 榮絶句麗之鄕.”

고 하여, 고구려에서는 벼슬한 사람의 경우 절풍을 쓰고 새의 깃을 꽂는 풍습이 나라의 멸망과 함께 사라져갔음을 알 수 있다.

절(折)은 구부러진다는 의미[46]와 꺾어진다는 의미[47]를 모두 갖고 있어, 절풍은 변의 모습에서 부분적인 변화를 가졌을 것이므로 꼭대기 부분이 둥글거나 각이 진 모습일 것이라고 생각된다. 그러면 절풍이 변의 모습으로부터 어떠한 변화를 띠었는지 고구려 고분벽화와 신라와 가야의 고분에서 출토된 유물 등의 실제 자료를 통해 확인해보자.

고분명	연대	설명
		절풍의 모습
대안리 1호 고분벽화	서기 5세기 말	현실 서벽 벽화에 보이는 서 있는 사람
각저총	서기 4세기 말	각저도의 서 있는 사람
장천 1호 고분벽화	서기 4세기 말~ 5세기 초	야유수렵도에 보이는 사람과 불교공양도에 보이는 절하는 사람

---

46) 《禮記》〈玉藻〉. "折還中矩"의 折에 대한 주석에서 "曲行也"라 했다.
47) 《詩經》〈鄭風〉將仲子. "無折我樹杞."

삼실총	서기 5세기 초 	행렬도에 보이는 서 있는 주인공 남자와 다른 사람들
무용총	서기 4세기 말~ 5세기 초 	수렵도에 보이는 기마인들, 무용도에 보이는 춤추는 사람과 서 있는 사람들 및 기마인
개마총	서기 4세기 말~ 5세기 초 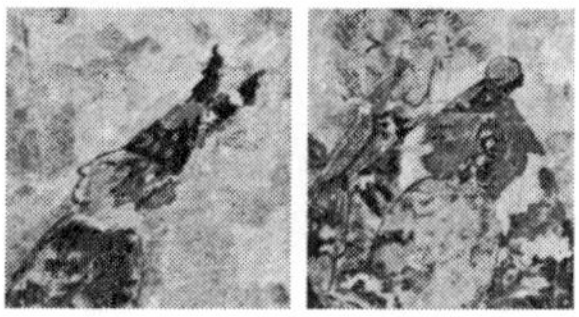	주실 서벽 천정부 개마도에 보이는 사람들

<표 1> 고구려의 가죽으로 만든 절풍 모습

고분명	설명	절풍의 모습
식리총	백화수피로 만든 두 가지 모습의 절풍. 윗면이 둥근 것은 금박 장식을 한 것이고, 윗면이 각진 것은 金絲와 銀鈕로 장식했다.[48]	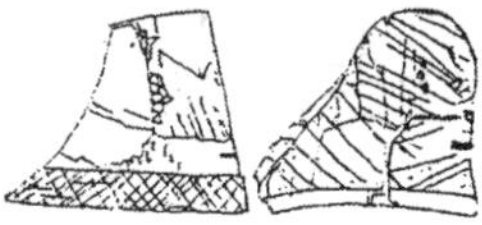
금관총	백화수피로 만든 두 가지 모습의 절풍. 표면에 絲織천을 붙였다.[49]	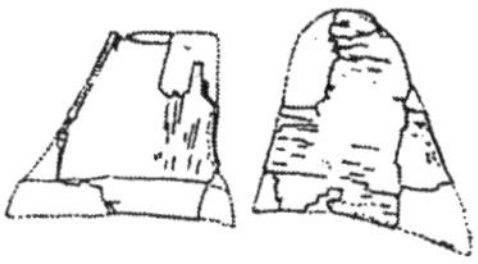

금령총	백화수피로 만든 두 가지 모습의 절풍. 표면에 旋廻紋과 火焰紋이 있는 彩畵 紋樣이 그려져 있다.[50]	
천마총	백화수피로 만든 두 가지 모습의 절풍. 윗부분이 각진 것은 金絲로 꿰어 맨 瓔珞으로 장식했다.[51]	
부부총	백화수피로 만든 윗부분이 둥근 절풍으로, 銀製 立飾과 함께 출토되었다.[52]	
달서 37호 고분	백화수피로 만든 윗부분이 둥근 모습의 절풍으로 銀製 立飾과 함께 출토되었다.[53]	

〈표 2〉 신라와 가야의 백화수피로 만든 절풍 모습

48) 梅原末治, 〈慶州金鈴塚飾履塚發掘調査報告〉, pp.216~217.

49) 濱田靑陵, 〈金銅冠其他の帽幘〉, 《慶州の金冠塚》 第6, 慶州古蹟保存會, 1932, pp.30~37 ; 濱田耕作·梅原末治, 〈慶州金冠塚と其遺寶〉, 《古蹟調査特別報告》 第3冊, 朝鮮總督府, 1924.

50) 《1924年度古蹟調査報告》 第1冊, 〈前編 金鈴塚－白樺樹皮制冠帽〉, 1932, pp.73~77 ; 梅原末治, 〈慶州金鈴塚飾履塚發掘調査報告〉, 《大正十三年度古蹟調査報告》, 朝鮮總督府, 1932.

51) 《天馬塚 發掘調査 報告書》, 〈白樺樹皮製 冠帽－三角形 冠帽〉, 문화재 관리국, 1974.

52) 馬場是一郞·小川敬吉, 〈梁山夫婦塚と其遺物〉, 《古蹟調査特別報告》 第5冊, 朝鮮總督府, 1926.

53) 朝鮮古蹟硏究會, 〈慶尙北道 達成郡 遠西面 古蹟調査報告〉, 《1923年度古蹟調査報告》 第1冊, 1923.

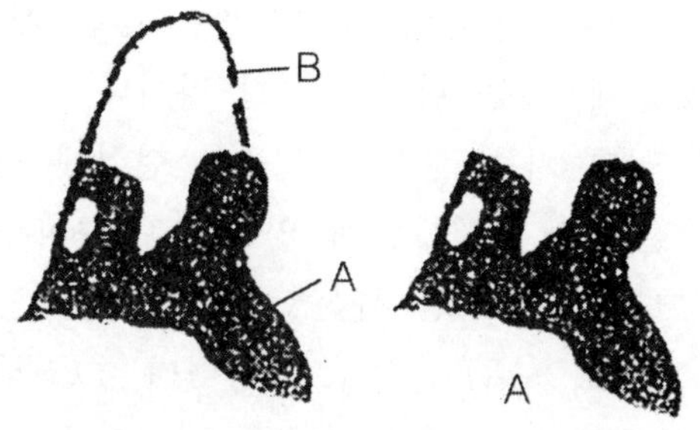

〈그림 6〉 고구려 고분벽화에 보이는 절풍   〈그림 7〉 속 부분

위의 도표로부터 다음의 사실이 확인된다.

첫째, 변에서 윗부분이 둥근 것과 각이 진 두 가지 모습의 절풍
으로 변화되었음을 알 수 있다.

둘째, 고구려 절풍의 경우 윗부분이 둥글게 변화된 것은 모두
겉부분에 A(그림 6)와 같은 검은색의 틀이 둘려지고 그 속에 윗부
분이 둥근 흰색의 B가(그림 7) 씌워진 이중구조의 모습을 하고 있
다. 그러나 이와 달리 윗부분이 각이 진 것은 전체가 한가지 색으
로 각이 져 솟아 있을 뿐 이중구조가 아닌 것으로 보인다. 신라의
절풍은 윗부분이 둥근 것이나 각이 진 것이나 모두 이중구조를
하고 있지 않은 것처럼 보이는데, 이는 B 부분이 얇은 천으로 만
들어졌을 경우 쉽게 부패되어 남아 있지 않기 때문일 것이다.

셋째, 조우삽관은 실제로 많은 양의 털을 길게 꽂아 드리운 경
우와 털로 만든 붉은 술을 한 뭉치 꽂은 경우 그리고 큰 새의 깃
을 2개만 꽂은 모습에서 그 차이가 확인된다. 2개의 새 깃을 꽂은
조우삽관을 쓴 경우는 검은색의 대(帶)를 앞에서 묶었는데, 그 묶
음이 3개의 고리 모양으로 가지런히 매듭지어져 있는 공통점이
있다. 이들의 앞 묶음은 조우삽관을 쓰지 않은 사람들보다 매듭의
폭이 넓어 대의 폭과 매듭의 모양은 관의 모습과 함께 신분의 차

이를 나타내는 것으로 추정된다. 이 같은 조우삽관은 높은 계층의 경우 새 깃을 금속으로 했는데, 이는 뒤에 서술할 것이다.

넷째, 개마총의 개마를 끌고 가는 사람의 절풍과 현실에 서 있는 사람의 절풍은 모두 절풍의 아랫부분에 양쪽으로 끈이 달려 이를 턱 아래에서 묶어 고정했다. 또한 사신도에 보이는 고구려·백제·신라의 사신이 쓴 절풍도 모두 끈으로 고정했다. 그러나 그 밖에 대부분의 이중구조를 가지는 절풍은 모두 이 같은 끈이 없어 이 이중구조는 아마도 머리에 절풍을 고정시키는 장치였을 것으로 생각된다.

다음은 책에 대해 알아보자. 고구려의 책은 중국의 책과 비슷하나 뒤에 늘어뜨리는 것이 없어 중국의 책과 구분된다고 했다. 요령성 여순시 철산구에 위치한 고구려 고묘에서 출토된 도용[54]은 고구려 사람들이 썼던 책의 모습을 가장 잘 보여주고 있다. 고구려의 책은 뒤가 없으나 중국의 책에는 뒤가 있는 것은 두발 처리 방법의 차이에서 비롯된 것이라 생각된다. 《설문해자(說文解字)》에서는 "머리에 건(巾)이 있는데, 이를 책이라 한다"[55] 했고, 《방언(方言)》에서는 "상투를 덮어 씌우는 것을 책건(幘巾)이라 하고 승로(承露)라고도 하며 혹은 복계(覆髻)라고도 한다"[56] 하여, 책은 건으로부터 변화된 것이며 머리를 간단히 처리하는 것임을 설명하고 있다.

《후한서》〈여복지〉에는 이 같은 내용이 더 상세히 설명되어 있는데, 중국에서 책은 한(漢) 제국이 건국된 후 비로소 처음 출현한다. 전국시대에 진(秦)은 무장(武將)들에게 머리에 단지 붉은 수건을 두르게 하여 귀천(貴賤)을 표시하게 했고, 그 뒤 한 제국이 건국된 다음 안제(顏題)를 만들어 건을 덮고 이를 책이라 불렀다.

---

54) 주 31과 같음.
55) 《說文解字》. "髮有巾曰幘."
56) 《方言》. "覆髻謂之幘巾, 或謂之承露, 或謂之覆髻."

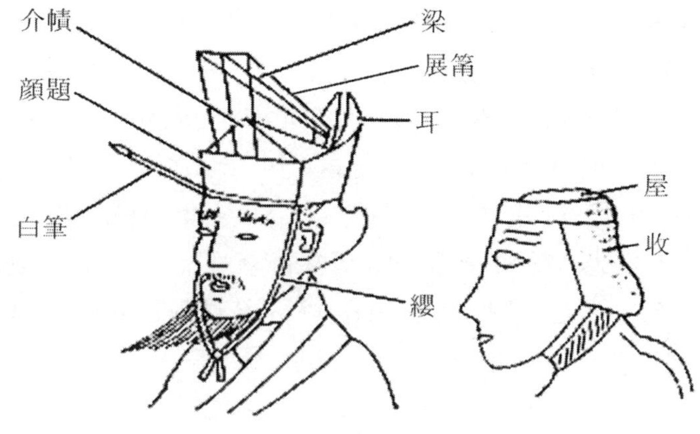

〈그림 8〉 책의 각부 명칭

이후 문제(文帝) 때에 와서 안제를 높이고 이어서 이(耳)를 만들었
으며, 건을 가득하게 해서 옥(屋)을 만들어 합한 뒤 뒤로 수(收)를
늘어뜨렸다. 높고 낮은 군신(羣臣)과 귀하고 천한 자가 모두 이를
사용했다(그림 8 참조).[57]

　이로 보아 중국에서 책은 한 초에 와서야 처음 출현하는데, 전
국시대까지 문관(文官)과 무관(武官)이 사용했던 관에서부터 변화
한 것이 아니고 전국시대 진나라에서 무장들이 쓰던 두건(頭巾)으
로부터 발전한 것임을 알 수 있다. 그렇기 때문에 머리에 감은 건
의 자락이 뒤에서 모아져 늘어뜨려지는 수가 발생한 것이다.

　그러나 고대 한국의 책은 중국의 책이 한 초에 와서 발생한 것
과 달리 고조선시대부터 사용되던 변으로부터 변화를 가진 것으

---

57) 《後漢書》〈志〉30 輿服下. "古者有冠無幘, 其載也,…… 秦雄諸侯, 乃加其武
　　將首飾爲絳袙, 以表貴賤, 其後稍稍作顔題. 漢興, 續其顔, 却摞之, 施巾連題,
　　却服之, 今喪幘是其制也. 名之曰幘. 幘者, 臣賾也, 頭首嚴臣賾也. 至孝文乃高
　　顔題, 續之爲耳, 崇其巾爲屋, 合後施收, 上下羣臣貴賤皆服之."; 孫機, 《漢代物
　　質文化資料圖說》, 文物出版社, 1991, p.231 ; 林巳奈夫 編, 《漢代の文物》, 東
　　京大學人文科學硏究所, 1976, p.17.

로, 중국에서와 같이 건을 사용하지 않았기 때문에 자연히 수가 없다. 《독단(獨斷)》에서는 한 원제(元帝)가 이마에도 머리털이 있어 이를 가리기 위해 책을 쓰기 시작하여 군신(群臣)들이 모두 따랐는데, 한 초에 사용하던 책과 달리 건이 없었다는 것으로 보아[58] 옥을 만들지 않았음을 알 수 있다. 원제와 달리 왕망(王莽)은 모발이 없어서 건을 사용해 옥을 만들었다고 했다.[59] 이로 보아 한대(漢代)에는 옥이 있는 책과 없는 책을 다 사용했음을 알 수 있다. 그러나 고대 한국의 경우 남자들은 모두 상투를 했으므로 건이 필요하지 않은 것과 마찬가지로 옥도 필요하지 않았을 것이다.

《후한서》〈여복지〉와 《진서(晋書)》〈여복지〉의 내용을 보면, 문관은 이(耳)가 길고 무관은 이가 짧으며 수의 길이는 3촌(寸)이며 군리(羣吏)는 봄에서 여름까지 청색의 개책(介幘)을 쓰고 무리(武吏)는 적색의 평상책(平上幘)을 쓴다. 또한 미성년인 동자(童子)는 옥이 없는 관을 쓴다고 했다.[60] 그러나 이후 무관은 평상흑책(平上黑幘)을 쓰고 녹봉이 2,000석 이상에 달하는 무관직은 흑색의 평상책 위에 사(紗)로 만든 덧관을 썼다고 했다.[61] 이로 보아 중국에

---

58) 《獨斷》卷下. "幘者, 古之卑賤執事, 不冠者之所服也,…… 元帝額有壯髮, 不欲使見人, 始進幘服之, 群臣皆隨焉. 然尙無巾, 如今半幘而已. 王莽無髮, 乃施巾, 故語曰王莽禿幘施屋."

59) 같은 책.

60) 《後漢書》〈志〉30 輿服下. "文者長耳, 武者短耳, 稱其冠也. 尙書幘收, 方三寸, 名曰納言, 示以忠正, 顯近職也. 迎氣五郊, 各如其色, 從章腹也. 帛衣羣吏春服靑幘, 立夏乃止, 助徵順氣, 尊其方也. 武吏常赤幘, 成其威也. 未冠童子幘無屋者, 示未成人也.";《晋書》卷25 〈志〉 輿服. "冠進賢者宜長耳, 今介幘也. 冠惠文者宜短耳, 今平上幘也. 始時各隨所衣, 遂因冠爲別, 介幘服文吏, 平上幘服武吏也."

61) 《晋書》卷25 〈志〉 輿服. "武冠, 一名武弁, 一名大冠, 一名繁冠, 一名建冠, 一名籠冠. 卽古之惠文冠, 或曰趙惠文王所造, 因以爲名, 亦云惠者蟪也. 其冠文經細如蟬翼, 故名惠文,…… 天子元服亦先加大冠, 左右侍臣及諸將軍, 武官通服之.";《晋書》卷24 〈志〉 職官. "三品將軍中二千石者, 著武冠平上黑幘, 五時朝服, 佩水蒼玉,…… 大司馬大將軍·太尉·驃騎·車騎·衛將軍·諸大將軍·開府位

서는 무관과 문관, 신분이나 직급에 따라 책의 모양이나 색상에 일정한 규제가 있었던 것 같다.

이 같은 중국의 책에 대한 규제의 내용과 달리 안악 3호 고분 벽화에 보이는 사람들은 대부분 검은색의 책을 썼고, 부월수(斧鉞 手) 4인은 붉은색의 책을 썼으며, 의장기수 4인은 안제의 앞이마 부분만 붉은 책이고 모두 검은색으로 된 책을 썼다. 행렬도에서도 부월(斧鉞)을 들고 가는 일부 무사들만이 붉은색의 책을 쓰고 다른 무사들과 기마무사들은 모두 검은색의 책을 썼다. 또한 중국의 경우 미성년자는 옥이 없는 관을 썼으나 고구려에는 이와 같은 규제가 보이지 않는다. 이 같은 고구려와 중국 책의 형제와 사용 규제에 관한 차이는 고구려의 책이 중국의 영향과 무관함을 보다 확실히 증명해주는 것이다. 이는 다음의 내용에서 더 상세하게 밝혀질 것이다.

(2) 종래의 견해에 대한 검토

고대 한국의 책에 관한 내용을 다룰 때는 안악 3호 고분벽화와 덕흥리 고분벽화에 보이는 책들이 그 대표적인 예로 제시된다. 김용준은 이들 고분벽화에 보이는 책과 관이 중국의 것과 유사하다[62] 했고 공석구(孔錫龜)는 동일하다고 주장했는데,[63] 이러한 주장을 근거로 하여 묘주의 국적이 중국계일 것이라는 견해가 제시되기도 한다. 저자는 두 고분벽화에 보이는 책들을 분석하여 이 같은 주장이 갖는 문제점을 지적하고자 한다.

從公者爲武官公, 皆著武冠, 平上黑幘."
62) 김용준, 〈안악 제3호분(하무덤)의 연대와 그 주인공에 대하여〉, 《문화유산》, 1957년 3기, pp.1~22.
63) 孔錫龜, 〈安岳 3號墳 主人公의 冠帽에 대하여〉, 《高句麗研究》 第5輯, 高句麗研究會, pp.157~193.

〈그림 9〉 안악 3호분에 보이는
장하독의 책

안악 3호 고분벽화에는 두 가지 종류의 책이 보인다. 하나는 시종무관도에 보이는 장하독(帳下督) 3인(그림 9)과 의장기수도의 의장기수 4인(그림 10) 및 행렬도에 보이는 일부 사람들(그림 11)이 쓴 책으로, 뒤의 이(耳) 부분이 올라간 것이다. 행렬도 사람들의 책은 장하독과 의장기수들의 책보다 이(耳) 부분이 더욱 높게 솟아 있어 변의 모습에 가깝다. 또 다른 하나는 주인공 좌우에 있는 기실(記室)·성사(省事)·문하배(門下拜) 3인(그림 12)과 의장기수 4인 및 행렬도의 일부사람들(그림 13)이 쓴 것으로, 뒤의 이(耳) 부분이 높게 굽어져 올라간 것이다.

〈그림 10〉 안악 3호분에 보이
는 의장기수의 책

〈그림 11〉 안악 3호분에 보이는 기
마인의 책

공석구는 안악 3호 고분벽화에 보이는 책을 중국과 북방지역의 고분벽화에서 보이는 책과 비교하고, 안악 3호 고분벽화에 보이는 책이 중국의 책과 동일하다고 했다.[64] 그러나 그가 그 근거로 제시

---

64) 같은 책.

〈그림 12〉 안악 3호분 묘주도에 보이는 책

한 중국과 북방지역의 예에서 보이는 책의 모습들은 안악 3호 고
분벽화의 책과 다음과 같은 큰 차이를 갖는다. 공석구는 발굴자들
이 동한 후기의 것으로 밝힌 요령성 요양시(遼陽市) 삼도호요업(三
道濠窯業) 제4현장의 고분벽화에 보이는 책(그림 14)[65]이 안악 3호
고분벽화의 장하독의 책과 같다고 했으나, 이 책은 뒤의 이(耳)
부분이 수평으로 되어 있는 평건책(平巾幘)으로 장하독의 책과는
전혀 다르다. 감숙성(甘肅省) 정가갑(丁家閘)의 고분벽화 관리상(官
吏像)에 보이는 책(그림 15)[66]은 《후한서》〈여복지〉의 내용에서와
같이 뒤에 수가 '3촌' 정도 늘어뜨려져 있어 장하독의 책과 다르
다. 요령성 요양시 동문리(東門里)에서 발견된, 동한 중기로 편년
된 고분벽화 '출행도(出行圖)'의 기마인(騎馬人)이 쓴 책(그림 16)[67]

65) 李文信,〈遼陽發現的三座壁畫古墳〉,《文物參考資料》, 1955年 第5期, pp.15~
    42.
66) 町田章,《古代東アゾアの裝飾墓》, 同朋舍, 1987, p.187.
67) 遼寧省博物館·遼陽博物館,〈遼陽舊城東門里東漢壁畫墓發掘報告〉,《文物》,
    1985年 第6期, pp.25~42.

〈그림 13〉 안악 3호분 행렬도에
보이는 일부 사람들의 책

이 장하독의 책과 같다고 했으나, 이 책은 뒤에 수가 길게 드리워 있고 또한 옥 부분이 높게 올라온 개책으로 장하독의 책과 전혀 다르다. 또한 운남성(雲南省) 소통현(昭通縣) 후해자(后海子)에서 발견된 동진(東晋)시대 고분벽화에 보이는 동벽 의장대열의 사람들이 쓴 책과 서벽에 환수철도(環首鐵刀)를 들고 있는 13인이 쓴 책(그림 17)[68]은 같은 모습인데, 이 책들은 이(耳)의 앞부분이 뒷부분보다 높은 경우도 있고 그 반대인 경우도 있으며 또는 거의 같은 경우도 있어 장하독의 책과 다르다. 그리고 발굴자들이 서벽의 환수철도를 들고 있는 13인은 한족(漢族)이 아니라 소수민족 부곡(部曲)의 형상을 나타낸 것이라고 한 것을 볼 때, 이는 중국의 책이 아니라 소수민족의 책일 가능성이 크다.

다음으로 기실·성사·문하배 3인과 의장기수 4인 및 행렬도의 일부 사람들이 쓴, 뒤의 이(耳) 부분이 높게 굽어져 올라간 책의 경우를 살펴보자. 공석구는 이 책이 중국의 화상석이나 고분벽화에서 보이는 책과 동일다고 주장하며 다음의 예를 제시했다. 즉, 하북성 망도현(望都縣) 한묘(漢墓)에서 출토된 고분벽화에서 포(袍)를 입은 관리가 쓴 책(그림 18)과[69] 같다는 것이다. 그러나 안악 3

---

68) 雲南省文物工作隊, 〈雲南省昭后海子東晋壁畫墓淸理簡報〉, 《文物》, 1963年
    第12期, pp.1～6.
69) 姚鑒, 〈河北望都縣漢墓的墓室結構和壁畫〉, 《文物參考資料》, 1954年 第12期,

〈그림 14〉 삼도호굴업 제4현장
고분에 보이는 묘주의 책

〈그림 15〉 정가갑고분에 보이는
관리의 책

호 고분벽화에 보이는 책은 윗부분의 이
(耳)가 두 갈래로 끝 부분이 높게 굽어
져 올라가 있고, 망도 한묘에 보이는 책
은 이와 달리 뒷부분의 이(耳)가 두 갈
래로 끝 부분이 휘어지지 않은 채 솟아
있다. 또한 망도 한묘의 책은 양이 높게
올라와 있고 수가 나와 있다. 이 같은
책은 안악 3호 고분벽화에서는 보이지
않는다. 공석구는 또 낙양시(洛陽市) 주

〈그림 16〉 동문리고분에
보이는 기마인의 책

촌(朱村) 출토의 동한시대 고분벽화에 보이는 묘주부부음연도(墓主
夫婦飲宴圖)의 묘주의 책과 차마출행도(車馬出行圖)의 관리의 책(그
림 19)[70]이 같다고 했다. 그러나 이들이 쓴 책은 모두 높은 양이

---

pp.47~65.

70) 洛陽市第二文物工作隊, 〈洛陽市朱村東漢壁畵墓發掘簡報〉, 《文物》, 1992年

〈그림 17〉 후해자고분에 보이는 의장대열의 책

〈그림 18〉 망도한묘에
보이는 관리의 책

〈그림 19〉 낙양시 주촌고분에 보이는
관리의 책

있고 뒤에 수가 있어 안악 3호 고분벽화의 책과 다르다. 또 하남
성 언사현(偃師縣) 행원촌(杏園村)에 위치한 동한시대 고분벽화에
보이는 차기출행도(車騎出行圖)의 관리 가운데 주차(主車) 앞에 있
는 말을 탄 관리가 쓴 책(그림 20)[71]과 같다고 하고 있지만, 이 책

第12期, pp.15〜20.

은 발굴자들도 밝히고 있듯이 평건책으로 가사관(加紗冠)이 덧붙여 있어 안악 3호 고분벽화의 책과 전혀 다르다. 그리고 감숙성 가욕관시(嘉峪關市)에 위치한, 동한 후기에 속하는 화상전묘(畫像磚墓) 진식도(進食圖)의 묘주가 쓴 책(그림 21)[72]도 예로 들고 있으나, 이 책은 수가 길게 늘어져 있어 역시 안악 3호 고분벽화의 책과 다르다.

아울러 신강 자치구 토로번현(吐魯番縣) 아사탑나(阿斯塔那) 고분벽화 묘주생활도(墓主生活圖)에 보이는 묘주의 책(그림 22)[73]과 토로번현 합라화탁(哈喇和卓) 고분들 가운데 75TKM98 고분벽화에 보이는 책(그림 23)[74]도 안악 3호 고분벽화의 책과 같다고 했는데, 이 책은 위에 나열된 중국의 책들보다는 비교적 안악 3호 고분 책의 모습에 가깝지만, 아사탑나 고분벽화에 보이는 책은 안제 위에 올라온 부분이 전혀 없고 75TKM98 고분벽화의 책은 이(耳)의 위에 올라온 부분이 비교적 낮고 수가 있다.

고대 북방민족들은 복식에서 앞서 있던 고조선과 이를 계승한 여러 나라로부터 갖가지 종류의 복식을 수입하고 또 영향을 받았는데, 이들 북방민족들의 책이 안악 3호 고분벽화에 보이는 책과 가까운 모습을 한 것은 이와 같은 이유 때문일 것이다.

공석구는 《후한서》 〈여복지〉와 《진서》 〈여복지〉에서 무리(武吏)가 늘 적책(赤幘)을 쓴다는 내용과 망도 한묘에 보이는 호위(護衛)의 역할을 맡은 묘주의 속리(屬吏)인 오백(伍伯)이 홍책(紅幘)을 쓰고 있는 모습을 들어 이들을 무관으로 보았다.[75] 그것은 옳다.

---

71) 徐殿魁·曹國鑒, 〈偃師杏園東漢壁畫墓的清理與臨摹禮記〉, 《考古》, 1987年 第10期, pp.945~951, 圖6.

72) 嘉峪關市文物淸理小組, 〈嘉峪關漢畫像磚墓〉, 《文物》, 1972年 第12期, pp.24~41, 圖版 柒.

73) 李肯冰, 앞의 책, p.109.

74) 張朋川, 〈河西出土的漢晋繪畫簡述〉, 《文物》, 1978年 第6期, pp.59~71, 圖版 玖.

〈그림 20〉 행원촌의 고분에
보이는 기마인의 책

〈그림 21〉 가곡관시의
고분에 보이는 묘주의 책

〈그림 22〉 투루번
아스타나고분에
보이는 묘주의 책

〈그림 23〉 투루번
합자화탁 75TKM98
고분에 보이는 책

그러나 적책은 호위무관이 쓰는 것이라거나, 안악 3호 고분벽화
부월수도에 보이는 부월수와 행렬도의 부월을 들고 가는 사람들
이 쓴 적책이 망도 한묘의 오백이 쓴 적책과 같다[76]고 본 것은 잘
못이다. 오백이 쓰고 있는 책은 평건책[77]으로 이 같은 책의 종류는

<hr>

75) 姚鑒, 〈河北望都縣漢墓的墓室結構和壁畵〉, 《文物參考資料》, 1954年 第12期,
  p.51.
76) 孔錫龜, 〈安岳 3號墳 主人公의 冠帽에 대하여〉, p.169.
77) 上海市戲曲學校中國服裝史研究組編著, 周汛·高春明撰文, 《中國服飾五千年》,
  商務印書館香港分館, 1984, p.36.

고구려 고분벽화에는 보이지 않으며, 무관이 적책을 쓰는 것은 중국의 경우인 것이다.

지금까지 살펴본 내용으로부터, 공석구와 김용준이 안악 3호 고분벽화에 보이는 책과 중국의 책이 유사하다거나 동일하다고 보고 안악 3호 고분벽화와 중국의 고분벽화가 연관이 있을 것으로 본 견해는 잘못임을 알 수 있다.

3. 직물로 만든 관

(1) 건귁·골소·나관

고구려의 부인들은 머리에 건귁(巾幗)을 한다고 했는데,[78] 각저총 주인공생활도(主人公生活圖)에 보이는 주인공 옆에 앉은 부인들과(그림 24) 삼실총 행렬도에 보이는 부인(그림 25)은 건귁을 했다. 이로 보아 건귁은 낮은 신분의 부인들만 하는 것이 아니었다고 생각된다. 또한 고구려 고분벽화들을 보면 일반 백성 남자들은 흑색 건을 많이 썼던 것으로 나타난다.

이 같은 흑색 건은 안악 3호 고분벽화 행렬도의 주인공 수레 뒷편의 일부 사람들 및 약수리 고분벽화 수렵도와 행렬도의 일부 기마인 그리고 덕흥리 고분벽화 행렬도의 일부 사람들과 전실 천정벽화에 보이는 기마인, 수렵도의 기마인, 주인실내생활도의 주

---

78) 《舊唐書》 卷199 〈列傳〉 高麗傳. "婦人首加巾幗.";《新唐書》 卷220 〈列傳〉 高麗傳. "女子首巾幗.";《舊唐書》에서는 '婦人'으로 《新唐書》에서는 '女子'로 서로 달리 기재되어 있는데, 고구려 고분벽화의 여러 내용에서 나이 어린 여자들이 巾幗을 하지 않은 점으로 보아 《舊唐書》의 기재가 옳은 것 같다. 또한 《說問解字》에서도 幗은 "婦人首飾"이라 했다.

〈그림 24〉 각저총 주인공 생활도에 보이는 부인

인 뒤에 있는 두 사람을 비롯해서 마사희(馬射戱) 창고도(倉庫圖)의 기마인과 서 있는 사람 등 여러 곳에서 볼 수 있다. 이들은 모두 흑색 천으로 머리를 덮은 뒤 머리 뒤에서 묶어 한 가닥으로 길게 늘어뜨린 모습이다. 이 흑색 건의 재료로 사용된 천은 마직물(麻織物)이나 사직물(絲織物)일 가능성이 크다. 고구려 백성들은 갈(褐) 옷을 입었는데,[79] 갈 옷은 고구려에서 대마(大麻)로 생산한 다양한 마직물 옷[80]을 말하는 것으로 흑색 건의 재료로도 사용되었을 것이다.

또한 한민족은 중국과 비슷한 시기인 서기 전 2700년경부터 사직물을 생산하기 시작했는데, 중국의 생산품과는 다른 여러 종류의 고유한 사직물을 생산하여 복식의 재료로 널리 대중화시켰다.[81]

---

79) 《舊唐書》 卷199 〈列傳〉 高麗傳. "國人衣褐載弁.";《新唐書》 卷220 〈列傳〉 高麗傳. "庶人衣褐, 載弁."
80) 고구려에서는 大麻로 麤布를 생산했고 線麻와 檾麻를 생산하여 檾麻로 絟과 모시를 만들었다. 또한 그외에 細白布와 60綜布를 생산했다(이 책의 제1부 제2장 〈고대 한국의 마직물〉 참조).
81) 이 책의 제1부 제3장 〈고대 한국의 사직물〉 참조.

따라서 흑색 건의 재료로 겨울에는 한민족
이 생산한 고유 사직물 가운데 비교적 두텁
고 강한 직물인 견(絹)·증(繒[帛])·면포(緜布
[紬])·기(綺)·단(緞)·연(練)·사곡(紗縠)·초(綃)
등을 사용하고, 여름에는 비교적 성글고 얇
은 겸(縑)·나(羅)·능(綾)·환(紈)·사(紗)[82] 등
을 사용했을 것이다.

《북사》의 〈열전〉 고구려전과 《주서(周書)》
의 〈열전〉 고(구)려전에서는,

〈그림 25〉 삼실총 행렬
도에 보이는 부인

> 귀한 사람들은 그 관을 소골(蘇骨)이라고 하는데, 대부분 자줏빛
> 나로 만들어 금이나 은으로 장식했다.[83]

> 남자들은…… 그 관을 골소(骨蘇)라고 하는데, 대부분 자주색 나
> 로 만들고 금과 은으로 섞어 장식했다.[84]

고 하여, 귀한 신분의 남자들은 무늬를 성글게 짠 사직물인 나[85]로
만든 관을 썼는데, 이 관을 소골 또는 골소라고 부르고 그 위에
금과 은으로 장식했음을 알 수 있다. 그 실제 예가 개마총(鎧馬塚)
주실(主室) 서벽 천정부에 그려진 행렬도에서 확인된다. 행렬도 맨
앞의 귀인으로 보이는 사람은 매우 화려한 입식(立飾)을 꽂은 자

---

82) 이 책의 제1부 제3장 〈고대 한국의 사직물〉 참조.

83) 《北史》 卷94 〈列傳〉 高(句)麗傳. "貴者, 其冠曰蘇骨, 多用紫羅爲之, 飾以金
   銀."

84) 《周書》 卷49 〈列傳〉 高(句)麗傳. "丈夫…… 其冠曰骨蘇, 多以紫羅爲之, 雜
   以金銀爲飾."

85) 羅는 《說文解字》에서 새를 잡기 위한 그물로 설명되어 있다. 《釋名》 〈釋
   采帛〉과 《渤海國志長編》 〈食貨考〉에는 무늬가 성글게 짠 絲織物로 설명되
   어 있다(이 책의 제1부 제3장 〈고대 한국의 사직물〉 참조).

줏빛이 나는 관을 썼다. 이마 부분에는 관과 다른 색의 테두리가 있고 그 위에 금이나 은으로 보이는 장식단추로 장식했으며, 옷 역시 장식단추로 장식되었다. 그 뒤에 금우식(金羽飾) 두 개를 관에 꽂은 사람이 뒤따르고 있다. 이 두 사람이 쓴 관은 모두 변에 가까운 절풍의 모습을 하고 있으며, 자줏빛이 나는 것으로 보아 자주색 나로 만든 소골 또는 골소라고 생각된다. 골소는 그 쓴 형식으로 볼 때 귀의 양쪽 끝 부분에 끈이 있어 이를 턱아래에서 묶고 고정시킨 것이다.

다음은 왕과 고급관리들이 썼던 나로 만든 관에 대하여 알아보자. 《구당서(舊唐書)》의 〈열전〉 고(구)려전과 《신당서(新唐書)》의 〈열전〉 고(구)려전에는 다음과 같은 내용이 나온다.

웃옷과 아래옷의 복식을 보면, 왕만이 오채(五綵)로 된 옷을 입으며, 흰색 나로 만든 관을 쓰고 흰가죽으로 만든 소대(小帶)를 두르는데, 관과 대는 모두 금으로 장식했다. 벼슬이 높은 자는 푸른 나로 만든 관을 쓰고 그 다음은 붉은 나로 만든 관을 쓰는데, 새 깃 두 개를 꽂고 금과 은으로 장식한다.[86]

왕은 5채로 된 옷을 입고 흰색 나로 만든 관을 쓰며 가죽으로 된 허리띠에는 모두 금테(금단추)를 두른다. 대신은 청색 나로 만든 관을 쓰고 그 다음은 진홍색 나로 만든 관을 쓰는데, 두 개의 새 깃을 꽂고 금테(금단추)와 은테(은단추)를 섞어 두른다.[87]

---

86) 《舊唐書》 卷199 〈列傳〉 高麗傳. "衣裳服飾, 唯王五綵, 以白羅爲冠, 白皮小帶, 其冠及帶, 咸以金飾. 官之貴者, 則靑羅爲冠, 次以緋羅, 揷二鳥羽, 及金銀爲飾."
87) 《新唐書》 卷220 〈列傳〉 高麗傳. "王服五采, 以白羅製冠, 革帶皆金釦. 大臣靑羅冠, 次絳羅, 珥兩鳥羽, 金銀雜釦."

이 두 기록의 내용으로부터 다음과 같은 나관(羅冠)의 모양이 확인된다. 고구려왕의 관은 흰색 나로 만들고 그 위에 금으로 테를 두르거나 금 장식단추로 장식했음을 알 수 있다. 대신(大臣)은 청색 나로 만든 관을 쓰고, 그 다음 관리는 진홍색 나로 만든 관을 쓰는데, 두 개의 새 깃을 꽂고 금테와 은테 또는 금 장식단추나 은 장식단추를 섞어 둘렀다.

왕의 관은 그 실제 예가 안악 3호 고분벽화 주인도(그림 26)에서 확인된다. 안악 3호 고분벽화에 보이는

〈그림 26〉 안악 3호분 묘주

주인도의 남주인공이 쓴 관을 관찰해보면 다음과 같다. 이 인물은 흑색의 책 위에 흰색의 나로 만든 덧관을 쓰고 있는데, 관의 앞 이마 부분에는 금색의 테두리가 둘려져 있고 이 테는 또 다시 이(耳)의 가운데 부분에서 위로 연결되어 있다. 관의 끈이 귀의 뒷 부분으로부터 내려와 턱에서 묶어져 포(袍)의 옷고름 위까지 내려와 있는데, 끈의 끝 부분은 심형(心形)의 큰 단추 같은 화려한 장식으로 마무리되어 있다. 이 같은 백라관(白羅冠)의 모습은 위의 기재와 거의 일치하고 있다.

백제왕의 경우는 고구려왕과 조금 달리 자색(紫色) 포를 입었는데, 검은색 나로 만들고 금화(金花)로 장식한 관을 썼으며 관리들은 모두 붉은색의 옷을 입었다.[88] 그리고 내솔(奈率) 이상은 은화

---

88) 《舊唐書》 卷199 〈列傳〉 百濟傳. "其王服大袖紫袍, 靑錦袴, 烏羅冠, 金花爲飾, 素皮帶, 烏革履. 官人盡緋爲衣, 銀花飾冠(그 나라의 왕은 소매가 큰 자주색 도포에 푸른바지를 입고, 오라관에 금화로 장식하며 흰가죽띠에 까만 가

(銀花)로 장식했다.[89] 이 금화와 은화에 대해서는 뒤에서 검토될 것이다.

(2) 종래의 견해에 대한 검토

안악 3호 고분에 대해서는, 벽화 주인공의 관이 백라관이라는 주장과 함께 이 고분을 왕릉으로 보기도 하고,[90] 중국의 무관과 유사하므로 동수묘[91]라고 보기도 하는 등 두 가지 내용으로 나뉜다. 공석구는 안악 3호 고분벽화의 주인공이 쓴 관이 위에 얇은 천으로 덧관을 한 점에 착안해서 이를 《진서(晉書)》〈여복지〉의 다음과 같은 설명과 연결지어 이 관을 혜문관이라고 보았다.

武冠, 一名武弁, 一名大冠, 一名繁冠, 一名建冠, 一名籠冠. 卽古之惠文冠, 或曰趙惠文王所造, 因以爲名, 亦云惠者蟪也. 其冠文經細如蟬翼, 故名惠文, …… 天子元服亦先加大冠, 左右侍臣及諸將軍, 武官通服之.[92]

즉, 무관 혹은 혜문관(惠文冠) 천의 결이 마치 매미의 날개와 같

죽신을 신는다. 관인들은 다 붉은색 옷을 입고 은화로 관을 장식한다).";
《新唐書》卷220〈列傳〉百濟傳. "王服大袖紫袍, 靑錦袴, 素皮帶, 烏革履, 烏羅冠飾以金薐. 羣臣絳衣, 飾冠以銀薐(왕은 소매가 큰 자포에 푸른 비단바지를 입고 흰 가죽띠에 까만 가죽신을 신으며, 오라관에 금화로 장식한다. 군신들은 진홍색 옷을 입고 관은 은화로 장식한다)."

89) 《隋書》卷81〈列傳〉百濟傳. "唯奈率以上飾以銀花(단지 奈率 이상은 銀花로 장식을 한다)."
90) 전주농, 〈안악 하무덤(3호분)에 대하여〉, 《문화유산》, 1959년 5기, pp.14~35 ; 박진욱, 〈안악 3호무덤의 주인공에 대하여〉, 《조선고고연구》, 1990년 제2호, pp.2~6.
91) 주 63과 같음.
92) 《晋書》卷25〈志〉興服.

다는 내용과 결부시킨 것이다. 그리고 이 혜문관의 모습을 한대의 화상석(畵像石)들에서도 확인하고 문관계층도 썼지만 무관계층이 더 많이 썼으며 고취악대들도 이 혜문관을 썼다고 주장했다. 그러나 공석구가 자료로 제시한 화상석에 보이는 관들은 비록 유사성이 있음에도 상세히 살펴보면 서로 다른 양상을 띠고 있으며, 안악 3호 고분벽화 주인도 남주인공의 관 역시 화상전에 보이는 관들과는 큰 차이가 있다. 이를 좀더 자세히 지적하면 다음과 같다.

첫째로, 고구려와 중국은 관을 만든 직물이 다르다.

공석구는 감숙성 무위현(武威縣)에 위치한 49호묘와 62호묘에서 출토된 '흑색 칠사관(漆纚冠)'이[93] 무관이 썼던 관의 잔여물로 안악 3호 고분벽화 주인공의 관과 유사하다고 했다. 발굴자들은 이 49호묘가 동한 중기(약 서기 126~167년)에 속하고 62호묘가 왕망 시기(서기 9~24년)에 속한다고 밝혔다. 이 관을 만들 때 쓰인 사직물인 흑색의 사(紗)는, 발굴자들이 "부표(附表) 2"에서 밝혔듯이, 둘 다 날실과 씨실의 직경이 매우 굵은 실로 성글게 짜여져 능형(菱形)과 방형(方形)의 구멍으로 연결된 모습을 한 천이다. 62호묘 남주인공이 썼던 흑색 칠사관의 사는 날실과 씨실의 올수가 센티미터당 7×7이고, 날실과 씨실의 실 직경은 모두 0.2밀리미터이며, 섬유조직에 방공(方孔)이 형성되었다. 49호묘 남주인공이 썼던 흑색 칠사관의 사는 올수가 센티미터당 14×14이고, 날실과 씨실의 실 직경은 모두 0.15밀리미터이며, 섬유조직에 능형공(綾形孔)이 형성되었다.

이 같은 섬유조직의 내용으로 보아 그 짜임이 매우 성근 그물 모양의 조직을 가졌음을 알 수 있고, 이 같은 이유로 인해 여러 화상전에서는 이 같은 관들을 그물 모양으로 표현했을 것이다. 고

---

93) 甘肅省博物館, 〈武威磨咀子三座漢墓發掘簡報〉, 《文物》, 1972年 第12期, pp.9~23.

개지(顧愷之)도 〈낙신부도(洛神賦圖)〉에서 칠사롱관(漆紗籠冠)을 그물처럼 그리고 있다.[94] 그러나 안악 3호 고분벽화 주인공의 덧관은 이 같은 그물 모양으로 표현되지 않았다. 이는 중국에서 관을 매우 성근 사로 만든 것과 달리 고구려에서는 비교적 고운 나로 만들었기 때문일 것이다. 이 같은 안악 3호 고분벽화에 보이는 왕의 관과 달리 덕흥리고분벽화와 쌍영총 주인도의 관은 청라관(靑羅冠)으로 비교적 섬세한 그물로 표현되어 있어 성근 나로 만들어졌을 것으로 생각된다. 이는 이 고분들의 주인공이 안악 3호 고분벽화의 주인공과 같은 왕의 신분이 아님을 나타내는 것이다.

둘째로, 49호묘와 62호묘의 발굴자들은 흑색 사(紗)와 함께 관 주위와 관의 윗부분을 바쳤던 대나무 줄기가 출토되었다고 했다. 그리고 이 관이 《후한서》〈여복지〉에 기재된 대나무를 사용한 장관(長冠)[95]과 법관(法冠)[96]의 내용과 일치한다고 말했을 뿐 이를 무관이라고 밝히지는 않았다. 실제로 안휘성(安徽省) 박현(亳縣)에 위치한 동원촌(董園村) 2호 동한묘에 보이는 인물화상(人物畵像)에는 두 사람의 문관[97]이 모두 이 같은 관을 쓰고 있다. 이로 보아 이 같은 관을 반드시 무관만이 썼던 것은 아니라고 생각된다.

셋째로, 공석구가 제시한 중국의 관과 안악 3호 고분의 주인공 관은 형제에서 차이가 있다. 중국의 화상전에 보이는 관들의 덧관은 크게 두 가지로 구분된다. 하나는 덧관이 속관인 책의 앞부분에서 조금 들어가 덧관이 연결되는 것이고 다른 하나는 덧관이 속관의 앞부분에서 거의 같이 연결되는 것이다. 그러나 안악 3호

---

94) 上海市戲曲學校中國服裝史硏究組編著, 周汛·高春明撰文 《中國服飾五千年》, p.57.
95) 《晉書》 卷25 〈輿服〉. "長冠, 一名齊冠. 高七寸, 廣三寸, 漆纚爲之, 制如版, 以竹爲裏."
96) 《晉書》 卷25 〈輿服〉. "法冠, 一名柱後, 或謂之獬豸冠. 高五寸, 以縱爲展筩."
97) 亳縣博物館, 〈安徽亳縣發現一批漢代字磚和石刻〉, 《文物資料叢刊》 2, 文物出版社, 1978, pp.142~173.

고분벽화 주인공의 관은 덧관이 속관의 뒷부분에서 연결되어 씌워져 있다. 그리고 중국의 관은 책의 경우와 마찬가지로 거의 모두 덧관의 아래에 수가 늘어져 있으나, 안악 3호 고분벽화의 경우는 수가 없다. 이 같은 덧관과 속관의 연결 모습과 수의 모습은 안악 3호 고분벽화 고취악대들의 경우에서도 마찬가지이다.

넷째로, 영의 길이에 큰 차이가 있다.

안악 3호 고분벽화의 주인공을 보면, 백라관을 쓴 귀밑으로 비교적 검은색이 나는 영이 턱의 아랫부분에서 가볍게 묶어져 합임직령(合袵直領)으로 여며진 포의 앞부분 옷고름이 있는 데까지 내려와 끝 부분은 심형의 단추와 같은 화려한 장식으로 처리되어 있다. 이와 달리 중국의 화상전에 보이는 대부분의 관에 연결된 영들은 거의가 턱의 아랫부분에서 짧게 묶어져 있다. 이는 《후한서》〈여복지〉에서,

> 관들은 모두 영유(纓緌)가 있는데, 집사(執事)와 무리(武吏)는 모두 곧은 끈으로, 늘어진 길이가 5촌이다.[98]

라고 한 내용에서도 볼 수 있듯이, 관의 영(纓)을 묶고 늘어뜨리는 수(垂)가 달려 있고, 집사나 무이의 끈은 곧은 끈으로 그 길이는 약 11.5센티미터[99] 정도로 매우 짧았음을 알 수 있다. 그러나 안악 3호 고분벽화 주인공이 늘어뜨린 끈은 그 길이가 길게 앞가슴 부분까지 내려와 있다. 중국과 고구려 간의 이 같은 관영(冠纓) 제도의 차이는 고구려의 관이 중국의 영향과 무관함을 알려준다.

---

98) 《後漢書》 卷30 〈志〉 輿服下. "諸冠皆有纓緌, 執事及武吏皆縮纓, 垂五寸."

99) 1寸은 10분의 1尺이다. 睡虎地秦墓竹簡整理小組는 《睡虎地秦墓竹簡》〈倉律〉에서 1尺을 지금의 약 0.23센티미터로 보고 있어, 이를 따르면 1寸은 2.3센티미터로 5寸은 11.5센티미터가 된다.

258

지금까지 살펴본 바와 같이 중국의 나관과 안악 3호 고분벽화 주인공의 백라관은 큰 차이가 있음을 알 수 있다. 또한 안악 3호 고분벽화 주인공의 백라관에 둘려진 금색의 테두리는 왕관임을 알려주는 것으로, 이 고분이 동수묘일 수 없음을 나타내고 있는데, 이는 주인공이 입은 의복과 고분벽화의 다른 구성원들의 복식이 고대 한민족 복식의 특징을 그대로 하고 있다는 점[100]에서 더욱 그러하다.

결론적으로 안악 3호 고분벽화의 주인공은 고구려왕이며 그가 쓴 관은 백라관임을 알게 한다.

---

100) 첫째는 안악 3호분의 남주인공과 儀仗旗手의 袍에서 길고 짧은 옷고름을 맨 모습이 보이고, 帳下督과 斧鉞手가 입은 襦에도 옷고름을 맨 모습이 보인다. 옷고름의 사용은 중국이나 북방민족의 복식에서 볼 수 없는 한민족의 의복만이 갖는 여밈새의 우아한 처리 방식이다. 둘째는《舊唐書》卷199〈列傳〉高(句)麗傳에 오로지 王만이 오색이 나는 絲織物 옷을 입고, 흰가죽으로 된 小帶를 두른다고 했다. 이 기재의 내용이 안악 3호분 남주인공의 복식에서 확인되는데, 남주인공이 입은 袍는 자주색과 검은색 및 엷은 고동색 등의 색감이 나는 바탕에 화려한 줄무늬가 있고 大襟斜領의 깃부 위와 끝동에 가늘게 검은 선을 두르고 그 위에 장식단추를 돌려 장식했으며 흰 색으로 보이는 小帶를 둘렀다. 셋째는 안악 3호분 여주인공 및 侍女들이 입은 大襟斜領의 袍는 이 벽화가 만들어진 시기와 같은 시대인 兩晋南北朝시대의 중국복식에서는 전혀 보이지 않는다. 또한 장하독과 의장기수, 뿔나팔부는 사람, 대행렬도의 일부 사람들이 입은 襦와 袴는 고대 한국 고유의 특징을 갖는 복식이다. 넷째로 안악 3호 고분벽화의 모든 구성원들은 袍와 襦의 안에 겉옷보다 엷은 색감의 속옷을 입어 겉옷과 조화를 이루었는데, 이는 고대 한국 복식만이 갖는 특징이다. 다섯째로 안악 3호 고분벽화 행렬도에 보이는 갑옷과 투구 및 말 갑옷 등의 形制는 고대 한국 갑옷만이 갖는 고유한 특징이다(이 책의 제2부 고대 한국 복식의 원형과 제3부 고대 한국의 갑옷 참조).

4. 금속으로 만든 관식과 관모

(1) 관식·절풍·금동관·금관

《한원(翰苑)》〈번이부(蕃夷部)〉고구려조에서는,

칼과 숫돌을 차서 등급을 알 수 있고 금과 깃으로 귀천을 분명히
했다.…… 귀한자는 책을 쓰는데, 후에 금과 은으로 사슴 귀를 만들
어 책의 위에 꽂았다.[101]

고 했고, 《양원제직공도(梁元帝職貢圖)》에서는,

고려의 부인은 무늬가 없는 옷을 입었지만, 남자는 금은으로 아름
다운 무늬를 엮은 것을 입었다. 귀한 사람은 책을 썼지만 뒤가 없고,
금은으로 사슴의 귀처럼 하여 책 위에 더했다. 천한 사람은 절풍을
쓰고, 금환으로 귀를 뚫었다. 위는 무늬 없는 겉옷과 속옷이고, 아래는
무늬 없는 긴 바지이고, 허리는 은대가 있고, 왼쪽에 칼 가는 것을
차고 오른쪽에는 오자도를 찼으며, 발은 두례답(豆禮鞜)을 신었다.[102]

고 하여, 고구려에서 귀한 사람은 절풍 이외에 책을 썼음을 알 수
있다. 또한 절풍에 꽂는 새 깃을 금으로 만들어 장식했고 책에도
금으로 만든 장식이 사용되었는데, 이 같은 장식은 책이 사용된

---

101) 《翰苑》〈蕃夷部〉高(句)麗傳. "佩刀礪, 而見等威, 金羽以明貴賤…… 貴者冠
幘, 而後以金銀爲鹿耳, 加之幘上, 賤者冠折風"
102) 《梁元帝職貢圖》. "高麗婦人衣白, 而男子衣結錦飾以金銀. 貴者冠幘而無後,
以金銀爲鹿耳, 加之幘上. 賤者冠折風, 穿耳以金環. 上白衣衫, 下白長袴, 腰有
銀帶, 左佩礪而右佩五子刀, 足履豆禮鞜." 鞜은 鐟(탑)으로 금속을 붙여 둘러
싼 것을 말한다 ; 이 책 제7장의 주 34 참조.

훨씬 뒤에 사용되기 시작했으며, 귀한 사람들은 금과 은으로 만든 사슴 귀 장식을 꽂았음을 알 수 있다. 그런데 《구당서》와 《신당서》의 고(구)려전에서,

> 벼슬이 높은 자는 푸른 나로 만든 관을 쓰고 그 다음은 붉은 나로 만든 관을 쓰는데, 새 깃 두 개를 꽂고 금과 은으로 장식했다.[103]

> 대신은 푸른 나로 만든 관을 쓰고 그 다음은 진홍색 나로 만든 관을 쓰는데, 두 개의 새 깃을 꽂고 금테(금단추)과 은테(은단추)를 섞어 둘렀다.[104]

고 한 것으로 보아, 대신들은 그 지위에 따라 청라(靑羅)·비라(緋羅[絳羅])로 구분했고, 절풍이나 책에 새 깃 두 개를 꽂고 금테(금단추)와 은테(은단추)를 섞어 장식했음을 알 수 있다. 붉은색 나관에 테두리를 하고 단추 장식을 한 모습은 개마총의 입식을 꽂은 관에서 그 화려함을 볼 수 있다. 위의 《구당서》와 《신당서》의 인용문에 대신들이 금과 은의 사슴 장식을 꽂았다는 내용이 보이지 않는 것으로 보아 앞의 《한원》과 《양원제직공도》의 인용문에서 말한 금과 은으로 만든 사슴귀를 책에 꽂은 귀한 사람은 왕실이나 귀족을 뜻하는 것으로 생각된다. 백제의 경우 《구당서》〈열전(列傳)〉백제전(百濟傳)에서,

> 관인들은 다 붉은색 옷을 입고 은화로 관을 장식했다.[105]

---

103) 주 87과 같음.
104) 주 88과 같음.
105)《舊唐書》卷199〈列傳〉百濟傳. "官人盡緋爲衣, 銀花飾冠."

고 하여, 관리들은 나관에 은화로 장식했음을 알 수 있다. 즉, 고구려의 대신들은 관에 금테(금단추)과 은테(은단추)를 섞어 두르고, 백제의 관리들은 은화를 장식했다. 그리고 고구려의 왕은 관에 금테(금단추)[106]를 두르고, 백제의 왕은 금화를 장식했다.[107] 왕관의 경우는 뒤에서 더 상세하게 논할 것이다.

　위의 내용들을 확인시켜줄 수 있는 절풍과 책에 꽂았던 금과 은으로 만든 새 깃 장식 및 사슴 귀 장식과 함께 금과 은으로 만든 절풍이 출토된 바 있다. 이를 통해 왕실과 귀족 지배층에서는 절풍을 금이나 은으로도 만들어 사용했음을 알 수 있다. 그 외에 절풍은 백화수피나 가죽 또는 그 위에 사직물을 붙여 만들었기 때문에 부패되고 입식만 남아 있는 경우도 있다. 그 출토 내용은 다음 도표와 같다.

유적 이름 및 출토지	설명	절풍과 입식의 모습
익산 입점리 출토	윗부분이 둥근 금동제 절풍으로, 뒷부분에는 길이가 긴 장식이 달려 있다.[108]	
황남동 98호 고분 북분	모부는 부패되어 남아 있지 않고, 은제 조익형 입식이 출토되었다.[109]	
황남동 98호 고분 남분	윗부분이 둥근 은제 절풍과 금제 조우형 입식이 출토되었다.[110]	

---

106) 주 87·88과 같음.
107) 주 88과 같음.
108) 문화재 연구소,《益山 笠店里 古墳群》, 1989.
109) 경주 사적 관리사무소,〈銀製 冠飾〉,《경주 황남동 제98호 고분 발굴 약보

황남동 천마총	윗부분이 둥근 금제 절풍과 금제 조우형 입식이 금제 녹이형 입식, 각형 입식과 함께 출토되었다.[111]	
금관총	윗부분이 둥근 금제 절풍과 함께 절풍의 앞부분에 꽂았던 금제 조우형 입식과 금제의 각형 입식이 출토되었다.[112]	
양산 부부총	윗부분이 둥근 금동제 절풍과 절풍 앞에 꽂았던 금동제 조우가 출토되었다. 또한 백화수피 절풍과 절풍 앞에 꽂았던 새의 볏 모양의 은제 입식이 출토되었다.[113]	
의성 탑리 제2묘곽	금동제 조우형 입식이 출토되었다.[114]	

고》, 1974 ; 金正基 外, 《皇南大塚(北墳)》, 1985.

110) 문화재 관리국, 《경주 황남동 제98호 고분 발굴 약보고》, 1976, p.21·p.59, 도판 32.

111) 문화재 관리국, 《경주 황남동 제155호 고분 발굴 약보고》, 1973, p.7·p.45, 도판 41.

112) 濱田耕作·梅原末治, 〈慶州金冠塚と其遺寶〉, 《古蹟調査特別報告》 第3冊, 1924.

113) 馬場是一郎·小川敬吉, 〈梁山夫婦塚と其遺物〉, 《古蹟調査特別報告》 第5冊, 朝鮮總督府, 1926.

114) 김재원·윤무병, 《義城 塔里 古墳》, 국립박물관, 1962, pp.27~29.

달서 34호 고분	은제 조익형 입식이 출토되었다.[115]	
달서 55호 고분	금동제 조익형 입식이 출토되었다.[116]	
낙동강유역 출토	금동제 조익형 입식이 출토되었다.[117]	
무령왕릉	왕과 왕비의 금제 관식이 출토되었다.[118]	
나주 반남리 출토	금동제 절풍모가 금동 장식과 함께 출토되었다.[119]	
능산리 36호 백제 고분	은제 관식이 2개 출토되었다.[120]	

〈표 3〉 금속으로 만든 절풍과 관식

위의 표로부터 다음의 내용이 확인된다.

첫째, 금속으로 만든 새 깃을 꽂는 고구려의 풍습은 신라에도

---

115) 朝鮮古蹟硏究會, 〈慶尙北道 達成郡 遠西面 古蹟調査報告〉, 《1923年度古蹟調査報告》 第1冊, 1923.

116) 같은 글 참조.

117) 朝鮮古蹟硏究會, 〈慶尙北道 古蹟調査報告〉, 《1923年度古蹟調査報告》 第1冊, 1923.

118) 문화재 관리국, 《武寧王陵》, 1973, pp.18~20.

119) 梅原末治, 〈羅州潘南里の寶冠〉, 《朝鮮學報》 第14輯 高橋先生頌壽紀念號, 1959, pp.477~488.

120) 崔孟植, 〈陵山里 百濟古墳 出土 裝飾具에 관한 一考〉, 《百濟文化》 第27輯, 1998, pp.153~185.

있었음을 알 수 있다. 이와 달리 백제의 경우 왕은 금화로, 대신들은 은화로 장식한 관을 썼는데, 이 같은 차이점에 대해서는 뒤에서 다루게 될 것이다.

둘째, 《삼국사기》〈잡지(雜志)〉의 차기(車騎)에서 신라 사람들이 사용한 금속을 금·은·유석(鍮石〔黃銅〕)[121]·동(銅)·철(鐵)의 순서로 기재하고 있어 그 중요성에 따른 금속의 서열을 가름할 수 있다. 그러므로 위의 무덤들에서 출토된 금·은·금동으로 된 절풍과 입식들은 피장자의 신분이나 관직과 관계가 있을 것으로 생각된다.

무덤의 내용이나 외형으로 보아 왕이나 왕비 또는 그에 상응하는 사람의 무덤으로 추정되지만, 주인공을 알 수 없는 경우 높고 큰 무덤이란 뜻에서 총(塚)이라고 부른다. 위의 도표 가운데 신라의 무덤인 천마총과 금관총에서는 금제(金製)의 조우형(鳥羽形) 입식 이외에도 금제의 절풍과 금제의 녹이형(鹿耳形) 또는 각형(角形)의 관식이 출토되어 관식만으로도 이는 왕의 무덤임을 알 수 있다.

그러나 양산(梁山) 부부총(夫婦塚)에서는 금제가 출토되지 않고 금동제(金銅製) 조우와 은제(銀製) 입식 및 금동관이 출토된 것으로 보아, 이는 왕 또는 왕비의 능일 수 없고 대신이나 귀족계급의 무덤으로 분류되어야 할 것이다. 따라서 이 무덤이 총으로 불리는 것은 문제가 있다. 달서 34호와 37호 고분은 은제 관식 만이 출토되었으므로 이 무덤들은 왕족의 것이 아니라 벼슬에 있던 사람들의 무덤이었을 것으로 생각된다.

---

121) 《演繁露》. “黃銀者, 果何物也. 世有鍮石者, 質實爲銅, 而色如黃金, 特差淡耳, 黃銀殆鍮石也. 鍮金屬也, 而附石爲字者, 爲其不皆天然自生, 亦有用盧甘石煮鍊而成者, 故兼擧兩物而合爲之名也.”;《本草綱目》〈金石部〉. “赤銅下李時珍曰, ‘赤銅爲用最多, 人以爐甘石鍊爲黃銅, 其色如金’.” 鍮石은 금과 같이 색이 나는 黃銅을 가리킨다.

셋째, 신라는 23대 법흥왕(法興王, 서기 514~540년) 때에 이르러 처음으로 6부 사람들의 복색(服色)에서 존비(尊卑)를 구별하는 제도를 규정했는데, 이는 옛 습속 그대로였고, 진덕왕(眞德王) 2년(서기 648년)에 김춘추가 당에서 돌아와 한민족의 복식에서 중국의 것으로 바꾸었다.[122] 이처럼 복식을 바꾸면서 남자들은 관 대신 천으로 만든 복두(幞頭)를 쓰기 시작했는데, 복두에는 장식을 하지 않기 때문에 위 표에서 보이는 절풍과 장식들은 신라에서 진덕왕 2년 이전까지 사용되었다고 볼 수 있다. 이는 금속으로 만든 절풍과 관식이 출토되는 고분들의 연대가 대부분 서기 4세기~서기 5세기 말에 속하는 점과도 일치한다.

넷째, 위 도표에 정리된 대부분의 관식들은 모두 원형과 복숭아 모양의 장식단추를 전면에 달아 화려함을 보여주고 있다. 이 장식단추의 사용은 고조선시대부터 청동 장식단추로 사용되던 것이 그대로 이어진 것으로, 장식단추에 관해서는 뒤에서 상세히 설명될 것이다. 이 같은 장식단추의 사용과 함께 절풍을 금이나 은으로 만든 것은 중국이나 북방지역에서 찾아볼 수 없는 것으로 고대 한민족 만이 갖는 고유한 관제(冠制)이다. 위 도표 가운데 능산리(陵山里) 백제 고분에서 출토된 은화 관식은 수지의 끝 부분을 복숭아 모양의 꽃모습으로 마무리했는데, 이는 복숭아 모양의 장식단추 모습에서 변화된 형제라고 하겠다. 같은 모습의 은화 관식이 논산(論山) 육곡리(六谷里)[123]와 남원(南原) 척문리(尺門里)[124] 등에서 출토되어 백제의 화관식(花冠飾)이 고조선의 복숭아 모양 장

---

122)《三國史記》卷33〈雜志〉色服. "至第二十三葉法興王, 始定六部人服色尊卑之制, 猶是夷俗…… 至眞德王在位二年, 金春秋入唐…… 遂還來施行, 以夷易華."
123) 安承周·李南奭,《論山 六谷里 百濟古墳 發掘調査報告書》, 百濟文化開發硏究院, 1988, pp.31~34.
124) 洪思俊,〈南原出土 百濟冠飾具〉,《考古美術》通卷 90號, pp.363~364.

식단추 모습을 보다 발전시켜나갔음을 알 수 있게 해준다.

다섯째, 위 도표의 내용 가운데 무령왕릉(武寧王陵)에서 출토된 관식은 지금까지 인동화(忍冬花)[125]와 연화(蓮花) 또는 화염문(火焰紋)의 불교적 요소를 내포한 문양들로 구분되어왔다.[126] 그러나 고조선문화로 추정되는 하가점하층문화에 속하는 서기 전 17세기경의 내몽고자치구 오한기(敖漢旗) 대전자(大甸子)유적[127]에서 출토된 질그릇에 보이는 문식(紋飾)(그림 27)[128]은 무령왕릉의 관식 문양과 거의 같은 모습을 보여준다. 이 질그릇에 보이는 도안 문식을 중국학자들은 우모(羽毛)에서 변화되어 나온 것으로 보고, 우모로 구성된 화관(花冠)의 문식을 나타낸 것으로 해석했다.[129] 따라서 고대 한국의 질그릇이나 청동기 또는 관식 등에 나타나는 화문식(花紋飾)을 그 형태상의 유사성만을 논하여 후대에 보이는 불교적인 문양으로만 단정지을 것이 아니라, 문식에 대한 앞선 시기로부터의 변천사적인 연구가 요구된다.

이제 금관과 금동관(金銅冠)에 대하여 살펴보자. 고구려의 것으

125) 李蘭暎, 〈百濟 金屬工藝의 對外交涉〉-금공기법을 중심으로, 《百濟 美術의 對外交涉》, 藝耕, 1998, pp.207~208.
126) 秦弘燮, 〈百濟·新羅의 冠帽·冠飾에 관한 二三의 問題〉, 《史學志》 第7輯, 檀國史學會, 1973, pp.17~34 ; 이은창, 《한국 복식의 역사》-고대편, pp.232~234.
127) 최근에 고고학자들은 夏家店하층문화를 비파형동검문화의 전신으로 보며 고조선문화로 분류하고 있다(한창균, 〈고조선의 성립배경과 발전단계 시론〉, 《國史館論叢》 第33輯, 國史篇纂委員會, 1992, pp.7~20 ; 林炳泰, 〈考古學上으로 본 濊貊〉, 《韓國古代史論叢》 1, 駕洛國史蹟開發研究院, 1991, pp.81~95 참조). 내몽고자치구의 敖漢旗 大甸子遺蹟은 서기 전 1440±90년(3390±90 B.P.)·1470±85년(3420±135 B.P.)으로 교정 연대는 서기 전 1695±135년·1735±135년이다(中國社會科學院考古研究所 編著, 《中國考古學中碳十四年代數據集》, 文物出版社, 1983, p.25).
128) 劉觀民, 〈內蒙古東南部地區靑銅時代的幾個問題〉, 《中國考古集成》 東北卷 靑銅時代(一), 北京出版社, pp.628~631.
129) 梁思永, 〈遠東考古學上的若干問題〉, 《梁思永考古論文集》, 科學出版社, 1959.

로는 평양 부근의 고분에서 출토된 금동관으로 초화문(草花文)을 투조하여 만든 화관형(花冠形)의 금동관이 있다.[130] 변과 절풍의 모습을 지니고 있는 것으로 보아 이는 초기 형태로 생각되며, 그 재료가 금동인 것으로 볼 때 왕관은 아니고 왕족이나 신분이 높은 귀족이 썼던 것으로 생각된다. 백제의 것으로는 전라남도 나주군 반남면(潘南面) 신촌리(新村里) 9호 고분에서 금동으로 만든 절풍과 세움장식을 꽂은 금동관이 출토되었다.[131] 절풍의 모습

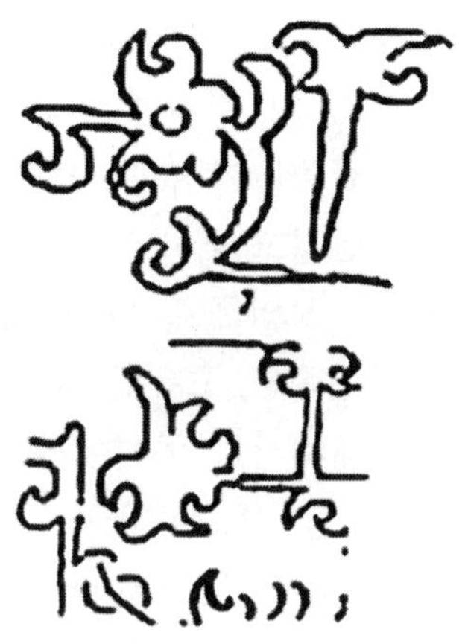

〈그림 27〉 대전자유적에서 출토된 질그릇에 보이는 문양

을 한 금동관은 둥근 형태의 윗부분에 인당초문이 새겨져 있었다. 금동관은 관 둘레를 세 개의 세움장식으로 입식했고, 그 전체를 원형의 수엽으로 장식했다. 이것들도 모두 금동관으로, 역시 왕관이 아니라 왕족이나 신분이 높은 귀족이 썼던 것으로 분류되어야 할 것이다.

신라와 가야지역에서 출토된 금동관[132]과 금관[133] 및 은관[134]들은

---

130) 김원룡, 《한국미술사》, 汎文社, 1968, pp.64~65.

131) 梅原末治, 〈羅州潘南面の寶冠〉, 《朝鮮學報》 第14輯, 朝鮮學會, 1959, pp.477~488.

132) 출토된 금동관으로는 경주 황남대총 남분 금동관·경주 천마총 금동관·대구 비산동 37호분 금동관·선산 금동관·의성 탑리 1호분 금동관·양산 부부총 금동관·양산 금조총 금동관·부산 복천동 1호분 금동관·부산 복천동 11호분 금동관·합천 옥전 M6호분 금동관·호암미술관 소장 금동관·경산 임당동 7호분 금동관·안동 지동 2호분 금동관·고령 지산동 32호분 금동관·성주 가암동 금동관·단양 하리 동관·프랑스 기메 박물관 소장 금동관 등이 있다.

133) 출토된 금관으로는 경주 금관총 금관·경주 금령총 금관·경주 서봉총 금관·경주 교동 고분 금관·경주 천마총 금관·경주 황남대총 북분 금관·小倉武之助 수집 금관·호암미술관 소장 금관 등이 있다.

그 구조와 양식으로 볼 때 고조선과 이를 계승한 고구려의 양식을 이어 이 지역에서 공통적으로 발달한 것으로 보인다. 이는 금관과 금동관이 모두 관대륜에 입화식을 입식한 것으로 수지에 수엽이 달리고 꼭대기는 복숭아 모양을 하고 있기 때문이다. 수엽과 복숭아 모양으로 마무리한 수지의 모습은 고조선 초기부터 이어온 한민족의 고유한 형제이다. 이 같은 고유한 형제의 기원과 발달에 대해서는 아래에서 더 상세히 분석하도록 하겠다.

(2) 관식의 기원에 대한 검토

위에서 저자는 고대 한국의 관모가 변에서 변형이 가해져 절풍과 책으로 발전했음을 확인했다. 또한 앞에서 절풍은 A(그림 6)와 B(그림 7)의 형태가 이중구조를 가진 모습으로 겉부분의 B가 변하여 책으로 발전했을 것임을 추정했다. 이 겉부분의 B가 보다 강조되어 금관의 테두리로 변화되었을 것이다. 금관은 겉에 쓴 금관과 속에 썼던 절풍이 함께 발견되는 경우가 있기 때문에 일반적으로 이것들을 내관(內冠)과 외관(外冠)으로 설명한다. 그러나 왕이나 귀족의 경우 누구나 기본적으로 쓰는 절풍을 쓰고, 벼슬이 있는 자는 새 깃 장식을 달았으며, 왕의 경우는 그 위에 B의 역할을 한 금관을 더 쓴 것으로 보아야 할 것이다. 그러므로 이것을 내관과 외관으로 구분하는 것은 옳지 않다고 생각된다.

그러면 금관은 언제부터 어떻게 만들어지기 시작했을까? 위에서 금속으로 만든 절풍과 관식이 출토된 고분들의 연대가 대부분 서기 4세기~서기 5세기 말에 속하는 점과 서기 4세기 중엽에 속하는 안악 3호 고분벽화의 주인공이 왕임에도 불구하고 금관을

---

134) 경주 황남대총 남분 은관.

〈그림 28〉 틸리아-테페 유적에서 출토된 금관

쓰지 않은 점으로 미루어, 서기 4세기 중엽까지는 금관이 출현하지 않았다고 보아야 할 것이다.

중앙아시아에 위치한 틸리아-테페 유적에서 박트리아시대에 제작된 서기 전 1세기에서 서기 2세기에 해당하는 금관(그림 28)이 그리스문화의 영향을 받은 다른 순금 제품들과 함께 발굴되었다. 김병모는 이 금관이 신라금관보다 만들어진 시기가 앞선다는 이유로 신라금관의 조형(祖形)이 될 수 있다고 주장했다.[135] 〈그림 28〉에서와 같이 수엽이 많이 달린 장식은 고조선의 장식단추의 양식과 유사하다.

그러나 저자는 이러한 고조선의 장식단추 양식은 이미 서기 전 25세기부터 시작되었음을 밝힌 바 있다. 박트리아 금관에서 수엽이 달린 구조물은 고구려나 신라 및 백제 금관에서 주로 보이는 것처럼 나무줄기를 표현한 것이 아니라 나무를 표현한 것이다. 관 테에도 신라의 금관에는 적당한 양의 수엽과 곡옥이 단아하게 장식되어 있거나 고조선의 양식을 계승한 장식단추 모습의 테를 하

---

135) 김병모, 《금관의 비밀》, 푸른역사, 1998, pp.39~41.

270

고 있지만, 박트리아 금관은 곡옥 대신 붉은색과 푸른빛의 보석을 중심에 박은 꽃 모양의 장식이 수엽과 함께 어지럽게 장식되어 있다. 이 같은 내용들은 틸리아-테페 유적에서 출토된 금관을 신라 금관의 조형으로 단정할 수 없게 한다. 그러면 금관은 언제 어떠한 과정을 거쳐 만들어졌을까?

앞에서 고구려의 왕은 관에 금테(금단추)를, 백제의 왕은 금화를 장식했으며, 고구려의 대신들은 금테(금단추)와 은테(은단추)를 섞어 장식했고, 백제의 관인들은 은화를 장식했음을 확인했다. 그러면 고구려의 금테(금단추)와 은테(은단추) 그리고 백제의 금화와 은화는 어떠한 것일까? 고구려의 백라관에 금테로 두른 왕관의 경우는 실제 모습이 안악 3호 고분벽화 주인공이 쓴 관에서 확인되었다.

안악 3호 고분벽화의 주인공은 왕이면서도 금관이 아닌 백라관을 쓴 것으로 보아 안악 3호 고분벽화가 만들어진 4세기 중엽까지 관 전체를 금으로 만든 금관은 아직 만들어지지 않았던 것으로 생각된다. 따라서 금관이 만들어진 시기는 서기 4세기 중엽 이후로 볼 수 있으며, 초기 형태는 나관 위에 금테나 금단추 또는 금화 등을 장식하는 형제로부터 시작되었을 것으로 생각된다. 금 장식단추의 경우는 왕관은 아니지만 개마총의 관인이 쓴 자라관(紫羅冠)에서 그 모습을 볼 수 있다.

고조선에서는 청동 장식단추를 의복뿐만 아니라 모자나 신발 또는 활집 등 복식의 여러 부분에 다양하게 사용했다.[136] 부여에서는 금과 은으로 모자를 장식했다.[137] 이는 중국이나 북방지역에서는

---

136) 中國科學院考古研究所內蒙古工作隊, 〈赤峰葯王廟·夏家店遺址試掘報告〉, 《中國考古集成》 東北卷 靑銅時代(一), pp.678~680 ; 조선유적유물도감편찬위원회, 《조선유적유물도감》 1-고조선·진국·부여편, 외국문종합출판사, 1989, p.70 ; 박진욱, 《조선고고학전서》, 과학 백과사전 종합 출판사, 1997, p.50·pp.57~58.
137) 《三國志》 卷30 〈烏丸鮮卑東夷傳〉 扶餘傳. "以金銀飾帽."

볼 수 없는 화려하고 높은 수준의 복식 형제이다. 《후한서》〈동이열전〉과 《삼국지(三國志)》〈오환선비동이전(烏丸鮮卑東夷傳)〉의 예전에서는,

> (예 사람들은) 남녀 모두 곡령(曲領)을 입었다.[138]

> (예 사람들은) 남녀 모두 곡령을 입었는데, 남자는 은화(銀花)를 옷에 달았으며, 넓이가 여러 촌(寸)으로 장식되었다.[139]

고 하여, 예(濊)에서 일반적으로 남자들이 입는 곡령[140]에 약 5센티미터 이상되는[141] 은화를 꿰매어 장식했음을 알 수 있다. 이 기록은 고조선이 붕괴된 뒤의 예 풍속에 관한 것이지만, 예는 원래 고조선의 거수국이었으므로[142] 이같이 웃옷에 은화를 다는 풍속은 고조선의 것을 계승했을 것이다. 《후한서》〈동이열전〉의 고구려전에서는,

> (고구려 사람들이) 그들의 공공모임에서 입은 옷은 모두 물감을 들인 오색실로 섞어 수놓아 짠 사직물 옷으로 금과 은으로 장식했다.[143]

---

138) 《後漢書》 卷85 〈東夷列傳〉 濊傳. "男女皆衣曲領."
139) 《三國志》 卷30 〈烏丸鮮卑東夷傳〉 濊傳. "男女皆衣著曲領, 男子繫銀花廣數寸以爲飾."
140) 曲領은 衽形을 가리키기도 하고 襦의 명칭으로 불리기도 하는데, 위의 기재에서는 襦의 명칭으로 사용되었다(이 책의 제2부 제6장 〈고대 한국 복식의 여밈새[衽形]〉 참조).
141) 1寸은 10분의 1尺이다. 睡虎地秦墓竹簡整理小組는 《睡虎地秦墓竹簡》〈倉律〉에서 1尺을 지금의 약 0.23센티미터로 보고 있어 이를 따르면 1寸은 2.3센티미터가 된다. 그러므로 濊에서 넓이가 數寸이 되는 銀花를 달았다는 것은 적어도 2寸 이상일 것으로 5센티미터 정도 이상되는 銀花를 달았음을 알 수 있다.
142) 윤내현, 《고조선 연구》, pp.426~526 참조.
143) 《後漢書》 卷85 〈東夷列傳〉 高句麗傳. "其公會衣服皆錦繡金銀以自飾."

고 했는데, 이러한 고구려의 풍속도 예와 마찬가지로 고조선의 것을 이었을 것이며, 그 실제 모습이 사신도[144]에서 확인된다. 사신도에 보이는 고구려 사신은 복숭아 모양 장식의 가운데 부분과 주변을 금화로 장식한 것으로 보이며, 백제 사신도 양쪽 팔 위쪽에 변형된 복숭아 모양의 장식을 하고 있고 그 아래 다시 3개의 복숭아 모양의 금화를 장식한 것이 보인다(그림 29).

이상의 분석으로부터 금화와 금 장식단추는 같은 의미이며, 그 형제가 원형과 복숭아 모양 및 꽃 모양으로 나타남을 알 수 있다. 이 같은 두 가지 형태의 장식단추는 고조선보다 앞선 서기 전 25세기경부터 출현한다. 원형의 경우 가장 연대가 앞서는 것은 평양 부근 강동군 룡곡리 4호 고인돌유적에서 출토된 것으로, 서기 전 25세기에 해당한다.[145] 복숭아 모양의 경우는 평양시 강동군 순창리에 위치한 글바위 2호와 5호 무덤에서 출토된 금동 귀걸이의 끝 부분에 달린 장식으로, 서기 전 25세기~24세기에 해당한다.[146] 이로 보아 고조선에서 사용되었던 원형과 복숭아 모양의 장식은 적어도 서기 전 25세기 이전에 출현했음을 알 수 있다. 평양 일대

---

144) 李天鳴,《中國疆域的變遷》上冊, 國立故宮博物院, 臺北, 1997, p.80. 〈그림 29〉는 唐太宗(서기 627~649년) 시기의 '王會圖'로서 고구려·백제·신라의 사신을 그린것이다. '王會圖'는 閻立本(서기 ?~서기 673년)의 작품으로 알려져 있지만, 臺灣 故宮博物院에서 출판한 《故宮書畫錄》에 따르면 精品인지의 여부를 가리지 못하여 이 '王會圖'를 〈簡目〉에 列入시킨다고 했다.

145) 강승남, 〈고조선시기의 청동 및 철 가공기술〉, 《조선고고연구》, 1995년 2기, pp.21~22 ; 김교경, 〈평양일대의 단군 및 고조선 유적유물에 대한 연대측정〉, 《조선고고연구》, 1995년 제1호, 사회과학원출판사, p.30.

146) 한인호, 〈고조선초기의 금제품에 대한 고찰〉, 《조선고고연구》, 1995년 제1호, 사회과학원출판사, pp.22~26 ; "강동군 순창리와 송석리에서 발굴된 금제품들은 모두 사람뼈와 함께 나왔다. 사람뼈에 대한 절대연대 측정치는 글바위 2호 무덤의 것은 4376±239년이고 글바위 5호 무덤의 것은 4425±158년이다."

〈그림 29〉 사신도에 나오는 고구려 사신(왼쪽)과 백제 사신(오른쪽)

의 고조선 초기유적인 문선당 2호·3호와 8호 무덤, 대잠리 2호 무덤, 구단 2호 무덤, 경신리 2호 무덤, 금평리 1호 돌관무덤 등에서 금동 혹은 금으로 만든 같은 모습의 귀걸이가 출토되었다.[147]

지금까지 출토된 복숭아 모양의 주물틀로서 가장 이른 연대의 것은 고조선의 영역이던 요령성 오한기에서 출토된 석범(石范)이다. 발굴자들은 이 석범을 서주(西周, 약 서기 전 11세기~서기 전

___

147) 한인호, 〈고조선의 귀금속 유물에 대하여〉, 《고조선연구》 제3호, 사회과학출판사, 1996, pp.9~11.

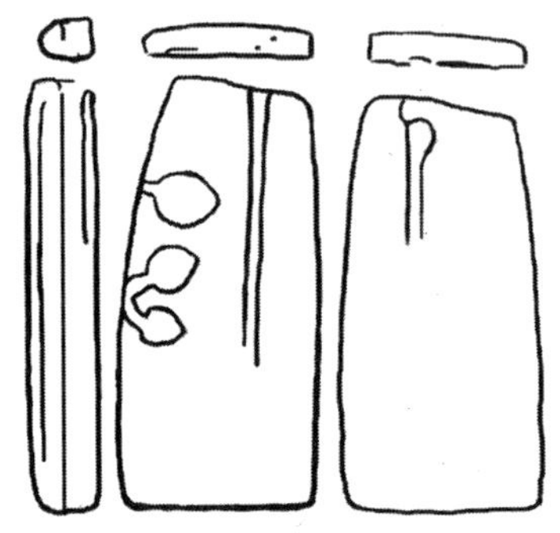

〈그림 30〉 오한기에서 출토된 석범

841년) 혹은 그보다 이른 시기에 속할 것으로 보았다. 청동 장식단추를 만들었을 이 석범(그림 30)[148]은 긴 복숭아 모양으로 고조선 장식단추의 특징인 복숭아 모양의 모습을 그대로 보여준다. 춘추 후기에서 전국 시대에 속하는, 고조선의 유적인 흑룡강성 제제합이시(齊齊哈爾市) 태래현(泰來縣)에 위치한 평양전광묘(平洋磚廣墓)에서 출토된 귀걸이는 금으로 만든 복숭아 모양과 원형 장식이 금사(金絲)로 연결되어 있다.[149] 또한 고조선 후기에서 고구려 초기에 속하는, 요령성 서풍현(西豊縣)에 위치한 서차구 고묘(서기 전 206~서기 전 약 70년경)에서는 평양전광묘에서 출토된 금귀걸이와 거의 동일한 모양의 은귀걸이가 출토되었는데, 이는 은으로 된 복숭아 모양과 원형의 장식을 은사(銀絲)로 연결하여 만든 것이다. 그 밖에 나무가 뻗어 올가간 모습의 문양을 나타내는 동편이 여러 개 출토되었다(그림 31).[150] 서한 중기에서 동

---

148) 邵國田, 〈內蒙古昭鳥達盟敖漢旗李家營子出土的石范〉, 《中國考古集成》 東北卷 青銅時代(一), 北京出版社, pp.801~802.

149) 발굴자들은 이 유적이 춘추후기에서 전국시대(약 서기 전 6세기~서기 전 220년)에 속하며 東胡族의 유적일 것이라고 했다(黑龍江省文物考古研究所, 〈黑龍江泰來縣平洋磚廣墓地發掘簡報〉, 《中國考古集成》 東北卷 青銅時代(三), pp.2750~2758). 그러나 이 시기 이 지역에는 고조선이 위치했으며, 이 墓에서 출토된 고조선 유물의 특징을 갖춘 새김무늬 질그릇·청동 장식단추·銅鈴 등은 이 유적이 고조선의 유적임을 뒷받침한다.

150) 이 西岔溝 고묘는 발굴자들이 흉노족의 유적으로 분류하기도 하고 부여족의 유적으로 분류하기도 한다(孫守道, 〈西岔溝古墓群被發掘事件的教訓〉, 《中國考古集成》 東北卷 秦漢之三國(二), pp.929~932 ; 孫守道, 〈'匈奴西岔溝文化'古墓群的發現〉, 《文物》, 1960年 8·9期, pp.25~35). 그러나 저자는 이미

한 후기에 속하는 유적으로, 고
조선이나 동부여의 유적일 것
으로 추정되는 길림성 통유현에
위치한 고묘에서는 둥근 금엽
(金葉)과 백석(白石)·옥석(玉石)·
마노(瑪瑙)를 금사로 연결하여
만든 귀걸이가 출토되었다.[151) 또
한 동한 초기 혹은 이후 시기
에 속하는, 동부여의 유적인 길

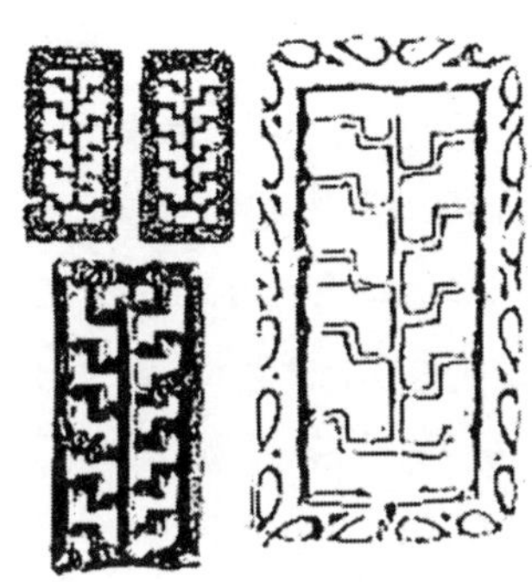

〈그림 31〉 서차구묘에서 출토된 청동편

림성 유수현(楡樹縣) 노하심촌(老河深村)의 고묘에서도 여러 종류
의 금과 은으로 만들어진 귀걸이가 출토되었다. 금귀걸이는 복숭
아 모양의 엽편(葉片) 아래 긴 타원형의 엽편을 여러 개 연결하거
나, 복숭아 모양의 엽편 아래 금사로 원형을 나타내거나, 금 혹은
은으로 꼬아 원형을 만들고 구슬을 끼운 것들이다.[152) 이와 같이

이 유적이 고조선 말기부터 고구려 초기에 해당하는 한민족의 유적일 것으
로 밝힌 바 있다(이 책의 제3부 제12장, 〈여러나라시대의 갑옷〉 참조). 이
유적에서는 복숭아 모양으로 鍍金한 双鷹双鹿雲紋銅飾牌가 출토되었는데,
여기에 보이는 雲紋은 평양시 낙랑구역 정백동(서기 전 3세기~서기 전 2세
기)에서 출토된 말관자의 馬面에 보이는 雲紋과 거의 같은 형태를 갖고 있
어 고조선의 고유문양으로 한민족의 유물임을 뒷받침한다.

151) 東北師範大學學報, 〈通楡縣興隆山公社鮮卑墓葬出土文物〉, 《中國考古集成》
    東北卷 秦漢之三國(二), p.1283. 발굴자들은 이 고묘가 西漢 中期~東漢 後
    期에 속하는 鮮卑族의 유물일 것이라고 밝혔다. 그러나 이 시기 이지역은
    고조선과 동부여가 계속 거주하던 지역으로 한민족의 유적이다. 이 고묘에
    서 출토된 귀걸이 形制는 고조선의 양식을 그대로 나타내고 있어 고조선이
    나 동부여의 유적임을 뒷받침한다.

152) 발굴자들은 이 유적이 東漢 시기 鮮卑族의 유적이라고 단정 하거나(吉林
    省文物工作隊·長春市文管會·楡樹縣博物館, 〈吉林楡樹縣老河深鮮卑墓群部分墓
    葬發掘簡報〉, 《文物》, 1985年 2期, pp.68~82), 부여족의 유적이라고 주장했
    다(劉景文, 〈從出土文物簡析古代夫餘族的審美觀和美的裝飾〉, 《中國考古集成》
    東北卷 秦漢至三國(二), 北京出版社, 1992, pp.1242~1245). 저자는 이미 老

복숭아 모양과 원형의 금화는 고조선 초기부터 금과 은 및 금동으로 만든 귀걸이 장식에서 이미 많이 사용되었다. 복숭아 모양은 이후 허리띠 장식과 마구 장식 등으로 그 양식이 더욱 확산된다.

이상의 내용으로 보아 고조선의 대부분 지역에서 고조선 초기부터 복숭아 모양과 원형의 장식단추의 형제가 한민족의 고유 형제로서 복식 등에 널리 사용되었음을 알 수 있다.

이후 이 같은 원형과 복숭아 모양의 장식단추로 만든 보다 발달된 금제의 꽃가지[花樹] 모양의 관식과 여러 장식물이 서기 3세기~4세기에 걸치는 시기 고구려 영역의 여러 지역에서 출토되었다. 우선 비교를 위하여 도표로서 출토지와 출토 관식 및 관식과 함께 출토된 여러 유물을 나열하고, 이어서 이것이 고구려의 유물임을 분석해보고자 한다.

	출토지	출토 관식	관식과 함께 출토된 기타 유물
1	요령성 북표현 방신촌		
2	요령성 조양현 십이태향 원태자촌		

河深유적과 西岔溝유적이 고조선시대부터 여러나라시대에 걸친 한 민족의 유적임을 밝힌 바 있다(이 책의 제3부 제12장, 〈여러나라시대의 갑옷〉 참조).

| 3 | 요령성 조양 전초구 | 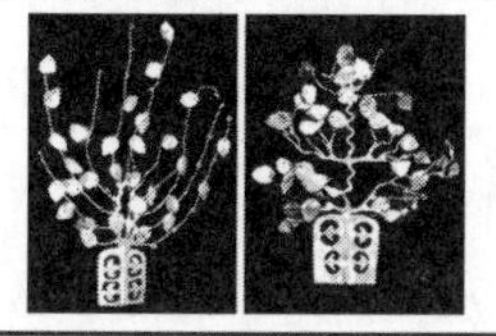 | 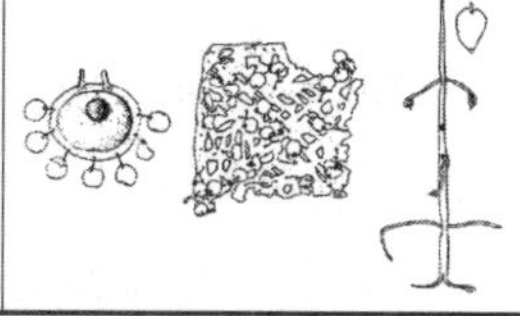 |

〈표 4〉 출토된 관식 및 함께 출토된 기타 유물

위 표의 (1)은 요령성 북표현(北票縣) 방신촌(房身村)에서 출토
되었다. 금제의 장식만 출토된 것으로 보아 관은 백라관이었을 가
능성이 크고, 일부를 제외하고는 부패되어 남아 있지 않았을 것이
다. 이 관식이 출토된 2호 무덤에서는 금으로 만든 유물들이 주로
출토된 것[153]이 큰 특징이다. 출토된 유물이 주로 금제인 것으로
보아 높은 신분의 귀족일 가능성이 크다. 발굴자들은 이 무덤이
진대(晉代, 서기 266~419년)에 속한다고 했는데, 이 무덤이 위치한
요령성 북표현 방신촌은 이 시기 고구려가 위치하고 있던 지역으
로, 발굴된 것들은 고구려의 유물일 것으로 추정된다. 이 같은 사
실은 다음의 내용으로부터 보다 확실해진다. 발굴자들은 이 유물
들이 진대 선비(鮮卑)귀족의 묘장(墓葬)일 가능성을 이야기하면서,
한편으로는 '制法與高句麗族的金飾品類似'하다고 하여[154] 고구려의
유물일 가능성도 배제하지 않았다. 저자가 분석하기에 이 유물에
서 출토된 동경(銅鏡)은 잔줄무늬의 고조선 동경의 특징을 그대로
하고 있고, 금령(金鈴)이 21개나 발굴되었는데, 이 같은 영(鈴)이

---

153) 발굴자들이 2호묘에서 출토된 것으로 밝힌 유물은 花樹狀 金飾 2件·花蔓
　　狀 金飾 2件·透雕金飾 2件·月牙形嵌玉金飾 1件·金發釵 1件·銀飾 잔여물 1
　　件·金鐲 2付·嵌石金戒指 1件·金頂針 1件·金環 2件·包金銅環 1件·金指環 1
　　件·銅指環 1件·金鈴 21件·刀形金具 1件·鑲嵌金珠 1件·金絲珠 1件·金飾 잔
　　여물 1件 등이다(陳大爲,〈遼寧北票房身村晋墓發掘簡報〉,《考古》, 1960年 第
　　1期, pp.401~403).
154) 陳大爲,〈遼寧北票房身村晋墓發掘簡報〉, pp.24~25 ; 徐秉琨·孫守道,《東北
　　文化》, 上海遠東出版社 商務印書館(香港), p.139.

발굴되는 것은 고조선시대부터의 한민족이 갖는 유물의 특징이다. 영의 형태 또한 고조선 영의 특징을 그대로 하고 있어 이 유적은 고구려의 유적으로 해석된다.

이 유적에서 출토된 2건의 화수상(花樹狀) 금식(金飾)은 기부(基部)가 장방형으로 만들어지고 운문(雲紋)이 투조(透雕)되어 있으며 기부의 주변은 점선무늬로 이어졌다. 위에는 복숭아 모양의 나뭇잎이 줄기를 타고 화려하게 장식되었는데, 발굴자들은 이를 관식일 것으로 보고 있다. 관식일 가능성은 이와 함께 출토된 또 다른 유물인 화만상(花蔓狀) 금식에서 분명해지는데, 발굴자들은 화만상 금식이 긴 나뭇가지형 금편(金片)으로 되어 있으며 모두 4편이 발굴되었다고 했다. 발굴자들은 이 화만상 금식이 2개 관의 관상(冠上)의 위식(圍飾)으로 화수상 금식과 함께 사용되었을 것으로 보고 있다. 줄기 부분을 나타내는 화만상 금편은 가장 긴 것이 28센티미터이고 가장 짧은 것이 2.1센티미터로, 금편 위에 구멍이 있으며 구멍에는 원형의 작은 금편이 여러 개 달려 있다고 했다. 이는 그 길이로 보아 이후 금관의 형태에서 나타나는 수지형(樹支形) 줄기 부분을 구성하는 것과 같은 모습일 것으로 생각된다. 그러나 아쉽게도 발굴자들이 이 출토물의 실물을 밝히지 않아 그 실제 모습은 알 수 없다.

위 표의 (2)에서 보는 것처럼, 요령성 조양현(朝陽縣) 십이태향(十二台鄉) 원태자촌(袁台子村)에 위치한 왕자분산묘군(王子墳山墓群)의 태(台) M8713 : 1묘에서 방신촌에서와 거의 같은 모습의 금으로 만든 관식이 출토되었다.[155] 발굴자들은 이 유물이 조위(曹魏) 시기에서 모용선비(慕容鮮卑)가 전연(前燕)을 세우기 이전까지인 서기 3세기~서기 4세기에 속하는 선비족(鮮卑族)의 것이라고 했

---

155) 遼寧省文物考古研究所·朝陽市博物館, 〈朝陽王子墳山墓群1987·1990年度考古發掘的主要收獲〉, 《文物》, 1997年 第11期, pp.4~18.

다. 금식은 (1)에서와 같이 기부는 장방형으로 되었고 운문이 투조되어 있으며, 장방형의 네 구석에는 작은 구멍이 뚫려 있고 여섯 갈래로 뻗어 나간 나무줄기와 같은 가지에는 한 줄에 3개씩의 복숭아 모양 수엽이 붙어 있다. 발굴자들은 이 유물을, (1)의 발굴자들이 같은 유물을 관식으로 분류한 것과 달리, 금보요식(金步搖飾)으로 분류했다. 그러나 저자가 분석하기에 이 출토물은 보요식(步搖飾)으로 분류될 수 없다. 모용씨(慕容氏)는 보요관(步搖冠)을 양진(兩晋)시대 초기에 중국으로부터 받아들였다.[156] 중국의 보요관에 관한 기재는 《한서(漢書)》〈강충전(江充傳)〉에 처음 보이는데, 여기서 '冠禪纚步搖冠, 飛翮之纓'이라고 했다. 이는 사직물의 한 종류인 방목사(方目紗)로 만든 관에 물총새 깃을 늘어뜨린 것으로, 걸을 때 매미 날개처럼 흔들리게 한 것[157]이다. 같은 서한시대에 유흠(劉歆)이 지은 《서경잡기(西京雜記)》 권1에서는 '貴娣懋膺洪冊, 謹上…… 黃金步搖'라고 하여, 서한시대 물총새 깃을 늘어지게 꽂은 보요관 이외에 황금으로 만든 보요를 꽂은 보요관이 이미 있었음을 알 수 있다. 그러면 황금 보요식은 어떻게 만들어졌을지 알아보자. 동한 이후에 오면 보요관식이 더욱 성행하여 궁중에서 황후와 귀족들이 사용하게 되었는데, 황후의 경우 묘(廟)를 참배할 때 가발을 얹은 머리 위에 비녀를 꽂고 금보요(金步搖)를 더 꽂아 머리 위에 늘어뜨렸으며, 금보요는 금으로 능선을 만들고 흰 구슬로 계수나무를 만든 뒤 비취로 꽃잎을 꾸몄음을[158] 알 수 있

---

156) 《晋書》卷108〈慕容廆傳〉. "慕容廆…… 魏初率其諸部入居遼西, 從宣帝伐公孫氏有功, 拜率義王, 始建國於棘城之北. 時燕代多冠步搖冠, 莫護跋見而好之, 乃斂髮襲冠, 諸部因呼之爲步搖, 其後音訛, 遂爲慕容焉."
157) '禪纚'에 대한 服虔의 주석에서 "冠禪纚, 故行步則搖, 以鳥羽作纓也"라 했고, 蘇林의 주석에서는 "析翠鳥羽以作斃也"라 했다. '纚'에 대한 師古의 주석에서 "服說是也. 纚, 織絲爲之, 卽今方目紗是也"라 했다. '飛翮之纓'에 대한 臣瓚의 주석에서는 "飛翮之纓, 謂如蟬翼者也"라 했다.

〈그림 32〉 마왕퇴 1호 한묘 백화
에 보이는 묘주부인

다. 그 실제 예가 장사시(長沙市) 마
왕퇴(馬王堆) 1호 한묘 백화(帛畵)에
서 보이는데, 〈그림 32〉[159]에서 보듯
이 보요식을 관 위가 아닌 이마 위
의 앞머리 부분에 꽂고 있어 보요관
식은 관에 꽂았던 관식이 아니라 앞
머리에 장식한 발식(髮飾)으로 분류
되어야 할 것이다. 이 같은 발식은
중국의 양진남북조시대부터 유행하
기 시작했다.[160]

발굴자들은 이 유적이 선비족의
것이라고 했다. 그러나 이 유물과
함께 출토된 여러 가지 유물들은 고
조선의 유물 특징을 그대로 하고 있
어 선비족의 유물로 분류되기 어렵

다. 출토 유물 가운데 금포식(金泡飾)은 23개가 신발 부분에서 출

---

158) “皇后謁廟服,…… 假結, 步搖, 簪珥. 步搖以黃金爲山題, 貫白珠爲桂枝相繆,
一爵九華, 熊·虎·赤羆·天鹿·辟邪·南山豊大特六獸, 詩所謂‘副笄六珈’者. 諸爵
獸皆以翡翠爲毛羽”(皇后는 廟를 참배할 때,…… 가발을 하고, 步搖를 꽂고,
비녀를 꽂는다. 步搖는 黃金으로 능선을 만들고 흰구슬을 꿰어 계수나뭇가
지가 서로 얽어지게 하고, 一爵은 9개의 꽃으로 곰, 호랑이, 붉은 말곰, 사
슴, 辟邪, 南山豊大特의 6가지 짐승으로 毛詩傳에서 ‘비녀를 꽂고 더 꽂는 6
가지 步搖를 말하는 것’이라 했다. 여러 爵의 동물은 모두 비취로 털을 만
든다. 금으로 만든 것은 흰구슬로 장식을 둘러 싸고 비취로 꽃을 한다). 위
‘副笄六珈’에 대한 鄭玄의 주석에서, “珈는 더한다는 것이다. 副는 이미 비녀
를 꽂고 또 장식을 더하는 것으로 지금의 步搖上飾과 같은 것이며 옛 제도
에 대해서는 들은 바 없다(珈之言加也. 副旣笄而加飾, 如今步搖上飾, 古之制
所未聞).”
159) 湖南省博物館·中國科學院考古硏究所·文物編輯委員會, 〈長沙馬王堆一號漢墓
發掘簡報〉, 文物出版社, 1972.
160) 周汛·高春明, 《中國五千年 女性裝飾史》, 三聯書店, 1988, pp.52~68.

토되어, 신발에 달았던 것으로 생각된다. 고조선의 유적인 정가와
자 6512호 무덤에서는 가죽장화에 달았던 것으로 추정되는 청동
장식단추가 180개나 출토되었다.[161] 이 같은 유물은 고조선 유물만
이 갖는 특징으로,[162] 왕자분산묘군에서 출토된 금포식의 형제는
고조선의 장식단추와 같은 형제이다. 특히 이 유적에서 출토된 긴
고리 모양 대구(帶鉤)는 고조선 중기부터 생산되기 시작하여 한반
도와 만주의 전 지역에서 사용되던 고조선 대구의 한 형제이다.[163]
또한 유금(鎏金)한 동대구(銅帶具)의 앞부분은 모두 복숭아 모양으
로 되어 있는 등 한민족의 고유 형제를 그대로 보여준다. 뿐만 아
니라 질그릇들도 대부분 새김무늬를 하고 있다. 특히 이 유적에서
출토된 철마주(鐵馬冑)는 당시 북방지역이나 중국보다 약 2세기
정도나 앞선 고구려의 것으로, 이 같은 철마주는 고구려 말 갑옷
만이 갖는 고유한 형제임을 증명한 바 있다.[164] 특히 이 유적과 근
접한 조양(朝陽)의 십이대영자(十二臺營子) 향전력(鄕磚歷) 88M1에
서 출토된 유물들은[165] 왕자분산묘군의 태 M8713 : 1묘에서 출토된
유물들과 그 형제에서 유사성을 지니고 있다. 또한 십이대영자 향
전력 88M1에서 출토된 갑옷과 투구 및 경갑(頸甲) 등은 고조선으
로부터 이어온 고대 한국 갑옷의 특징을 그대로 보여주고 있어[166]

---

161) 조선유적유물도감편찬위원회, 《조선유적유물도감》 1－고조선·진국·부여편,
    외국문종합출판사, 1989, p.70 ; 박진욱, 《조선 고고학 전서》, 과학 백과사전
    종합 출판사, 1997, p.50·pp.57～58.
162) 이 책의 제3부 고대 한국의 갑옷 참조.
163) 중국에서도 이와 유사한 긴고리 모양 帶鉤가 출토되었으나 고조선의 것보
    다 생산 연대가 늦다.
164) 이 책의 제3부 고대 한국의 갑옷 참조.
165) 遼寧省文物考古研究所·朝陽市博物館, 〈朝陽十二臺鄕磚歷88M1發掘簡報〉, 《文
    物》, 1997年 第11期, pp.19～32.
166) 고조선 甲片의 한 특징인 긴 長方形의 甲片으로 된 투구와 頸甲은 고조선
    을 계승한 고구려 투구와 頸甲의 한 특징으로 같은 모습의 것이 고구려의
    유적으로는 高爾山城유적에서 출토되었고, 신라와 가야의 유적으로는 金海

고구려의 유적으로 분류된다. 그리고 이 조양에는 현재까지 고구려의 산성이 그대로 남아 있기 때문에[167] 당시에 고구려인들이 이 지역에서 활동했음을 보다 확실히 증명해준다.

이상의 분석된 사실들은 왕자분산묘군의 태 M8713：1묘가 고구려의 유적임을 알려주며, 따라서 이 유적에서 출토된 금관식(金冠飾)은 고구려의 관식이라 하겠다.

위 표의 (3)에서 보는 것처럼, 요령성 조양 전초구(田草溝)에서는 (1)·(2)와 유사한 금식 2개가 출토되었다.[168] 발굴자들은 이 유물이 서기 3~4세기에 속할 것으로 보았다. 금식은 둘 다 (1)·(2)와 같은 운문을 투조한 장방형의 기부를 하고 있다. 윗부분의 한 금식은 중심부를 중심으로 긴 가지 2개 짧은 가지 2개로 다섯 가지씩 10개의 가지가 뻗어 있는데, 가지에는 복숭아 모양의 수엽이 3~5개 정도 달려 있다. 또 다른 금식은 기부의 중심부에서 두 개의 가지가 뻗어 나오고 중앙의 윗부분에서 다시 양쪽으로 나란히 가지가 뻗어 있으며, 맨 윗부분에서 다시 양쪽으로 나란히 짧은 가지가 뻗어 있고 가지마다 복숭아 모양의 수엽이 달려 있다. 이와 함께 금패식(金牌飾)과 금은기(金銀器) 등의 많은 유물이 출토되었는데, 대부분 원형과 복숭아 모양의 수엽이 달려 있다. 특히 금포식이 신발 부위에서 135개가 출토되었는데, 그 형제는 역시 고조선의 청동 장식단추 형제와 같다. 그 외에 은포식(銀泡飾) 59개와 구식(扣飾)이 8개가 출토되었다. 또한 이 유적에서 출토된 질그릇은 새김무늬를 특징으로 하고 있어, 이 같은 유물들이 갖는 고조

禮安里 150호묘, 高靈 池山洞 32호묘, 福川洞 10·11호묘에서 출토되었다(이 책의 제3부 고대 한국의 갑옷 참조).

167) 王禹浪·王宏北, 《高句麗·渤海古城址硏究滙編》(上), 哈爾濱出版社, 1994, pp.245~246.

168) 遼寧省文物考古硏究所·朝陽市博物館·朝陽縣文物管理所, 〈遼寧朝陽田草溝晋墓〉, 《文物》, 1997年 第11期, pp.33~41.

선의 특징으로 인해 이 유적과
금관식은 고구려의 것으로 해
석된다.

이상의 내용으로부터 고구려
초기 금관의 구성물들은 나관
과 금식으로 크게 구분되고, 금
식은 다시 나뭇잎 모양과 줄기
부분 모양으로 나뉘어야 할 것

〈그림 33〉 육가자묘에서 출토된 유금
장식

으로 생각된다. 그러면 (1)·(2)·(3)의 관식은 어떠한 공통점을 갖
는지 분석해보자.

첫째는 기부가 운문으로 이루어진 점이다. 이 같은 양식은 이
시기에 갑자기 출현한 것이 아니며, 그 이전 시기에서 이미 이 같
은 양식이 여럿 보이고 있다. 가장 이른 것으로는 고조선문화로
분류되는 하가점하층문화[169]인 내몽고자치구 오한기의 대전자유적
이 있는데, 여기서 이 같은 대칭된 운문이 질그릇[170]에 보인다. 요
령성 조양현 과좌중기(科左中旗) 육가자묘(六家子墓)에서 출토된 약
서기 2세기에서 약 서기 4세기 초에 속하는 유금권운문루공패(鎏
金卷雲紋縷孔牌)는(그림 33) 대의 장식으로[171] 금관식에서와 마찬가
지로 대칭된 운문을 보여준다.[172] 이 같은 양식은 서기 3세기 초에

---

169) 주 127과 같음.
170) 주 128과 같음.
171) 張柏忠, 〈內蒙古科左中旗六家子鮮卑墓群〉, 《考古》, 1989年 第5期, pp.430~
　　438.
172) 발굴자들은 이 墓를 東漢 후기에서 西晉시대(서기 약 2세기~서기 약 315
　　년)에 속하는 鮮卑族의 것으로 분류했다. 이 六家子지역은 원래 고조선의
　　영역이었으나 서기 전 107년 西漢 武帝가 고조선을 침략하여 大凌河와 지
　　금의 遼河 사이에 玄菟群을 설치할 때 포함되었다(윤내현, 《고조선 연구》,
　　pp.358~395 참조). 그러나 이후 서기 105년부터 고구려는 고조선의 영토를
　　수복하기위한 정책으로 요서지역에 진출하기 시작하여 서기 315년에 지금

서 서기 3세기 말에 속하는 길림성 집안현(集安縣) 우산(禹山)에 위치한 고구려 고묘에서 출토된 대의 부속물(그림 34)[173]에서도 나타난다. 이보다 늦은 시기인 양진남북조시대에 속하는, 길림성 집안현 동구(洞溝)에 위치한 고구려 고묘에서도 대의 부속물인 유금식(鎏金飾)이 출토되었는데(그림 35),[174] 역시 관식에서와 같은 양식이다. 그리고 이는 한반도의 남부지역에서 출토되었다고 전하는 동령의 문양(그림 36)[175]에서도 나타난다. 이와 같이 운문이 한반도와 만주의 전 지역에서 사용된 것으로 보아 운문의 양식은 고조선의 고유 양식임을 알 수 있다.

둘째는 나뭇가지를 뻗어 나가게 하고 그 끝에 복숭아 모양의 수엽을 매달은 점이다. 뻗어 올라간 수지의 모습을 나타내는 형제는 고조선 중기에 해당하는 소조달맹에서 출토된 동검초(銅劍鞘)(그림 37)[176]에 새겨진 문양에서도 볼 수 있다. 또한 위의 표에서 본 것처럼, 고조선 후기에서 고구려 초기에 속하는, 요령성 서풍현에 위치한

의 灤河유역까지를 그 영토에 포함시켜 서쪽의 고조선 영토를 수복하는 데 성공했다(윤내현, 《한국 열국사 연구》, pp.297~326 참조). 따라서 약 서기 2세기부터 약 서기 4세기 초까지 이 지역에는 鮮卑族이 진출하지 못했으며 이 지역은 고구려의 활동 영역이었다. 이는 이 墓에서 출토된 대부분의 유물이 고조선의 유물 形制를 특색으로 하고 있는 점에서도 증명된다. 질그릇의 경우 새김무늬를 특색으로 하고 있고 동경도 잔줄무늬와 운문을 특색으로 하며, 금단추와 銅鈴이 그 좋은 예이다. 또한 이 墓와 근접한 지역인 같은 朝陽縣 六家子公社 東山大隊 東嶺崗에서는 고조선 유물의 특징인 비파형동검이 출토된 바 있다(靳楓毅, 〈論中國東北地區含曲刃靑銅短劍的文化遺存〉, 《考古學報》, 1982年 4期, pp.387~426 참조).

173) 集安縣文物保管所, 〈集眼高句麗墓葬發掘簡報〉, 《考古》, 1983年 第4期, pp.301~307.

174) 吉林省文物工作隊·集安文管所, 〈1976年集安洞溝高句麗墓淸理〉, 《中國考古集成》 東北卷 兩晋至隋唐(二), 北京出版社, pp.546~550.

175) 小泉顯夫·梅原末治·藤田亮策, 〈慶尙南北道忠淸南道古蹟調査報告〉, 《大正11年度古蹟調査報告》 第1冊, 朝鮮總督府, 1922.

176) 주 16과 같음.

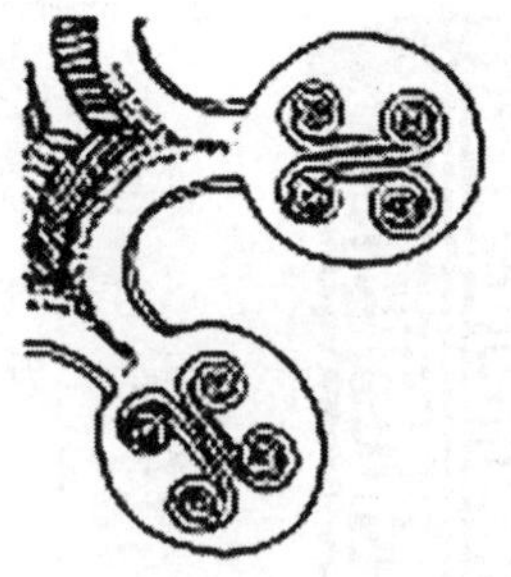

〈그림 34〉 집안 현 동구의 고구려묘에서 출토된 대식

〈그림 35〉 집안 현 동구의 고구려묘에서 출토된 대식

〈그림 36〉 한반도 남부 출토 동령에 보이는 문양

서차구 고묘(서기 전 206~서기 전 약 70년경)에서 여러 개의 동편이 출토되었는데, 여기서도 나무가 뻗어 올라간 모습의 문양이 나타난다.[177] 이와 같이 뻗어 올라간 나무 모양의 끝 부분을 복숭아 모양으로 장식하게 되면 금관의 수지형이 가능하다. 이처럼 줄기의 끝 부분이 복숭아 모양으로 마무리 되는 것은 금관뿐만이 아니라 허리띠 장식과 마구 장식에서도 마찬가지로 나타나며, 고구려·백제·신라 유물의 특징을 보여주는 공통의 형제로 자리 잡고 있다. 이상의 내용으로부터 복숭아 모양과 원형의 엽편을 사용하는 형제는 고조선시대부터 줄곧 이어온 형제이며, 수지형의 장식도 고조선의 것을 계승한 형제임을 알 수 있다.

셋째는 머리에 바로 꽂을 수 있는 보요식이 아닌 관에 꿰매거나 매달아 고정시켜야 하는 관식인 점이다. 조양 왕자분산묘군 태 M8713에서 출토된 금보요식은 기부의 네 귀 부분에 모두 구멍이 뚫려 있어 관에 매달았던 것으로 추정된다. 따라서 이는 금관식으

---

177) 주 17과 같음.

〈그림 37〉 소조 달맹에서 출토된 청동 칼집 장식

로 분류되어야 할 것이다.

이 같은 관식으로부터 발전해갔을 고구려의 금관은 신라와 백제의 금관에 크게 영향을 주었다. 신라와 백제 금관에서 보이는 금으로 만든 관식과 절풍, 원형과 복숭아 모양의 수엽·수지(樹枝)형식, 복숭아 모양의 끝마무리 장식, 곡옥과 새 장식[178] 등은 고조선을 계승한 고구려의 금관 형제인 것이다. 이 같은 고구려의 금관식은 주변 민족들에게도 영향을 크게 주었을 것으로 생각되는데, 그 대표적인 것이 요령성 북표현 서관영자(西官營子)에 위치한 북연(北燕) 풍소불묘(馮素弗墓) 출토의 금관식과 내몽고자치구 달무기(達茂旗) 출토의 금관식이다.

요령성 북표현 서관영자에 위치한 석곽묘(石槨墓)는 북연의 풍소불(馮素弗)의 묘[179]라고 밝혀졌다. 풍소불은 16국시대 후연(後燕)의 모용운(慕容雲)을 이어 왕위에 오른 천왕(天王) 풍발(馮跋)의 동생이다.[180] 광개토왕 17년(서기 408년)에 고구려는 사신을 보내 후연의 王 모용운에게 종족의 예를 베풀어 화친을 맺었다.[181] 모용운은 원래 고구려 사람으로 성이 고씨(高氏)였는데, 모용수(慕容垂)의 아들

---

178) 曲玉과 새 장식은 고대 한국의 한반도와 만주지역의 신석기시대 유적에서부터 널리 보이고 있어 이 장식들이 외부로부터의 영향이라는 종래의 견해는 수정되어야 할 것이다. 이 문제는 다른 글에서 다루고자 한다.
179) 黎瑤渤, 〈遼寧北票縣西官營子北燕馮素弗墓〉, 《文物》, 1973年 第3期, pp.2~28.
180) 《晋書》 卷125 〈馮跋傳〉.
181) 《三國史記》 卷18 〈高句麗本紀〉 廣開土王條. "十七年, 春三月, 遣使北燕, 且敍宗族, 北燕王雲, 遣侍御史李拔, 報之."

모용보(慕容寶)가 태자로 있을 때 그를 양자로 삼아 모용씨 성을 갖게 되었다. 그렇기 때문에 고구려에서는 그를 종족의 예로 대했던 것이며, 모용운은 이를 기쁘게 받아들였던 것이다. 이처럼 후연이 갖는 고구려 혈통의 내용과 풍소불묘가 위치한 지역이 고조선의 영역이었다는 점을 볼 때, 풍소불묘에서 출토된 여러 유물들이 한민족의 문화적 성격을 갖는 것은 당연하다고 하겠다. 발굴자들도 풍소불묘에서 출토된 유물 가운데 철갑편과 철마갑편(鐵馬甲片) 및 마등(馬鐙)의 경우는 그 형태가 중국의 것과 달라 중국의 유물로 편입시키지 못하고 있다.[182] 철갑편은 그 형태에서 긴 장방형과 아래가 둥근 장방형을 주된 형제로 하고 있는데, 이 같은 형제는 고조선과 이를 계승한 여러 나라 갑옷의 고유 형제이다. 또한 말 갑옷은 한민족이 중국이나 북방지역보다 약 2세기 정도 앞섰기[183] 때문에 이는 고구려의 것이다. 철 투구의 경우도 마찬가지로 중국이나 북방지역에서는 투구 전체를 주물을 부어 만든 것을 사용했고, 풍소불묘에서 출토된 것처럼 장방형의 갑편(甲片)을 연결하여 만든 철 투구는 사용하지 않았다. 마등의 경우도 발굴자들은 지금까지 중국에서 출토된 마등 가운데 풍소불묘에서 출토된 것이 가장 이른 연대의 것이라고 하는데, 이는 중국의 마등 사용 연대가 고구려보다 늦기 때문이다. 풍소불묘에서 출토된 마등은 고구려 마등의 형제를 갖는 고구려의 것이다. 그 밖에 은과 동으로 만든 허리띠 역시 끝 모습이 복숭아 모양으로 된 한민족의 고유 형제를 보여준다.

　이상의 분석된 내용을 근거로, 북연의 문화는 고구려의 영향을 매우 깊게 받았거나 고구려의 것을 수입했다고 할 수 있으며, 이는 금관식의 경우도 마찬가지이다. 따라서 풍소불묘에서 출토된

---

182) 黎瑤渤, 〈遼寧北票縣西官營子北燕馮素弗墓〉, pp.416~417.
183) 이 책의 제3부 고대 한국의 갑옷 참조.

복숭아 모양의 수엽이 달린 금관식은 고구려의 것으로 분류되어야 할 것이다.

위에 서술한 요령성 북표현 방신촌에서 출토된 금제의 꽃가지 모양의 장식과 유사한 관식이 내몽고자치구 달무기에서도 출토되었다. 이 관식은 금으로 만들어졌는데, 하나는 우두(牛頭) 위에 뿔처럼 뻗어 나간 줄기의 끝에 복숭아 모양의 수엽이 줄기 끝에 장식되어 있고, 또 다른 하나는 녹두(鹿頭) 위에 녹각(鹿角)이 뻗어 나가고 녹각의 끝에 복숭아 모양의 수엽이 장식되어 있다. 발굴자들은 이 유물이 북조(北朝)시대(서기 420~588년)에 속하는 선비족의 것이라고 했다.[184] 이 유물은 북표현 방신촌에서 출토된 관식과 유사한 형식을 가지고 있어, 선비족이 고구려문화의 영향을 받았거나 고구려인이 만들었을 것으로 생각된다. 위에서 서술했듯이, 복숭아 모양의 수엽을 생산하고 사용한 연대는 고조선시대부터이며, 중국이나 북방지역에서는 장식단추나 원형 또는 복숭아 모양의 장식을 거의 하지 않았다. 따라서 선비족에게 갑자기 출현한 이 같은 관식은 고구려로부터의 영향이라고 생각하지 않을 수 없다. 앞에서 살펴본 것처럼, 고구려의 관식은 나무줄기를 표현했으나 이 달무기의 관식은 소와 사슴의 뿔을 묘사한 모습이며 복숭아 모양의 수엽도 모두 위로 향해 있는 등 고구려의 영향을 받은 선비족의 양식을 보여준다. 선비족은 고구려 초기에는 중국에 의한 호시(互市)[185]나 고구려와의 우호적인 관계[186]를 통하여 고구려와

---

184) 陸思賢·陳棠棟, 〈達茂旗出土的古代北方民族金飾件〉, 《文物》, 1984年 第1期, pp.81~83.

185) 《後漢書》〈烏桓鮮卑東夷傳〉에 따르면, 東漢 光武帝 建武 25년(서기 49년) 이후 明帝(서기 57년)·章帝(서기 76년)·和帝(서기 89~104년) 시기에 烏桓과 鮮卑族은 장기적으로 寧城에서 互市를 했다(《後漢書》 卷90 〈烏丸鮮卑列傳〉. "[光武] 25년,…… 於是始復置校尉於上谷寧城, 開營府, 幷領鮮卑, 賞賜質子, 歲時互市焉.…… 安帝永初中,…… 令止烏丸校尉所居寧城下, 通胡市." 이

접촉이 비교적 활발했다. 이후 서기 3세기 말경에 이르러 중국의 정권 내부가 혼란한 틈을 타서 중국 동북지역에 거주하던 선비는 성장을 하게 되며, 줄곧 고구려를 침략하거나 화맹(和盟)을 맺기도 했다. 이 같은 끝임없는 고구려와 선비와의 접촉과 충돌은 선비가 고구려의 우수한 문화를 받아들이기에 충분한 시간을 제공했을 것이다.

따라서 내몽고자치구 달무기에서 출토된 금관식은 기부에서 선비족의 양식을 보여주고 있으나 윗부분은 고구려의 고유 형제인 복숭아 모양의 수엽을 장식한 모습을 보여줌으로써 고구려의 영향을 받았다고 추정할 근거를 준다. 더구나 내몽고자치구 달무기에서 출토된 금관식과 북연의 풍소불의 묘에서 출토된 금관식은 모두 연대가 약 서기 5세기~6세기에 걸쳐 있다. 그런데 고구려의 금관식인 요령성 북표현 방신촌 출토의 금관식과 요령성 조양현 십이태향 원태자촌 출토의 금관식 그리고 요령성 조양 전초구 출

'䅿'에 대한 주석에서 "䅿城, 縣名. 《前〔漢〕書》䅿縣作'䅿', 《史記》䅿城亦作 '䅿', 寧䅿兩字通也"라고 했다). 이 寧城은 上谷에 위치하는데, 上谷은 지금 의 河北省 宣化 서북쪽으로 漢시대에 幽州에 속하는 지역이다. 이를 확인시 켜주는 실제 예로 達茂旗에 근접한 내몽고자치구 和林格爾縣에 위치한 東 漢 고분벽화의 '寧城圖'에 '寧市中'이라는 榜題가 보이는데(內蒙古文物工作 隊·內蒙古博物館, 〈和林格爾發現一座重要的東漢壁畵墓〉, 《文物》, 1974年 第1 期, pp.8~23), 이는 東漢이 寧城에 '胡市'를 설치하고 북방민족들과의 무역 과 왕래의 장소로 삼았었음을 의미한다. 고구려는 고조선의 옛땅을 수복하 기 위한 목적으로 慕本王 때부터 美川王 때까지 줄곧 지금의 요서지역에 진출했는데, 東漢 光武帝에서 和帝에 이르는 시기 幽州지역에 여러 차례 진 출했다. 그러나 이 시기는 고구려가 遼東太守와 화친을 하여 국경을 정상화 시키거나 遼東太守에게 패하는 등 東漢이 寧城에 胡市를 설치하는 것이 가 능했던 시기로 互市를 통해 중국과 선비족과 고구려는 서로 영향을 주고받 을 수 있었다.
186) 太祖王 69년(서기 122년)에 고구려는 鮮卑의 군사 8,000여 명을 데리고 중 국의 요동지역을 공격하는 등 우호적인 접촉을 가졌다(《三國史記》 卷15 〈高 句麗本紀〉 太祖大王條).

토의 금관식은 이보다 약 1~2세기 정도 앞서 출현한 것이므로, 달무기와 풍소불묘에서 출토된 금관식에 시간적으로 충분한 영향을 주었을 것으로 추정된다.

5. 닫는 글

고대 한민족은 고조선시대부터 변과 책 및 절풍을 한반도와 만주의 모든 지역에서 사용해왔다. 절풍은 변에서 변형된 것으로 윗부분이 둥근 것과 각이 진 것 두 가지로 나뉘며, 이중 윗부분이 둥근 절풍은 이중구조를 갖는다. 고구려에서는 절풍을 주로 가죽으로 만들었고, 신라와 가야에서는 자작나무 껍질로도 만들었다. 한반도와 만주에 거주하던 고구려·북부여·백제·신라에서 모두 절풍에 새 깃을 꽂았던 것으로 보아 한민족은 고조선시대부터 이 같은 풍습을 가졌던 것으로 생각된다. 이후 지배계층에서는 이 같은 새 깃과 사슴귀 장식 등을 금이나 은 및 금동으로 만들어 사용했다. 신라는 진덕왕 2년에 한민족의 복식을 중국의 것으로 바꾸면서 남자들은 천으로 만든 복두를 쓰기 시작했는데, 복두에는 장식을 사용하지 않기 때문에 절풍과 관식은 이때부터 사라졌다.

책은 변에서부터 변화를 갖는 것으로 고구려의 책은 수가 없고 중국의 책은 수가 있다. 이는, 중국에서 책은 한 초에 처음 출현하는데, 관에서 변화를 갖는 것이 아니고 무장들이 쓰던 두건에서부터 발생한 것으로, 자연히 수가 생기게 된 것이다. 그러나 고대 한국의 책은 고조선시대부터 사용되던 변에서부터 변화가 생겼기 때문에 중국에서와 같은 건을 사용하지 않았고, 자연히 수가 없는 것이다.

고대 한국의 책에 관한 내용을 다룰 때는 안악 3호 고분벽화와 덕흥리 고분벽화에 보이는 책이 예로 제시된다. 그리고 이들 책이 관과 함께 중국의 것과 유사하다는 견해가 나오며, 이에 따라 이 고분의 묘주나 국적 등은 중국계일 것으로 추정되었다. 안악 3호 고분벽화에는 두 가지 종류의 책이 보인다. 하나는 뒤의 이(耳) 부분이 곧게 올라간 책이고, 다른 하나는 뒤의 이 부분이 높게 굽어져 올라간 것이다. 저자는 이 책들이 중국이나 북방지역의 양이나 수가 있거나 옥의 부분이 크게 올라오거나 또는 가사관이 덧붙여 있는 책과는 전혀 다른 것임을 밝혔다. 또한 중국은 혜문관이나 칠사롱관 등을 매우 성근 사(紗)로 만들었기 때문에 이를 고분벽화 등에서 그물로 표현했으나, 고구려에서는 비교적 고운 나로 만들었기 때문에 안악 3호 고분벽화의 주인공이 쓴 백라관은 그물로 표현되지 않았다. 덕흥리 고분벽화나 쌍영총 주인도의 청라관이 섬세한 그물로 표현된 것은 왕관인 백라관보다 성근 나로 만들어졌기 때문이다.

고구려의 부인들은 신분의 구분 없이 머리에 건괵을 했고 일반 백성 남자들은 흑색 건을 많이 썼다. 고구려의 귀한 신분의 남자들은 나로 만든 골소를 쓰고 그 위에 금과 은으로 장식했다. 고구려왕의 관은 흰색 나로 만들고 그 위에 금테나 금단추로 장식했으며, 대신들이 쓰는 것은 금테나 금단추 그리고 은테나 은단추를 섞어 장식했다. 백제의 왕은 검은색 나관에 금화로 장식하고 관인들은 은화로 장식했다. 금테를 두른 왕관의 경우 그 실제 모습이 안악 3호 고분벽화 주인공이 쓴 백라관에서 확인된다. 안악 3호 고분벽화 주인공은 흑색의 책 위에 흰색의 나로 만든 덧관을 쓰고 있다. 관의 앞 이마 부분에는 금색의 테두리가 둘려져 있고 이 테는 다시 이(耳)의 가운데 부분에서 위로 연결되어 있다. 관의 영이 귀의 뒷부분으로부터 내려와 턱부분에서 묶어져 포의 옷고름 윗부분까지 내려와 있는데, 영의 끝 부분은 큰 단추 모양의 화려한 장식으로 마무리되어 있다. 이 같은 모습은 중국의 짧은 관영 제도와 큰 차이를 갖는다. 안악 3호 고분벽화가 만들어진 4세기 중엽까지 고구려의 왕이 백라관을 사용한 것으로 보아 관 전체를 금으로 만든 금관은 아직 만들어지지 않았던 것으로 생각되며, 금관의 초기 형태는 나관 위에 금테나 금단추 또는 금화 등을 장식하는 양식으로부터 시작되었을 것이다. 금화와 금 장식단추 또는 은화와 은 장식단추는 같은 의미이다.

고조선에서는 서기 전 25세기경부터 원형과 복숭아 모양의 장식단추를 의복·갑옷·신발·모자·활집 등에 달거나 귀걸이로 만들어 화려하고 높은 수준의 복식 형제를 이루었다. 이 같은 복식 형제는 중국이나 북방지역에서 볼 수 없는 한민족의 복식만이 갖는 특징이다. 이후 이 같은 장식단추의 사용은 더욱 발전했는데, 요령성의 여러 지역에서는 서기 3세기~4세기경에 고구려가 복숭아 모양의 장식으로 꽃가지 모양의 금관식을 만들어 사용했음을 알려주는 금관식이 출토되었다. 금관식은 나뭇가지가 뻗어 나가고 가지마다 원형이나 복숭아 모양의 장식을 달며 끝 부분을 복숭아 모양으로 마무리한 것을 공통점으로 하고 있는데, 이 같은 형제는 신라 금관의 구성요소로 이어진다. 금관식들과 함께 출토된, 줄기 부분을 나타내는 화만상의 금편과 고조선 중기와 후기에 속하는 유적에서 출토된 동편들에 보이는 수지의 문식은 꽃가지 모양의 금관식과 함께 이후 금관의 수지에 해당하는 부분으로 응용되었을 것이다.

이상의 내용으로부터, 금관은 외부의 영향으로 이루어진 것이 아니라 고대 한민족이 널리 사용하던 변과 절풍 및 책의 변화 위에, 고조선 초기부터 계승된 한민족의 고유한 원형 그리고 복숭아 모양의 장식단추 형제와 나무줄기 모습의 형제가 한민족의 의식을 통해 표현된 것임을 알 수 있다.

제6장 고대 한국 복식의 여밈새〔袵形〕

1. 여는 글

이 글은 고대 한국 복식의 원류에 대한 논의에서 주요한 근거가 되어온 임형(袵形)을 재검토하여 종래의 잘못된 이해를 바로잡는 데 목적이 있다.

일반적으로 고대 한국 복식의 계통과 변천을 말할 때는 웃옷의 동정[1] 또는 깃에서부터 연결된 섶이나 옷자락이 여며지는 방향 등, 즉 임형을 기준으로 하여 중국 한복(漢服) 계통의 요소와 북방계 호복(胡服) 계통의 요소로 그 성격을 구분하고 있다. 이 가운데 북방 호복 계통의 좌임이 고대 한국 복식의 주요 요소였으나 뒤에 중국 한복 계통의 영향을 받아 우임으로 바뀌게 되었다고 보

---

[1] 한국에서 의복의 동정이 어느 때부터 시작되었는지 알 수 없으나, 김용준이 1958년 남경박물원에서 宋나라 때 '百濟國使'를 그린 〈職貢圖〉를 발견하고 그것을 모사해 《문화유산》에 발표함으로써 백제인들이 옷깃에 동정을 달았음을 알 수 있게 되었다(김용준, 〈백제 복식에 관한 자료〉, 《문화유산》, 사회과학원출판사, 1959, pp.64~66 참조).

왔다.

이 같은 임형의 계통과 변천의 구분은 1946년 이여성(李如星)[2]에 의해 주장된 이후 복식사 연구에서 모두 이를 그대로 따르고 있다. 그러나 4세기에서 6세기에 만들어진 고구려 고분벽화들에 나타난 복식의 임형은 대체로 좌임(左袵)·우임(右袵)과 함께 합임직령(合袵直領)·곡령(曲領)·대금사령(大襟斜領) 등이 혼용되어 있다.

중국 복식의 경우 상대(商代)부터 춘추전국시대까지는 좌임·우임·좌우양측의임(左右兩側衣袵)·방령(方領)의 임형이 자유롭게 혼용되었고, 진한대에 의관복제(衣冠服制)를 새롭게 정하면서 대금사령의 출현과 함께 주로 우임의 복식이 되지만 여전히 좌임이 혼용되었다. 그러므로 고대 중국의 임형도 우임형이라고 단정할 수는 없다.

호복의 경우 진한대 이전의 발굴자료에서는 단유(短襦)보다 장포(長袍)가 더 많이 발굴되는데, 여기서는 좌임과 대금(對襟)의 임형도 보인다. 진한대에 이르러서는 좌임·대금(對襟)·원령(圓領)의 임형이 혼용된 소매가 좁은 착수(窄袖)의 복식으로 점차 정착되었다. 따라서 고대 호복의 임형도 일률적으로 좌임이었던 것은 아니라고 하겠다.

고구려에서 고분벽화가 만들어지던 시기인 중국의 삼국·양진남북조에서는, 관복(官服)의 경우 삼국과 양진(兩晋) 및 남조(南朝)에서는 여전히 진한의 복식제도를 따랐으나 현학(玄學)과 불교(佛敎) 및 도교(道敎)의 영향 아래 대수관삼(大袖寬衫)이 유행했고, 북조(北朝)에서는 처음 북방민족 고유의 복식을 입었으나 북위(北魏) 효문제(孝文帝)가 한족(漢族)의 복식을 입도록 함에 따라 커다란 변화를 보였다. 그러나 호복의 특징인 원령의 포(袍)는 그대로 유지되

---

2) 李如星, 《朝鮮服飾考》, 白楊堂, 1947, pp.121~127.

었다. 이때 남자는 주로 우임의 포를 입었으나, 북방민족들이 남하하여 한족과 함께 거주하면서 생활 습속이 서로 융화되어 한족들도 대금(對襟)과 착수의 유군(襦裙)과 단의(短衣)의 호복이나 좌임·우임·대금(大襟)·대금(對襟)·번령(翻領)의 다양한 임형을 한 고습(袴褶)을 입기 시작했다.

고구려의 고분벽화들은 4세기 중엽에서 6세기에 이르는 약 3세기에 걸쳐 만들어졌는데, 그림에 나타난 복식을 보면 줄곧 좌임과 우임이 혼용되어 있다. 그러므로 고구려의 임형이 북방계 호복 계통의 좌임이었다가 이후 중국 한복 계통의 영향을 받아 우임으로 되었다는 이여성의 주장과 우리 복식문화의 원류가 스키타이계 복식문화라는 주장[3]은 재검토될 필요가 있다.

저자는 먼저 이여성의 주장이 갖는 문제점이 무엇인지 살펴보고, 고구려 고분벽화를 중심으로 고대 한국의 임형을 정리한 뒤, 중국과 호복 및 고대 한국의 임형을 비교함으로써 우리나라 임형을 바르게 알고자 한다.

이 같은 임형에 관한 비교와 검토가, 고대 한국 복식의 원형을 중국이나 북방 호복 계통으로부터 오거나 영향을 받았다는 종래의 견해를 수정할 수 있는 근거가 되기를 바란다.

2. 종래의 임형론에 대한 검토

임(袵)은 깃이 여며지는 것,[4] 또는 섶[5]이나 옷자락이 여며지는

---

3) 金文子,《韓國服飾文化의 源流》, 民族文化社, 1994, p.157.
4) 朴京子,〈古墳壁畵에서 본 高句麗服飾 小考〉,《韓國服飾論巧》, 1983, p.13 ; 최원희,〈과거 우리나라 남자 평상복〉,《고고 민속 1》, 사회과학원출판사, 1966, p.8.
5) 최원희,〈고구려 녀자 옷에 관한 연구〉,《문화유산 2》, 사회과학원출판사,

것[6]으로 설명되고 있는데, 이렇게 여며지는 부분이 다른 것은, 고대 한국 웃옷이 동정은 없고 깃만 있는 경우가 대부분이기는 하지만, 깃이 선(襈)으로 되어 옷자락의 끝까지 연결된 것도 있어, 동정·깃·섶·옷자락 등의 명칭 가운데 어느 하나로 고정하여 말할 수 없기 때문이다.

먼저 '임(袵)'의 개념을 분명히 해둘 필요가 있다.

임(袵)은 '임(衽)'으로도 쓰인다.《예기(禮記)》〈단궁상(檀弓上)〉에서 "관의 묶음은 세로 둘, 가로 셋으로, 임은 묶음마다 하나이다(棺束縮二衡三, 衽每束一)"라고 했다. 공영달(孔穎達)은 임에 대해 "허리를 묶는 작은 띠이다. 그 모양은 양쪽 머리는 넓고 가운데는 좁다"고 했다.[7]《석명(釋名)》에서는 "임은 첨(襜)이다. 옷의 겨드랑이 밑에 있으니 첨과 같다[衽, 襜也. 在傍襜, 襜如也]"고 했다.《설문해자》에서는 임에 대해 "衣袵[8]也. 從衣, 壬聲"이라고 했고, 금(衿)에 대해서는 "交衽也. 從衣, 金聲"이라고 했다. 즉, 임은 옷의 금이고, 금은 임을 교차한 것이라는 말이다. 이로 보면 임은 웃옷의 양쪽 겨드랑이 밑에 달린 것이며, 이는 허리띠와 같이 옷의 양쪽을 여미는 역할을 한다. 따라서 두 끈의 맨 모양을 양쪽이 넓고 가운데가 좁은 나비 모양이라고 했던 것이다.

임(衽)은 그 모양이나 역할보다 옷의 양쪽을 어디서 어떻게 여미는가 하는 것이 중요하다. 즉, 동정·깃·섶·옷자락 등 임의 위치뿐만 아니라 오른쪽을 위로하여 왼쪽을 덮을 것인가 아니면 그 반대로 할 것인가 하는 것이 중요하다. 따라서 저자는 임(袵)을

1962, p.34 ; 천석근,〈고구려 옷에 반영된 계급 신분 관계의 고찰〉,《력사과학》, 과학백과사전출판사, 1987, p.35 ; 주영헌,〈약수리 고분을 통한 고구려 벽화분의 연대에 관한 연구〉,《문화유산 3》, 사회과학원출판사, 1959, p.38.
6) 이은주,〈의생활의 역사〉,《한국민속사입문》, 1996, p.608.
7)《禮記》〈檀弓上〉의 孔穎達 疏 "衽每束一者, 衽小要也. 其形兩頭廣中央小也."
8) 袵은 衽 또는 襟과 같은 글자이다.

'옷의 여밈새'라고 하고, 우임은 '옷의 오른쪽여밈새', 좌임은 '옷의 왼쪽여밈새', 합임(合衽)은 '옷의 맞여밈새'라고 이름하는 것이 좋다고 생각한다.

이여성은 《조선복식고》에서 한국 옷의 여밈새에 대하여,

조선복식의 문화사적 지위가 아시아 제북족(諸北族)의 그것과 공통(共通)해서 소위 호복계통에 속하는 까닭이다. 즉 착수세고좌임형(窄袖細袴左衽型)인 북방계(北方系)인 것이고, 광수우임형(廣袖右衽型)인 지나계(支那系)가 아닌 까닭이다.[9]

라고 했다. 복식사 연구자들은 이여성의 주장을 그대로 따르고 있다. 이여성이 이렇게 주장한 주요한 근거는 다음과 같다.

이여성은 《삼국사기》〈색복(色服)〉에 나오는 신라의 단의를 '저고리'라고 해석하고, 이는 《설문해자》의 유(襦)와 일치한다고 보았다. 따라서 그는 중국 사서에 기록된 고구려·백제·신라의 웃옷에 관한 명칭인 대수삼(大袖衫)[10]·복삼(複衫)[11]·삼통수(衫筒袖)[12]·장유(長襦)[13]·위해(尉解)[14]·의사포(衣似袍)[15] 등에 관한 내용들을 정리하고 이를 고구려 고분벽화의 복식에 적용했다. 그 결과 고구려 고분벽화의 옷은 긴 소매이지 넓은 소매가 아니며, 쌍영총의 묘주 부부가 입은 넓은 소매의 옷은 "한식(漢式)의 호기적 모방에 불과할 것이다"[16]라고 하고, "좌임·우임이 혼용된 벽화는 호복 형태에서

---

  9) 李如星,《朝鮮服飾考》, p.124.
 10)《北史》卷94〈列傳〉高(句)麗傳 ;《隋書》卷81〈列傳〉高麗傳.
 11)《南史》卷79〈列傳〉百濟傳.
 12)《新唐書》卷220〈列傳〉高麗傳.
 13)《新唐書》卷220〈列傳〉新羅傳.
 14)《梁書》卷54〈諸夷傳〉新羅 條.
 15)《北史》卷83〈列傳〉百濟傳.
 16) 李如星,《朝鮮服飾考》, p.123.

한복(漢服) 형태로의 이동을 의미하는 과도적 시대양상을 시현(示現)한 것이라고도 할 수 있다"[17]고 했다. 이여성은 우임과 넓은 소매가 중국의 고유한 복식이라고 생각해서 고구려 벽화의 넓은 소매를 '한식'이라 하고, 좌임은 호복에 속하는 것으로 단정했던 것이다.

이여성의 이러한 주장에는 다음과 같은 문제점들이 있다.

첫째, 이여성이 참고한 집안(輯安) 삼실총(5세기 초), 집안 각저총(4세기 말), 매산리(梅山里) 사신총(5세기), 용강(龍岡) 쌍영총(5세기), 집안 무용총(4세기 말), 대동(大同) 개마총(6세기)[18]은 4세기 말에서 6세기에 걸쳐 만들어진 것이다. 이여성이 연구했을 때는 다양한 고구려 복식을 볼 수 있는 안악 3호 고분, 덕흥리 고분, 약수리 고분, 장천 1호 고분, 대안리 고분 등이 발견되지 않았고, 또 지금과 같이 고고발굴과 연구가 활발하지 못했을 때이다. 따라서 고고발굴자료를 폭넓게 이용하여 합리적인 해석을 내리는 데는 한계가 있었다고 하겠다.

둘째, 이여성이 참고로 한 고구려 벽화들은 중국의 삼국·양진남북조시대에 해당한다. 따라서 고구려 고분벽화들과 같은 시기인 삼국·양진남북조시대까지의 중국 복식과 호복을 비교하는 작업과, 이들이 영향을 주고받게 된 경위를 살펴보는 작업이 필요했다. 그러나 이여성은 당(唐) 이후의 중국 복식을 근거로 우리나라의 고대 복식을 보았던 것이다.

당은 건국 초기에 흉노(匈奴)·돌궐(突厥)·거란[契丹]·회골(回鶻) 등 북방민족들과 활발히 접촉하며 융화해나갔기 때문에 중국에서 호복이 크게 유행했다. 그러나 중기 이후 점차 북방민족들을 배척하기 시작했고, 안녹산(安祿山)의 난이 있은 뒤 화이(華夷)정책이

---

17) 같은 책, p.125.
18) 같은 책, pp.124~125.

더욱 엄격해지면서 지배계층은 외래문화에 대해 적대적인 태도를 보였다. 이 같은 중국 본위의 문화를 건립하려는 화이정책은 명대(明代)까지 지속되었다.

그러나 화이정책 하에서도 서민사회에 깊이 파고든 호복의 영향을 제거하지는 못했다. 따라서 이 시기에 편찬된 역사서들은 호복의 특징과 영향에 대해서 매우 민감한 반응을 보였고, 중국과 구별지으려 하면서도 호복의 영향을 중국의 것으로 설명하려고도 했다. 즉, 이여성은 삼국·양진남북조시대와 당 이후의 복식이 다르다는 매우 중요한 점을 소홀히 했던 것이다.

셋째, 이여성은 몇몇 고구려 벽화에 보이는 복식만을 한국 고대 복식의 특징으로 보았고, 부여(夫餘)나 예(濊)·한(韓) 등의 복식은 참고하지 않았다. 즉, 고대 한국의 범위를 삼한(三韓)으로 제한했던 것이다. 한반도 및 만주 전역을 포함하는 광범위한 지역이 동일 문화권을 이루고 있기 때문에 우리 민족을 삼한으로 제한하는 것은 바람직하지 않다. 따라서 삼한 이외의 복식 관련 자료도 동일 계통으로 보고 중요한 참고자료로 해야 할 것이다.

《후한서》〈동이열전(東夷列傳)〉과 《삼국지》〈오환선비동이전(烏丸鮮卑東夷傳)〉에 나오는 예전(濊傳)에서는,

(예는) 남녀 모두 곡령을 입었다.[19]

(예는) 남녀 모두 곡령을 입었는데, 남자는 은화(銀花)를 옷에 달았으며, 넓이는 여러 촌(寸)으로 꾸며졌다.[20]

---

19) 《後漢書》 卷85 〈東夷列傳〉 濊傳. "男女皆衣曲領."
20) 《三國志》 卷30 〈烏丸鮮卑東夷傳〉 濊傳. "男女皆衣著曲領, 男子繫銀花, 廣數寸以爲飾."

고 했다. 예는 삼한과 국역을 같이했고, 언어와 문화도 같이했다.

신라 남해차차웅(南解次次雄) 16년(서기 19년)에 지금의 강릉 이북에 있는 북명(北溟) 사람이 예왕(濊王)의 인(印)을 밭에서 얻어 남해차차웅에게 바쳤고,[21] 고구려는 양원왕(陽原王) 4년(서기 548년, 백제 성왕 26년) 예의 병력 6,000명을 거느리고 백제의 독산성(獨山城)을 공략했다가 실패했다.[22] 모두루묘지(牟頭婁墓誌)에서는 "慕容鮮卑□濊使人□知河伯之孫日月之子所生之地"라고 하여, 예에서 고구려에 사신을 보내기도 했고, 고구려 영양왕(嬰陽王) 23년(서기 612년, 수 양제 대업 8년), 수의 양제가 고구려를 정벌할 때 고구려가 요동에 있는 예를 잠식했기 때문에 한(漢)과 위(魏)의 공략을 받았다고도 했다.[23] 이는 동한 말 고구려가 요동까지 국역을 넓혔을 때 이 지역에 있던 예를 복속시켰음을 알려준다. 예는 요동에 있었으나 고구려에 복속되면서 신라의 접경지역으로 이주했다. 따라서 고구려 복식에는 예의 곡령이 수용되었을 가능성이 없지 않다.

양웅(楊雄)의 《방언(方言)》에서는,

유는 서남의 촉한(蜀漢)에서 곡령이라 부르고, 유라고도 부른다.[24]

고 했다. 중국의 서남에 위치한 촉한은 전국 말 진(秦)에 복속되면서 중국에 편입되기 시작했으나 그들의 습속을 지켜왔다. 이 촉

---

21) 《三國史記》 卷35 〈雜志〉 地理2 朔州條. "賈耽 《古今郡國志》云 : 句麗之東南, 濊之西, 古貊地. 盖今新羅北朔州."
22) 《三國史記》 卷26 〈百濟本紀〉 聖王 26年條. "春正月, 高句麗王平成與濊謀, 攻漢北獨山城. 王遣使請救於新羅. 羅王命將軍朱珍, 領甲卒三千, 發之. 朱珍日夜兼程, 至獨山城下, 與麗兵一戰, 大破之."
23) 《三國史記》 卷13 〈高句麗本紀〉 嬰陽王 23年條. "高句麗小醜, 迷昏不恭, 崇聚勃碣之間, 荐食遼濊之境. 雖復漢魏誅戮, 巢穴暫傾, 亂離多阻, 種落還集. 萃川藪於往代, 播寔繁以訖今."
24) 《方言》 四. "襦, 西南蜀漢謂之曲領, 或謂之襦."

한에서 웃옷을 곡령 또는 유로 불렀다는 것은 이들의 웃옷이 중국과 달랐다는 것을 뜻한다. 《석명》에는 "곡령은 홑옷 안에서 깃〔領〕을 여민 것으로, 위는 가로로 목을 막았다"[25]는 내용이 나온다. 《수서(隋書)》〈예의지(禮儀志)〉에는 곡령을 둥근 모양이라고 했다.[26] 그 모습은 송(宋)의 황제조복(皇帝朝服)의 목둘레 장식품인 '방심곡령(方心曲領)'(그림 1)[27]과 《삼재도회(三材圖會)》의 곡령(그림 2)[28] 등을 통해 볼 수 있다. 고려 공민왕 때 명(明)의 태조(太祖)가 강사포(絳紗袍) 등을 보내며 방심곡령을 보낸 일도 있다.[29] 이것들을 촉한이나 예의 곡령과 같은 것으로 보기는 어렵겠지만, 그 모양을 찾아갈 수 있는 단서는 될 것이다.

김동욱(金東旭)은 〈단령(團領)의 발생〉에서 단령과 곡령을 같은 임형으로 보았으며,[30] 박경자(朴京子)도 〈덕흥리 고분벽화의 복식사적 연구〉에서 이를 따라 단령으로 보고, 곡령을 'V'자 모양으로 깊게 파진 것으로 설명했다.[31] 또한 유희경(柳喜卿)은 《한국 복식사 연구》에서 낙랑의 채협총(彩篋塚)에서 출토된 협록채화(篋綠彩畵) 인물도의 교령우임(交領右衽)을 한 유를 곡령으로 보았고,[32] 김문자(金文子)는 《한국복식문화의 원류》에서 'ㅁ' 모양의 속옷 종류로 보았다.[33] 그런데 곡령에 대한 이러한 견해들은 논의의 여지가 있다.

---

25) 《釋名》. "曲領在單衣內襟領, 上橫以雍頸也."
26) 《隋書》〈禮儀志〉. "曲領在內所以中襟領, 上橫壅頸, 其狀曲也."
27) 上海市戱曲學校中國服裝史硏究組編著, 周汎·高春明撰文, 《中國服飾五千年》, 商務印書館香港分館, 1984, p.109.
28) 柳喜卿, 《한국 복식사 연구》, 이화여자대학교출판부, 1980, p.280.
29) 《高麗史》〈志〉 輿服 1. 冠服 視朝之服 條.
30) 金東旭, 〈團領의 發生〉, 《服飾》 第十號, 第5回 亞細亞 服飾學術會議 發表論文抄, p.92.
31) 朴京子, 〈德興里 古墳壁畵의 服飾史的 硏究〉, 《韓國服飾論攷》, 新丘文化社, 1983.
32) 柳喜卿, 《한국 복식사 연구》, pp.44~45.
33) 金文子, 《韓國服飾文化의 源流》, pp.101~102.

〈그림 1〉 방심곡령을 두른 황제

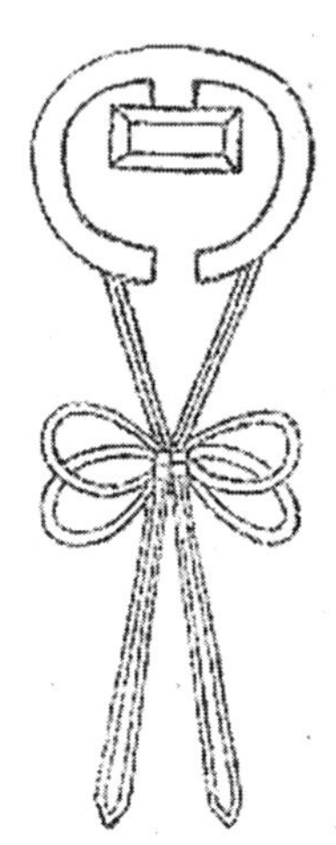

〈그림 2〉
方心曲領

〈그림 3〉 원령의 포를 입은 남자

〈그림 4〉 원령의 포를 입은 대신

중국에서는 삼국·양진남북조시대에 호복의 영향을 받아 원령의 포군(袍裙)(그림 3)을 입기 시작했고, 수당대에 와서는 원령의 포삼(袍衫)(그림 4)이 남자 복식의 주요한 형식이 되기도 했다. 단령(그림 5)은 성당(盛唐) 이후 유행한 여성 의복으로 깃을 깊게 파서 가슴을 노출시킨 임형이었고, 명대에는 비교적 간편한 상복(常服)과 단령삼을 입었다.[34] 고려 우왕(禑王) 13년에 1품부터 9품까지 모두 단령을 입었던 것은[35] 명(明)을 따른 것이다. 그 밖에도 반령(盤領)이 있다. 이것은 명대 관복인 포에 나타나는데(그림 6), 둥글린 모양이 원령과 곡령의 중간 정도 된다. 이를 정리하면 곡령은 보통 둥글린 '◡' 형태이고 원령은 얕게 둥글린 '⌣' 형태이다. 아울러 단령은 깊게 둥글린 'ᘁ' 형태이고 반령은 원령과 곡령의 중간되는 모양이다. 따라서 저자는 촉한과 예의 곡령을 방심곡령과 같은 것이 아니라 웃옷의 깃이 둥근 모양으로 되어 있었기 때문에 유라고 불렀던 것이라고 보고 싶다. 그리고 이러한 곡령의 흔적은 고구려 고분벽화에서도 찾을 수 있다. 즉, 덕흥리 고분벽화의 13군 태수와 막부관리(幕府官吏) 및 통사리(通事吏) 등이 입은 포의 둥글게 여며진 모양(그림 7)을 한 것이 곡령일 것이라고 생각된다.

《삼국지》〈오환선비동이전〉 부여전(夫餘傳)에는 다음과 같은 내용이 나온다.

(부여에서는) 국내에 있을 때 무늬 없는 것을 숭상하여, 무늬 없는 베로 만든 큰소매의 포와 바지를 입고 가죽신을 신었다.[36]

---

34) 上海市戲曲學校中國服裝史硏究組編著, 周汎·高春明撰文 《中國服飾五千年》, p.146.

35) 《高麗史》 卷26 〈輿服1〉 冠服通制. "辛禑13년 6월 비로소 호복을 고치어 大明의 제도에 의거하도록 하니, 1품부터 9품까지 모두 紗帽團領을 착용했다 (辛禑十三年六月, 始革胡服, 依大明制, 自一品至九品, 皆服紗帽團領)."

36) 《三國志》 卷30 〈烏丸鮮卑東夷傳〉 夫餘傳. "在國衣尙白, 白布大袂袍·袴, 履革鞜".

〈그림 5〉 원령의 유를 입은 여자　　　〈그림 6〉 반령의 포를 입은 황제

〈그림 7〉 덕흥리 고분벽화의 13군 태수도

여기서 보는 것처럼, 동부여에서 입은 큰소매의 포도 고대 한국 복식의 특징적 요소가 될 것이다. 동부여는 지금의 길림성 북부와 내몽고자치구 동부 일부 및 흑룡강성지역에 위치한 것으로 추측된다.[37] 그리고 이들은 고구려와 선비족인 호(胡)에 인접하고 있었다. 그럼에도 그들은 호복 계통의 통수(筒袖)나 착수의 옷이 아닌 큰소매의 포를 입었다. 고조선의 청동기문화층에서 출토된, 흙으로 만든 남자 인형은 머리에 모자 같은 것을 쓰고, 아래가 넓게 퍼진 옷(그림 8)[38]을 입고 있는데, 이것이 부여에서 입었던 큰소매 도포의 원형이었을 가능성이 크다. 마한(馬韓)·한(韓)[39]뿐만 아니라, 고구려·백제·신라[40]에서도 부여와 같이 포를 입었다.

따라서 고대 한국 복식에는 큰소매의 포와 곡령의 임형이 포함되며, 이는 착수를 특징으로 하는 북방 계통의 복식과 구별된다. 이것은 고대 한국 복식의 원형이 북방 호복 계통으로부터 왔다는 견해와 모순된다.

넷째, 중국 역사서의 주변국들에 대한 기술이 바르지 못한 것이 많다. 그러나 이여성은 이를 전혀 문제 삼지 않았다. 중국의 역사는 주변국 민족의 역사라고 할 만큼 끊임없는 종족적 혼혈과 문

---

37) 尹乃鉉, 〈扶餘의 분열과 變遷〉, 《祥明史學》 第三·四合輯, 祥明史學會, 1995, pp.463~477.
38) 김용간·서국태, 〈서포항원시유적 발굴보고〉, 《고고민속 론문집》 4, 사회과학원출판사, 1972, p.117.
39) 《後漢書》 卷115 〈韓傳〉. "베포를 입고, 짚신을 신었다(布袍, 草履)." ; 《後漢書》 卷85 〈東夷列傳〉 馬韓傳. "베포를 입고 草履를 신는다(布袍, 草履)." ; 《三國志》 卷13 〈烏丸鮮卑東夷傳〉 馬韓傳. "그들의 인성은 강하고 용감하고, 魁頭는 炅兵처럼 상투를 드러냈고, 베袍를 입고 발에는 가죽으로 만들고 뒤를 올린 신을 신었다(其人性强勇, 魁頭露紒, 如炅兵, 衣布袍, 足履革蹻蹋)."
40) 《周書》 卷49 〈列傳〉 異域上 百濟傳. "남자의 의복은 대체로 고구려와 비슷하다.…… 부인은 袍를 입는데, 소매가 약간 크다(其衣服男子畧同於高麗…… 婦人衣以袍而袖微大)." ; 《隋書》 卷81 〈列傳〉 新羅傳. "風俗·刑政·衣服은 대략 고구려·백제와 같다(風俗刑政衣服略與高麗·百濟同)."

화적 혼합이 거듭되었다. 그런데도 중국인들은 주변국의 민족을 낮게 보는 화이의식을 가지고 있었다. 이 화이의식은 진한대부터 모든 민족을 중국의 지배 하에 두려는 정치원리로 작용했다. 이 화이의식은 중국 복식사에서도 작용하여, 화(華)는 우임, 이(夷)는 좌임이라고 하면서 좌임을 문화 수준이 낮음을 뜻하는 데 대명사로 쓰기도 했다.

중국은 상대부터 춘추전국에 이르는 사이 좌임과 우임이 혼용되어 임형에서 비교적 자유스러웠고, 소매는 대부분 착수였다. 전국시대에는 소매 등이 크고 길게 늘어진 곡거심의(曲裾深衣)가 출현했지만, 진한대에 착수와 더불어 대수(大袖)가 널리 보급된 사실 등[41]의 전반적인 상황을 볼 때 고대 중국 복식의 특징을 넓은 소매의 우임형이라고 단정하기는 어렵다. 따라서 중국의 문헌자료를 이용할 때 합리적이지 못한 부분을 제거하는 작업이 있어야 할 것이다.

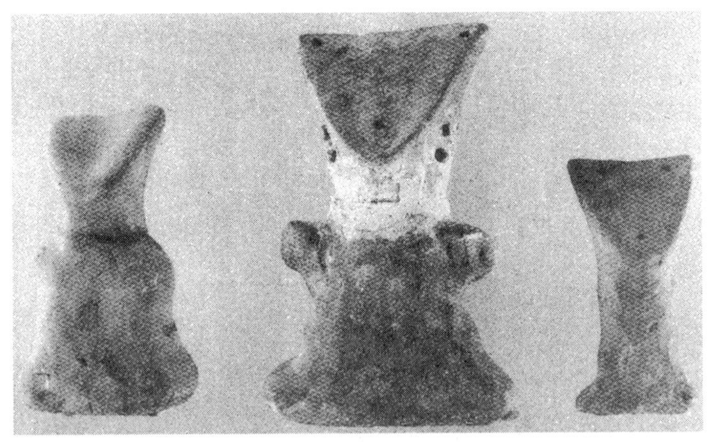

〈그림 8〉 서포항 유적 남자 인형

---

41) 上海市戲曲學校中國服裝史硏究組編著, 周汛·高春明撰文, 《中國服飾五千年》, pp.38~40.

　호복을 보면 고대에는 대금(對襟)·번령·합임의 착수와 통수의 모양이 좌임의 임형보다 더 많이 나타난다. 중국의 서주(西周)시대에 속하는 서기 전 9세기경의 찰홍로극(扎洪魯克)의 고묘에서 출토된, 거친 모직물로 만든 남녀의 포의(布衣)는 모두 교령(交領)과 통수의 장포였고,[42] 서기 전 3세기경으로 추정되는 신강(新疆) 초원에서 발견된 석인(石人)들의 복식은 넓은 번령의 대의(大衣)를 입고 속대(束帶)를 하거나 장포를 입고 요대(腰帶)를 했다. 또한 서기 전 10세기경으로 추정되는 합밀오보향(哈密五堡鄉)의 고묘에서 출토된 구피대의(裘皮大衣)는 무령대금(無領對襟)과 착수의 복식이었다. 그리고 전국에서 진한대에 이르러서는 착수의 좌임과 원령이 나타나고 있음이 출토자료에서 확인된다.

　고구려의 고분벽화가 만들어진 삼국·양진남북조시대에 중국에서는 현학과 불교 및 도교의 영향 아래 우임과 대금(對襟)을 한 관삼대수(寬衫大袖)의 옷이 유행하지만, 일반 백성들은 관수(寬袖)로 보이는 포복(袍服)과 대금(對襟) 및 착수의 단흉의(袒胸衣)를 입었다. 이와 더불어, 한편으로는 북방민족의 고습을 받아들였지만, 고습 원래의 모양인 좌임 이외에도 당시 중국에서 유행하던 대금(大襟)·대금(對襟)·번령으로 변형하기도 했다.

　그러나 고구려 고분벽화의 임형은 좌임과 우임·합임·곡령·대금사령이 혼용되고 있고 소매도 광수(廣袖)·관수·통수만 나타나며, 중국의 삼국·양진남북조시대에 유행했던 우임이나 대금(對襟)의 관삼대수, 대금(對襟)이나 착수의 포복, 대금(大襟)이나 대금(對襟)의 고습 가운데 대금(對襟)만이 보일 뿐 다른 요소들은 찾아볼 수 없다. 또한 대금(對襟)도 귀족계급이나 평민의 의복에는 나타나지 않고 무용총의 탄금신(彈琴神), 사신총의 승학신(乘鶴神), 오괴분 5호

---

42) 李肖冰, 《中國西域民族服飾硏究》, 新疆人民出版社, 1995, pp.57~58.

고분벽화의 승룡신(乘龍神) 및 승기린신(乘麒麟神) 등 추상적인 사람들의 의복에만 보인다. 즉, 4세기에서 6세기에 이르는 기간에 만들어진 고구려 고분벽화에서는 당시 중국 복식의 요소가 거의 나타나지 않는다.

다음 삼국·양진남북조시대의 호복과 고구려 복식의 관계를 살펴보자. 이여성은 《조선복식고》에서 왕국유(王國維)가 〈호복고(胡服考)〉를 통해 "호복이라는 것은 사마치(기마복)·가죽신과 조미관(鳥尾冠 : 鶡冠)을 지칭하는 것"[43]이라고 말한 내용을 들어, 호복은 고대 한국의 복식과 모두 상통되는 무풍적인 북쪽의 복식이라고[44] 했다.

고구려 고분벽화의 기마인은 왕국유가 말한 복식들을 입었는데, 이는 고구려 고유한 복식에 기마복식의 요소가 더해진 것으로 볼 수 있다. 고구려 기마인의 웃옷은 다양한 여밈새를 하고 있다. 바지는 웃옷의 통수에 어울리는 그리 좁지 않은 통으로 했고, 바지부리를 좁혀 깔끔하게 처리했다. 이러한 복식은 기마인 외에 고구려 일반 남자들도 모두 입고 있는 것[45]으로, 전국시대에 북방민족이 입은 통이 좁은 고습이나 삼국·양진남북조시대의 고습과 완전히 다른 모양이다. 또한 고구려에서는 북방민족처럼 모든 계층이 동일한 성격의 의복을 일률적으로 입은 것이 아니라, 성별과 신분 및 직업에 따라 차이를 보인다. 따라서 다양한 임형이 변화를 이루며 적용된 높은 수준의 복식을 착용했다.

지금까지 살펴본 것처럼, 고대 한국 복식의 특징을 "착수세고좌임형(窄袖細袴左衽形)인 북방계의 것"[46]이라고 단순하게 말할 수는

---

43) 王國維, 《觀堂集林》〈胡服考〉.
44) 李如星, 《朝鮮服飾考》, p.115.
45) 《周書》 卷49 〈列傳 異域上〉 高(句)麗傳. "男子 어른의 옷은 소매가 넓고 통이 큰 바지와 같다(丈夫衣同袖衫·大口袴)." ;《新唐書》 卷220 〈列傳〉 高(句)麗 條. "저고리는 통소매이고 바지는 통이 크다(衫筒褒, 袴大口)."

없으며, 고구려 고분벽화에서 보이는 소매가 넓고 우임인 특징을
들어 중국복식의 영향[47]이라고 단정할 수도 없다. 오히려 고구려와
예에 나타난 곡령과 부여의 큰소매의 웃옷이 고대 한국의 고유한
형제였다고 말할 수 있을 것이다.

3. 문헌과 벽화에 보이는 고대 한국의 임형

옷의 여밈새는 웃옷의 형식에 따라 결정될 것이다. 따라서 고구
려 고분벽화에 보이는 웃옷과 그 위에 입은 겉옷을 중심으로 고
구려의 임형을 정리해볼 필요가 있다. 고구려 고분벽화[48]에 대한
분석은 시대순을 따르게 될 것이다.

문헌에 나타난 웃옷에 관한 명칭은 단의·유·삼(衫)·위해·곡령[49]
등이 있고, 겉옷으로는 표의(表衣)[50]·방포(方袍)[51]·자대수포(紫大袖
袍)[52]·포포(布袍)[53] 등이 있는데, 여기서는 크게 유·삼[저고리]과 포
[두루마기, 겉옷]로 나눌 수 있다.

안악 3호 고분벽화의 복식 분석 내용을 표로 만들면 다음과 같다.

---

46) 李如星, 《朝鮮服飾考》, p.124.
47) 朴京子, 〈古墳壁畵에서 본 高句麗服飾 小考〉, p.13. "쌍영총 벽화에서 보이
　　는…… 전반적으로 옷이 너그럽고 여밈새가 右衽인 것이 많다. 이로 보아
　　중국 복식의 영향을 받아 변화된 것이라고 본다."
48) 朝鮮畵報社가 간행한 《高句麗古墳壁畵》(朝鮮畵報社出版部, 1985)를 주요
　　참고자료로 했다.
49) 《方言》四 "襦는 西南의 蜀漢에서 曲領이라 부르기도 하고, 襦라고 부르기
　　도 한다(襦西南蜀漢謂之曲領, 或謂之襦)."
50) 《三國史記》 卷23 〈雜志〉2 色服.
51) 《三國遺事》 卷3 〈興法〉3 原宗興法 條.
52) 《三國史記》 卷24 〈百濟本紀〉 古尒王 28年條. "春正月初吉, 王服紫大袖袍·
　　青錦袴·金花飾烏羅冠·素皮帶·烏韋履, 坐南堂聽事."
53) 《三國志》 卷13 〈烏丸鮮卑東夷傳〉 馬韓傳 ; 《後漢書》 卷115 〈東夷列傳〉 韓傳.

조사 내용 조사대상인 및 조사대상 가능인		인원수	여밈새				수의 모양		
			대금 사령	합임 직령	좌임 직령	우임 직령	광수	관수	통수
주인도의 묘주 * 옷고름을 맺음	겉옷	1	1				1		
	속옷			1					
기실(記室)	겉옷	1	1						1
소사(小史)	겉옷	1	1				1		
	속옷					1			
성사(省史)	겉옷	1	1						1
	속옷					1			
문하배(門下拜)	겉옷	1	1						1
	속옷					1			
의장기수도의 의장기수 * 옷고름을 맺음 * 2인의 속옷은 알 수 없음	겉옷	4		4			4		
	속옷				2				
대행렬도의 기마인	겉옷	12		9	1	2	12		

조사 내용 조사대상인 및 조사대상 가능인		인원수	여밈새				수의 모양		
			대금 사령	합임 직령	좌임 직령	우임 직령	광수	관수	통수
부인도의 묘주부인	겉옷	1				1	1		
	속옷					1			
부인도의 시녀	겉옷	3				3	3		
	속옷					3			
시종무관도의 장하독 * 옷고름을 맴	겉옷	3	3			3			3
	속옷								
부월수도의 부월수 * 옷고름을 맴	겉옷	4		4					4
	속옷					4			
의장기수도의 의장기수	겉옷	3		3					3
	속옷				1	2			
각적도의 뿔나팔 부는 사람	겉옷	1				1			1
	속옷					1			
주방도의 여자	겉옷	1				1			1
정호도의 여자	겉옷	2		1		1	알 수 없음		

답대도의 여자	겉옷	1		1					1
가면희도의 탈춤 추는 사람	겉옷	1				1			1
대행렬도의 기마인	겉옷	9		4		5			9
대행렬도의 보행인	겉옷	25		3	1	21			25

〈표 1〉 안악 3호 고분벽화(4세기 중엽, 황해남도 안악군 용리)에서, 포의 임형과 수의 모양(위의 표), 유의 임형과 수의 모양(아래 표)

안악 3호분의 묘주를 고구려의 왕으로 보는 쪽에는 묘주가 미천왕 또는 고국원왕이라는 두 견해가 있다. 또한 묘주가 입은 복식과 관련해서 고구려의 복식이라는 견해[54]가 있는가 하면, 고구려의 특징도 있지만 중국 하북성(河北省) 망도(望都)에서 발견된 한묘(漢墓)와 요양(遼陽)지역의 벽화에 보이는 복식의 특징이 많이 나타난다[55]는 견해도 있다.

안악 3호분을 망도의 한묘와 연결시켜 보는 견해는 다음과 같은 사항에 근거하고 있다. 즉, 안악 3호분에 기록된 기실(記室)·소사(小史)·문하배(門下拜)·성사(省事) 등은 망도의 한묘에 보이는 소사·문하소사(門下小史)·주기사(主記史)·주부(主簿) 등과 그 관직명이 비슷하고, 또한 모두 비슷한 모양의 책(幘)을 쓰고 있다는 점이다.[56] 그러나 주지하다시피 중국의 책과는 그 모양이 다르다. 망도 한묘 벽화의 관리들과 요양 삼도호(三道壕) 굴업(窟業) 제4현장 벽화고분(壁畵古墳) 가거도(家居圖)의 묘주가 쓴 책[57]에는 수(收)가 있지만 안악 3호분 관리들의 책에는 수가 없다. 책에 수가 없는

54) 천석근, 〈안악 제3호 무덤 벽화의 복식에 대하여〉, 《조선고고연구》, 사회과학원 고고학연구소, 1986년 제3호, pp.22~27.
55) 김용준, 〈안악 제3호분(하무덤)의 연대와 그 주인공에 대하여〉, 《문화유산》, 1957, pp.11~12 ; 전주농, 〈안악 하무덤(3호분)에 대하여〉, 《문화유산》, 사회과학원출판사, 1959, pp.14~35.
56) 김용준, 〈안악 제3호분(하무덤)의 연대와 그 주인공에 대하여〉, p.12.
57) 李文信, 〈遼陽發現的三座壁畫古墓〉, 《文物參考資料》, 1955年 第5期, p.37.

〈그림 9〉 유를 입은 문졸

것이 고구려의 특징이다.[58]

또한 한대(漢代) 후기의 것으로 알려진 요양의 봉태자둔(棒台子屯) 고분과 삼도호 굴업 제4현장 및 굴업 제2현장의 영지령장군묘(令支令將軍墓)의 벽화에 보이는 관(冠)·포·발식(髮飾) 등은 안악 3호분과 달리 중국의 특징적인 요소를 보여주고 있다. 그 중요한 점은 다음과 같다.

첫째로 발식이 다르다. 삼도호 굴업 제4현장 고분벽화의 가거음식도(家居飮食圖)에서 부채를 들고 있는 시녀와 부인 앞에서 장포를 입고 쟁반에 그릇을 들고 있는 시녀 그리고 가거도의 공손부인(公孫夫人)과 다른 부인은 모두 높이 올린 머리 뒷부분에 곡잠수장식(曲簪垂長飾)을 꽂고 있다. 이 같은 발식은 삼국·양진남북조시대로 이어졌다.[59]

둘째로 포가 다르다. 봉태자둔 고분벽화에서 문졸(門卒)이 입은 유(그림 9) 그리고 삼도호 굴업 제4현장 고분벽화에서 성수기(盛水器)를 돌리는 남자의 포와 흰 바지를 입고 큰 그릇을 나르는 두 여인의 포(그림 10)[60]는 아랫도리 부분이 망도 한묘 출토의 벽화에 보이는 포(그림 11)와 같은 모양이다. 이 포들은 진한대의 포로서, 여밈새는 단령(袒領)과 대금사령이며 포의 아랫도리 부분이 곡선으로 이어진 것이 특징이다. 그러나 고구려에서는 아랫부분이 곡선으로 된 포를 전혀 찾아볼 수 없고, 이는 안악 3호분에서도 마

---

58) 《後漢書》 卷115 〈東夷列傳〉 高句麗. "大加·主簿는 모두 幘을 쓰는데, 관과 같으며 幘은 뒤가 없다(大加·主簿皆著幘, 如冠, 幘而無後)."

59) 周迅·高春明 著, 栗城延江 譯, 《中國五千年女性裝飾史》, 1993, p.233.

60) 李文信, 〈遼陽發現的三座壁畫古墓〉, pp.16~33.

찬가지이다. 무엇보다도 안악 3호분
의 포와 유의 큰 특징은 옷고름을
매고 있다는 점이다. 일반적으로 한
국 복식사에서는 조선시대부터 옷
고름을 달기 시작했다고 보고 있으
며, 대(帶)를 사용하지 않게 되면서
부터 옷고름을 달기 시작했다고 보
았다.[61] 안악 3호분은 서기 357년에
축조되었다. 이로 본다면 한국 복식
에서 옷고름을 매기 시작한 것은 적
어도 서기 4세기 중엽 이전으로 거
슬러 올라가게 된다. 또한 안악 3호
고분의 의장기수의 포에도 길고 짧
은 옷고름이 매어져 있고, 시종무관
도의 장하독과 부월수도의 부월수가
입은 유에도 옷고름이 매어져 있는
데, 이들이 대를 두르고 있는 것으
로 보아 옷고름을 매는 것은 대와
관계가 없음도 알 수 있다. 옷고름
은 중국 복식이나 호복에서는 볼

〈그림 10〉 포를 입은 남자와 여자

수 없는 한국 의복만이 갖는 여밈새의 우아한 처리 방식이며, 한
국 복식이 갖는 감각적이고 공간적인 여유라고 말할 수 있다.

　셋째로 요대를 두른 모양이 다르다. 일반적으로 포와 유에 띠를
매는 것을 북방 호복 계통의 특징이라고 말하지만, 중국에서도 상
주대(商周代)에 이미 허리에 매는 여러 형태의 요대가 나타난다.

---

61) 金東旭, 〈高麗圖經의 服飾史的研究〉, 《延世論叢》 第7輯 ; 《韓國服飾史研究》,
　　p.173.

〈그림 11〉 포를 입은 하인

중국과 호복 계통의 복식에서 요대는 반드시 의복의 앞부분에서 맸지만, 고구려 고분벽화에서는 앞·뒤·옆에서 묶는 등의 다양하고 자유스러운 모습을 볼 수 있다.

이로 볼 때 안악 3호 고분은 고구려 복식의 특징을 보여준다고 하겠다.

〈표 1〉과 〈표 2〉의 내용을 통하여 안악 3호분에 나타난 임형을 분석해보면 다음과 같다.

첫째로 〈표 1〉과 〈표 2〉에서 포는 대체로 대금사령과 합임직령 및 우임직령(右袵直領)으로 관직의 등급에 따라 다양하며, 유는 남녀 대부분 우임직령이다. 그 가운데 의장기수(儀仗旗手)와 기마인(騎馬人) 몇 사람이 포와 유 안에 입은 속옷의 임형이 좌임직령(左袵直領)으로 보이는데, 이로 보아 임형에 어떤 기준이 있지는 않았던 것 같다.

둘째로 묘주와 부인 및 시녀들이 입은 대금사령의 포는 같은 시기인 삼국·양진남북조시대의 중국 복식에는 전혀 보이지 않는다. 중국에서는 진한대 남자의 포에 대금사령이 보이고, 삼국·양진남북조시대에는 원령의 포군과 우임직령과 대수관삼의 포가 유행했으며, 수당대에 와서 단령의 포가 나타난다. 그리고 진한대의 포는 앞에서 설명했듯이 고구려의 포와는 달리 아랫도리가 곡선으로 된 차이를 보이고 있다.

안악 3호분의 묘주는 금테가 둘려진 백라관(白羅冠)을 쓰고 있으나, 덕흥리 고분의 묘주는 청라관(靑羅冠)을 쓰고 있다. 안악 3호분 묘주의 포는 자주색과 검은색 그리고 엷은 고동색 등이 나는 바탕에 화려한 줄무늬가 있고, 대금사령의 이음새 부분을 붉은 옷고름으로 마무리했다. 또한 깃과 소매에 가늘게 검은 선을 두르고 그 위에 작은 장식단추를 연결하여 화려함을 더하고 있다. 이 같은 복식의 모양은 역사서의 기재[62]와 일치하고 있어 왕의 의복임을 입증해준다.

셋째로 장하독과 의장기수 3인, 뿔나팔 부는 사람, 대행렬도의 일부 사람들이 입은 바지와 간단한 유도 역시 중국 복식에서는 볼 수 없는 것이다. 중국에서 북조 후기부터 수(隋)에 이르는 시기에 유행한 고습은 고구려의 복식과 전혀 다르다. 고습은 유의 소매가 긴 것, 짧은 것, 넓은 것, 좁은 것 등 다양하고, 여미는 모양도 가슴까지 내려와서 맞여밈을 하는 대금(對襟)을 특징으로 하고 있으며, 고(袴)는 신발을 덮을 정도로 길고 무릎 밑에서 동여매는데, 이 같은 고습은 안악 3호분뿐만 아니라 다른 고구려 고분벽화에서도 찾아볼 수 없다.

〈표 1〉에서 임형이 다양한 것과 달리 〈표 2〉에서는 묘주와 시녀들의 포와 유 모두 좌임직령으로 나타난다. 이는 임형이 신분이나 지위와는 관계가 없음을 말하며, 수(袖)는 그 사람이 하는 일에 따라 좁거나 넓은 모양을 하고 있다. 따라서 임형을 신분과 관계가 있는 것으로 파악한 일부 견해는 성립될 수 없다. 즉, "깃을 왼쪽으로 여민 것은 대체로 품이 좁고 소매도 양복저고리만 하지만, 깃을 오른쪽으로 여민 저고리는 품이 넓고 소매도 넓다. 고구려 벽화에 의하면 전자는 인민의 경우이고 후자는 귀족의 경우이다"[63]라는 주장은 받아들이기 어렵다.

---

62) 《新唐書》 卷220 〈列傳〉 高(句)麗 條. "왕은 5채를 입고 흰색 羅로 冠을 만들고, 가죽띠에는 모두 금단추를 둘렀다. 대신은 푸른 羅이고, 그 다음은 진홍 羅이고, 귀 양쪽에 새 깃을 꽂고, 금과 은이 섞인 단추이다(王服五采, 以白羅製冠, 革帶皆金釦. 大臣靑羅冠, 次絳羅, 珥兩鳥羽, 金銀雜釦)."
63) 최원희, 〈과거 우리나라 남자 평상복〉, 1966, p.8.

조사 내용	인원수	여밈새				소매[袖]의 모양		
조사대상인 및 조사대상 가능인		대금 사령	합임 직령	좌임 직령	우임 직령	광수	관수	통수
주인공 생활도의 여주인공(袍)	2			2			2	
주인공 생활도의 시녀(袍)	1				1		1	
주인공 생활도의 남주인공(襦)	1			1				1
각저도의 남자 (襦)	1			1				1
주인공 생활도의 시중군(襦)	1			1				1

〈표 2〉 각저총(4세기 말) 길림성 집안 여산남록(포 및 유의 임형과 수의 모양)

또 다른 예로, 안악 3호분보다 약간 앞선 시대에 만들어진 것으로, '진영화을사년(晉永和乙巳年)'(서기 345년)의 연대와 '대형(大兄)'의 관직이 새겨진 고구려 도용(陶俑)(그림 12)[64]의 경우도 좌임의 좁은 소매가 달린 점무늬의 포를 입고 있다.

조사 내용	인원수	여밈새				소매[袖]의 모양		
조사대상인 및 조사대상 가능인		대금 사령	합임 직령	좌임 직령	우임 직령	광수	관수	통수
수렵도의 사냥하는 사람	2				2			2
행렬도의 기마인	6			4	4			4
개마무사도의 기마인	2			2			2	

〈표 3〉 약수리 고분벽화(4세기 말~5세기 초, 평안남도 강서군 약수리), 삼의 임형과 수의 모양

---

64) 개인 소장.

〈그림 12〉 고구려 도용(등에 연대와 관직이 새겨져 있다)

〈표 3〉의 조사대상인들은 주로 기마인과 사냥하는 사람들인데, 같은 모양의 옷이면서도 좌임과 우임 모두 나타난다. 그리고 북방 계통의 착수는 전혀 보이지 않는다.

조사 내용 조사대상인 및 조사대상 가능인	인원수	여밈새				소매[袖]의 모양		
		단령	대금 (對襟)	좌임 직령	우임 직령	광수	관수	통수
무용도(袍)	8			8				8
무용도(襦)	10			10				10
탄금신(襦)	2	1	1			2		
수렵도	3			3				3

〈표 4〉 무용총(4세기 말~5세기 초, 길림성 집안 여산남록), 포와 유의 임형 및 수의 모양

〈표 4〉에 보이는 포와 유는 주로 좌임직령과 통수의 특징을 갖고 있다. 무용도의 무인(舞人)들의 포와 유의 소매도 통수로서 일

반적인 소매보다 팔 길이를 더 길게 늘어뜨렸는데, 유는 소매 끝 부분까지 이음새 없이 길게 되어 있지만, 포는 길게 늘어뜨린 중간에 소매 부리와 같은 색으로 선(襈)을 두른 이음새가 있다. 이 같은 모양은 진한대와 삼국·양진남북조시대의 무녀복(舞女服)과는 큰 차이를 보인다. 중국 진한대의 무녀복은 좌임의 장포였는데, 소매의 끝 부분에서 다시 좁은 가수(假袖)가 연결되어 있다.[65] 삼국· 양진남북조시대의 무녀복은 진한대보다 다양한데, 북위의 무녀(舞女)는 대금(對襟)의 반 소매 광수삼(廣袖衫)을 입기도 했고, 악공(樂工)은 우임의 착수포(窄袖袍)에 원형의 피령(帔領)을 달았다.[66]

이상과 같이, 고구려 무인들의 복식은 유뿐만 아니라 전체 모양에서 당시 중국의 무녀복과는 전혀 다르다. 중국의 무녀복은 일반인들의 의복과 큰 차이를 보이지만, 고구려의 무인복(舞人服)은 일반인들의 의복과 단지 소매 부분에서 차이를 보일 뿐이다. 이렇게 고구려에서 무인복과 일반복의 차이가 적은 것은 고구려인들이 일상생활에서 신분을 가리지 않고 서로 가무를 즐겼기[67] 때문이었던 것으로 생각된다.

고구려 사람들의 대를 묶는 방향은 앞에서 말했듯이 매우 자유스럽다. 이는 장천 1호분의 벽화에서도 확인된다.

장천 1호 고분벽화의 야유수렵도에 보이는 사람들 가운데 조우관(鳥羽冠)을 쓴 두 사람은 대를 앞에서 묶었다. 대는 검은색이고 둥근 고리 모양의 매듭은 양쪽의 남은 것과 같은 길이로 길게 늘어뜨렸다. 그러나 이들의 띠는 조우관을 쓰지 않은 사람들보다 폭

---

65) 上海市戲曲學校中國服裝史硏究組編著, 周汛·高春明撰文, 《中國服飾五千年》, 1985, pp.45~46.
66) 黃能馥·陳娟娟, 《中華服飾藝術源流》, 高等敎育出版社, 1994, pp.168~170.
67) 《魏書》 卷100 高句麗傳. "그 풍속은 가무를 좋아하고, 밤이면 남녀가 모여서 놀이를 하는데, 귀천의 제약이 없다(其俗媱好歌舞, 夜則男女羣聚而戲, 無貴賤之節)."

이 넓다. 이처럼 띠가 넓은 것은 무용총과 쌍영총의 기마인에게도 마찬가지로 나타난다. 이것은 무용총 군무도에서 조우관을 쓰지 않은 두 사람의 대가 가는 것과 비교된다. 대의 폭과 매듭의 모양은 신분의 차이를 나타내는 것[68]으로 생각된다.

| 조사 내용 | 인원수 | 여밈새 | | | | 소매[袖]의 모양 | | |
조사대상인 및 조사대상 가능인		곡령	합임 직령	좌임 직령	우임 직령	광수	관수	통수
야유수렵도(袍)	3			1	2	3		
불교공양도(袍)	3			3				3
야유수렵도(襦)	19			19				19
불교공양도(襦)	2			2				2

〈표 5〉 장천 1호 고분벽화(4세기 말~5세기 초, 길림성 집안 장천리), 포와 유의 임형 및 수의 모양

새의 꼬리털 장식이 보이는 무용총 사냥도의 기마인 두 사람과 무용총 군무도(群舞圖)의 무용을 하는 사람 가운데 첫번째 사람은 뒷묶음을 했다. 그리고 개마총 개마도(鎧馬圖)를 보면, 화려한 관식을 꽂고 선도하는 관인(官人)의 뒤를 따르는, 조우관을 쓴 시인(侍人)은 앞묶음을 했고, 그 뒤에 개마(鎧馬)를 좌우에서 끌고 가는 두 사람 가운데 자줏빛 관을 쓴 사람도 앞묶음을 했다. 털로 만든 붉은 술을 한 뭉치 꽂은 사람은 뒷묶음을 했으나 이들은 조우관을 쓴 사람과 매듭 모양이 다르며 대도 가늘고 붉은색이다.

《수서》〈열전(列傳)〉 동이고려전(東夷高麗傳)과 《北史》의 〈열전〉 고려전(高麗傳)에서는,

---

68) 《北史》 卷94 〈列傳〉 高麗傳. "사람들은 모두 머리에 折風을 쓰는데, 모양이 弁과 같다. 士人들은 두 개의 새 깃을 더 꽂았다. 높은 사람의 관은 소골이라고 부르는데, 대부분 紫羅로 만들고 금·은으로 장식했다(人皆頭着折風形如弁, 士人加揷二鳥羽. 貴者其冠曰蘇骨, 多用紫羅爲之, 飾以金銀)."

    사람들은 모두 피관(皮冠)을 썼고, 사인(使人)은 새 깃을 더 꽂았다. 높은 사람의 관에 자라(紫羅)를 사용하고 금은으로 장식했다.[69]

    사람들은 모두 머리에 절풍(折風)을 썼는데, 모양이 변(弁)과 같다. 사인(士人)들은 두 개의 새 깃을 더 꽂았다. 높은 사람의 관은 소골(蘇骨)이라고 부르는데, 대부분 자라(紫羅)로 만들고 금·은으로 장식했다.[70]

고 했고, 고구려의 관리들이 관에 새 깃을 꽂았음은 고분벽화에서 확인된다.

    이들을 정리하면, 허리띠를 묶는 방향과 매듭의 모양은 신분에 관계없이 자유스러웠고, 대의 넓이는 신분에 따라 차이가 있었음을 알 수 있다.

    또한 고구려 복식에서는 유나 포에 대를 매기도 하고 안 매기도 했는데, 이는 북방 계통의 호복에서 모두 대를 착용한 것과 차이를 갖는다. 고구려의 복식에서는 대를 매지 않은 경우에 끈이나 단추 등으로 옷을 고정시켰으며, 입는 사람의 편의에 따라서 임형이 결정되었을 가능성이 크다.

    덕흥리 고분에는 영락(永樂) 18년 무신년(戊申年) 12월 안장했고 이듬해인 기유년(己酉年) 2월에 무덤을 닫았다는 묵서명(墨書銘)이 있어서, 고구려의 고분뿐만 아니라 복식의 연대를 추정할 수 있는 귀중한 편년의 기본자료가 되기도 한다. 덕흥리 고분의 묘주는 안악 3호 고분처럼 논란이 많은데, 보통 묘주가 중국에서 망명한 관리라는 견해와 고구려의 귀족이라는 견해로 나뉜다.

---

69) 《隋書》 卷81 〈列傳〉 東夷 高麗傳. "人皆皮冠, 使人加挿鳥羽, 貴者冠用紫羅, 飾以金銀."
70) 《北史》 卷94 〈列傳〉 高麗傳. "人皆頭着折風形如弁, 士人加挿二鳥羽, 貴者其冠曰蘇骨, 多用紫羅爲之, 飾以金銀."

조사 내용	인원수	여밈새				소매[袖]의 모양		
조사대상인 및 조사대상 가능인		대금사령	합임직령	좌임곡령	우임곡령	광수	관수	통수
묘주 겉옷	1	1				1		
묘주 속옷		1						
13군 태수 겉옷	9			9		9		
13군 태수 속옷		곡령						
막부관리 겉옷	9			4	5	9		
막부관리 속옷		곡령						
통사사 겉옷	1				1	1		
통사사 속옷		곡령						
견우 겉옷	1				우임직령	1		

조사 내용	인원수	여밈새				소매[袖]의 모양		
조사대상인 및 조사대상 가능인		곡령	합임직령	좌임직령	우임직령	광수	관수	통수
행렬도의 기마인	4	4						4
행렬도의 군악대	3				3			3
전실동측천정벽화의 기마인	5			2	3			5
전실남측천정벽화의 기마인	3			1	2			3
묘주실내생활도	1				1			1
우교차도의 우차부	2				2			2
공양도의 칠보행사의 부분	3			3				3
안간서벽의 마사희도	7				7			7
부인교차도의 우차부	2	2						2
마사희도의 기마인 및 세 사람	7	5			2			7

조사 내용	인원수	여밈새				소매[袖]의 모양		
조사대상인 및 조사대상 가능인		좌임 곡령	우임 곡령	좌임 직령	우임 직령	광수	관수	통수
묘주·13군 태수도의 시녀	1			1		알 수 없음		
견우직녀도의 직녀	1		1			1		
옥녀도의 옥녀 겉옷	1				1	1		
옥녀도의 옥녀 속옷		곡령						
우교차도의 시녀	9			2	7		9	
부인교차도의 시녀	2	2				2		

〈표 6〉 덕흥리 고분벽화(서기 408년, 평안남도 남포시 강서구역 덕흥리), 포의 임형과 수의 모양(위의 표), 남자 삼의 임형과 수의 모양(가운데 표), 여자 유의 임형과 수의 모양(아래 표)

벽화에 나타난 임형과 복식을 통해서 묘주의 국적 문제에 접근해보면 다음과 같다.

덕흥리 고분벽화의 묘주가 입은 포는 안악 3호 고분의 묘주와 같은 대금사령이다.

13군 태수 가운데 묘주로부터 첫번째에 서 있는 분위장군(奮威將軍) 연군태수(燕郡太守)[71]는 뒷부분만 올라간 관을 썼으나, 나머지 12명의 태수들은 모두 뒷부분의 두 가닥이 날카롭게 휘어져 올라간 관을 쓰고 있다. 그리고 이 같은 관을 쓴 사람은 묘주가 재임하고 있을 때를 그린 남벽의 일부 관리의 관에서도 나타난다.

안악 3호분에서는 무관들이 뒷부분만 올라간 관을 썼고, 성사·기실·문하배 등 문관(文官)들은 덕흥리 고분벽화의 나머지 12명의 태수들과 같은 관을 썼다. 두 관이 다른 것은 문관과 무관(武官)을 구분한 것이라고 생각된다.

---

71) 韓國古代社會硏究所編, 《韓國古代金石文》 제1권(고구려·백제·낙랑편), 駕洛國史蹟開發硏究院, 1992, p.73.

이와 같이 덕흥리 벽화의 주요 구성원들의 복식이 안악 3호분과 같은 복식을 하고 있는 것은 덕흥리 고분벽화에 보이는 복식이 고구려인의 복식임을 알게 해주며, 이는 13군 태수 및 벽화에 보이는 포의 대부분이 곡령이라는 점에서 더욱 그렇다. 특히 13군 태수를 보면, 당시 중국 관리의 복식인 칠사롱관(漆紗籠冠)이나 대수관삼이 보이는 것이 아니라 고구려 고유의 복식을 입고 있기 때문에, 묘주를 중국의 유주자사(幽州刺史)라고 보기는 어렵다. 더구나 위의 〈표 6〉의 내용에서 보듯이, 막부관리의 경우 동일한 직급의 9명 가운데 4명이 좌임을 했고, 5명이 우임을 하는 등, 임형이 자유스러운 것도 고구려 복식의 특징을 보여주는 좋은 예이다.

또한 〈표 6〉의 임형 비율을 보면, 좌임 대 우임의 비율이 위의 표에서는 13 : 6이고, 가운데 표에서는 6 : 20이며, 아래 표에서는 3 : 8이다. 비율은 우임이 우세하나 동일한 신분에서는 우임과 좌임이 함께 보이며, 낮은 신분에서 우임을 한 사람이 좌임을 한 사람보다 많다. 이것은 고구려 복식에서 임형이 신분과 관계가 없었음을 다시 한 번 보여주는 예가 된다. 이는 아래의 〈표 8〉과 〈표 9〉에서도 같게 나타난다.

조사 내용	인원 수	여밈새				소매[袖]의 모양		
조사대상인 및 조사대상 가능자		곡령	합임 직령	좌임 직령	우임 직령	광수	관수	통수
행렬도(袍)	4			4		4		
행렬도(襦와 衫)	87			8			7	1
역사도(襦와 衫)	1			1				1

〈표 7〉 삼실총(5세기 초, 길림성 집안 여산남록), 포와 유 및 삼의 임형 및 수의 모양

〈표 7〉 삼실총의 임형은 모두 좌임직령이다. 묘주 부부는 넓은

소매의 웃옷과 통이 큰 바지를 입고 있는데, 시중들의 웃옷은 묘주보다 약간 소매가 좁을 뿐 바지의 통은 큰 차이가 없다.

〈표 8〉에서 보듯이 수산리 고분벽화에서는 좌임·우임·합임이 함께 나타난다. 〈표 9〉는 쌍영총 벽화의 복식을 분석한 것인데, 파손이 심하여 구성원들에 대한 전체적인 파악이 어렵다. 묘주는 덧관이 있는 검은 관을 쓰고 소매가 넓은 포를 입었으나 임형은 분명하지 않으며, 묘주의 부인과 시중들은 우임직령의 옷을 입었다.

〈표 10〉~〈표 12〉의 벽화는 평안도와 황해도 지역에 있는 것으로 고구려 고분벽화들 가운데 비교적 후기에 속하며, 이들 복식에서는 좌임직령과 우임직령이 함께 나타나고 있다.

조사 내용 조사대상인 및 조사대상 가능인	인원수	여밈새				소매[袖]의 모양		
		곡령	합임 직령	좌임 직령	우임 직령	광수	관수	통수
묘주부부도의 夫 (袍)	1				1	1		
묘주·신하도의 신하(袍)	1		알 수 없음			1		
부인도의 부인 (襦)	1				1	1		
부인도의 시녀 (襦)	1				1	알 수 없음		
시녀도의 시녀들 (襦)	2				2		2	
곡예도의 곡예사 (襦)	2			2				2

〈표 8〉 수산리 고분벽화(5세기, 평안남도 강서군 수산리), 포와 유의 임형 및 수의 모양(※ 부인도의 부인이 입은 속옷과 시녀도의 시녀들이 입은 속옷은 반령[盤領]이다)

조사 내용	인원수	여밈새				소매[袖]의 모양		
조사대상인 및 조사대상 가능인		곡령	합임 직령	좌임 직령	우임 직령	광수	관수	통수
묘주부부도의 夫 (袍)	1	알 수 없음					1	
묘주부부도의 婦 (袍)	1				1	1		
묘주부부도의 시중(襦)	1				1			1

〈표 9〉 쌍영총(5세기 말, 평안남도 용강군 용강읍), 포와 유의 임형 및 수의 모양

조사 내용	인원수	여밈새				소매[袖]의 모양		
조사대상인 및 조사대상 가능인		곡령	합임 직령	좌임 직령	우임 직령	광수	관수	통수
현실서벽벽화의 사람	1			1		알 수 없음		

〈표 10〉 대안리 1호 고분벽화(5세기 말, 평안남도 용강군 대안리), 삼의 임형 및 수의 모양

조사 내용	인원수	여밈새				소매[袖]의 모양		
조사대상인 및 조사대상 가능인		곡령	합임 직령	좌임 직령	우임 직령	광수	관수	통수
서벽벽화의 여자	3			3	1	1		

〈표 11〉 안악 2호 고분벽화(5세기 말~6세기 초, 황해남도 안악군 대추리), 포의 임형과 수의 모양

조사 내용	인원수	여밈새				소매[袖]의 모양		
조사대상인 및 조사대상 가능인		곡령	합임 직령	좌임 직령	우임 직령	광수	관수	통수
개마도의 말을 끄는 사람	1				1			1

〈표 12〉 개마 고분벽화(6세기, 평양시 삼석구 노산리), 삼의 임형과 수의 모양

지금까지 4세기에서 6세기의 고구려 고분벽화들의 임형과 수의 모양을 분석해보았다. 이들 〈표 1〉부터 〈표 12〉까지의 내용을 종합하여 임형의 비율과 고분이 위치한 지역을 보면 〈표 13〉과 같다. 이 표에서 보듯이 길림성지역보다 평안도지역에서 우임이 많이 나타나는데, 특히 안악 3호 고분에서 우임을 많이 볼 수 있지만 이를 중국 복식의 영향이라고 주장하기는 어렵다. 또한 지금의 대동강유역의 고구려시대 유적과 유물을 낙랑군의 것으로 보는 견해에 근거하여 고구려 복식의 우임이 중국 복식의 영향이라고 하는 주장[72] 역시 받아들이기 어렵다.

벽화 축조 시기	도표명	지역명	좌임·우임·합임의 비율		
			좌임	우임	합임
4세기 중엽	〈표 1〉(1)	황해남도	3	5	14
	〈표 1〉(2)	황해남도	2	48	16
4세기 말	〈표 2〉	길림성	6		
4세기 말 5세기 초	〈표 3〉	평안남도	6	6	
4세기 말 5세기 초	〈표 4〉	길림성	21		1
4세기 말 5세기 초	〈표 5〉	길림성	25	2	
5세기 초	〈표 6〉(1)	평안남도	13	6(7)	
	〈표 6〉(2)	평안남도	6	21	
	〈표 6〉(3)	평안남도	3	8	
5세기 초	〈표 7〉	길림성	13		
5세기	〈표 8〉	평안남도	2	4	1
5세기 말	〈표 9〉	평안남도		2	
5세기 말	〈표 10〉	평안남도	1		
5세기 말 6세기 초	〈표 11〉	황해남도	3	1	
6세기	〈표 12〉	평안남도		1	
계			110	104(105)	32

〈표 13〉 고구려 고분벽화에 나타난 임형의 비율과 고분벽화의 위치(※ 위 표에서 곡령은 포함시키지 않았으며, 좌임곡령은 좌임으로 우임곡령은 우임으로 분류했다. 괄호 안에 표시된 숫자는 속옷의 임형을 포함시킨 것이다)

---

72) 이은주, 〈의생활의 역사〉, p.609.

과거 일본인들이 대동강유역을 발굴하고 그 유적과 유물을 해석하는 데 오류를 범하여 그 지역이 한사군(漢四郡)의 낙랑군이었다고 주장했고, 그후 낙랑군을 대동강유역으로 보는 견해가 통설이 되었다. 그러나 지금은 이미, 낙랑·임둔·진번은 난하(灤河)와 대릉하(大凌河) 사이에 위치해 있었고, 현토군은 대릉하와 지금의 요하(遼河) 사이에 있었으며, 그 가운데 낙랑군의 위치는 난하 하류 동부유역이었다는 견해가 제기된 상황이다.[73] 또한 1997년 요령성(遼寧省) 금서(錦西)지역에서 출토된 '임둔태수장(臨屯太守章)' 봉니(封泥)는 한사군이 지금의 요서(遼西)지역에 설치되었을 가능성을 말해준다.[74] 이러한 내용을 볼 때, 평안도지역의 고분벽화가 중국 한사군의 영향을 받았을 것이라고 보는 견해는 수정을 필요로 한다.

이 같은 사실은 평양 일대에서 출토된 서기 전 3세기에서 서기 전 1세기에 해당하는 사직물(絲織物)에서도 확인된다. 조희승은 〈평양 락랑유적에서 드러난 고대 비단에 대하여〉[75]라는 글에서, 이 사직물에 대한 실험·분석 결과 중국 사직물의 성분 요소는 전혀 발견할 수 없었다며 이들을 고조선이 만든 것이라고 했다. 또한 출토된 청동 및 철기 등 금속유물도 그 구성 성분이 중국의 것과 달라 이들을 고조선 유민들의 것이라고 보았다.[76] 따라서 이 지역의 유적이나 유물들을 중국의 것이나 영향에 의한 것으로 보는 선입관은 버려야 할 것이다.

그러면 우리 한국에서는 언제부터 우임의 옷을 주로 입기 시작

---

73) 윤내현, 《고조선 연구》, pp.394~395.
74) 복기대, 〈臨屯太守章封泥를 통해 본 漢四郡의 위치〉, 《白山學報》 第61號, 白山學會, 2001, pp.47~62.
75) 조희승, 〈평양 락랑유적에서 드러난 고대 비단에 대하여〉, 《조선고고연구》, 사회과학원 고고학연구소, 1996년 제1호, pp.20~24.
76) 강승남, 〈락랑유적의 금속 유물에 대하여〉, 《조선고고연구》, 사회과학원 고고학연구소, 1996년 제2호, pp.37~43.

했는가를 살펴보자.

연개소문(淵蓋蘇文)이 죽은 뒤 장자 천남생(泉男生)이 태대막리지(太大莫離支)로 국권을 장악했다. 그러나 왕실과 동생들에게 축출되자 천남생은 아들 천헌성을 당에 보내 구원을 청했고, 당은 천남생 부자를 앞세워 고구려를 멸망시키는 데 성공했다. 천헌성은 천수(天授) 2년(서기 691년) 2월, 무함을 받고 42살에 죽었다. 2년 뒤 천헌성이 무함을 받은 것이 밝혀지고, 대주(大周) 대족(大足) 원년(서기 701년) 2월 뒤늦게 아버지가 묻혀 있는 낙양(洛陽) 망산(芒山)의 구영(舊營)으로 그 무덤이 옮겨졌다.

호군(護軍) 양유충(梁惟忠)은 천헌성(泉獻誠)의 묘지명(墓誌銘)에 천씨 일족의 번영과 몰락에 대하여 다음과 같은 사(詞)[77]를 남겼다.

> 빈해(濱海)의 동쪽 옛날 주몽께서
> 하(河)를 건너 나라를 세우니 세업(世業)이 높고 높다네.
> 높고 높은 세업은 부상(扶桑)의 자손들이고
> 자손이 누군가 하니 천(泉)씨라 한다네.
> 대대로 이어가며 영지(靈祉)를 얻었으니
> 조상의 바램은 나라를 위태롭게 말라 하셨다네.
> 아! 번신(蕃臣) 되어 천자에게 내조(來朝)하니
> 고구려의 좌임을 버리고 이 중국에 왔다네.

양유충은 천남생과 천헌성 부자가 당에 망명하여 신하가 된 것을 '삭피좌임(削彼左衽)', 즉 고구려의 좌임을 버렸다고 표현했다. 이 표현은 고구려가 망할 때까지 좌임을 고유의 임형으로 했다는 근거가 되기 쉽다. 그러나 고구려 고분벽화에서 보이는 임형은 좌

---

77) 〈泉獻誠墓誌銘〉의 詞. "濱海之東兮, 昔有朱蒙, 濟河建國兮, 世業崇崇. 崇崇世業, 扶木枝葉, 枝葉伊何, 諒曰泉氏. 上傳下嗣, 孕靈誕祉, 皇考有屬, 危邦不履. 粤自蕃臣, 來朝天子, 削彼左衽, 遊此中國."

임뿐만 아니라 다양하게 나타난다. 따라서 이 '삭피좌임'은 공자의 '오기피발좌임의(吾其被髮左袵矣)'이라는 말을 빌려 이족이 투항했음을 나타낸 상징적 의미로 보아야 할 것이다. 그러나 이를 통해 고구려가 멸망 때까지 좌임의 복식 형제를 그대로 유지했음을 알 수 있다. 그러므로 고구려가 멸망한 서기 668년경까지 고구려의 임형인 좌임과 우임 그리고 곡령 등은 그대로 존속했을 것이고, 신라는 고구려와 백제의 복식과 같았다.[78] 그러나 백제의 공략을 견디지 못한 신라는 진덕왕 2년 김춘추를 당에 보내 도움을 청할 때 중국의 복제를 따를 것을 약속했다.[79] 그리고 다음해인 진덕왕(眞德王) 3년(서기 649년)에 처음으로 중국의 복제를 실시했고,[80] 문무왕(文武王) 4년(서기 664년)에는 부인의 의복까지도 중국의 복제를

---

78) 《魏書》卷100 百濟傳. "백제의 의복과 음식은 고구려와 같다(其衣服飮食與高句麗同)."; 《梁書》卷54 〈諸夷傳〉百濟. "지금 언어와 服章이 대략 高麗와 같다(今言語服章略與高麗同)."; 《隋書》卷81 〈列傳〉新羅. "風俗·刑政·衣服은 대략 高麗·百濟와 비슷하다(風俗刑政衣服略與高麗百濟同)."

79) 《三國史記》卷6 〈新羅本紀〉眞德王 2年條. "冬, 使邯帙許朝唐. 太宗勅御史問 : 新羅臣事大朝, 何以別稱年號? 帙許言 : 曾是天朝未頒正朔, 是故先祖法興王以來, 私有紀年, 若大朝有命, 小國又何敢焉?" 太宗然之. 遣伊湌金春秋及其子文王朝唐, 太宗遣光祿卿柳亨郊勞之. 旣至, 見春秋儀表英偉, 厚待之. 春秋請詣國學, 觀釋奠及講論, 太宗許之, 仍賜御製溫湯及晉祠碑幷新撰晉書. 嘗召燕見, 賜以金帛尤厚, 問曰 : 卿有所懷乎? 春秋跪奏曰 : 臣之本國, 僻在海隅, 伏事天朝, 積有歲年, 而百濟強猾, 屢肆侵凌, 況往年大擧深入, 攻陷數十城, 以塞朝宗之路. 若陛下不借天兵, 翦除凶惡, 則敝邑人民, 盡爲所虜, 則梯航述職, 無復望矣. 太宗深然之, 許以出師. 春秋又請改其章服, 以從中華制. 於是, 內出珍服, 賜春秋及其從者. 詔授春秋爲特進, 文王爲左武衛將軍. 還國詔令三品已上燕餞之, 優禮甚備.

80) 《三國遺事》卷4 〈義解5〉慈藏定律. "(慈藏)이 일찍이 신라의 服章이 중국과 같지 않아, 중국의 조정에 건의했더니 허락하며 좋다고 했다. 이에 眞德王 3년 己酉에 처음 중국의 衣冠을 착용했다. 명년 경술에 또 중국의 정삭을 받아들여 영휘의 년호를 처음 썼다. 이 뒤 당나라에 조회 때마다 蕃國보다 위에 있게 된 것은 자장의 공이다(嘗以邦國服章不同諸夏, 擧議於朝, 簽允曰臧. 乃以眞德王三年己酉, 始服中朝衣冠. 明年庚戌, 又奉正朔始行永徽號. 自後每有朝觀列在上蕃, 藏之功也)."

330

따랐다.[81]

이로 본다면, 한반도에서는 백제와 고구려가 망한 7세기 말까지 우리 민족의 고유한 복식과 임형이 지켜졌으나, 당의 복제를 따르면서 우임으로 바뀌기 시작했다고 하겠다. 그러나 이렇게 당의 복제를 따르더라도 이는 관부에 제한되었을 것이고, 민간에서는 여전히 민족 고유의 복제를 그대로 유지하고 있었다.

고려시대에는 임형이 우임으로 정착되었다. 현종은 강감찬(姜邯瓚)이 귀주에서 거란을 물리친 것을 칭찬하여, '온 나라가 모두 좌임이 되었을 것'이라고 했다.[82] 고려는 신라에 이어 중국의 화이정책을 선택했기 때문에 북방민족들을 적대시하여 의도적으로 좌임을 기피했을 것이다. 따라서 우리나라는 고려시대부터 우임을 하기 시작했다고 볼 수 있다.

지금까지 고구려 고분벽화에 대한 분석을 통하여 고찰한 내용을 정리하면 다음과 같다.

첫째, 〈표 1〉의 포와 〈표 2〉의 유에 단 옷고름에서 고구려시대에 이미 옷고름을 달았다는 중요한 사실이 확인되었다.

둘째, 〈표 1〉과 〈표 2〉의 의장기수와 기마인 몇 사람이 입은 속옷에 좌임직령과 우임직령이 함께 나타난 점으로 보아 고구려는 임형에 어떤 기준을 두지 않았다.

셋째, 〈표 2〉에서 묘주와 시녀들의 포와 유는 모두 좌임직령이

---

81) 《三國史記》 卷33 〈雜志2〉 色服. "文武王 4년 또 婦人의 의복을 개혁하니, 그 후로부터 衣冠이 중국과 같았다(文武王在位四年, 又革婦人之服, 自此已後, 衣冠同於中國)."

82) 《高麗史》 卷92 〈列傳〉 姜邯贊傳. "경술년(고려 현종 원년, 서기 1010년) 중에 虜塵의 군이 한강 끝까지 깊이 침입했다. 그때 강공의 전략을 채용하지 않았더라면 온 나라가 모두 좌임이 되었을 테니 사람들이 여러 해에 걸쳐 그를 칭송했다(庚戌年中有虜塵干戈深入漢江濱, 當時不用姜公策, 擧國皆爲左袵, 人世多榮之)."

고, 〈표 3〉의 기마인과 사냥하는 사람들이 입은 같은 모양의 옷에서는 좌임과 우임이 모두 나타난다. 또 〈표 5〉의 새 깃을 꽂은 사람들은 모두 좌임직령의 옷을 입었다. 그리고 〈표 6〉의 같은 직급의 막부관리들도 좌임과 우임이 모두 나타난다. 〈표 6〉의 좌임 대 우임의 비율은 위의 표가 13 : 6, 가운데 표가 6 : 20, 아래 표가 3 : 8이다. 우임의 수가 많으나 좌임을 한 사람들보다 대부분 신분이 낮다. 그러나 신분이 낮은 사람도 좌임을 한 사람이 있다. 이는 〈표 8〉과 〈표 9〉에서도 마찬가지이다. 즉, 고구려의 임형은 신분과 관계없이 입는 사람의 편의와 취향에 따라 자유로웠다고 할 수 있다. 이는 오늘날 우리의 의복이 좌임과 우임 등의 임형에서 자유스러운 것과 마찬가지라고 하겠다. 다만 소매는 그 사람의 직업에 따라 다소 좁거나 넓게 나타났다.

넷째, 〈표 6〉의 13군 태수를 비롯한 벽화의 주요 구성원들은 안악 3호분에서 볼 수 있는 것처럼 입고 있는 포의 대부분이 곡령이다. 이 곡령은, 중국과 호복에는 나타나지 않는, 고구려와 예의 임형이었을 것으로 생각된다.

다섯째, 이여성은 좌임과 우임의 혼용을 호복에서 한복(漢服)으로 가는 과도적 현상으로 보았지만, 앞의 〈표 13〉에서 나타났듯이 4세기에서 6세기에 걸쳐 줄곧 좌임과 우임·합임·곡령이 혼용되고 있다. 따라서 고구려의 임형이 처음부터 좌임이었다는 것은 확인되지 않으며, 중국의 복식도 우임만 있었던 것이 아니라 여러 임형이 함께 나타나기 때문에 임형만으로 화(華)와 이(夷)를 나눌 수는 없는 일이다.

4. 한국과 중국 및 호의 고대 복식 임형 비교

한국복식에 나타난 임형의 성격을 확인하기 위하여 고대 중국의 복식과 북방민족 등의 임형을 비교해볼 필요가 있을 것이다.

저자는 먼저 상(商)·주(周)·춘추(春秋)와 전국(戰國)·진한(秦漢)으로 이어지는 중국 고대 복식의 시대적 변화와 같은 시기에 북방민족의 임형과 소매의 모양을 중심으로 그들 복식의 원형이 어떠했는지 이해하고, 다음으로 고구려 고분벽화가 만들어진 삼국·양진남북조시대의 중국 복식과 북방민족 등에 나타나는 임형과 소매의 모양을 정리해 이를 한국 고대 복식의 임형과 비교·분석하고자 한다.

우선 중국의 상대부터 진한대까지의 임형과 소매의 모양을 보면 다음과 같다.

안양(安陽) 후가장(侯家莊)의 은허(殷墟)에서 대리석으로 만들어진 후가장 석상(수정 연대 서기 전 1210±160년)이 발굴되어 상대 복식의 단면을 알 수 있게 되었다. 이제(李濟)는 〈궤좌준거여기거(跪坐蹲居與箕踞)〉라는 글에서 좌임과 착수의 옷을 입은 석상을 상민(商民)이라고 했다.[83] 이 석상은 머리 부분이 파손되고 오른쪽 반신(半身)만 남아 있는데, 두 손을 바르게 무릎 위에 놓고 두 다리를 굽

---

83) 李濟, 〈跪坐蹲居與箕踞〉, 《李濟考古學論文集 上》, 聯經出版事業公司, 臺北, 1977, pp.563~588. 李氏는 이 글에서 侯家莊象의 꿇어앉은 모양과 小屯에서 출토된 두 다리를 쭈그리고 앉은 大理石象의 모양을 商王朝의 習俗과 두 大理石象에서 보이는 서로 다른 문양으로부터 양자의 관계를 논했다. 그는 중국 經典에서 蹲踞와 箕踞를 예의 없는 東夷의 습속이라는 것에 대하여 이는 周人의 관점으로부터 商人의 습속을 본 견해라고 밝히면서, 이를 뒷받침할 수 있는 자료로서 甲骨文에 묘사된 跪坐蹲踞의 모양을 제시했고 小屯 石象의 寬條文飾이 彩陶文化의 彩會筆法을 이은 것과 달리 侯家莊石象에 조각된 細條文飾은 조각된 모양이 黑陶文化의 作風을 계승한 것으로 분석했다.

혀 정좌한 모양을 하고 있다. 허리에 폭이 넓은 사회문(斜回紋)과 방승문(方勝紋)으로 된 요대가 둘려져 있고, 요대 위에서 화문(花紋)의 옷깃이 좌임으로 여며져 있고 아래 자락은 무릎을 덮을 정도로 길다(그림 13).[84] 이 후가장 석상은 상민들이 좌임과 착수의 의복을 착용했음을 보여주는 좋은 예이다.

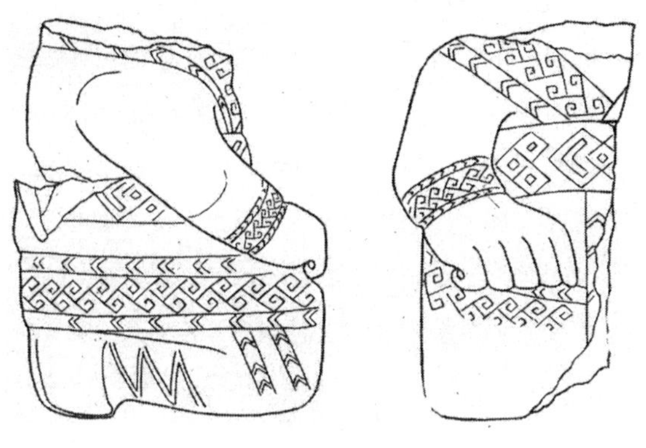

〈그림 13〉 후가장 석상

이와는 달리 1976년 하남성 안양 은허 부호묘(婦好墓)에서 출토된 무릎을 꿇고 앉은 옥인(玉人)의 복식은 합임이다. 이 옥인은 권통식(捲筒式)의 건(巾)을 머리에 쓰고 화려한 복장을 한 귀족 남자이다.[85] 그는 운형화문(雲形花紋)이 가득한 의복을 입고 있는데, 허리에 넓은 대를 두르고 그 대 위에서 합임을 하고 있으며 소매는 착수이다. 좌우양측의임의 예와 우임의 예도 있다. 1986년 사천성(四川省) 광한시(廣漢市) 삼성퇴(三星堆)에서 출토된 상대 대형청동인(大型青銅人) 입상[86]은 좌우양측의임(左右兩側衣衽)을 하고 있으며 소매

---

84) 같은 책, p.569. "右襟自右肩向胸中斜下, 爲自左肩斜下之左襟所掩蓋."
85) 上海市戲曲學校中國服裝史研究組編著, 周汛·高春明撰文, 《中國服飾五千年》, p.18.
86) 黃能馥·陳娟娟, 《中華服飾藝術源流》, p.45.

는 역시 착수이다. 안양 은허에서 출토된 옥인은 머리에 높은 모자를 쓰고 있으며 착수와 우임의 옷을 입고 허리에 요대를 찼다.[87]

이상의 자료들은 상대의 복식에 좌임과 우임·합임뿐만 아니라 좌우양측의임 등이 다양하게 나타남을 알려주며, 수구(袖口)는 주로 착수였음을 보여준다.

상대는 서기 전 12~11세기경에 희성(姬姓)인 주에 의해 멸망되었다. 주는 건국 초 상의 문화를 이었으나 정치적으로 안정되면서 주의 문화를 찾기 시작했다. 따라서 서주 초에는 상의 복식과 큰 차이가 없었으나 점차 주의 복식으로 대체되는 변화를 보였다.

1976년 하남성 낙양(洛陽) 북요(北瑤) 방가구(龐家溝)에서 출토된, 서주의 인형인 동차할(銅車轄)[88] 뒷면에는 상대의 문양인 수면문(獸面紋)이 장식되어 있고,[89] 우임과 구령(矩領) 착수(搾袖)의 옷을 입고 있다. 또 서주 중기로 추정되는 섬서성(陝西省) 보학(寶鶴) 여가장(茹家莊)에서 출토된 동인(銅人)은 관령과 직수(直袖)의 장유[90]을 입고 있다. 이는 상대의 착의(窄衣)에서 넉넉한 모양으로 바뀌어간 것[91]이지만, 임형은 여전히 관령(寬領)의 좌임과 우임이었고 수의 모양도 좁았다.

춘추시대는 주변 민족들의 침략으로 주 왕실과 그 후국들이 붕괴의 위기에 처했을 때이다. 이때 후국들은 존왕양이(尊王攘夷)의 명분 아래 패주(霸主)를 선택하여 난국의 타개를 시도했다. 진(晉)의 문공(文公)에 이어 패주가 된 제(齊)의 환공(桓公)은 관중의 대책을 받아들여 어려움을 해결했다. 공자는 《논어》 〈헌문(憲問)〉편

---

87) 같은 책.
88) 黃能馥·陳娟娟, 《中華服飾藝術源流》, p.49.
89) 上海博物館靑銅器硏究組編, 《商周靑銅器紋飾》, 文物出版社, 1984 참조.
90) 黃能馥·陳娟娟, 《中華服飾藝術源流》, p.48.
91) 上海市戲曲學校中國服裝史硏究組編著, 周汛·高春明撰文, 《中國服飾五千年》, p.19. "周代服飾大致沿襲商制而略有變化. 衣服的樣式比商代略爲寬鬆."

에서 관중을 다음과 같이 칭찬했다.

공자가 이르기를, "관중은 환공의 패업을 도와 천하를 크게 바로 잡았으니 백성들은 오늘에 이르도록 그의 혜택을 입고 있다. 관중이 없었다면 우리들은 머리를 풀고 좌임을 했을 것이다"라고 했다[92]

공자가 말한 '피발좌임(被髮左衽)'은 복식사 관계 논문에서, 중국 고대의 임형은 춘추시대까지 우임이었고 주변 민족들은 좌임이었다는 절대적 근거로 자주 언급된다.[93] 이 피발좌임은 그 뒤 이족(夷族)의 지배를 받는다는 뜻으로 쓰이기 시작했다. 앞의 천헌성의 묘지명에서 말한 좌임도 고구려가 꼭 좌임의 복식을 입었다는 것이 아니라 중국과 대립하고 있는 타민족이었다는 의미가 강하다. 따라서 위의 《논어》〈헌문〉편의 내용은 춘추 초기 중국 복식의 임형이 우임이었다는 근거로 해석될 수 없다. 또한 여기서 우리는 당시의 중국이라는 명칭과 지리 범위에 주의를 해야한다.

사실상 종족상으로 춘추시대 '제하(諸夏)'의 범위는 무척 협소했다. 당시 진·초(楚)·오(吳)·월(越) 등은 모두 제하 국가와는 다른 종족으로 제하 국가들에게는 이족시(異族視)되었다. 뿐만 아니라 제하지역 안에도 여러 종류의 융(戎)·적(狄)이 잡거(雜居)하고 있었다. 전국시대에 이르러서야 이 내지(內地)의 융·적은 모두 제하 국에 정복되거나 융화되었으며, 이에 따라 제하 내부의 종족이 비교적 단일화되었다. 그리고 변방의 국가로 진·초·오·월 등도 오랜 기간의 전쟁을 통하여 점점 제하 집단으로 흡수되었으며, 그럼으로써 제하의 범위가 한층 확대되었고 이 범위가 중국(中國)으로

---

92) 《論語》〈憲問〉. "子曰 : 管仲相桓公, 覇諸侯, 一匡天下. 民到于今受其賜. 微管仲, 吾其被髮左衽矣."
93) 金東旭, 〈左衽과 右衽〉, 《박물관 신문》 173호, 1986, 3면.

불리기 시작했던 것이다.

따라서 춘추 초기에는 아직 오늘날과 같은 중국이라는 개념은 성립되지도 않았고, 지리 범위도 지금의 중국을 의미하지 않았다. 물론 종족과 문화가 혼합되는 과정에서 복식은 큰 영향을 받고 변화를 겪게 되었을 것이다. 그러나 이 시기에 제하 여러 나라의 모든 예제(禮制)가 일률적으로 통일되어 복식 면에서도 우임으로 통일되었다고 보기는 어렵겠다.

지난날에는 주왕조의 제도에 관한 기록인 《주례(周禮)》가 주공(周公) 단(旦)에 의하여 편찬된 것으로 전해져 서주 초기에 이미 체계적이고 구체적인 예제가 규정되어 있었다고 믿었으나, 그 동안의 연구에 따르면 이 책은 전국시대 후기에 씌어진 것으로 밝혀졌다. 상을 이은 서주는 통치 조직으로서 혈연에 기초를 둔 봉건제도를 채택했다. 서주의 봉건제도는 주로 주 종실(宗室)의 근친을 분봉하여 그 지역을 다스리도록 봉국을 삼은 것이었다. 그런데 봉국들 사이에는 상대적인 독립성이 보장되어 있어서 각 제후국의 예제 내용은 봉국마다 다소 차이를 가지고 있었던 것이다.

위의 《논어》에 보이는 내용에서 공자가 말한 시기는 춘추 중기 이후이겠으나, 제의 환공은 서주의 유왕(幽王)이 견융(犬戎)에 살해된 지 오래지 않은 춘추 초기의 인물이었다. 이 시기는 주 왕실이 쇠약해지자 일부 강한 제후국이 존왕양이의 명분 아래 천자(天子)를 배경으로 제후를 호령하는 형식을 취하던 시기로, 주 왕실의 존재, 즉 존왕(尊王)을 인정하는 가운데 제후국끼리 대립하던 시기였다. 제국(齊國)은 관중(管仲)의 개혁 정책으로 국력이 급속히 성장하여 환공이 패자(霸者)로서 제후를 규합해 연국(燕國)을 산융(山戎)으로부터 구했고, 형국(邢國)과 위국(衛國)을 북적(北狄)으로부터 보호했으며, 주도(周都)를 융족(戎族)의 소요로부터 지켰던 것이다.

그러므로 위 《논어》의 문장은 오랑캐에 주가 멸망되지 않은 데
대한 안도감의 표현일 뿐이며, 당시 주와 제후국들의 복제(服制)가
우임으로 정제(定制)되어 있었다는 의미로 해석될 수는 없을 것이
다. 그리고 주 왕실의 존속 기간 중 일어났던 정치 상황의 변화
속에서 주의 예제가 언제, 어떤 형태로 변했는지 분석하고 그것을
당시의 복식을 설명하는 근거로 삼아야지, 전 기간을 하나의 기준
으로 설명하려는 것은 문제가 있다고 생각된다.

〈그림 14〉 후마 상마촌 13호 유적에서 출토된 인물도범

이러한 저자의 생각은 진국(晉國)이 위치했던 산서성(山西省) 후
마(侯馬) 상마촌(上馬村) 13호 유적에서 나온 인물도범(人物陶范)이
뒷받침해준다. 일반적으로 중국에서 호복은 전국시대 조국(趙國)의
무령왕(武寧王) 19년(서기 전 308년)[94]에 받아들인 것으로 알려졌다.

─────────────
94) 《史記》 卷43 〈趙世家〉. "(武寧王 19년)처음으로 호복을 입으라는 명령을

〈그림 15〉 낙양금촌에서 출토된 무사상

그러나 이보다 훨씬 앞선 춘추 중기로 추정되는 산서성 후마 상마촌 13호 유적에서 나온 인물도범의 웃옷은 둘 다 좌임과 착수였다(그림 14). 이 인물도범의 옷에 대하여 담단경(譚旦冏)은 '거친 반리(蟠螭)문양의 복식'이라고 하면서, 이를 동주(東周)의 것으로 보고 있다. 이 상마촌 13호 유적이 위치한 곳은 주(周)의 제후국인 진국(晋國)이 있었던 지역이다. 이 인물도범의 의복에서 나타나는 몇 가지 문양들이 은허 후기 고(觚)의 문양, 은허 후기 수면문궤(獸面紋簋)의 문양, 그리고 안유(安卣)의 문양과 이를 계승한 춘추 후기 교룡문정(交龍紋鼎)의 문양 등과 같은 것이라고 보았다.[95]

이 같은 예로 보아 중국은 이미 춘추 중기에 일부 제후국에서 좌임과 착수로 된 호복 형태의 옷을 입었음을 알 수 있다. 따라서 조(趙)의 무령왕(武靈王) 19년은 조나라에서 공식적으로 호복을 보편화시키기 시작한 연대로 보아야 할 것이다.

이러한 과정을 거쳐 전국시대에는 착수와 단포(短袍)의 호복을 받아들이며 임형에서 더욱 자유스러운 모습을 보여준다. 예를 들

내렸다(於是始出胡服令也)."

95) 譚旦冏, 《中華藝術史綱》 上冊, 光復書局, 臺北, 1972. p.50·pp.269~312 ; 上海博物館研究組 編, 《商周青銅器紋飾》, 文物出版社, 1984, pp.269~312.

어, 하남(河南) 낙양 금촌(金村)에서 출토된 전국 중후기에 속하는
은호인(銀胡人) 무인상(武人像)은 호인(胡人)으로 착수와 우임의 옷
을 입고 있으며(그림 15),[96] 전국시대에 속하는 완웅(玩熊) 잡기사(雜
技師) 동조(銅雕)도 착수와 우임의 옷을 입고 있다.[97] 또 하남 낙양
금촌에서 출토된 전국시대 금련(金鏈) 무녀옥패(舞女玉佩)의 오른
쪽 무녀는 우임을 했고 왼쪽의 무녀는 좌임을 했다.[98] 전국시대 유
적인 호남성(湖南省) 장사(長沙) 진가(陳家) 대산(大山) 초묘(楚墓)
에서 출토된 백화(帛畵)[99]와 하북성 평산(平山) 삼급(三汲)에서 출
토된 탁등동인(托燈銅人)에서는 넓은 대수와 우임의 포복을 특징으
로 하는 곡거심의가 보이며, 사천성 성도(成都)의 전국시대 유적에
서 출토된 청동호(靑銅壺) 문식(紋飾)에서는 착수의 곡거심의[100]가
보인다.

　진도 전국을 통일하기 이전에는 우임 이외에도 좌임의 옷을 입
었다. 운몽수호지 11호묘 진간(秦簡) 가운데 〈봉진식(封診式)〉 도마
(盜馬)에서 다음과 같은 내용을 볼 수 있다.

　　단황색(丹黃色) 비단으로 된 복의로 옷깃과 소매는 넓은 테두리
　　가 있다.[101]

　《설문해자》에서 "복의(複衣)는 협의(夾衣) 혹은 면의(綿衣)이며,
복(複)은 중(重)"이라고 했는데, 이 같은 복의의 모양은 장사 마왕

---

96)　黃能馥·陳娟娟, 《中華服飾藝術源流》, p.75.
97)　같은 책, 같은 곳.
98)　같은 책, p.83.
99)　上海市戲曲學校中國服裝史硏究組編著, 周汎·高春明撰文 《中國服飾五千年》, p.25.
100)　같은 책, p.27.
101)　睡虎地秦墓竹簡整理小組, 《睡虎地秦墓竹簡》, 文物出版社, 1978, p.253. "……
　　　緹覆(複)衣, 帛里莽緣領(袖)."

〈그림 16〉 마왕퇴 1호묘에서 출토된 목용

퇴(馬王堆) 1호묘에서 발굴된 목용(木俑)들이 입은 의복에서도 보이며[102] 좌임을 특징으로 하고 있다(그림 16).

이 복의에 대해 노간(勞榦)은 자신의 《거연한간석문동고증(居延漢簡釋文同考證)》과 왕국유의 《유사추간(流沙墜簡)》 및 그 기물류(器物類)에 관한 고석(考釋) 및 《예기》의 내용을 종합해서, 복의는 겹옷으로 가장 겉에 입는 것이며 옷 길이가 짧고 좌임이지만 결코 호복이 아니라 진한대의 복식이라고 했다.[103]

이로 보아 중국은 춘추시대가 되면서 제후국들이 착수와 단포의 호복을 받아들였으며 전국 말에 오면서 더욱 자유스러워졌다고 하겠다. 즉, 상대부터 전국시대까지의 중국의 임형은 좌임과 우임이 혼용되었고, 전국시대에는 심의(深衣)를 입기도 했지만 주로 착수의 옷을 입었다. 이 같은 특징은 중국 복식사에서 우임과 넓은 소매를 주로 입기 시작하는 진대(秦代)와 시대를 구분할 수 있는 분기점이 될 수 있을 것이다.

중국의 상대에서 진시황의 통일에 이르는 서기 전 1700년경부터 서기 전 222년까지는 고조선의 중기와 후기에 해당한다. 그리고 비록 신라·고구려·백제 등이 서한 중기에 건국되기는 했지만,

---

102) 湖南省博物館·中國科學院考古硏究所·文物編輯委員會, 〈長沙馬王堆一號漢墓發掘簡報〉, 《文物》, 文物出版社, 1972年 7月, 圖版貳伍(着衣木俑).

103) 勞榦, 〈漢代常服述略〉, 《勞榦學術論文集》 甲編 上冊, 藝文印書館, pp.775～781. 漢代의 居延漢簡자료에 따르면 複衣가 일반 백성들의 평상복으로서 많이 입혀졌던 것으로 보인다.

그들의 조상은 고조선문화권의 중심을 이루었으며 고조선의 문화를 이었다고 하겠다.

　그러나 고구려 고분벽화에 보이는 고구려 복식은 상대부터 춘추전국시대까지의 중국 복식에 보이는 특징인 착수가 나타나지 않으므로, 이 시기의 고구려는 중국이나 호복의 영향을 받지 않은 채 자신들의 독자적이고 고유한 복식을 이어나갔다고 보아야 할 것이다.

　일찍이 진은 전국을 통일해가는 과정에서 점령지에 군현을 설치하거나 다른 나라가 설치했던 군현을 병합해나갔다. "[今王＝진시황] 二十年 四月 丙戌朔丁亥"의 기년이 있는 〈어서(語書)〉[104]에 따르면, 점령지에서는 진의 군현 통치를 받아들이려 하지 않았던 것으로 보인다. 진시황은 재위 26년(서기 전 222년) 때 전국(戰國)을 통일한 뒤 제호(帝號)를 황제(皇帝)로 바꾸는 한편 각종 의관복제[105]를 정했다. 그리고 조정의 논의에서 이사(李斯)의 건의를 받아들여 군현으로 통일해서 전국을 36개 군(郡)으로 나누었다. 그러나 점령지의 반발이 심했기 때문에 진시황은 이 같은 상황을 타개하기 위하여 줄곧 군현을 순시하며 군현 정치체제를 정착시키는 데 힘을 쏟았다.

　의관복제를 비롯해서 모든 행정문서 등의 통일은 쉽지도 않거니와 또 단시일에 이루어질 수 없는 것이다. 그러나 진시황은 이를 빨리 이루기 위하여 무리하게 강행했고, 이에 점령지 군현의

---

104)　睡虎地秦墓竹簡整理小組, 《睡虎地秦墓竹簡》, p.15. "南郡守 騰이 各縣과 道를 책임지고 있는 관리들에게 알리기를 : '…… 지금 法·律·令은 이미 갖추어져 있으나 관리와 백성이 사용하지 않기 때문에 지방의 전통 습속을 버리지 않고 방종한 짓을 하는 백성들이 그치지 않고 있다'(南郡守騰謂縣道嗇夫 : '…… 今法律令已具矣, 而吏民莫用, 鄕俗淫失(泆)之民不止')."
105)　《史記》 卷6 〈秦始皇本紀〉. "衣服旄旌節旗皆上黑. 數以六爲紀, 符法冠皆六寸, 而輿六尺, 六尺爲步, 乘六馬."

백성들은 강력히 반발했다. 이것이 진의 통일체제가 급격하게 붕괴된 주요 원인 가운데 하나이다. 특히 옛 초지(楚地)의 반발이 심했다. 진시황은 초지인 사구(沙丘)를 순수하다 병사하고, 작은아들 호해(胡亥)와 이사는 큰아들 부소(扶蘇)를 자결하게 했으며, 호해가 황제에 즉위했다. 호해가 즉위하자 초지에서 반란이 시작되었고, 결국 호해는 즉위 2년이 못 되어 유방 등에게 멸망당했다. 유방은 황제에 즉위한 뒤 진의 제도를 그대로 답습했다.

유방이 건국할 당시 한의 제도는 대부분 숙손통이 만들었다. 숙손통은 진이세황제 때 박사로 임명되어 의례 등을 정비했다. 유방이 황제가 된 뒤에도 숙손통에게 의례 등을 정비하도록 했다. 이때 숙손통이 유복(儒服)을 입은 것을 보고 유방이 좋지 않은 표정을 짓자 숙손통은 곧 단의로 갈아입었다.[106] 이는 유방이 권위를 상징하는 유복을 반대했다기보다 백성들의 거부감을 줄이기 위해 비교적 간편하고 평범한 옷으로 정하도록 하라는 간접적 표현이었다고 보아야 할 것이다.

한이 건국될 당시는 전국의 통일, 진의 멸망, '초한지쟁(楚漢之爭)'으로 이어진 장기 전쟁과 혼란 때문에 전국이 파괴되어 먹고 살기도 어려운 상황이었다. 이러한 상황이 해결되기는 했지만, 문제(文帝)가 몸소 근검절약을 실천한 것으로 보아 문제 때까지는 완전히 안정되었다고 보기 어렵다.[107] 무제(武帝)에 이르러 한은 제도를 새롭게 할 만큼 완전히 회복되었다. 무제는 즉위(서기 전 140년)하자 의례를 정해야 하는 필요성을 절감했으나 마땅한 의견이 없어 망설이다가, 즉위 36년이 지난 무제 태초(太初) 원년(서기 전

---

106) 《史記》 卷99 〈劉敬叔孫通列傳〉. "숙손통의 儒服을 漢王(劉邦)이 싫어했다. 이에 (숙손통은) 그 옷을 바꾸어 짧은 옷을 입었는데, 초에서 만든 것이라 한왕이 좋아했다(叔孫通儒服, 漢王憎之. 迺變其服, 服短衣, 楚製, 漢王喜)."
107) 《史記》 卷23 〈禮書〉. "孝文卽位, 有司議欲定儀禮, 孝文好道家之學, 以爲繁禮飾貌, 無益於治, 躬化爲何耳, 故罷去之."

104년)에 이르러 비로소 복색(服色)을 정하고 종묘백관(宗廟百官)의
의례(儀禮)를 갖추게 되었다. 그 뒤 왕망(王莽)에 이르러 의례를
바꾸었으나 곧 망하고 동한이 건국되었다. 동한을 건국한 광무제
가 재위하는 동안 정치적 안정을 되찾고, 그의 아들인 명제(明帝)
영평(永平) 2년(서기 59년)에 이르러 제사복식(祭祀服飾) 및 조복제
도(朝服制度)를 다시 정비하여 관면(冠冕)·의상(衣裳)·혜리(鞋履)·패
수(佩綬) 등도 정하게 되었다.

동한(東漢) 건국 초인 명제 때 정해진 복제 등에 대해서는 《후
한서》〈여복지하(輿服之下)〉의 내용을 참고할 만하다.

진(秦)이 전국(戰國)으로 천자의 자리에 즉위하며 예학(禮學)을
없애버리고, 교사(郊祀)의 복(服)으로 모두 검푸른 제복을 입었다.
한은 진의 것을 그대로 이었다.……… 현종, 즉 명제가 즉위하자 처
음 유면(旒冕)을 쓰고 문양을 넣은 의상을 입기 시작했다. 천자·삼
공(三公)·구경(九卿)·특진후(特進侯)·시사후(侍祠侯)가 천지명당(天
地明堂)에서 제사 지낼 때 모두 유면을 쓰고 의상은 위는 검푸르게
밑은 붉게 입었다. 승여(乘輿)에 갖춘 문양은 일월성진(日月星辰)
12장이고, 삼공과 제후는 산룡(山龍) 9장으로 하고, 구경 이하는 화
충(華蟲) 7장으로 하니 모두 오채(五采)로 했고, 큰 패(佩)를 차고,
붉은 신에 코를 장식한 신을 신어 대제(大祭)를 이었다. 백관(百官)
으로 일을 보는 사람은 장관(長冠)을 쓰고, 모두 지복(祇服)했다. 오
악(五嶽)·사독(四瀆)·산천(山川)·종묘(宗廟)·사직(社稷) 및 모든 첨
질사(沾秩祠)에서는 모두 검푸른 제복을 입고 장관을 쓰고, 오교(五
郊)는 각각 그 방위의 색 등과 같게 했다. 백관으로 일을 보지 않는
사람은 각각 상관(常冠)과 검푸른 제복을 입고 따랐다.[108]

---

108) 《後漢書》志 第30〈輿服下〉. "秦以戰國卽天子位, 滅去禮學, 郊祀之服皆以袀
玄. 漢承秦故.…… 顯宗遂就大業, 初服旒冕, 衣裳文章. 天子·三公·九卿·特進
侯·侍祠侯, 祀天地明堂, 皆冠旒冕, 衣裳玄上纁下. 乘輿備文, 日月星辰十二章,
三公·諸侯用山龍九章, 九卿以下用華蟲七章, 皆備五采, 大佩, 赤舃絇履, 以承

자신의 '국(國)'을 갖고 있는 후(侯) 이상은 제(帝)와 동등하게 유면을 썼고, 옷도 마찬가지였으며, 웃옷과 아래옷의 색을 달리했다. 그리고 유면의 유(旒)의 수를 달리하여 이들의 신분을 구별했을 뿐이다. 일반 관리로 현직에 있는 사람은 장관과 지복을 입고, 현직에 있지 않은 사람은 상관과 검푸른 제복을 입었다.

진한대의 황제와 공후(公侯) 그리고 경대부(卿大夫)의 제복(祭服)은 면복과 예복으로, 대금사령을 특징으로 하는 포복이 만들어졌다. 즉, 대수와 우임을 특징으로 하는 포복이 만들어진 것이다. 전국시대에 지배계층에서 주로 유행하던 곡거심의는 진한대에 이르러 남녀 모두 늘 착용하는 평상복으로 변모되었다. 그리고 귀족 신분이 입는 요금심의(繞襟深衣)와 평민 여자들이 입는 곡거심의는 형식상 변형을 가하여 의복의 품이 좁으면서 아울러 소매는 넓은 것과 좁은 것 두 가지로 했으며, 남자들이 입는 곡거심의는 여자들이 입는 것과 비슷하지만 그 길이가 무릎 밑에까지 내려와 속바지를 입은 다리가 드러나는 것도 있었는데,[109] 주로 우임을 했다. 그러나 호북성(湖北省) 운몽(雲夢) 대분두(大墳頭) 서한묘(西漢墓)에서 출토된 여자 목용에서 보는 것처럼 좌임의 심의를[110] 입기도 했다(그림 17).

한대 벽화(壁畵)·석각(石刻)·전각(磚刻) 등에 있는 무녀복(巫女服)은 땅까지 끌리는 장포에 좌임의 여밈새와 넓은 소매를 하고 있으며, 가수는 착수로 길게 늘어뜨려져 있다. 그 밖에 남녀가 모두 평상복으로 입었던, 첨유(襜褕)라고도 불리는 직거(直裾)는 우임의 형태에 옷의 폭과 소매가 좁다. 그 안에는 웃옷이 없는 바지만을

大祭. 百官執事者, 冠長冠, 皆祇服. 五嶽·四瀆·山川·宗廟·社稷諸沾秩祠, 皆袀玄長冠, 五郊各如方色云. 百官不執事, 各服常冠袀玄以從."
109) 上海市戲曲學校中國服裝史研究組編著, 《中國服飾五千年》, pp.38~39.
110) 周迅·高春明 著, 栗城延江 譯, 《中國五千年女性裝飾史》, p.208.

입었는데, 동한에 오면 직거가 점차
보급되어 심의를 대체했다.

지금까지 살펴본 것처럼, 상대부터
한대까지의 중국 복식은 다음과 같이
정리할 수 있다.

첫째로 상대부터 춘추전국에 이르
는 시기는 임형에서 비교적 자유스러
웠고, 소매의 모양은 주로 착수가 대
부분이었다고 할 수 있다. 그러나 진
대에 오면 관복이 우임의 임형으로 제
정되었다.

둘째로 전국시대에 출현한 대수의
곡거심의는 이후 진한대에 변형이 가
해지면서 널리 보급되었는데, 소매의

〈그림 17〉 대분두 서한묘에서 출
토된 목용

모양에는 착수와 대수가 병행되었다. 포복은 대수에 주로 우임을
했지만 좌임도 혼용되었다. 곡거심의보다 간편한 직거는 우임으로
소매와 옷의 폭이 좁은 모양이었다.

고구려 고분벽화의 복식에서는 위와 같은 중국 복식의 특징들
이 나타나지 않는다. 첫째로 중국의 경우 진대부터 관복은 우임으
로 했지만, 고구려의 관복은 앞에서 보았듯이 임형에서 자유스러
웠다. 둘째로 중국의 경우 춘추전국시대까지는 주로 착수였고 진
한대에도 착수가 대수 등과 혼용되었지만, 고구려 복식에서는 착
수가 보이지 않는다.

이 같은 고구려 복식과 중국 복식의 형제 차이는, 이 시기에 고
구려가 서한 및 동한과 계속 충돌과 접촉을 가졌으면서도, 복식은
고유의 것을 그대로 계승했기 때문이었을 것이다.[111] 이러한 정황
으로 볼 때 고구려는 진한대까지 중국 복식의 영향을 받지 않았

다고 보아야 할 것이다.

그러면 고구려의 고분벽화가 그려진 시기에 해당하는 삼국양진남북조시대의 중국 복식의 임형과 수는 어떠했을까?

삼국양진남북조시대는 전쟁이 빈번하여 각 지역의 정치와 경제가 불안정했는데, 이는 사회생활 각 방면에도 큰 영향을 미쳐 복식에도 큰 변화를 가져오게 되었다.

삼국양진시대의 복식은 여전히 진한의 것을 따랐으나, 남북조에 이르면 정권을 건립한 북방 소수민족들은 그들의 의복을 그대로 고수하다가 이후 차츰 한족(漢族)의 의복을 따르기 시작했다. 특히 관복은 한족의 복식을 받아들였다. 그중 가장 대표적인 것이 북위 효문제의 개혁으로 이를 '효문개제(孝文改制)'라고 한다. 이 영향으로 북조에서는 모두 한위(漢魏)의 의관을 사용했다.

〈그림 18〉 대수삼을 입은 귀족과 삼을 입은 시종(고개지, 〈낙신부도〉의 부분)

---

111) 복식은 왕조가 바뀌더라도 그 형식이 쉽게 변하지 않는다. 설사 외형적 요소가 가해졌다고 하더라도 기본 구조는 그대로 지속되었을 것이다. 그리고 지속되는 부분과 변동되는 부분은 공존할 것이다. 복식의 변화와 발전은 역사 일반의 그것과 반드시 일치하지는 않는 것이다.

이 시기 한족 남자의 의복은 주로 삼이었는데, 삼은 관삼대수를 숭상하는 당시의 풍조에 맞게 한대의 포복과는 달리 수구가 넓었다. 즉, 당시 유행했던 삼국양진의 현학과 불교 및 도교의 영향 아래 문인(文人)들은 가슴을 드러낼 정도로 관박(寬博)한 의복을 입었던 것이다(그림 18). 이 시기 한족 여자의 복장은 대체로 진한의 유속(遺俗)을 계승했는데, 여기에는 삼·고(褲)·유·군(裙) 등이 있으며 삼은 대금(對襟)이 대부분이었다.

그러나 다른 한편으로 전쟁의 확대와 함께 북방민족들의 대거 남하는 황하유역 한족의 생활 습속을 바꾸어놓기도 했다. 즉, 한족은 착수의 단의와 요대가 달린 호복을 입기 시작했다. 여자들의 의복도 원래의 심의가 민간에서 점차 사라지고 가볍고 편리한 각종 호복으로 대체되는 등, 황하유역에서 호복이 성행하는 국면이 형성되었다. 그 예로 고습의 보급을 들 수 있다. 북방민족 여자들은 유과 군 이외에 남자들과 같이 원령으로 된 양당(裲襠)과 대금(大襟)이나 대금(對襟)으로 된 고습을 입었다. 고습이라는 이름은 비록 한(漢) 말부터 사용되었지만 전국시대 조국에 유행하던 호복의 하나로, 삼국양진시대 이후 민간에 널리 사용되어 보편적인 편복(便服)이 되었다. 즉, 삼국양진남북조시대에는 좌임·우임·대금(大襟)·대금(對襟)·원령 등의 임형이 있었음을 알 수 있다.

이 시기는 진한대와 달리 고구려가 중국뿐만 아니라 북방민족들에게도 사신을 파견하여 화친 관계를 유지하기도 하고 때로는 대립하기도 하던 때로, 이들로부터 유교·불교·음양오행사상 등을 받아들였다. 그러나 고분벽화에는 이들과 관련된 내용이 많이 보이면서도 복식이나 임형에서는 그 영향이 발견되지 않는다. 즉, 서역의 신선 등 추상적인 인물들에서는 서역의 복식인 대금(對襟)으로 그린 것이 있지만, 고구려 사람들이 입은 복식에는 대금(大襟)과 대금(對襟) 및 원령 등이 나타나지 않는다. 따라서 고구려는 중국 등 다른 민족들의 복식을 잘 알고 있으면서도 이를 따르기보다 고구려 고유의 복식을 지켰다고 하겠다.

이제 호복의 모양을 살펴보고 이를 고대 한국의 복식과 비교해 보자.

호는 일반적으로 중국 고대의 북방 초원지구에 거주하던 여러 민족을 가리키는 대명사로 쓰였다. 그러나 《한서》〈흉노전(匈奴傳)〉의 "南有大漢, 北有强胡"[112]에서 보듯이 호는 흉노 등과 같이 북방민족의 하나이며, 흉노의 북쪽을 중심으로 동서로 길게 분포되어 있었다. 유방 등이 기의(起義)하여 진을 공략할 때 흉노의 단우(單于) 모돈(冒頓)이 동서의 호를 공략함으로써 북방의 강자로 등장했고, 모돈은 이어 한 고조 유방을 평성에서 사로잡아 '형제의 맹약'을 맺고 풀어주었다. 흉노와 한이라는 양대 세력이 중원 및 북방 일대를 점령하고 있을 때 호의 종족들은 흉노 속에 뿔뿔이 흩어져 살았다. 그리고 동한이 망하고 수당에 이르기까지 이 호의 종족들은 다시 북방의 강자로 등장하여 중국의 반을 통치했다. 즉, 삼국양진 이후는 호가 흉노를 대신하여 북방과 중국의 지배자가 되었던 것이다.

고대의 호 등 북방민족의 복식 및 관련자료는 발견된 수가 매우 적다. 가장 이른 연대의 것으로는 지금부터 3,000년 전, 즉 청동기 초기의 것으로 알려진 신강의 동부의 합밀오보향 고묘가 있으며, 여기서 구피대의·구피의포(裘皮衣袍)와 모직의포(毛織衣袍)가 발굴되었다. 구피대의는 무령대금의 착수의 모양이다. 구피의포는 우임이고 여며지는 부분부터 아랫도리 부분까지 4개의 나무 단추를 사용했으며 소매는 착수인데, 소매 끝에 장갑이 고정되어 있다. 모직의포는 교령으로 포의 폭이 직통형(直筒形)이고, 소매는 팔

---

112) 《漢書》 卷94上 〈匈奴傳〉.

뒤꿈치를 덮을 정도로 간편하게 되어 있으며, 모직으로 만든 요대가 함께 있다.[113]

같은 청동기 초기에 속하는 공작하(孔雀河) 고묘에서는 유아를 싼 모포(毛布)가 발견되었는데,[114] 이로써 당시 복식의 모양뿐만 아니라 모직물 직조의 수준도 알 수 있다. 또 서기 전 9세기경으로 추정되는 찰홍로극(札洪魯克) 고묘에서는 거친 모직으로 만든, 교령으로 된 남녀의 장포와 포의가 발견되었고,[115] 신강 초원지역에서는 서기 전 3세기경으로 추정되는 고대 석인들이 여럿 발견되었다.

이 고대 석인들은 '아이잡특초원석인(阿爾卡特草原石人)'·'여석인(女石人)'·'무사석인(武士石人)'·'수렵석인(狩獵石人)'·'아륵태석인(阿勒泰石人)'·'돌궐석인(突厥石人)'[116] 등으로 불린다. 이들은 공통적으로 장포를 입고 허리에 속대를 매거나 매지 않기도 했는데, 여밈새는 알 수 없다. 위의 발굴자료에 보이는 석인들과 중국의 주대에 해당하는 시기의 모포의 포가 모두 장포라는 점은 주목할 만하다. 이것은 아마도 호복이 초기에는 장포였으나 후대로 내려오면서 단의로 바뀌어졌을 가능성을 시사해주기 때문이다.

또 위의 출토된 장포들은 대체로 포의 폭이 좁고 대를 앞에서 매는 것이 공통된 특징인데, 대가 없는 경우 단추를 사용하기도 했다. 소매는 착수이거나 간편한 짧은 소매이다. 임형은 교령으로, 여며지는 방향에 일정한 모양이 보이지 않는다. 이로 보아 이들 지역에서는 청동기 초기에 이르기까지 호복에서 좌임의 임형이 아직 형성되지 않았음을 알 수 있다.

---

113) 李肯冰, 《中國西域民族服飾硏究》, p.52 ; 黃能馥·陳娟娟, 《中華服飾藝術源流》, p.50.
114) 李肯冰, 같은 책, pp.50~54.
115) 같은 책, pp.56~57.
116) 같은 책, pp.29~31.

서한 건국 당시 흉노는 평성(平城)에서 한의 고조 유방을 잡고, 그를 풀어주는 대가로 '형제의 맹약'을 맺으며 중국과의 교역을 독점하게 되었다. 서한은 무제에 이르러 흉노의 이익을 빼앗기 위하여 흉노와의 전쟁을 시작했고, 결국 무제는 서역과 직교역의 길을 열게 되었다. 이로 인하여 서역에 중국의 사직물이 급격히 팔려나갔던 것이다.

현재 신강과 전지구(閩地區) 민풍현(民豐縣) 니아(尼雅) 동한 시기의 고묘에서 '만세여의(萬世如意)'의 명문(銘文)이 있는 금포(錦袍)가 발굴되었다. 포의 관식(款式)은 서역식(西域式)이며, 대금(對襟)·좌임·착수·원령으로 그 길이가 무릎 위까지 내려온다. 이와 함께 대금(對襟)과 착수의 유가 발굴되었는데, 길이는 허리 부분까지로 몸에 꼭 맞게 만들어졌다.[117]

누란(樓蘭) 고태묘지(孤台墓地)에서 발견된, 한대에 해당하는 시기의 북방 견포(絹袍)는 착장수(窄長袖)의 좌임의 의복 형태이며,[118] 역시 같은 지역의 산보랍(山普拉) 고묘에서 발굴된 같은 시기의 포복은 원령과 착수의 긴 겉옷으로 대가 없다.[119]

이상으로 보아 진한대 호복의 특징은 좌임·대금(對襟)·원령을 임형으로 한 착수의 복식이었다.

합밀오보향 고묘와 같은 시대의 고조선 후기의 유적인 서기 전 1000년 초 길림성 영길현(永吉縣)의 성성초(星星哨)유적 17호 돌널무덤에서 양털실과 개털실로 짠 모직물이 발굴되었다.[120] 합밀오보향 고묘와 성성초 유적의 모직물은 실물을 비교할 수 없어 어느 것이 앞선 것인지 알 수 없다.

---

117) 같은 책, pp.72~73.

118) 같은 책, p.78.

119) 같은 책, p.81.

120) 吉林省博物館·永吉縣文化館, 〈吉林永吉星星哨石棺墓第3次發掘〉, 《考古學集刊》 3, 中國社會科學出版社, 1983, p.120.

그러나 숙신은 일찍부터 털을 짜서 모포를 만들었고[121] 제순(帝舜) 25년(서기 전 2209년)에 중국과 교류했던[122] 것 등으로 미루어, 이들의 모직물은 이미 이 시기 중국에 알려졌을 것이다. 이후 춘추시대의 제 등에서 고조선지역의 질 좋은 가죽과 모직 의류를 수입하기도 했다.[123]

그리고 합밀오보향 고묘는 서기 전 1000년경의 것으로, 이는 그 지역의 청동기 초기에 속한다. 고조선지역에서는[124] 합밀오보향 고묘의 주인공보다 약 1,500년 정도 앞서 청동기를 사용했기 때문에, 고조선지역의 모직물이 훨씬 우수했을 것으로 생각된다.

고조선지역에서는 신석기 초기에 원시적인 방직기가 만들어졌고,[125] 청동기 말기부터 철기시대에 이르면서 신석기시대부터 사용되던 가락바퀴는 점차 사라지고 물레가 개발되면서 고조선의 방직 기술은 큰 발전을 이루었다.[126] 또 청동기의 사용은 가죽 가공

---

121) 《晉書》卷97〈列傳〉肅愼 條. "그 가죽을 입고, 털을 모아 布를 만든다(衣其皮, 績毛以爲布)."
122) 《竹書紀年》〈五帝本紀〉帝舜有虞氏 條.
123) 《管子》卷24〈輕重甲〉第80. "桓公이 '四夷가 不服하니 그 逆政이 天下에 퍼질 것을 걱정하여 나를 괴롭히고 있다. 내가 이를 위해 할 수 있는 길이 있겠는가'라고 말했다. 관자가 '오와 월이 來朝하지 않으면 珠象을 교역의 화폐로 하고, 發과 朝鮮이 來朝하지 않으면 文皮와 毧服을 교역의 화폐로 청하십시오.…… 한 장의 표범가죽이 큰 값으로 계산된다면 8,000리나 떨어진 발과 조선도 來朝하게 될 것입니다'라고 대답했다(桓公曰 : 四夷不服, 恐其逆政游於天下, 而傷寡人, 寡人之行爲此有道乎. 管子對曰 : 吳·越不朝, 珠象而以爲幣乎. 發·朝鮮不朝, 請文皮兌毛服而以爲幣乎…… 一豹之皮容金而金也, 然後八千里之發·朝鮮可得而朝也)."
124) 윤내현, 《고조선 연구》, p.29 주 9 참조.
125) 조선기술발전사편찬위원회, 《조선기술발전사》 원시·고대편, 1997. p.62. "서포항유적 1기층(서기 전 6000년기~5000년기)에서는 씨실넣기에 쓴 갈구리가 나타났는데, 그 복원도는 그림 3-7과 같다."
126) 조선기술발전사편찬위원회, 《조선기술발전사》, pp.62~63. "실낳이에 물레가 도입됨으로써 천짜기에서는 새로운 발전이 이루어졌다. 이에 대하여서는 오동 유적에서 나온 짐승의 어깨뼈로 만든 바디와 강계시 공귀리 유적에서

에 쓰이는 다양한 도구들을 발전시켰고, 당시 사람들은 여러 크기로 된 바늘[127]을 사용하여 가공된 가죽과 모직물로 정교한 형태의 옷들을 만들었을 것이다.

또한 청동으로 만들어진 다양한 장신구, 특히 의복이나 신발 등에 부착된 화려한 청동 단추 모양의 장식품[128] 등은 중국이나 호에서는 볼 수 없는 고조선만이 갖는 복식의 특징이며, 그 수준에서 한층 다양하고 화려하다. 예에서 남자들의 곡령에 약 5센티미터 이상이나 되는 은화로 장식한 것[129]도 비슷한 예에 속한다. 더욱 중요한 것은 이 같은 장식이 일반인들의 의복에서 가능했다는 점인데, 이는 당시에 수공업이 매우 발달했고 보편화되었으며 생활에서도 비교적 여유가 있었음을 보여준다고 하겠다.

당시 중국에서는 의복에 이 같은 장식품을 사용하지 않았다. 북방 유목민들도, 사직이나 마직물의 생산은 없었고, 가죽과 모직물을 의복의 주된 직물 재료로 삼았을 뿐 이 같은 장식품을 사용하

나타난 흙추가 잘 설명해준다. 뼈바디는 길이 20센티미터 정도이던 것이 현재 10센티미터의 크기로 보존되어 있었으며 바디살에서의 간격은 1밀리미터 정도이고 바디살 깊이는 2밀리미터 정도이다. 모양은 머리빗 형태이다."(《회령 오동 유적 발굴보고》, 사회과학원출판사, 52, 1960). "흙추의 모양은 원통형, 장방형, 제형이고 가운데에 긴 구멍이 새로 곧추 뚫려져 있다. 길이는 5.3~5.7센티미터, 굵기는 4~4.3센티미터 정도이다."(《강계시 공귀리 원시 유적 발굴보고》, 사회과학원출판사, 29, 1959).

127) 고고학연구소, 《고고민속론문집》(2)·(4), 사회과학원출판사, 1970·1972 참조.

128) 조선유적유물도감편찬위원회, 《조선유적유물도감》 고조선·부여·진국편, 외국문종합출판사, 1989.

129) 《三國志》 卷30 〈烏丸鮮卑東夷傳〉 濊傳. "男女皆衣著曲領, 男子繫銀花, 廣數寸以爲飾." 1寸은 10분의 1尺이다. 睡虎地秦墓竹簡整理小組는 《睡虎地秦墓竹簡》 〈倉律〉의 1尺을 지금의 약 0.23미터로 보고 있어 이를 따르면 1寸은 2.3센티미터가 된다. 그러므로 濊에서 넓이가 數寸이 되는 銀花를 달았다는 것은 적어도 2寸 이상일 것으로 5센티미터 이상 되는 銀花를 달았음을 알 수 있는데, 당시 曲領이 보여주었을 화려함과 위엄은 현대의 우리들에게 경이감을 주기에 충분하다.

지 않았다. 그들 복식의 특징인 착수와 좁은 폭은 기후에 적응하
고 유목민으로서 활동성이 요구된 때문이기도 하지만, 직물 재료
가 가죽과 모직물로 국한되어 넓은 소매와 넓은 폭 또는 넓은 깃
의 풍성한 옷들이 다양하게 만들어질 수 없었던 데 기인한다. 따
라서 임형도 단순할 수밖에 없었던 것으로 생각된다. 그러나 고대
의 한민족은 가죽과 모직물 외에도 사직과 마직물을 생산했고, 청
동기와 그 뒤를 이은 철기의 보급은 농업과 수공업의 발달을 가
져왔으며, 이는 앞에서 본 것처럼 직물의 생산을 더욱 활발하게
했다.

북방민족, 특히 흉노는 서한 건국 초 고조 유방과 '형제의 맹약'
을 맺은 뒤 매년 한(漢)으로부터 여러 방직물을 조공[130]으로 받기
까지 복식에 대하여 뚜렷한 의식을 갖지 못했던 것 같다. 흉노가
서한의 방직물들을 서역지역으로 옮기는 중간 역할을 하면서부터
서역 등지에서도 복식에 대하여 관심을 갖기 시작했다고 하겠다.
그러므로 복식 재료 면에서 북방민족보다 훨씬 앞선 고조선이 이
들의 영향을 받거나 이들의 형태를 들여왔다고 보기는 어렵다.

삼국양진시대부터 수 제국이 건립될 때까지 중국은 남북조가
약 200년간 대치했는데, 이 시기에 중국과 서역의 경제 및 문화
교류는 끊이지 않고 지속되었다. 토로번(吐魯番) 아사탑나(阿斯塔
那)에서 발굴된 고창태수(高昌太守) 차거봉대(且渠封戴)의 묘에서
나온 북량(北凉)의 니용(泥俑)[131]이 그 예가 되겠는데, 차거봉대는
흉노족의 후예였고 북량시대는 약 5세기 중엽으로 동진(東晉)시대

---

130) 《史記》 卷110 〈匈奴列傳〉. "처음 흉노는 한나라의 사직물과 음식 등을 매
    우 좋아했는데…… 흉노는 북쪽에 위치하여 땅이 차고, 무서운 냉기가 일찍
    내린다. 그래서 짐은 선우에게 관리를 보내 해마다 일정한 수량의 차조, 누
    룩, 사직물과 그 밖의 물건들을 보내는 것이다(初, 匈奴好漢繒絮食物…… 匈
    奴處北地寒, 殺氣早降. 故詔吏遣單于秫蘗金帛絲絮佗物歲有數)."
131) 李肖冰, 앞의 책, p.108.

에 해당한다. 이 니용은 북량시대 당시 타림분지의 흉노 인물의 특징과 의관복식(衣冠服飾)을 알려주는 진귀한 자료이다. 4개의 니용 가운데 3개는 좌임의 착수로된 유를 입고 1개는 원령의 착수로 된 유와 바지를 입었는데, 이는 당시 중국에 유행하던 고습의 모양이다(그림 19). 이로써 삼국양진남북조시대에 해당하는 시기의 호복은 좌임과 원령의 착수를 그대로 계승했음을 알 수 있는데, 이 같은 특징은 이후 북방민족의 국가였던 요(遼)·금(金)·원(元)에도 그대로 계승되었다.[132]

고구려 고분벽화에서는 위에서 호복의 특징으로 언급된 임형 가운데 대금(對襟)과 원령이 보이지 않는다. 그러므로 종래의 주장처럼 고구려 복식이 호복의 영향을 받았다면 좌임 외에 대금(對襟)과 원령도 보여야 하겠지만, 고구려 복식에서는 이 두 임형이 보이지 않으며 고습도 전혀 나타나지 않는다.

이러한 점들을 통해 볼 때 고구려 복식의 원형을 호복으로부터 찾는 것은 잘못이라 하겠다. 고구려 기마인의 의복과 북방 기마인 의복의 일부 요소만을 비교한 뒤 유사성이 있다고 해서 고대 한국의 복식이 호복 형태에 속한다고 단정하거나, 고대 한국 복식의 원형이 북방계 호복으로부터 들어왔다[133]고 주장하는 견해는 성립될 수 없는 것이다. 또한 호복이 한반도 사람들의 고유 복장이었다[134]는 논리는 더욱 성립될 수 없을 것이다.

---

132) 契丹族의 나라였던 遼의 복식은 左衽의 長袍와 圓領의 窄袖였고, 女眞族의 나라였던 金의 복식은 여자는 주로 團衫, 直領, 左衽의 웃옷을 입고 그 위에 對襟과 彩領의 綽子를 입었고, 남자는 위에는 半袖를 입고 안에 直領을 입기도 했다. 蒙古族의 나라였던 元은 남녀 모두 長袍를 입었는데, 이 袍服의 특징은 左衽, 圓領, 窄袖였다.
133) 金文子, 《韓國服飾文化의 源流》, p.157.
134) 杉本正年 著·문광희譯, 《동양복장사논고》 고대편, p.306.

〈그림 19〉 투루번 고창태수 차거봉재묘에서 출토된 니용

5. 닫는 글

　지금까지 한국과 중국 및 호의 복식에 관한 문헌기록과 고고자료들을 통하여 고대 한국과 중국 및 북방민족 임형의 실례를 살펴보고, 종래에 제기된 여러 견해에 나타난 문제점에 대해서도 검토해보았다.

　고대 한국의 복식은 원래 좌임과 착수의 북방계 호복 계통이었으나 중국 한복 계통의 영향을 받아 우임으로 바뀌었다고 한 이여성의 주장에 많은 문제점이 있음을 알게 되었다.

　그가 당시 분석했던 고구려 고분벽화는 6개로 제한되어 있었고, 문헌기록의 부족을 보완할 수 있는 고고학 등의 도움을 얻을 수도 없었기 때문에 그의 해석은 당연히 한계를 지니고 있었다. 따라서 그는 아무런 비판 없이 중국 사서의 내용을 그대로 받아들여, 중국은 우임의 옷을 그리고 중국 이외의 다른 민족들은 모두 좌임의 옷을 입었다는 선입견을 전제하게 되었던 것이다.

그러나 사서의 내용과 달리 고고자료들을 통해, 상대부터 춘추전국시대까지 중국 복식의 특징은 좌임과 우임이 자유롭게 혼용되었고 착수였으며, 호복은 전국시대 이전까지 임형이 정착되지도 않았고 의복의 수준도 무척 낮았던 것으로 확인되었다.

그 결과 이여성의 견해에는 오랜 기간의 축적으로 이루어진 고구려 복식 전체가 갖는 특징이 자리 잡지 못했다. 여기에는, 중국과 유사성이 보이면 중국으로부터의 영향이라는 전제에서, 주로 옷이 여며지는 방향과 소매의 모양만을 계통과 변천의 근거로 삼는 모순이 있었다.

종래에는 《후한서》와 《삼국지》에 보이는, 예 사람들이 입었던 유의 한 종류인 곡령과 부여 사람들이 입었던 큰 소매 달린 도포에 대하여 소홀히 다루었다. 그 결과 고대 한국의 복식이 북방 계통의 특징인 착수와 좁은 폭의 포와는 크게 구별되는 점을 간파하지 못했다.

고대 한국 복식에 대한 이해를 분명히 하기 위하여 고구려 고분벽화에 나타나는 유 그리고 유와 포를 분석하여 임형을 정리해 보면 다음과 같은 특징을 발견할 수 있다.

(1) 안악 3호 고분벽화에서는 다음과 같은 중요한 사실들이 추출되었다.

첫째로, 관모(冠帽)·포·유·대·임형의 모양이 갖는 특징을 통해서 고대 한국 복식이 중국과 다른 특징들을 갖고 있음이 확인되었다. 그리고 여기서 볼 수 있는 중요한 사실은 포와 유에서 고대 한국 복식의 고유한 형제인 옷고름을 사용했다는 것이다. 종래에는 옷고름을 처음으로 사용한 시기를 고려시대 초기로 잡았으나 이 벽화에 의하여 그 연대를 4세기 중엽 이전으로 수정할 수 있었다.

둘째로, 포는 대체로 대금사령과 합임직령 및 우임직령으로 관직의 등급에 따라 다양하게 나타나는데, 유의 경우는 주로 우임직

령이었다. 그중 몇 사람의 포와 유의 속에 입은 속옷은 좌임직령
이었다. 그런데 이들 포나 유가 보여주는 면모는 벽화가 만들어진
시기에 해당하는 중국의 삼국양진남북조시대 관복의 특성이나 그
보다 앞선 진·한시대 관복의 특성과도 차이를 보여주고 있다. 이
로 보아 안악 3호 고분벽화에 보이는 복식들은 고구려가 오랜 기
간 축적해온 고유한 복식의 모양이라고 할 수 있다.

 (2) 각저총에서는 주인공과 시녀들의 포와 유가 모두 좌임직령
으로 나타나 쌍영총에서 여자 주인공과 시중군이 함께 우임직령
의 옷을 입은 것과 마찬가지로 임형이 사회적 지위와는 관계가
없었음을 알 수 있었다.

 (3) 약수리 고분벽화에서는 주로 말을 탄 사람들과 사냥하는 사
람들을 조사 대상으로 삼았는데, 같은 의복에서 좌임과 우임을 자
유스럽게 혼용했다. 북방 호복 계통의 착수와 세고(細袴)는 보이지
않으며 삼국양진남북조시대 고습의 모양도 역시 보이지 않았다.
그러므로 기마인과 사냥인의 복식도 북방계 호복 형태에 속한다
고 할 수 없다.

 (4) 장천 1호 고분벽화에서는 고구려 사람들이 대를 묶는 방향
과 매듭의 모양이 신분에 관계없이 자유스러웠으나, 대의 넓이는
신분에 따라 달랐음을 알 수 있었다. 또 고구려 복식에서는 포나
유에 대를 매기도 하고 매지 않기도 했는데, 이는 북방 계통의 호
복에서 거의 일률적으로 대를 착용한 것과는 차이가 나는 것이다.
임형에서는 좌임과 우임을 자유롭게 혼용하고 있어, 임형은 신분
과 관계가 없었음을 다시 확인 할 수 있었다.

 (5) 덕흥리 고분벽화에서는 임형의 분석을 통해 논란이 많은 묘
주의 국적문제에 접근할 수 있었다. 벽화의 주요 구성원들의 의복
이 안악 3호분과 같은 고구려 복식을 하고 있어서 그들이 고구려
인임을 알 수 있었다. 특히 13군 태수 및 벽화에 보이는 포의 대

부분이 중국 복식에서 볼 수 없는 고구려와 예의 임형인 곡령이었다. 만일 피장자를 중국으로부터의 망명인으로 본다면, 이들 13군 태수는 당연히 중국인 관리여야만 하기 때문에 그들의 복식은 당시 중국의 관복인 칠사롱관을 쓰거나 대수관삼을 입은 모양이어야 한다. 그러나 13군 태수의 포와 유의 여밈새가 고구려 복식의 특색인 곡령이라는 점은 13군 태수 및 묘주가 고구려가 설치한 유주(幽州)의 관리라는 견해를 받아들이게 한다.

(6) 삼실총에서는 주인공 부부의 유나 포의 소매 모양과 바지통이 모두 광수와 관고(寬袴)였다. 시중군들의 경우도 소매는 약간 좁으나 바지의 폭은 역시 관고로 북방 계통의 세고나 착수가 아님이 확인되었다.

(7) 4세기에서 6세기에 걸친 고분벽화에서 줄곧 좌임·우임 등이 혼용되어 나타나고 있어, 종래의 견해처럼 고구려의 임형이 처음에는 좌임이었다가 이후 우임으로 바뀐 것이 아님을 밝힐 수 있었다.

이상의 고찰을 기초로 하여 중국과 호의 임형을 고찰하고 고대 한국 복식의 임형과 비교·검토한 결과 다음의 사실들을 확인 할 수 있었다.

먼저 고대 중국의 복식을 보면 상대부터 전국시대까지 중국의 임형은 좌임과 우임이 혼용된 착수의 옷을 주로 입었다. 이 같은 특징은 중국 복식사에서 우임과 넓은 소매를 주로 입기 시작하는 진제국시대와 차이를 보여주는 것으로서, 시대구분의 근거가 될 수 있는 것이다.

중국의 관복은 진제국시대부터 주로 우임이었지만, 고구려 관복은 관직에 관계없이 임형에서 자유스러웠다. 그리고 중국의 경우 춘추전국시대까지 의복이 주로 착수였고 진·한시대에도 대수와 함께 착수가 혼용되었는데, 고구려에서는 착수가 거의 보이지 않는다. 그러므로 고구려는 진·한시대까지도 중국 복식의 영향을 받지 않았다고 보아야 할 것이다.

중국의 삼국양진남북조시대 복식은 여전히 진·한을 따랐으나 현학과 불교 및 도교의 영향 아래 대금(對襟)의 관삼대수가 유행했다. 그러나 전쟁의 확대와 함께 북방민족이 대거 남하하여 한족(漢族)과 함께 거주하게 되면서 생활 습속이 점차 혼합되어 한족은 착수의 단의에 대를 한 호복을 입기 시작했고 원령의 양당과 대금(大襟)이나 대금(對襟)으로 된 고습도 입었다. 따라서 삼국양진남북조시대의 임형은 주로 좌임·우임·대금(大襟)·대금(對襟)·원령이었던 것으로 정리된다.

이 시기는 진·한시대와 달리 고구려가 중국의 나라들에 자주 사신을 파견하여 화친 관계를 유지했던 시기로, 중국으로부터 유교·불교·음양오행사상 등을 받아들였다. 특히 고분벽화에는 오행사상과 관련된 내용이 많이 보이는데, 복식의 임형 및 내용은 받아들이지 않았다. 고구려 고분벽화의 복식에는 좌임과 우임은 나타나지만 대금(大襟)과 대금(對襟) 및 원령은 나타나지 않고 추상적인 인물들의 의복에서만 대금(對襟)이 일부 나타날 뿐이다. 그러므로 고구려의 임형은 중국의 삼국양진남북조시대에 해당하는 시기에도 앞선 시대와 마찬가지로 중국의 영향을 받지 않았음을 알 수 있다.

고대 호복을 보면, 발굴자료 가운데 가장 이른 것은 청동기시대 초기에 해당하는 시기에 만들어진 구피대의·구피포(裘皮袍)·모직포(毛織袍) 등이어서, 초기에는 장포였다가 이후 단의로 바뀐 것으로 생각된다. 이후 호복은 중국의 전국시대로부터 진·한시대에 이르는 시기에 좌임과 원령의 임형이 형성되었다. 한 무제(武帝) 때 비단길이 열리면서 북방에서는 이전보다 사직물을 많이 사용하게 되었지만 여전히 대금(對襟)·좌임·원령의 임형 및 좁은 폭과 착수의 옷을 주된 형제로 하고 있었다.

그러나 고구려 고분벽화에서는 중국의 삼국양진남북조시대에 해당하는 시기의 호복의 임형에서 보이는 대금(對襟)과 원령이 보이지 않고 고습도 전혀 보이지 않는다. 그러므로 앞 시대와 마찬가지로 이 시기의 고구려 복식도 호복의 영향과는 무관했다고 하겠다.

그러므로 고대 한국의 복식에서 우임은 중국 한복 계통이고 좌임은 북방 호복 계통으로부터 영향을 받았다는 계통론과 변천론은 수정되어야 할 것이다. 고구려 고분벽화의 경우 약 3세기에 걸쳐 동일하게 좌임·우임·대금사령·곡령·합임형 등의 임형만이 사용되었다. 당시 중국이나 호에서는 곡령을 제외한 위의 여러 임형 외에 대금(對襟)·원령의 임형을 오랜 기간 사용했으나 고구려에서는 이를 받아들이지 않았다. 이로 보아 곡령을 포함한 위에 나열된 임형은 모두 고대 한국의 전통적인 임형이었다고 말할 수 있다.

고구려 복식에 나타난 임형은 고조선으로부터 계승된 것으로서 쉽게 변동되지 않고 지속성을 보여주는 것이라고 말할 수 있겠다. 그것은 당시의 사회 구조, 종교, 관습, 도덕, 가치관 등과 관련된 정신적이고 내면적인 욕구의 표현이 당 시대의 물질적인 바탕 위에서 이루어낸 복식 형제의 한 부분인 것이다.

고조선의 강역인 한반도와 만주 전 지역에서 출토된 새김무늬[빗살무늬] 질그릇, 돌무덤, 비파형동검과 그 뒤를 이은 세형동검, 번개무늬의 청동거울 등이 신석기시대부터 그 이후까지 황하유역이나 시베리아지역과는 다른 고조선지역의 토착문화로서의 독특한 성격의 문화권을 형성하고 있었음을 확인시켜주는 것처럼, 위에서 정리한 임형 역시 또 하나의 중요한 고대 한국의 토착문화로서 자리매김될 수 있을 것이다.

좌임	우임	합임
옷의 왼쪽 여밈새	옷의 오른쪽 여밈새	옷의 맞 여밈새

대금사령	크게 비스듬히 여민 깃
대금	마주 여민 깃
곡령	보통 둥글려 여민 깃
원령	얕게 둥글려 여민 깃
단령	깊게 둥글려 여민 깃
반령	넓고 얕게 둥글려 여민 깃
번령	젖혀져 여민 깃

〈표 14〉 여밈새와 깃의 우리말 표현, 여며진 방향에 따른 여밈새의 명칭(위의 표), 여며진 형상에 따른 깃의 명칭(아래 표)

제7장 고대 한국의 웃옷과 겉옷〔衫·襦·袍〕

1. 여는 글

이 글은 고대 한민족의 웃옷과 겉옷의 원형을 복원하는 데 그 목적이 있다.

종래의 복식사 연구에서는 일반적으로 삼(衫)·유(襦)·포(袍)의 경우 임형과 소매 폭 및 길이를 기준으로 하여 우임과 광수(廣袖)와 긴 길이를 중국 계통으로, 좌임과 착수(窄袖)와 짧은 길이를 북방 계통으로 구분해왔다.[1] 지금까지 이 북방 계통의 요소 가운데 좌임과 착수가 우리에게 들어왔다고 여겨 고대 한국 복식의 성격을 북방 호복 계통의 고습(袴褶) 형식으로 구분하고,[2] 이후 중국의

---

[1] 李如星, 《朝鮮服飾考》, 白楊堂, 1947, pp.122~126·pp.132~134.

[2] 李如星, 《朝鮮服飾考》, p.115 ; 金東旭, 《增補 韓國服飾史研究》, 亞細亞文化社, 1979, pp.3~9 ; 柳喜卿, 《한국복식사연구》, 梨花女子大學校出版部, 1989, pp.19~27 ; 李京子, 《韓國服飾史論》, 一志社, 1998, pp.11~12 ; 金文子, 《韓國服飾文化의 源流》, 민족문화사, 1994, pp.97~115 ; 유송옥·이은영·황선진, 《복식문화》, 敎文社, 1997, p.29 ; 백영자·최해율, 《한국의 복식문화》, 경춘사, 2000, p.3 ; 김영숙·김명숙, 《한국복식사》, 청주대학교출판부, 1998, p.33.

영향으로부터 착수가 차츰 광수화(廣袖化)했다고 보았다.[3]

그러나 고대 중국의 복식을 보면 이 같은 분류 내용과 달리 상시대부터 전국시대까지 임형에서 좌임과 우임이 혼용된 착수의 옷을 주로 입었다. 또한 긴 길이의 포만을 입은 것이 아니라 허리 아랫부분까지 내려오는 길이와 무릎 위 또는 무릎을 덮는 정도의 길이가 되는 삼이나 유도 입었다. 고구려 고분벽화에 보이는 복식은 이와 달리 상시대부터 춘추전국시대까지의 중국 복식에서 보이는 특징들이 나타나지 않는다. 이후 중국은 진제국시대부터 관복은 주로 우임으로 했고 일반인들의 경우 대수(大袖)와 착수가 혼용되었지만, 고구려의 관복은 관직에 관계없이 임형에서 자유스러웠고 이는 일반인들의 경우도 마찬가지였으며 착수는 보이지 않는다. 그러므로 고구려의 복식은 진·한시대까지 중국 복식의 영향과는 무관하다고 하겠다. 중국은 진·한시대에는 포의 길이가 매우 다양했으나 양진남북조시대에는 일률적으로 길어진다. 그러나 같은 시기에 만들어진 고구려 고분벽화에 보이는 포의 길이는 오히려 다양하게 나타난다. 삼국양진남북조시대의 중국 복식을 보면, 대금(對襟)의 관삼대수(寬衫大袖)가 유행했고, 북방민족의 영향으로 한족(漢族)은 착수의 단의(短衣)와 요대(腰帶)의 호복을 입기 시작하여 원령(圓領)의 양당(裲襠)과 대금(大襟)이나 대금(對襟)으로 된 고습을 입었다. 이중 고습의 소매는 관수(寬袖)·착수·장수(長袖)·단수(短袖) 등 다양한 형제(形制)를 보이며, 웃옷의 길이는 무릎 위까지 내려온다. 그러나 고구려 고분벽화의 복식에는 대금(大襟)과 대금(對襟) 및 원령은 나타나지 않고 추상적인 인물들의 의복에서만 대금(對襟)이 일부 나타날 뿐이다. 또한 이 시기 중국의

---

3) 李如星, 《朝鮮服飾考》, pp.122~123 ; 李京子, 《韓國服飾史論》, pp.23~24 ; 金東旭, 《增補 韓國服飾史研究》, p.12 ; 柳喜卿, 《한국복식사연구》, p.23.

여자들은 매우 짧은 길이의 삼을 입었으나 고구려 고분벽화에는 이 같은 모습이 보이지 않으며, 고습과 양당의 모습도 보이지 않는다.[4] 그러므로 고구려의 복식은 중국의 삼국양진남북조시대에 해당하는 시기에도 앞선 시대와 마찬가지로 중국의 영향을 받지 않았음을 알 수 있다.

고대 호복은 청동기시대 초기에는 장포(長袍)였다가 이후 단의로 바뀌었다. 호복은 중국의 전국시대부터 진·한시대에 이어 양진남북조시대에 이르기까지 대금(對襟)·좌임(左袵)·원령의 임형이 형성되고 착수 및 좁은 폭의 옷을 주된 형제로 했다. 그러나 고구려 고분벽화에서는 이 같은 호복의 특징에서 보이는 대금(對襟)과 원령의 임형과 착수와 좁은 폭의 옷이 보이지 않는다. 그러므로 이 시기까지 고구려의 복식은 호복의 영향과는 무관하다고 하겠다.

이상의 내용들은 복식사 연구에서, 삼·유·포의 경우 임형론(袵形論)과 소매 폭 및 길이를 기준으로 하여 중국 계통을 우임과 광수와 긴 길이로, 북방 계통을 좌임과 착수와 짧은 길이로 구분하여 고대 한국 복식의 성격을 북방 호복 계통의 고습 형식으로 파악하던 계통론에 수정을 불가피하게 한다.

중국이나 북방지역과의 비교에서 고대 한국 복식이 보이는 차이는 임형과 수(袖)를 변화시키는 선(襈)에서 보다 크게 나타난다. 종래의 복식사 연구에서는 고대 한국 복식의 선이 여러나라시대에 이미 출현했던 것으로 보는 견해[5]와 중국이나 북방 계통의 영향일 것으로 보는 견해[6]가 제시되었다. 그러나 고대 한국 복식에 보이는 선은 중국이나 북방지역의 선과 다른 형제를 가지며 그 기원은 여러나라시대보다 앞선 고조선시대로 올라갈 것으로 추정

---

4) 이 책의 제2부 제6장 〈고대 한국 복식의 여밈새[袵形]〉 참조.
5) 李如星, 《朝鮮服飾考》, p.158.
6) 金東旭, 《增補 韓國服飾史硏究》, p.21.

된다.

　전국시대부터 비로소 호복에서 선이 출현했으나 크게 강조되지 않았고, 한시대에 와서 보편적으로 선을 달기 시작하여 삼국양진남북조시대로 이어진다. 중국은 상왕조의 귀족 복식에서 선이 보이기 시작하여 그 형태가 다양하게 나타나지만, 춘추 중기까지 깃과 끝동에 두르는 선은 일정한 형제가 없었고 다만 문식(紋飾) 있는 선이 출현할 뿐이다. 삼국양진남북조시대에 오면 대체로 포와 유 및 삼의 깃·섶·도련·끝동에 모두 문식이 있는 선이 둘려진다. 그러나 고구려 고분벽화에 보이는 포와 유 및 삼의 선은 크게 깃과 도련 및 끝동에만 두른 경우와 끝동과 깃에서 섶을 지나 도련까지 두른 경우의 두 가지로 나타나며, 두른 선은 문식이 없이 모두 단색으로 되어 있다. 또한 중국의 선은 폭이 넓고 한 옷에서 깃·섶·도련·끝동에 두른 선이 색상에 변화를 갖기도 한다. 그러나 고대 한국의 선은 폭이 비교적 좁고 색상이 다양하지만, 한 옷에서는 깃·섶·도련·끝동에 반드시 같은 색의 선을 둘렀다. 그리고 이 선은 이중 또는 삼중의 구조를 갖는 등 다양한 변화를 보인다.

　따라서 고구려 고분벽화에 나타난, 중국이나 북방지역과는 다른 임형과 수 또는 이들을 변화시키는 선의 다양한 고유 형제들은 고조선으로부터 계승된 것으로서 지속성을 보여준다고 하겠다.

　따라서 이 글에서는 고구려 고분벽화의 내용을 중심으로 중국이나 북방지역 복식과의 비교·검토를 통하여 고구려 복식만이 갖는 형제의 특징을 추출하고, 고조선 붕괴 이후 각기 독립한 여러 나라들에 대한 문헌자료와 고고학 방면의 출토자료 등을 근거로 하여 한민족 삼·유·포의 원형을 제시해보고자 한다. 이 연구의 대상이 되는 시간 범위는 고대 한국이 중국이나 북방 또는 다른 지역과 상호 교류와 접촉을 크게 갖기 시작하기 이전까지가 될 것이다. 그래야만 고대 한국의 복식이 갖는 고유성이 분명하게 나타

날 것이기 때문이다. 이 같은 우리 민족 복식의 원형을 복원하는
작업은 고조선의 사회와 경제의 수준을 바르게 알리고 우리의 문
화적 전통을 이해하는 데 도움이 될 것이다.

2. 삼·유·포의 분류

우선 고대 한민족이 입었던 삼과 유 및 포는 어떠한 옷인지 알
아보고자 한다.

고대 문헌에 나타난 고대 한국 웃옷에 관한 명칭에는 대수삼(大
袖衫)[7]·유[8]·복삼(複衫)[9]·삼통수(衫筒袖)[10]·삼용부(衫篵裒)[11]·장유(長襦)[12]·
위해(尉解)[13]·곡령(曲領)[14] 등이 있다. 이 가운데 대수삼·유·삼통수·
삼용부는 고구려 웃옷의 명칭, 복삼은 백제 웃옷의 명칭, 위해와
장유는 신라 웃옷의 명칭, 곡령은 예 웃옷의 명칭이다. 신라의 의
복은 고구려나 백제와 같고[15] 여자는 장유를 입었다고[16] 하므로 위
해는 유로 분류된다. 곡령은 예에서 유를 가리킨 명칭이었다.[17] 따

---

7) 《北史》 卷94 〈列傳〉 高句麗傳. "服大袖衫."；《隋書》 卷81 〈列傳〉 高(句)麗
　　傳. "服大袖衫."
8) 《北史》 卷94 〈列傳〉 高句麗傳. "婦人裙襦加襈."
9) 《南史》 卷79 〈列傳〉 百濟傳. "襦曰複衫."
10) 《舊唐書》 卷199 〈列傳〉 高(句)麗傳. "衫筒袖."
11) 《新唐書》 卷220 〈列傳〉 高(句)麗傳. "衫篵袖."
12) 《新唐書》 卷220 〈列傳〉 新羅傳. "婦長襦."
13) 《梁書》 卷54 〈列傳〉 新羅傳. "襦曰尉解."
14) 《後漢書》 卷85 〈東夷列傳〉 濊傳. "男女皆衣曲領."；《三國志》 卷30 〈烏丸鮮
　　卑東夷傳〉 濊傳. "男女衣皆著曲領."
15) 《舊唐書》 卷199 〈東夷列傳〉 新羅傳. "그 풍속·형법·의복은 고(구)려·백제
　　와 대략 같으나, 조복은 무늬가 없는 것을 숭상한다(其風俗·刑法·衣服, 與高
　　麗·百濟略同, 而朝服尙白)."
16) 《新唐書》 卷220 〈列傳〉 新羅傳. "부인은 긴 유를 입는다(婦長襦)."
17) 曲領은 보통 둥글린 모습으로 여며진 깃의 여밈새를 가리키는 명칭으로

라서 이를 정리하면 고대 문헌에서 보이는 웃옷은 크게 삼과 유로 구분된다. 《주서(周書)》의 〈열전(列傳)〉 고(구)려전(高[句]麗傳)과 《수서(隋書)》의 〈열전〉 고(구)려전 및 《구당서(舊唐書)》의 〈동이열전(東夷列傳)〉 고(구)려전을 보면 다음과 같은 내용들이 나온다.

남자는 통소매의 삼에 통이 넓은 바지를 입고,…… 부인은 치마와 유를 입는다.[18]

귀인은…… 넓은 소매의 삼과 통이 넓은 바지를 입으며,…… 부인은 치마와 유에 선을 두른다.[19]

웃옷과 아래옷의 복식은 왕만이 다섯 가지 색이 나는 사직물(絲織物)의 옷을 입을 수 있으며,…… 삼은 통소매이고 바지는 통이 넓다.[20]

이를 통해 고구려의 남자들은 웃옷으로 삼을 입고 여자들은 웃옷으로 유를 입었음을 알 수 있다. 이는 백제와 신라 역시 마찬가지였다.[21]

사용되고, 襦의 명칭으로도 사용된다. 《方言》에 "襦는 西南지역의 蜀漢에서 曲領이라 부르기도 하고 襦라고 부르기도 한다(襦西南蜀漢謂之曲領, 或謂之襦)"고 하여 曲領은 蜀漢에서는 여밈새를 가리키기보다는 襦의 명칭으로 불리워진 것이다. 또한 《後漢書》 卷85 〈東夷列傳〉 濊傳의 "(예 사람들은) 남녀 모두 曲領을 입는다(男女皆衣曲領)"는 내용으로 보아 濊에서도 曲領은 襦를 가리키는 명칭으로 사용되었음을 알 수 있다.

18) 《周書》 卷49 〈列傳〉 高(句)麗傳. "丈夫衣同袖衫·大口袴…… 婦人服裙·襦."
19) 《隋書》 卷81 〈列傳〉 高(句)麗傳. "貴者…… 服大袖衫·大口袴,…… 婦人裙·襦加襈."
20) 《舊唐書》 卷199 〈東夷列傳〉 高(句)麗傳. "衣裳服飾, 唯王五綵,…… 衫筒袖, 袴大口."
21) 《南史》 卷79 〈列傳〉 百濟傳. "언어와 복장은 고(구)려와 거의 같다(言語服章略與高麗同)."；《北史》 卷94 〈列傳〉 百濟傳. "그 음식과 의복은 고(구)려와 거의 같다(其飲食衣服, 與高麗略同)."；《北史》 卷94 〈列傳〉 新羅傳. "풍

그러면 삼·유·포는 어떠한 옷인지 알아보자.

《정자통(正字通)》과 《중화고금주(中華古今注)》에 따르면 삼은 부인복(婦人服)으로, 진시황(秦始皇) 원년에 명령을 내려 궁인(宮人) 및 근시궁인(近侍宮人) 모두 이를 입게 했는데, 반의(半衣)로 시중들기 편리하기 때문이었을 것이라 했다.[22] 삼을 반의로 설명하는 것에서, 길이가 포보다 짧았다는 것을 알 수 있다. 유는 《설문해자(說文解字)》에서 단의라고 했다.[23] 《급취편(急就篇)》 안사고(顏師古)의 주석에서 단의는 유로 무릎 이상의 길이라고 설명하고 있어,[24] 유와 삼은 긴 웃옷임을 알 수 있다. 또한 진시황의 중국통일 이전 중국에서 삼은 여자의 웃옷이었으나 진시황 원년부터 남자들도 입게 되었던 것으로 이해된다.

이 같은 중국의 경우와 달리 고대 한국에서 삼은 남자의 웃옷을 가리키는 명칭이었고 유는 여자의 웃옷을 가리키는 명칭이었다. 따라서 종래의 복식사 연구에서나 일반사 연구에서 모두 고대 한국의 유와 삼을 남녀의 구분 없이 같은 명칭으로 보거나 단의·삼·유·위해를 저고리 또는 적삼 등으로 해석한 것은 잘못이다. 《조선왕조실록(朝鮮王朝實錄)》 세종 2년조에서 '적고리(赤古里)'와 '단적고리(短赤古里)' 등의 명칭이 처음으로 보인다. 그러나 조선시대 저고리의 모습은 《가례도감의궤(嘉禮都監儀軌)》[25]에 기록된 치수나

속·형정·의복은 고(구)려·백제와 거의 같다(風俗·刑政·衣服略與高麗·百濟同).";《隋書》卷81 〈列傳〉 新羅傳. "풍속·형정·의복은 고구려·백제와 거의 같다(風俗·刑政·衣服, 略與高(句)麗·百濟同)."

22) 《正字通》. "衫子, 婦人服也.";《中華古今注》. "古婦人衣裳相連, 始皇元年, 詔宮人及近侍宮人皆服衫子, 亦曰半衣, 蓋取便於侍奉."

23) 《說文解字》. "短衣也."

24) 《急就篇》. "短衣曰襦, 自膝以上."

25) 《嘉禮都監儀軌》는 모두 29책으로 그 내용은 仁祖 5년 昭顯世子 嘉禮로부터 光武 11년의 皇太子 嘉禮까지 280년간에 있었던 王室의 혼인에 관한 모든 의식을 기록한 것이다. 서울대학교 奎章閣에 소장되어 있다.

행렬도에 보이는 모습으로 볼 때 길이가 허리 중간쯤 오는 것이 있고, 옆이 트이고 등길이가 허리 밑 부분을 덮는 정도로 긴 것들도 여럿 있으며, 그 밖에 현종(顯宗)과 숙종(肅宗)대의 것으로 추정되는 유물 가운데는 짧은 길이의 삼회장저고리 형식을 갖는 것[26]도 있다. 이 저고리들은 고구려 고분벽화에 보이는 삼이나 유와 달리 모두 섶과 옷고름 또는 폭이 넓은 동정이 달려 있고 깃은 오른쪽 여밈을 하고 있는 것 등이 그 특징이다. 따라서 고대 한국의 삼이나 유는 후대에 보이는 저고리의 원형으로 한정되기보다는 고대 한국 웃옷의 원형으로 해석되는 것이 자연스러울 것이다. 고구려 고분벽화에 보이는 고대 한국의 삼과 유는 위의 저고리들과 다른 형제들도 다양하게 갖추고 있기 때문이다.

김동욱(金東旭)은 고대 한국의 삼과 유에서 후대 저고리로의 변화를 몽골의 영향이라고 보고 〈문희귀한도(文姬歸漢圖)〉에 보이는 여성의 웃옷을 그 증거로 들었는데,[27] 이 같은 견해 역시 잘못이다. 〈문희귀한도〉(그림 1)[28]는 삼국시대를 배경으로 하는데, 이 그림에 보이는 여성의 웃옷은 몽골족의 옷이 아니라 이 시기에 유행하던 한족의 유로서, 합임(合袵)의 웃옷과 길게 드리운 허리띠를 특징으로 한다. 따라서 후대에 보이는 우리 저고리의 형제와는 크게 다른 것이다.

다음으로 포에 대하여 알아보자.

《설문해자》에 포는 "견(繭=고치솜)이다. 의(衣)를 따르고 포성(包聲)이다. 논어에 의폐온포(衣弊縕袍)라고 했다"고 했고, 견(繭)에 대해서는 "포의(袍衣)이다. 의(衣)를 따르고 견성(繭聲)이다. 서(絮)로

---

26) 梨大 家政大 博物館 所藏, 完州崔氏 저고리.
27) 金東旭, 《增補 韓國服飾史研究》, p.173.
28) 〈文姬歸漢圖〉는 唐 초기 閻立本(서기 ?~서기 673년)의 작품이다. 東漢 말기 蔡文姬가 匈奴 左賢王의 妃가 되었는데, 삼국시대에 曹操가 그녀를 돌아오게 한 故事를 그린 것이다.

만든 것을 견이라 하고 온(縕)으로 만든 것을 포라고 한다. 춘추전(春秋傳)에 성하중견(盛夏重繭)이라 했다"[29]고 했다. 포에 대한 설명에서 견이라고 했다가, 견에 대한 설명에서는 다시 서로 만든 것을 견이라고 하고 온으로 만든 것을 포라고 하여 설명이 겹치지만, 포가 고치솜으로 만든 것임은 분명해진다. 《설문해자》는 재료상의 구분만 했을 뿐 옷의 종류와 형식에 대해서는 언급하지 않았다. 《석명(釋名)》에는 다음과 같은 내용이 나온다.

　　포(袍)는 남자가 입는 것으로 밑으로 발등에 이르는 것이다. 포는 싸는 것이며, 포(苞)는 내의(內衣)이다. 부인이 붉은색으로 의(衣)와 상(裳)을 만드는데, 상하가 이어지고 네 둘레에 연(緣)을 만든 것 또한 포(袍)라고 하며 그 뜻 또한 그렇다.[30]

〈그림 1〉〈문희귀한도〉의 일부분

---

29) 《說文解字》. "袍, 襺也. 從衣包聲. 論語曰衣弊縕袍."; "襺, 袍衣也. 從衣繭聲. 以絮曰襺, 以縕曰袍. 春秋傳曰盛夏重襺."
30) 《釋名》. "袍, 丈夫著, 下至跗者也. 袍, 苞也, 苞, 內衣也. 婦人以絳作衣裳, 上下連, 四起施緣, 亦曰袍, 義亦然也."

포는 고치솜으로 만든 남자의 겉옷으로 그 길이가 발등까지 내려온 것이다. 《주례(周禮)》〈왕부(王府)〉의 '연의복(燕衣服)'에 대하여 정원은 "건서(巾絮)·침의(寢衣)·포탁지속(袍襗之屬)"이라고 했고, 《논어》〈향당(鄕黨)〉에서도 집안에서 입은 '설복(褻服)'[31]에 대하여 황간(皇侃)은 정원의 주를 인용하며 "포탁(袍襗)"이라고 했다. 《후한서》〈여복지〉는 포의 변천에 대하여 다음과 같이 말했다.

> 관복은 심의제(深衣制)에 포가 있고, 오시(五時)의 색을 따랐다. 포라는 것은 주공이 성왕을 감싸고 아무 일도 하지 않았기 때문에 시포(施袍)라고도 했다. 예기(禮記)에 '공자가 봉액(縫掖)의 웃옷을 입었다'고 하는데, 봉액은 그 소매를 합하여 꿰맨 것으로 그것을 크게 한 것이 얼마 전부터 있었던 포라는 것이다. 지금 밑으로 천경(賤更)의 소사(小史)에 이르기까지 모두 포제(袍制)로 통했다. 단의(單衣)는 연(緣)과 영(領) 그리고 수를 검게 한 것이고, 중의(中衣)는 조복(朝服) 등이라고 했다.[32]

이로 보면 한대에 이르러 집안에서 입는 간편한 옷이었던 포가 심의제에 포함되었고, 옷의 모양은 소매와 겨드랑이를 붙인 것으로 이를 크게 한 것이다. 그리고 이러한 옷이 포라는 이름으로 점차 정착했고, 지금껏 하급관리인 소사까지 입게 되어 포의 제도로 정착하게 되었다고 했다.

즉 포는, 진시황이 전국을 통일하기 이전에는 집안에서 입는 간편한 옷으로 관계(官階)를 상징하지 않았다. 그러나 한대에 심의제가 정착되었을 때 심의를 입지 못하던 하급관리들이 심의 대신

---

31) 《論語》〈鄕黨〉. "君子不以紺緅飾, 紅紫不以爲褻服."
32) 《後漢書》志 第29〈輿服下〉. "服衣, 深衣制有袍, 隨五時色. 袍者, 或曰'周公袍成王, 宴居, 故施袍'. 禮記孔子衣縫掖之衣, 縫掖, 其袖合而縫, 大之, 近今袍者也. 今下至賤更小史, 皆通制袍. 單衣, 皁緣領袖, 中衣, 爲朝服云."

포를 입기 시작하면서 복제로 정착하기 시작한 것이다.

서한시대에는 일반 남녀의 의복으로 포의 한 종류로서 전국시대에 출현한 곡거심의(曲裾深衣)가 그대로 유행했고, 첨유(襜褕)라고도 불리는 직거(直裾)가 출현하여 동한(東漢)시대에 크게 보급되었다. 이 곡거(曲裾)와 직거는 그 길이가 무릎 밑까지 혹은 정강이 부분까지 내려온다. 양진남북조시대에 오면 포와 거(裾)를 대신해 대수의 관삼(寬衫)이 유행하는데, 이 시기의 삼은 거와 거의 같은 길이였다.[33]

고대 한국의 포에 관한 내용을 알아보고 앞에서 설명한 중국의 포와 비교해보자.

《삼국지(三國志)》〈오환선비동이전(烏丸鮮卑東夷傳)〉 부여전(夫餘傳)에 따르면, 큰 소매의 포는 고대 한국 복식의 특징적 요소였다. 부여 사람들이 큰 소매의 포를 입었다는 것은 다음과 같은 내용에서 확인할 수 있다.

> [부여 사람들은] 국내에 있을 때의 의복은 무늬가 없는 것을 숭상했으며, 무늬 없는 포(布)로 만든 큰 소매의 포(袍)와 바지를 입고 가죽신을 신는다.[34]

여기서 말하는 부여는 서기 전 59년에 해부루왕에 의해서 왕조가 개시되어 서기 494년에 고구려에 병합된 동부여이다. 동부여는

---

33) 上海市戲曲學敎中國服裝史硏究編著, 周汛·高春明 撰文,《中國服飾五千年》, 商務印書館香港分館, 1984, pp.3~69 참조 ; 黃能馥·陳娟娟,《中華服飾藝術源流》, 高等敎育出版社, 1994, pp.59~174 참조.

34)《三國志》卷30〈烏丸鮮卑東夷傳〉夫餘傳. "在國衣尚白, 白布大袂, 袍袴, 履革鞜". 白은 일반적으로 흰색으로 번역하여, 白衣는 흰옷으로 생각한다. 그러나 白은 무늬가 없다는 의미도 있으므로 白衣는 무늬가 없는 옷으로 해석해야 할 것이다.

지금의 길림성 북부와 내몽고자치구 동부 일부 및 흑룡강성지역을 차지하고 있다.[35] 따라서 그 위치가 북방으로 호와 인접하고 있었다. 그럼에도 그들은 북방 호복 계통의 통수(筒袖)나 착수의 옷이 아닌 큰 소매의 포를 입었음을 알 수 있다.

원래 부여는 고조선의 거수국[36]이었고 동부여는 이를 이은 나라였으므로, 그들의 복식은 고조선의 것을 계승했을 것이다. 고조선 시대의 청동기문화층에서 출토된 흙으로 만든 남자 인형들은 모두가 서 있는 형태로 아랫도리가 넓게 퍼져 있거나[37] 긴 길이의 포를 입고 있는 모습인데,[38] 이는 부여에서 입었던 큰 소매 달린 포의 원형일 가능성이 크다. 부여와 같이 포를 입었던 나라로는 한반도 남부의 한(韓)[39]이 있다. 가장 북방에 있던 동부여와 한반도 남부에 있던 한에서 포를 입었다는 사실은 만주와 한반도에 있던 우리 민족의 여러 나라에서 모두 포를 입었음을 말해주는 것이다. 고조선이 붕괴되고 여러 나라들이 독립하여 세력을 확장해가는 과정에서 건국된 고구려·백제·신라의 복식에는 포가 그대로 계승되었다.[40]

---

35) 尹乃鉉, 〈扶餘의 분열과 變遷〉, 《祥明史學》 第三·四合輯, 1995, pp.463~477.

36) 윤내현, 〈고조선의 국가 구조〉, 《겨레 문화》 6, 한국 겨레 문화 연구원, 1992, pp.67~112.

37) 김용간·서국태, 〈서포항원시유적 발굴보고〉, 《고고민속 론문집》 4, 사회과학원출판사, 1972, p.117.

38) 조선유적유물도감 편찬위원회, 《조선유적유물도감》 1－원시편, p.204.

39) 《後漢書》 卷115 〈韓傳〉. "布로 만든 袍를 입고 짚신을 신었다(布袍, 草履)."; 《後漢書》 卷85 〈東夷列傳〉 馬韓傳. "布로 만든 袍를 입고 짚신을 신는다(布袍, 草履)."; 《三國志》 卷13 〈烏丸鮮卑東夷傳〉 馬韓傳. "炅兵처럼 布로 만든 袍를 입고 발에는 가죽신을 신는다(如炅兵衣布袍, 足履革蹻蹋)."

40) 《周書》 卷49 〈列傳 異域上〉 百濟傳. "남자의 의복은 대체로 고(구)려와 같다.…… 부인 옷은 袍와 비슷한데, 소매가 약간 크다(其衣服男子畧同於高麗…… 婦人衣以袍而袖微大)."; 《隋書》 卷81 〈列傳〉 新羅傳. "風俗·刑政·衣服은 대략 고(구)려·백제와 같다(風俗·刑政·衣服 略與高麗·百濟同)."

그런데 고구려의 의복이 부여와는 다른 점이 있으나[41] 동옥저와 백제 그리고 신라와는 같다고[42] 했는데, 이는 부여가 주로 포를 많이 입었고 고구려 등의 나라들이 포 외에 삼이나 유를 많이 입었음을 말하는 것이다. 그러므로 이 말은 의복의 형제가 다르다는 뜻이 아니라 포·삼·유의 착용 비율에 차이가 있었음을 설명하는 것으로 생각된다.

동부여는 큰 소매의 포를 입었고[43] 백제의 왕은 대수자포(大袖紫袍)를 입었으며,[44] 일반 남자의 의복은 대략 고구려와 같고 부인의 의복은 포와 같은데, 소매가 약간 크다고 했다.[45] 이와 같이 백제와 동부여의 포의 모습이 서로 같은 것은 백제의 건국 시조 및 왕실의 혈통 그리고 건국지와 관계가 있다. 백제의 건국 시조인 비류왕과 그의 뒤를 이은 온조왕은 부여계의 혈통이므로[46] 백제 일반 부인의 의복이 부여의 복식인 대메(大袂)의 포와 같은 모습

41) 《三國志》 卷30 〈烏丸鮮卑東夷傳〉 高句麗傳. "…… 多與夫餘同, 其性氣衣服有異."
42) 《舊唐書》 卷199 〈東夷列傳〉 新羅傳. "풍속·형법·의복은 고(구)려·백제와 대략 같으나, 조복은 무늬없는 것을 숭상한다(其風俗·刑法·衣服, 與高麗·百濟略同, 而朝服尚白)."; 《魏書》 卷100 〈列傳〉 百濟傳. "그 의복과 음식은 고구려와 같다(其衣服飲食與高句麗同)."; 《後漢書》 卷85 〈東夷列傳〉 東沃沮傳. "언어·음식·거처·의복이 (고)구려와 유사하다(言語·飲食·居處·衣服, 有似句麗)."; 《三國志》 卷30 〈烏丸鮮卑東夷傳〉 東沃沮傳. "의복과 예절이 (고)구려와 유사하다(衣服禮節有似句麗)."
43) 《三國志》 卷30 〈烏丸鮮卑東夷傳〉 夫餘傳. "白布大袂, 袍·袴."
44) 《舊唐書》 卷199 〈東夷列傳〉 百濟傳. "그 나라의 왕은 소매가 큰 자주색 도포에 푸른 錦으로 만든 바지를 입고, 오라관에 금화로 장식하며, 흰 가죽띠에 까만 가죽신을 신는다(其王服大袖紫袍, 青錦袴, 烏羅冠, 金花爲飾, 素皮帶, 烏革履)."
45) 《周書》 卷49 〈列傳〉 百濟傳. "그 의복이 남자는 대략 고(구)려와 같다.…… 부인은 袍와 같은 옷을 입었는데, 소매가 약간 넓었다(其衣服, 男子畧同於高麗.…… 婦人衣(以)(似)袍, 而袖微大)."
46) 윤내현, 《한국 열국사 연구》, 지식산업사, 1998, pp.178~191 참조.

을 한 것은 매우 당연하다. 그런데 고구려의 의복이 부여와 다른 점이 있었다고 말한 것은, 고구려는 남자들의 경우 포를 입기도 하지만 소매가 넓은 삼을 많이 입었기[47] 때문일 것이다.

이 같은 모습은 고구려 고분벽화에서 확인된다. 그러나 전반적인 복식의 형제에서 고구려·부여·동옥저는 고조선의 복식 양식을 그대로 계승했기 때문에 큰 차이를 갖지 않는다. 이는 이후 고구려·백제·신라의 복식이 거의 같았다는 기록[48]과 함께 고구려 고분벽화에 보이는 고구려의 복식과 고구려·백제·신라의 사신을 그린 현존하는 〈왕회도(王會圖)〉(그림 2)[49]에 보이는 삼국 사신들의 복식이 크게 다르지 않은 점에서도 확인된다. 또한 여러나라시대의 동부여·고구려·백제·신라·가야의 갑옷 형제가 모두 고조선 갑옷의 형제를 그대로 계승한 모습[50]이라는 점에서도 이 사실이 증명된다. 한민족의 복식은 여러나라시대에 와서도, 일반 복식과 특수 복식인 예복과 군복을 막론하고, 당시의 중국이나 북방지역의 영향을 받은 흔적이 없다. 이는 아래의 삼·유·포의 형제에 대한 중국이나 북방지역과의 비교와 분석에서도 상세히 밝혀질 것이다.

---

47) 《周書》卷49〈列傳〉高(句)麗傳. "남자는 통으로 된 소매의 衫을 입는다 (丈夫衣同袖衫)."
48) 주 42와 같음.
49) 李天鳴, 《中國疆域的變遷》上冊, 國立故宮博物院, 臺北, 1997, p.80. 〈그림 2〉는 唐太宗(서기 627~649년) 시기의 '王會圖'로서 고구려·백제·신라의 사신을 그린 것이다. '王會圖'는 閻立本(서기 ?~서기 673년)의 작품으로 알려져 있지만, 臺灣 故宮博物院에서 출판한 《故宮書畫錄》에 따르면 精品인지의 여부를 가리지 못하여 이 '王會圖'를 〈簡目〉에 列入시킨다고 했다.
50) 이 책의 제3부 고대 한국의 갑옷 참조.

〈그림 2〉 왕회도

3. 삼·유·포의 임형·선·수

고대 한국 복식의 원류를 논하는 데 임형(衽形)과 수(袖)는 주요
한 근거가 되어왔다. 고대 한국 복식의 임형과 수에 관해서는 저
자가 이미 자세히 밝힌 바 있으므로,[51] 여기서는 주로 임형과 수를
다양하게 변화시키는 선(襈)의 특징을 유와 삼 및 포의 형제에 관
한 분석으로부터 밝혀보고자 한다. 이를 분석하기에 앞서 이해의
편의를 위하여 선과 관계되는 고대 한국 복식의 임형과 수에 관
하여 그 요점만을 먼저 서술하고자 한다.

---

51) 이 책의 제2부 제6장 〈고대 한국 복식의 여밈새[衽形]〉 참조.

종래에는 일반적으로 고대 한국 복식의 성격을 임형과 수의 형태를 기준으로 하여 중국 한복(漢服) 계통의 요소와 북방계 호복(胡服) 계통의 요소로 구분해왔다. 즉, 임형의 경우 웃옷의 동정[52]이나 깃에서부터 연결된 섶 또는 옷자락이 여며지는 방향이 한국 복식의 계통과 변천을 보여주는 근거로 제시되었는데, 우임은 중국 한복 계통의 요소이고 좌임은 북방계 호복 계통의 요소라고 보았다. 이 가운데 북방계 호복 계통의 좌임이 고대 한국 복식의 주된 요소였는데, 후에 중국 한복 계통의 영향을 받아 우임으로 바뀌게 되었다고 보았다. 그러나 저자는 고대 한국 복식과 중국 및 북방지역과의 비교를 통한 연구 결과 이 같은 여밈새에 관한 내용이 잘못되었음을 밝힐 수 있었다.[53]

고대 중국 복식의 경우 상시대부터 춘추전국시대까지는 좌임·우임(右衽)·좌우양측의임(左右兩側衣衽)의 임형이 자유스럽게 혼용되었다. 진·한시대에 와서 대금사령(大襟斜領)이 더해지고, 삼국양진남북조시대에는 앞에 나열된 임형 외에 호의 임형인 원령·대금(對襟)·번령(翻領)의 임형이 더해졌다. 그러므로 고대 중국의 임형은 우임형이라고 단정할 수 없다.

호복의 경우 진·한시대 이전의 출토 자료에서는 좌임과 대금(對襟)의 임형이 보이고, 진·한시대에 이르러 좌임·대금(對襟)·원령의 임형이 혼용된 착수의 복식으로 정착되었다. 이후 삼국양진남북조시대까지 좌임·대금(對襟)·원령·번령의 임형이 특징으로 나타나는 복식으로 자리를 잡았다. 따라서 고대 호복의 임형도 일률적으로

---

52) 한국에서 의복의 동정이 어느 때부터 시작되었는지 알 수 없으나, 김용준이 1958년 남경박물원에서 宋나라 때 '百濟國使'를 그린 〈職貢圖〉를 발견하고 그것을 모사하여 《문화유산》에 발표하므로서 백제인들이 옷깃에 동정을 달았음을 알 수 있게 되었다(김용준, 〈백제 복식에 관한 자료〉, 《문화유산》, 사회과학원출판사, 1959, pp.64~66 참조).
53) 이 책의 제2부 제6장 〈고대 한국 복식의 여밈새[衽形]〉 참조.

좌임이었던 것은 아니라고 하겠다.

서기 4세기에서 6세기에 걸쳐 만들어진 고구려 고분벽화들을 보면 삼국양진남북조시대까지 중국과 호의 임형에서 보이는 좌우양측의임(左右兩則衣袵)·대금(對襟)·원령·번령의 임형은 보이지 않고, 중국과 호의 임형에서 전혀 보이지 않는 곡령이 특징으로 나타난다. 고구려 복식의 임형은 대체로 좌임·우임과 함께 합임직령(合袵直領)·곡령·대금사령(對襟斜領)이 혼용되어 있다.

수의 경우 종래에는 착수와 통수는 북방 계통의 것이고 광수와 대수 등은 중국 계통의 것이라고 구분했다. 그러나 고대 중국의 경우 상시대의 귀족 남자 옷은 모두 착수였고, 이를 이은 주(周)시대 역시 상의 문화를 계승했기 때문에 여전히 착수였다. 춘추전국시대에 와서야 대수와 관수가 출현하지만, 착수가 여전히 많은 부분을 차지했다. 진·한시대에 면복(冕服)과 예복(禮服)은 모두 대수로 했으나, 귀족과 평민의 심의(深衣)는 대수와 착수가 병행되었다. 남녀의 평상복인 첨유도 착수였다. 삼국양진시대의 복식은 진·한의 것을 따랐으나 남북조시대의 복식은 한족의 의복과 북방민족들의 호복이 병행되어 대수와 착수가 병행되었다. 호복은 착수와 통수를 특징으로 한다.

그러나 부여·한(韓) 등에서는 큰 소매의 포를 입었고, 이는 이후 고구려·백제·신라에 그대로 계승되었다.[54] 고대 한국 수에 관한 문헌사료에 기재된 내용에도 '대수(大袖)'[55]·'대메(大袂)'[56]·'동수(同

---

54) 《周書》 卷49 〈列傳 異域上〉 百濟傳. "남자의 의복은 대체로 고(구)려와 같다.…… 부인 옷은 袍와 비슷한데, 소매가 약간 크다(其衣服男子畧同於高麗…… 婦人衣以袍而袖微大).";《隋書》 卷81 〈列傳〉 新羅傳. "풍속·형정·의복은 대략 고(구)려·백제와 같다(風俗刑政衣服略與高麗百濟同)."
55) 《北史》 卷94 〈列傳〉 高句麗傳. "大袖衫.";《隋書》 卷81 〈列傳〉 高(句)麗傳. "大袖衫.";《新唐書》 卷220 〈列傳〉 百濟傳. "大袖紫袍."
56) 《三國志》 卷30 〈烏丸鮮卑東夷傳〉 夫餘傳. "白袍大袂."

袖)’[57]·‘통수(筒袖)’[58]·‘용수(䈰袖)’[59] 혹은 소매가 약간 넓다는 ‘미대(微大)’의 내용만 보일 뿐, 착수는 보이지 않는다. 실제로 고구려 고분벽화에 보이는 유·삼·포의 소매에서도 광수·대수·관수·통수가 나타나고 착수는 보이지 않는다. 이 같은 임형과 수의 형제는 고대 한국 복식의 원형이 중국이나 북방 호복 계통으로부터 이루어졌다는[60] 종래의 통설을 수정하게 하는 중요한 근거들이 된다.

이와 같이 고대 한국 복식의 원형이 중국이나 북방의 영향으로부터 이루어졌다는 잘못된 견해는 여밈새 부분과 끝동 혹은 섶이나 도련에 두른 선에 대한 고대 한국과 중국 및 북방지역과의 비교와 분석에서 더욱 분명하게 드러난다.

선은 《석명》에 "襍緣也, 靑絳爲之緣也"라고 하여, 의복의 가장자리를 싸서 돌린 것을 말한다. 종래의 복식사 연구에서는 고대 한국 복식의 선에 대하여 다음과 같은 두 가지 견해가 제시되었다. 이여성은 고구려 고분벽화에 보이는 선이 '부여·삼한시대에서 뒤지지는 않을 것'[61]이라고 하여 여러나라시대에 이미 출현했던 것으로 보았다. 그리고 선의 출현 인소(因素)를 단순히 천의 가장자리를 처리하기 위한 재봉의 기술적인 면으로 보았다. 이와 달리 김동욱은 고구려 복식에 보이는 선이 중국이나 북방 계통의 영향을 받은 것이라고 보았다. 그는 〈문희귀한도〉[62]에 나오는 남자의 복식에 보이는 선이 고구려 의복에 보이는 선과 같다고 보고, 이를 북

---

57) 《周書》 卷49 〈列傳 異域上〉 高(句)麗傳. "同袖衫."

58) 《舊唐書》 卷199 〈列傳〉 高(句)麗傳. "衫筒袖."

59) 《新唐書》 卷220 〈列傳〉 高(句)麗傳. "衫䈰袖."

60) 李如星, 《朝鮮服飾考》, pp.121〜140 ; 金東旭, 《增補 韓國服飾史研究》, pp.3〜63 참조 ; 李京子, 《韓國服飾史論》, pp.82〜122 ; 劉頌玉, 〈高句麗의 服飾構造〉, 《韓國의 服飾》, 韓國文化財保護協會, 1982, pp.47〜64 ; 백영자·최해율, 《한국의 복식문화》, pp.4〜33 ; 金文子, 《韓國服飾文化의 源流》, pp.97〜115.

61) 李如星, 《朝鮮服飾考》, p.158.

62) 주 28과 같음.

방 계통이라고 추정했다.[63] 이들의 주장은 모두 모순을 보여준다.

이여성이 고대 한국 복식에서 선의 출현을 재봉의 기술적인 면에서만 본 것은 고대 한국 복식의 수준으로 보아 매우 궁핍한 논리라고 생각된다. 고구려 고분벽화에 보이는 웃옷과 겉옷 또는 치마와 바지의 도련 부분에 선을 가하지 않은 경우도 매우 많기 때문이다. 아래에서 상세히 밝히겠지만 고대 한국 복식에 보이는 선은 중국이나 북방지역의 선과 다른 형제를 갖는다.

김동욱의 경우 〈문희귀한도〉에 보이는 남자의 유와 포에 보이는 선을 북방민족의 것으로 보고 이를 고구려의 것과 비교하여 같다고 판단했다. 그러나 〈문희귀한도〉에 보이는, 선이 둘려진 유와 포를 입은 행렬도의 사람들은 한(漢)의 사신과 관리들이고, 그림에서 선이 없는 원령의 포와 유를 입은 사람들은 모두 흉노족의 모습을 그린 것이다. 김동욱은 〈문희귀한도〉의 내용을 잘못 판단한 것이다. 그리고 〈문희귀한도〉의 선이 둘려진 포와 유는 모두 호복의 특색인 원령의 임형으로, 그림에서와 같이 깃에서 섶으로 연결된 선이 허리 부분까지 둘려져 있다. 또한 선을 두른 소매의 모습에서 반 소매인 포가 많이 보인다. 이 같은 포나 유의 모습과 선의 둘려진 모습은 고구려 고분벽화의 복식에서는 전혀 찾아볼 수 없다. 따라서 김동욱과 이여성의 고대 한국 복식의 선에 관한 이론은 성립될 수 없다. 이는 아래의 분석에서 좀더 정확히 밝혀질 것이다.

고대의 호[64]복과 관련해서는 발견된 자료들이 매우 적은데, 가장 이른 연대의 것은 지금부터 3,000년 전인 청동기시대 초기의 것으

---

63) 金東旭,《增補 韓國服飾史研究》, p.21.
64) 胡는 일반적으로 중국 고대의 북방 초원 지구에 거주하던 여러 민족을 가리킨다.《漢書》〈匈奴傳〉에 "南有大漢, 北有强胡"라는 기록이 있는 것으로 보아 北胡는 匈奴를 가리키고, 烏桓과 鮮卑 등의 조상은 匈奴의 동쪽에 있어서 東胡라 불리었고, 西域各族은 匈奴의 서쪽에 있어서 西胡라 불리었다.

〈그림 3〉 신강에서
출토된 석인

로 알려진, 신강(新疆) 동부의 합밀오보향(哈密五堡鄕) 고묘에서 발견된 구피대의(裘皮大衣)와 구피의포(裘皮衣袍) 그리고 모직의포(毛織衣袍)이다.[65] 이들은 모두 선을 두르지 않았다. 또한 서기 전 9세기경으로 추정되는 찰홍로극(札洪魯克) 고묘에서 출토된, 거친 모직으로 만들어진 남녀의 장포와 포의(布衣)에도 여전히 선이 보이지 않는다.[66] 신강 초원지역에서는 서기 전 3세기로 추정되는 고대 석인(石人)들이 여러 개 발견되었다. 이 고대 석인들은 모두 장포를 입었는데, 역시 선을 두르지 않았다(그림 3).[67] 이로 보아 청동기시대 초기까지 호복에는, 이후 그들의 복식에서 특징으로 보이는 좌임의 임형이 아직 형성되지 않았던 것처럼,[68] 선을 두르는 형제도 없었음을 알 수 있다.

호복에서 이와 같이 복식의 형제가 늦게 형성된 것은 그들의 청동기시대가 고조선지역보다 약 1,300년 정도 늦게 시작된 때문이라고 설명할 수 있을 것이다. 고조선의 청동기 시작 연대는 서기 전 2500년경이고, 중국 황하유역의 청동기문화 시작 연대는 서기 전 2200년경이며, 고조선지역과 문화적으로 관련이 있는 시베리아의 카라수크문화는 서기 전 1200년경에 청동기의 시작을 보았다. 따라서 저자가 이미 밝힌 것처럼, 고대 한국은 주변 지역보다 앞서 청동으로 된 도구들을 많이 사용함으로써 동아시아에서

---

65) 李肯冰,《中國西域民族服飾硏究》, 新疆人民出版社, 1995, p.52 ; 黃能馥·陳娟娟,《中華服飾藝術源流》, p.50.
66) 李肯冰, 같은 책, pp.56~57 ; 黃文弼,〈新疆考古的發現〉－伊犂的調査,《考古》, 1960年 第2期, pp.8~14.
67) 李肯冰, 같은 책, pp.29~31.
68) 이 책의 제2부 제6장〈고대 한국 복식의 여밈새[袵形]〉참조.

가장 이른 시기에 다양한 직물을 생산한 것이다.[69] 이처럼 이른 시
기에 다양한 직물을 생산하게 되면서 자연히 주변 지역보다 복식
방면에서 빠른 발전을 이루었을 것이다. 이와 달리 직물 생산의
발달이 늦었던 북방지역은 당연히 복식의 발달이 늦을 수밖에 없
었다. 따라서 복식사 연구는 이 같은 당 시대 역사의 전반적인 이
해의 기반 위에서 진행되어야 할 것이다. 고대 한국 복식의 어느
한 성분이 주변 지역과 흡사한 모습을 보인다고 해서, 이 형태상
의 유사성만을 가지고 중국이나 북방지역의 영향일 것이라고 판
단하는 선입관은 배제되어야 할 것이다.

〈그림 4〉 호녀동상

〈그림 5〉 당호등동인

전국시대에 해당하는 시기로 오면서 호복에서는 좌임의 임형과
함께 선이 나타난다. 깃과 끝동 및 도련에 선을 두른 착수의 단포
(短袍)를 입고 있는, 하남성 낙양시(洛陽市) 금촌(金村) 출토의 '호
녀동상(胡女銅像)'(그림 4)[70]과 끝동과 도련에 선을 두른 착수와 좌

---

69) 이 책의 제1부 고대 한국 복식의 재료 참조.

70) 李肯冰, 앞의 책, pp.35~36 ; 孫機, 〈洛陽金村出土銀着衣人像族屬考辨〉, 《考
古》, 1987年 第6期, pp.555~561.

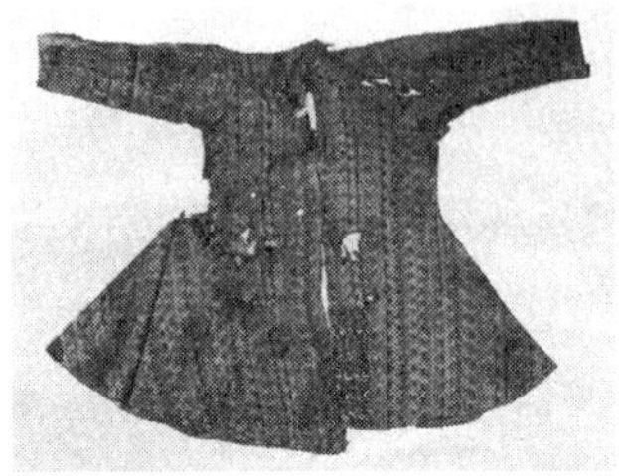

〈그림 6〉 금(錦)으로 만든 포

임의 단의가 보이는, 하북(河北) 만성(滿城) 출토의 '당호등동인(當戶燈銅人)'(그림 5)[71]은 그 좋은 예이다. 한(漢)시대에 이르러 비단길이 열리면서 북방에서는 사직물이 많이 사용되었다. 신강과 전지구(闐地區) 민풍현(民豐縣) 이아(尼雅) 동한시대 고묘에서 '만세여의(萬世如意)'의 명문(銘文)이 있는 금포(錦袍)(그림 6)가 발굴되었는데, 여기에는 선을 두르지 않았다. 이와 함께 착수의 유가 발굴되었는데, 대금(對襟)의 깃 부분과 끝동에 좁은 폭의 선이 보인다(그림 7).[72] 이로 보아 당시 북방민족들은 의복에서 반드시 선을 강조하지는 않았다고 생각된다.

누란(樓蘭) 고태묘지(孤台墓地)에서 발견된, 한(漢)시대에 해당하는 시기의 북방지역의 견포(絹袍)는 좌임의 깃에서 섶으로 끝동과 같은 폭의 넓은 선이 둘려져 있고, 도련 부분은 아주 넓게 선과 같은 색의 천이 둘려져 있다(그림 8).[73] 역시 같은 지역의 산보랍(山普拉) 고묘에서 발굴된 같은 시기의 포복(袍服)은 원령과 착수의 긴 겉옷으로 깃과 끝동에만 좁은 선이 둘려져 있다.[74] 이 같은 선의 둘려진 내용으로 볼 때 동한시대까지 호복에는 선에 대한 일정한 형제가 없었던 것으로 생각된다.

이후 토로번(吐魯番) 아사탑나(阿斯塔那)에서 동진(東晉)시대에 해당하는 고창태수(高昌太守) 차거봉대(且渠封戴)의 묘가 발굴되었는데, 여기서 북량(北涼)시대의 이용(泥俑)[75]이 출토되었다. 4개의 이

---

71) 上海市戲曲學校中國服裝史硏究組編著, 周汛·高春明撰文《中國服飾五千年》, p.29.
72) 李肖冰, 앞의 책, pp.72〜75.
73) 같은 책, p.78.
74) 같은 책, p.81.
75) 같은 책, p.108.

용 가운데 3개는 좌임의 착수로 된 유를 입고 1개는 원령의 착수
로 된 유를 입었는데, 모두 깃과 섶으로 이어지는 부분을 좁은 선
으로 둘렀다.

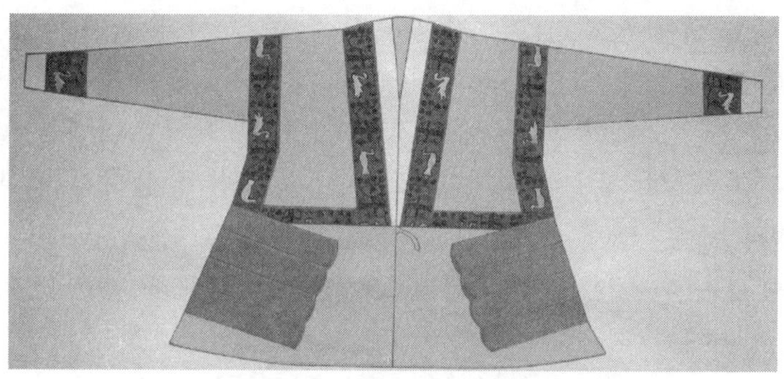

〈그림 7〉 대금의 좁은소매의 유

〈그림 8〉 루란 고태묘에서 출토된 견으로 만든 포

이상의 고찰에서, 전국시대부터 호복에 선이 출현했으나 이때는 크게 강조되지 않았고, 한대에 와서 보편적으로 선을 달기 시작하여 삼국양진남북조시대에 해당하는 시기에 호복의 특징으로 그것이 계승되었음을 알 수 있다. 또한 그 형제로는 포의 경우 선이 끝동과 도련에 둘려진 것, 깃과 끝동에 좁은 선이 둘려진 것, 깃과 섶 및 끝동과 도련에 선이 둘려진 것 등이 있는데, 이는 도련에 두른 선의 폭이 매우 넓은 것과 선이 둘려지지 않은 것으로 분류된다. 유의 경우에는 깃과 끝동에 좁은 선이 둘려진 것과 깃과 섶에 좁은 선이 둘려진 것으로 분류된다. 그러나 고구려 고분벽화에서는 위에서 호복의 특징으로 분류한 유형과 같은 선의 형제가 나타나지 않는다.

다음으로 중국의 복식에 보이는 선에 대하여 살펴보자.

중국은 상(商)시대의 귀족 복식에서 선이 보이기 시작하는데,[76] 그 형태가 다양하게 나타난다. 안양(安陽) 후가장(侯家莊)의 은허(殷墟)유적에서 대리석으로 만들어진 후가장상(수정 연대 서기 전 1210±160년)이 출토되었다. 이제(李濟)는 〈궤좌준거여기거(跪坐蹲居與箕踞)〉라는 글에서 이 좌임과 착수의 옷을 입은 대리석상을 상인(商人)이라고 분석했다.[77] 이 후가장상이 입은 옷은 요대 위에서

---

76) 종래의 복식사 연구에서 李如星과 金東旭은 중국에서 襈의 사용을 춘추전국시대에 출현한 深衣에서부터 시작되었던 것으로 보았고 이후 복식사 연구자들은 모두 이를 따랐으나(李如星,《朝鮮服飾考》, p.158 ; 金東旭,《增補韓國服飾史研究》, p.21), 이는 잘못이다.

77) 李濟,〈跪坐蹲居與箕踞〉,《李濟考古學論文集 上》, 聯經出版事業公司, 臺北, 1977, pp.563~588. 李氏는 이 글에서 侯家莊象의 꿇어앉은 모습과 小屯에서 출토된 두 다리를 쭈그리고 앉은 大理石象의 모습을 商王朝의 習俗과 두 大理石象에서 보이는 서로 다른 문양으로부터 양자의 관계를 논했다. 그는 중국 經典에서 蹲踞와 箕踞의 모습을 예의 없는 東夷의 습속이라고 보는 관점에 대하여 周朝人의 관점으로부터 商人의 습속을 본 견해라고 밝히면서, 이를 뒷받침할 수 있는 자료로서 甲骨文의 象形文字에 묘사된 跪坐蹲踞의 모습을 제시했고 小屯石象의 寬條文飾이 彩陶文化의 彩會筆法을 이은

직문(織紋)이 놓인 넓은 폭의 선이 깃에 둘려져 좌임으로 여며져 있고,[78] 깃보다 좁은 폭으로 같은 직문의 선이 끝동에 둘려져 있으며, 옷의 아랫자락은 무릎 윗부분까지 내려와 있는데, 깃에 둘려진 선과 동일한 직문을 하고 같은 폭으로 마무리되어 있어, 그 길이로 보아 좁은 폭의 유로 분류된다. 또한 1976년 하남성 안양 은허 부호묘(婦好墓)에서 출토된 무릎을 꿇고 앉은 모습의 옥인(玉人)은(그림 9) 화려한 복장을 한 귀족 남자인데,[79] 그는 무릎을 덮는 정도의 운형화문(雲形花紋)이 가득한 좁은 포를 입고 있다. 무늬 없는 선을 두른 좁은 폭의 깃은 합임을 했으며, 착수인 소매의 끝동도 무늬 없는 좁은 폭의 선으로 둘려져 있다. 1986년 사천성(四川省) 광한시(廣漢市) 삼성퇴(三星堆)에서 출토된 상대(商代) 대형청동인입상(大型靑銅人立象)은[80] 정강이까지 내려오는 좁은 폭의 포를 입고 있는데, 무늬 없는 좁은 선을 두른 깃은 좌우양측의임(左右兩側衣衽)을 했고, 착수의 끝동은 무늬 없는 선으로 깃 부분의 선보다 조금 넓게 둘려져 있다. 그리고 우임의 예는 하남 안양 은허에서 출토된 서 있는 모습의 옥인에서 확인할 수 있다. 이 옥인은 귀족 남자로(그림 10),[81] 무릎 정도까지 내려오는 좁은 폭으로 된 우임의 무늬 없는 포를 입었는데, 깃에만 보통 폭의 무늬 없는 선을 둘렀다.

　이상의 출토 자료들로부터 상시대의 포와 유에 둘려진 선의 형제가 다음과 같이 정리된다.

　　것과 달리 侯家莊石象에 조각된 細條文飾은 조각된 모습이 黑陶文化의 作風을 계승한 것으로 분석했다.
78) 같은 책, p.569. "右襟自右肩向胸中斜下, 爲自左肩斜下之左襟所掩蓋."
79) 上海市戱曲學校中國服裝史硏究組編著, 周汛·高春明撰文, 《中國服飾五千年》, p.18.
80) 黃能馥·陳娟娟, 《中華服飾藝術源流》, p.45.
81) 같은 책, p.42.

〈그림 9〉 부호묘에서 출토된 옥인   〈그림 10〉 은허에서 출토된 옥인

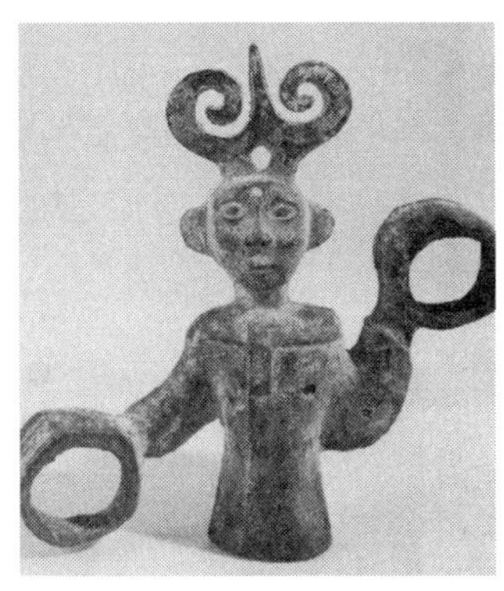

〈그림 11〉 서주 인형 동차할   〈그림 12〉 여가장에서 출토된 동인

첫째, 포와 유는 문식이 있는 것도 있고 없는 것도 있는데, 이 위에 문식 있는 선을 두른 경우도 있고 문식 없는 선을 두른 경우도 있으며, 선의 폭은 일정하지 않다. 둘째, 유의 경우 깃과 끝동에 서로 다른 폭의 선을 둘렀다. 셋째, 포의 경우 깃과 끝동에 선을 두른 것과 깃에만 선을 두른 것이 있다. 상시대의 유와 포에 보이는 이 같은 선의 형제는 고구려 복식에는 보이지 않는다.

이후 상왕조를 계승한 주왕조는, 서주 초기에는 상의 복식과 큰 차이가 없이 상의 것을 계승하면서 주의 복식과 절충하는 양상을 보였다. 그 예로 1976년 하남 낙양 북요(北瑤) 방가구(龐家溝)에서 출토된 서주 인형 동차할은(그림 11)[82] 뒷면에 상의 문양(紋樣)을 그대로 계승한 수면문(獸面紋)이 장식된,[83] 무릎까지 내려오는 좁은 포를 입었는데, 구령(矩領)의 깃에만 무늬 없는 선이 둘려져 있다. 또 서주 중기로 추정되는 섬서(陝西) 보학(寶鶴) 여가장(茹家莊)에서 출토된 동인(銅人)은(그림 12) 착수의 통이 좁은 장삼(長衫)[84]을 입었는데, 무늬 없는 선을 넓은 깃으로 하고 있다. 이 같은 모습을 통해서, 서주의 복식이 대체로 상제(商制)를 받아들이면서 깃에 두른 선의 폭에서만 약간의 변화를 주어 상대보다 비교적 여유 있어졌다고 할 수 있을 뿐, 선을 두른 부분은 여전히 깃에 국한되었음을 알 수 있다. 이후 춘추 중기로 추정되는 산서(山西) 후마(侯馬) 상마촌(上馬村) 13호 유적에서 나온 인물도범(人物陶范)은 둘 다 상의 거친 반리(蟠螭) 문양으로 된,[85] 무릎 밑까지 내려오는 포를 입고 있는데, 깃은 좌임으로 선을 두르지 않았다.

---

82) 黃能馥·陳娟娟, 《中華服飾藝術源流》, p.49.
83) 上海博物館靑銅器硏究組編, 《商周靑銅器紋飾》, 文物出版社, 1984 참조.
84) 黃能馥·陳娟娟, 《中華服飾藝術源流》, p.48.
85) 覃旦冏, 《中華藝術史綱》 上冊, 光復書局, 臺北, 1972. p.50.

〈그림 13〉 중후을묘에서 출
토된 동인

〈그림 14〉 강릉 마산전광 1호묘에서 출
토된 포

　이상의 내용들은 중국이 춘추 중기까지 일부 제후국에서 호복
형태의 옷을 입었다는 사실 그리고 포와 삼은 주로 좁은 폭이었
으며 깃과 끝동에 두르는 선도 규정된 형제가 없었음을 알려준다.
이는 춘추시대 제하(諸夏)의 여러 나라가 복식을 비롯한 모든 예
제(禮制)에서 아직 일률적으로 통일되지 못했음을 보여주는 것이
다. 전국 초기에 속하는 호북성(湖北省) 수현(隨縣) 증후을묘(曾侯
乙墓)에서 출토된 종거동인(鐘虡銅人)(그림 13)은[86] 몸에 꼭 맞는 유
를 입었는데, 우임의 깃에 보통 폭의 선이 둘려져 있다. 유는 앞
부분이 뒷부분보다 길게 되어 있다. 전국 중기에 속하는 호북성
강릉(江陵) 마산전광(馬山磚廣) 1호묘에서 출토된 보휴화초문(鴇鵂
花草紋)이 있는 포는(그림 14)[87] 소매와 포의 폭이 비교적 넓고 우

---

86) 隨縣擂鼓墩一號墓考古發掘隊, 〈湖北隨縣曾侯乙墓發掘簡報〉, 《文物》, 1979年
　　第7期, pp.1～24 ; 《中國服飾五千年》, p.22.
87) 　荊州地區博物館, 〈湖北江陵馬山磚廣一號墓出土大批戰國時期絲織品〉, 《文

임의 깃에서 섶을 지나 도련까지 검은색의 선이 둘려져 있는데, 깃에 둘려진 선이 끝동이나 도련에 둘려진 선보다 좁다. 같은 전국 중기에 속하는 호북성 강릉 마산(馬山) 1호 초묘(楚墓)에서 출토된 반문(蟠紋)의 포는(그림 15)[88] 위의 보휴화초문의 포와 달리 비교적 여유 있는 긴 소매의 포로, 우임의 깃과 끝동에 좁은 선이 둘려져 있고 섶의 중간까지만 검은색의 선이 둘려져 있다. 도련에는 포와 같은 색의 선이 둘려져 있다. 이들 선의 폭은 6∼12센티미터 정도로 고대 한국 복식에 보이는 선의 폭보다 넓다. 하남 낙양 금촌에서 출토된 전국(戰國) 중후기에 속하는 은호인(銀胡人) 무인상(武人像)은 호인(胡人)으로, 착수와 우임의 유를 입었는데,[89] 깃과 끝동에는 비교적 넓은 선을 두르고 유의 도련에는 이보다 좁은 선을 둘렀다.

　전국시대 유적인 호남(湖南) 장사(長沙) 진가(陳家) 대산(大山) 초묘에서 출토된 백화(帛畵)[90]와 하북 평산(平山) 삼급(三汲)에서 출토된 탁등동인(托燈銅人)에서 넓은 대수와 우임의 포복을 특징으로 하는 곡거포(曲裾袍)가 보여, 곡거포는 전국시대부터 유행했던 것으로 생각된다. 사천 성도(成都)의 전국시대 유적에서 출토된 청동 호문식(靑銅壺紋飾)에서는 착수의 곡거포[91]도 보인다. 전국시대에

　　物》, 1982年 第10期, pp.1∼8 ; 黃能馥·陳娟娟, 《中華服飾藝術源流》, p.63. 각각의 치수에 대하여 발굴자들은 袍의 길이는 165센티미터, 깃에 두른 襈은 6센티미터, 소매의 길이는 158센티미터, 소매폭은 45센티미터, 소매부리폭 45센티미터, 소매 끝에 두른 襈은 11센티미터, 깃에서부터 아래단에 두른 襈은 8센티미터, 허리폭 59센티미터, 아래폭 69센티미터라고 밝혔다.

88) 黃能馥·陳娟娟, 《中華服飾藝術源流》, p.66. 발굴자들은 袍의 길이 175센티미터, 깃에 두른 襈의 폭이 5센티미터, 소매의 길이 274센티미터, 소매폭 48센티미터, 소매부리폭 40센티미터, 소매끝에 두른 襈 11센티미터, 아래단에 두른 襈 12센티미터, 허리폭 65센티미터, 아래폭 80센티미터라고 밝혔다.

89) 黃能馥·陳娟娟, 《中華服飾藝術源流》, p.75.

90) 上海市戱曲學校中國服裝史硏究組編著, 周汛·高春明撰文, 《中國服飾五千年》, p.25.

91) 같은 책, p.27.

나타난 곡거포에 이어 진·한시대에 나타난 요금심의(繞襟深衣)·직거포(直裾袍) 등은 모두 깃에서부터 둘려진 매우 넓은 폭의 선이 허리 뒷부분으로 휘감겨 포의 도련으로 연결되는 것을 특징으로 한다. 끝동에 두른 선의 색상과 폭이 깃과 섶이나 도련에 두른 선의 색상이나 폭과 서로 다른 경우도 있다. 진(秦)의 경우에 중국을 통일하기 이전에는 우임 외에 좌임의 옷을 입었다. 전국 후기 진시황 재위시에 사용했던 진간(秦簡) 법률자료 가운데 어느 도둑이 옷을 훔쳤다는 내용과 함께 그 옷에 대한 다음과 같은 설명이 있다.

단황색(丹黃色) 비단으로 된 복의(復衣)로 옷깃과 끝동에는 넓은 선이 있다.[92]

《설문해자》에서는 '복의'에 대해 '협의(夾衣) 혹은 면의(綿衣)이며, 복(複)은 중의(重衣)'라고 하는데, 이 같은 선이 둘려진 복의[93]의 의복 모습은 장사 마왕퇴(馬王堆) 1호 한묘(漢墓)에서 발굴된 목용(木俑)들이 입은 의복에서도 보이며[94] 좌임의 모습을 특징으로 하고 있다.

---

92) 睡虎地秦墓竹簡整理小組, 《睡虎地秦墓竹簡》, 文物出版社, 1978, p.253. "…… 緹覆(複)衣, 帛里莽緣領褎(袖)."

93) 勞榦은 이 '複衣'를 漢代의 居廷漢簡자료와 流沙墜簡자료 및 流沙墜簡器物類에 관한 王國維의 考釋과 《禮記》의 내용을 종합하여, 複衣는 안과 겉이 있는 夾衣로 가장 겉에 입으며 短身·左衽의 의복으로 胡服과 같은 점이 있으나 결코 胡服이 아니고 中國服裝이라고 밝히고 있다(勞榦, 〈漢代常服述略〉, 《勞榦學術論文集》 甲編 上冊, 藝文印書館, pp.775~781). 漢代의 居廷漢簡자료에 따르면 複衣가 일반 백성들의 평상복으로서 많이 입혀졌던 것으로 보인다.

94) 湖南省博物館·中國科學院考古研究所·文物編輯委員會, 〈長沙馬王堆一號漢墓發掘簡報〉, 《文物》, 1972年 7月, 圖版貳伍(着衣木俑).

〈그림 15〉 강릉 마산전광 1호묘에서 출토된 포

이상의 고찰로부터, 상시대의 선은 무늬가 있는 것과 없는 것 두 가지가 있었으나 춘추전국시대로 오면서 대부분 문식이 있는 것으로 했음을 알 수 있다. 아울러 전국 중기부터 깃·섶·도련·끝동에 서로 다른 폭의 선을 달기 시작했으며 매우 넓은 폭이 출현했음을 알 수 있다.

중국의 상시대에서 춘추전국시대에 이르는 시기는 서기 전 1700년경부터 서기 전 222년까지의 시기로, 고조선 중기와 후기[95]에 해당한다. 고구려는 서기 전 1100년 이전부터 난하(灤河) 하류 유역에 위치해 있었고 서주 초기에 열린 '성주대회(成周大會)'에도 참석했던 것으로 보아[96] 일찍이 중국과 직접적인 교류가 있었음을 알 수 있다. 그러나 서기 4세기 중엽에서 6세기에 걸쳐 만들어진 고구려 고분벽화에 보이는 고구려의 포와 유 및 삼은 상시대부터 춘추전국시대까지 중국의 포와 유에 보이는 선의 특징들이 나타나지 않으므로, 고구려가 고조선 시기에 중국 복식의 영향을 받았다고 할 수는 없을 것이다.

이후 중국에서는 진·한시대로 오면서 관복(官服)이 우임의 임형

---

95) 윤내현, 《고조선 연구》, p.864.
96) 같은 책, p.450.

으로 제정되었다. 남자의 포는 주로 대금사령(大襟斜領)으로 소매
는 대수이며 깃과 끝동은 문식 있는 천으로 선을 둘렀다. 포의 도
련에는 선을 두르기도하고 두르지 않기도 했는데, 도련 부분이 그
대로 길게 드리워진 것과 포의 길이가 무릎 아래까지 내려오고
도련이 굴곡진 모습을 나타내는 것 두 가지가 있다. 굴곡진 경우
의 예로 하북성 망도현(望都縣) 한묘 벽화의 관리가 입은 포복(그
림 16)[97]과 요양(遼陽)지역에서 발견된 한대 후기의 것으로 알려진
삼도호굴업(三道壕窟業) 제4현장 고분벽화의 성수기(盛水器)를 돌리
는 남자의 포와 큰 그릇을 나르는 흰 바지의 두 여인이 입은 포[98]
를 들 수 있는데, 이들 모두 도련 부분이 곡선이다. 유의 경우에
는 봉태자둔(奉台子屯) 고분벽화의 문졸(門卒)이 입은 유[99]를 예로
들 수 있겠는데, 이 역시 도련 부분이 곡선이다. 그러나 고구려
고분벽화에 보이는 포에는 이같이 도련이 곡선으로 된 것은 없다.
또한 포의 경우 위의 중국의 경우와 같이 문식 있는 선을 두르지
않았고, 깃과 끝동에만 선을 두르거나 도련 부분에 선을 두르지
않는 경우는 보이지 않는다.

대금사령(大禁斜領)의 여밈새를 한 포와 유 가운데 중요하게 보아
야 할 점은, 안악 3호 고분벽화의 묘주의 포와 의장기수(儀仗旗手)
의 4인의 포 그리고 장하독(帳下督) 3인의 유와 부월수(斧鉞手) 4
인의 유의 경우 길고 짧은 옷고름을 매고 있다는 것이다(그림 17).[100]
일반적으로 한국 복식사에서는 옷고름이 출현된 시기를 고려시대

---

97) 姚鑒, 〈河北望都縣漢墓的墓室結構和壁畫〉, 《文物參考資料》, 1954年 第12期,
   pp.47~65.
98) 李文信, 〈遼陽發現的三座壁畫古墓〉, 《文物參考資料》, 1955年 第5期, pp.16~
   33. 이 책의 제2부 제6장 〈고대 한국 복식의 여밈새[衽形]〉의 〈그림 10〉 참조.
99) 같은 글 참조. 그리고 이 책의 제2부 제6장 〈고대 한국 복식의 여밈새[衽
   形]〉의 〈그림 9〉 참조.
100) 朝鮮畫報社, 《高句麗古墳壁畫》, 朝鮮畫報社出版部, 1985.

부터 이조 말기에 걸치는 시기로 보고 있다. 이는 김동욱이 《고려
도경(高麗圖經)》에 나오는 "재가화상(在家和尙)이 조백(皁帛)으로 된
요대를 맨 백저착의(白紵窄衣)를 입었다"[101]는 기록에 근거하여 이 착
의(窄衣)가 이후의 이조 말기 주의(周衣)의 원형일 것이라고[102] 추
측한 데서 비롯되었다. 따라서 옷고름을 달기 시작한 것은 대(帶)
를 사용하지 않게 되면서부터라고 생각되었다.[103]

〈그림 16〉 망도 한묘에 보이는 포를
입은 관리

---

101) 《宣和奉使高麗圖經》 卷18 〈在家和尙〉. "在家和尙不服袈裟不持戒律白紵窄衣
　　束腰皁帛."
102) 金東旭, 〈高麗圖經의　服飾史的　研究〉, 《韓國服飾史研究》, 亞細亞文化社,
　　1979, p.150.
103) 金東旭, 《增補 韓國服飾史研究》, p.173 ; 李京子, 《韓國服飾史論》, p.41.

〈그림 17〉 안악 3호분에 보이는 옷고름

　그러나 안악 3호분의 포와 유에서 옷고름이 보이고 있으므로 한국 복식에서 옷고름을 매기 시작한 시기는 적어도 4세기 중엽 이전까지 거슬러 올라갈 것이다. 안악 3호분 주인도의 남주인공과 의장기수도의 의장기수의 포복에서 길고 짧은 옷고름을 맨 모습이 보이고, 시종무관도의 장하독과 부월수도의 부월수가 입은 유에도 옷고름을 맨 모습이 보이는데, 포와 유는 대를 매고 있음에도 옷고름을 사용하고 있기 때문에 옷고름을 매기 시작한 것은 대의 사용 여부와 관계가 없음을 알 수 있다. 또한 옷고름을 사용한 경우 선의 형제가 변화되는데, 이는 아래에서 상세히 분석될 것이다. 옷고름의 사용은 중국 복식이나 호복에서는 볼 수 없는 한국 의복만이 갖는 여밈새의 우아한 처리 방식이다.

　그러면 고구려의 고분벽화가 그려진 시기에 해당하는 삼국양진남북조시대 중국 복식의 포와 유 및 삼의 모습은 어떠했는지 알아보자.

　삼국양진시대의 복식은 여전히 진·한의 것을 따랐다. 그러나 남북조에 이르러 정권을 건립한 북방 소수민족들은 그들의 의복을 그대로 입다가 이후 차츰 한족의 의복을 입기 시작했다. 특히 관복은 한족의 복식을 받아들였다. 이 시기 한족 남자의 의복은 주

로 삼이었는데, 삼은 한대의 포와는
달리 수구(袖口)가 넓었고, 끝동과 깃
에서 섶과 도련까지 모두 문식 있는
천으로 선을 둘렀으며, 선과 같은 폭
으로 대를 길게 묶어 늘어뜨렸다. 한
족 여자의 의복으로는 잡거수소여복
(雜裾垂髾女服)이 유행했는데, 이는 도
련 부분이 여러 층의 삼각형으로 연
결된 것으로 표대(飄帶)를 묶어 포의
길이보다 길게 드리우는 것이 특징이
다(그림 18).[104]

〈그림 18〉 잡거수소의 포

그러나 다른 한편으로는 전쟁의 확대와 함께 북방민족들의 영
향으로 한족은 착수의 단의와 요대의 호복을 입기 시작했다. 여자
들의 복식도 북방민족의 영향을 받아 원래의 심의는 민간에서 점
차 사라지고 가볍고 편리한 각종 복식으로 대체되어 황하유역에
서 호복이 성행하는 국면이 형성되었다. 그 예로 양당과 고습이
보급되었다. 고습의 형태를 보면, 깃과 섶 및 도련은 같은 폭의
문식 있는 천으로 선을 둘렀으나 소매 부분은 이보다 넓은 폭으로
선을 둘렀다. 따라서 삼국양진남북조시대의 삼·유·포의 모습을 정
리해보면, 깃·섶·도련·끝동에는 모두 선을 둘렀고 선으로 사용된
천에는 거의 문식이 있었다.

이 시기 고구려는 이보다 앞선 진·한시대와 달리 중국의 나라
들에 자주 사신을 파견하여 화친 관계를 유지하면서 중국으로부
터 유교와 불교 그리고 음양오행사상 등을 받아들였다. 그러나 고
분벽화에는 오행사상과 관련된 내용은 많이 보이면서도 복식의

---

104) 上海市戲曲學校中國服裝史硏究組編著, 周汛·高春明撰文, 《中國服飾五千年》, p.62.

임형이나[105] 전체 모습에서는 중국의 영향을 발견할 수 없다. 또한 당시 중국의 삼·유·포의 깃·섶·도련·끝동에는 일률적으로 선을 두른 것과 달리 고구려의 삼·유·포는 임형에 따라 선을 깃·섶·도련·끝동에 두른 것과 부분적으로 두른 것 등으로 다양하게 나타난다. 또한 선으로 두른 천은 모두 문식이 없이 단색으로 되어 있는데, 이 또한 중국과의 큰 차이이다.

이제 고대 한국의 삼·유·포에 나타난 선의 고유한 특징을 좀더 상세히 분석하여 이를 중국이나 북방지역의 선의 형제와 비교해 보자. 《주서》 고(구)려전과 《북사(北史)》 고(구)려전에서는 선에 관하여,

부인들은 치마와 유를 입는데, 도련과 끝동에 모두 선을 둘렀다.[106]

부인들은 치마와 유에 선을 둘렀다.[107]

고 하여, 부인들의 옷에만 선을 두른 것으로 서술했다. 그러나 고구려 고분벽화에서는 남녀의 옷에 구별 없이 선을 두른 것으로 나타난다.

고구려 고분벽화에 보이는 선의 형제를 분석하면 다음과 같다.

---

105) 고구려 고분벽화의 복식에는 左衽과 右衽은 나타나지만 大襟과 對襟 및 圓領은 나타나지 않으며 추상적인 인물들의 의복에서만 對襟이 일부 나타날 뿐이다(이 책의 제2부 제6장 〈고대 한국 복식의 여밈새[衽形]〉 참조).
106) 《周書》 卷49 〈列傳〉 高(句)麗傳. "婦人服裙襦, 裙袖皆爲襈."
107) 《北史》 卷94 〈列傳〉 高句麗傳. "婦人裙襦加襈."

조사내용 조사대상인	인원수	선이 둘려진 부분과 모습
묘주·기실·소사·성사·문하배의 포	5	대금사령의 깃과 끝동을 같은 폭과 같은 색의 선으로 둘렀다. 도련에 선이 있는지 알 수 없다. 앞 여밈새 부분을 모두 옷고름으로 했다.
의장기수의 포	4	합임직령의 깃과 끝동 및 도련을 같은 폭과 같은 색의 선으로 둘렀다. 옷고름을 했다.
여주인공·시녀의 유	4	여주인공은 우임직령의 깃·소매·도련·어깨에 선을 둘렀는데, 깃의 선과 끝동과 어깨의 선이 서로 다른 색이다. 시녀들은 우임직령의 깃·끝동·도련·어깨에 같은 색의 선을 둘렀다. 모두 옷고름을 했다.
장하독의 삼	3	대금사령의 깃과 끝동 및 도련에 같은 색과 같은 폭의 선을 둘렀다. 옷고름을 했다.
부월수·의장기수의 삼	7	합임직령의 깃과 끝동 및 도련에 같은 색과 같은 폭의 선을 둘렀다. 옷고름을 했다.
뿔나팔 부는 사람의 삼	1	합임직령의 깃과 끝동 및 도련에 같은 색과 같은 폭의 선을 둘렀다. 옷고름의 여부는 알 수 없다.

〈표 1〉 안악 3호 고분벽화(4세기 중엽, 포·삼·유에 두른 선의 모습)

조사내용 조사대상인	인원수	선이 둘려진 부분과 모습
여주인공의 포	2	좌임직령의 깃·섶·도련·끝동에 두 가지 색상의 선이 두 줄로 병행하여 둘려져 있다. 소매의 선은 다른 부분보다 좁은 폭이다.
시녀의 포	1	우임직령의 깃·섶·도련·끝동에 같은 색과 같은 폭의 선이 둘려져 있다.
남주인공의 삼	1	좌임직령의 깃·섶·도련·끝동에 두 가지 색상의 선이 두 줄로 병행하여 둘려져 있다. 깃과 섶의 병행된 두 줄의 선은 같은 폭이나, 끝동과 도련의 선은 바깥 쪽에 둘려진 어두운 색상의 것이 더 넓다.

〈표 2〉 각저총(4세기 말, 포·삼에 두른 선의 모습)

조사내용 조사대상인	인원수	선이 둘려진 부분과 모습
수렵도의 삼	3	좌임직령의 깃·섶·도련·끝동에 같은 폭의 선이 둘려져 있다.
무용도의 포	8	좌임직령의 깃·섶·도련·끝동 부분에 같은 폭과 같은 색의 선이 둘려져 있다. 무용하는 사람들이 입은 포는 어깨에 선이 둘려져 있고 소매의 길이가 길며 끝동에 두른 선의 폭이 매우 넓다.
무용도의 삼과 유	10	좌임직령의 삼과 유의 깃·섶·도련 끝동에 같은 폭과 같은 색의 선이 둘려져 있다. 무용하는 사람들의 삼과 유는 소매가 길고 끝동에 두른 선이 매우 넓다.

〈표 3〉 무용총(4세기 말~5세기 초, 포·삼·유에 두른 선의 모습)

조사내용 조사대상인	인원수	선이 둘려진 부분과 모습
야유수렵도의 포	3	좌임직령과 우임직령의 깃·섶·도련·끝동에 같은 폭과 같은 색의 선이 둘려져 있다. 또는 도련과 도련에서 올라온 부분에도 선이 둘려져 이중으로 된 경우이다.
불교공양도의 포	3	좌임직령의 깃·섶·도련·끝동에 같은 폭과 같은 색의 선이 둘려져 있다. 또는 어깨에 이중으로 선을 두르기도 했다.
야유수렵도의 삼과 유	19	좌임직령의 깃·섶·도련·끝동에 같은 폭과 같은 색의 선이 둘려져 있다. 또는 다른 색의 선이 이중으로 둘려진 경우와 소매의 길이가 긴 경우가 있다.
불교공양도의 삼과 유	3	좌임직령의 깃·섶·도련·끝동에 같은 폭과 같은 색의 선이 둘려져 있다.

〈표 4〉 장천 1호 고분벽화(4세기 말~5세기 초, 포·삼에 두른 선의 모습)

조사내용 조사대상인	인원수	선이 둘려진 부분과 모습
묘주의 포	1	대금사령의 깃·끝동에 두 가지 색상의 서로 다른 폭의 선이 세 줄로 둘려져 있다. 도련에 선이 둘려졌는지 알 수 없다.
13군 태수·막부관리·통사사의 포	18	곡령의 깃·끝동·섶·도련에 두 가지 색상의 서로 다른 폭의 선이 둘려져 있다. 곡령의 포에 알맞게 속옷의 깃을 곡령으로 하고 깃과 소매 부분에 흰색의 속옷이 선의 폭만큼 드러나 보이게 하여 정결한 차림새를 보인다.
행렬도의 기마인의 삼	4	대금사령의 깃·끝동·도련에 같은 색과 같은 폭의 선이 둘려져 있다.
행렬도의 군악대의 삼	3	우임직령의 깃·끝동·도련에 같은 색과 같은 폭의 선이 둘려져 있다.
전실동남측 천정벽화 기마인의 삼	8	
주인실내생활도의 삼	1	주인도에서의 삼과 달리 우임직령의 깃·끝동에 같은 색과 같은 폭의 선이 둘려져 있다.
마사희도의 기마인과 세 사람의 삼	7	기마인의 대금사령과 우임직령의 깃·끝동·도련에 같은 색과 같은 폭의 선이 둘려져 있다. 세 사람의 삼은 도련에 선이 없다.

조사내용 조사대상인	인원수	선이 둘려진 부분과 모습
우교차도 시녀의 유	9	좌임직령과 우임직령의 깃·끝동에만 같은 폭과 같은 색의 선을 둘렀다.
부인교차도 시녀의 유	2	대금사령의 깃·끝동에만 같은 색과 같은 폭의 선을 둘렀다. 속옷의 깃과 소매가 겉을 나와 유의 선과 조화를 이룬다.

〈표 5〉 덕흥리 고분벽화(서기 408년), 포·삼에 두른 선의 모습(위의 표), 유에 두른 선의 모습(아래의 표)

조사내용	인원수	선이 둘려진 부분과 모습
조사대사인		
행렬도의 포와 삼	12	좌임직령의 깃·끝동·도련에 같은 색과 같은 폭의 선이 둘려져 있다.

〈표 6〉 삼실총(5세기 초, 포·삼·유에 두른 선의 모습)

조사내용	인원수	선이 둘려진 부분과 모습
조사대상인		
주인공부부도와 주인·신하도의 포	2	우임직령의 깃·섶·끝동·도련에 같은 색과 같은 폭의 선이 둘려져 있다. 같은 임형으로 받쳐 입은 속옷이 겉옷보다 길어 겉옷의 선과 좋은 조화를 이룬다.
부인도의 부인의 유	1	우임직령의 깃·섶·끝동에 같은 색과 같은 폭의 선을 둘렀고, 깃과 소매에는 좁은 폭으로 선과 같은 색으로 수를 놓아 선과 병행되게 했다. 섶과 도련에는 선과 같은 색으로 선의 3배되는 폭으로 수를 놓았다. 속옷은 원령의 깃으로, 깃 부분에 겉옷의 깃과 같은 색으로 좁게 선을 둘렀다.
부인도의 시녀와 시녀도의 여시중군의 유	3	우임직령의 깃·섶·끝동·도련에 같은 색과 같은 폭의 선을 두 출로 둘렀다. 속옷은 원령으로 입고 소매 부분이 길게 나와 선과 조화를 이룬다.

〈표 7〉 수산리 고분벽화(5세기, 포·삼·유에 두른 선의 모습)

이상의 분석으로부터 포와 삼 및 유에 사용된 선의 특징을 정리하면 다음과 같다.

우선 포에 보이는 선의 특징을 정리해보자.

첫째, 포의 경우 〈표 1〉~〈표 7〉의 내용으로부터 깃과 끝동에 반드시 선을 둘렀음을 알 수 있다. 섶의 경우 선을 두를 것인지의 여부는 여밈새와 관계가 있다. 대금사령(大襟斜領)과 합임직령의 경우에는 섶에 선을 두르지 않았다. 좌임직령(左衽直領)과 우임직령(右衽直領)의 경우에도 〈표 1〉에서 보는 것처럼 앞여밈새를 옷고름으로 처리한 때에는 섶에 선을 두르지 않았다. 이와 같이 옷고름이 있는 경우에는 섶에 선을 두르지 않고 옷고름이 없는 경우에만 섶에 선을 두른 것은 섶에 선을 두르는 것이 여밈새의 처리 문제와 관계가 있기 때문이라고 생각된다. 이는 선이 둘려지고 그 위에 옷고름이 또 매어지는 복잡한 분위기의 형제를 선택하지 않은 것으로, 고대 한국인들의 여유 있는 미적 감각을 보여주는 것이다.

또한 도련에 선을 둘렀는지의 여부를 살펴보면 다음과 같다. 〈표 1〉과 〈표 2〉의 묘주와 기실·소사·성사·문하배의 경우에는 포에 도련이 선으로 둘려졌는지 확인할 수 없다. 그러나 지배층의 경우 〈표 2〉의 여주인공의 포와 〈표 5〉의 13군 태수·막부관리·통사사의 포와 〈표 7〉의 주인의 포가 모두 도련에 선이 둘려진 점 그리고 〈표 1〉·〈표 2〉·〈표 4〉·〈표 5〉에 보이는 모든 계층의 포의 도련에 선이 둘려진 점으로 보아, 포에는 반드시 도련에 선을 둘렀음을 알 수 있다. 따라서 고대 한국의 포는 깃·끝동·도련에 반드시 선을 두르는 것을 고유의 형제로 했음을 알 수 있다. 또한 이 같은 형제는 남녀의 구분이나 계층과 신분의 구분 없이 동일하게 적용되었던 점도 알 수 있다. 이와는 달리 이 고구려 고분벽화가 만들어진 양진남북조시대의 중국은 포의 도련 부분에 선을 두르기도 하고 두르지 않기도 했다.

둘째, 포의 경우 위에 정리된 표의 내용으로 보아 깃·소매·섶·도련에 같은 색과 같은 폭의 선을 두르는 것을 기본적인 형제로 하고 있다. 그러나 신분에 따라 선의 형제에 다양한 변화를 주었

404

음을 알 수 있다. 예를 들어 〈표 5〉의 경우 묘주의 포는 깃과 끝동에 두 가지 색상의 선이 서로 다른 폭으로 둘려졌는데, 일반적인 포가 한 줄의 선을 두른 것과 달리 세 줄로 둘렀다. 〈표 2〉의 여주인공의 포와 〈표 5〉의 13군 태수·막부관리·통사사의 포는 깃·끝동·도련 혹은 섶에 두 가지 색상의 서로 다른 폭의 선을 둘렀다. 또한 〈표 4〉의 불교공양도의 포는 어깨에 이중으로 선을 둘렀다. 〈표 3〉의 무용하는 사람들의 포는 다른 부분에 두른 선과 같은 색의 선이 어깨에 둘려져 있고, 긴 소매에 매우 넓은 선을 둘렀다. 〈표 4〉의 야유수렵도의 포는 도련과 도련에서 올라온 부분에 이중으로 선을 둘렀다.

이상에 분석된 포에 두른 선의 특징으로 보아 신분이 높은 사람들의 경우 선을 이중·삼중으로 두르거나 색상을 달리하여 보다 화려한 복식을 했음을 알 수 있다. 그러나 중국의 포에서는 이중으로 선을 두르는 경우는 있으나 고구려의 경우와 같이 여러 줄의 선을 두르거나 어깨에 선을 두르는 형제는 찾아볼 수 없다.

삼과 유의 둘려진 선에 대한 특징을 정리하면 다음과 같다.

첫째, 삼과 유의 경우도 포와 마찬가지로 깃·끝동·도련 혹은 섶에 같은 색과 같은 폭의 선을 둘렀다. 그러나 포의 경우에는 옷고름을 달았느냐 그렇지 않았느냐에 따라 섶에 선을 두르느냐 그렇지 않느냐의 여부가 가려졌지만, 삼과 유는 여밈새와 관계없이 선을 두르는 것에 일정한 형제를 두지 않았다.

예를 들어 〈표 5〉의 행렬도의 기마인과 군악대 및 전실(前室) 동남측 천정벽화 기마인의 삼은 옷고름이 없으나, 깃·끝동·도련에만 선을 두르고 섶에는 선을 두르지 않았다. 마사희도(馬射戱圖)의 기마인의 삼에도 섶에는 선이 없다. 주인실내생활도의 삼, 우교차도(牛轎車圖) 시녀의 유, 부인교차도(夫人轎車圖) 시녀의 유를 보면, 깃과 끝동에만 같은 색과 같은 폭의 선을 두르고 섶과 도련에는

선이 없다. 그러나 당시의 중국은 삼과 유의 경우 포와는 달리 깃·
섶·도련·끝동에 모두 일률적으로 선을 두르는 것을 그 특징으로
했다.

둘째, 신분에 따라 포와 마찬가지로 선의 폭과 색상에 다양한
변화를 주었다. 예를 들어 〈표 1〉의 여주인공과 시녀의 유는 어깨
에 선을 두른 것이 특징인데, 여주인공은 끝동과 어깨에 두른 선
을 깃에 두른 선과 서로 다른 색으로 하고, 시녀들의 유는 깃·끝
동·도련·어깨에 모두 같은 색의 선을 둘렀다. 〈표 2〉의 남주인공
의 삼은 깃·섶·도련·끝동에 두 가지 색상의 선이 두 줄로 병행하
여 둘려져 있는데, 깃과 섶의 두 줄의 선은 같은 폭이지만 끝동과
도련의 선은 폭에서 차이가 난다. 〈표 7〉의 부인도에서 부인의 유
는 선을 매우 화려하게 장식한 것으로 깃과 끝동에 좁은 폭으로
선과 같은 색의 수를 놓아 또 하나의 선을 이루게 했고, 섶과 도
련에는 선의 3배 되는 폭의 수를 놓아 전체적으로 넓은 폭의 선
을 이루게 했다. 또한 속옷으로 받쳐 입은 원령의 깃에도 겉옷의
선과 같은 색으로 선을 둘러 조화를 이루게 했다. 또한 부인도(夫
人圖)의 시녀와 시녀도(侍女圖)의 여시중군의 유는 모두 같은 폭과
같은 색의 선을 이중으로 둘렀다. 〈표 3〉의 무용하는 사람들의 삼
과 유는 소매가 길고 끝동에 두른 선이 매우 넓다. 〈표 4〉의 야유
수렵도의 삼과 유는 서로 다른 색의 선이 이중으로 둘려진 경우
이다. 그러나 같은 시대 중국의 포와 유 및 삼은 선의 폭과 색상
이 일정한 점이 특징이다.

이상으로 고대 한국의 포와 삼 및 유는 선의 형제에서 다양한
모습의 변화를 보였던 복식임을 알 수 있고, 중국이나 북방지역의
포와 삼 및 유에 보이는 선의 형제와는 큰 차이를 지녔다는 것도
알 수 있다.

중국이나 북방지역의 복식에서 찾아볼 수 없는, 고구려의 삼·유·

포에서 보이는 또 다른 특색은 사람들이 삼·유·포의 속에 겉옷과 다른 엷은 색의 속옷을 단정히 입었다는 점이다. 예를 들어, 안악 3호분의 포와 유 및 삼을 입은 모든 사람들을 보면, 겉옷 속에 겉옷의 깃보다 엷은 색의 속옷이 단정하게 올라와 있으며, 선이 둘려진 포의 소매에는 소매에 둘려진 선의 폭보다 좁거나 넓게 속옷의 소매가 나와 있다. 이 같은 속옷과 겉옷의 서로 다른 색감이 조화를 이루는 단아한 복식의 형제는 겉옷만이 강조되는 중국이나 북방지역의 복식이 주는 강한 분위기와 크게 다르다.

4. 닫는 글

고대 한민족이 입었던 웃옷과 겉옷은 크게 삼과 유 및 포로 구분되는데, 남자들은 삼을 입고 여자들은 유를 입었으며, 포는 긴 길이와 넓은 소매를 특징으로 하는 겉옷으로 남녀 모두 입었다. 삼·유·포의 임형·수·선에 대한 분석을 통해 중국이나 북방지역과는 다른 고대 한국 삼·유·포의 고유 형제를 확인하고, 고대 한국 삼·유·포의 원형을 제시해보면 다음과 같다.

고대 한국 복식의 원류를 논하는 데 임형과 수는 주요한 근거가 되어왔다. 4세기에서 6세기에 걸쳐 만들어진 고구려 고분벽화들을 보면, 삼국양진남북조시대까지 중국과 호의 임형에서 보이는 좌우양측의임(左右兩則衣袵)·대금(對襟)·원령·번령의 임형은 보이지 않고, 중국과 호의 임형에서 전혀 보이지 않는 곡령이 특징으로 나타난다. 고구려 복식의 임형은 대체로 좌임·우임과 함께 합임직령·곡령·대금사령(對襟斜領)이 혼용되었다. 수의 경우 종래에는 착수와 통수를 북방 계통의 것으로, 광수와 대수 등을 중국 계통의 것으로 구분했다. 그러나 고대 중국에서 볼 수 있는 것은 상시대와 주시대의 경우 모두 착수이다. 춘추전국시대에 와서야 대수와 관수가 출현하지만, 착수가 여전히 많은 부분을 차지했다. 진·한 시대에는 대수와 착수를 병행했다. 삼국양진시대의 복식은 진·한 의 것을 따랐으나 남북조시대의 복식은 한족의 의복과 북방민족 들의 호복이 병행되어 대수와 착수가 함께 나타난다. 호복은 착수 와 통수를 특징으로 한다. 그러나 고조선에서는 큰 소매의 포를 입었고 이는 이후 고구려·백제·신라에 그대로 계승되었다. 이 같 은 임형과 수에 관한 비교와 검토는 고대 한국 복식의 원형이 중 국이나 북방 호복 계통으로부터 이루어졌다는 종래의 통설을 수 정하는 데 중요한 근거가 된다.

고대 한국 복식의 원형이 북방이나 중국의 영향으로부터 이루 어졌다는 잘못된 견해는 삼·유·포에 두른 선에 대한 고대 한국과 중국 및 북방지역과의 비교와 분석에서 보다 분명하게 드러난다.

고대의 호복에서는 전국시대부터 선이 출현했으나 크게 강조되 지 않았고, 한시대에 와서 보편적으로 선을 달기 시작하여 삼국양 진남북조시대에 해당하는 시기에 호복의 특징으로 그대로 계승되 었다. 그 형제는 포의 경우 선이 끝동과 도련에 둘려진 것, 깃과 끝동에 좁은 선이 둘려진 것, 깃과 섶 및 끝동과 도련에 매우 넓 은 폭의 선이 둘려진 것, 선이 둘려지지 않은 것으로 분류된다. 유의 경우는 깃과 끝동에 좁은 선이 둘려진 것, 깃과 섶에 좁은 선이 둘려진 것으로 분류된다. 그러나 고구려 고분벽화에는 이 같 은 호복의 특징에서 보이는 선의 형제는 나타나지 않는다. 고구려 고분벽화의 삼·유·포에 보이는 선의 형제는 중국 복식과의 비교 에서도 마찬가지로 그 고유성을 보여준다. 선의 형제를 중심으로 고대 한국 삼·유·포의 원형을 제시해보면 다음과 같다.

(1) 고구려 고분벽화에 보이는 포와 유 및 삼은 중국의 경우에 서와 같이 문식 있는 천으로 만들어진 것이 없고 모두 단색이다.

선으로 두른 천 또한 중국은 모두 문식 있는 천으로 했으나 고구려 고분벽화의 경우를 보면 선이 모두 단색이다.

(2) 고구려 고분벽화에 보이는 포와 유 및 삼의 선은 크게 깃과 도련 및 끝동만을 두른 경우와 끝동과 깃에서 섶을 지나 도련까지 두른 경우의 두 가지로 나타난다. 그러나 중국의 상시대부터 춘추전국시대까지의 모든 포와 유는 반드시 끝동과 깃에서 섶을 지나 도련까지 모두 선이 둘려진 것을 특징으로 한다. 고구려 고분벽화에 보이는 포의 깃과 끝동에는 반드시 선을 둘렀다. 섶의 경우 선을 두를 것인지의 여부는 여밈새와 관계가 있다. 대금사령과 합임직령의 경우에는 섶에 선을 두르지 않았다. 좌임직령과 우임직령의 경우에도 앞여밈새를 옷고름으로 처리한 경우에는 섶에 선을 두르지 않았다. 이와 같이 옷고름이 있는 경우 섶에 선을 두르지 않고 옷고름이 없는 경우에만 섶에 선을 두른 것은 섶에 선을 두르는 것이 여밈새의 처리 문제와 관계가 있기 때문이라고 생각된다. 이는 선이 둘려지고 옷고름이 그 위에 매어지는 복잡한 분위기의 형제를 선택하지 않은 것으로, 고대 한국인들의 여유 있는 미적 감각을 말해준다. 지금까지 복식사 연구에서는 옷고름이 출현한 시기를 고려시대부터 이조시대 말기에 걸치는 때로 보았다. 그러나 안악 3호분의 포와 유에서 길고 짧은 옷고름이 나타나므로 고대 한국 복식에서 옷고름을 매기 시작 한 연대는 적어도 4세기 중엽 이전까지 거슬러 올라갈 것이다. 옷고름의 사용은 중국 복식이나 호복에서는 볼 수 없는 한민족의 복식만이 갖는 여밈새의 우아한 처리 방식이다.

(3) 중국은 전국시대에 직거단의(直裾單衣)·곡거포가 출현하고 진·한시대에는 요금심의·직거포가 출현했는데, 이들 포는 모두 옷 전체에 매우 넓은 폭의 선이 휘감겨 둘려져 있다. 또는 끝동에 두른 선의 색상과 폭이 깃과 섶이나 도련에 두른 선의 색상이나 폭

과 서로 다른 경우가 있다. 그러나 고구려 고분벽화에는 이 같은 모습들이 전혀 보이지 않는다. 고구려에서는 포의 깃·소매·섶·도련에 같은 색과 같은 폭의 선을 두르는 것을 기본적인 형제로 하고 있으며, 신분에 따라 선의 형제에 다양한 변화를 주었다. 예를 들어, 포의 깃과 끝동에 두 가지 색상의 선이 서로 다른 폭으로 둘려진 것을 볼 수 있는데, 일반적인 포가 한 줄의 선을 두른 것과 달리 세 줄로 두른 것이 있는가 하면, 포의 깃·끝동·도련 혹은 섶에 두 가지 색상의 서로 다른 폭의 선을 두르거나 포의 어깨에 이중으로 선을 두른 것도 있다. 또한 포의 다른 부분에 두른 선과 같은 색의 선이 어깨에 둘려져 있고 긴 소매에 매우 넓은 선을 두른 것도 있으며, 포의 도련과 도련에서 올라온 부분에 이중으로 선을 두르기도 했다. 포에 두른 선의 특징으로 보아 신분이 높은 계층의 경우 선을 이중·삼중으로 두르거나 색상과 폭을 달리하여 보다 화려한 복식을 했음을 알 수 있다. 삼과 유의 둘려진 선의 형제는 포와 마찬가지로 깃·끝동·도련 혹은 섶에 같은 색과 같은 폭의 선을 둘렀다. 그러나 포의 경우 옷고름이 있는지의 여부가 섶에 선을 두르는 것의 여부와 관계되었던 것과는 달리, 삼과 유는 여밈새와 관계없이 선을 두르는 것에 일정한 형제를 두지 않았다. 또한 신분에 따라 포와 마찬가지로 선의 폭과 색상에 다양한 변화를 주었다.

 (4) 진·한시대로 오면 중국에서의 남자의 포는 주로 대금사령으로, 소매는 대수이며 깃과 끝동은 문식 있는 천으로 선을 둘렀다. 진·한시대에 이어 양진남북조시대에 이르기까지 포의 도련에는 선을 두르기도 하고 두르지 않기도 했는데, 도련 부분이 그대로 길게 드리워진 것 그리고 포의 길이가 무릎 아래까지 내려오고 도련이 굴곡지거나 삼각형이 중첩된 모습을 하고 있는 것 두 가지가 있다. 그러나 고구려 고분벽화에 보이는 포에는 이같이 도련

이 곡선으로 되거나 삼각형으로 된 것은 없다. 고구려 고분벽화에 보이는 포의 경우 도련이 전부 선으로 둘려졌는지 확인할 수는 없다. 그러나 대체로 모든 계층의 포에서 도련에 선이 둘려진 것으로 보아 포의 도련에는 반드시 선을 둘렀을 것으로 생각된다. 따라서 고대 한국의 포는 깃·끝동·도련에 반드시 선을 두르는 것을 고유의 형제로 했음을 알 수 있다. 또한 이 같은 형제는 남녀의 구분이나 계층과 신분의 구분 없이 동일하게 적용되었음도 알 수 있다.

(5) 고구려 고분벽화에 보이는 삼·유·포에는 중국의 상시대부터 춘추전국시대까지 계속 나타나는 좁은 폭과 좁은 소매는 보이지 않는다.

이상으로 고대 한국의 포와 삼 및 유는 선의 형제로서 다양한 모습의 변화를 지녔던 복식임을 알 수 있다. 또한 고대 한국 삼·유·포에서 보이는 또 다른 고유성은 사람들이 삼·유·포의 속에 겉옷과 다른 엷은 색의 속옷을 단정히 입었다는 점이다. 안악 3호분의 포와 유 및 삼을 입은 모든 사람의 경우 겉옷 속에 겉옷의 깃보다 엷은 색의 속옷이 단정히 올라와 있으며, 선이 둘려진 포의 소매에는 소매에 둘려진 선의 폭보다 좁거나 넓게 속옷의 소매가 밖으로 나와 있다. 이 같은 속옷과 겉옷의 서로 다른 색감이 조화를 이루는 단아한 복식의 형제는 겉옷만이 강조되는 중국이나 북방지역의 복식이 주는 강한 분위기와 크게 다르다. 이는 고대 한국 복식이 오랜 기간 동안 쌓아 올린 높은 수준의 기술과 감각으로 이루어낸 정서의 결과라고 생각된다.

중국이나 북방지역의 복식 형제에서는 볼 수 없는, 고대 한국 삼·유·포의 고유한 임형·선·수의 형제 그리고 속옷과 조화를 이룬 겉옷의 형제 및 옷고름의 여밈새 처리 방식 등은 고조선 시기부터 줄곧 이어온 한민족의 고유한 복식 형제라고 하겠다.

제8장 고대 한국의 바지[袴]와 치마[裙]

1. 여는 글

이 글은 고대 한국의 아래옷인 바지[袴]와 치마[裙]의 원형을 복원하는 데 그 목적이 있다.

이여성은 《조선복식고》에서 고대 한국이 북방민족 계열에 속하기 때문에 그 복식 역시 북방민족의 것에서 원류를 찾아야 한다고 했다. 그는 《당서(唐書)》 등 중국 사서의 삼(衫)과 고(袴)는 북방민족의 복식인 고습(袴褶)에 속한다고 한 왕국유(王國維)의 〈호복고(胡服考)〉를 근거로, 고구려의 아래옷인 고가 중국의 고에 속한 것이 아니라 바로 북방민족의 고에 해당하는 것이라고 했다.[1] 또한 고구려 고분벽화에 보이는 고대 한국의 복식을 북방계 호복류(胡服類)로 보거나,[2] 그 원류를 스키타이계로 보기도 했는데,[3] 이는

---

1) 李如星, 《朝鮮服飾考》, 白楊堂, 1947, pp.127~132.
2) 柳喜卿, 《한국복식사연구》, 梨花女子大學校出版部, 1989, pp.19~27 ; 金東旭, 〈韓國服飾史〉, 《增補 韓國服飾史研究》, 亞細亞文化史, 1979, pp.3~9 ; 李京子, 《韓國服飾史論》, 一志社, 1988, pp.11~12 ; 유송옥·이은영·황선진, 《복

고구려의 복식이 중국과 다르다는 것을 전제하고 그 원류를 찾아 보려고 한 것이었다. 그러나 저자는 그 원류가 한민족 고유의 복식에서 연유했다는 생각에서 이를 찾아보고자 한다.

이여성은 고구려에서 입었다는 궁고(窮袴)[4]가 폭이 좁은 세고(細袴)라고 했다.[5] 그러나 고구려의 복식과 관련된 문헌자료에는 '통이 큰 바지[大口袴]'만 입었다는 기록이 있을 뿐 통이 좁은 바지[細袴]를 입었다는 기록이 없으며, 또한 장천 1호묘의 말을 끄는 하인들이 입은 바지가 비록 묘주 등 신분이 높은 사람들보다 바지 폭이 좁다고 하더라도 이는 북방민족이 입었던 고습의 고와는 다르다. 즉, 신분이 낮은 사람들은 비교적 통이 좁은 바지를 입었을 뿐이지 형제가 다른 것이라고 할 수는 없을 것이다. 《신당서》에도 당의 일반인들이 대구고(大口袴)를 입었다고 했다.[6] 그러나 고구려와 당의 벽화 등을 보면 양자의 대구고는 그 형제가 서로 다르며, 서역의 북방민족 고습과도 근본적으로 다르다. 따라서 이와 관련된 자료에 대한 철저한 분석이 필요하다고 생각된다.

고구려 벽화를 보면 남자와 여자 모두 바지를 입고 있는데, 여자는 반드시 바지 위에 치마[裙]를 더 입었으며, 치마 끝 도련에는 선(襈)을 두른 것이 특징이다.

식문화》, 교문사, 1997, p.29 ; 백영자·최해율, 《한국의 복식문화》, 경춘사, 2000, p.3 ; 김영숙·김명수, 《한국복식사》, 청주대학교출판부, 1998, p.33.

3) 金文子, 《韓國服飾文化의 源流》, 민족문화사, 1994, pp.97~115.

4) 《南齊書》 卷58 〈列傳〉 高(句)麗傳. "고(구)려 풍속은 窮袴를 입고,……(高麗俗服窮袴……)."

5) 李如星, 《朝鮮服飾考》, p.124.

6) 《北史》 卷94 〈列傳〉 高(句)麗傳. "貴者,…… 服大袖衫·大口袴." ; 《隋書》 卷81 〈列傳〉 高(句)麗傳. "貴者…… 服大袖衫·大口袴." ; 《新唐書》 卷45 〈輿服志〉. "王公 이하…… 등은 각각 관서와 품급에 준한 복식을 입는다. 그 밖에 관품이 없이 관서에서 일할 때는 모두 平巾幘·緋衫·大口袴를 착용한다(王公以下…… 等各準行署依品服. 自外及民任雜掌無官品者, 皆平巾幘·緋衫·大口袴)."

여자가 입은 치마[裙]에 대한 분석은 매우 어렵다. 치마와 관련되어 가장 혼란을 야기시키는 것은 바로 상(裳)과 군(裙)의 구별이다. 대부분의 문헌에서 상과 군을 같은 것으로 보았던 것도 바로 상과 군을 구별하기 어려웠기 때문으로 생각된다.

고대 한국의 아래옷인 바지를 북방민족 계통에서 유입된 것이라고 한 것과는 달리 여자의 치마는 '중국계통(中國系統)의 의복에서 원류(源流)한 것'[7]으로 보기도 했다. 즉, 바지와 치마의 원류를 다르게 보았던 것이다. 이를 그대로 받아들인다면 고구려에서 처음 여자는 남자와 같이 바지만을 입었으나 후대로 내려오면서 중국의 치마를 받아들여 바지 위에 입었다는 결과가 된다. 고구려의 치마가 바지와 같이 처음부터 하나의 원류에서 발전한 것인지 아니면 뒤에 유입된 것인지 하는 문제도 반드시 짚고 넘어가야 할 문제다.

저자는 먼저 문헌자료를 분석하여 고대 한국 아래옷에 관한 종래의 견해를 검토하고, 이를 고구려 고분벽화 등 유물에서 확인해 보고자 한다.

이 분석의 대상이 되는 시간 범위는 고대 한국이 중국이나 북방지역과 상호교류와 접촉이 시작되기 이전까지가 될 것이다. 그래야만 고대 한국의 복식이 갖는 고유성이 분명하게 나타날 수 있기 때문이다.

2. 고의 분류와 형제

'고(袴)'자는 《설문해자》에 없다.[8] 안사고(顏師古)는 고(絝)를 고

---

7) 金東旭, 《增補 韓國服飾史研究》, p.176.
8) 袴가 《說文解字》에 없기 때문에 《說文解字》보다 훨씬 앞서 쓰어진 《史

(袴)의 옛 글자라고 했다. 《설문해자》에서는 고(絝)를 "脛衣也. 從
糸夸, 聲苦故切"이라고 했고, 안사고는 《한서(漢書)》〈조충국신경
기전(趙充國辛慶忌傳)〉의 '경(脛)'에 대하여 "膝以下骨也",[9] 즉 "무릎
아래의 뼈"라고 했다. 단옥재(段玉裁)는 《설문해자주(說文解字注)》
에서 고(絝)를 청대(淸代)의 투고(套袴)와 같은 것으로 보았다.[10]
즉, 고(絝)는 무릎 이하에 착용한 것이 된다. 그러나 후대의 씌어
진 《釋名》[11]에서는 "고(袴)는 '사타구니[跨]'이다. 두 다리가 각기
사타구니에서 갈라졌다"[12]고 하여, '고(袴)' 자가 '과(跨)' 자에서 연
유된 것이라고 했다. 즉, 《석명》에서는 사타구니에서 발목까지 길
게 내려온 것을 '고(袴)'라고 한 것이다.

　운몽수호지 진간에 보면 일반 남자가 유(襦)와 군(幗)을 착용했
을 뿐, 고(袴) 또는 고(絝)를 입었다는 기재가 없다. 이로 본다면
고(袴) 또는 고(絝)는 서한 이후에 나오지 않았나 생각된다.

　중국의 문헌자료에 따르면 고구려에서는 귀족[13]과 대신(大臣)[14]
뿐만 아니라 평민들도 모두 '통이 큰 바지'[15]를 입었고, 부여와 동

記》에는 袴가 나올 수 없다. 그러나 《史記》〈淮陰侯列傳〉에 "出我袴下"가
　　나온다. 《漢書》에서는 이 袴를 絝로 쓴 것으로 보아 《史記》의 袴는 후대에
　　바뀐 것으로 보인다. 徐廣은 袴를 胯로 쓰기도 한다고 했다.

　9) 《漢書》 卷69 〈趙充國辛慶忌傳〉.

10) 段玉裁, 《說文解字注》. "絝, 卽今所謂套袴."

11) 《釋名》은 《後漢書》〈文苑傳〉에 "劉珍撰釋名三十篇, 以辨萬物之稱號"라고
　　했고, 《隋書》〈經籍志〉와 《舊唐書》〈經籍志〉, 《唐書》〈藝文志〉, 《宋史》〈藝
　　文志〉에 劉熙가 《釋名》 八卷을 지었다고 했다. 지은 사람이 누구인지 확실
　　하지 않지만 지어진 상한은 동한말을 크게 지나지 않는다고 하겠다. 《설문
　　해자》에 '袴' 자가 없는데, 같은 시기의 《釋名》에 '袴' 자가 있다는 것은 성
　　립되지 않는다. 따라서 《釋名》의 '袴'는 隋唐 때에 더해진 것으로 보아야 할
　　것이다.

12) 《釋名》〈釋衣服〉. "袴, 跨也, 兩股各跨別也."

13) 주 6과 같음.

14) 주 6과 같음.

15) 《周書》 卷49 〈列傳〉 高(句)麗傳. "남자들은 통소매의 衫과 통이 큰 바지를

옥저에서도 '통이 큰 바지'를 입었다.[16]

백제에서는 바지를 '곤(褌)'이라 부르고[17] 신라에서는 '가반(柯半)'이라고 부르는[18] 등 그 명칭이 달랐지만, 모두 고구려와 같이 '통이 큰 바지'를 입었다.[19] 이와 같이 한민족의 지역에서 신분에 관계없이 모두 '통이 큰 바지'를 입었다고 했을 뿐 통이 좁은 바지를 입었다는 기록은 없다. 따라서 '통이 큰 바지'는 한민족 바지의 고유한 형제라고 하지 않을 수 없다.

그러면 먼저 《남제서(南齊書)》에서 고구려가 입었다는 궁고와 대구고가 어떻게 다른가를 살펴보자.

이여성은 궁고를 세고, 즉 통이 좁은 바지로 해석했다. 왕우청(王宇淸)은 《중국복장사강(中國服裝史綱)》에서 "한인(漢人)은 늘 개당고(開襠袴)를 입지만, 예외적으로 궁고를 입기도 했다"[20]고 했다. 이경자 등은 이를 근거로 궁고는 바지의 폭으로 구분된 명칭이 아니라 "밑바대[襠]로 앞뒤가 막힌 바지가 바로 궁고"라고 했다.[21]

입고……(丈夫衣同袖衫·大口袴,……)."

16) 《三國志》 卷30 〈烏丸鮮卑東夷傳〉 夫餘傳. "(부여 사람들은)…… 在國衣尚白, 白袍大袂, 袍·袴.";《後漢書》 卷85 〈東夷列傳〉 東沃沮傳. "言語·飮食·居處·衣服有似句麗.";《三國志》 卷30 〈烏丸鮮卑東夷傳〉 東沃沮傳. "食飮居處, 衣服禮節, 有似句麗."

17) 《梁書》 卷54 〈列傳〉 百濟傳. "지금 언어와 복장이 대략 고(구)려와 같으나…… 모자를 관으로, 襦를 複衫으로, 袴를 褌이라 부른다(今言語服章略與高麗同…… 呼帽曰冠, 襦曰複衫, 袴曰褌)."

18) 《梁書》 卷54 〈諸夷列傳〉 東夷 新羅條. "(신라의) 冠을 遺子禮라 하고, 襦를 尉解라 하고, 袴를 柯半이라 하고, 신을 洗라고 했다(其冠曰遺子禮, 襦曰尉解, 袴曰柯半, 靴曰洗)."

19) 《梁書》 卷54 〈列傳〉 百濟傳. "今言語服章略與高麗同.";《南史》 卷79 〈列傳〉 百濟傳. "言語服章略與高麗同.";《北史》 卷94 〈列傳〉 新羅傳. "風俗·刑政·衣服略與高麗·百濟同.";《隋書》 卷81 〈列傳〉 新羅傳. "風俗·刑政·衣服, 略與高麗·百濟同."

20) 王宇淸, 《中國服裝史綱》, 中華大典編印會, 1978, p.107. "漢人習俗, 以著開襠袴爲常, 著窮袴爲例外."

21) 金文子, 《韓國服飾文化의 源流》, pp.110~111 ; 李京子, 《韓國服飾史論》,

416

궁고가 바지 폭으로 구분된 명칭이 아니라는 지적은 옳다. 따라서 이여성의 궁고에 대한 해석과 이에 근거하여 서역의 고습에서 받아들인 것이라는 견해도 수정이 불가피해진다.

《한서》〈외척전(外戚傳)〉에서는, 소제(昭帝) 때 보정(輔政)을 맡은 대사마대장군(大司馬大將軍) 곽광(霍光)의 딸 상관황후(上官皇后)에게 '후자(後子)'[22]가 없자 궁인(宮人)들에게 의도적으로 궁고를 입혔다고 했다.

소제가 때로 몸이 불안하자 좌우 및 의원 모두가 아첨하여 [궁인을] 들이지 못하게 해야 한다고 말했다. 궁인과 사령(使令)이 모두 궁고를 입게 되었지만, 띠를 많이 매어 소제를 모신 후궁이 없었다.[23]

이 궁고에 대하여 복건(服虔)은 다음의 내용처럼, 앞뒤의 당(襠)이 막혀 외부와 통할 수 없는 것이라고 했다.

궁고는 앞과 뒤에 당(當＝襠)이 있어 통할 수 없는 것이다.[24]

한편 안사고는 다음의 내용처럼, 궁고는 당대(唐代)의 당을 봉합한 곤당고(緄襠袴)와 같은 것이라고 했다.

<p.105.

22) '後子'는 아버지가 官府에 爵位의 相續者로 신고한 아들이다. 秦은 이 '後子'相續을 20等 爵制의 최하급인 士伍에서 邦君長 및 王에 이르기까지 모두 적용했다. 漢 제국도 秦을 따라 황제에 이르기까지 '後子'相續을 엄격히 실시했다(朴仙姫, 〈西漢 帝國의 建國과 序二等 封建〉, 단국대학교 박사학위논문, 1996, pp.148～149참조).

23) 《漢書》 卷97 〈外戚傳〉. "帝時體不安, 左右及醫皆阿意, 言宜禁內. 雖宮人使令皆爲窮絝, 多其帶, 後宮莫有進者."

24) "窮袴, 有前後當, 不得交通也."

고(絝)는 옛 '고(袴)' 자이다. 궁고(窮絝)는 바로 지금의 당(襠)을 묶은 고(袴), 즉 곤당고(緄襠袴)이다.[25]

《설문해자》에서는 곤(緄)에 대해 "織帶也", 즉 '실로 짠 띠'라고 했다. 따라서 곤당고는 당을 실로 엮은 바지가 된다. 이로 보면 서한 소제 때 중국의 고는 당이 터진 것과 당이 막힌 것 두 가지가 있었으며, 신분이 높은 사람들은 당이 터진 고를 입었음을 알 수 있다. 이를 입증할 수 있는 자료는 바로 1982년 호북성(湖北城) 형주(荊州)의 강릉(江陵) 마산(馬山) 1호묘에서 출토된 고이다.[26] 묘주는 여인이고 포(袍) 등으로 시신이 겹겹이 싸여 있었다. 맨 마지막으로 짙은 붉은색의 협의(夾衣)(n23)와 짙은 갈색의 단군(單裙)(n24) 그리고 마지막으로 고를 입고 있었다. 이로 본다면 단군과 고는 속옷으로 판단된다. 고는 붉은 사직물에 봉조화훼(鳳鳥花卉)를 수놓았으며, 크게 허리 부분과 다리 부분으로 나뉘어 있다. 허리 부분은 회백색의 사직물로 된 장방형 천 네 조각을 이어 만들었고, 다리 부분은 다리마다 두 조각으로 되어 있으며, 밑은 단(端)을 대어 조이게 했다. 그리고 다리 부분과 허리 부분이 이어지는 곳에 길이 12센티미터, 넓이 10센티미터 되는 장방형의 당이 둘 달려 있다(그림 1). 당은 앞쪽은 막혔으나 뒤쪽은 터져 있다. 소제 때 궁인에게 입혔던 궁과가 어떤 것인지 확인할 수는 없지만, 마산 1호묘의 여인이 입었던 고의 당에서 뒤쪽까지 막은 것이 바로 궁고가 아니었던가 생각된다.

고와 관련하여 왕우청은 중요한 사실을 지적했다. 상병화(尙秉和)는 〈고자고(袴子考)〉에서 전국(戰國) 이전에 중국은 고를 입지 않았다고 단언했다. 이에 대하여 왕우청은 고를 입지 않은 것이 아

---

25) "絝, 古袴字也. 窮絝, 卽今之緄襠袴也."
26) 湖北城荊州博物館, 《江陵馬山一號楚墓》, 文物出版社, 1985.

니라 밑이 터진 개당고를 입었기 때문에 고를 입지 않은 것처럼 보였을 뿐이라며 상병화의 견해는 옳지 않다고 지적했다.[27] 왕우청의 견해를 그대로 받아들인다면, 중국 고의 원류는 밑이 터진 형태였고, 따라서 겉옷이라기보다 속옷에 해당하며, 밑이 터진 고를 입기 위해서는 포와 같은 긴 웃옷을 겉에 입어야만 했다. 마산 1호묘와 장사 마왕퇴 1호묘 등 진·한 교체기의 출토자료로 보면 남녀 모두 몸이 휘감기는 심의(深衣)를 입었기 때문에 그 안에 밑이 터진 고를 입을 수 있었다. 그리고 꼭 심의가 아니더라도 웃옷의 길이가 포와 같이 길 때는 고를 입을 수 있다. 그러나 웃옷의 길이가 길지 않을 때는 밑이 터진 고를 입을 수 없었을 것이다.

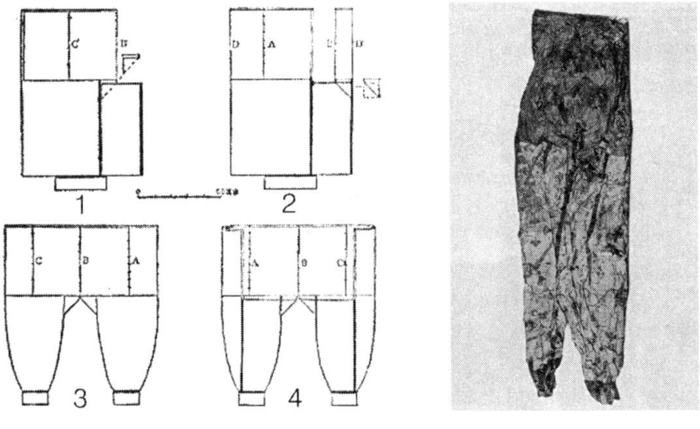

〈그림 1〉 1. 면고의 오른편, 2. 면고의 왼편, 3. 면고의 앞면, 4. 면고의 뒷면(왼쪽 그림). 마산 1호묘에서 출토된 N25 면고(오른쪽 그림)

왕우청은 고의 다른 형태로 도돈(倒頓)·'裬衦'·곤(褌) 세 가지를 들었다. 그는 《중국복장사강》에서, 도돈은 바지 아래를 벌려 무릎

27) 王宇淸, 《中國服裝史綱》, p.107.

에서 접어 올릴 수 있도록 한 것이고, '絞衧'은 좁고 짧은 곤과 같은 것으로 어부가 물을 건널 때 입는 바지와 같다고 했다. 또 곤은 '絟'이라고도 하며 '絞衧'의 다른 이름이라고도 하는데, 가랑이 길이를 짧게 하고 당을 꿰맨 것이라고 했다. 이 곤은 곡예사들이나 비천한 일꾼들처럼 웃옷이 짧거나 혹은 웃옷을 입지 않았을 때 입은 일상복이었으며, 그 명칭은 전국 때 초(楚)나라지역의 방언이라고 했다.[28]

서한 무제의 총애를 받으며 장안에서 활동하던 사마상여(司馬相如)는 양효왕(梁孝王)이 죽자 고향인 임공(臨邛)으로 돌아갔다. 이때 사마상여는 일꾼들과 같이 곤을 입고 일했다. 사마상여가 입은 곤에 대하여 《한서》〈사마상여전〉에서는 다음과 같이 설명했다.

상여는 스스로 송아지 코 모양의 곤을 입고, 일꾼들과 함께 잡일도 하고, 시장에서 그릇을 닦기도 했다.[29]

완적(阮籍)의 〈대인선생전(大人先生傳)〉에도 곤에 관한 내용이 있다.

어찌 너 혼자 곤 속에 이가 있는 곳을 모른다고 하겠는가. 깊이 꿰맨 틈 사이로 도망하고, 뭉친 솜 사이로 숨어 스스로 좋은 집이라고 생각하기 때문이다. 행동에서 꿰맨 사이를 떠나지 않고 곤당(褌襠)에서 나오지 않는 것도 스스로 옳다고 생각하기 때문이다.[30]

---

28) 王宇淸, 《中國服裝史綱》, p.108 참조. 王宇淸은 襠이 언제 없어졌는지 알 수 없다고 했다.

29) 《漢書》 卷27 〈司馬相如傳〉. "相如身自著犢鼻褌, 與庸保雜作. 滌器於市中."

30) 阮籍 〈大人先生傳〉. "且汝獨不見夫虱之處褌中. 逃乎深縫, 匿乎壞絮, 自以爲吉宅也. 行不敢離縫際, 動不敢出褌襠, 自以爲得繩墨也."

《석명(釋名)》에는 다음과 같은 내용이 나온다.

곤은 관(貫)이다. 두 다리 위가 통해 있고, 허리 가운데에서 맸다.[31]

《삼국지(三國志)》〈위서(魏書)〉 배잠전(裵潛傳)의 내용 가운데에는, 한선(韓宣)이 무척 추운 날 황제에게 매를 맞는 벌을 받게 되자 고를 벗길 것을 미리 알고 곤을 끈으로 묶어 알몸이 되지 않게 했다는 이야기가 있다.[32] 이로 보면 한선은 고 안에 곤을 입었음을 알 수 있다.

이상으로부터 중국 고의 원류는 밑이 터진 형태였고, 중국의 고는 겉옷이 아닌 긴 웃옷 안에 입은 속옷에 해당하며, 웃옷이 길기 때문에 당을 터서 용변(用便) 등이 편하게 했음을 알 수 있다. 서한 때 중국의 고는 당이 터진 것과 당을 실로 엮어 막은 곤당고 두 가지가 있었는데, 신분이 높은 사람들은 당이 터진 고를 입었다. 그러나 웃옷이 아랫도리를 가릴 수 없을 정도로 짧거나 입지 않았을 때는 길이가 짧고 당을 막은 곤을 입었다. 즉, 고는 심의나 앞을 가리는 상(裳) 등을 입었을 때 입는 속옷이었고, 관직이 낮거나 어부나 일꾼 등 긴 웃옷을 입을 수 없는 경우에는 당이 막힌 곤을 입은 것이다. 그리고 곤은 필요에 따라 길이가 길거나 짧기도 했다. 이로 본다면 고는 당이 터진 것이고, 곤은 당이 막힌 것이라고 하겠다.

따라서 약수리 고분벽화에 보이는 문지기와 수산리 고분벽화의 곡예를 하는 사람이 입은 짧은 바지를(그림 2) 곤으로 분류하는

---

31) 《釋名》〈釋衣服〉. “褌, 貫也. 貫兩脚上, 繫腰中也.”
32) 《三國志》卷23〈魏書〉裵潛傳의 注에 실린 韓宣에 관하여 “時天大寒, (韓)宣前以當受杖, 豫脫袴, 纒褌面縛, 及其原褌, 腰不下, 乃趨而去帝目而送之, 笑曰 ; 此家有瞻諦之士也”라고 했다.

것[33]은 잘못이라 하겠다. 곡예가
서한 초 흉노와 교역하면서 중국
에 들어오기 시작한 것으로 보아
이들이 입은 바지는 중국의 고 안
에 입었던 곤이 아니라 서역 및
변방민족들이 입었던 고유한 바지
였다고 하겠다.

이상으로 본다면, 한대 이전부
터 중국은 당이 있는 곳이 터진
고를 겉에 입고 그 안에 군을 걸
쳤지만, 고구려 등은 이 같은 고
를 입지 않고 당으로 막은 바지를

〈그림 2〉 수산리 고분에 보이는
곡예하는 사람

입었다. 고구려에서는 남자들은 신분에 관계없이 모두 길이가 허
리까지 오는 웃옷만을 입었기 때문에 중국의 당이 터진 고를 입
을 수 없었다. 만일 고구려가 중국의 영향을 받았다면 개당고를
원류로 삼았을 것이다. 그러나 고구려에서는 중국의 영향을 받지
않고 고유의 바지를 입었음에 틀림없다. 백제에서 바지를 곤으로
불렀던 것도 중국의 고보다는 곤에 가깝기 때문이었을 것이며, 신
라에서 '가반'이라고 불렀던 것도 중국의 고나 곤과 그 원류를 달
리했기 때문이었다고 하겠다.

이제 고구려의 고유 복식이 고습이라는 일반적인 견해가 모순
임을 지적하고자 한다. 우선 흉노 등 북방민족의 고습에 대하여
살펴보면 다음과 같다.

《통아(通雅)》 〈의복(衣服)〉에서는 고습에 대하여 다음과 같이

---

33) 朴京子, 〈우리나라 袴에 관한 小考〉, 《韓國服飾論巧》, 新丘文化社, 1983,
  p.198 ; 金東旭, 《增補 韓國服飾史研究》, pp.24~25.

말하고 있다.

　옛 고는 위로 웃옷에 이어져 있기 때문에 융의(戎衣)를 고습이라
했다. 여범(呂範)은 손책(孫策)의 도독(都督)이 될 것을 자청하고,
[도독으로] 나가며 구(褌)를 벗고 고습을 입었다. (안)사고([顔]師
古)가 위에 옷을 겹쳐 입었다고 해석한 것은 바로 지금의 조갑(罩
甲)을 말하며 어깨 반까지 짧은 융의(戎衣)인 것이다.[34]

　고습은 고와 습을 합쳐 말한 것이다. 안사고는《급취편(急就篇)》
의 습(褶)에 대하여 다음과 같이 말하고 있다.

　습은 겹옷 가운데 가장 위의 것이다. 그 모양은 포와 같으나 길이
가 짧고 소매가 넓다.[35]

〈그림 3〉 북위시대의 도용

---

34)《通雅》〈衣服〉. "古袴上連衣, 故戎衣謂之袴褶. 呂範自請爲孫策都督, 出便釋
　褌著袴褶. 師古所解重衣在上, 正謂今之罩甲. 半臂而短, 戎衣也."
35) "褶, 重衣之最上者也. 其形若袍, 短身而廣袖."

즉, 습은 중국의 포와 같이 웃옷 가운데 가장 겉에 입는 옷이지만, 중국의 포와 달리 길이가 짧고 소매가 넓다는 것이다. 선비족인 북위(北魏)의 병사들이 입은 것(그림 3)처럼 습은 짧게는 허리 가까이, 길게는 무릎까지 내려오기도 하며, 소매 끝이 벌어지고 허리에는 띠를 두르기도 했다. 그리고 이들이 입은 고는 폭이 넓고 길이가 길기 때문에 무릎에서 끈으로 매어 행동에 편하도록 했다.

지금까지의 복식사 연구에서는, 《관당집림(觀堂集林)》〈호복고〉에서 왕국유가 "혹은 붉은 삼과 통이 큰 바지를 말하고, 혹은 붉은 습과 통이 큰 바지를 말하는데, 삼과 습을 같이 말하여 삼은 바로 습임을 알 수 있다"[36]라고 호복을 설명한 내용에 따라, 대구고의 고습이 고대 한국의 복식과 같을 것으로 보았다.[37] 그러나 위의 정리된 고습의 형제로 보아 이 같은 견해가 잘못임을 알 수 있다. 위의 내용에서 왕국유가 삼을 바로 습이라 한 것은 위 그림들에 보이는 도용(陶俑)들이 입은 고습의 형태를 설명한 것이다.

고대 한국에는 이와 같은 습의 형태가 없었으며, 고대 한국의 삼은 습이 아니다. 위의 도용들에서 보듯이, 고의 위에 입은 습은 길이가 무릎 위까지 오며 소매는 통이 넓고 긴 소매와 반 소매의

---

36) 王國維, 《觀堂集林》, 〈胡服考〉. "隋志와 唐志를 자세히 보면 袴褶은 같은 색인데, 이어서 어떤 袴褶에 대하여 말하길 붉은 袴褶 푸른 袴褶이라 한다. 袴褶이 다른 색은, 즉 어떤 衫과 어떤 색의 통이 큰 바지 혹은 단지 어떤 衫과 통이 큰 바지라 말한다. 舊唐志에서 혹은 붉은 衫과 통이 큰 바지를 말하고, 혹은 붉은 褶과 통이 큰 바지를 말하는데, 衫과 褶을 같이 말하여 衫은 바로 褶임을 알 수 있다. 그러면 위에서 말한 어떤 衫과 통이 큰 바지 혹은 통이 큰 바지와 어떤 衫은 모두 袴褶이다(案隋志與唐志, 例袴褶同色, 則連言某袴褶, 如云緋袴褶青袴褶是也. 袴褶異色, 則云某衫某色大口袴, 或但云某衫大口袴. 舊唐志或云緋衫大口袴, 或云緋褶大口袴, 衫褶互言, 知衫卽褶, 然則, 上所云某衫大口袴, 或大口袴某衫者, 皆袴褶也)."
37) 李如星, 《朝鮮服飾考》, pp.131~132 ; 李京子, 《韓國服飾史論》, pp.105~106.

〈그림 4〉 노인-울라에
서 출토된 견고

두 가지 형태인데, 임형은 대금(大襟)과 대금(對襟)이다. 그리고 여며진 깃의 바로 밑에서 대(帶)가 늘어뜨림이 없이 단단히 묶여져 있다. 이 같은 고습이 갖는 임형, 소매와 바지의 형제(形制), 대의 모습은 고대 한국 복식 형제에서는 전혀 보이지 않는다. 따라서 고대 한국의 복식이 북방계 호복 또는 고습이라고 하거나 북방계 호복으로부터 영향을 받았다고 주장해온 복식사 연구에서의 일반적인 통설은 수정되어야 할 것이다.

고구려 벽화는 대부분 4세기에서 6세기에 속하는 것이다. 이때 고구려는 서역으로부터 불교뿐만 아니라 문물도 많이 받아들였기 때문에 북방지역의 복식에 대해서도 물론 잘 알고 있었다. 그러나 그들의 복식을 입지는 않았다. 이는 고습과 고구려의 복식이 그 형제에서 완전히 다름을 고구려 사람들 스스로 잘 알고 있었기 때문일 것이다. 즉, 고구려가 북방 복식의 영향을 받지 않고 자신들 고유의 복식을 지켜왔기 때문이었다고밖에 설명되지 않는다. 따라서 고대 한민족의 복식이 북방민족의 고습을 원류로 했다거나 영향을 받았다는 주장은 재고되어야 할 것이다.

종래의 복식사 연구에서는 고대 한국의 바지가 북방 계통을 원류로 하고 있다고 주장할 때 노인-울라(Noin-ula)에서 출토된 견(絹)과 모직으로 만든 두 벌의 바지를 늘 주요한 근거로 제시했다(그림 4).[38] 이는 중국의 고와 같이 밑을 터놓지 않았고, 형태상에서

---

38) 高福男, 《韓國傳統服飾史研究》, 一潮閣, 1991, p.139 ; 劉頌玉, 〈고구려의 복식구조〉, 《韓國의 服飾》, 韓國文化財保護協會, 1982, pp.61~62 ; 新羅文化宣揚會, 〈新羅의 服飾〉, 1979, p.10 ; 金文子, 《韓國服飾文化의 源流》, pp.111~113 ; 朴京子, 〈우리나라 袴에 관한 小考〉, p.196.

우리 한복 바지와 비슷하다. 그러나 이것만으로 고대 한국의 복식이 그들의 영향을 받았다고 단정하는 것은 바람직하지 않다. 출토된 유물의 편년을 기준으로 그들 지역에서의 고의 발생 및 형태 변화에 대한 내용과 고대 한국 고와의 상세한 비교 연구를 통한 복식사적인 고찰이 이루어져야만 할 것이다. 이를 분명히 하기 위하여 아래에서는 고대 한국 고의 북방 영향설의 유일한 근거 자료가 되어온, 노인-울라에서 출토된 고를 중심으로 북방지역의 고에 관하여 고찰하고 이를 고대 한국의 고와 비교·분석하고자 한다.

지금의 신강(新疆) 자치구 낙보현(洛甫縣)에 위치한 노인-울라의 산보랍(山普拉) 고묘의 시기에 대하여 발굴자들은 한대(漢代, 서기전 1세기~서기 1세기)에 속한다고 했다. 노인-울라는 고대 실크로드 남도(南道)에 우전국(于闐國)이 위치했던 곳으로, 현재의 신강과 화전(和闐)지역이다. 고대의 우전국은 서쪽으로는 파미르고원과 카슈미르지역을 넘어 중앙아시아와 서남아시아 및 유럽과 통했으며, 동쪽으로는 타림분지와 인접하고 그 남쪽으로는 돈황을 거쳐 중국으로 통했다.

이 같은 노인-울라의 지리적 환경은 여러 민족의 물건들이 모이는 등 문화적으로 다양한 인소를 갖게 했다. 노인-울라의 유적에서 중국의 동경(銅鏡)과 그리스와 로마 신화에 나오는 무사(武士) 및 인수마신(人首馬身)의 형상이 도안된 모직 바지가 출토된 것은 그 대표적인 예가 될 것이다(그림 5).[39] 그리고 언제부터인지 확인할 수는 없지만, 신라에서는 우전국의 탈춤을 밤새도록 즐겼고 최치원은 이를 시로 남기기도 했다.[40] 이로 보아 신라가 서역을 통하여 불교를 알고자 했을 때, 우전국에 대해서 잘 알고 있었고 그곳의 문화와 문물도 상당한 정도 수입되었다고 하겠다.

---

39) 李肯冰, 《中國西域民族服飾硏究》, 新疆人民出版社, 1995, p.83.
40) 《三國史記》 卷32 〈雜志〉 樂條.

〈그림 5〉 그리스와 로마 신화에 나오는 무사와 인수마신의 모습이
도안된 모직 고

月顚[41]	우전의 탈춤
肩高項縮髮崔嵬	어깬 으쓱 목은 움추리고 머리털은 삐쭉
攘臂群儒鬪酒杯	팔을 걷은 선비들 술잔을 다툰다네
聽得歌聲人盡笑	노래를 듣는 사람들 맘껏 웃으니
夜頭旗幟曉頭催	밤의 깃발 날 밝기를 재촉한다네

　　노인-울라에서 출토된 유물들의 성격으로 보아 이 바지가 우전
국 고유의 바지인지 아니면 외래적인 것인지 혹은 우전국 사람들
이 외래의 영향을 받아 만든 것인지 등을 먼저 확인해볼 필요가
있다. 《양서(梁書)》 〈서역전(西域傳)〉에는 우전국 여자들의 복식과
관련하여 다음과 같은 내용이 나온다.

　　부인들은 모두 변발(辮髮)을 하고 가죽으로 만든 고를 입었다.[42]

---

41) 월전(月顚)은 우전(于闐 또는 于田)의 음역(音譯)이다.
42) 《梁書》 卷54 〈列傳〉 海南諸國傳. "婦人皆辮髮, 衣裘袴."

아울러, 《당서》와 《책부원구(冊府元龜)》에서는 다음의 내용들을 볼 수 있다.

길이가 몸만 하고 소매가 작은 포를 만들었으며, 남녀 모두 머리를 땋았고 당고를 입었다.[43]

우전국의 습속에 고패(古貝＝白氎)로 만든 옷을 입었는데, 몸길이만 하고 소매가 작은 포와 통이 좁은 바지[褲]를 만들었다.[44]

우전국에서는 남녀 모두 가죽 또는 백첩(白氎)으로 옷을 만들었으며, 소매가 좁고 몸길이만큼 긴, 포와 같은 웃옷과 밑이 막히고 통이 좁은 바지를 입었다고 했다. 위의 《양서》〈서역전〉과 《책부원구》에 보이는 내용으로부터 우전국의 주된 복식 재료가 가죽과 백첩이었음을 알 수 있다. 위에 나열된 사서(史書) 가운데 《양서》는 당대에 씌어졌고 《당서》와 《책부원구》는 모두 송대에 씌어진 것으로, 이들 사서의 내용은 모두 우전국 고유의 복식이 아니라 외래의 영향을 받은 당·송 시기 우전국 복식의 모습을 기재하고 있다고 보아야 할 것이다. 따라서 위의 기재를 참고로 하고 같은 신강지역에서 출토된 고들을 편년하여 우전국과 주변 지역 고의 형제 변천사를 살펴본 뒤, 노인-울라의 산보랍 고묘에서 출토된 고의 국적 문제에 대하여 접근해보도록 하겠다.

서기 전 1세기~서기 1세기에 해당하는 한대의 것으로 분류되는 노인-울라의 고보다 앞선 시대의 고가 노인-울라 주변 지역에서 다양하게 출토되었다. 연대순으로 나열하면 다음과 같다. 가장 연대가 이른 것은 그 지역의 청동기시대 초기에 속하는 서기 전

---

43) 《舊唐書》 卷198 〈列傳〉 于闐國傳. "作長身小袖袍, 男女皆辮髮, 滿襠袴."
44) 《冊府元龜》. "于闐國其俗衣古貝衣, 作長身小袖袍·小口褲."

1000년경의 합밀오보(哈密五堡) 고묘에서 출토된 직통형(直筒形)의 가죽바지(그림 6)[45]이다. 이 고는 그림에서와 같이 당이 없다. 이후 노인-울라의 동쪽에 인접한 차말(且末)에서는 중국의 서주시대에 속하는 서기 전 9세기경으로 추정되는 찰홍로극(札洪魯克) 고묘에서 모직으로 만든 바지(그림 7)[46]가 출토되었다. 바지는 능형(菱形)이고, 당의 폭이 좁다. 또 중국 전국시대에 해당하는 토로번(吐魯番)의 소패희(蘇貝希) 고묘에서 출토된 모직바지(그림 8)[47]는 당이 없고 두 다리 부분을 윗부분과 끈으로 묶어서 연결시킨 고이다. 노인-울라의 바로 오른쪽에 인접한 민풍(民豊)의 니아(尼雅) 고묘에서 한대에 속하는 거친 백첩으로 만든 좁은 바지가(그림 9)[48] 출토되었다. 이 바지는 허리와 통이 비교적 넓은 직통형으로 당이 있으며 도련 부분에 넓게 문식이 있는 선을 둘렀다. 이 바지는 합밀오보 고묘와 찰홍로극 고묘에서 출토된 앞선 시대의 고들과 그 형태에서 같은 직통형의 모습을 하고 있다. 이상의 출토자료들을 통해 다음과 같은 사실을 확인할 수 있다.

신강지역에서는 서기 전 1000년경부터 직통형의 고를 착용하기 시작하여 같은 형제가 이후 중국의 서주시대와 한대에 이르기까지 줄곧 이어지는데, 이로 볼 때 직통형의 고는 이 지역 고의 원형이었을 것이다. 또한 위의 출토자료로 보아 당은 서주시대부터 출현했음을 알 수 있다. 노인-울라 유적은 서기 전 1세기~서기 1세기에 속하는 것이므로 북방지역에서 궁고의 형제는 서한 후기에 와서야 처음 출현한 것임을 알 수 있다. 따라서 궁고의 형제가 갑자기 출현하고 이와 함께 출토된 또 다른 고들이 그리스와 로

---

45) 李肯冰, 앞의 책, p.55.
46) 같은 책, p.57.
47) 같은 책, p.61.
48) 같은 책, p.74.

마 신화에 나오는 무사와 인수마신의 형상이 도안된 외래적인 고
인 것으로 보아, 궁고 역시 외래적인 것일 가능성이 크다.

　서기 전 1세기~서기 1세기는 고조선이 붕괴되고 여러나라시대
가 시작되는 시기이다.[49] 이 시기 여러 나라들은 이미 고구려와 같

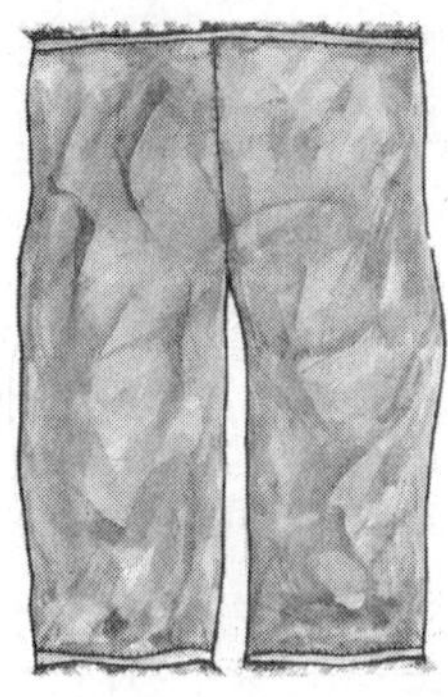

〈그림 6〉 가죽으로 만든 직통형의 고

〈그림 7〉 모직으로 만든 고

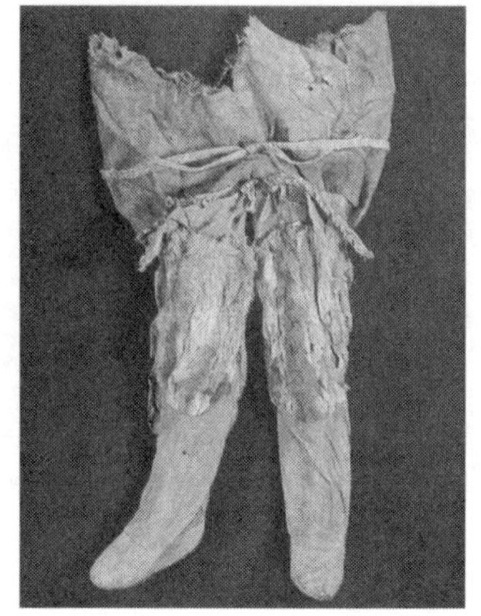

〈그림 8〉 모직으로 만든 고

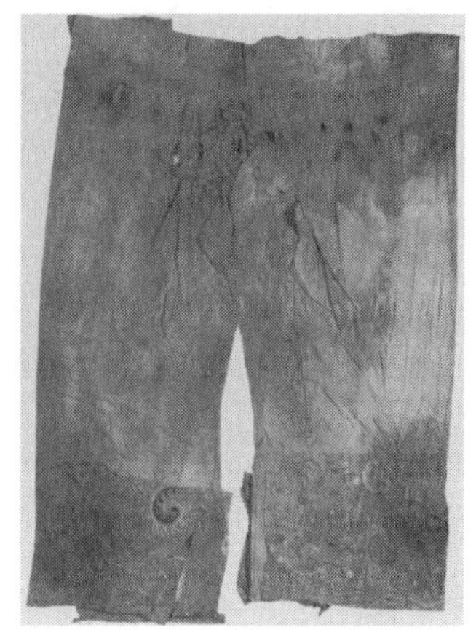

〈그림 9〉 면포로 만든 직통형의 고

---

49) 윤내현, 《한국 열국사 연구》, pp.11~17 참조.

은 궁고를 널리 착용했다. 따라서 고구려의 고는 고조선시대부터 이어져 내려온 복식으로 이미 오랫동안 한민족의 고유한 복식 형제였다고 할 수 있다. 고대 중국에는 궁고와 같은 복식 형제가 없었다. 그러므로 북방지역에서 서한 후기에 이르러 갑자기 출현한 궁고는 고대 한민족으로부터의 영향으로 만들어진 것이거나 한민족으로부터의 수입품일 것이라 추정된다. 왜냐하면 이후 시대에도 북방지역에서는 거의 직통형의 고를 주된 복식 형제로 하고 궁고를 착용하지 않았기 때문이다.

위에서 고찰한 결과와 같이 종래의 복식사 연구에서 고대 한국의 고가 북방의 영향으로부터 만들어졌다는 통설은 수정되어야 할 것이다. 그러면 다음으로 고대 한국 고의 형제는 어떠한 종류와 특징을 갖는지 여러 나라의 고에 관한 문헌자료 및 실제 유적과 유물자료를 중심으로 분석하고, 이를 중국 및 북방지역의 고와 비교하여 고대 한국 고의 고유성을 밝혀보고자 한다.

위에서 서술한 것처럼, 고구려는 궁고,[50] 즉 대구고를 입었는데, 이는 대신[51]이나 존귀한 사람[52] 및 일반인들[53] 또는 악공인(樂工人)[54] 할 것 없이 모두 마찬가지였다. 이 같은 고를 입는 것은 부여[55]·동옥저[56]·백제[57]·신라[58]의 경우도 마찬가지였다. 이를 볼 때 대구고를

---

50) 주 4와 같음.
51) 《新唐書》 卷220 〈列傳〉 高(句)麗傳. "大臣…… 袴大口."
52) 《北史》 卷94 〈列傳〉 高句麗傳. "貴者…… 服大袖衫·大口袴.";《隋書》 卷81 〈列傳〉 高(句)麗傳. "貴者…… 服大袖衫, 大口袴."
53) 《周書》 卷49 〈列傳〉 高(句)麗傳. "丈夫衣同袖衫·大口袴."
54) 《三國史記》 卷32 〈雜志〉 樂. "고구려의 음악에 대해 〈通典〉에서 말하길 '樂工人은 자주색 羅로 만든 모자에 새 깃으로 장식하고, 황색의 큰 소매 옷에 자주색 羅로 만든 띠를 하고, 통이 넓은 바지에 붉은 가죽신을 신고……(高句麗樂, 通傳云, 樂工人紫羅帽, 飾以鳥羽, 黃大袖, 紫羅帶, 大口袴, 赤皮鞾……)."
55) 《三國志》 卷30 〈烏丸鮮卑東夷傳〉 夫餘傳. "(부여 사람들은)…… 在國衣尚白, 白袍大袂, 袍·袴."

입는 풍습은 고조선시대부터 내려온 오랜 복식 형제였다고 생각된
다. 이 같은 문헌자료에 보이는 고의 내용을 고구려 고분벽화·왕
회도(王會圖)[59]·경주 백률사(栢栗寺) 석당기(石幢記)(그림 10)[60]·단석
산(斷石山) 신선사(神仙寺) 마애공양(磨崖供養) 인물상(人物像)(그림
11)[61]·토우(土偶)(그림 12)[62]·무령왕릉 출토 동자상(童子像)(그림 13)[63]·

〈그림 10〉 백률사 석당기

〈그림 11〉 신선사 마애공양 인물상

56) 《後漢書》 卷85 〈東夷列傳〉 東沃沮傳. "言語飮食衣服, 有似句麗.";《三國志》
　　卷13 〈烏丸鮮卑東夷傳〉 東沃沮傳. "衣服禮節有似句麗."
57) 《南史》 卷79 〈列傳〉 百濟傳. "언어와 복장은 고(구)려와 거의 같다(言語服
　　裝略與高麗同).";《北史》 卷94 〈列傳〉 百濟傳. "그 음식과 의복은 고(구)려
　　와 거의 같다(其飮食衣服, 與高麗略同).'
58) 《北史》 卷94 〈列傳〉 新羅傳. "풍속·형정·의복은 고(구)려·백제와 거의 같
　　다(風俗·刑政·衣服略與高麗·百濟同).";《隋書》 卷81 〈列傳〉 新羅傳. "풍속·
　　형정·의복은 고구려·백제와 거의 같다(風俗·形政·衣服, 略與高麗·百濟同)."
59) 李天鳴, 《中國疆域的變遷》 上冊, 國立古宮博物院, 臺北, 1997, p.80.
60) 국사편찬위원회 소장, 《慶州 栢栗寺 石幢記》.
61) 慶州 斷石山 神仙寺 石窟의 磨崖 供養 人物像.
62) 秦弘燮, 《한국미술전집》 3, 동화출판공사, 1974.
63) 國立公主博物館, 〈童子像〉, 《國立公主博物館圖錄》, 1981.

천마총(天馬塚)의 채화판(彩畵板) 기마인물도(騎馬人物圖)[64]·언양(彦陽) 천전리(川前里) 암각인물상(岩刻人物像)[65] 등의 유적과 유물자료를 통해 분석해보면 다음과 같다.

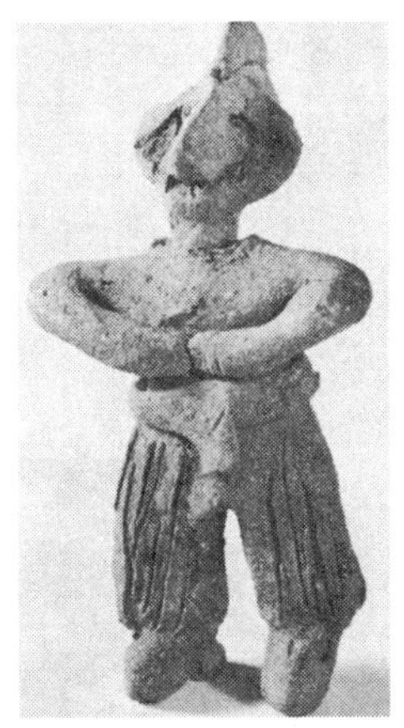

〈그림 12〉 신라의 토우

〈그림 13〉 무령왕릉에서 출토된 동자상

고분벽화의 명칭	고분벽화의 연대	고분벽화에 보이는 구성원이 입은 고의 모습
안악 3호 고분 벽화	4세기 중엽	장하독·부월수·의장기수·뿔나팔 부는 사람은 신분에 구분 없이 대구고를 입었다.
각저총 벽화	4세기 말엽	각저도의 서 있는 사람은 대구고를 입었고 주인생활도의 남주인공은 점 무늬가 있는 대구고를 입었다
장천 1호 고분 벽화	4세기 말 ~5세기 초	야유수렵도의 서 있거나 앉아 있는 사람 혹은 춤을 추는 사람은 모두 넓은 폭의 점 무늬가 있는 대구고를 입었다. 불교공양도의 서 있는 사람과 절하는 사람 및 시중드는 사람은 모두 점 무늬가 있거나 없는 대구고를 입었다.

---

64) 문화재관리국, 《天馬塚 發掘 調査 報告書》, 1974, pp.156~157.
65) 경상남도 彦陽 川前里 岩刻畵.

무용총 벽화	4세기 말 ~5세기 초	무용도의 기마인은 점 무늬가 있는 대구고를 입었다
삼실총 벽화	5세기 초	행렬도의 서 있는 사람들은 점 무늬가 있는 대구고를 입었다.
수산리 고분벽화	5세기	주인공부부도에 보이는 주인공 뒤에 서 있는 남자는 점 무늬가 있는 대구고를 입었다.
대안리 1호 고분벽화	5세기 말	서벽 벽화에 보이는 사람들은 모두 대구고를 입었다.

〈표 1〉 넓은 폭으로 바지부리가 여며진 고구려의 고

유적명	유적의 연대	유적에 보이는 고의 모습
경주 백률사 석당기	서기 527년 이후	이차돈은 순교시 넓은 폭의 크게 주름진 고를 입고 있으며 바지부리는 여며져 있다.
단석산 서벽 공양상	알 수 없음	공양인들은 넓은 폭의 고를 입고 있으며 바지부리는 여며져 있다.
황남총 출토 토우	알 수 없음	남자 토우는 넓은 폭의 크게 주름진 고를 입고 있으며 바지부리는 여며져 있다.
무령왕릉 출토 동자상	서기 661년 이후	동자상은 바지부리가 여며진 대구고를 입고 있다.
천마총 기마인물도	서기 4세기	기마인은 길이가 짧은 대구고를 입고 있다.
언양 암각 인물상	알 수 없음	인물상은 바지부리가 여며진 대구고를 입고 있다.

〈표 2〉 신라 유적과 유물에 보이는 넓은 폭의 바지부리가 여며진 고

유물명	유물의 연대	고구려·백제·신라 사신들 고의 모습
왕회도	서기 627~649년	세 나라의 사신들은 모두 대구고를 입었으며 바지부리가 여며지지 않고 선으로 둘려졌다. 고구려 사신의 고에는 삼에 두른 선과 다른 색의 선이 둘려지고, 백제와 신라 사신의 고에는 삼과 같은 색의 선이 둘려져 있다.

〈표 3〉 왕회도에 보이는 고구려·백제·신라 사신의 넓은 폭의 고

고분벽화의 명칭	고분벽화의 연대	고분벽화에 보이는 구성원이 입은 고의 모습
각저총 벽화	4세기 말엽	주인공생활도의 시중군은 보통 폭의 고를 입었다.
무용총 고분벽화	4세기 말 ~5세기 초	수렵도의 기마인들은 모두 보통 폭의 고를 입었고, 무용도의 무용하는 사람들은 모두 보통 폭의 점 무늬가 있는 고를 입었다.
수산리 고분벽화	5세기	주인공부부도의 우산을 들고 있는 시중군은 보통 폭의 고를 입었다.
덕흥리 고분벽화	서기 408년	행렬도에 보이는 기마인·마사희도의 기마인·주인교차도의 기마인들은 모두 보통 폭의 고를 입었다.
쌍영총 고분벽화	5세기	주인공부부도의 시중군은 보통 폭의 고를 입었다.

〈표 4〉 보통 폭으로 바지부리가 여며진 고구려의 고

고분벽화의 명칭	고분벽화의 연대	고분벽화에 보이는 구성원이 입은 고의 모습
장천 1호 고분벽화	4세기 말 ~5세기 초	야유수렵도의 뛰어 다니는 몇 사람은 아래로 내려오면서 폭이 약간 좁아진 보통 폭의 점 무늬가 있는 고를 입었다.
덕흥리 고분벽화	서기 408년	우교차도의 우차부·부인교차도의 우차부와 우산을 든 사람은 아래로 내려오면서 폭이 약간 좁아진 보통 폭의 고를 입었다.

〈표 5〉 보통 폭으로 아래로 내려오면서 약간 좁아지고 바지부리가 여며진 고구려의 고

고분벽화의 명칭	고분벽화의 연대	고분벽화에 보이는 구성원이 입은 고의 모습
약수리 고분벽화	4세기 말 ~5세기 초	문위 무사도의 문지기의 고는 비교적 폭이 넓고 길이가 무릎 아래까지 내려오며, 발목까지 오는 검은 테두리가 있는 신을 신었다.
수산리 고분벽화	5세기	곡예도의 곡예를 하는 사람의 고는 보통 폭이고, 무릎 아래까지 올라온 신발 속으로 도련 부분이 처리되었다.

〈표 6〉 폭이 넓고 바지부리가 무릎 아래에서 여며진 고구려의 고

고분벽화의 명칭	고분벽화의 연대	고분벽화에 보이는 구성원이 입은 고의 모습
개마총 벽화	5세기 중엽	개마도의 개마를 끄는 사람은 폭이 좁은 고를 입었다.

〈표 7〉 폭이 좁고 바지부리가 여며진 고구려의 고

위 표의 내용을 종합해보면 고대 한국 바지의 종류와 특징은 다음과 같이 정리될 것이다.

첫째, 〈표 3〉의 왕회도에 보이는 삼국 사신들의 바지는 앞선 시대의 바지와 달리 바지부리에 선을 둘렀다. 한민족은 서기 6세기까지 계층과 신분에 관계없이 모든 형태의 바지에 반드시 바지부리를 여몄기 때문에, 바지부리를 여미는 대신에 선을 두르기 시작한 것은 서기 7세기에 오면서부터라고 하겠다.

둘째, 고대 한국의 바지는 넓은 폭과 보통 폭 두 가지가 있고, 좁은 폭의 바지는 없었다. 〈표 1〉에서 확인한 것처럼, 안악 3호 고분의 뿔나팔 부는 사람, 각저총 각저도의 서 있는 사람, 장천 1호 고분벽화 야유수렵도의 일부 사람, 수산리 고분벽화의 묘주 뒤에 서 있는 남자 모두 '통이 큰 바지'를 입은 것으로 보아, 고구려에서는 신분에 관계없이 모두 '통이 큰 바지'를 입었음이 확인된다. 〈표 5〉와 〈표 6〉에 보이는 시중군·기마인 등은 보통 폭의 바지 혹은 아래로 내려오면서 조금 좁아진 바지를 입었지만, '통이 큰 바지'의 형제를 벗어나지는 않았다. 〈표 7〉에 보이는 약수리 고분벽화 문지기는 '통이 큰 바지'를 무릎 아래에서 여몄고, 수산리 고분벽화의 곡예사는 보통 폭의 바지를 무릎 아래에서 여몄다. 이로 보아 바지의 기본 형제를 바꾸지 않은 상태에서 하는 일에 따라 편리성만을 도모했음이 확인된다.

셋째, 〈표 2〉 신라의 바지는 허리에서부터 도련까지 주름을 잡은 것이 특징이다. 따라서 고구려의 바지보다 풍부함을 보여준다. 경

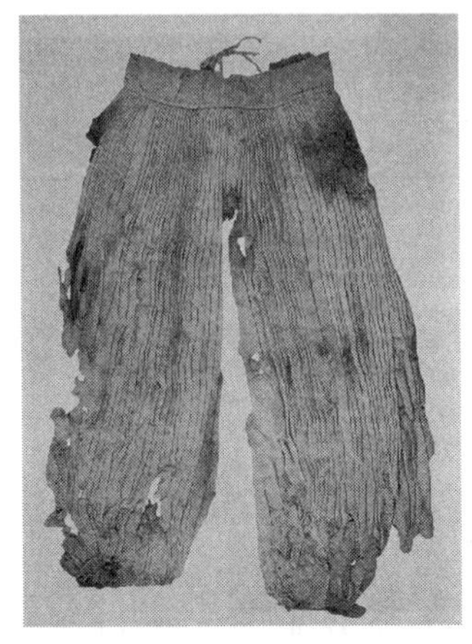

〈그림 14〉 모직으로 만든 고

주 단석산 석벽에 음각된 공양상에 보이는 바지와 경주 백률사 석당기에 보이는 이차돈이 순교시에 입었던 바지 및 신라의 토우가 입고 있는 바지는 모두 통이 넓고 주름이 잡혀 있으며 바지부리를 여민 형태이다. 이차돈이 순교한 때는 서기 527년이므로, 서기 6세기 초에 이르기까지 신라에서는 이 같은 바지를 입었다고 할 수 있다.

이 신라의 바지와 같은 모양의 것이 양진남북조시대에 해당하는 신강 위리현(尉犁縣) 고로극산(庫魯克山) 영반고묘(營盤古墓)에서 출토되었다(그림 14).[66] 이 모직으로 만든 바지는 남자의 것으로, 영반고묘를 제외하고는 중국에서 출토된 예가 없기 때문에 신라에서 옮겨간 것이 아닌가 의심되기도 한다.

경주 황남동에서 출토된 남자 토우의 바지도 같은 모양이고, 무령왕릉에서 출토된 동자상도 '통이 큰 바지'를 입은 것으로 볼 때, 백제에서도 이 같은 바지가 7세기에 그대로 이어졌다고 하겠다.

끝으로 고대 중국 바지의 특징을 분석하고, 이를 고대 한국의 바지와 비교해보고자 한다.

1986년 사천성(四川省) 광한시(廣漢市) 삼성퇴(三星堆)에서 출토된 상대(商代)의 청동인입상(靑銅人立象)은(그림 15)[67] 좁은 폭의 포 안에 꼭 붙은 좁은 바지를 입고 있다. 바지의 끝 부분에는 두 줄로 된 무늬 있는 좁은 선을 둘렀다. 이후 춘추 중기로 추정되는 산서성(山西省) 후마(侯馬) 상마촌(上馬村) 13호 유적에서 출토된 인

---

66) 李肖冰, 앞의 책, p.115.
67) 黃能馥·陳娟娟, 《中華服飾藝術源流》, p.45.

물도범(人物陶范)은 둘 다 무릎 밑까지 내려
오는 반리(蟠螭)문양의[68] 긴 포 안에 통이 좁
은 바지를 입었다. 전국시대로 오면 서역과
국경을 맞대고 있던 조국(趙國) 등에서 고습
을 입기도 했다. 예를 들면, 하남성 삼문협(三
門峽) 상촌령(上村嶺)에서 출토된 동인(銅人),
하북성 만성(滿省)에서 출토된 당호등동인(當
戶燈銅人), 하남성 낙양(洛陽) 금촌(金村)에서
출토된 동인, 하남성 급현(汲縣) 산표진(山彪
鎭)에서 출토된 동감문식(銅鑒紋飾)에 보이는
무사들은 모두 다리에 붙는 통이 좁은 바지
를 입고 있다(그림 16).[69] 전국시대에 속하는,
하남성 신양(信陽) 장태관(長台關) 초묘(楚墓)
에서 출토된 칠슬(漆瑟) 위에 그려진 수렵인
(狩獵人)과 악사(樂師) 및 무사(巫師)(그림 17)
그리고 호북성 증후을묘(曾侯乙墓)에서 출토
된 동기 위의 궁사(弓師)(그림 18) 등은 모두
통이 좁아 몸에 꼭 붙는 긴 바지를 입고 있

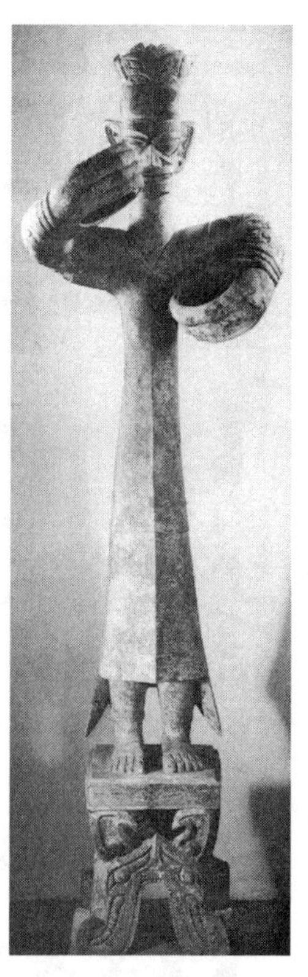

〈그림 15〉 상대의 청동인

다. 또 허리까지 내려오는 웃옷을 입고 있는데, 이로 볼 때 이 긴
바지는 곤일 것으로 생각된다.

　진·한시대에 오면 일반 남자들은 무릎까지 내려오는 웃옷 안에
비교적 통이 넓은 바지를 입고(그림 19)[70] 무릎 밑에서 동여맨 모
습을 하고 있다. 그러나 한대에 속하는 것으로, 성도(成都) 양자산
(揚子山)에서 출토된 전각화상(磚刻畫像)에 보이는 농부나 사천성

---

68)　譚旦冏, 《中華藝術史綱》 上冊, 光復書局, 臺北, 1972. 丙　圖版貳柒 C.D.
69)　上海市戲曲學校中國服裝史研究組編著, 周汛·高春明撰文 《中國服飾五千年》, p.28.
70)　上海市戲曲學校中國服裝史研究組編著, 周汛·高春明撰文 《中國服飾五千年》, p.39.

〈그림 17〉 칠슬 위에 그려진
수렵하는 사람과 악사 및
무사

〈그림 16〉 동감 위의 무사

〈그림 18〉 중후을묘에 보이는 활쏘는
사람

펑산(彭山)에서 출토된 춘미도(春米圖) 화상석에 보이는 사람들(그림 20)을 보면, 짧은 웃옷과 통이 좁은 바지를 입고 있다.

양진남북조시대에 시중드는 사람들이 포 안에 입었던 바지[71]는 길이가 길고 폭이 넓어 땅에 끌리기도 했다. 그러나 남북조시대에 속하는, 하남성 등현(鄧縣)에서 출토된 채회화상전(彩繪畫像磚)의 사람들(그림 21)은[72] 모두가 통이 좁고 긴 바지를 입고 있다.

---

71) 上海市戲曲學校中國服裝史研究組編著, 周汛·高春明撰文, 《中國服飾五千年》, p.58 ; 이 책의 제2부 제6장 〈고대 한국 복식의 여밈새[衽形]〉의 〈그림 18〉 참조.

이상으로 보면 중국의 고는 상대부터 양 진남북조시대에 이르기까지 길이가 길고 폭이 넓은 형태나 통이 좁고 긴 형태가 공존했음을 알 수 있다. 그러나 고구려 고분 벽화에서는 위에서 살펴본 중국의 고나 곤의 모습이 보이지 않는다. 고구려 고분벽화에 보이는 바지는 폭의 넓이가 비슷하고 바지부리를 모두 여몄으며, 땅에 끌릴 정도로 긴 것은 없다. 이 같은 바지부리의 여밈 방식은 고대 한국의 고유한 형제로서, 중국의 고와 가장 크게 다른 점이다.

이상의 분석과 비교를 통해, 고대 한국의 바지는 고조선시대부터 내려온 오랜 복식의 형제로서 중국이나 북방지역 바지의 형제와는 다름을 거듭 확인할 수 있다.

〈그림 19〉 深衣를 입은 남자

〈그림 20〉 춘미도 화상석에 보이는 사람

72) 黃能馥·陳娟娟, 《中華服飾藝術源流》, 高等敎育出版社, 1994, p.158.

〈그림 21〉 등현에서 출토된 화상전에 보이는 사람

3. 군의 분류와 형제

삼국 이전 우리나라에서는 여자만 군을 입었으며, 남자는 군을 입은 적이 없다. 이는 고분벽화 및 문헌자료를 통해 확인할 수 있다.

그러나 진덕왕 2년에 신라가 당의 복제를 받아들인 뒤부터는 중국의 상(裳)을 착용하기 시작했고,[73] 상은 조선조까지 복제로 존재했다. 조선조 초에 착용했던 왕의 상은 여자의 치마와 같다.

'군(裙)' 자는 중국에서 서한(西漢) 중기 이후에 나타난다. 군(裙)은 이전에 군(帬)으로 쓰였는데, 《설문해자》의 "군(帬)은 혹은 의(衣)

---

[73] 홍덕왕 9년 복식의 재료를 제한했을 때 裳에 대해서는 여자만 제한했지 남자는 제한하지 않았다. 이때 여자가 착용한 裳은 表裳과 內裳으로 구분했다. 이로 보면 신라가 진덕왕 2년 당의 服制를 받아들였지만 남자의 裳은 받아들이지 않은 것으로 보인다. 김동욱은 홍덕왕 9년의 禁制에 남자 四頭品條에 表裳이 있다고 하여 "內裳은 女服에만 關係되는 것이나 表裳만은 四頭品條에 偶然히 그 露頭를 나타나게 된 것으로 裳 類似한 것을 입고 있었던 것을 알 수 있다"고 했으나 사두품 남자에게 表裳을 禁制한 것이 없다. 따라서 신라에서 남자가 表裳을 입었다는 것은 김동욱의 착오이다(金東旭, 《增補 韓國服飾史研究》, p.176).

를 따르기도 한다. 하상(下裳)이다. 건(巾)과 군(君)을 따랐다"[74]고
한 내용에서 이를 알 수 있다.

서한 무제 때 만석군(萬石君)이 군(帬)을 입었다. 그러나 강릉
봉황산의 서한묘에서 출토된, 유책을 적은 목간(木簡)에 "고겸군(故
縑裙)"·"포단군(布襌裙)"·"신소군(新素裙)"·"수소복군(繡小複裙)"·"신소
군(新素裙)" 등이 있는 것으로 보아 서한 중기에 군(帬)이 군(裙)
으로도 쓰였음이 확인된다.[75] 《설문해자》에서는 전(帴)에 대해 "군
(帬)이다. 불(帗)이라고 하고, 부인의 협의(脅衣)라고도 한다. 건
(巾)과 전(戔)을 따랐고, 전성(戔聲)이며, 군(君)으로 읽는다"[76]라고
했다. 전은 군(帬)으로 불 또는 부인의 협의라고 한 것으로 보아,
군(帬)과 협의는 모양뿐만 아니라 그 용도도 같았을 것으로 보인
다. 또한 《설문해자》에서 상(常)에 대해 "하군(下帬)이다. 건(巾)을
따랐고 상성(尙聲)이다. 시(市)와 양(羊)의 반절(半切)이다"[77]라고
하고, 상(裳)에 대해 "상(常)은 의(衣)를 따르기도 했다"[78]고 하고
있는데, 상(裳)이 본래 건을 따르고 상(常)으로 썼으며 '하군(下巾
君)'이라고 한 것으로 보아 본래 군(帬)에 속했으며, 또한 군은 위
또는 아래에도 있었고, 이 가운데 아래의 군을 따로 상(常) 또는
상(裳)으로 불렀음을 알 수 있다.

《설문해자》는 의(衣)에 대해 "의(依)이다. 위는 의(衣)라 하고,
아래는 상(裳)이라 한다"[79]고 하고, 건(巾)에 대해 "건(巾)을 찬 것
이다. 경(冂)을 따랐고, 곤(丨)은 계(系)를 본떴다. 모든 건(巾)에
속하는 것은 모두 건(巾)을 따랐다"[80]고 했다.

---

74) 《說文解字》. "帬或從衣. 下裳也. 從帬."
75) 金立, 〈江陵鳳凰山八號漢墓竹簡試釋〉, 《文物》, 1976年 第6期, pp.69~70.
76) 《說文解字》. "巾君也. 一曰帗也, 一曰婦人脅衣, 從帴, 戔聲, 讀君."
77) 《說文解字》. "下巾君也. 從巾尙聲, 市羊切."
78) 《說文解字》."常或從衣."
79) 《說文解字》. "衣, 依也. 上曰衣, 下曰裳"

《사기(史記)》와 《한서》에는 '군(裙)' 자가 쓰이지 않았고, 동한대에 만들어진 《설문해자》에서 '군(裙)'으로도 쓰였다고 한 것으로 보아, 군은 본래 옷에 속했다기보다 불(帗)과 같이 옷에 따른 부속물이었으나 점차 옷으로 바뀌고 상(裳)이라는 독자적인 이름을 갖게 되었다고 하겠다.[81]

《사기》 등 문헌자료와 출토자료에서 이를 다시 확인해보면 다음과 같다.

운몽 수호지11호 진간(秦簡) 〈봉진식(封診式)〉 적사(賊死)에서는,

> 남자는 포(布)로 된 홑 군(帬)과 유 하나씩을 입었고, 그 유 뒤의 찢어진 곳은 칼로 두 곳이 잘렸으니 상처를 입은 것이 틀림없다. 유 및 가운데를 여민 곳에 흘린 피가 [있다.] 갑(甲)에게 포로 만든 군을 입혀 남자를 어느 곳에 보이지 않게 묻고, 명령을 기다리게 한다. 유와 신은 관정(官廷)에 보낸다.[82]

라고 하여, 죽은 남자가 홑옷으로 된 웃옷 유와 아래옷 군을 입고 있었음을 알 수 있다. 또한 〈봉진식〉 경사(經死)에서도,

> 남자는…… 누빈 홑 유와 군 하나씩을 입었다.[83]

---

80) 《說文解字》. "佩巾也. 從冂, 丨象系也. 凡巾之屬, 皆從巾."

81) 《史記》와 《漢書》 및 《後漢書》에 '裙'字가 없지만 장사 마왕퇴 1호묘에서 裙에 속하는 것이 출토되었고, 마왕퇴 1호묘보다 늦은 강릉 봉황산 서한묘의 遺冊에 '裙'자가 나오는 것으로 보아 帗과 帬은 서한초에 이미 옷으로 정착하여 裙 또는 裳으로 정착했음을 알 수 있다.

82) 睡虎地秦墓竹簡整理小組, 《睡虎地秦墓竹簡》, 文物出版社, 1978. "男子衣布禪帬襦各一, 其襦北(背)直痏者, 以刃夬(決)二所, 應痏. 襦北(背)及中衽□汙血. 甲以布帬剡(掩)埋男子某所, 待令. 以襦履詣廷."

83) 睡虎地秦墓竹簡整理小組, 《睡虎地秦墓竹簡》. "男子衣絡禪襦帬各一."

라고 하여, 또 다른 죽은 남자도 마찬가지로 유와 군만을 입고 있었음을 알 수 있다. 위의 진간은 진시황이 전국을 통일한 바로 그 즈음에 씌어진 것이다. 이로 볼 때 진·한 교체기

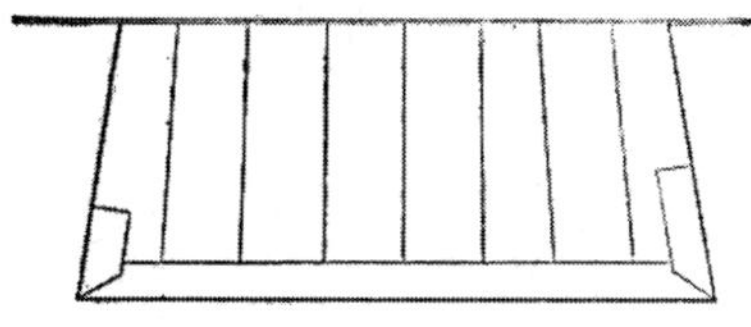

〈그림 22〉 황견으로 만든 단군(N17)

에 남자들은 일반적으로 유와 군만을 입었다.

《태평어람(太平御覽)》에서는《석명》을 인용하여 다음과 같이 군에 대해 설명하고 있다.

> 군(裙)은 하상(下裳)이다.…… 또 '군은 속옷[裏衣]이다. 옛날 군을 입고 밖에 나가지 않았기 때문에 모두 통[籠]처럼 입었다'고 했다.[84]

이상으로 보면, 중국에서 군은 여자만 입었던 옷이 아니라 남녀 모두 입었던 것이며, 외출할 때 입었던 것이 아니라 집안에서 통처럼 만들어 입은 것이었다. 그리고 남자와 달리 여자들이 입은 여러 폭으로 만든 군을 협의라고 불렀다. 마왕퇴 1호묘에서 출토된 것[85]과 마산 1호묘에서 출토된 것(그림 22)이[86] 바로 속옷으로

---

84)《太平御覽》. "裙, 下裳也.…… 又曰, '裙裏衣也, 古服裙不居外, 皆有衣籠之'."

85) 1972년 長沙에서 西漢 文帝 때로 추정되는 馬王堆 1호묘가 발굴되었다. 軑侯家丞 봉니가 출토되고 다른 출토자료들이 武帝이전에 속하는 것으로 보아 묘주는 서한 惠帝 2년(서기 전 193년) 軑侯로 봉해진 利倉의 부인으로 추정된다. 수장품 가운데 지금의 치마와 같은 옷이 두벌 출토되었다. 편호 329-1인 이 옷의 크기는 길이는 87센티미터, 폭은 위가 1.45미터 밑이 1.93미터이고, 허리띠의 폭은 3센티미터 끈은 왼쪽이 45센티미터 오른 쪽이 42센티미터이다. 발굴보고서는 이를 單裙이라고 했지만 이는 西漢 당시의 명칭은 아니다. 이 옷은 4쪽의 네모진 絳紫絹을 이어 만든 것으로 그 길이가 짧고 무늬가 없는 것으로 보아 겉옷이라기보다는 深衣 안에 입은 속옷임에 틀림없다(湖南省博物館·中國科學院考古研究所·文物編輯委員會,〈長沙馬王堆一號漢墓發掘簡報〉,《文物》, 文物出版社, 1972 참조).

입었던 협의에 해당하는 군이라고 하겠다.

군을 입은 예로는 서한 무제 때 승상을 지낸 만석군이 있다. 《사기》〈만석군열전(萬石君列傳)〉에는 다음과 같은 내용이 나온다.

> [만석군의 장자] 건(建)이 낭중령(郎中令)이 되자 5일마다 목욕하려고 돌아와 아버지를 뵈었고, [아버지는] 아들이 집에 들어왔느냐고 몰래 시중하는 사람에게 물었다. [아들은] 변기에 걸쳐놓은 아버지의 중군(中帬)을 가져다 몸소 빨아서 다시 시중드는 사람에게 주며 아버지 만석군이 알지 못하게 했으니, 늘 이렇게 했다.[87]

만석군이 승상에서 물러나 집안에서 한가하게 지내고 있을 때, 그의 아들은 낭중령의 높은 관직에 있었으면서도 5일마다 휴가를 얻어 아버지를 뵈러 왔고, 이때 몰래 아버지의 중군을 빨았던 것이다. 만석군이 입은 중군은, 여자들이 입었던 협의 같은 것이 아니라, 불(帗)의 역할을 한 통(筒)과 같은 사각형의 긴 모양이었을 것으로[88] 추측된다.

여자의 속옷인 협의가 겉옷인 군으로 바뀐 것이 언제인지는 확인하기 어렵다. 그런데 우세남(虞世南)이 《북당서초(北堂書鈔)》 권

---

86) 荊州地區博物館, 〈湖北江陵馬山磚歷一號墓出土大批戰國時期絲絲織品〉, 《文物》, 1982年 第10期, pp.1~8.

87) 《史記》 券103 〈萬石君列傳〉. "(長子)建爲郎中令, 每五日洗沐歸謁親, 入子舍, 竊問侍者, 取親中帬厠牏, 身自浣滌, 復與侍者, 不敢令萬石君知, 以爲常." 索隱에서는 中帬을 "近身衣也"라 했다.

88) 《周禮》〈春官〉의 '凡無有帗舞'에 대하여 '帗은 五采繒을 쪼갠 것으로, 지금의 靈星舞를 추는 사람이 손에 들고 있는 것이 바로 그것이다(帗, 析五采繒, 今靈星舞子持之是也)'라고 했다. 즉, 帗은 靈星舞를 출 때 손에 든 네모난 긴 천이다. 《周禮》〈春官〉의 '凡無有帗舞'에 대하여 '帗은 五采繒을 쪼갠 것으로, 지금의 靈星舞를 추는 사람이 손에 들고 있는 것이 바로 그것이다(帗, 析五采繒, 今靈星舞子持之是也)'라고 했다. 즉, 帗은 靈星舞를 출 때 손에 든 네모난 긴 천이다.

제129 의관부하(衣冠部下)에 모은 군과 관련된 자료는 협의가 군으로 바뀐 때를 알려줄 근거가 되리라 생각한다.

 (1) "태자가 비를 맞는 예물에 강사(絳紗)로 만든 복군(複裙)이 있었다[太子納妃, 有絳紗複裙]."—《동궁구사(東宮舊事)》.

 (2) "상기(緗綺)는 아래의 군이 되고, 자기(紫綺)는 위의 유가 된다[緗綺爲下裙, 紫綺爲上襦]."[89]—〈고시(古詩)〉.

 (3) "서하(西河)에는 잠상(蠶桑)이 없어 부녀는 푸르게 물들인 군을 입고 위에 세포(細布)로 된 상을 더 입었다[西河無蠶桑, 婦女著碧纈裙, 上加細布裳]."—《서하기(西河記)》.

 (4) "반의기(班義起)는 신녀(神女)인 지경(知瓊)에 감동했다. 지경이 다시 떠나며 의기(義起)에게 군과 삼을 만들어주었다[班義起感神女知瓊, 知瓊復去, 賜義起織成裙衫]."—〈장민신녀전(張敏神女傳)〉.

 (5) "남극(南極)부인은 금복(錦服)과 청우군(靑羽裙)을 입었다[南極夫人被錦服·靑羽裙]."—〈진인왕군내전(眞人王君內傳)〉.

 (6) "왕량(王良)의 자는 중(仲)이고, 아들은 대사도(大司徒)가 되었다. 사직(司直) 왕량 처가 포군(布裙)을 입고 거닐자 옷자락이 섶을 스쳤다[王良字仲, 子爲大司徒. 司直王良妻布裙徒跣曳柴]."—《동관기(東觀記)》.

 (7) "신과 사람이 만나는 제사 때 고향에 다녀왔다. 소군(素裙)을 입은 신은 쪽빛 옷자락을 끌며 색(塞)에 올랐다[若夫祭奠之醼, 親里往來. 服素裙之神, 從曳藍縷之登塞]."—〈속석근유부(束晳近遊賦)〉.

 (8) "관녕(管甯[寧])은 조모(皁帽)·포유고(布襦袴)·포군(布裙)을 입었으며, 때로 홑옷 또는 겹옷을 입고 규정(閨庭)에 드나들었다[甯著皁帽·布襦袴·布裙, 隨時單複]."—《위서(魏書)》.[90]

---

89) 隋代의 虞世南은 《北堂書鈔》 卷129 衣冠部下 裳條에서 "今案；見郭茂倩樂府詩集廿八陌上雙, 初學記廿六引裙作裳. 陳本古詩云 '三字作古樂府' 陌上採雙, 亦改裙作裳, 餘同"이라고 하여 앞선 시대에 裙으로 쓴 것을 뒤 시대에 오면서 裳으로 바꾸었다고 했다. 이는 裙이 裳의 역할로 바뀌었음을 말한다.

(9) "유성공(劉盛公)은 지강(枝江) 사람이다. 환 사공(司空)이 주에 와서 상좌(上佐)와 영계(靈溪)에 노닐었다. 성공이 시장에 이르자, 환은 연모(練帽)를 쓰고 포군(布裙)을 입고 하극(荷屐)을 신고 환의 사공으로 갔다[劉盛公, 枝江人. 桓司空臨州, 與上佐遊於靈溪. 盛公詣市, 桓著練帽布裙荷屐, 詣桓司空也]."－《옹형주기(雍荊州記)》.

이상의 자료로 보면, 중국에서는 후한 말에서 삼국 때에 남녀 모두 상과 함께 군을 입기도 했다. 그러나 여자가 군을 입고 숲을 거닐거나 외출한 것으로 보아 이때의 군은 속옷으로의 협의라기보다 외출복으로서의 군으로 바뀐 것이고, 남자의 옷에서는 고가 군을 대치하기 시작했음을 알 수 있다.

아사탑나(阿斯塔那) 189호묘에서 출토된 〈당인수필잡서(唐人隨筆雜書)〉 가운데는 다음과 같은 내용이 나온다.

四言 秋
綿袴子一, 紫絁, 綿裙一腰, 白練, 錢一千四百五十文.[91]

아사탑나 189호묘에서 출토된 자료에서 가장 연대가 빠른 것은 당(唐) 신룡(神龍) 원년(서기 705년)이고 가장 늦은 것은 개원(開元) 10년(서기 722년)이므로, 위의 문서는 8세기 초의 자료이다. 따라서 8세기 초에는 이미 군과 고 둘 다 있었음을 알 수 있다.

우리나라에서 언제부터 군을 입었는지는 문헌자료에서 확인되지 않는다. 가장 연대가 이른 문헌자료를 보면, 고구려 산상왕(山上王) 원년(서기 197년) 고국천왕(故國川王)이 아들이 없이 죽자 왕

---

90) 《三國志》 卷11 〈魏書〉 管寧列傳. "(管)寧常著皁帽·布襦袴·布裙, 隨時單複出入閨庭." 虞世南은 陳本 魏志 管甯傳에서 布裙을 뺐다고 했다.
91) 《吐魯番出土文書》 第8冊 12 唐人隨筆雜書, 文物出版社, 1987.

후우씨(王后于氏)가 후사를 논의하러 왕의 둘째동생 연우(延優)를 찾아갔는데, 연우가 고기를 자르다 손을 베었고 왕후가 '군대(裙帶)'를 풀어 베인 손가락을 매어주었다는 내용이 있다.[92]

신라에서는 태종 김춘추의 비인 문명왕후(文明王后)가 금군(錦裙)의 값으로 언니의 꿈을 사 왕후가 되었다는 이야기가 있다.[93] 김춘추가 문명왕후를 맞은 것은 그가 당의 복제 등을 받아들이기 이전인 진평왕 3년일 것이다. 따라서 신라는 중국의 복제를 받아들이기 이전에 이미 군을 입었다고 하겠다.

《주서(周書)》의 〈열전(列傳)〉 고(구)려전(高[句]麗傳)과 《북사(北史)》의 〈열전〉 고(구)려전에 나오는 다음의 내용을 통해, 고구려에서 남자는 고를 입었고 부인은 도련에 선을 두른 치마를 입었음을 알 수 있다.

남자는 동수삼(同袖衫)과 대구고를 입고 흰 가죽띠를 하고 누런 가죽신을 신었다.…… 부인은 군과 유를 입었고, 도련과 끝동은 모두 선을 둘렀다.[94]

부인의 군과 유에 선을 둘렀다.[95]

또한 고려 때 여자들의 옷과 관련하여 《선화봉사고려도경(宣和奉使高麗圖經)》의 다음과 같은 내용을 보면, 삼한에서도 모든 여자들이 신분에 구별 없이 같은 치마를 입었음을 알 수 있다.

---

92) 《三國史記》 卷16 〈高句麗本紀〉 山上王 元年條.
93) 《三國史記》 卷6 〈新羅本紀〉 文武王 元年條.
94) 《周書》 卷49 〈列傳〉 高(句)麗傳. "丈夫衣同袖衫·大口袴·白韋帶·黃革履.……
　　婦人服裙襦, 裾袖皆爲襈."
95) 《北史》 卷94 〈列傳〉 高(句)麗傳. "婦人裙·襦加襈."

신이 삼한의 의복제도는 들었으나 염색은 듣지 못했습니다. 다만 꽃무늬는 금해졌고,…… 옛 풍속에 여자의 옷은 무늬 없는 저(紵)로 만든 황색 치마였는데, 위로는 공족과 귀가에서 아래로 평민과 처첩에 이르기까지 한 모양이어서 구별이 없습니다.[96]

고구려와 한에서 입었던 치마의 형제가 어떠한지, 고구려 고분벽화와 출토된 토우 등을 근거로 정리해보면 다음과 같다.

고분벽화의 명칭과 연대	고분벽화에 보이는 군의 모습
안악 3호 고분벽화(서기 4세기 중엽)	주인도와 부인도에 보이는 여자들은 유에 폭이 넓은 치마를 입었다. 주방·육고·차고도와 정호도의 일하는 여자들은 유에 유와 같은 색상의 보통 폭으로 된 치마를 입었는데, 모두 허리띠를 했다. 답대도의 일하는 여자는 유에 유와 다른 색상으로 보통 폭의 치마를 입었다.
각저총 벽화 (서기 4세기 말)	주인공생활도의 두 여주인공은 모두 긴 길이의 포에 좁은 주름이 잡힌 단색의 치마를 입었는데, 한 여자의 치마는 도련에 선이 없고, 또 다른 여자의 치마에는 선이 이중으로 둘려져 있다. 뒤에 시중드는 시중군들도 모두 긴 길이의 포에 좁은 주름이 잡힌 단색의 치마를 입었는데, 도련에 선이 이중으로 둘려져 있다.
장천 1호 고분벽화(서기 4세기 말~5세기 초)	야유수렵도의 서 있는 두 여자들은 모두 긴 길이의 포에 좁은 폭의 주름이 잡힌 단색의 치마를 입었는데, 도련에 선을 둘렀다. 불교공양도의 서 있는 여자들과 절하는 여자들은 모두 긴 길이의 포에 치마를 입었는데, 야유수렵도 여자들의 치마와 같은 모습이다.
무용총 벽화 (서기 4세기 말~5세기 초)	무용도의 시중드는 여자와 춤을 추는 여자들은 모두 긴 길이의 포에 치마를 입었는데, 단색으로 좁은 폭의 주름이 잡히고 도련에 선이 둘려진 것이다.

---

96) 《宣和奉使高麗圖經》 卷20 〈婦人〉. "臣聞三韓衣服之制, 不聞染色. 唯以花文
爲禁…… 舊俗女子之服白紵黃裳, 上自公族貴家, 下及民庶妻妾, 一槪無辨."

덕흥리 고분벽화(서기 5세기 초)	우교차도에 보이는 여자들은 유에 주름의 폭이 크고 작은 두 종류의 치마를 입었는데, 도련에 좁은 선을 둘렀다. 부인교차도의 여자는 유의 아래에 큰 폭의 주름이 잡히고 도련에 좁은 선을 두른 치마를 입었다.
수산리 고분벽화(서기 5세기)	부인도의 주인공은 유의 아래 여러 색으로 큰 폭의 주름이 잡힌 치마를 입었고, 뒤에 우산을 들고 서 있는 시중군은 유의 아래에 좁은 폭의 주름이 잡힌 단색의 치마를 입었다. 시녀도의 시녀 역시 시중군과 같은 치마를 입었다. 도련에 선이 둘려졌는지의 여부는 알 수 없다.
삼실총 벽화(서기 5세기 초)	행렬도에 보이는 여자들은 모두 길이가 긴 포를 입었으며, 단색으로 좁은 폭의 주름이 잡히고 도련에 선이 둘려진 치마를 입었다.

<표 8> 군의 모습

고구려 고분벽화에 보이는 이와 같은 치마와 경주 황남동에서 출토된 여자 토우가 입은 주름 잡힌 치마(그림 23)[97]는 그 모습이 같다.

신라의 토착민들은 고조선시대부터 살고 있었기 때문에 고조선의 복식을 그대로 계승했을 것이다. 따라서 고구려 고분벽화를 통해 확인된 군의 특징은 고조선시대 사람들이 입던 군의 모습이라 하겠다. 이를 정리하면 다음과 같다.

첫째, 군은 도련까지 주름이 잡힌 군과 허리에만 주름이 잡힌 군으로 구분된다. 도련까지 주름이 잡힌 군은 그 주름의 폭이 큰 것과 좁은 것이 있는데, 덕흥리 고분벽화 우교차도의 내용과 수산리 고분벽화 시녀도의 내용으로 보아 신분에 따른 구분은 아닌 것 같다. 허리에만 주름이 잡힌 군은 큰 폭과 작은 폭이 있는데, 일하는 여자들은 주로 작은 폭의 군을 입었다.

---

97) 이난영, 《신라의 토우》, 교양 국사 총서 편찬위원회, 1976, 그림 41.

〈그림 23〉 신라의 토우

〈그림 24〉 수산리 고분에
보이는 여주인공의 군

둘째, 군을 입은 모든 여자들은 군 안에 바지부리가 여며진 고를 입고 있다. 따라서 고대 한국의 여자들은 겉옷으로 반드시 군을 입고 속에 고를 입었음을 알 수 있다.

셋째, 유나 포와 함께 입은 군은 모두 도련에 선이 둘려져 있는데, 유에 입은 군의 선(襈)은 가늘고 포에 입은 군의 선은 이보다 넓다.

넷째, 수산리 고분벽화의 부인도에 보이는, 주인공이 입은 큰 폭으로 주름 잡힌 군은 주름이 여러 색으로 되어 있어서 일반 군보다 화려한 모습인데, 이는 신분의 차이를 보여주는 것이다(그림 24). 그러나 그 형제에서는 신분의 차이를 갖지 않았다. 이는 《선화봉사고려도경》에 나오는 내용, 즉 부인은 신분에 구별 없이 모두 같은 군을 입었다는 내용으로부터도 충분히 알 수 있는 일이다.

고대 한국의 군이 '중국계통의 의복에서 원류한 것'이라고 생각하는 견해가 있는데,[98] 이러한 견해가 타당한지 위에서 정리한 고

〈그림 25〉 보통 폭 군의
복원도

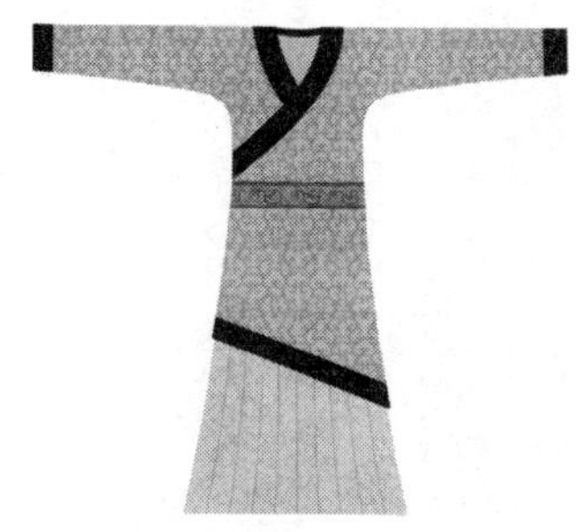

〈그림 26〉 큰 폭의 주름진 군
의 복원도

대 한국의 군을 중국이나 북방지역의
군과 비교해보자.

고대에 한국에서 여자들이 군을 입
은 것과 달리 고대에 중국에서는 남
자들도 군을 입었다. 중국의 상대와 주
대의 남자들은 짧은 길이의 포와 유에
군을 입었다. 전국시대에 오면 조(趙)
와 중산국(中山國) 등이 호복을 받아
들여 착수(窄袖)의 짧은 유에 주름이

〈그림 27〉 잡거수소복 안에 입
은 군의 복원도

없는 보통 폭의 군(그림 25)을[99] 입었다. 또한 겉옷의 길이를 길게
하고 폭을 넓힌 곡거심의(曲裾深衣) 안에 큰 폭의 주름진 군(그림
26)을 입기도 했다.[100] 진한대에 오면서 남자들은 포 안에 주름이
없는 보통 폭의 군을 입었다.

양진남북조시대에 오면 지배계층 여자들은 도련이 삼각형으로

---

98) 주 7과 같음.
99) 上海市戲曲學校中國服裝史硏究組編著, 周汛·高春明撰文 《中國服飾五千年》, p.24.
100) 上海市戲曲學校中國服裝史硏究組編著, 周汛·高春明撰文 《中國服飾五千年》, p.27.

〈그림 28〉 속대
를 늘어뜨린
보통 폭의 군

중첩된 잡거수소복(雜裾垂髾服)(그림 27)[101] 아래 군을 입었다. 또한 가슴 아래에서 대금(對襟)을 한 넓은 소매의 유 아래에 큰 폭의 주름진 군을 입고 그 위에 다시 길이가 짧고 굴곡진 도련의 군을 이중으로 입었으며 그 위에 속대(束帶)를 했다. 일반 평민들 사이에서는 남녀 모두 대금(對襟)과 착수의 유와 보통 폭의 군을 입고 가슴 아래에서 길게 속대를 늘어뜨리는 복식(그림 28)[102]이 유행했다.

북방지역에서 현재까지 출토된 자료를 보면, 중국의 동한시대에 속하는 신강 민풍현 이아 고묘의 폭이 넓고 주름이 없는 군이 있다(그림 29).[103] 그러나 이들 군이 언제부터 어떤 형태로 발전했는지 현재로서는 확인되지 않고 있다. 이후에 주로 고를 입었다는 것만 확인될 뿐이다.

이상을 정리하면, 고대 한국과 고대 중국 및 북방지역 간에는 다음과 같은 큰 차이가 있음을 알 수 있다.

첫째, 고대 한국은 여자만이 군을 입었지만 중국은 남녀 모두 군을 입었다.

둘째, 고대 한국과 고대 중국은 모두 포와 유의 아래에 군을 입었는데, 고대 중국은 유의 길이가 매우 짧고 군의 도련에 선을 두르지 않았다. 그러나 고대 한국은 유의 길이가 길며 모든 군의 도련에 반드시 선을 둘렀다. 그리고 고대 한국에서는 중국의 굴곡지거나 삼각형 모양을 한 도련의 포와 함께 군을 입은 예가 없다.

---

101) 上海市戲曲學校中國服裝史硏究組編著, 周汎·高春明撰文,《中國服飾五千年》, p.62.
102) 上海市戲曲學校中國服裝史硏究組編著, 周汎·高春明撰文,《中國服飾五千年》, p.69.
103) 李肖冰, 앞의 책, pp.76~77.

셋째, 북방지역에서는 여자들도 고
를 입었으나 고대 한국의 여자들은
군 안에 반드시 고를 입는 등, 고와
함께 군을 복식의 주요 형제로 하고
있었다. 따라서 고대 한국의 군이 중
국 계통의 의복에 뿌리를 두고 있다
고 볼 수 없으며 북방 계통의 고습이
라고 할 수도 없다.

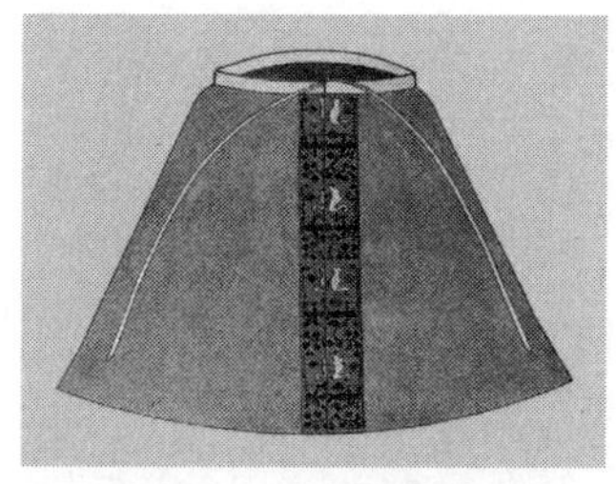

〈그림 29〉 이아묘에서 출토
된 군

그러면 고대 한국인들은 어떠한 모양으로 군을 입었는지 알아
보자.

《삼국사기(三國史記)》〈잡지(雜志)〉의 색복(色服)에는 흥덕왕(興德
王) 9년(서기 834년)에 신분에 따라 복식을 규제한 내용이 있다.

> 6두품 여인은…… 겉치마[表裳]에서 계(罽)·수금(繡錦)·나(羅)·세
> 라(繐羅)·야초라(野草羅)·금은니협힐(金銀泥纈纈)을 금하고, 요반(襓
> 襻)은 계수(罽繡)를 금하며,…… 5두품 여인은…… 겉치마에서 계·
> 수금·야초라·세라·금은니협힐을 금하고, 요반은 계·수(繡)를 금하
> 며,…… 4두품 여인은…… 겉치마는 단지 시견(絁絹) 이하를 사용하
> 고 요(襓)는 치마와 같으며 반(襻)은 월라(越羅)를 사용하고,……
> 평인 여인은…… 겉치마는 견(絹) 이하를 사용하고, 반(襻) 단지 능
> (綾) 이하를 사용하고,……. [104]

위의 기재에서 표상(表裳)에 대한 설명에서만 요와 반이 있는
것으로 보아, 요와 반은 표상의 한 부분일 것으로 생각된다. 그런

---

104) 《三國史記》卷33〈雜志〉色服. "六頭品女…… 表裳禁罽繡錦羅繐羅野草羅金
　　銀泥纈纈, 襓襻禁罽繡,…… 五頭品女…… 表裳禁罽繡錦野草羅繐羅金銀泥纈纈,
　　襓襻禁罽繡錦羅, 四頭品女…… 表裳只用絁絹已下, 襓與裳同, 襻用越羅,……
　　平人女…… 表裳用絹已下, 襻只用綾已下……."

〈그림 30〉 안악 3호분에 보이
는 여시중군의 군대

데 요와 반이 함께 나오기도 하고 따
로 나오기도 하기 때문에 요와 반은
겉치마에서 각기 서로 다른 구성 부
분을 가리키는 것으로 생각된다. 따라
서 이를 참고로 군의 형제를 살펴보
고자 한다.

법흥왕(法興王) 9년(서기 522년)에 신
라는 구습을 근거로 복색을 제도화했
다.[105] 위의 내용에 보이는 표상의 형
제에서 요과 반의 사용은 적어도 서
기 522년보다는 훨씬 앞섰을 것으로
생각된다.

그러면 요와 반은 무엇을 가리키는
가? 요는 《진서(晋書)》〈오행지(五行
志)〉에서 "秦始初衣服, 上偏下豊, 著衣
者皆壓褳"라고 하여 허리 부분이 압
축되는 모습으로 설명되고 있다. 반은 《집운(集韻)》에서 "衣系曰
襻"이라고 하여 의복의 한 구성 부분으로 설명되고 있는데, 북주
(北周)의 유신(庾信)은 《유개부집(庾開府集)》에서 "裙斜假襻"이라고
하여 군에 비스듬한 모양으로 매어진 끈으로 설명하고 있어 치마
를 구성하는 부분으로 해석된다. 이러한 설명을 통해 군에서 요는
허리 부분을 압축하는 허리띠이고 반은 그 위에 다시 비스듬한
모양으로 매어진 끈을 말하는 것임을 알 수 있다. 비교적 후대의

---

105) 《三國史記》 卷33 〈雜志2〉 色服. "新羅가 건국했을 때 복제는 그 색을 알
　　수 없다. 제23대 법흥왕 때에 처음으로 6部 사람들 服色의 높고 낮음의 제
　　도를 정했는데, 그들의 습속 그대로였다(新羅之初, 衣服之制, 不可考色. 至第
　　二十三葉法興王, 始定六部人服色, 尊卑之制, 猶是夷俗).

〈그림 31〉閻立本의 步輦圖에 보이는 시녀들의 裙帶

기록이기는 하지만, 이처럼 군에 두 개의 띠를 사용하는 것과 관련하여 고려시대에 씌어진 《선화봉사고려도경》〈공장(供張)〉의 저상(紵裳)에는 다음처럼 삼한시대의 저상제도에 대한 기록이 있다.

　　모시 치마를 만드는데, 겉과 안이 6폭이며, 허리에 흰 천을 가로 대지 않고 두 개의 띠로 묶었다.[106]

이와 같이 군의 허리에 연결된 띠와 군 위에 다시 두른 띠의 실제 모습은 안악 3호 고분벽화 부인도에 보이는 오른쪽 여시중군(그림 30)[107]에서 확인된다. 두 개의 대를 두른 군을 입은 모습은 중국의 양진남북조시대의 복식에서는 보이지 않고 수·당시대에

---

106) 《宣和奉使高麗圖經》 卷29 〈供張〉 紵裳. "紵裳之制, 表裏六幅, 腰不用橫帛, 而繫二帶."
107) 朝鮮畫報社,《高句麗古墳壁畫》, 朝鮮畫報社出版部, 1985.

와서 나타나지만, 그 모습은 안악 3호분 시중군의 모습과 전혀 다르다. 수·당시대의 여자들은 〈그림 31〉[108]에서 보는 것처럼 앞가슴에서 띠를 묶어 길게 늘어뜨리고 다시 또 다른 띠를 허리 아랫부분에서 묶어 내려뜨렸다.

이상의 분석으로부터 고대 한국의 군은 고와 마찬가지로 고조선시대부터 내려온 복식의 형제로서 '중국 계통의 의복에서 원류한 것'이 아님을 확인할 수 있다. 아울러 그 고유 형제와 착용 풍습 및 방법에서 중국이나 북방지역과 큰 차이가 있음을 알 수 있다.

4. 닫는 글

이상의 고찰은 고대 한민족의 고와 군이 중국이나 북방지역의 영향으로부터 만들어진 것이라는 종래의 잘못된 주장을 바로잡는 데 충분한 근거가 될 것이다. 고대 한민족이 착용한 아래옷인 고와 군은 웃옷과 긴 겉옷인 삼·유·포와 함께 고조선시대부터 계승해 내려온 한민족 고유의 복식 형제이다. 고대 한국의 남자들은 고를 겉옷으로 입었고 여자들은 고를 군 속에 입었다. 고조선 붕괴 이후 여러 나라들은 신분과 계층의 큰 구분 없이 궁고를 입었는데, 이 궁고는 바로 대구고이며 당이 있는 고를 말한다. 고대 한국의 고는 모두 당을 대었지만 끈을 사용하지 않고 재봉으로 여밈새를 처리했으며 바지 폭은 다양했다.

중국 고의 원류는 밑이 터진 형태였다. 서한 때 중국의 고는 당이 터진 것과 당을 끈으로 얽어 막힌 곤당고의 두 가지가 있었으며, 신분이 높은 사람들은 당이 터진 고를 입었다. 즉, 고는 심의

---

108) 上海市戱曲學校中國服裝史硏究組編著, 周汛·高春明撰文, 《中國服飾五千年》, p.83.

나 앞을 가리는 상 등을 입었을 때 입는 속옷이었고, 관직 등이 낮거나 노동일을 하는 사람의 경우 긴 웃옷을 입을 수 없으므로 당이 막힌 곤을 입었다.

문헌자료와 실제 고고학 출토자료인 도용에서 보이는 고습의 고와 습의 모습으로부터, 고대 한민족의 고유 복식이 북방계 호복인 고습이라는 일반적인 견해가 잘못임이 확인되었다. 고습의 고는 넓은 폭으로 길이는 땅에 끌릴 정도로 길고 무릎 바로 밑에서 묶어지며 바지부리가 고대 한국의 고와 같이 여며지지 않았다. 고의 위에 입은 습은 길이가 무릎 위까지 오며 소매는 통이 넓고 긴 소매와 반 소매의 두 가지 형태이며 임형은 대금(大襟)과 대금(對襟)이다. 그리고 여며진 깃의 바로 밑에서 대가 늘어뜨려지는 일 없이 단단히 묶여져 있다. 고습이 갖는 이 같은 여밈새 및 소매와 바지의 형제 그리고 대의 모습은 고대 한국의 복식에는 전혀 보이지 않는다. 또한 종래의 복식사 연구에서 고대 한국의 고가 북방 계통이라는 주장을 할 때 근거로 제시되던, 노인-울라에서 출토된 궁고가 오히려 고대 한민족의 영향으로부터 만들어졌거나 한민족으로부터의 수입품일 것이라는 점이 밝혀졌다.

중국은 상시대부터 춘추전국시대에 이르기까지 통이 매우 좁은 바지를 주로 입었다. 진·한시대에 오면 곡거심의 아래에 비교적 통이 넓은 바지를 입고 무릎 밑에서 동여맸다. 양진남북조시대에 오면 포 안에 폭이 넓은 긴 길이의 바지를 땅에 끌리게 입었다. 그러나 고대 한국의 복식에서는 이 같은 중국 고의 모습이 보이지 않는다.

고대 한국 고의 형제를 문헌자료와 고구려 고분벽화, 왕회도, 백률사 석당기, 단석산의 공양상, 토우, 무령왕릉 출토 동자상 등의 실제 유적과 유물자료를 통해 고찰하면 다음과 같다.

고대 한국의 고는 서기 6세기까지 계층과 신분에 관계없이 바지부리를 여몄으나, 서기 7세기에 오면 여미는 대신 선을 두르는 형제가 출현한다. 폭은 크게 넓은 폭과 보통 폭으로 구분되며 길이는 긴 것과 무릎 아래에서 여며지는 것이 있는데, 이는 신분을 나타내기보다는 하는 일에 따라 폭과 길이에 변화를 주어 편리성을 도모했던 것으로 생각된다. 신라의 고는 주름이 잡혀 있어서 고구려의 고보다 풍부해 보이며 바지부리는 역시 여며져 있다.

고대 한국 군의 형제도 고와 마찬가지로 중국이나 북방지역의 영향으로부터 이루어진 것이 아님이 밝혀졌다. 고대 한국 군의 고유한 형제는 다음과 같다. 고대 한국의 여자들은 겉옷으로 반드시 군을 입고 속에 고를 입었는데, 군은 도련까지 주름이 잡힌 것과 허리에만 주름이 잡힌 것으로 크게 구분된다. 유나 포와 함께 입은 군은 모두 도련에 선이 둘려져 있는데, 유에 입은 군의 선은 가늘고 포에 입은 군의 선은 이보다 넓었다. 고대 한국의 군을 입은 모습을 보면, 군의 허리에 연결된 띠로 묶거나 그 위에 보다 넓은 폭의 띠를 두른 모습이다.

이 같은 고대 한국의 군과 중국 및 북방지역의 군을 비교하면 다음과 같은 차이가 나타난다. 고대 한국에서는 여자만 군을 입은 반면 중국에서는 남녀 모두 입었다. 고대 한국과 고대 중국은 모두 포와 유의 아래에 군을 입었는데, 고대 중국은 유의 길이가 매우 짧고 군의 도련에 선을 두르지 않았으나, 고대 한국은 유의 길이가 길며 모든 군의 도련에 반드시 선을 둘렀다. 고대 한국에서는 고대 중국의 굴곡지거나 삼각형 모양을 한 도련의 포와 함께 군을 입은 예가 없다. 북방지역에서는 여자들도 주로 고를 입었으나, 고대 한국의 여자들은 군 안에 고를 입는 등 고와 함께 군을 복식의 주요 형제로 하고 있었다. 따라서 고대 한국의 군이 중국 계통의 의복에 뿌리를 두고 있다고 볼 수 없으며 또한 북방 계통의 고습이라고 할 수도 없다.

제9장 고대 한국 대의 종류와 특징

1. 여는 글

대(帶)는 요즈음의 복식에서 꼭 필요한 것은 아니며, 장식으로서의 성격을 더 갖는지 모른다. 그러나 고대 복식에서 대는 필수적인 것이었으며, 장식의 성격을 가질 때는 단순히 장식에 그치지 않고 신분을 상징하기도 했다.

고구려와 신라 등의 출토자료나 벽화 등을 보면, 대는 우리나라 복식에서 절대적인 것이었음을 알 수 있다. 대는 한민족 복식에서 구조상의 필요성 때문에도 그렇고, 장식의 성격을 갖게 될 때에는 그 신분을 상징하기 때문에 연구하지 않으면 안 될 부분이다.

일반적으로 복식사와 고고학 연구자들은 고대 한국의 복식에 나타나는 대가 북방 계통이라는 견해를 가지고 있다. 복식사 연구자들은 고대 한국 복식에 보이는 요대(腰帶)가 '고습민족(袴褶民族)의 경우 필요 불가결한 복식요구이다. 애초에는 혁대(革帶)였으리라 보이나, 농경사회에 정착하면서 포제로 바뀌었을 것'[1]이라고 주장하기도 하고, 중국학자 왕우청(王宇淸)의 고습(袴褶)에 대한 견해를 들어 고구려 복식에서 보이는 대가 고습의 특징과 같다[2]고 말하기도 했다. 이들은 모두 고대 한국의 복식을 북방민족의 고습 계통으로 본 것이다. 그들은 "중국식의 대대(大帶)와는 달리 호복계(胡服系)의 혁대를 사용하고 있었으며 후에 포백대(布帛帶)로 되어서도 매듭을 짧게 매는 형식을 취해 활동하기 편리하게 했다"[3]고 설명하기도 했다. 또한 고고학 연구자들은 '과대(銙帶)와 요패(腰佩)는 본래 기마유목민(騎馬遊牧民)들의 풍속이었던 것이 중국으로 들어온 것이며, 우리나라에서는 직접 또는 간접으로 그러한 것을 배운 모양'[4]이라고 주장했다.

그러나 위의 주장들은 다음과 같은 모순을 안고 있다. 고조선은 건국 당시 이미 농경사회에 진입해 있었기 때문에 고대 한민족을 유목민족으로 보는 것은 잘못이다. 또한 고조선시대에는 이미 높은 수준의 다양한 직물들과[5] 높은 수준의 청동 가공 기술이 있었기 때문에[6] 대의 재료가 가죽에서 직물로 바뀌게 되었다는 견해는 성립할 수 없다. 고조선은 초기부터 복식의 재료로서 가죽과 직물 및 금속재료들을 병행하여 사용했음이 문헌자료와 고고학의 출토 자료로부터 확인된다.

일반적으로 복식사 연구에서는 고대 한민족이 고습의 형제로 된 옷을 착용했다는 견해가 통설로 되어 있다. 그러나 고대 한국

---

1) 金東旭,《百濟의 服飾》, 百濟文化開發硏究院, 1985, p.123.
2) 李京子,《韓國服飾史論》, 一志社, 1998, p.85·p.99.
3) 金文子,《韓國服飾文化의 源流》, 民族文化社, 1994, pp.117~121.
4) 金元龍,《韓國考古學 槪說》, 一志社, 1977, pp.183~185 ; 李仁淑,〈신라와 가야의 裝身具〉,《한국고대사논총》 제3집, 한국고대사회연구소, 1992, pp.62~113.
5) 이 책의 제1부 고대 한국 복식의 재료 참조.
6) 이 책의 제3부 제11장 〈고조선의 갑옷 종류와 특징〉 참조.

의 의복은 고습이 아니며, 대의 경우에도 마찬가지이다. 고습에서 보이는 대는 왕우청의 견해처럼 반드시 속대(束帶)[7]이다. 그러나 고구려 고분벽화에 보이는 대는 속대가 아니라 대부분이 요대로서 묶음 형식을 취하고 있고, 고고학의 출토자료에 보이는 고조선과 고조선 붕괴 이후 여러 나라의 대에는 긴대(緊帶)도 있으므로, 고대 한민족은 여러 형태의 대를 다양하게 사용했다고 보아야 할 것이다. 또한 중국의 대를 대대로 분류했으나, 고대 중국의 복식에는 대대와 긴대 및 착대(窄帶)가 모두 보이고 있기 때문에 대대라고만 단정할 수는 없다. 이와 관련해서는 뒤에서 검토하도록 하겠다.

과대와 요패의 경우 고대 한국의 과대 형제는 중국이나 북방지역과 다르며, 고조선시대의 형제가 그 뒤로 줄곧 이어진다. 고구려는 서기 7세기 이후 과대에 요패를 늘어뜨리는 형제를 갖기 시작하는데, 요패에 달린 패식(佩飾)의 내용은 북방지역의 모습을 받아들이지 않고 당(唐)의 패식 내용에서 일부분을 수용할 뿐 고구려의 고유 형제를 고수한다. 이는 신라도 마찬가지이다.

따라서 이 글에서는 문헌자료와 고고학 방면의 출토자료 등을 근거로 고대 한국의 대식(帶飾)을 중국이나 북방지역의 대식과 비교·검토하여 고대 한국 대식의 북방 계통론을 수정하고 그 근원을 제시 해보고자 한다. 이 연구의 대상이 되는 시간 범위는 고대 한국이 중국이나 북방지역과 상호 교류와 접촉을 크게 갖기 시작하기 이전까지가 될 것이다. 그래야만 고대 한국 대식의 고유성이 분명하게 나타날 것이기 때문이다.

이 같은 대식에 관한 분석과 정리는 고대 한국 복식에서 소홀히 취급하기 쉬운, 삼(杉)과 유(襦) 및 포(袍)에서 대를 사용한 여

---

7) 王宇清, 《中國服裝史綱》, 中華大典編印會印行, 1978, p.102.

밑새 부분의 처리 양식을 보다 구체적으로 복원하는 작업이 될 것이다.

2. 북방 계통론에 대한 검토

지금까지 한국 학계의 통설로 되어 있는 북방 계통론을 검토하기 위하여 북방민족들의 복식에 보이는 요대와 대식에 대해서 알아보고 이를 고대 한국의 것과 비교해보겠다. 우선 대식에 대하여 알아보면, 지금까지 북방지역에서 출토된 대식으로 가장 이른 연대의 것은 중국의 춘추시대와 전국 중후기에 속하는, 내몽고에 위치한 선화(宣化)·장가구(張家口)·강보(康保)·양원(陽原)·수원(綏遠)·승덕(承德)[8]·준격이기(准格爾旗)[9]·포두(包頭)[10] 등의 유적들에서 출토된 교구(鉸具) 등의 대식이다. 춘추시대의 유적에서는 비교적 단순한 모습의 교구 등이 출토되었고, 전국 중후기의 유적에서는 보다 발달된 비교적 화려한 모습의 교구 등이 출토되었다. 내몽고지역의 이 같은 대식의 발전과 달리, 같은 시기 신강(新疆) 초원지역에서는 이 같은 대식이 출현하지 않았다. 이 지역에서는 '아이잡특초원석인(阿爾卡特草原石人)', '기태반절구석인(奇台半截溝石人)', '소소초원석인(昭蘇草原石人)', '무사석인(武士石人)', '수렵석인(狩獵石人)', '여석인(女石人)', '아근태석인(阿勤泰石人)', '돌궐석인(突厥石人)' 등으로 불리는, 서기 전 3세기경 혹은 보다 이를 것으로 추정

---

8) 鄭紹宗, 〈略論中國北部長成地帶發現的動物紋靑銅飾牌〉, 《中國考古集成》, 東北卷 靑銅時代(一), pp.224~228.

9) 伊克昭盟文物工作站, 〈內蒙古准格爾旗寶亥社發現靑銅器〉, 《文物》, 1987年 12期, pp.81~83.

10) 內蒙古文物考古研究所·包頭市文物管理處, 〈包頭西園春秋墓地〉, 《中國考古集成》 東北卷 靑銅時代(一), pp.931~938.

되는 시기의 고대 석인들이 여러 개 발견되었다.[11] 이 석인들은 공통적으로 폭이 좁은 장포(長袍)를 입었는데, 이들 가운데 대를 한 경우는 '아이잡특초원석인'과 '여석인' 및 '무사석인' 그리고 '수렵석인'뿐이다. 이로 보아 신강지역은 위의 내몽고에 위치한 지역들과 달리 전국시대 후기에 해당하는 서기 전 3세기경에 이르기까지 대를 사용하는 복식의 형제가 아직 형성되지 않았음을 알 수 있다. 대의 모습도 '수렵석인'의 경우 좁고 긴 포의 허리 아랫부분에서 좁은 폭의 요대를 뒷묶음하여 짧게 늘어뜨린 형태이다. 천산(天山) 초원지역에서 발견된 '여석인'의 경우는 좁은 폭의 대를 앞에서 둥근 모양의 대식으로 처리했고, 액이제사하(額爾齊斯河)유역에서 발견된 '여석인'의 경우는 좁은 폭의 요대에 장신구들을 패식으로 달았다. '아이잡특초원석인'의 경우 허리 아랫부분에서 좁은 폭의 요대를 묶었는데, 허리 앞부분과 옆부분에 요패로 보이는 장신구들을 늘어뜨렸을 뿐[12] 교구의 모습은 보이지 않는다.

이처럼 같은 시기에 내몽고지역이 신강지역보다 대식이 더욱 발달된 것으로 나타나는데, 그 원인은 청동 가공 기술에 있었을 것이다. 지금의 내몽고자치구 동부지역은 고조선에 인접한 지역으로, 당시에 신강지역보다 앞선 청동기문화 시작 연대를 갖는 고조선의 높은 청동 가공 기술의 영향을 일찍 받아들였기 때문일 것으로 생각된다. 이 같은 내용은 내몽고 사람들이 고조선으로부터 관식(冠飾)의 영향을 받았던 것[13]에서도 확인된다.

---

11) 黃文弼, 〈新疆考古的發現〉, 《考古》, 1960年 第2期, pp.8~14 ; 李肯冰, 《中國西域民族服飾研究》, 新疆人民出版社, 1995, pp.29~32.
12) 같은 책 참조.
13) 이 책의 제2부 제5장 〈고대 한국의 관모〉 참조.

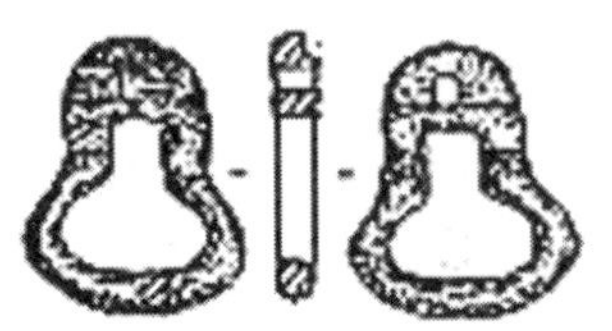

〈그림 1〉 대가산유적에서 출토
된 대식

〈그림 2〉 십이대영자에서 출토
된 대식

〈그림 3〉 철장구유적에서 출토
된 긴고리 모양 청동 대구

고조선지역에서는 북방지역보다 앞서 대식을 사용했음이 출토 유물에서 확인된다. 길림성 대안현(大安縣)에 위치한 고조선의 유적인 대가산(大架山) 유적에서는 신석기시대 유물과 함께 청동기시대 초기의 청동식(靑銅飾)이 (그림 1) 동포(銅泡)와 함께 수습되었는데,[14] 청동식은 대식이었을 것으로 보인다. 춘추시대 초기인 서기 전 8세기에서 7세기에 속하는 요령성 조양현(朝陽縣) 십이대영자(十二臺營子)에서 대식으로 사용되었을 청동 장식품들이 출토되었고(그림 2),[15] 춘추 후기에서 전국 초기에 속하는 고조선의 유적인 요령성 오한기(敖漢旗) 철장구(鐵匠溝)유적 A지구에서는 긴고리 모양의 청동 대구(帶鉤)가 출토되었다(그림 3).[16] 이 같은 긴고리 모

---

14) 吉林省文物工作隊, 〈吉林大安縣洮兒河下游右岸新石器時代遺址調査〉, 《考古》, 1984年 8期, pp.689~697.

15) 조선유적유물도감편찬위원회, 《조선유적유물도감》 1 – 고조선·진국·부여편, pp.40~43 ; 朱貴, 〈遼寧朝陽十二臺營子靑銅短劍墓〉, 《中國考古集成》 東北卷 靑銅時代(二), pp.1393~1400.

16) 邵國田, 〈敖漢旗鐵匠溝戰國墓地調査簡報〉, 《中國考古集成》 東北卷 靑銅時代(一), pp.825~829. 발굴자들은 鐵匠溝유물과 夏家店상층문화가 계승관계에 있다고 했다. 고조선의 비파형동검문화인 夏家店상층문화는 초기 청동기

양의 대구는 고조선 붕괴 이후 여러 나라의 유적에서도 공통적으로 나타나는데, 이를 볼 때 고조선 대구의 한 종류였을 것으로 추정된다. 이 같은 대구는 북방지역에서는 거의 출토되지 않았고, 중국에서는 전국 후기에 와서 처음으로 출현하여 크게 확산된다. 이는 뒤에서 상세히 분석될 것이다.

서기 3세기경부터는 고조선 초기부터 사용되던 복숭아 모양의 청동 장식 형제가 대구에도 사용되어 긴고리 모양의 청동 대구가 점차 사라지고 복숭아 모양으로 장식된 철 또는 유금(鎏金)으로 된 대식이 출현하며 그 형태가 다양해진다. 이 같은 복숭아 모양 장식의 대식 역시 당시 중국이나 북방지역의 대식 형제에서는 거의 찾아볼 수 없는 것이다. 이 같은 내용들은 뒤에서 더 상세히 분석될 것인데, 고대 한국의 대식이 중국이나 북방 계통과 관계가 없음을 알게 해준다.

그러면 고대 한국의 대가 갖는 고유한 모습은 어떠한 것이었을까? 고대 한국 대의 고유한 모습을 정리하는 일은, 고조선이 북방지역보다 앞서 대식을 사용했다고 밝힌 위의 내용과 함께, 고대 한국의 대가 북방지역의 영향으로 이루어졌다거나 중국의 영향일 것이라는 견해가 잘못되었음을 밝혀줄 것이다.

우선 요대의 사용 방법이 갖는 차이를 보자. 안악 3호 고분의 묘주는 깃보다 폭이 넓은 검은 대를 두루고 있다. 이 검은 대는 가운데와 좌우 양쪽 세 가닥이 같은 모양으로 길게 늘어져 있다. 그리고 검은 대 안쪽에 폭이 넓고 허리에서 묶어 길게 늘어뜨린 대가 매어져 있다. 묘주의 오른쪽에 서 있는 신하는 대를 묶어 길

문화인 夏家店하층문화를 이은 것이므로(한창균, 〈고조선의 성립배경과 발전 단계 시론〉,《國史館論叢》第33輯, 國史編纂委員會, 1992, p.10 ; 林炳泰, 〈考古學上으로 본 濊貊〉,《韓國古代史論叢》 1, 駕洛國史蹟開發研究院, 1991, pp.81~95 참조) 鐵匠溝유적은 夏家店하층문화에 속한다고 하겠다.

게 늘어뜨렸다. 덕흥리 고분의 묘주도 안악 3호분 묘주와 같은 검은 대를 착용했고 안쪽에 요대를 묶어 늘어뜨렸다. 덕흥리 고분의 묘주는 묘주도에서 검은 대를 맸으나 실내생활도에서는 매지 않았다. 《의례(儀禮)》〈사상례(士喪禮)〉의 치대(緇帶)에 대하여 정원(鄭元)은 '검은 두터운 사직물로 만든 대[黑繪之帶]'라고 했다. 안악 3호분과 덕흥리 고분의 묘주가 맨 검은 대는 바로 치대일 것이다.

고구려의 대를 묶는 방향은 신분과 직업에 관계없이 앞에서 묶는 경우와 뒤에서 묶는 경우 또는 오른편과 왼편의 옆에서 묶는 경우 등 다양하고 자유스럽게 나타난다.[17) 대의 폭도 깃보다 좁거나 대부분 같기 때문에 의복에서 대가 크게 강조되지는 않는다.

또한 장천 1호 고분벽화의 야유수렵도에서 오른쪽 윗편 나무

---

17) 안악 3호 고분벽화 侍從武官圖에 보이는 장하독의 경우 깃보다 좁은 폭의 帶를 앞에서 묶어 내렸다. 斧鉞手圖에 보이는 斧鉞手들은 깃과 같은 폭의 腰帶를 모두 오른쪽 옆으로 묶어 느려뜨렸다. 안악 3호 고분벽화 儀仗旗手圖의 袍를 입은 사람들은 깃과 같은 폭의 帶를 앞에서 묶어 무릎 부분까지 늘어뜨렸다. 廚房圖의 서서 일하는 여자는 깃보다 좁은 폭의 帶를 오른쪽 옆에서 묶어 늘어뜨렸다. 大行列圖의 갑옷을 입지않은 구성원들의 경우 앞묶음·뒷묶음·옆묶음을 했다. 덕흥리 고분벽화의 갑옷을 입지 않은 기마인들은 깃과 같은 폭의 腰帶를 앞에서 혹은 옆에서 묶음 방식으로 짧막하게 처리하여 간편하게 했다. 수산리 고분벽화 門衛武士圖의 문지기는 袍를 입었는데, 요대를 오른쪽 옆에서 짧막하게 묶어 처리했다. 角抵塚 角抵圖의 씨름하는 사람들 옆에 서 있는 사람은 衫을 입었는데, 깃과 같은 폭의 腰帶를 오른쪽 옆에서 묶어내렸다. 主人公 生活圖의 주인은 衫을 입었는데, 깃보다 좁은 폭의 요대를 앞에서 짧게 묶어 내렸다. 長川 1호 고분벽화 野遊·狩獵圖의 왼쪽 윗편 긴 袍를 입은 두여자는 깃과 같은 폭의 요대를 뒤에서 짧막하게 묶어 내렸고 이들과 이야기하는 衫을 입은 남자는 깃보다 좁은 폭의 요대를 왼쪽 옆에서 짧막하게 묶어내렸다. 長川 1호 고분벽화 佛敎供養圖의 절을 하는 袍를 입은 여자는 요대를 뒤에서 짧게 묶어 내렸다. 舞踊圖의 긴 袍를 입은 사람들은 모두 깃과 같거나 혹은 좁은 폭의 요대를 뒷묶음 했고, 衫을 입은 사람들은 깃보다 좁은 폭의 帶를 옆묶음 혹은 앞묶음 했다. 안악 2호 고분벽화 門衛武士圖의 문지기는 魚鱗 갑옷으로 무장했는데, 왼쪽 옆에서 요대를 묶어 내렸다(이상 朝鮮畫報社, 《高句麗古墳壁畫》, 朝鮮畫報社出版部, 1985 참조).

밑에 앉아 있는 삼을 입은 남자와 아래에 삼을 입고 서 있는 남자는 모두 관직에 있음을 상징하는 조우삽관(鳥羽揷冠)을 썼다.[18] 이들은 깃과 같은 폭의 요대를 앞에서 묶었는데, 앞에 모아진 묶음이 고리 모양으로 가지런히 매듭지어져 있다는 점에서 공통성이 있다. 무용총 수렵도의 조우삽관을 쓴 기마인은 삼을 입었는데, 다른 기마인들과 달리 요대를 앞에서 고리 모양으로 가지런히 맸다. 따라서 고리 모양으로 된 요대의 매듭 모습은 신분을 표시하는 상징이었다고도 생각된다. 또한 고구려의 복식에는 요대를 하지 않는 경우도 있다. 덕흥리 고분벽화 주인실내생활도의 시중드는 여자들은 모두 유를 입었으나 요대를 하지 않았다. 마사희도에 보이는 서 있는 남자들은 삼을 입었으나 요대를 하지 않았다. 수산리 고분벽화 부인도의 부인과 시녀도의 여시중군은 모두 유를 입고 있으나 이들 역시 요대를 하지 않았고, 주인·신하도의 주인공과 신하는 모두 포를 입었지만 역시 요대를 하지 않았다.

중국의 경우는 다음과 같다.

《설문해자》에서는 대에 관해 "묶는 것이다. 남자는 크고 가죽으로 만든 반대(鞶帶)이고, 부인은 사대(絲帶)이다. 패(佩)를 단 것을 상형했고, 대에는 반드시 건(巾)이 있기 때문에 건(巾)을 따랐다"[19]고 했다. 《후한서》의 〈여복지〉에서는, 전국 때 불패(鞍佩)가 진(秦)에 와서 옥(玉)을 사직물 끈에 단 수(綬)로 바뀌었고, 한(漢)에 와서 여기에 쌍인(雙印)과 패도(佩刀)의 장식이 더해지면서 의례로

---

18) 《北史》卷94〈列傳〉高句麗傳. "사람들은 모두 머리에 절풍을 쓴다. 그 모양이 변과 같은데 士人은 두 개의 새 깃을 더 꽂는다(人皆頭著折風, 形如弁, 士人加揷二鳥羽)." ; 《舊唐書》卷199〈列傳〉高(句)麗傳. "벼슬이 높은 자는 청색 라로 만든 관을 쓰고 그 다음은 붉은 라로 만든 관을 쓰는데, 새 깃 두 개를 꽂고 금과 은으로 장식한다(官之貴者, 則靑羅爲冠, 次以緋羅, 揷二鳥羽, 及金銀爲飾)."

19) 《說文解字》. "紳也. 男子鞶革帶, 婦人絲帶. 象繫佩之形, 帶必有巾, 故從巾."

〈그림 4〉 고습에 보이
는 요대

바뀌었다고 했다.[20] 《설문해자》의 설명은 한대에 와서 대가 복식에서의 구조적 필요성보다는 수를 달기 위한 보조적 장치로 바뀌었음을 말하는 것이다.

상주대(商周代)의 출토자료로 보면, 중국에서는 사직물(絲織物)로 만든 대대(또는 신대〔紳帶〕라고 부름)를 가슴에서 배까지 넓게 두르고 여기에 불패를 달았다. 이같은 대는 반드시 앞 허리의 가운데 부분에서 매어진다. 불패는 춘추시대와 전국시대에도 그대로 이어졌으며, 불패에 패식을 달기도 했다. 이같은 넓은 폭으로 된 대의 양식은 춘추전국시대에 출현한 곡거심의(曲裾深衣)와 유 및 군(裙)에도 계속 이어진다. 전국시대에 와서는 북방민족의 복식을 입으며 대구로 두터운 대를 허리에 꼭 매거나 가는 끈으로 묶기도 했다. 진·한시대 남자들은 포복(袍服)에 가는 폭의 요대를 했다. 전국시대부터 유행하던 곡거심의는 한대에는 남녀 모두 자주 입는 의복이 되었는데, 남자는 허리보다 아랫부분에 좁은 폭의 요대를 두른 것이 특징이며, 여자는 허리의 앞부분에서 이를 묶음 방식으로 처리했다. 그리고 요금심의(繞襟深衣)는 여자들이 입은 포

---

20) 《後漢書》志 第29 〈輿服〉下. "佩, 所以章德, 服之衷也. 韍, 所以執事, 禮之共也.…… 於是解去韍佩, 留其係璲, 所以章表.…… 韍佩旣廢, 秦乃以采組連結於璲, 光明章表, 轉相結受, 故謂之綬. 漢承秦制, 用而不改, 故加之以雙印佩刀之飾. 至孝明皇帝, 乃爲大佩, 衡牙雙瑀璜, 皆以白玉. 乘輿落以白珠, 公卿諸侯以采絲, 其視冕旒, 爲祭服云."

복으로, 가는 폭의 요대를 허리 아랫부분의 앞에서 묶음 방식으로
처리했다. 양한대(兩漢代)에는 선진(先秦)의 대대가 복식의 주축을
이루었고, 북방민족의 대를 검대(劍帶) 등으로 하기도 했다.

　이후 요대를 묶는 모습은 양진남북조시대에 와서 변화를 갖는
다. 북조(北朝) 후기에 출현한 고습은 보통 폭의 요대를 허리에 이
중으로 둘러 앞묶음을 했다(그림 4). 양진남북조시대 심의(深衣)는
여자들만이 입었는데, 가는 폭의 요대를 허리의 앞부분에서 짧막
하게 묶어서 처리했다. 그 밖에 여자들은 넓은 폭의 요대를 허리
에 두르고 뒷묶음을 하는 잡거(雜裾)와 삼군(衫裙)(그림 5)을 많이
입었다. 일반 백성들은 유와 군을 많이 입었는데, 보통 폭의 요대
를 허리의 앞부분에서 묶어 길게 늘어뜨렸다(그림 6). 지배계층의
경우 양진(兩晋)시대에 여전히 진·한의 옛 제도를 그대로 받아들
여 넓은 요대를 앞에 두르고 앞부분 중앙에 조수(組綬)나 도검(刀
劍)을 차는 패수(佩綬)제도가 유행했다. 남북조시대에 오면 남자들
은 일반적으로 대수관삼(大袖寬衫)을 입는데, 허리의 앞부분에 넓
은 폭의 대를 묶어 길게 늘어뜨리고 그 위에 다시 좁은 끈으로
된 요대를 묶어, 두 개의 요대가 반드시 앞부분 중심에서 겹치도
록 매는 것을 특징으로 했다.[21)]

　이상과 같이 상시대부터 양진남북조시대에 이르기까지 중국의
복식에서 요대는 필수적인 요소였음을 알 수 있다. 그리고 요대의
폭이 매우 다양했으며, 허리와 둔부(臀部)에 묶고 그 묶는 방향은
반드시 앞이나 뒷부분이었다는 점이 특색임을 아울러 알 수 있다.
그러나 고구려의 경우 대는 복식에서 필수적인 요소가 아니었으
며, 대를 묶는 방향도 신분과 직업에 관계없이 자유스러웠다. 대
의 폭은 대부분 깃과 거의 같은 폭으로 했다.

---

21) 上海市戲曲學校中國服裝史研究編著, 周汎·高春明 撰文, 《中國服飾五千年》,
　　商務印書館香港分館, 1984, p.56.

470

〈그림 5〉 잡거에 보이는 요대   〈그림 6〉 유거에 보이는 요대

　　북방지역의 호[22]복은 요대에 관하여 알 수 있는 자료들이 매우
적다. 가장 이른 연대의 것은 지금부터 3,000년 전의 것으로 알려
진, 신강 동부의 합밀오보향(哈密五堡鄕) 고묘에서 발견된 모직으
로 만든 포로서, 같은 모직으로 만든 좁은 폭의 요대가 앞에 짧게
묶여 있다(그림 7).[23] 그러나 서기 전 9세기경으로 추정되는 찰홍로
극(札洪魯克) 고묘에서 출토된, 거친 모직으로 만들어진 남녀의 장
포에는 모두 요대가 없다. 중국의 전국시대에 해당하는, 토로번(吐
魯番)에 위치한 소패희(蘇貝希) 고묘에서는 가죽으로 만든 겉옷과
통으로 만들어진 군이 출토되었는데, 모두 가죽으로 된 가는 폭의
요대를 앞에서 묶어 내렸다.[24] 중국의 춘추전국시대에 해당하는 시

---

22) 胡는 일반적으로 중국 고대의 북방 초원 지구에 거주하던 여러 민족을 가
　　리킨다. 《漢書》〈匈奴傳〉에 “南有大漢, 北有强胡”라는 기록이 있는 것으로
　　보아 北胡는 匈奴를 가리키고, 烏桓과 鮮卑 등의 조상은 匈奴의 동쪽에 있
　　어서 東胡라 불리었고(《史記》 卷110 〈匈奴傳〉의 東胡에 대하여 《史記索隱》
　　에 “服虔云, 東胡, 烏丸之先, 後爲鮮卑. 在匈奴東, 故曰東胡”라고 했다), 西域
　　各族은 匈奴의 서쪽에 있어서 西胡라 불리었다(《漢書》 卷96上 〈西域傳〉).
23) 李肯冰, 앞의 책, p.52.
24) 같은 책, pp.60~62.

기에 만들어진 동인(銅人)이나(그림 8)[25] 도범(陶范)(그림 9)[26] 등에 보이는 복식에는 주로 요대와 긴대를 한 단포(短袍)의 형식이 보이며, 진·한시대로 오면 대가 있는 경우와 없는 경우가 있다. 이후 삼국양진남북조시대에 해당하는 시기로 오면 요대를 사용하는 경우 앞에서 묶어내리기도 하지만(그림 10)[27] 주로 긴대(緊帶)와 교구(鉸具)를 사용했다. 이 시기에는 중국에서도 긴대나 교구를 사용한 고습과 양당(裲襠)이 크게 유행했다.

요대의 색상을 보면, 고구려 고분벽화의 의복은 모두 단색이고, 그 위에 두른 요대도 단색으로, 옷에 두른 선(襈)이나 옷과 같은 색을 주로 사용하여 의복에서 선(線)이 통일성을 이루었다. 중국의 요대는 거의 대부분 무늬 있는 천으로 만들어졌고, 옷과 다른 색상으로 하여 요대가 복식에서 강조되는 비중이 매우 컸다. 북방지역은 요대를 옷과 같은 색상으로 했는데, 모직의 경우에는 무늬를 넣었다.

이상으로 보아, 고대의 북방지역에서는 의복에 반드시 요대를 사용했던 것은 아니며, 사용하는 경우 좁은 폭의 요대를 앞에서 짧게 묶었음을 알 수 있다. 내몽고지역은 신강지역보다 대식이 일찍 발달했는데, 중국의 전국시대에 해당하는 시기까지는 요대와 긴대를 함께 사용했고, 양진남북조시대부터는 긴대와 교구를 함께 사용하는 것으로 정착되었음을 알 수 있다. 이 교구와 관련해서는 뒤에서 다루게 될 것이다.

이와 달리 고대 한민족은 북방지역보다 이른 시기부터 대식을 만들어 요대와 함께 사용했고, 이후 시기에도 줄곧 요대와 교구 등을 함께 사용하며 중국이나 북방지역과 그 형제와 사용 방법을

---

25) 黃能馥·陳娟娟, 《中華服飾藝術源流》, 高等敎育出版社, 1994, p.75.
26) 覃旦冏, 《中華藝術史綱》 上冊, 光復書局, 臺北, 1972, p.50.
27) 李肯冰, 앞의 책, p.109.

달리했다. 따라서 고대 한국의 대가 북방 계통의 영향에 의한 것
이라는 견해는 잘못이며, 오히려 고대 한국의 대식 생산 기술이
북방지역 사람들에게 영향을 주었다고 보아야 할 것이다.

〈그림 7〉 합밀오보향 고묘에서 출
토된 모직 포에 보이는 요대

〈그림 8〉 낙양 금촌에
서 출토된 무사상

〈그림 9〉 후마 상마촌 13호 유
적에서 출토된 인물도범

〈그림 10〉 투루번 아스타나 고분에 보이는
요대

3. 가죽과 직물의 요대

고대 한국은 가죽과 직물로 대를 만들어 사용했는데, 이것들을 장식물 없이 사용하기도 하고 금속으로 만든 장식물들을 곁들여 사용하기도 했다.

《주서(周書)》〈이역상열전(異域上列傳)〉에 따르면, 고구려의 일반 남자들은 백위대(白韋帶)를 했다고 한다. 《구당서(舊唐書)》와 《신당서(新唐書)》에 따르면, 고구려의 왕은 백피소대(白皮小帶)를 하고 관리들은 백위대를 했으며, 금은 등으로 장식했다고 한다.[28] 위(韋)는 가죽의 껍질을 벗기고 부드럽게 만든 것이다. 《설문해자》에서는 매(韎)에 대하여 "꼭두서니로 위를 물들인 것이다. 한번 물들인 것을 매라고 한다"[29]고 했는데, 이것에서 위를 붉은색으로 엷게 물들였음을 알 수 있다. 위를 엷은 붉은색으로 물들였다고 했지만, 당시에 흰색으로 물들이지는 못했을 것이다. 따라서 백위(白韋)는 위의 바탕색을 말한 것이라 하겠다. 피(皮)는 가죽의 껍질을 그대로 살린 것으로, 부드럽게 처리했다고 하더라도 가죽의 바탕색이 그대로 남는다. 안악 3호분의 관리가 매고 있는 흰색의 대는 위로 만든 것일 수 있다. 그러나 기수 등의 패식이 달려 있는 흰 대는 가는 줄이 여럿 있는 것으로 보아 직물로 만들었을 가능성이 크다. 그리고 집안지역의 고분벽화에서 모두 검은 대를 매고 있는 것으로 보아 고구려에서 대의 색은 지역적으로 달랐던 것으로 생각된다.

---

28) 《舊唐書》 卷199 〈列傳〉 高(句)麗傳. "唯王服五綵, 以白羅爲冠, 白皮小帶. 其冠及帶, 咸以金飾. 官之貴者, 則靑羅爲冠, 次以緋羅, 揷二鳥羽, 及金銀爲飾. 衫筒袖, 袴大口, 白韋帶, 黃韋履. 國人衣褐載弁,……."；《新唐書》 卷220 〈列傳〉 高(句)麗傳. "王服五采, 以白羅製冠, 革帶皆金釦. 大臣靑羅冠, 次絳羅, 珥兩鳥羽, 金銀雜釦, 衫筩袖, 袴大口, 白韋帶, 黃韋履. 庶人衣褐載弁,……."
29) 《說文解字》. "茅蒐染韋也. 一入曰韎."

〈그림 11〉 안악 3호분 묘주의 대

안악 3호분의 묘주는 치대 안에 희고 비교적 폭이 넓은 대(그림 11)를 두 가닥이 길게 늘어지도록 맸다. 이 대가 《구당서》와 《신당서》에서 말하는 '백피소대'일 것으로 생각된다.

고구려 고유의 복식을 입고 있는 의장기수도의 기수는 복숭아 모양의 패식이 달린 대를 맸다(그림 12). 패식이 달린 대는 폭이 좁지만, 가운데 가는 줄이 있는 것으로 보아 묘주의 넓은 대와 같은 재료로 만든 것으로 보인다. 시종무관도의 장하독의 대는 기수의 대와 달리 네모진 과판(錡板)으로 이어져 있고 복숭아 모양의 패식이 달려 있다(그림 13).[30] 그 문양은 백제 무령왕릉의 과대 및

---

30) 이 복숭아 모양 장식은 서기 전 25세기~24세기에 해당하는 평양시 강동군 순창리에 위치한 글바위 2호와 5호 무덤에서 출토된 금동 귀걸이의 경우 끝 부분에 달린 장식이 복숭아 모양으로 되어 있다. 이를 받아들인다면

신라의 과대와 같다. 옆의 또 다른
장하독의 대는 과대의 흔적이 있지
만 복숭아 모양의 패식이 달려 있지
는 않다. 그리고 과대의 안쪽에 폭
이 좁고 길게 늘어진 가는 대가 하
나 더 보인다. 이는 묘주 오른쪽의
관리가 맨 대와 같은 것으로, 가는
모양으로 보아 직물이나 가죽으로
만든 것으로 보인다. 안악 3호분의
관리들의 대를 종합하면, 이들은 직
물 또는 물들이지 않은 위로 만든
가는 대를 길게 묶어 내렸고, 그 위
에 과판을 붙이거나 패식을 단 대
를 하나 더 맸다.

〈그림 12〉 안악 3호분 의장기수들
의 대(위 그림은 대 부분을 확대
한 것)

　집안지역의 고분벽화에는 평양지역과 달리 신분을 가리지 않고
가늘고 검은 대를 길게 묶어 내렸다(그림 14). 둥글고 길게 매듭을
짓고 두 가닥을 늘어뜨린 것으로 보아 대가 무척 길었음을 알 수
있다. 따라서 이 검은 대는 직물로 된 것이라고 생각된다.

　고조선 복숭아 모양의 形制는 적어도 약 서기 전 25세기 이전에 출현했을
것으로 추정된다(한인호, 〈고조선초기의 금제품에 대한 고찰〉, 《조선고고연
구》, 1995년 제1호, 사회과학원출판사, pp.22~26 참조).

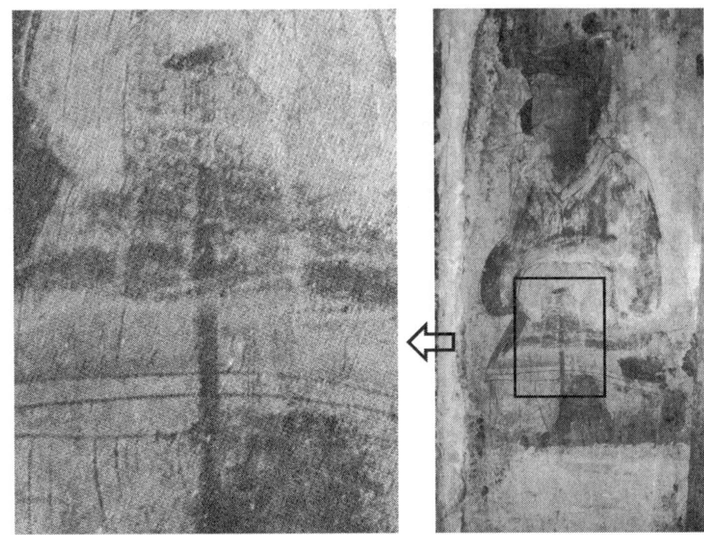

〈그림 13〉 안악 3호분 장하독의 대

〈그림 14〉 장천 1호분 야유수렵도의 조우관을 쓴 사람의 대(왼쪽), 무용
총 무용도에 보이는 요대(오른쪽)

〈그림 15〉 청동 장식단추·물고기 장식·소과 장식 등을 달았던
혁대 잔편(왼쪽), 청동 대식(오른쪽)

동부여의 유적인 요령성 서풍현(西豊縣)에 위치한 서차구(西岔
溝)유적에서는 청동의 교구와 함께 원형의 청동 장식단추와 소라
및 물고기 장식 등을 매어 달은 혁대의 잔편(殘片)이 출토되었다
(그림 15).[31] 이로써 고구려뿐만 아니라 동부여에서도 가죽으로 만
든 대를 사용했음이 확인된다. 백제의 경우 대신들은 관직의 품계
에 따라 7품은 자대(紫帶), 8품은 조대(皂帶), 9품은 적대(赤帶), 10
품은 청대(靑帶), 11품과 12품은 황대(黃帶), 13품·14품·15품·16품
은 모두 백대(白帶)를 둘렀다.[32] 고구려의 대신들이 가죽 대를 두
른 것으로 미루어, 백제의 대신들이 착용한 다양한 색상의 대 역
시 가죽이었을 것으로 생각된다. 신라의 춤추는 사람은 붉은 가죽
대에 도금(鍍金)한 과대를 했다.[33] 이와 같이 가죽으로 만든 대의

---

31) 孫守道, 〈'匈奴西岔溝文化'古墓群的發現〉, 《文物》, 1960年 8·9期, pp.25~35.
　　저자는 이 西岔溝 고묘가 고조선 말기에서 동부여에 속하는 한민족의 유적
　　임을 이미 밝힌 바 있다(이 책의 제3부 고대 한국의 갑옷 참조).
32) 《北史》 卷94 〈列傳〉 百濟傳. "官有十六品,…… (6품) 已上冠飾銀華. 將德,
　　七品, 紫帶. 施德, 八品, 皂帶. 固德, 九品, 赤帶. 季德, 十品, 青帶. 對德, 十
　　一品, 文督, 十二品, 皆黃帶. 武督, 十三品, 佐軍, 十四品, 振武, 十五品, 剋虞,
　　十六品, 皆白帶."；《隋書》 卷81 〈列傳〉 百濟傳. "官有十六品, 長曰左平, 次大
　　率, 次恩率, 次德率, 次杆率, 次奈率, 次將德, 服紫帶, 次施德, 皂帶, 次固德,
　　赤帶, 次李德, 青帶, 次對德以下, 皆黃帶, 次文督, 次武督, 次佐軍, 次振武, 次
　　剋虞, 皆用白帶. 其冠制並同, 唯奈率以上飾以銀花."

색상도 다양했지만, 고구려에서 남자들은 황색 가죽신을,[34] 백제의 왕은 검은색 가죽신을,[35] 고구려의 악공(樂工)들은 자라대(紫羅帶)에 붉은색의 가죽신을 신었고,[36] 신라의 춤추는 사람은 검은색 가죽신을 신었던 것[37]으로 볼 때, 고대 한국은 염색과 표백 및 유(鞣) 작업[38] 등의 가죽 가공 기술이 매우 발달했을 것이다. 이는 고조선 초기부터 중국이나 북방지역보다 앞섰던 가죽 가공 기술을[39] 계승했기 때문이다. 고대 한민족은 고조선시대부터 면직물·마직물·모직물·사직물 등을 동아시아에서 가장 이른 시기에 생산하여 중국에 예물로 보내거나 수출했다. 그러므로 이들 직물들은 의복의 재료뿐만이 아니라 대의 재료로서도 사용되었을 것이다.

4. 대구와 교구

한민족 대의 장식 재료는 뼈·금·유금·은·유석(鍮石)·청동·철 등 다양하며, 그 위에 옥 등으로 장식하기도 했다.

---

33) 《三國史記》 卷32 〈雜志〉 音樂條. "歌舞, 舞二人,…… 紅鞓鍍金銙腰帶, 烏皮靴"
34) 《周書》 卷49 〈列傳〉 高(句)麗傳. "丈夫衣同袖衫, 大口袴, 白韋帶, 黃革履."
35) 《舊唐書》 卷199 〈列傳〉 百濟傳. "王服大袖紫袍…… 烏革履."
36) 《三國史記》 卷32 〈雜志〉 音樂條. "…… 紫羅帶, 大口袴, 赤皮鞾."
37) 《三國史記》 卷32 〈雜志〉 音樂條. "붉은 가죽에 도금한 금테를 두른 허리띠를 하고, 검은색 가죽신을 신는다(紅鞓鍍金銙腰帶, 烏皮靴)."
38) 비록 후대에 기록이나 다음의 문헌기재로부터 염색과 표백 및 鞣 작업에 관한 내용을 추정할 수 있다. 염색에 대해서는 《高麗史》〈世家〉 卷5 "德宗 3年"條에 보이는 '莊芝草'의 내용으로부터 염색을 위한 식물을 재배했음을 알 수 있다. 표백에 관해서는 《宣和奉使高麗圖經》 卷23 〈雜俗 2〉의 澣濯에 '凍況'로 絲織物과 麻織物을 표백했음을 알 수 있다. 유 작업에 관해서는 《渤海國志長編》 卷17 〈食貨考〉 第4에서 "…… 此蓋由獸皮熟製使柔靭者"라 하여 가죽 가공 방법이 있었음을 알 수 있다.
39) 이 책의 제1부 제1장 〈고대 한국의 가죽과 모직물〉 참조.

대식은 크게 대구[40]와 교구(鉸具[校具])로 나눌 수 있다. 대구와 교구는 악이다사(顎爾多斯) 청동문화에서 크게 발달하여 전국시대에 중국에 집중적으로 들어와 화려하게 장식되기도 했다. 대구는, 전국 때에는 구뉴(鉤鈕)가 구미(鉤尾) 가까이 있고, 한대에 들어오면 중간으로 옮겨졌다고 한다.[41] 교구는 지금의 혁대 장식과 같은 것으로, 거는 장치를 말한다. 대구는 고리와 구뉴가 있는 것이다.

우선 교구에 대하여 알아보자.

조식(曹植)은 〈변도론(辨道論)〉에서 "감릉감(甘陵甘)이 처음 도술(道術)을 했고, 나는 그와 이야기를 나누며 '제량(諸梁)때 서역(西域)의 호(胡)가 와서 요대를 바쳤는데, 그것을 갖지 않은 것을 후회한다'고 말했다"고 했다. 오시(吳時) 외국전(外國傳)에는 "대진국(大秦國=서역) 사람 모두가 고습을 입고 낙대(絡帶)를 맸다"는 내용이 있다.[42] 《사기》〈흉노열전〉에 서한 문제(文帝) 전 6년에 흉노에게 화친을 복원할 것을 청하며 선물을 보냈는데, 이 가운데 황금식구대(黃金飾具帶)와 황금서비(黃金胥紕) 하나씩이 있다. 《색은》에는 "서(胥)로 쓴 것은 서(犀)와 음이 비슷하기 때문에 생긴 잘못이 아닌가 했고, 장안(張晏)은 '선비(鮮卑)의 곽락대(郭落帶)는 상서로운 동물을 말하는데, 동호(東胡)는 이를 입는 것을 좋아했다'고 했다.[43] 《전국책(戰國策)》에 '조무령왕(趙武靈王)이 주소(周紹)에게 구대황금사비(具帶黃金師比)를 주었다'고 했다. 연독(延篤)은 '호의 혁대를 구(鉤)라 한다[胡革帶鉤也]'고 했다. 대구를 사비(師比)라고 불렀고, 바로 사(師)는 서(胥)·서(犀)와 음이 서로 비슷하다. 안사고(顏

---

40) 江蘇省 丹陽의 동한묘에서 출토된 帶鉤에 "永元十三年(105년)五月丙午日鉤"의 명문이 있다.

41) 王仁湘, 〈帶鉤槪論〉, 《考古學報》, 1985年 第3期.

42) "甘陵甘始有道術, 余與之談, 言：'諸梁時, 西域胡來獻腰帶, 悔不取之.'"；"大秦國人皆著袴褶絡帶."(이상 虞世南의 《北堂書鈔》에서 인용).

43) "鮮卑郭落帶, 瑞獸名也. 東胡好服之."

480

師古)가 두헌(竇憲)에게 보낸 글에서 '서비금두대(犀比金頭帶)를 내렸다'고 한 것이 바로 이것이다" 하는 내용이 나온다. 《동관기(東觀記)》에서는 흉노를 격파한 정준(鄭遵)에게 금강선비(金剛鮮卑)의 곤대(緄帶) 한 벌과 검(劍)과 은대(銀帶) 둘씩을 내렸다고 했다.[44] 순력(笥勵)은 왕침(王琛)에게 보낸 편지에서 "왕도는 구주인(丘州人)으로 □묘에서 비(卑)의 금두보대(金頭寶帶) 12매를 훔쳤다"[45]고 했다.

이들 문헌자료는 동물문양으로 화려하게 장식한 대를 동호, 즉 선비족의 것이라고 했다. 악이다사 이동(以東) 및 이서(以西) 등지에 나타나는 화려한 동물문양의 교구가 이에 해당할 것이다. 이러한 교구는 평양지역의 정백동 37호묘 등에서 대구와 함께 출토되었고, 석암리 9호묘에서는 녹송석이 박힌 호문 교구가 출토되었다. 이러한 대구와 교구 및 패식 등과 관련된 자료는 선진 이전에 북방민족을 중심으로 한 문화권에 보편적으로 나타난다. 그리고 교구와 패식이 달린 속대가 당대 이전에 돈황 등 서역에서도 나타나는 것은 바로 한대에 들어서면서 흉노가 월씨 등을 몰아내고 서역을 장악하면서 보급되었기 때문일 것이다.

중국에서는 전국시대에 이어 진시황(秦始皇) 병마갱(兵馬坑)과 서한 만성(滿城) 1호묘 및 2호묘에서 교구가 마구와 함께 출토되었다. 그리고 서한에 속하는 운남(雲南)의 진령석채산(晉寧石寨山) 7호 한묘(漢墓)[46]에서 착금호문은대구(錯金虎紋銀帶扣)가 출토되어 한의 서남 변경에서 교구가 속대로 쓰였음이 확인되었다. 이는 석암리 9호묘의 교구와 같은 유의 것이다. 이러한 교구에 대하여 종래에는 페르시아문화로부터 들여온 것이라고도 했다. 그러나 지금

---

44) 《東觀記》. "鄭遵破匈奴, 於是上賜金剛鮮卑緄帶一具, 劍銀帶各二."
45) "王陶, 丘州人. □廟盜鮮卑金頭寶帶十二枚."
46) 陳麗琼·馬德嫻, 〈雲南晋寧石寨山古墓群淸理初記〉, 《文物》, 1957年 第4期 p.57.

은 악이다사지역과 동북 3성지역 등에서 선진시대에 교구가 속대에 널리 쓰였다는 점과 금동 등으로 대를 장식했음이 확인되어, 이 같은 주장들에 수정이 불가피해진다. 또한 이러한 교구는 대구보다 비교적 널리 보급되지는 않았으나 후한대에 들어오면서 점차 중국에 보급되었다. 그리고 서역 쪽의 흉노가 중국에 나라를 세우던 양진대에는 과(銙)와 칠사(七事)가 달린 대가 크게 보급되어 진식대과(晉式帶銙)로 분류되기도 했다.

대구는 악이다사 이동 지역에 집중적으로 나타나며 시기도 제한적이다. 따라서 대구는 단순히 장식으로서보다는 악이다사 등 북방민족 청동문화의 내원(來源)을 규명할 수 있는 단서로 다루어지기도 한다.

중국에서도 대구와 교구가 흉노와 동호 등의 복식에서 유래한 것으로 알려져왔다. 즉, 북방민족과 접촉하던 전국 때부터 이것들이 들어왔고, 한대에는 흉노를 통하여 서역의 문물을 받아들이면서 북방민족의 대가 널리 사용되었다. 그러나 중국에서 대구와 교구가 서주(西周) 말의 유적에서 발굴된 것을 들어 꼭 북방민족에서 들어온 것만은 아니라는 견해가 제시되기도 했다.[47] 서주가 붕괴한 뒤, 춘추시대에 제후들이 존립을 위하여 존왕양이(尊王攘夷)를 앞세워 회맹(會盟)하게 된 이유도 바로 북방민족 등의 남하에 있었다.[48] 또한 상·주의 청동기문화 역시 북방민족들의 청동기문화에서 유래했다는 출토자료가 설득력을 갖는 입장이므로, 대구의 내원은 북방민족 등의 복식에서 찾아야 할 것이다.

전국 때에 들어오면서 중국에 대구가 널리 나타나고 그대로 한

---

47) 孫機, 《漢代物質文化資料圖說》, 文物出版社, 1991, p.251.
48) 《史記》〈齊太公世家〉에 따르면 齊 厲公 25년(서기 전 706년) 北戎이 齊를 공략했고, 齊 桓公 23년(서기 전 663년) 山戎이 燕을 공략하자 연은 제에 알렸고, 桓公은 山戎을 공략하여 孤竹까지 쫓아갔다 돌아왔다.

대로 이어지고 있음은 한대의 유적에서 확인할 수 있다. 전국 때 진(秦)·조(趙)·연(燕) 등은 북방의 복식을 받아들이기도 했지만, 장성을 쌓는 등 북방민족의 남하를 적극적으로 막기도 했다. 그리고 한의 건국과 동시에 흉노와 화친을 하면서 북방민족의 문화가 중국에 자연스럽게 널리 퍼졌고, 이후 비록 흉노와 대립과 화친을 거듭하기는 했지만 북방민족의 문화는 중국 전역으로 흘러들었던 것이다. 이러한 중국과 북방민족의 관계로 보아 손기(孫機) 등의 견해는 받아들이기 어렵다. 손기는 한대에 대구가 성행했다는 근거로 《회남자(淮南子)》〈설림훈(說林訓)〉의 "滿堂之坐, 視鉤各異, 於環帶一也"를 들었다. 그러나 전후의 내용을 살펴보면, 이는 상하를 가릴 것 없이 대구와 환대(環帶)를 착용하는 등 북방 문물이 만연한 당시 상황을 개탄한 것이다. 양한대에 대구뿐만 아니라 비파형동검까지도 전역에서 출토되고 있는 것은 바로 이런 까닭이지 이들이 중국을 내원으로 하고 있기 때문은 분명 아니다. 이는 상대(商代) 청동기가 고조선 초기의 하가점하층문화[49]와 밀접한 관계를 갖기 때문에 더욱 그러하다. 이 하가점하층문화에 대해 장광직(張光直)은, "상에 인접한 최초의 금속 사용 문화 가운데 하나였으므로, 상의 가장 중요한 혁신 가운데 하나[청동기 주조]의 최초 기원을 동부해안 쪽에서 찾는 것은 가능할 것이다"[50] 라고 했다.

아래에서는 고조선의 영역이었던 한반도와 만주지역 그리고 중

---

49) 北京 근처에 있는 灤河를 경계로 하여 그 동쪽에는 黃河유역의 초기 청동기문화인 二里頭文化나 商文化와는 전혀 다른 청동기문화인 夏家店하층문화(豊下文化라고도 부른다)가 있었는데, 시작 연대는 서기 전 2500년경으로 잡을 수 있다. 夏家店하층문화는 중국의 商시대보다 훨씬 앞선 시기부터 존재했으며 비파형동검문화인 夏家店상층문화의 전신으로서 고조선의 초기 청동기문화이다. 이 문화유적은 지금까지의 조사결과로는 요령성과 길림성지역에 널리 분포되어 있는데, 3,000여 곳의 유적이 발견되어 있으나 발굴된 곳은 지금의 요서지역 몇 곳에 불과하다(윤내현, 《고조선연구》 참조).
50) 張光直 지음·尹乃鉉 옮김, 《商文明》, 民音社, 1988, p.435.

국 및 북방지역에서 출토된 긴고리 모양의 대구를 비교해보고자
한다. 이 긴고리 모양의 대구는 이들 지역에서 모두 공통적으로
출토되었으나 그 형태를 서로 달리한다.

한반도와 만주지역에서 출토된 대구를 살펴보면 다음과 같다.

앞에서 서술했듯이, 중국의 춘추 후기에서 전국 초기에 속하는
시기의 고조선 유적인 요령성 오한기 철장구유적 A지구에서 긴고
리 모양의 청동 대구가 출토되기 시작했는데,[51] 이러한 대구는 고
조선 붕괴 이후 여러 나라의 유적에서도 모두 나타나 고조선 대
구의 한 모양임을 알 수 있다.

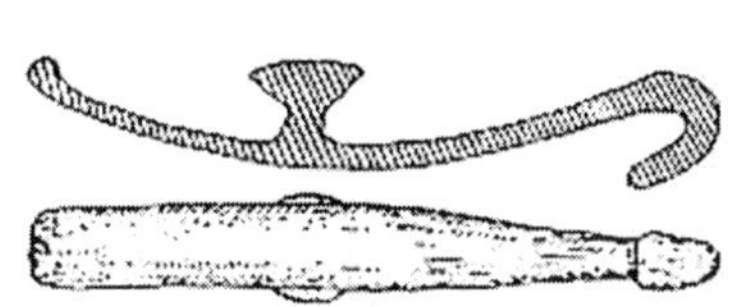

〈그림 16〉 전투촌 M219호묘에서 출
토된 청동 대구

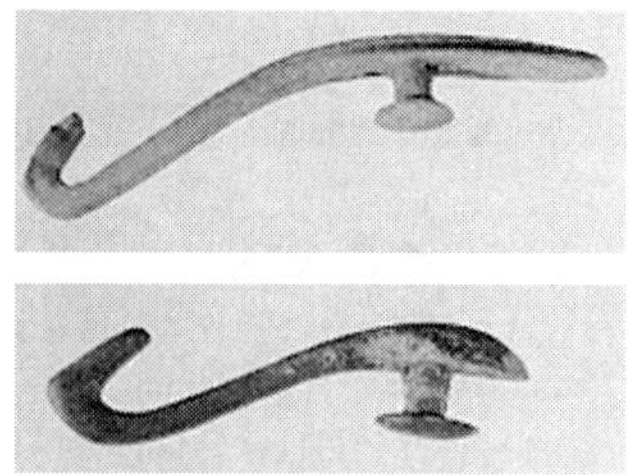

〈그림 17〉 정백동 3호묘에서
출토된 금대구

오한기 철장구유적에서 출토된 동 대구와 같은 모습의 것이 춘
추 후기에서 전국시대에 해당하는, 흑룡강성 태래현(泰來縣) 전투
촌(戰鬪村)에 위치한 M219묘(圖 3의 11, M219 : 21)(그림 16)에서 출
토되었으며, 이와 같은 계통의 유적으로 보다 앞선 연대를 갖는 평
양전력묘(平洋磚歷墓)에서도 출토되었다.[52] 또한 전국 중후기에 해

---

51) 주 16과 같음.

52) 黑龍江省文物考古硏究所,〈黑龍江泰來縣戰鬪墓地發掘簡報〉,《考古》, 1989年
   第12期, pp.1099～1102. 발굴자들은 戰鬪墓와 平洋磚墓는 그 출토자료로 보
   아 같은 문화에 속한다고 했다(黑龍江省文物考古硏究所,〈黑龍江泰來縣平洋磚

484

당하는 요령성 능원현(凌源縣) 오도하자(五道河子)에 위치한 M9묘
에서도 이와 같은 대구가 출토되었다(圖 8의 12·14M9 : 14·M10 :
8).[53] 이후 서기 전 1세기에 속하는 평양시 낙랑구역 정백에 위치
한 정백동 3호묘(그림 17)[54]·정백동 37호묘[55]·정백동 62호묘에서 긴
고리 모양의 금 대구가 출토되었으며,[56] 이보다 늦은 서기 1세기에
속하는 평양시 낙랑구역 정오동 1호묘에서도 긴고리 모양의 금
대구가 출토되었다.[57]

　고조선 말기의 유적인 요령성 금주시(錦州市) 국화가(國和街)에
위치한 패묘(貝墓) M2·M4·M6에서는 청동과 철로 만든 긴고리 모
양 대구들이 출토되었다(圖 5의 1·2·3, M2 : 5·M6 : 1·M4 : 1).[58] 같은

歷墓地發掘簡報〉,《考古》, 1989年 第12期, pp.1087~1097). 그리고 중국학자
들은 平洋墓가 東胡系의 유적일 것이라고 했다(郝思德·楊志軍·李陳奇,〈平
洋墓葬族屬初論〉,《中國考古集成》 東北卷 靑銅時代(三), pp.2764~2769). 그
러나 저자가 분석하기에 이 유적에서 출토된 靑銅鈴·청동 장식단추·金耳飾
에 보이는 복숭아 모양 장식·새김무늬 질그릇 등은 고조선의 고유한 유물
특징들을 보이고 있어 고조선 중기의 유물로 추정된다.

53) 遼寧省文物考古硏究所,〈遼寧凌源縣五道河子戰國墓發掘簡報〉,《中國考古集
　　成》 東北卷 靑銅時代(二), pp.1505~1511. 발굴자들은 이 墓가 북방민족의
　　것이라고 밝혔으나, 이 墓에서 출토된 비파형동검과 청동 장식단추는 고조
　　선 유물의 특징으로 고조선 중기의 유물로 추정된다.
54) 조선유적유물도감편찬위원회,《조선유적유물도감》 1-고조선·진국·부여편,
　　p.123. 정백동 3호묘에는 '周古'라는 이름이 새겨진 銀印과 明光鏡 등이 출토
　　되었다. 출토 유물을 근거로 3호묘는 서기 1세기 후반으로 추정한다.
55) 조선유적유물도감편찬위원회,《조선유적유물도감》 1-고조선·진국·부여편,
　　p.132. 이 묘에서 서한 宣帝 地節 4년 2월(전 66년)의 紀年이 있는 칠곽도
　　및 녹송석 등이 박힌 虎紋帶扣 그리고 銅帶扣 및 銅泡 등도 함께 출토되었
　　다. 따라서 37호묘의 상한은 신라가 건국하기 이전이 될 것이다.
56) 조선유적유물도감편찬위원회,《조선유적유물도감》 1-고조선·진국·부여편, p.139.
57) 같은 책, p.149.
58) 吳鵬·辛發·魯寶林,〈錦州國和街漢代貝墓發掘簡報〉,《中國考古集成》 東北卷
　　秦漢至三國(二), pp.823~825. 발굴자들은 이 유적이 戰國 말기에서 늦어도
　　漢 武帝 이전 시기로 분류했는데, 이 시기 錦州는 고조선의 영역이었다. M2
　　에서 출토된 帶鉤에는 문양이 새겨져 있고, 네모진 鈕에 "盖市"가 음각되어

지역에서 이보다 조금 늦은 시기인 서한 후기에서 동한 초기에 해당하는 M12·M26·M24·M5·M25에서도 긴고리 모양의 동 대구가 출토되었고,[59] 서한 초기에서 후기에 해당하는 요령성 여대시(旅大市) 영성자(營城子) 패묘와[60] 길림성 영길현(永吉縣) 학고촌(學古村)에 위치한 고묘에서도 같은 모양의 동 대구가 출토되었다.[61] 서한 후기에 해당하는 요령성 신금현(新金縣) 화아산(花亞山)에 위치한 M7·M8묘에서도 구부(鉤部)가 수두형(獸頭形)인 긴고리 모양의 동 대구가 출토되었다.[62] 충남 천안시 청당동유적에서도 같은 모습의 철 대구가 출토된 것[63] 을 비롯하여 한반도 남부에서도 계속 출토되고 있다.

중국에서도 이와 유사한 긴고리 모양 대구가 여러 지역에서 많은 양이 출토되었으나 지금까지 출토된 가장 이른 연대의 것은 전국시대 혹은 전국 후기에 해당하는 것으로 분류되는, 산서성(山西省) 후마(侯馬) 동주순인묘(東周殉人墓)에서 출토된 철 대구이다 (그림 18).[64] 이는 이후 진·한시대에도 크게 유행하여 여러 지역에

있다. 이 지역은 大凌河가 遼東灣으로 들어가는 곳에 위치하며, 또한 長城을 벗어나 있다. 발굴보고서는 M5묘에서 서한 呂后 때의 半兩錢이 출토된 것을 근거로 이들 묘의 하한을 서한 무제 이전으로 추정하고 상한을 전국 말로 보았다. 즉, 진·한 교체기에 해당하는 것으로 보아 이 지역은 당시 秦漢과 변방민족 사이의 空地에 해당하는 塞外의 지역이었다고 하겠다. 따라서 이곳의 출토품은 중국보다는 고조선에 더 가깝다고 보아야 할 것이다.

59) 劉謙, 〈遼寧錦州漢代貝賣墓〉, 《考古》, 1990年 第8期, pp.703~711.
60) 于臨祥, 〈營城子貝墓〉, 《中國考古集成》 東北卷 秦漢至三國(二), pp.1136~1145.
61) 尹玉山, 〈吉林永吉學古漢墓淸理簡報〉, 《中國考古集成》 東北卷 秦漢至三國 (二), pp.1333~1334.
62) 旅順博物館·新金縣文化館, 〈遼寧新金縣花兒山漢代貝墓第一次發掘〉, 《中國考古集成》 東北卷 秦漢至三國(二), pp.1110~1116.
63) 성환문화원, 〈天眼 埋藏文化財 關聯 資料集〉, 《鄕土文化 第13輯》, 1997, pp.44~46 ; 百濟文化硏究院, 《古墳과 窯址》, 1997, pp.89~92.
64) 山西省文物管理委員會·山西省考古硏究所, 〈侯馬東周殉人墓〉, 《文物》, 1960

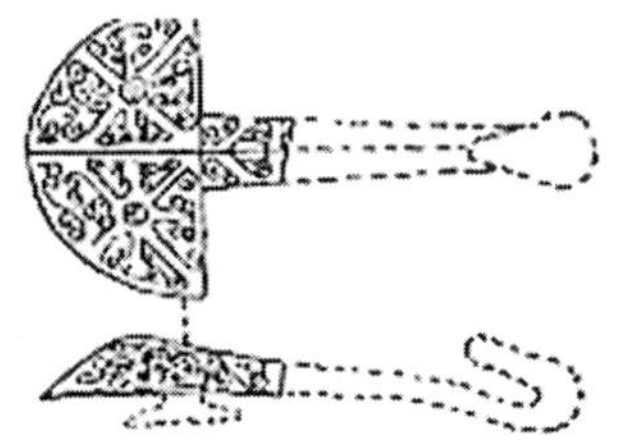

〈그림 18〉 후마 동주묘에서 출
토된 철대구

서 출토되었다. 그러나 그 형제에서
한반도와 만주에서 출토된 긴고리 모
양 대구는 대체로 겉표면에 무늬가 없
고 조각이 되어 있지도 않다. 그러나
중국의 긴고리 모양 대구는, 초기의 것
은 고조선의 것과 같이 무늬나 조각
이 없으나 차츰 화려한 무늬와 조각
을 한 모습을 보인다. 이 같은 고조선
과 중국의 긴고리 모양 대구 제조 연대의 차이와 형제의 차이는
고조선의 대구가 중국의 영향으로 만들어지지 않았음을 알려준다.
또한 평양시 낙랑구역에서 출토된 긴고리 모양의 대구들이 화려
한 문양이 있는 중국의 대구와 달리 표면에 무늬나 조각이 없는
것은 평양지역을 한사군의 낙랑군지역으로 보아왔던 종래의 통설
이 오류였음을 알려주는 또 하나의 근거가 될 것이다. 북방지역에
서는 양진남북조시대에 와서야 대구가 나타나는데, 출토량이 매우
적고 머리 부분이 대부분 동물 모습을 띠고 있는 것이 특징이다.

겉표면에 무늬나 조각이 없는 긴고리 모양의 대구가 만주의 요
령성·흑룡강성·길림성과 한반도지역의 여러 유적에서 두루 출토
되는 것으로 보아, 이 긴고리 모양 대구는 고조선 대구의 한 종류
로서 오랫동안 사용되었음을 알 수 있다.

이 긴고리 모양 대구는 고조선의 붕괴 이후 여러 나라로 이어
진다. 고구려 초기의 유적인 요령성 심양시(沈陽市)에 위치한 고
묘,[65] 요령성 무순시(撫順市) 순성구(順城區) 소갑방(小甲邦)에 위치

年　第8·9期,　pp.15~18 ; 沈從文, 《中國古代服飾硏究》,　香港　商務印書館,
1981, p.84.

65) 沈陽市文物工作組, 〈沈陽伯官屯漢魏墓葬〉, 《考古》, 1964年 第11期, pp.899~
903. 발굴자들은 이 墓가 西漢 초기에서 兩晉시대에 속한다고 했다. 이 시

한 M3묘,[66] 요령성 개현(蓋縣)에 위치한 M1묘,[67] 요령성 서풍현에 위치한 서차구유적[68]들에서 긴고리 모양의 동 대구가 출토되었다. 이후 동한 후기에서 서진(西晋)시대에 해당하는 고구려 유적인 요령성 육가자(六家子)에 위치한 고묘[69]에서도 같은 모습의 긴고리 모양 동 대구가 출토되었다.[70]

동부여의 유적에서는 동한시대에 해당하는 길림성 유수현(楡樹縣) 노하심촌(老河深村)에 위치한 고묘와[71] 찰재낙이(札賚諾爾)에 근접한 진파이호기(陳巴爾虎旗)에 위치한 고묘에서 긴고리 모양 대구가 출토되었다.[72] 이는 동부여와 고구려에서 고조선 붕괴 이후에도 고조선의 대구 형제를 계승했음을 보여주는 것이다.

기 이 지역은 고구려의 영역이었다.

66) 撫順市博物館, 〈撫順小甲邦東漢墓〉, 《中國考古集成》 東北卷 秦漢至三國 (二), pp.959~962. 발굴자들은 이 墓가 대체로 東漢 중후기에 속한다고 했다. 이 시기 이지역에는 고구려가 위치하고 있었다.

67) 許玉林, 〈遼寧蓋縣東漢墓〉, 《文物》, 1993年 第4期, pp.54~70. 발굴자들은 이 墓가 東漢시대에 속한다고 했다. 이 시기 이지역은 고구려가 위치하고 있었다.

68) 주 31과 같음.

69) 발굴자들은 이 墓를 東漢 후기에서 西晋시대(서기 약 2세기~서기 약 315년)에 속하는 鮮卑族의 것으로 분류했다. 그러나 이 墓에서 출토된 대부분의 유물은 고조선의 유물 形制를 그 특색으로 하고 있다. 질그릇의 경우 새김무늬를 특색으로 하고 있고 동경도 잔줄무늬와 운문을 특색으로 하며, 금단추와 銅鈴이 그 좋은 예이다. 또한 이 墓와 근접한 지역인 같은 朝陽縣 六家子公社 東山大隊 東嶺崗에서는 고조선 유물의 특징인 비파형동검이 출토된 바 있다(靳楓毅, 〈論中國東北地區含曲刃青銅短劍的文化遺存〉, 《考古學報》, 1982年 4期, pp.387~426 참조).

70) 張柏忠, 〈內蒙古科左中旗六家子鮮卑墓群〉, 《考古》, 1989年 第5期, pp.430~443.

71) 吉林省文物工作隊·長春市文管會·楡樹縣博物館, 〈吉林楡樹縣老河深鮮卑墓群部分墓葬發掘簡報〉, 《文物》, 1985年 第2期, pp.68~82. 저자는 이 老河深유적이 동부여의 유적임을 밝힌 바 있다(이 책의 제3부 고대 한국의 갑옷 참조).

72) 內蒙古自治區文物工作隊, 〈內蒙古陳巴爾虎旗完工古墓淸理簡報〉, 《考古》, 1965年 第6期, pp.273~282.

488

고조선은 이 같은 긴고리 모양 대구를 주된 형제로 하면서 동물 모습 등 다양한 형태의 교구를 사용했다.[73] 이 같은 다양한 모습의 대식 형제는 여러 나라에서 보다 발전된 모습으로 계승되어 긴고리 모양 대구와 함께 동부여와 고구려의 여러 지역에서 널리 사용되었음을 알 수 있다.

한반도와 만주의 대부분의 지역에서 사용되던 긴고리 모양의 대구는 서기 3세기경에 이르면 차츰 사라지고, 이후 고구려를 중심으로 복숭아 모양의 장식 형제를 적용한[74] 교구들이 출현한다.

---

73) 전국시대에 속하는 黑龍江省 齊齊哈爾市 大道三家子에 위치한 M1·M2·M3 墓에서 여러 가지 모습의 帶拘가 출토되었다(黑龍江省博物館·齊齊哈爾市文管站, 〈齊齊哈爾市大道三家子墓葬清理〉, 《考古》, 1988年 第12期, pp.1090~1098. 발굴자들은 이 墓들이 전국시대에 속하는 東胡 혹은 鮮卑族의 유적이라고 했으나 이 시기 이지역은 고조선의 영역이었으며, 이 유적에서 출토된 銅鈴·미송리형토기·청동 장식단추 등은 고조선 유물의 특징을 갖고 있어 고조선의 유적이라 추정된다). 고조선 후기인 서기 전 1세기에 속하는 평양시 낙랑구역 정백에 위치한 土城洞 4호묘에서 평범한 모습의 金帶鉤가 출토되었고(조선유적유물도감편찬위원회, 《조선유적유물도감》 1, pp.118~119), 정백동 92호묘에서는 獸文金帶鉤가 출토되었다(《조선유적유물도감》 1, pp.139~141). 정백동 37호묘에서도 青銅帶鉤와 虎文金帶鉤가 출토되었다(《조선유적유물도감》 1, pp.125~133). 서기 전 1세기에 속하는 대구시 서구에 위치한 飛山洞유적에서는 虎形金帶鉤가 출토되었다(《조선유적유물도감》 1, p.243). 또한 출토지를 알 수 없으나 고조선 후기에 속하는 유물로 馬形金帶鉤가 있는데(《조선유적유물도감》 1, p.269), 영천 어은동에서 출토된 馬形帶鉤와 천안시 清堂洞유적 5호묘에서 출토된 馬形帶鉤(주 64와 같음)의 모습과 같다. 서기 1세기에 속하는 평양시 낙랑구역 정백 石岩里 9호묘에서는 화려하고 섬세한 높은 수준의 龍文金帶鉤가 출토되었다(《조선유적유물도감》 1, p.143). 漢武帝 시기를 전후하여 西漢 말기에 속하는 고조선의 유적인 吉林省 東遼縣 石驛公社에 위치한 고묘에서도 길고 끝 부분이 둥근 모습의 帶飾이 출토되었다(劉升雁, 〈東遼縣石驛公社古代墓群出土文物〉, 《中國考古集成》 東北卷 秦漢至三國[二], pp.1291~1293. 발굴자들은 출토 유물의 성격으로 보아 이 墓가 西岔溝 고묘와 성격이 같다고 했다).

74) 이렇게 한반도와 만주 대부분의 지역에 널리 분포되어 있던 帶鉤는 서기 3세기경에 이르면 사라지지만 고구려를 중심으로 한 복숭아 모양의 문양으

길림성 집안현(輯安縣) 고구려의 패왕조산성(霸王朝山城)에서 비교적 단순한 모습의 복숭아 모양 철 교구(圖 4의 2)가 출토되었다.[75] 이 같은 단순한 모습의 복숭아 모양 교구는 집안현 동구(洞溝)에 위치한 고구려 초기 묘에서 출토된 교구 장식(圖 8의 6, M330)[76]에서, 그리고 같은 집안현 전산자(轉山子)에 위치한 고구려묘에서 출토된 교구 장식(圖 7의 6, M152 : 10)에서 보다 발전된 모습으로 나타난다.

또 다른 대식의 형제로는, 고조선 말기에서 고구려 초기에 속하는 동부여의 유적인 요령성 서풍현 서차구 고묘[77]에서 출토된 것으로, 금과 은으로 만든 장식품과 함께 혁대에 달았던 원형의 청동 장식단추(그림 15의 왼쪽)를 들 수 있다. 서차구 고묘에서 보이는 원형의 장식과 고구려의 유적에서 많이 출토되는 복숭아 모양의 장식은 중국이나 북방지역의 대식에서는 찾아볼 수 없는 고조선의 고유 형제이다. 경주 천마총에서도 대의 부속물들과 함께 금으로 만든 원형과 복숭아 모양의 장식물이 출토되어[78] 신라에서도 대식에서 고조선의 원형과 복숭아 모양의 형제를 이었음을 알 수 있다.

이 원형과 복숭아 모양의 장식은 고조선 초기부터 복식(服飾)에 다양하게 사용되었으며, 고조선의 붕괴 이후 여러 나라로 이어지고 다시 삼국시대로 이어져 금관을 비롯한 여러 예술품들과 마구(馬

로 장식된 帶扣와 銙板 그리고 佩飾으로 나타나고, 이러한 대구는 신라와 백제 등 韓지역에서 널리 출토되고 있다. 그리고 이는 백제 武寧王의 과대와 패식 그리고 신라의 금관총, 천마총 등에서 출토된 과대 등에 빠짐없이 나온다.

75) 方起東, 〈吉林輯安高句麗霸王朝山城〉, 《考古》, 1962年 第11期, pp.569∼571.
76) 吉林省文物工作隊·集安文管所, 〈1976年集安洞溝高句麗墓淸理〉, 《中國考古集成》 東北卷 兩晉至隋唐(二), 北京出版社, p.549.
77) 주 31과 같음.
78) 국립경주박물관, 《국립경주박물관》, 통천문화사, 1995, p.122의 사진 243.

具) 등의 생활 용품에 이르기까지 한민족의 중요한 장식 형제로 자리 잡게 되었다.[79)

이상의 내용을 통해, 한민족은 고조선시대부터 긴고리 모양 대구와 함께 다양한 모습의 대구와 교구를 사용했고, 서기 3세기경에 이르면 고구려를 중심으로 복숭아 모양의 형제를 갖는 교구가 발전하여 한반도에 정착되었음을 알 수 있다.

5. 과대와 패식

우리나라의 과대와 패식에 관해서는 신라가 당의 복제를 받아들인 뒤의 문헌자료만 남아 있을 뿐이다. 《삼국사기》〈지〉에서는 신라의 음악과 관련하여, 《고기(古記)》의 자료를 근거로 애장왕 8년(서기 807년)에 사내악(思內樂)을 다시 연주할 때 무인(舞人)·금인(琴人)·가인(歌人)이 수놓은 부채와 금루대(金縷帶)를 입었다고 했다. 금루대는 바로 금은으로 장식한 과대를 말한다. 사내악은 나해왕(서기 196~230년)때 처음 만들어졌다.[80) 신라는 법흥왕이 복제를 정하고자 할 때 고유의 복제(服制)를 알 수 없다고 했다. 애장왕이 사내악을 복원할 때 600여 년 전 나해왕 때의 복식을 복원했을 것으로 생각되지는 않는다. 따라서 당시 신라에서 착용했던 옷을 입었을 것으로 보는 것이 옳을 것이다.

문헌자료의 결핍에도 불구하고 과대와 패식 등과 관련된 자료들은 고분 및 벽화 등에서 확인된다.

---

79) 이 책의 제2부 제5장 〈고대 한국의 관모〉 참조.

80) 《三國史記》 卷32 〈志〉 樂에 "思內(一作詩惱)樂, 奈解王時作也.…… 但,《古記》云:…… 哀莊王八年, 奏樂. 始奏思內琴, 舞尺四人靑衣, 琴尺一人赤衣, 歌尺五人彩衣·繡扇並金鏤帶……."

과대는 대에 금속판을 붙인 것이고, 패식은 복식에 단 장식이
다. 중국은 전국시대에 진이 불패를 수(綬)로 바꾸었고, 이것이 한
대에 와서 관계(官階)에 따라 수를 달리하면서 의례로 발전되었다.
상주대에 남자는 가죽으로 만든 대대를, 여자는 사직물로 만든 대
대를 착용했다. 은허(殷墟)에서 출토된 상대의 좌상을 보면, 문양
을 새긴 넓은 폭의 대를 하고 대 앞에 네모난 불패를 찼다. 그리
고 《후한서》〈여복지〉에서는 불패에 옥 등의 패식을 달았다고 했
다. 그러나, 패옥 등이 신분 또는 관계를 나타내는 상징적 역할을
한 것은 틀림없지만, 패옥의 발굴 지점과 불패의 위치가 일치하지
않는 점과 한대 화상석(畵像石) 등을 검토해보면 패옥을 묶은 수
와 대는 관계가 없음을 알 수 있다.

서한에서는 수에 옥 대신 관인(官印)을 달았기 때문에 인수(印
綬)라고도 했다.[81] 이렇게 관위(官位)를 알 수 있는 인수는 곧 신분
과 관계(官階)를 상징했고, 후한에서는 의례로 정착했다. 그리고
황후와 공주 및 열후 등 대신들의 부인들도 패수에 해당하는 장
식을 의례로 정하기도 했다. 그러나 후한까지는 수와 대가 한 조
를 이루지는 않았다. 패수가 대와 조를 이루기 시작한 것은 후한
대 이후이다.

양진시대는 한의 복제를 따랐으나, 북방민족들이 중국에 건국하
면서 북방민족의 복식인 고습이 성행하고 속대를 매기 시작했다.
그리고 속대를 금은 등의 금속으로 장식했다.

송대(宋代)의 심괄(沈括)은 《몽계필담(夢溪筆談)》에서 과대 및 패
식의 풍습과 관련하여 중국의 의관(衣冠)은 북제(北齊) 이래 모두
호복을 입었고, 착수(窄袖)·비록단의(緋綠短衣)·장요화(長靿靴)·접섭
대(蹀躞帶)가 모두 호복이라고 했다.[82] 《신당서》〈오행지(五行志)〉

---

81) 《漢書》 卷64上 〈朱買臣傳〉. "買臣衣故衣, 懷其印綬, 步歸郡邸.…… 守邸怪
之, 前引其綬, 視其印, 會稽太守章也."

에는 고종 때(서기 650~683년) 태평공주(太平公主)가 자삼(紫衫)에 옥대(玉帶)를 하고 흑라(黑羅)의 절상건(折上巾)을 쓰고 칠사가 달린 접섭(蹀躞)을 하고 가무를 하여 고종 부부를 즐겁게 했다는 내용이 나온다. 당 고종은 상원(上元) 원년(서기 674년)에 문무관으로 하여금 칠사대를 착용하도록 했는데, 1품에서 5품까지는 금으로, 6품에서 7품까지는 은으로, 8품에서 9품까지는 유석으로 했다.[83] 그리고 관리뿐만 아니라 서인까지도 철로 만든 과대를 착용한 점에서 볼 수 있듯이, 남녀를 구별하지 않고 호복과 과대 및 패식이 크게 유행했다.[84] 그런데 사치가 극심해지자 현종(玄宗) 개원(開元) 2년(서기 714년)에는 관리들에게 근무할 때만 칠사대를 착용하게 하고 관품에 따라 재료를 규제했다. 그러나 서역뿐만 아니라 변방의 각국에서는 제한이 없었다. 그리고 칠사에 들어가지는 않지만 당 초에 백어(帛魚)가 포함된 이래 현종 개원(서기 713~741년)과 천보(天寶, 서기 741~755년) 연간까지 계속 백어를 달았다. 협서성 건현(乾縣)에 있는, 칙천무후(則天武后, 서기 684~704년)의 손녀 영태(永泰)공주묘에서 출토된 석각화(그림 19) 가운데 여시중의 대에 바로 대식이 달려 있다. 그러나 여시중의 패식에는 칠사에 해당하는 것은 없고, 단순한 장식에 그치고 있다.

《구당서》〈여복지〉에 따르면, 칠사는 패도·도자(刀子)·여석(礪石)·계필(契苾)·진홰궐(眞噦厥)·침통(針筒)·화석대(火石袋)이다.[85] 이로 보면 칠사는 생활에 필요한 도구 등을 상징한 것이지 예의(禮

---

82) 沈括,《夢溪筆談》卷1. "中國衣冠, 自北齊以來, 乃全用胡服. 窄袖·緋綠短衣·長靿·有鞢革變帶, 皆胡服也.", "帶衣所垂鞢革變, 蓋欲佩弓劍巾分帨算囊刀礪之類, 自後雖去鞢革變, 猶存其環帶所以銜鞢革變, 如馬之鞦根, 卽今之帶銙也."
83) 《唐會要》卷31 景元2年條.
84) 《舊唐書》卷45〈輿服志〉. "腰帶者, 自垂頭以下, 名曰鉈尾, 取順下之義. 一品二品銙以金, 六品以上以犀, 九品以上以銀, 庶人以鐵."
85) 《舊唐書》卷45〈輿服志〉. "佩鞊鞢七事. 七事爲佩刀·刀子·礪石·契苾眞·噦厥·針筒·火石袋也."

儀)의 상징물은 아니다. 신라의 금관총 등에서 출토된 과대와 패식에는 《구당서》의 칠사 가운데 패도·도자·여석·계필·진홰귈·침통·화석대가 있으며, '물고기문양[帛魚]'도 있다.

과대와 패식의 습속이 중국에서 유래하지 않은 것만은 틀림없다. 그리고 중국에서도 흉노 및 선비족과 모용씨(慕容氏) 등 북방민족들이 황하지역까지 그 국역을 넓혀 건국하면서 한족 사이에도 호복이 유행했기 때문에, 중국의 사서뿐만 아니라 이와 관련된 연구에서도 과대와 패식이 이때 함께 나타난 것으로 보았던 것이다. 전국 때 흉노가 북방을 지배하면서 선비족인 모용씨가 서역까지 옮겨다니며 부침(浮沈)을 거듭했던 것처럼, 선비족은 동북아 및 서역 등까지 옮겨다닌다. 어쩌면 이들이 서역에 첩섭(䩞韘) 등을 전해주었고, 서역은 터키 등의 패식을 쉽게 받아들였을 가능성이 크다.

과(銙)와 관련된 고고자료는 내몽고 이극소맹(伊克昭盟) 아로시등(阿魯柴登) 등 흉노와 동호의 문화에서 집단적으로 출토되고 있으며, 서한 초기에 속하는 여음후(汝陰侯) 하후영(夏侯嬰) 일가의 묘에서도 출토되었다.[86] 동한대에 속하는 하북성(河北省) 정현(定縣) 43호묘에서 은으로 만든 장방형의 판과 복숭아 모양의 패식을 단 과판이 출토된 것[87]으로 보아, 중국에서 북방민족 동물문양의 과가 속대의 장식으로 옮겨진 것은 후한 말에 시작되었을 것으로 추정된다.

---

86) 安徽省文物工作隊·阜陽地區博物館·阜陽縣文化局, 〈阜陽雙古堆西漢汝陰侯墓 發掘簡報〉, 《文物》, 1978年 第8期, pp.12～31.
87) 定縣博物館, 〈河北定縣43號漢墓發掘簡報〉, 《文物》, 1973年 第11期, pp.8～20.

<그림 19> 당 영태공주묘 석각화

　　한민족이 살았던 북방지역 청동문화의 과대와 관련된 자료는
다음과 같다. 내몽고 오한기 주가지(周家地) M45호묘에서 묘주가
넓은 혁대와 좁은 혁대 둘을 착용했다. 큰 혁대는 두터운 붉은 피
(皮)와 흰 위(韋)를 접착하여 만들었고, 그 위에 정(釘)으로 9개의
넓은 방형의 동패(銅牌)를 달았으며, 대의 양 끝에 둥근 동포(銅
泡)와 연주(聯珠) 모양의 장식을 달았다. 그리고 좁은 혁대는 흰
위로만 만들었다.[88] 같은 오한기의 철장구 A지구 묘에서는 동물문
양의 동식과 함께 기하문양으로 만든 대식들도 출토되었고, 아울
러 대구도 출토되었다. 이로 보아 이들 동식이 대식으로 붙여졌다
고 하겠다. 내몽고 오맹(烏盟) 양성현(凉城縣) 흠우구(欽牛溝) 82E·

---

88) 中國社會科學院考古研究所內蒙古工作隊, 〈內蒙古敖漢旗周家地墓地發掘簡報〉,
　　《中國考古集成》 東北卷 青銅時代(一), pp.814~820.

M9묘에서는 묘주의 허리 부분 정중앙에서 왼쪽으로 칼을 차는 위치에서 대구가 출토되었고, 동포 등 패식도 출토되었다.[89]

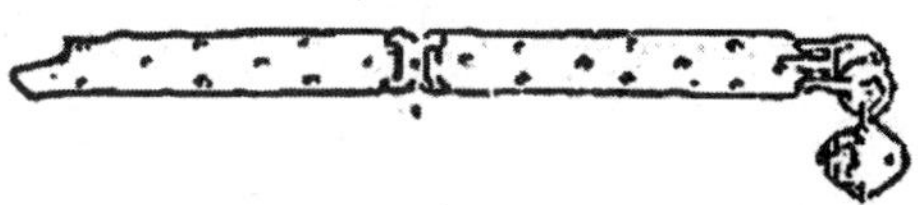

〈그림 20〉 마선구 1호묘에서 출토된 과대

흑룡강성 태래현 전투촌의 M219묘에서는 길이 9.5센티미터의 대구가 출토되었다. 전투촌의 다른 묘에서도 대식 등으로 쓰였을 동포와 관식(管飾) 등이 출토되었으며,[90] 전국 중후기에 속하는 요령성 능원현 오도하자의 M9호묘에서도 출토되었다.[91] 부여가 있었던 지역인 요령성 서풍현 서차구 고묘에서도 흉노의 동물문양 동식(銅飾)과 함께 대 등에 붙였던 동포와 나선형의 청동 장식 및 물고기 모양의 장식이 출토되었다. 부여의 사신이 금계(錦罽)를 입고 허리는 금은으로 장식했다고 했던 것도 바로 이런 까닭이었을 것이다.[92]

한반도의 과대와 패식에 관한 고분벽화 및 출토자료는 다음과 같다.

후한대에 속하는 평양지역 석암리 9호묘에서는 패도와 도자가 대구와 함께 출토되었으나 과대는 출토되지 않았다. 서기 4세기에 속하는 집안현 마선구(麻線溝)의 마선구 1호묘에서는 방형의 금속판으로 연결된 대가 출토되었고, 그 대구에 복숭아 모양의 패식 하나가 달려 있다(그림 20).[93]

---

89) 內蒙古自治區文物工作隊, 〈內蒙古欽牛溝墓葬淸理簡報〉, 《中國考古集成》 東北卷 靑銅時代(二), pp.904~909.

90) 黑龍江省文物考古硏究所, 〈黑龍江泰來縣戰鬪墓地發掘簡報〉, 《考古》, 1989年 第12期, pp.1099~1102.

91) 遼寧省文物考古硏究所, 〈遼寧凌源縣五道河子戰國墓發掘簡報〉, 《中國考古集成》 東北卷 靑銅時代(二), pp.1505~1511.

92) 《晋書》 卷97 〈列傳〉 夫餘傳. "其出使, 乃衣錦罽, 以金銀飾腰."

93) 吉林省博物館輯安考古隊, 〈吉林輯安麻線溝一號壁號墓〉, 《中國考古集成》 東

벽화로는 대표적인 것이 안악 3호분이다. 안악 3호분은 동진 영화 13년에 축조되었음이 명문에서 확인된다. 의장기수도에서 고구려의 고유 복식을 입고 있는 3명의 기수 모두 금속판을 붙이지는 않았지만 대에 복숭아 모양의 패식을 달았다. 그러나 장하독은 네모진 과만을 붙이고 복숭아 모양의 패식을 달지 않았다. 집안지역의 고구려 고분에서도 패식을 착용한 자료가 확인되지 않는다.[94]

《한원(翰苑)》〈번이부(蕃夷部)〉 고(구)려(高[句]麗)에는 다음과 같은 내용이 나온다.

칼과 숫돌로 등위(等威)를 알 수 있고, 금우(金羽)로 장식한 것으로 귀천을 알 수 있다.[95]

그리고 이에 대한 주에서 《양원제직공도(梁元帝職貢圖)》의 다음 내용을 인용하고 있다.

허리에는 은대가 있으며, 왼쪽에는 숫돌을 차고 오른쪽에는 오자도를 찼다.[96]

《양원제직공도》는 양(梁)을 건국한 무제(武帝) 소연(蕭衍)의 즉위 40년을 기념하여 일곱째아들 소역(蕭繹), 즉 원제(元帝)[97]가 양과 외교관계를 맺고 있는 나라의 사신들을 그리고 이들 나라의

北卷 兩晉至隋唐(二), 北京出版社, pp.617~622.

94) 吉林省文物考古研究所·集安市博物館 編著, 《集安高句麗王陵》, 文物出版社, 2004.

95) 《翰苑》〈蕃夷部〉高句麗 條. "佩刀礪而見等威, 飾金羽以明貴賤."

96) "腰有銀帶, 左佩礪而右佩五子刀."

97) 무제의 아들 蕭紀가 서기 552년 4월 蜀에서 즉위했으나 蕭繹이 서기 552년 11월 江陵에서 원제로 즉위하고 다음해 소기를 죽였다. 그리고 소역도 서기 554년 12월 피살되었다.

지리와 풍속 등을 기술하게 한 것이다. 원제가 서기 554년 12월 이전에 피살된 것으로 보아 양원제직공도는 그가 죽기 이전에 그려졌을 것이다.

《삼국사기》〈고구려본기〉에 따르면, 고구려는 안원왕(安原王) 11년(서기 541년)을 끝으로 양에 사신을 보내지 않았다. 따라서 양원제직공도가 원제 재위 때에 그려졌다면 안원왕 11년 이전에 보낸 사신의 복식과 풍습을 그렸을 것이다. 남제(南齊, 서기 479~502년) 때 왕융(王融)이 고구려 사신이 입은 복식을 보고 희롱한 일로 보면 장수왕 때에는 과대와 패식을 착용하지 않았음이 분명하다. 따라서 양원제직공도의 기재를 그대로 받아들이기는 어렵다. 백제 무령왕릉에서 과대가 출토된 것으로 볼 때, 양에서 고구려와 백제의 복식이 비슷하다고 생각하여 고구려도 백제와 마찬가지로 과대와 패식을 달았을 것이라고 추측하여 그렸을 가능성이 높다고 할 것이다.

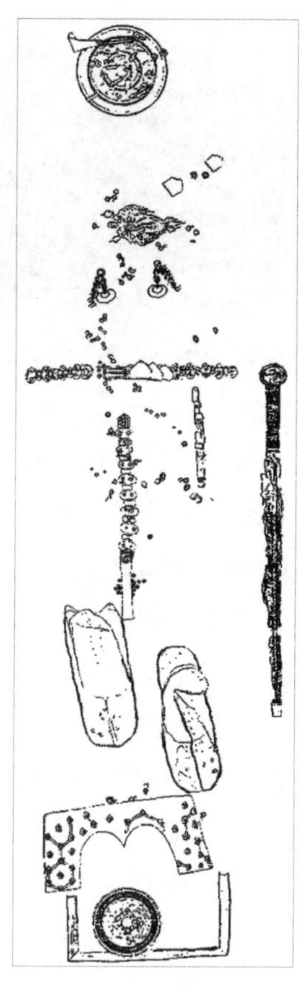

〈그림 21〉 무령왕릉의 유물 배치도

현재로서는 고구려에서 왕이나 고위 관리들이 패식을 착용했다는 분명한 문헌자료도 없고 출토자료도 없다. 다만 4세기에 고구려의 관리들이 복숭아 모양의 문양이 담긴 패식이나 과대를 착용했음이 확인될 뿐이다.

백제의 것으로는 무령왕릉에서 출토된 은제 과대와 금은으로 만든 패식이 있다. 과대는 왕의 허리에 착용했던 모습 그대로 발굴되었다(그림 21). 환두대도의 손잡이와 과대가 같은 위치에 있기

498

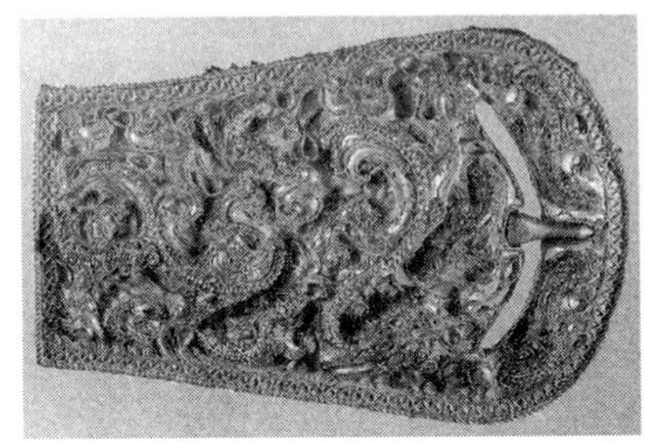

〈그림 22〉 석암리 9호묘에서 출토된 교구

때문에 과대에 환두대도를 찬 것 같지는 않다. 금장 도자도 과대와 수직 방향으로 놓여 있지만 과대에 달려 있지는 않았다. 그러나 과대에 칠사 가운데 패도와 도자를 달았다는 것만은 확인된다.

무령왕릉의 이러한 대와 대도(大刀) 및 도자 등의 배치는 평양 정백동 석암리 9호묘의 배치와 일치한다. 차이가 있다면, 석암리 9호묘의 대에는 용문(龍紋)이 누금(鏤金)된 교구(그림 22)만 달려 있고 패식이 없다는 점이다.[98] 이로 보면 무령왕릉의 과대는 석암리 9호묘의 교구에 과대와 패식이 더해졌다고 하겠다.[99]

무령왕릉 출토의 과대 길이는 70.4센티미터이고 교구 길이는 9센티미터이며, 과판은 큰 것이 길이 4.4센티미터, 폭 2.5센티미터이고 작은 것이 길이 2.7센티미터, 폭 1.7센티미터이다. 교구는 허리 정가운데에 있고, 연결된 첫 장식과 마지막 장식에 복숭아 모양의 문양이 있으며, 타원형의 대판에 복숭아 모양의 패식이 달려 있다. 이는 안악 3호분의 기수가 하고 있는 대와 같은 모양으로, 차이가 있다면 대구 바로 아래에 긴 패식이 수직으로 내려져 있다는 점이다. 패식은 전장이 58센티미터이다. 그리고 큰 판은 4.3센티미터와 2.5센티미터의 타원형이고, 작은 판은 1.9센티미터와 3

<hr>

98) 朝鮮總督府, 《古蹟調査特別報告》 第1冊－平壤附近に於ける樂浪時代の墳墓 1, pp.9～10.

99) 古蹟調査特別報告에서는 석암리 9호묘를 후한말, 즉 2세기 말의 묘로 추정했으나 북한의 조선유적유물도감에서는 서한말인 1세기 초로 보았다. 이 묘에서 출토된 '永壽康寧'이 새겨진 玉印의 서체 등과 유물 등으로 보아 후한대로 보는 것이 옳을 것 같다.

센티미터의 타원형이며, 큰 판에 복숭아 모양의 장식이 2개씩 달려 있다. 과대와 연결하는 부분은 개구리를 새긴 장식을 붙이고 끈이나 고리로 과대에 달았던 것으로 보인다.[100]

　부여의 왕릉고분군에서 1.6킬로미터 떨어진 곳에서는 능산리고분군이 발굴되었다. 36호분은 부부합장묘로, 부부 모두에게서 은제 요대가 출토되었다. 묘주의 허리에서 출토된 것으로 보아 이 대는 당시 착용했던 그대로의 위치라고 하겠다. 발굴보고서에는 대의 끝이 머리와 반대 방향에 있다는 점이나 그 놓인 방향 등을 근거로 대를 맸던 모양이 복원되어 있는데, 그 모습은 〈그림 23〉과 같다. 대의 머리는 그림에서 보는 것과 같고, 대구의 형태도 기존의 대구와는 다름을 알 수 있다. 그리고 대는 직물로 가죽을 감싸 만든 것으로 추측되며, 복숭아 모양의 장식이 중간에 두개씩 짝을 지어 달려 있을 뿐 과가 붙어 있지는 않다. 44호분에서도 같은 모양의 은제 요대가 출토되었고, 50호분에서도 복숭아 모양의 요대 장식이 출토되었다.[101]

　《북사(北史)》에는 백제의 왕이 소피대(素皮帶)를 착용했다는 내용이 있다. 무령왕릉에서 과대와 패식이 발굴된 것으로 보아 소피대는 평소에 착용했던 것으로 설명할 수 있겠지만, 《북사》의 내용은 백제의 복식이 고구려와 같다는 추측 하에 씌어진 것이 아닌가 생각되기도 한다. 그러나 분명한 것은, 백제 역시 고구려 마선구 1호묘와 안악 3호분 등에서 출토된 대와 마찬가지로 복숭아 모양의 문양 장식을 공통적으로 하고 있다는 점이다. 그리고 이는 신라의 과대와 패식에서도 마찬가지로 나타난다.

　신라에서 과대와 패식은 대형 묘에서는 거의 모두 발굴되고 있으며, 그 제작 기법과 새겨진 문양은 백제 무령왕릉의 과대 및 패

---

100) 《百濟武寧王陵》, p.106.
101) 國立夫餘文化財硏究所, 《陵山里百濟古墳發掘調査報告書》, 1988.

식과 기본적으로 같다.

1921년에 금관총이 발굴되기 이전, 경남의 양산 북정동 고분, 경북의 창주 성산동 고분군, 대구 달성공원 고분군, 경주 보문리 고분군 등에서 대식과 패식으로 장식한 금동 대들이 발굴되었으며, 황남대총, 천마총(그림 24), 서봉총 등에서도 역시 출토되었다. 신라의 과대에는 당의 칠사 이외에도 백어가 달려 있다. 그리고 천마총의 〈천마도장니(天馬圖障泥)〉에도 복숭아 모양의 문양이 그려져 있다. 가야의 유적인 창령 교동의 고분군, 고령 지산동의 고분과[102] 합천 옥전 고분에서도 같은 과대와 패식이 출토되었다.[103]

그런데 신라의 과대에 달린 물고기 장식 모습이나 물고기문양이 실크로드를 통하여 고대 한국에 들어온 것으로 보고 그 원류를 바빌로니아에서 찾고자 하는 견해가 있다.[104] 김병모는 이를 증

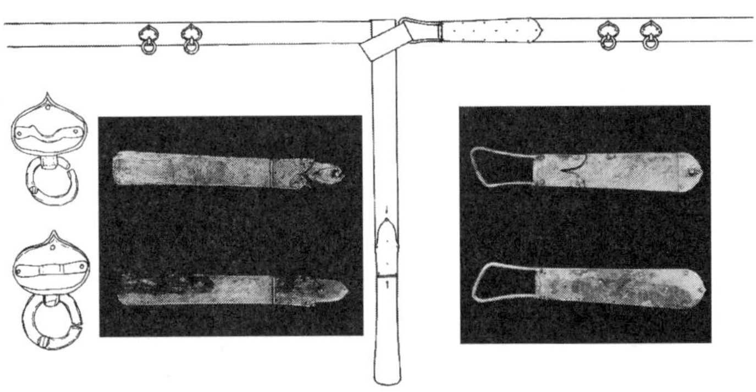

〈그림 23〉 능산리 36호분 대의 복원도

102) 金鐘徹, 《高靈池山洞古墳群》, 啓明大學校博物館 學術調査報告 第1輯, 1981.
103) 경상대학교 박물관, 〈합천 옥전고분 1차 발굴조사개보〉, 1986 ; 〈합천 옥전 고분군 I−목곽묘〉, 1988 ; 〈합천 옥전고분군 II−M3호분〉, 1990 ; 〈합천 옥전 고분군III−M1·M2호분〉, 1992.
104) 金秉模, 〈古代 韓國과 西域關係〉−阿踰陀國考II, 《韓國學論集》 第14輯, 漢陽大學校 韓國學研究所, 1988, pp.5∼24.

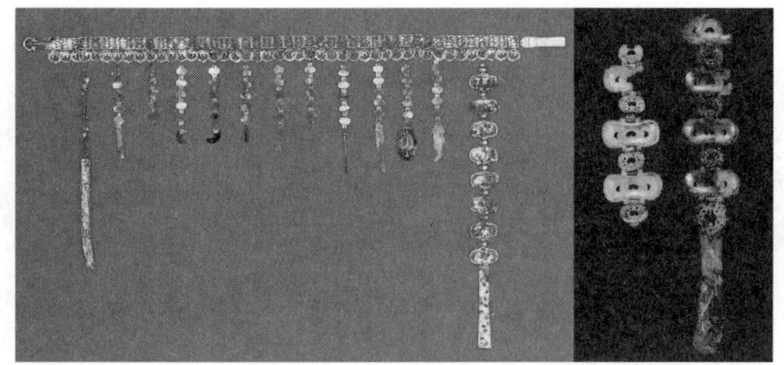

〈그림 24〉 천마총의 과대와 패식

명하기 위하여 김수로왕릉(金首露王陵) 정문에 보이는 쌍어문(雙魚文)(그림 25)과 김해 은하사(銀河寺) 수미단(須彌壇)의 쌍어문(그림 26)을 예로 들었다. 그리고 서기 전 8세기~7세기에 속하는 메소포타미아 아수르(Assur)에서 출토된 의식용 대야의 쌍어문[105]과 아수르지방의 파사르가대(Pasargadae)에서 출토된 원통형 인장의 쌍어문(그림 27) 등과 비교했다. 그러나 김해지역의 유적에 보이는 물고기는 창녕 교동 고분, 천마총, 금관총, 서봉총에서 출토된 신라 과대에 달린 물고기와 같은 형제이다.[106] 김병모가 제시한 물고기 문양과 북방지역에서 만들어진 어형식판(魚形飾板),[107] 독립국가연합에서 출토된 금으로 만들어진 물고기 장식품, 은허에서 발견된 뼈로 만든 물고기 장식품, 강수미(江水尾) 고분에서 출토된 금동으로 만들어진 물고기 장식품[108]들과 춘추시대에 속하는 호북성(湖北

---

105) 현재 Berlin Museum 소장. A. Parrot, *Nineveh and Babylon*, Thames and Hudson, 1972, p.74.

106) 국립경주박물관, 《국립경주박물관》, 통천문화사, 1995, 사진 225·115·117 ; 濱田耕作·梅原末治, 〈慶州金冠塚と其遺寶〉, 第42圖.

107) 河北新報社·日本對外文化協會, 《河北新報創刊85周年·十字屋仙台店開店10周年記念 草原のシルクロード展 圖錄》, 1982, 圖 9.

〈그림 25〉 김수로왕릉 정
문에 보이는 쌍어문

〈그림 26〉 은하사 수미단의
쌍어문

〈그림 27〉 아수르에서
출토된 의식용기에
보이는 쌍어문

省) 당양현(當陽縣) 금가산촌(金家山村)의 초묘(楚墓)에서 출토된 청동으로 만든 물고기 장식[109]들은 제각기 다른 모습을 띠고 있는데, 모두 고대 한국의 물고기 장식 형제와는 다른 모습이다.

출토된 유물을 볼 때, 고대 한민족은 신석기시대부터 물고기문양을 사용했기 때문에 고대 한국의 물고기문양이 서방으로부터 유입되었다는 것은 잘못된 견해라고 생각된다. 쌍어문도 고조선 말기부터 출현하기 시작하여 이후 고구려로 계승되었는데, 고구려 화문전(花紋磚)에 보이는 쌍어는[110] 김해유적에서 보는 쌍어와 그

---

108) 濱田耕作·梅原末治, 〈慶州金冠塚と其遺寶〉, 第42圖.

109) 湖北省宜昌地區博物館, 〈當陽金家山春秋楚墓發掘簡報〉, 《文物》, 1989年 第11期, pp.70~78.

110) 서한 초기에서 서한 말기에 해당하는 요령성 旅大市 營城子유적에서 66개의 陶洗가 출토되었다. 대부분 안쪽 밑바닥에 魚紋이 있는데, 어떤 것은 6마리의 점선으로 무늬를 넣은 魚紋이 있고 어떤 것은 한마리를 그려넣었고 어떤 것은 雙魚紋이었다(于臨祥, 〈營城子貝墓〉, 《中國考古集成》 東北卷, 秦漢至三國(二), pp.1136~1145). 東漢시대에 해당하는 요령성 錦州市 小凌河 左岸에 위치한 墓에서 鶴 1마리와 물고기 2마리가 그려진 洗가 출토되었다(劉謙, 〈遼寧錦州漢代貝賣墓〉, 《考古》, 1990年 第8期, pp.703~711). 東漢 후기에 해당하는 요령성 新金縣 花兒山에 위치한 花紋磚墓와 旅大市 大連에 위치한 花紋磚墓에서 줄무늬가 그려진 물고기 3마리가 같은 방향으로 나열

모습이 같고 서방지역이나 중국 및 북방지역에서 출토된 어문식(魚紋飾)과는 다른 모습이다. 이는 고대 한국의 물고기 문식이나 장식이 중국이나 북방 및 서방의 영향에 의한 것이 아님을 말해주는 것이다.

대구와 교구 및 패식을 정리하면 다음과 같다.

한민족이 살았던 한반도와 만주의 거의 모든 지역에서 대구가 나타난다. 양한의 묘에서 출토된 대구는 묘주의 허리에 대도를 찬 모양을 하고 있다. 평양지역의 석암리 9호묘에서 교구가 대도와 도자의 검대로 나타나고 있는 것으로 볼 때 교구도 마찬가지로 검대의 대구(帶具)였다. 이는 백제 무령왕릉의 교구와 능산리묘의 교구 그리고 금관총 등에서 출토된 신라의 과대에서도 그대로 나타난다. 이들의 대구 및 대식 등에는 복숭아 모양의 문양이 고르게 나타난다.

이처럼 복숭아 모양의 문양이 담긴 패식으로 대나 마구 등을 장식하는 것은 고구려·신라·백제에서 공통적으로 볼 수 있는 일이다. 복숭아 모양의 문양은 고조선 초기부터 나타나는데, 이는 중국이나 북방민족의 대에서는 찾아볼 수 없는 것이다. 복숭아 모양의 문양은 한민족이 북방민족들과 청동기문화를 같이하면서도 그들만의 문양을 갖고 있었음을 말해주는 것으로, 민족의 뿌리를 달리하고 있다는 증거가 될 수 있을 것이다. 이는, 한민족의 일부

된 같은 모양의 磚이 출토되었다(許玉林, 〈遼南地區花紋磚墓和花紋磚〉, 《考古》, 1987年 第9期, pp.826~834 ; 王珍仁·于臨祥, 〈大蓮地區漢代花紋小磚芻議〉, 《中國考古集成》 東北卷, 秦漢至三國(二), pp.1160~1161). 또한 같은 시기에 속하는 요령성 蓋縣 九龍地에 위치한 花紋磚墓에서 雙魚紋의 磚이 출토되었다(許玉林, 〈遼寧蓋縣東漢墓〉, 《文物》, 1993年 4期, p.69). 이들 지역에는 현재까지도 모두 고구려의 산성이 남아 있어(王禹浪·王宏北, 〈高句麗·渤海古城址研究滙編〉(上), 哈爾濱出版社, 1994 참조) 고구려의 유적임을 확인할 수 있다.

지역이 한(漢)에 점령되기 이전에 북방민족 가운데 특히 동호 등과 문화권을 같이했을 뿐만 아니라, 북방민족이 중국의 황하 이북을 점령하고 중국과 대립하면서 상호 공존을 지향했을 때도 민족 고유의 문양을 지켰다는 점에서 더욱 긍정적이다. 이러한 입장을 흐리게 할 수 있는 것은 바로 신라가 당의 복제를 받아들이면서 당에 유행했던 서역의 대와 패식의 습속을 들여왔다는 점이다.

6. 닫는 글

지금까지 고대 한국 대의 종류와 특징에 대하여 살펴보았다. 그 결과 고대 한국의 대가 북방이나 중국의 영향에 의해 만들어졌다는 종래의 주장들이 잘못 되었음을 밝힐 수 있었다.

중국의 대대는 그 시기가 상대로 올라가지만 웃옷 등을 여미는 역할보다 불패 등을 다는 장식적 역할로 발전했고, 춘추전국 때에 와서 북방민족의 복식과 대를 받아들이기 시작했다.

고대의 북방민족이 의복에서 반드시 요대를 사용했던 것은 아니며, 사용하는 경우에는 좁은 폭의 요대를 앞에서 짧게 묶었다. 이후 북방민족의 대는 옷을 여미는 속대의 역할이 중심을 이루었고, 속대에 필요한 대구 또는 교구가 크게 발전했다. 이러한 북방민족의 속대는 춘추전국시대에 중국에 급속히 들어왔고, 북방민족과 인접하고 있는 진·조·연 등에서 북방민족의 복식까지도 받아들이며 널리 착용되었다. 내몽고지역은 신강지역보다 대식이 일찍 발달했는데, 이는 고조선의 영향일 것으로 보인다. 중국의 전국시대에 해당하는 시기까지는 요대와 긴대를 사용했고, 양진남북조시대부터는 긴대와 교구 등을 함께 사용하는 것으로 정착되었다.

양한대에도 중국의 대는 수(綬)를 다는 등 장식적 역할에 치중

했고, 북방민족의 대는 검대로서 수용했다. 그러나 양진남북조시대에 북방민족들이 황하유역까지 통치하게 되고 특히 서역의 복식이 중국에서 유행하면서 서역의 대도 함께 들어왔다. 당에서는 이들의 복식을 관복으로 받아들였고, 이는 한반도에도 영향을 주었다.

고구려에서는 옷을 여며야 할 복식에서 가는 대를 매듭을 길게 하여 맸다. 그렇지 않은 복식에서는 대를 매지 않았다. 따라서 이 긴 대는 복식을 여미기 위한 것이지 검 등을 매기 위한 것은 아니었음이 확실해진다. 대를 묶는 위치도 자유스러웠으며, 신분과 직업에 관계없이 모두 같은 종류의 대를 맸다. 이는 신분을 가리지 않고 같은 옷을 입은 한민족 복식의 고유성에서 온 것이라고 하겠다.

그러나 중국의 영향을 받은 평양지역의 고분벽화에서 고구려 고유의 가는 대를 매고 있는 사람들을 보면, 집안지역과 같이 매듭을 길게 맨 병사들이 있는가 하면 묘주 옆의 관리들은 가는 대를 맸으면서도 그 맨 모습이 중국의 대대와 같이 허리의 정가운데에서 'ㅜ' 모양을 이루고 있다.

고조선의 영역이었던 한반도와 만주지역에서 나타나는 긴고리 모양의 대구는 그 제조 연대에서 중국보다 앞선다. 또한 그 형제에서 한반도와 만주에서 출토된 대구는 대체로 겉표면에 무늬를 넣거나 조각을 하지 않았다. 그러나 중국의 것은 화려한 무늬와 조각을 넣은 것이 특징이다. 북방지역에서는 양진남북조시대에 와서야 대가 나타나며, 출토량이 매우 적고 머리 부분이 대부분 동물 모양인 것이 특징이다. 이처럼 고조선과 중국 및 북방지역의 긴고리 모양 대구가 제조 연대 및 형제에서 차이를 보이는 것은 고조선의 대구가 중국이나 북방의 영향을 받아 만들어진 것이 아님을 알려준다.

한반도와 만주의 대부분 지역에서 사용되던 긴고리 모양의 대구는 서기 3세기경에 이르면 차츰 사라지고, 고구려를 중심으로 고조선 초기부터 사용되던 복숭아 모양의 장식 형제를 적용한 대식이 발전하여 한반도에 정착하게 된다.

제10장 고대 한국 신의 재료와 종류

1. 여는 글

이 글에서는 고분 등에서 출토된 유물과 벽화 등의 자료를 근거로 고대 한국의 이(履)와 화(靴)를 분석하고자 한다. 이는 한민족 고유한 신의 형제를 복원하는 작업이 될 것이고, 고구려와 신라 및 백제 등지에서 출토된 금동리(金銅履)의 원류를 확인하는 작업도 될 것이다.

문헌자료에 따르면 고대 한국의 신은 크게 이와 화(靴)로 나눌 수 있고, 화(靴)는 다시 목이 긴 화(靴)와 목이 짧은 화(鞾) 둘로 나눌 수 있으며, 이와 관련된 것으로 말(襪)[1]·말요(襪袎)·화대(靴帶) 등이 있다. 신라 흥덕왕 9년에 복식에 대한 규제가 있었는데, 이와 말은 남녀 모두 착용했지만, 화(靴)와 화대는 남자만 그리고

---

1) 襪은 袜로도 쓴다. 江陵鳳凰山8號漢墓에서 출토된 竹簡의 "新素靺一兩"에 대해 金立은 靺는 袜이라 했다(金立, 〈江陵鳳凰山8號漢墓竹簡試釋〉, 《文物》, 1976年 第6期, p.70).

〈그림 1〉 쌍영총 묘주부부도의 화(靴)

말요는 여자만 착용했다. 예를 들어, 쌍영총 묘주부부도의 묘주 앞에 놓인 신은 화(靴)에 속하고(그림 1), 안악 3호분 묘주 부인 앞에 벗어 놓은 붉은 신은 이(履)에 속할 것이다(그림 2). 집안지역의 무용총 묘주는 화(靴)를, 묘주와 마주하고 있는 사람은 이를 신고 있다(그림 3).

신은 발이 땅에 직접 닿지 않도록 하는 것이다. 말(襪)에 대하여 《유편(類篇)》은 “발의 옷[足衣]”이라고 했고, 《석명(釋名)》에서는 “끝이다. 다리 끝에 있다[末也. 在脚末也]”고 했다. 남녀 모두 말을 신었던 것으로 보아 말은 발을 감싸는 것으로, 먼저 말을 신고 그 위에 신을 신었음을 알 수 있다. 여자만 착용했던 말요의 요(袎)에 대하여 《유편》에서 “말의 목이다[襪頸也]”라고 한 것으로 보아, 요는 말의 목 역할을 하는 것이라 하겠다. 그러나 말요가 말에 딸린 것으로 둘이 분리된 것인지 아니면 하나로 된 것인지는 출토자료의 부족으로 확인하기 어렵다. 본문에서는 말과 요를 하나로 된 것으로 보고자 한다. 말요의 예는 고구려 무용총 벽화의 춤추는 여자가 신고 있는 것(그림 4)[2]을 들 수 있다. 춤추는 남자는 목이 없는 이를 신고 있으나 여자가 신고 있는 것은 목이 높을 뿐만 아니라 바닥에서 목까지 하나로 이어져 있기 때문에 이나 화

---

2) 이은창은 이를 靴로 보았는데(이은창, 《한국 복식의 역사》-고대편, 세종대왕기념사업회, 1978년, p.343), 문헌자료 및 벽화를 볼 때 고구려에서는 목이 긴 靴를 신은 예가 없기 때문에 襪과 袎를 하나로 보는 것이 보다 합리적이라고 생각한다.

(靴)와 다르다. 이것이 말요가 아닌가 생각된다.

2. 이(履)의 형제와 재료

《설문해자》에서는 이(履)에 대해 "발이 의지하는 것〔足所依也〕"
이라 했고, 《석명》〈석의복(釋衣服)〉에서는 "예(禮)이다. 발을 꾸미
는 것이 예이기 때문에 또한 이구(履拘＝履絇)[3]라고도 한다. 발에
꾸미는 것이다"[4]라고 했다. 이(履)를 예라고 한 것은 신이 발을 보
호하는 목적 이외에 복식과 어울리도록 모양을 꾸민 것을 지적한
말이다. 중국에서는 머리의 관(冠)과 발의 이를 편리함보다는 장
식으로서, 또 장식의 의미를 넘어 신분의 상징으로 보았다. 우리
나라의 금동관(金銅冠)과 금동리도 이와 마찬가지였다고 하겠다.

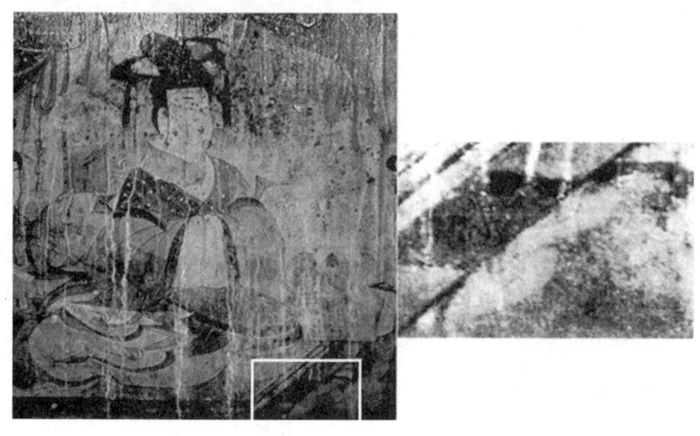

〈그림 2〉 안악 3호분 묘주 부인의 이

---

3) 拘는 絇의 통용으로 보아야 할 것이다.
4) 《釋名》. "禮也. 飾足以爲禮, 亦曰履拘也. 所以拘於足也."

〈그림 3〉 무용총의 묘주 접견도의 화(鞾)와 이

〈그림 4〉 무용총 춤추는 여자의 말과 서한 강릉 봉황산167
호묘의 말

중국의 이(履)와 관련된 자료를 보면 다음과 같다. 운몽(雲夢) 수
호지(睡虎地) 11호 진묘(秦墓)에서 출토된 진간(秦簡)의 〈법률답문(法
律答問)〉에는 이런 내용이 나온다.

금리(錦履)를 신는 것을 금한다. 금리를 신는다는 것은 어떠한 것
인가? 법률에서 말하는 것은 사직물 등으로 신을 짠 것으로 신에
무늬가 있는 것이 금리이다. 색이 있고 무늬가 없이 사직물로 짠 것
은 아니다. 집행은 이를 따른다.[5]

5) 睡虎地秦墓竹簡整理小組, 《睡虎地秦墓竹簡》, 文物出版社, 1978, p.220. "毋

진간의 '이금이(履錦履)'에서 앞의 이는 동사이고, 뒤의 이는 명사로 쓰였다. 이는 이(履)가 신을 신는다는 동사였다가 명사화된 것이라고 하겠다. 그리고 이(履)가 명사화되었을 때 당시의 보편적으로 신었던 신의 대명사로 쓰였을 것이고, 이는 진(秦)이 전국을 통일하기 이전부터 중국의 주된 신의 형제였다고 하겠다. 진시황묘의 무사용(武士俑)이 신고 있는 신(그림 5)이 바로 이(履)에 해당한다고 할 수 있을 것이다.

〈그림 5〉 진시황묘 무사용의 이

진시황이 전국(戰國)을 통일했을 때 금리를 신지 못하게 했던 것은 사치를 막자는 의도에서였다. 진·한 교체기에는 사람이 사람을 먹을 정도로 살기가 어려웠다. 이러한 최악의 상황에서 사치는 일시적으로 사라졌지만 문제(文帝)가 즉위할 때쯤에는 경제가 회복되어 다시 사치가 일기 시작했고, 무제(武帝) 때에는 환관(桓寬)이 《염철론(鹽鐵論)》에서 서역의 물건을 다투어 사는 등 사치가 국가 경제를 위기로 몰아넣고 있다고 지적했듯이, 사치가 극심해졌다. 《염철론》에서 "庶人草履, 富人絲履"라고 한 것처럼 신에 대한 사치가 크게 일어난 것이다. 장사 마왕퇴 1호묘는 서한(西漢) 혜제(惠帝) 2년(서기 전 193년) 4월에 식읍(食邑) 700호의 열후로 봉해진 장사상(長沙相) 이창(利倉)의 부인묘로 추정되는데, 여기서 푸른 사직물로 만든 이

敢履錦履. 履錦履之狀何如? 律所謂者, 以絲雜織履, 履有文, 乃爲錦履, 以錦緱履不爲. 然而行事比焉."

(그림 6)과 말(그림 7) 한 쌍이 출토되었다. 이 이는 목이 없고 앞이 나룻배처럼 위로 들려 있으며 양쪽으로 뾰족하게 갈라져 있다. 그리고 벗겨지지 않도록 끈을 달았다. 전국 때에 속하는 강릉 마산(江陵馬山) 1호 초묘(楚墓)에서 출토된 마리(蔴履)[6]와 서한 중기에 속하는 강릉봉황산묘(江陵鳳凰山墓)에서 출토된 '縢履'[7]와는 다른 모양이다. 장사(長沙) 마왕퇴(馬王堆) 1호 한묘(漢墓)의 유책(遺冊)에는 "青絲履一兩, 扁楮掾"이라고 사리(絲履)로 되어 있지만, 《장사마왕퇴일호한묘발굴간보(長沙馬王堆一號漢墓發掘簡報)》에서는 이를 '사혜(絲鞋)'라고 했다. 이는 《발굴간보》가 그 모양에 따라 혜(鞋)로 분류한 것이다. 《석명》에서는 혜에 대해 "펴지는 것이다. 신으면 오므라져 그 위가 이(履)와 같으나 벗으면 그 위는 곧 펴진다"[8]고 했다. 혜는 당대(唐代)에 남녀 모두가 신었던 것인데, 앞이 나룻배처럼 높이 들린 형태로 마왕퇴 1호묘의 신과 그 모양이 같다. 이로 보아 혜는 기본적으로 이(履)와 같이 목이 없지만, 복식에 어울리도록 앞을 들어 모양을 꾸민 것에서 차이가 날 뿐이다.

〈그림 6〉 장사 마왕퇴 1호묘
의 이

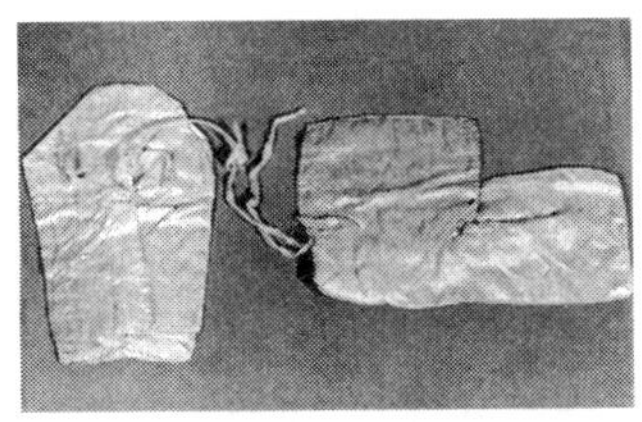

〈그림 7〉 장사 마왕퇴 1호묘
의 말

---

6) 湖北省荊州地區博物館, 《江陵馬山一號楚墓》, 文物出版社, 北京, 1985.
7) 江陵鳳凰山 8호묘의 遺冊에 '縢履'로 기재했다(金立, 〈江陵鳳凰山8號漢墓竹簡試釋〉, 《文物》, 1976年 第6期 pp.69~70).
8) 《釋名》. "鞋, 解也. 着時縮, 其上如履, 然解, 其上則敍解也."

양웅(揚雄)은 《방언(方言)》에서 "가운데 나무가 있는 것을 복석(復舃)이라고 한다[中有木者, 謂之復舃]"고 했고, 《석명》에서는 석(舃)에 대해 "말린 것이다. 행례(行禮)에 오래 서 있고, 땅이 질면, 그 밑을 덧붙여 바닥을 마르게 한 것이다[腊也. 行禮久立, 地或泥濕, 故復其下使乾腊也]"고 했다. 평양지역의 한대(漢代)에 속하는 채협총(彩篋塚)에서 겉에 검은 칠을 하고 바닥에 'ㄷ' 모양의 나무통을 단 혁리(革履)(그림 8)가 출토되었다. 그리고 무씨사(武氏祠) 화

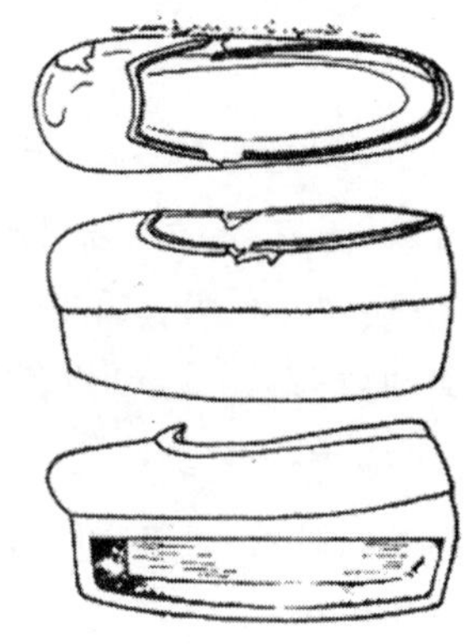

〈그림 8〉 한대 평양 채협총의 혁리

상석(畵像石)에 바닥을 높인 이가 있다. 즉, 석은 이의 바닥을 높인 것이라 하겠다. 그렇기 때문에 《삼례도(三禮圖)》에서 "이(履)는, 밑을 겹으로 한 것을 석이라 하고, 밑을 홑으로 한 것을 이(履)라 한다. 그 색은 아래옷의 색을 따르고, 여름에는 갈(葛)로 만들고, 겨울에는 가죽으로 만든다[履, 復下曰舃, 單下曰履. 其色各隨裳色. 夏用葛, 冬乃用皮也]"[9]라고 했던 것이다. 이러한 것들은 《후한서》 여복하(輿服下)의 기재에서도 확인된다.

현종(顯宗)이 대업에 나가자 처음 유면(旒冕)을 입었고, 무늬 놓은 의상, 붉은 석[赤舃]과 앞부리를 장식한 이[絢屨]를 신고 천지에 제사 지냈다.…… 천자·삼공(三公)·구경(九卿)·특진후(特進侯)·시사후(侍祠侯)는 천지와 명당에 제사 지낼 때 모두 유면을 쓰고 의상은

---

9) 《北堂書鈔》卷136 履81 인용. 《三禮圖》는 《隋書》에 鄭玄·玩諶 등이 지은 것이 있고, 《唐書》에는 夏侯·伏朗·張鎰 등이 지은 것이 있다. 虞世南의 《北堂書鈔》에 참고한 삼례도는 《隋書》에 있는 것이라고 하겠다.

위는 검은색 아래는 붉은색이었다.[10]

이상의 문헌자료와 발굴자료로 본다면, 중국은 이(履)를 기본 형제로 하고, 밑을 높이거나 앞을 들어올리거나 장식을 하여 관이나 웃옷 등과 어울리도록 모양이나 색을 선택했다. 그리고 사직물 이외에도 가죽과 마직물 및 짚 등 수축이 용이한 부드러운 재료로 신을 만들었다.

우리나라의 신과 관련된 자료는 다음과 같다.

고구려의 귀족과 대신(大臣)들 및 일반 남자들은 모두 '누런 혁리[黃革履]'를 신었다.[11] 고구려와 의복을 같이한 동옥저에서도 마찬가지였을 것[12]이며, 부여의 지배계급은 혁탑(革鞜)을 신었다.[13] 신라와 백제가 속한 한(韓)에서는 '혁교답(革蹻蹋)'[14] 또는 '혁리' 이외에도 '초리(草履)'[15]를 신었고, 백제의 왕은 '검은 혁리[烏革履]'를 신었다.[16] 그리고 통일신라에 들어오면서 외래품 때문에 복식에 사

---

10) 《後漢書》 卷30 輿服下. "顯宗遂就大業, 初服旒冕, 衣裳文章, 赤舄絇屨, 以祠天地,…… 天子·三公·九卿·特進侯·侍祠侯, 祀天地明堂, 皆冠旒冕, 衣裳玄上纁下."

11) 《隋書》 卷81 〈列傳〉 高(句)麗傳. "貴者…… 黃革履."；《舊唐書》 卷199 〈列傳〉 高(句)麗傳. "官之貴者, 則靑羅爲冠, 次以緋羅,…… 黃韋履."；《周書》 卷49 〈列傳〉 高(句)麗傳. "丈夫…… 黃革履."

12) 《三國志》 卷30 〈烏丸鮮卑東夷傳〉 東沃沮傳. "飮食居處·衣服禮節, 有似句麗."

13) 《三國志》 卷 13 〈烏丸鮮卑東夷傳〉 夫餘傳. "革鞜履." 顔師古는 揚雄 長楊賦의 "革鞜不穿"에 대하여 "鞜, 革履也"라고 했고, 《急就篇》의 鞜에 대해서는 "鞜, 生革之履也"라고 했다. 안사고의 注는 鞜이 어떤 것인가에 대하여 충분히 설명하지 않았다고 하겠다.

14) 《三國志》 卷30 〈烏丸鮮卑東夷傳〉 韓傳. "足履革蹻蹋."

15) 《後漢書》 卷85 〈東夷列傳〉 韓傳. "馬韓人…… 草履."；《晋書》 卷97 〈列傳〉 馬韓傳. "履草蹻."；《史記》 虞卿傳의 "蹻蹻檐簦說趙孝成王"의 蹻에 대하여 徐廣은 "蹻, 草履也"라고 했다.

16) 《舊唐書》 卷199 〈列傳〉 百濟傳. "其王服大袖紫袍,…… 烏革履."

치가 일자 흥덕왕(興德王) 9년(서기 834년)에 이를 규제했다. 이때 진골 대등(大等) 남자의 이는 피(皮)·사(絲)·마(麻)로 만들게 했고, 진골 여자의 이는 계(罽)·수라(繡羅)로 만들지 못하게 했으며, 6두품 남자의 이는 피·마만으로 만들게 했다. 그리고 6두품 여자의 것은 계·수라·금라(錦羅)·세라(繐羅)로 만들지 못하게 했고, 5두품 남자의 것은 피·마로 만들게 했으며, 5두품 여자의 것은 피 이하로 만들게 했다. 또 4두품 남자의 것은 우피(牛皮)·마 이하로 만들게 했고, 4두품 여자의 것은 피

〈그림 9〉 각저총의 뿔나팔 부는 사람의 이

이하로 만들게 했으며, 평민 남자의 것은 마 이하로 만들게 했다.[17] 이 규제 내용을 보면, 재료만을 규제했지 형제에 대해서는 규제하지 않았다.

이로 볼 때 당의 복제(服制)를 받아들이기 이전에 우리나라에서는 형제를 크게 바꾸지 않았고 재료 또한 그렇게 사치를 추구하지 않았음을 알 수 있다. 그러나 당의 복제를 받아들이면서 외래품으로 인한 사치가 일게 되었는데, 그럼에도 외래의 형제를 받아들이지는 않았음을 알 수 있다.

흥덕왕 9년 이후 평민 이상의 남자의 이를 가죽·사직물·마직물로 만들게 하고, 여자의 것에 계·수라·금라·세라 등 고급의 사직물 이외에도 금이나 수를 놓게 한 것은 아름답고 우아한 웃옷과의 어울림 때문이었을 것이다.

---

17) 《三國史記》 卷33 〈雜志〉 色服.

고구려 벽화에서 이(履)와 관련된 자료는 다음과 같다. 안악3호분 묘주부인도의 부인 앞에 놓인 붉은 이는 목이 없고 코등에서 발등까지 수평을 이루고 있어 무령왕릉에서 출토된 금동리와 비슷하다. 또한 의장기수도의 기수와 각저도의 뿔나팔 부는 사람은 이(그림 9)를 신고 있으며, 대행렬도의 관리들도 마찬가지로 목이 없는 이를 신고 말을 타고 있다. 덕흥리 고분 수렵도의 말을 타고 사냥하는 무사들 역시 안악 3호분과 같은 이를 신고 있으며, 묘주 실내생활도의 시녀들과 공양도의 남자들도 목이 없고 바닥을 높이지 않은 이를 신고 있다. 대안리 1호분의 현실서벽 벽화의 남자들과 무용총의 무용도에서 남자 무용수도 같은 이를 신었다. 그러나 여자 무용수는 바닥에서 위로 이어진 신을 신고 있는데, 이것이 말요가 아닌가 생각된다.

4세기에서 6세기까지의 고구려 고분벽화를 보면, 고구려 사람들은 신분이나 관직에 관계없이 이를 신었고, 안악 3호분 묘주 부인의 신만이 붉을 뿐 다른 신들은 검은색이나 흰색이었다. 이는 고구려에서 신분이나 관직에 따라 신의 색을 구분하지 않았음을 보여주는 것이라고 하겠다.

그러나 고려 예종에서 인종 초에 중국 송(宋)의 사신이 고려의 습속 등에 대하여 쓴 《선화봉사고려도경(宣和奉使高麗圖經)》[18]에서 백성들이 신었던 이(履)를 설명한 것을 보면, 바닥이 수평으로 된 것만을 신지 않았던 것 같다.

  짚신의 모양은 앞쪽이 낮고 뒤쪽이 높아 그 모양이 남다르다. 나라 안의 남녀노소 가릴 것 없이 모두 짚으로 만든 이를 신었다.[19]

---

18) 宣和는 고려 예종 14년(서기 1119년)에서 인종3년(서기 1125년)까지 宋의 徽宗이 사용했던 연호이다.
19) 《宣和奉使高麗圖經》. "草履之形, 前低後仰, 形狀詭異, 國中無男女少長, 悉履之."

이는 송의 사신이 고려의 일반 평민들이 신은 짚신이 중국의 신과 다른 점을 그린 것이다. 중국에도 짚으로 신을 만들었기 때문에 재료는 크게 문제되지 않는다. 다만 중국의 앞이 들린 혜(鞋)와 달리 고려의 것은 앞이 낮고 뒤가 높다고 모양만을 지적한 것이다. 이러한 모양은 꼭 짚신에 국한되었다기보다 한민족의 전통적인 독특한 양식으로 가죽이나 마직물 등으로 만든 이도 같은 모양이었을 것이다. 뒤가 얼마나 높았는지 정확하게 표현하지는 않았지만, 앞으로 쓰러질 정도의 높이는 아니었을 것이다. 우리나라의 이가 앞이 좁고 올라가지 않았기 때문에 뒤가 더 높아 보였을지도 모른다.

여기서 문제가 되는 것은 바로 신라와 백제가 속한 한의 남부에서 신었다는 '교답(蹻蹋)'이 어떤 것인가 하는 것이다. 교답을 가죽으로 만들었다는 것으로 보아 재료의 차이를 지적한 것은 아니고, 모양에서 또는 이(履)에 어떤 장치를 단 데서 나온 명칭이라고 생각된다.

《설문해자》는 교(蹻)에 대하여 "발을 들고 높은 곳으로 가는 것이다〔擧足行高也〕"라고 했다. 《한서(漢書)》〈왕보전(王襃傳)〉에 나오는 "離蔬釋蹻而烹膏粱"의 교(蹻)에 대하여 응소(應劭)는 "木蹻也"라고 했고, 신찬(臣瓚)은 "끈으로 만들었다〔以繩爲之也〕"고 했으며, 안사고(顏師古)는 "곧 지금〔唐代〕의 혜(鞋)"라고 했다. 《유편(類篇)》에서는 이 교에 대해 말하면서 "중행(中行)이 말을 탈 때 송곳 같이 생긴 쇠를 이의 바닥에 달았다〔中行所乘, 以鐵如錐施之履下〕"고 했다.

《설문해자》는 답(蹋)에 대하여 "밟는 것이다〔踐也〕"라고 했다. 《석명》에서는 "평상(平床)이다. 평상이 땅에 닿은 것이다〔榻也. 榻着地也〕"라고 하고 있는데, 이는 평상과 땅이 직접 닿은 것이 아니라 그 사이에 다리가 있는 것을 설명한 것으로 보인다. 《사기》〈소진열전(蘇秦列傳)〉에 나오는 "답국(蹋鞠)"에 대하여 〈사기집해(史記

〈그림 10〉 백제 무령왕릉의 이

集解)〉에서는 〈유향별록(劉向別錄)〉의 "축국(蹴鞠)은 황제(黃帝)가 만든 것이라고 전하기도 하고, 또는 전국(戰國) 때 시작되었다고도 한다. 답국은 병세(兵勢)이다. 그래서 무사를 단련시키며 지략이 있어 모두 즐기며 그것을 말로 훈련시키기도 한다"[20]는 내용을 인용하여 설명했다. 축국은 말을 타고 달리며 공놀이를 하는 것이다. 《여씨춘추(呂氏春秋)》〈중춘기(仲春紀)〉 정욕(情欲)의 "意氣易動, 蹻然不固"에 대하여 고유(高誘)는 "교(蹻)는 승교(乘蹻)의 교를 말한다. 그 달리는 것이 너무 빨라 견고하지 못한 모양을 말하기 때문에 지기(志氣)가 쉬 바뀌는 것이다"[21]라고 했다. 그러니까 말을 빨리 달릴 때 몸을 가누기 어려운 것을 말하는 것이다. 고구려 삼실총 제2실 서벽의 갑옷을 입은 무사는 정이 달린 이를 신고 있다. 말을 달릴 때 신의 바닥이 평평하면 쉽게 벗겨지기 때문에 뒤를 높이거나 바닥에 정 같은 것을 달아 앞으로 쏠리거나 말의 등자에서 벗겨지지 않도록 했을 것이다.

《삼국지》〈오환선비동이전〉에서는 고구려 사람이 "행보(行步) 때는 모두 달렸다[行步皆走]"고 했다. 즉, 고구려에서는 병사뿐만 아니라 백성들도 천천히 걷지 않고 달리듯 했다. 이렇게 달리듯 걷기 위해서는 가죽신 등에는 단단한 것을 달아야 한다. 그러나 짚신

---

20) 《史記集解》의 劉向別錄 인용. "蹴鞠者, 傳言黃帝所作, 或曰起戰國之時. 蹋鞠, 兵勢也, 所以練武士, 知有材也, 皆因嬉戲而講練之."

21) 《呂氏春秋》〈仲春紀〉情欲의 "意氣易動, 蹻然不固"에 대해 高誘는 "蹻謂乘蹻之蹻, 謂其流行速疾不堅固之貌, 故其志氣易動也"라고 했다.

같은 부드러운 재료에는 정 등을 달
수 없기 때문에 같은 역할을 할 수
있도록 뒤를 높여야 한다. 고려 때 짚
신의 뒤를 높였던 것도 바로 걸음을
빨리하기 위하여 고안된 것이었다고
생각된다.

　백제 무령왕 부부의 금동으로 만든
신(그림 10)에는 정과 같은 것이 바닥
에 달려 있다. 이(履)인지 모르겠지만
고구려에서도 집안(輯安)에서 철정(鐵
釘)과 유금동정(鎏金銅釘)을 바닥에 단
것이 발굴되었고,[22] 우리나라의 국립
박물관에도 5센티미터 정도 크기의
철정이 40여 개 달린 고구려의 금동

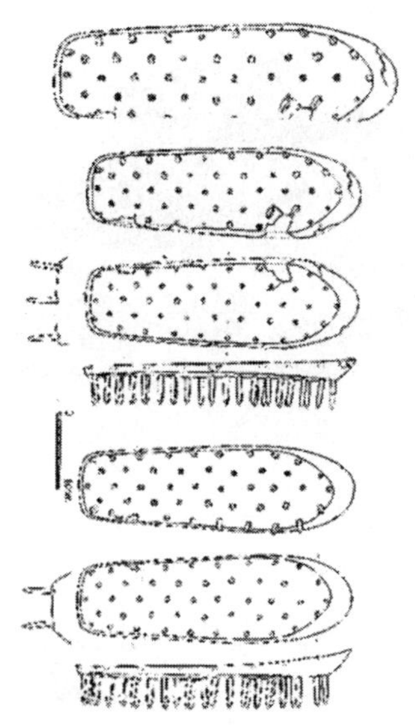

〈그림 11〉 고구려의 철정리

리(그림 11)가 소장되어 있다. 신라의 천마총에서도 금동리에 정을
박은 것이 출토되었다. 국립경주박물관의 국은(菊隱[李養璿])기념실
에는 'T'자 형태의 무늬를 엇갈아 파낸 출토지 미상의 금동리(그림
12)가 있는데, 여기에도 바닥에 가는 못이 달려 있다. 전장은 29센
티미터 정도로, 지금의 슬리퍼 같은 형식이다. 특기할 점은 이의
바닥에 정을 단 것이 중국이나 북방지역에서는 보이지 않는다는
것이다.

　그러나 백제 남부의 나주 반남면 신촌리 옹관에서 출토된 금동
리에는 정이 달려 있지 않고, 신라에서 출토된 여러 금동리에도
정이 달려 있지 않은 것이 많으며, 고구려 벽화에서 병사들도 정
을 단 이를 신은 것이 확인되지 않는다.

---

22) 耿鐵華, 〈高句麗文物古蹟四題〉, 《中國考古集成》 東北卷　兩晋至隋唐(二),
　　1992, pp.465～467.

〈그림 12〉 국립경주박물관 국은
(이양선)기념실의 금동리

백제 무령왕 부부의 금동리는 일상에 사용했던 것이 아니라 장송의구(葬送儀具), 즉 부장품(副葬品)으로 보인다.[23] 발굴 당시의 그 위치에 대한 기록에서는 "은제 과대에 금동장단용환두대도(金銅裝單龍環頭大刀)를 차고 긴 못들이 박힌 금동식리(金銅飾履)를 신고 앙와자세(仰臥姿勢)로 목제의 두침(頭枕)과 족좌(足座)에 머리와 다리를 얹고 누어 있었다"[24]고 했다. 발굴 당시 유물의 위치를 보면 왕의 이는 족좌 안쪽에 있고, 왕비의 이는 족좌 밖에 있다. 그리고 두 신발이 같은 방향으로 나란히 놓여 있는 것은 이들이 시신에 신켜 있던 것이 아니라 발의 위치에 놓아두었던 것임에 틀림없다.

왕과 왕비의 금동리는 형제나 재료 그리고 만든 솜씨가 같다. 무령왕은 계묘년(서기 523년, 성왕 즉위년) 5월 7일에 죽고, 을사년(서기 525년, 성왕 3년) 8월 12일에 안장되었다. 왕비는 병오년(서기 526년, 성왕 4년) 11월에 죽고, 기유년(서기 529년, 성왕 7년) 2월 12일에 왕의 묘에 합장되었다. 따라서 왕비의 금동리는 무령왕이 죽은 지 3년 6개월이 지난 뒤 만들어졌을 것이다. 따라서 같은 사람이 다른 시점에 만들었다고 하겠다.

왕의 금동리는 파손이 심하지만 형제를 파악할 만하다. 전장은 약 35센티미터이고, 밑바닥의 길이와 폭은 각각 40센티미터와 11.2센티미터 정도이며, 옆면의 높이는 8.9센티미터이다. 그리고 바닥

23) 尹世英, 〈裝身具〉, 《百濟考古學》, 民族文化社, 1995, pp.212~213 ; 李仁淑, 〈신라와 가야의 裝身具〉, 《한국고대사논총》 제3집, 한국고대사회연구소, 1992, pp.113~114.
24) 忠淸南道·公州大學校百濟文化硏究所, 《百濟武靈王陵》, 1991, pp.105~110.

판과 바깥판 그리고 안판 세 개의 판으로 조립되어 있고, 각 판의 안쪽은 은판으로, 바깥쪽은 금동판을 겹으로 만들었다. 그리고 판을 겹친 뒤 날카로운 것으로 문양을 뚫었다.

왕비의 금동리는 비교적 완전하다. 전장이 왕의 것과 마찬가지로 약 35센티미터이고, 밑바닥의 폭은 12.2센티미터이며, 신의 전체 높이와 옆면의 높이는 각각 10센티미터와 7.6센티미터 정도이다. 또한 발의 끝 부분이 측면보다 약 2.4센티미터 정도 높고, 코등에서 발등까지 수평을 이루고 있으며, 바닥에는 약 2.5센티미터 정도 길이의 정이 한 줄에 4개씩 두 줄로 되어 있는데, 앞의 들린 부분에 하나를 박는 등 모두 9개의 정을 리벳 방식으로 박았다.

이러한 모양은 왕의 금동리도 마찬가지로, 은판 및 금동판의 두께가 얇고 정이 박혀 있다. 그런데 금과 은판이 매우 얇고 또 바닥에 박힌 정이 체중을 견디기 어렵기 때문에 일상에서 신었던 것이 아님을 알 수 있다. 또한 크기도 왕과 왕비가 같은 것으로 보아 이는 부장품으로 만든 것임에 틀림없다.

국립박물관 소장의 고구려 금동리는 전장이 35센티미터 정도로 무령왕릉의 금동리와 같지만 정의 수가 많다. 무령왕릉에서 출토된 금동리의 정이 9개로 고구려의 금동리보다 그 수가 적은 것으로 보아 무령왕릉의 금동리가 부장품으로 만들어진 것임을 다시 확인할 수 있다.

나주 반남면 신촌리에서 발굴된 금동리의 형제는 무령왕릉에서 출토된 것과 비슷하다. 전장은 약 30센티미터 정도인데, 차이가 있다면 무령왕릉의 것이 코등에서 발등까지 수평인 것과 달리 약간 밑으로 굽어 있어 발끝 부분이 덜 들려 있다. 그러나 정이 달려 있지 않아 일상에서 신고 다녔던 것으로 볼 수도 있지만, 재료가 약하고 또 신의 길이가 너무 길기 때문에 이것 역시 부장품이었던 것으로 생각된다.

신라의 금동리는 경주 황남동 98호 고분 남분을 비롯해서 천마총, 금관총, 금령총, 식리총, 호우총, 은령총, 황남대총 남분과 북분, 황오리 4호분, 의성탑리 제2묘곽, 대구 비산동 37호분 제2석곽, 대구 내당동 55호분, 경북 칠곡군 인동면 황상동 1호분, 창녕 교동 고분군, 대구 달성공원 등에서 출토되었고, 기본 형제는 무령왕릉의 금동리와 비슷하며, 정이 달린 것도 있고 달리지 않은 것도 있다. 이들 금동리는 대략 4세기에서 6세기에 속하는 것으로, 이들 역시 일상생활에서 신었던 것이 아니라 부장품이었을 가능성이 높다. 이보다 300년 정도 늦기는 하지만 신라 흥덕왕 9년에 신분에 따라 복식을 규제했을 때 금동 등 금속으로 신을 만들거나 금했다는 기록이 없고, 또 이들이 대부분 금관 등과 함께 발굴된 것으로 보아, 이들 금동리들은 부장품으로 금관과 한 조를 이룬 것으로 보인다.

중국의 출토자료와 문헌자료를 정리하면, 전국시대에서 당대까지 이(履)가 기본 형제였으며, 앞이 높게 들리고 폭이 넓은 혜(鞋) 등을 의례의 형제로 했다. 그러나 우리나라에서는, 비록 4세기 이전의 발굴자료나 그림자료 등이 아직 발굴되지 않고 있지만, 4세기 이후의 자료로 추리해볼 때 이에서 앞과 뒤가 수평을 이루는 형제를 기본으로 하고 있을 뿐 중국의 혜와 같은 변형을 추구하지 않았다. 중국이 모양을 변형시켜 의례용으로 삼은 것과는 달리 우리 민족은 변형을 가하지 않고 얇은 금동판 등으로 덧씌우고 그 위에 장식을 달아 의례용으로 삼았다고 하겠다. 마왕퇴 1호묘의 혜는 분명 서한의 무제가 고조선 일부 지역에 한(漢)의 군현을 설치하기 이전의 자료이다. 한의 군현이 설치된 뒤 삼국이 건국한 것으로 본다면 삼국에서도 중국의 혜와 같은 형제의 영향을 받았을 수 있다. 그러나 우리 민족은 이러한 영향을 받은 흔적이 전혀 보이지 않는다. 따라서 고구려나 신라·백제 등 한민족은 중국의 영

향을 받지 않고 독자적인 고유한 형제인 이를 그대로 유지했다고
하겠다. 이는 4세기에서 6세기에 걸쳐 만들어진 고구려 벽화에서
관리나 병사들이 일관된 형제의 이를 신고 있다는 데서도 확인할
수 있다. 그리고 한(韓)에서 신었다는 혁교답는 무령왕릉과 고구
려의 유적에서 출토된 정이 달린 이를 말한 것이 아닌가 생각되고,
중국이나 북방민족의 유물에서 정을 단 예가 없는 것으로 보아 이
것도 고조선의 고유한 형제 가운데 하나였을 것이라고 생각된다.

3. 화(靴)와 화대(靴帶) 그리고 화(鞾)와 요(靿)

통일신라 때 화(靴)와 화대는 남자만의 복식이었다. 이 시기는
남녀 모두 당의 복제를 받아들였던 때이므로 화(靴)와 화대를 당
에서 수입하여 모방했다고 생각하기 쉽다. 중국에서는 전국 때 조
의 무령왕이 호복과 함께 화(鞾)를 신기 시작했다. 이여성은 "조선
족(朝鮮族)이 아세아북족(亞細亞北族)의 일계(一系)라면 소위 호(胡)
와는 한족보다도 일층(一層) 밀접한 관계를 가졌을 것이므로 그것
[靴]의 착용은 중국의 전국시대 이전부터도 이미 시작되었을 것이
라고 생각된다. 적어도 조선의 화(靴)는 그 수입처가 중국이 아니라
서호방면(西胡方面)이었던 것 같다"[25]고 했다. 그리고 복식사 연구
자 대부분이 이를 그대로 받아들이고 있는 실정이다. 중국이 북방
의 기마민족으로부터 화(鞾)를 받아들였다면 건국에서 망할 때까
지 북방민족과 계속 접촉했던 고구려에 화(鞾)의 유가 가장 많이
나타났을 것이다. 그러나 고구려 평양지역의 쌍영총 묘주 앞에 화
대(鞾帶)가 있는 화(鞾)가 놓여 있고, 집안지역의 매산리 사신총(四

---

25) 李如星, 《朝鮮服飾考》, 白楊堂, 1947, pp.148~149.

524

神塚)에 그 비슷한 모양의 신이 있을 뿐이다. 또한 북방의 기마인들이 화(鞾)를 신었다면 고구려의 병사들도 신었을 것이다. 하지만 안악 3호분 등의 행렬도에 보이는 보병과 기마병들 대부분이 이를 신고 있을 뿐 화(靴) 또는 화(鞾)를 신지는 않았다. 다만 보병 가운데 일부가 각반(脚絆)과 같은 것을 신고 있을 뿐이다. 이는 《漢官儀》의 "鼓吏赤幘行縢"에서 행등(行縢)에 속하는 것이라고 하겠다.

《설문해자》에서 화(靴)는 '제(鞮)에 속한다[鞮屬]'고 했고, 제는 '가죽신[革履也]'이라고 했다. 《급취편(急就篇)》의 제(鞮)에 대하여 안사고는 "얇은 가죽으로 만든 작은 신[薄革小履也]"이라고 했다. 양자(揚子)는 《방언》에서 "관동(關東)에서 석(舃)이나 이(履) 아래의 홑 것을 제라고 한다[自關而東, 複履下禪者謂之鞮]"고 했다. 《예(禮)》〈곡례(曲禮)〉의 '제루(鞮屨)'에 대한 주에서는 제루를 "코 장식이 없는 얇은 신[無絇之菲也]"이라고 했고, 소(疏)에서는 "코 장식이 없는 이(履)를 말한다. 이(履)는 코로 꾸미나, 이를 없앴기 때문에 무구(無絇)이다[謂無絇飾履也, 履以絇爲飾, 凶, 故無絇也]"라고 했다. 《주례(周禮)》〈춘관(春官)〉 대종백(大宗伯)의 '제루씨(鞮屨氏)'에 대한 주에서는 "제루는 사이(四夷)의 춤추는 사람이 신은 얇은 신이다[鞮屨, 四夷舞者所扉也]"라고 했다. 신의 코 장식이 없다는 것은 마왕퇴 1호묘에서 출토된 혜처럼 앞을 높여 꾸미지 않았다는 것이다. 얇은 가죽 또는 천 등의 재료로[26] 가볍게 만들었다는 것으로 보아 이는 거친 곳을 걷도록 만든 것이 아니라 실내 등 집안에서 신거나 이나 화(靴) 또는 화(鞾) 등을 신을 때 신은 말에 속하는 것이라고 보아야 할 것이다. 무용총의 여자 무용수나 수산리 고분벽화 곡예도의 곡예사가 신고 있는 것(그림 13) 등이 이에 해당할 것이다.

---

26) 菲 또는 扉는 짚으로 만들었다기 보다 얇은 가죽 또는 천으로 만든 것으로 보아야 할 것이다.

화(靴)와 화(鞾)는 같은 글자로 통용된다. 그러나 화(靴)와 화(鞾)는 그 형제가 다르다. 《석명》에는 다음과 같은 내용이 나온다.

> 화(鞾)는 사타구니를 벌려 말을 타는 것이다. 두 다리는 사타구니 하나씩을 벌려 말을 타는 것이다. 조(趙)의 무령왕(武靈王)이 그것을 신었다.[27]

또 《광운(廣韻)》에서는,

> 화(鞾)는 혜(鞋)이다. 화(鞾)는 조의 무령왕이 신은 것이다.[28]

라고 하여, 전국 때 조 무령왕(서기 전 325~299년)이 신은 것을 화(鞾)라고 했고, 이를 혜라고도 했다. 《수서(隋書)》〈예의지(禮儀志)〉에서는,

〈그림 13〉 수산리 고분 곡예사의 말

> 습복(褶服)에는 가죽신을 신는다. 화(靴)는 호의 신이다. 일에 편리하여 융복(戎服)에 신었다.[29]

고 하여, 북방민족인 호가 신은 것을 화(靴)라고 했다.

당대 마호(馬縞)가 《중화고금주(中華古今注)》에서 화(靴)와 화

---

27) 《釋名》〈釋衣服〉. "鞾, 跨也. 兩足各以一跨騎也. 趙武靈王服之."
28) 《廣韻》. "鞾, 鞋. 鞾, 趙武靈王所服."
29) 《隋書》〈禮儀志〉. "惟褶服以靴. 靴, 胡履也. 取便於事, 施于戎服."

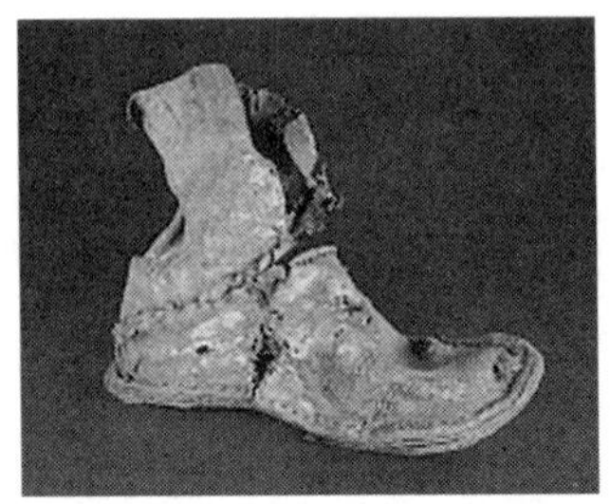

〈그림 14〉 신강 합밀오보 고묘의 화(靴)

(鞾)에 대하여 간추린 설명을 보면 다음과 같다. "화(鞾)는 호인(胡人)들이 말을 탈 때 신던 것으로 전국 때 조의 무령왕이 중국에 들여온 뒤 신기 시작했다. 화(鞾)는 목[靿]을 짧게 하고 누런 가죽으로 만들었으나 말을 타기 위한 것보다는 모양을 위한 것이었다고 했다. 이러한 화(鞾)는 당 태종 때 마주(馬周)가 다시 말을 타기에 편리하도록 목이 길게 바뀌었고, 태종은 이를 문무백관들에게 신게 했다. 정관(貞觀) 3년(서기 629년) 안서국(安西國, 돌궐)에서 붉은 가죽으로 목을 짧게 만든 화(鞾)를 바치자 태종은 궁중에서 이를 신게 했고, 대종(代宗) 대력(大曆) 2년(서기 767년)에 이르러서 궁인들까지도 여러 누에고치 색실로 수놓은 화[錦靿鞾]를 신게 했다"[30]고 했다. 즉, 무령왕 때 호의 목이 짧은 화(鞾)를 들여온 뒤 당대까지 그대로 신었으나, 당 태종 정관 연간에 목이 긴 화(靴)로 바뀌었다. 당 태종이 화(靴)로 바꾸었을 때 화(鞾)는 위축을 받았으나 130여 년이 지난 대종 때에는 궁인들까지 색실로 수를 놓는 등 장식을 더할 정도로 널리 퍼졌다.《광운》에서 화(鞾)를 혜(鞋)라고 한 것은 장식을 더했음을 뜻하는 것이라고 하겠다.

북방민족들의 신을 보면 다음과 같다. 연대가 가장 이른 신(그

---

30) 馬縞,《中華古今注》卷上. "鞾者, 蓋古西胡服也. 昔趙武寧王好胡服, 常服也. 其制短靿黃皮, 閑居之服. 至馬周改制長靿, 以殺之, 加之以氈及條, 得著入殿省敷奏, 取便乘騎也, 文武百僚咸服之. 至貞觀三年, 安西國進緋韋短靿鞾, 詔內侍省, 分給諸司. 至大曆二年, 宮人錦靿鞾, 侍于左右." 馬周는 중랑장 常何의 집에 머물러 있었다. 정관5년 태종이 백관에게 득실을 말하라고 했을 때 상하가 마주에게 들은 20여가지 대책을 제의했고, 이를 묻다 상하는 마주에게 들은 것이라고 실토했다. 이에 태종은 마주를 감찰어사로 특채했다.

림 14)은 가죽으로 만든 것으로, 청동기 초기에 속하는 서기 전 1000년경의 신강(新疆) 합밀오보(哈密五堡) 고묘에서 출토된 것이다.[31] 이 신은 발목까지 한 부분이며, 그 위로 목[靿]을 이어 붙였으나 그렇게 높지는 않다. 청동기시대에 속하는, 시베리아에서 출토된 여자의 가죽신은 발목부터 정강이 중간까지 얇은 가죽을 덧붙였으며 앞부분이 둥글다.[32] 서기 전 9세기에 속하는 신강 찰홍로극(札洪魯克) 고묘에서 출토된 가죽으로 만든 신은 앞이 뾰족하고 목이 정강이 중간까지 올라오는 화(靴)에 속한다(그림 15).[33] 전국시대에 해당하는 토로번(吐魯番)의 소패희(蘇貝希) 고묘에서 출토된 가죽으로 만든 신(그림 16)[34]은 목이 낮고 다른 천으로 만든 요(靿)를 각반처럼 따로 붙였는데, 목이 발과 무릎 중간에 이르기 때문에 화(靴)에 속한다고 하겠다.

하남성 낙양시(洛陽市) 금촌(金村)에서 출토된 호복을 입은 전국시대 청동 여자 어린이상이 신고 있는 신은 목이 발목에서 정강이 중간까지 올라온 화(靴)이다(그림 17). 한대에 속하는 것으로 분류되는, 누란(樓蘭) 고태묘지(孤台墓地)에서 출토된 가죽신은 발목에서 요를 이어 붙인 모양으로 찰홍로극 고묘에서 출토된 신과 같이 앞이 뾰족하다(그림 18).[35] 신강 고로극산(庫魯克山)에 위치한 영반고묘(營盤古墓)에서 출토된 채색 무늬로 장식한 가죽신도 목이 정강이 중간까지 올라오는 화(靴)에 속한다(그림 19).[36]

---

31) 李肯冰, 《中國西域民族服飾硏究》, 新疆人民出版社, 1995, p.55.
32) S. L. Rudenko, *Frozen Tombs of Siberia-The Pazyryk Burials of Iron-Age Horsemen*, University of California, 1970, 그림 155.
33) 李肯冰, 앞의 책, p.59.
34) 같은 책, p.61.
35) 같은 책, p.79.
36) 같은 책, p.115.

〈그림 15〉 신강 찰홍로극 고
묘의 화(靴)

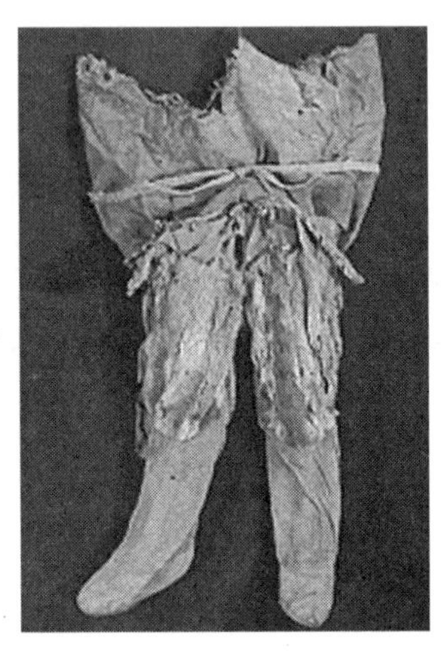

〈그림 16〉 신강 토로번 소패
희 고묘의 화(靴)

〈그림 17〉 하남 낙양 금촌 어
린이상의 화(靴)

고대 호 등 북방민족의 가죽신은
높이가 발목에서 정강이 중간까지 올
라온 화(靴)이다. 이는 신의 발목 부분
까지 한 부분으로 만들고 그 위에 요
(靿)를 이어 붙이는 형제로 되어 있으
며, 신의 앞부분은 둥글거나 뾰족하
다. 또한 중국의 신이 장식을 한 것과
달리 아무 장식도 달려 있지 않으며,
주요 재료로 쓰인 것은 붉고 부드러
운 가죽이다.

합서성(陝西省) 건현(乾縣)에서 당 고
종과 측천무후(則天武后)의 차남인 장
회태자(章懷太子) 이현(李賢, 서기 654~
684년)의 묘가 발굴되었다. 이현은 사천성(四川省) 파주(巴州)에서 죽었고, 신룡(神龍) 2년(서기 706년)에 파주의 고종과 무후의 건릉(乾陵)에서 3킬로미터 떨어진 곳으로 옮겨졌다. 묘의 전실 서벽 북측의 무희도(그림 20)에서 여인들은 두 가지 신을 신고 있다. 가운데 있는 무희는 목이 없는 이를 신었고, 오른 쪽의 길게 끌리는 치마를 입은 무희는 바닥이 위로 높이 올라간 혜(鞋)를 신고 있다. 그리고 묘도 서벽의 말을 타고 축국(蹴鞠)을 하는 사람들과 동벽의 출행도의 병사들은 목이 넓고 무릎까지 높게 올라간 화(靴)를 신고 있다. 당 중종(中宗)의 장자인 의덕태자(懿德太子) 이중윤(李重潤, 서기 682~701년)은 신룡 2년(서기 706년)에 건릉의 동남쪽에 묻혔다. 의덕태자묘의 제2천정 서벽에 있는 사열도(그림 21)의 무사들은 모두 장회태자 묘의 병사들과 같은 목이 넓고 긴 검은 화(靴)를 신었고, 영태(永泰)공주묘 벽화(그림 22)의 궁녀들은 길게 늘어진 치마 안에 바닥이 위로 올라간 혜를 신었다. 이 왕자들의 묘에는 화(鞾)가 나타나지 않는다. 이는 마호가 대종 때에 이르러 궁중에서 화(鞾)에 장식을 더하여 신기 시작했다고 한 것과 일치한다.

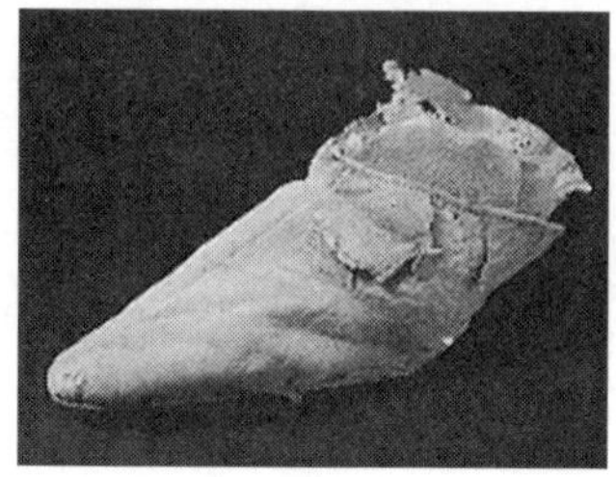

〈그림 18〉 신강 누란 고태묘
지의 화(鞾)

〈그림 19〉 신강 고로극산 영
반고묘의 화(鞾)

〈그림 20〉 합서 건현 장회태자묘의 무희도

〈그림 21〉 합서 건현 의덕태자묘의 사열도

〈그림 22〉 합서 건현 영태공주묘의 벽화

이로 보면 호 등 북방민족은 목이
짧은 화(鞾)를 신었고, 이 화에는 발
목에서 정강이 중간 부분까지 얇은
가죽이나 천 등을 이어 붙였다. 중국
이 처음 수입한 것은 바로 화(鞾)이
고, 당 태종 때에 이르러서는 목이 무
릎까지 올라오는 가죽으로 만든 화
(靴)를 신었다. 그리고 화를 신고 벗
기에 편리하도록 목의 폭을 넓혔다.
장회태자와 의덕태자 묘의 벽화에 보
이는, 목이 길고 대(帶)가 없는 것이
바로 화(靴)이다. 그러나 대종 때에
이르러 다시 목이 짧은 화를 착용했
고, 여기에 사직물 등으로 장식을 했
던 것이다.

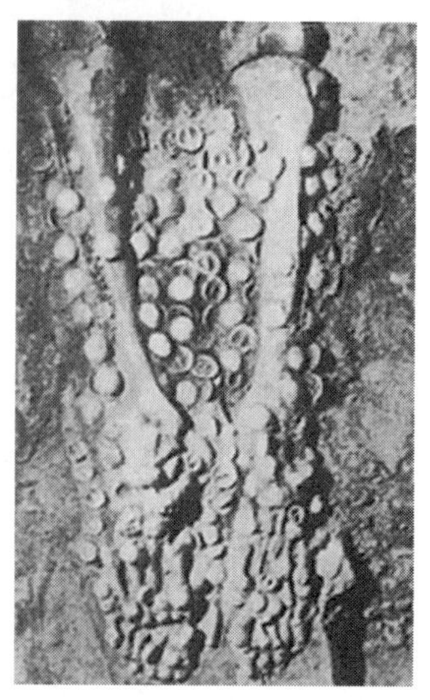

〈그림 23〉 요령 심양 정가와
자 6512호묘

　우리 민족의 화(靴) 또는 화(鞾)와 관련된 자료는 많지 않다. 요

령성 심양시(瀋陽市)에 있는 정가와자(鄭家窪子) 6512호묘는 서기 전
7세기에서 서기 전 5세기에 속하는 고조선의 묘이다. 묘주의 무릎
아래에서 발밑까지 모두 180여 개의 청동 장식단추(그림 23)[37]가
출토되었다. 발굴자들은 이 장식단추를 목이 높은 가죽신에 달았
던 장식물로 보았다. 가죽신의 목이 무릎 아래까지 올라온 것으로
보아 발목에서 무릎까지의 통이 충분히 넓지 않다면 신기가 여간
어렵지 않았을 것이다. 따라서 발목에서 무릎까지, 즉 요(袎)에 해
당하는 부분의 폭이 무척 넓게 만들어졌을 것으로 보인다. 그렇다
면 이는 당대(唐代)에 착용했던 화(靴)와 거의 같은 모양이 될 것
이다. 그러나 4세기에서 6세기까지의 고구려 벽화에서 목이 무릎
가까이 올라온 가죽으로 만든 화(靴)의 예가 보이지 않고, 또한
쌍영총 묘주의 화(鞾)에서도 별다른 예를 찾기 어렵다. 따라서 정
가와자 6512호묘의 가죽신을 4세기에서 6세기까지의 고구려의 신
과 연결하는 일은 쉽지 않다.

　안악 3호분 행렬도의 병사들은 갑옷을 입거나 입지 않은 두 부
류로 나뉜다. 갑옷을 입지 않은 병사들은 무릎까지 덮은 바지를
입거나 발목까지 내려온 바지를 입었다. 이 가운데 말을 탄 병사
들은 발목까지 내려오는 고구려 고유의 '통이 큰 바지[大口袴]'를
입고 목이 없는 이를 신었다. 그러나 갑옷을 입거나 무릎까지 덮
은 바지를 입은 병사들은 무릎까지 올라온 화를 신은 것인지 아
니면 발목에서 무릎까지 각반을 댄 것인지 분명하지 않다. 대안리
1호분의 인물군상도에는 무릎까지 오는 바지가 그려져 있고 무릎
에서 발목까지는 짙은 밤색으로 색이 입혀져 있다. 발목에서 무릎
까지 짙게 칠한 것은 화(靴)의 목이 아니라 각반으로 보인다. 이

---

37) 박진욱, 《조선 고고학 전서》, 과학 백과사전 종합 출판사, 1997, pp.57~5
　　8 ; 조선유적유물도감편찬위원회, 《조선유적유물도감》 1—고조선·진국·부여
　　편, p.70.

러한 각반의 모양은 안악 3호분 행렬도에도 나타난다. 즉, 갑옷을 입고 창과 방패를 들고 일렬로 서서 걸어가는 병사들이 모두 이 같은 복장을 하고 있다. 이들의 뒤에 갑옷을 입고 말을 타고 있는 병사들도 목이 긴 가죽신을 신지 않은 것으로 보아 북방 기마민족들처럼 목이 긴 가죽신을 신었다고 볼 수는 없겠다. 이들이 착용했던 것은 이(履)와 각반일 것이다.

장천 1호분의 야유수렵도에도 많은 사람이 등장하고 있지만 이들도 '통이 큰 바지'를 입고 목이 없는 이를 신었을 뿐, 목이 무릎이나 중간까지 올라오는 가죽신을 신은 예가 없다. 따라서 목이 긴 가죽신은 고구려에서 어떤 필요에 따라 신었을 가능성은 있겠지만 6세기까지 일반화되지는 않았던 것으로 보인다.

여기서 우리의 주의를 끄는 것은 바로 평양지역의 쌍영총 묘주부부도의 묘주 앞에 놓인 검은 신과 매산리 사신총 묘주가거도의 앞에 놓인 신 그리고 무용총의 묘주가 신은 신이다. 이 가운데 쌍영총의 검은 신은 목이 무릎과 발목 중간까지 올라와 있고, 폭은 '통이 큰 바지'를 받아들일 만큼 넓다. 그리고 위쪽에 붉은색의 띠가 가로 방향으로 둘려져 있다.

우리나라에서 고대에 화(靴) 또는 화(鞾)를 신었음을 알려주는 문헌자료로는 다음과 같은 것들이 있다.

《삼국사기》〈잡지(雜志)〉의 신라악조(新羅樂條)에서는 무인(舞人)이 중국의 방각복두(放角幞頭), 자주 빛 대수(大袖)와 공란(公襴), 붉은 정(鞓), 금으로 도금한 과요대(銙腰帶), '오피화(烏皮靴)'를 착용했다고 했다. 무인들이 착용한 것들은 중국의 복제이다. 따라서 검은 가죽으로 만든 화(靴)는 중국의 화제(靴制)를 받아들였을 것으로 생각된다. 흥덕왕 9년에 복식을 규제했을 때, 진골 대등 남자의 화(靴)는 자피(紫皮)로 만들지 못하게 하고, 화대는 은문백옥(隱文白玉)으로 만들지 못하게 하고, 6두품에서 평민까지 남자의 화(靴)는 ‘검은 사슴 줄무늬[烏麋皺文]’와 자피로 만들지 못하게 하고, 6두품 남자의 화대는 ‘검은 무소[烏犀]’과 유(鍮)·철·동만으로 만들게 하고, 5두품 남자의 화대는 유·철·동만으로 만들게 하고, 4두품 남자의 화대는 철·동만으로 만들게 하고, 평민 남자의 화대는 철·동만으로 만들게 했다.[38] 즉, 진골과 대등 위는 자줏빛 가죽으로 만든 화(靴)를 신었지만, 진골과 대등은 ‘검은 사슴 줄무늬’로 만드는 것을 허용했으나 자줏빛 가죽으로는 만들지 못하게 했다. 그리고 그 아래는 ‘검은 사슴 줄무늬’와 ‘자줏빛 가죽’으로 만들지 못하게 했다. 화대는 진골과 대등 이상은 무늬가 있는 백옥으로 만드는 것을 허용했으나 그 이하는 백옥으로 만들지 못하게 하고, 6두품은 무소뿔로 만들지도 못하게 했으며, 그 이하는 유·동·철을 품급에 따라 차별을 두어 쓰게 했다. 이처럼 신라에서 화의 재료로 검은 줄무늬가 있는 특수한 사슴가죽과 자줏빛 가죽을 쓰지 못하게 한 것은 색에 따른 품급의 구별보다 이들 가죽이 대부분 수입품이었기 때문일 것으로 생각된다. 따라서 ‘검은 사슴 줄무늬’나 ‘자줏빛 가죽’이 아닌 것은 그 색과 관계없이 허용되었던 것으로 보인다.

당이 대종 대력 2년(서기 767년)에 궁중에서 장식한 화(鞾)를 신게 했다는 것으로 보아, 신라도 흥덕왕 9년(서기 834년)에는 당연히 화(靴) 이외에 화(鞾)도 신었을 것이다. 그런데도 흥덕왕 때 화(靴)만으로 표현을 한 것은 아마도 화(靴)와 화(鞾)를 구별하는 것이 불편했던 때문이 아니었을까 생각된다. 즉, 당의 화(靴)는 장식을 하지 않았지만 화(鞾)에는 장식을 했기 때문에 화대는 자연 화대일 가능성이 크며, 신라의 조치는 화와 화대에 대한 사치를 막기 위한 것이었을 것이다.

---

38) 《三國史記》 卷33 〈雜志〉 色服 참조.

《삼국사기》〈잡지〉의 고구려악조(高句麗樂條)에서는 두우(杜佑)가 지은 《통전(通典)》의 자료를 인용하여 악공과 무인의 신을 설명하고 있다. 고구려의 악공(樂工)은 조우(鳥羽)로 장식한 자라모(紫羅帽), 누런 대수, 자줏빛 나대(羅帶), 대구고(大口袴), 적피화(赤皮鞾), 오색과 검은색의 줄을 착용했고, 무인(舞人)은 네 사람으로 상투를 틀었으며 진홍색으로 이마를 칠하고 금당(金璫)으로 장식했다. 이 가운데 두 사람은 누런 군유(裙襦)와 적황(赤黃)의 바지를 입었고, 다른 두 사람은 적황의 군유와 바지를 입었으며, 긴 소매의 옷과 오피화(烏皮鞾)를 착용하고 쌍으로 마주하여 춤을 추었다고 했다. 또한 고구려의 음악은 당 무태후(武太后), 즉 측천무후 때(서기 690~705년) 25곡이 연주되었으나 현종(서기 712~755년) 때는 거의 없어지고 한 곡만이 남았을 뿐이며, 복식 또한 고구려 본래의 모습을 잃었다고 했다. 고구려의 악공이 적피화를, 무인이 오피화를 신었다고 '화(鞾)'로 기재한 것으로 보아 이들이 신은 것은 목이 낮은 화(鞾)였다.

두우는 당 덕종 정원(貞元) 17년(서기 801년)에 여러 사서 등의 자료를 수집하여 《통전》으로 편집했다. 두우가 고구려와 백제에 관한 기재에서 현종 때의 일을 기재한 것으로 볼 때 현종 때까지의 자료를 참고했음을 알 수 있다. 이때는 당에 남아 있던 고구려와 백제의 음악이 거의 다 사라졌고, 한두 곡이 복원되어 고구려와 백제의 복식을 입고 연주되었다고 하지만, 고구려와 백제의 복식도 다 사라진 지 오래되었다고 지적한 것으로 보아 두우가 참고한 고구려와 백제의 복식은 고유한 복식이 아니라 상당 부분 당의 것이라고 보아야 할 것이다. 따라서 두우가 《통전》에서 기록한 것은 고구려 고유의 복식이라기보다 고구려의 복식을 되돌아 볼 수 있을 정도였을 것이다. 즉, 《통전》의 기재를 고구려와 백제 고유의 복식으로 그대로 받아들일 수는 없다고 하겠다. 이는 무용

총 등 고구려 벽화들의 무인들이 화(鞾)를 착용하지 않았던 것에
서도 확인할 수 있다.

《삼국사기》〈잡지〉 백제악조(百濟樂條)도 《통전》의 자료를 인용
했다.

《통전》에 따르면, 당에 끌려온 백제의 악공들은 당 중종 때(서
기 705~709년, 신라 성덕왕 4~8년)에 이르러 대부분 죽거나 없어졌
으며, 현종 개원(서기 713~741년, 신라 성덕왕 12~효성왕 5년) 연간
에 기왕(岐王) 이범(李範)이 백제의 음악을 복원할 것을 주청하여
복원했다. 두우는 백제의 무인이 자대수(紫大袖)·군유·장보관(章甫
冠)과 가죽신[皮履]을 신었다고 했다.[39] 《통전》의 기록은 두우가
직접 본 것을 적은 것이라기보다는 현종 개원 연간에 백제의 음
악을 복원했을 때 연주에 참여한 악공과 무인의 모양을 기록한
자료를 인용한 것이라고 생각된다. 백제 무인들이 신은 혁리가 어
떤 것인가에 대하여 대부분은 양직공도(梁職貢圖)의 백제 사신이
신고 있는 목이 짧은 화(鞾)를 근거로 혁화(革鞾)로 보려고 한다.

양직공도의 모본(模本)은 여러 개가 전해온다. 현재 남경박물원
구장본(南京博物院舊藏本)(그림 24)과 대만 고궁박물관에 소장되어
있는 염립본(閻立本)(서기 ?~673년)의 〈왕회도(王會圖)〉 그리고 남
당(南唐) 때(서기 937~975년) 고덕겸(顧德謙)[40]이 모사한 〈양원제번

---

39) 《三國史記》〈雜志〉 新羅樂 條. "舞二人, 放角幞頭·紫大袖公襴·紅鞓鍍金銙
腰帶·烏皮靴";《三國史記》〈雜志〉 高句麗樂條. "《通典》云：樂工人紫羅帽,
飾以鳥羽, 黃大袖, 紫羅帶, 大口袴, 赤皮鞾, 五色緇繩. 舞者四人, 椎髻於後,
以絳抹額, 飾以金璫, 二人黃裙襦·赤黃袴, 二人赤黃裙襦·袴, 極長其袖, 烏皮鞾,
雙雙併立而舞.…… 大唐武太后時, 尙二十五曲, 今唯能習一曲, 衣服亦寖衰敗,
失其本風 ;《三國史記》〈雜志〉 百濟樂. "《通典》云：百濟樂, 中宗之代, 工人
死散, 開元中, 岐王範爲大常卿, 復奏置之, 是以音伎多闕. 舞者二人, 紫大袖·
裙襦, 章甫冠, 皮履.

40) 南唐(서기 937~975년)의 顧德謙. 江寧人, 工人物, 多喜寫道像, 雜工動植,
後主李煜曰, "古有愷之, 今有德謙, 二顧相繼, 爲畫絶矣. 有蕭翼賺蘭亭圖."

객입조도(梁元帝蕃客入朝圖)〉(그림 25) 등이 있다. 연대로 보면 염립본의 모본이 가장 이르고, 고덕겸의 모본이 가장 늦으며 남경박물원구장본은 그 연대가 명확하지 않다. 이들 그림이 모본이라고는 하지만 원본을 모사한 것이 아니라 요지만을 간추린 것으로, 작가 자신의 견해가 많이 개입되어 있다. 따라서 이들 그림의 복식을 직공도가 그려질 당시 각국의 사신들이 입었던 복식이라고 보기는 어렵다. 이는 세 그림 가운데 백제 사신만을 뽑아 비교해보면 쉽게 알 수 있을 것이다. 이들 가운데 그래도 그림으로서 흐트러짐이 없는 것은 남경박물원구장본이다.

〈그림 24〉 남경박물원구장본 백제사신도

〈그림 25〉 염립본의 〈왕회도〉(왼쪽)와 고덕겸 〈양
원제번객입조도〉의 백제사신도(오른쪽)

문헌과 전래하는 양직공도에는 고구려와 신라[41]가 포함되어 있
다. 양직공도가 그려진 배경은 다음과 같다. 양을 건국한 무제 소
연(蕭衍)은 즉위 3년(서기 504년) 4월 8일에 도교를 버리고 불교를
국교로 선포했다. 무제 즉위 40년을 기념하여 일곱째아들 소역(蕭
繹), 즉 원제[42]가 양과 외교관계를 맺고 있는 나라들이 보낸 사신
을 그리고 이들 나라들의 지리와 풍속 등을 기술하도록 했다. 이
를 양직공도라고 불렀다. 원제가 서기 554년 12월에 피살된 것으
로 보아 양직공도는 바로 서기 554년 12월 이전에 처음 그려졌을
것이다.

---

41) 張楚金이 지은 《翰苑》에 〈梁元帝職貢圖〉의 고(구)려 자료를 인용했고, 道
先이 서기 645년에 지은 《續高僧傳》에서 梁職貢圖의 신라 자료를 인용했다.
42) 무제의 아들 蕭紀가 서기 552년 4월 蜀에서 즉위했으나, 蕭繹이 서기 552
년 11월 江陵에서 원제로 즉위하고 다음해 소기를 죽였다. 그러나 소역도
서기 554년 12월 피살되었다.

남경박물원구장본에는 백제 사신을 그린 다음에 백제와 관련하여 다음과 같이 간략히 기재했다.

百濟, 舊來夷, 馬韓之屬. 晉末駒瑟略, 有遼東樂浪, 亦有遼西晉王縣. 自晉已來, 常修蕃貢. 義熙中, 其王餘腆, 宋元嘉中, 其王餘毗, 齊永明中, 其王餘太皆受中國官爵. 梁初以太爲征東將軍, 尋爲高句麗所破. 普通二年[서기 521년], 其王餘隆[무령왕]遣使奉表云累破高麗. 所治城曰固麻, 謂邑曰檐魯, 於中郞扉縣有二十二檐魯, 分子弟宗族爲之. 旁小國有叛, 波卓多羅·前羅·斯羅止迷, 麻連上已文下·枕羅等附之. 言語衣服略同高麗, 行不張, 拱拜不申足. 以帽爲冠, 襦白[43]複衫, 袴曰褌. 其言□諸夏, 亦秦韓之遺俗.

양 무제 소연은 서기 502년 4월 제(齊)로부터 제위를 선양받았다. 당시 고구려의 공략으로 위기에 몰렸던 백제의 무령왕은 재위 12년(서기 512년)에 고구려를 견제해줄 것을 바라며 처음으로 양에 사신을 보냈다. 그 뒤 무령왕 21년(서기 521년)에 다시 사신을 보내자 양 무제는 무령왕을 '행도독백제제군사진동대장군백제왕(行都督百濟諸軍事鎭東大將軍百濟王)'에서 '사지절도독백제제군사령동대장군백제왕(使持節都督百濟諸軍事寧東大將軍百濟王)'으로 책봉했다. 무령왕은 책봉을 받은 이듬해에 죽었는데, 매지권(買地卷)에 바로 '영동대장군백제사마왕(寧東大將軍百濟斯麻王)'이라고 한 것에서 책봉의 사실이 확인된다. 무령왕의 아들 성왕(聖王)이 즉위하자 양은 이듬해에 성왕을 '지절도독백제제군사수동장군백제왕(持節都督百濟諸軍事綏東將軍百濟王)'으로 책봉했다. 백제는 성왕 12년에 사신을 보냈고, 성왕 19년(서기 541년)에 다시 사신을 보내 모시박사(毛詩

---

43) 《梁書》〈百濟傳〉의 "呼帽曰冠, 襦曰複衫, 袴曰褌. 其言□諸夏, 亦秦韓之遺俗云"을 옮겨쓰다 曰을 白으로 잘못 쓴 것이라 하겠다.

博士)·열반등경의(涅槃等經義)와 함께 공장(工匠)과 화사(畵師) 등을 보내줄 것을 요청했으며, 양은 이를 허락했다. 그리고 성왕 27년에는 양의 수도가 후경(侯景)에게 함락된 것을 모르고 사신을 보냈다가 이들이 후경에게 붙잡힌 일이 있었는데, 사신들은 후경의 난이 평정된 뒤 귀국했다. 그리고 위덕왕(威德王) 14년(서기 567년)에는 진(陳)에 사신을 보냈다. 양 원제가 직공도를 그리게 한 것은 백제 위덕왕 즉위년 12월 이전이다. 따라서 처음 그려진 양직공도의 백제 사신은 바로 무령왕과 성왕 재위 시의 복식을 입었음에 틀림없다.

그런데 남경박물원구장본의 백제 사신이 입은 복식은 바로 무령왕이나 성왕 때의 복식이라고 보기 어렵다. 남경박물원구장본의 백제 사신이 쓴 관은, 정확하지는 않지만, 두우의 설명처럼 춘추시대에 공자가 송에 살 때 썼다는 장보관(章甫冠)[44]의 모양이다. 서기 557년 10월 진패선(陳覇先)이 양(梁)으로부터 제위를 선양받아 진을 건국했고, 선비족인 우문각(宇文覺)은 서기 556년 12월 서위(西魏)로부터 선양받아 북주(北周, 서기 557~581년)를 건국했다. 《주서(周書)》〈열전(列傳)〉 이역상(異域上)에 따르면, 백제의 6품 이상의 관리는 은화(銀花)를 관식으로 했고, 조례나 제사 때 관 양쪽에 날개를 꽂았다.[45] 또한 《신당서》에 따르면, 백제의 왕은 금이나 금위(金蘤)로 오라관(烏羅冠)을 장식하고, 신하는 붉은 옷에 은위(銀蘤)로 관을 장식했다.[46] 무령왕릉에서 출토된 왕과 왕비의 금관식은 《주서》의 기재대로 상(廂)에 꽂을 수 있도록 되어 있다. 그러나 남경박물원구장본의 백제 사신이 쓴 관은 관식을 꽂을 수 있는 장치

---

44) 《禮》〈儒行〉. “孔子對曰：丘少居魯, 衣逢掖之衣, 長居宋, 冠章甫之冠.”
45) 《周書》 卷49 〈列傳〉 異域上. “官有十六品,…… 六品以上冠飾銀花,…… 其衣服男子畧同於高麗, 若朝拜祭祀, 其冠兩廂加翅.”
46) 《新唐書》 卷220 〈東夷列傳〉 百濟條. “王服…… 烏革履·烏羅冠, 飾以金以金蘤, 羣臣絳衣, 飾冠以銀蘤, 禁民衣絳紫. 有文籍紀時月如華人.”

가 설치될 수 없는 형태이다. 따라서 남경박물원구장본에서 보는 백제 사신의 복식은 무령왕과 성왕 당시의 복식이 아님에 틀림없다. 그리고 백제 사신이 신고 있는 검은 신도 무령왕과 성왕 때의 것이 아니라 바로 당의 화(靴)라고 할 수 있다. 즉, 양직공도가 처음 그려질 당시 백제 사신이 신고 있던 혁리는 무령왕 부부의 부장품인 금동리와 같은 모양의 가죽으로 만든 이(履)이지 화(靴) 또는 화(鞾)가 아니었다고 하겠다.

중국의 경우, 전국 때 조의 무령왕은 호의 복식을 받아들이면서 신을 목이 짧은 화로 개조했고, 당 태종 때 목이 긴 검은 화(靴)로 다시 개조했다가, 대종 때 다시 목이 짧은 화(鞾)로 바꾸고 대(帶)로 장식했다. 그러나 고구려에서는 4세기에서 6세기경의 벽화에서는 묘주만이 목이 짧은 화(鞾)를 신었고, 보병 및 기마병들은 화(鞾)를 신지 않았다. 묘주가 신은 화(鞾)는 호 등 북방민족의 가죽신과 그 형제가 다르다. 그러나 이 화(鞾)가 고구려·백제·신라 등에 보편화되지 않았던 것으로 보아 한민족 고유의 신이 아니라 일부 계층만이 중국의 것을 모방하여 신은 것으로 보인다. 그런데 이 여성은 중국의 화(靴)와 화(鞾)를 같은 것으로 보았고, 당에 이르러 화(靴)가 보편적으로 나타나기 때문에 고구려의 묘주 등이 신은 화(鞾)를 북방민족들로부터 수입한 것이라고 추측했던 것이다.

4. 닫는 글

고대에는 한민족이나 중국 모두 목이 없는 이(履)를 신의 기본 형제로 했다. 차이가 있다면 중국은 혜(鞋)처럼 앞이 높이 들린 모양을 의례(儀禮)로 삼았고, 한민족은 모양을 바꾸지 않고 금은 등으로 장식하는 것을 의례로 삼았다.

한민족의 문화는 중국과 다르고, 또 호 등의 북방민족과도 다르다. 고대에는 중국보다 호 등의 북방민족과 흐름을 같이했기 때문에 문헌자료나 고구려 벽화 등에 나오는 화(靴) 또는 화(鞾)를 호 등의 북방민족으로부터 받아들인 것이라고 추측하기도 했다. 그러나 고구려에서는 목이 긴 화(靴)가 나타나지 않으며, 목이 짧은 화(鞾)만 나타난다. 그리고 이것도 일반화된 것이 아니라 묘주와 같은 특수 계층만 신었던 것이다. 만일 북방민족과 문화의 흐름을 같이했다면 화는 일반화되었을 것이다. 그러나 벽화 등의 사례에서는 그렇게 나타나지 않고 있다. 그리고 고구려는 건국 때부터 중국과 접촉했으면서도 중국의 혜 등을 받아들이지 않았다. 이는 고구려 등 한민족이 북방민족이나 중국과는 다른 고유한 문화를 굳게 지키고 있었다는 중요한 증거가 된다. 우리는 이 고유한 복식문화권을, 고조선의 문화권이라는 차원을 넘어 고조선의 정치권, 즉 통치지역으로 보는 것이 옳을 것이다.

고대 한국의 고유한 신의 형제는 이(履)에서 찾을 수 있다. 이는 성별·신분·직업 등을 가리지 않고 모두 신었다. 이는 바닥이 얇고 목이 없으며 앞부분이 조금 뾰족하게 올라온 모양이다.

이(履)의 재료로는 가죽과 마직물 그리고 짚 등이 사용되었다. 짚으로 만들었다는 초리는 겉은 가죽 등으로 만들고 안은 부드러운 풀을 짜 만든 것으로 보인다. 이는 백제와 신라 등에서 발굴된 금동리의 구조 등에서 확인된다. 이(履)는 옅은 갈색이나 짙은 갈색 또는 검은색을 주로 하고 있지만, 신분이나 복색에 따라 구분하지는 않았다.

이러한 고유한 이(履)는 중국과의 접촉이 증진되면서, 또 통일신라에 이르러 당의 관복을 받아들이면서 그 고유성이 점차 퇴화되었다고 하겠다. 특히 여자의 복식까지도 중국의 복제를 따랐던 상황에서 한민족의 고유한 복식과 어울렸던 이(履)는 더욱 퇴화되

었다. 한민족의 이(履)가 그 고유한 형제를 되찾기 위해서는 이
(履)와 미적 조화를 이루었던 고유한 복식의 복원도 함께 이루어
져야 할 것이다.

제3부 고대 한국의 갑옷

제11장 고조선의 갑옷 종류와 특징

1. 여는 글

고대사회를 지배하던 중요한 요소 가운데 하나는 무력이었다. 따라서 무력에 관한 이해는 그 시대의 경제 수준과 사회 수준을 보다 분명하게 이해하는 데 도움이 될 것이다. 고조선의 무기에 관한 연구는 비교적 많은 편이지만, 방어 무기로서 중요한 역할을 한 갑옷에 대해서는 거의 연구가 이루어지지 않았다.

그것은 다음과 같은 이유 때문이었다고 생각한다.

첫째, 고조선의 복식이 높은 수준이었음에도, 고조선에서 훌륭하고 다양한 종류의 갑옷을 생산했으리라고는 생각하지 않았던 것이다. 이로 인해 갑옷은 사국시대[1]에나 생산되었던 것으로 인식되었다.

---

1) 종래에는 일반적으로 삼국시대라는 표현을 써왔으나 당시에 가야도 존재했으므로 사국시대라는 표현이 옳을 것이다(윤내현, 《한국열국사연구》, 지식산업사, 1998, pp.11~17).

548

둘째, 이전에는 고대 한민족이 북쪽의 대륙으로부터 문화를 수입해 발전했던 것으로 믿어왔다. 따라서 사국시대에 착용한 갑옷들은 고조선으로부터 계승된 것이 아니라 그 원류가 북방 유목민의 무장 형태에 있다거나[2] 중국 계통의 무장 방법과 밀접한 연관을 가지는 것으로 보았으며,[3] 북방 계통의 무장 모습을 기본으로 하고 중국 계통의 무장 방법을 들여와 복합적으로 형성시킨 것으로 보기도 했다.[4]

셋째, 학계에는 이미 한국과 중국의 문헌자료와 고고자료를 근거로 고조선이 북경(北京) 근처에 있는 난하(灤河)유역과 갈석산(碣石山)지역을 중국과의 경계로 해서 지금의 하북성 동북부로부터 내몽고자치구 동부, 요령성 전부, 흑룡강성 전부 및 한반도 전부를 그 강역으로 하고 있었다는 것이 밝혀졌음에도,[5] 아직까지 이 지역에서 출토된 고조선의 갑옷 조각이나 투구 등의 유물들을 북방민족이나 중국의 것으로 막연히 방치했기 때문에 고조선 갑옷의 실체를 제대로 밝히지 못했다.

따라서 저자는 문헌자료 그리고 고조선의 강역에서 출토된 갑옷과 관련된 유물자료를 중국 및 북방지역의 것들과 비교·분석하여 한민족 갑옷의 원형을 복원하고자 한다.

이 같은 분석과 정리는 한민족의 주요한 방어 무기였던 갑옷의 종류와 특징을 상세하게 밝혀줄 것이다. 또한 고조선과 중국 및

---

2) 石田英一郎·江上波夫·岡正雄·八幡一郎, 〈朝鮮半島との關係〉, 《日本民族の起源》, 平凡社, 1969, pp.104~116 ; 駒井和愛, 〈スキタイの社會と文化-武器〉, 《考古學槪說》, 講談社, 1972, pp.380~381 ; 이은창, 《한국복식의 역사》-고대편, 교양국사총서, 1978, p.127 ; 전주농, 〈고구려 시기의 무기와 무장(II)〉, 《문화유산 1》, 사회과학원출판사, 1959, pp.53~68.
3) 金榮珉, 〈嶺南地域 板甲에 대한 一考察〉, 《古文化》 第46輯, 韓國大學博物館協會, 1995, p.124.
4) 李殷昌, 〈三國時代武具〉, 《韓國の考古學》, 河出書房, 1972, pp.229~237.
5) 윤내현, 《고조선연구》, 一志社, 1994, pp.170~306.

북방지역의 갑옷 생산 시작 연대와 형태의 비교는 고조선이 주변 국보다 우월한 무력을 가지고 있었음을 알려줄 것이다.

2. 갑옷의 종류와 특징

(1) 뼈 갑옷과 가죽 갑옷

고조선의 유적들 곳곳에서 청동이나 강철로 만든 여러 종류의 공격 무기 및 방패와 투구 등과 같은 방어 무기와 함께 뼈나 청동 또는 철로 만든 갑옷 조각 등이 출토되고 있다. 이러한 유물들은 고조선이 발달된 무기와 방어 장비를 다양하게 갖추고 있었음을 알려준다. 갑옷은 뼈와 가죽으로 만든 것이 가장 먼저 생산되었던 것으로 보인다.

지금까지 고조선의 영역에서 출토된 골갑편(骨甲片) 가운데 가장 연대가 이른 것은 신석기 후기유적들인 흑룡강성 조원현(肇源縣)의 망해둔(望海屯)유적[6]과 영안현(寧安縣)의 대모단둔(大牡丹屯)유적에서 출토된 것으로,[7] 그 형태는 장방형(그림 1)이다. 고고발굴에 의해, 한반도와 만주에는 구석기 시대부터 계속해서 사람들이 살고 있었기

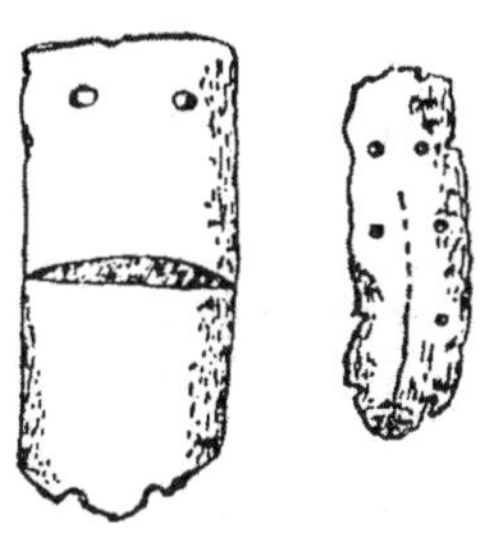

〈그림 1〉 대목단둔유적에서 출토된 골갑편

---

6) 丹化沙, 〈黑龍江肇源望海屯新石器時代遺址〉, 《考古》, 1961年 第10期, pp.544~545. 발굴자들은 骨甲片 7片이 발굴되었는데, 모두 동물의 肋骨로 만들어졌다고 했다.

7) 黑龍江省博物館, 〈黑龍江寧安大牡丹屯發掘報告〉, 《考古》, 1961年 第10期, pp.549~550. 두 개의 骨甲片중 비교적 상태가 좋은 그림 1의 왼편 骨甲片의 경우 가로 약 3센티미터, 세로 약 7센티미터 정도이다.

550

때문에 신석기시대나 청동기시대의 주민들이 다른 곳으로부터 이
주해 왔다는 견해가 성립될 수 없다는 사실이 밝혀지고 있다. 따
라서 중국의 흑룡강성지역은 한민족의 오랜 거주지였다고 하겠다.
한반도와 만주지역에서는 서기 전 8000년경에 신석기시대가, 서기
전 2500년경에 청동기시대가 시작되었다.[8] 신석기 후기에 속하는

---

8) 청동기시대 시작연대를 이보다 늦게 잡는 학자들이 있지만, 저자는 이 연
대가 타당하다고 생각되어 이를 택한다 ; 윤내현, 《고조선연구》, p.29. "만주
지역에서 가장 이른 청동기문화는 遼西지역의 夏家店하층문화이다. 內蒙古
自治區 赤峰市 蛛蛛山유적은 그 연대가 서기 전 2015±90년(3965±90 B.P.)
이고 교정 연대는 서기 전 2410±140년(4360±140 B.P.)으로, 이 연대는 지금
까지 확인된 夏家店하층문화 연대 가운데 가장 이른 것이다. 이 문화가 실
제로 시작된 것은 유적의 연대보다는 다소 앞설 것이므로 서기 전 2500년
경으로 잡을 수 있을 것이다. 夏家店하층문화유적은 吉林省 서부에도 많이
분포되어 있는데, 이 지역은 아직 발굴되지 않았다. 한반도에서도 서기 전
25세기로 올라가는 청동기유적이 두곳이나 발굴되었다. 하나는 문화재관리
국 발굴단에 의해 발굴된 경기도 양평군 양수리의 고인돌유적이다. 다섯 기
의 고인돌이 발굴된 이 유적에서 채집한 숯에 대한 방사성탄소 측정 결과
는 서기 전 1950±200년으로 나왔는데, 교정 연대는 서기 전 2325년경이 된
다. 이 유적에서 청동 유물은 출토되지 않았으나 고인돌은 청동기시대 유물
이라는 것이 학계의 정설이므로 이 연대를 청동기시대 연대로 볼 수 있는
것이다. 다른 하나는 목포대학 박물관에 의해 발굴된 전남 영암군 장천리
주거지유적이다. 이 청동기시대 유적은 수집된 숯에 대한 방사성탄소 측정
결과 그 연대는 서기 전 2190±120년(4140±120 B.P.)과 1980±120년
(3930±120 B.P.)으로 나왔는데, 교정 연대는 서기 전 2630년과 2365년경이
된다."(中國社會科學院考古研究所 編著, 《中國考古學中碳十四年代數據集》,
文物出版社, 1983·1992, p.27·p.55 ; Chan Kirl Park and Kyung Rin Yang,
"KAERI Radiocarbon Measurements III", *Radiocarbon*, vol. 16, no. 2, 1974, p.197 ;
李浩官·趙由典, 〈楊平郡兩水里支石墓發掘報告〉, 《八堂·昭陽댐水沒地區遺蹟
發掘綜合調査報告》, 文化財管理局, 1974, p.295 ; 崔盛洛, 《靈巖 長川里 住居
址》 2, 木浦大學博物館, 1986, p.46) ; 신숙정, 〈한국 신석기-청동기시대의 전
환과정에 대하여-문화발달과정에 대한 자연스러운 이해를 위한 몇가지 제
언〉, 《전환기의 고고학 1》, 학연문화사, 2002, pp.15~44. "······남한지방의
탄소자료들과 요동지방의 것들을 참고할 때 북한에서 주장하는 기원전 2000
년기의 청동기문화라는 것이 '제 형식의 무문토기'의 발생을 의미한다면 그
다지 무리할 것도 없다는 생각이다."

위의 두 유적은 한민족이 적어도 서기 전 25세기보다 앞서 뼈로 만든 갑옷을 생산했음을 입증하는 것이다. 그리고 이 같은 뼈 갑옷은 고조선의 대부분 지역에서 계속해 생산되었음을 다음의 분석에서 확인할 수 있다.

고조선의 서기 전 2000년기 후반기유적에 속하는 함경북도 무산 범의구석유적 40호 집자리에서는 동물의 뼈를 얇게 갈아 장방형으로 만든 두 쪽의 골갑편이 발굴되었다(그림 2).[9] 문헌자료로는, 고조선의 영역에 있던 숙신(肅愼)에서 가죽과 뼈로 갑옷을 만들었다는 것이 대표적인 예가 될 것이다.

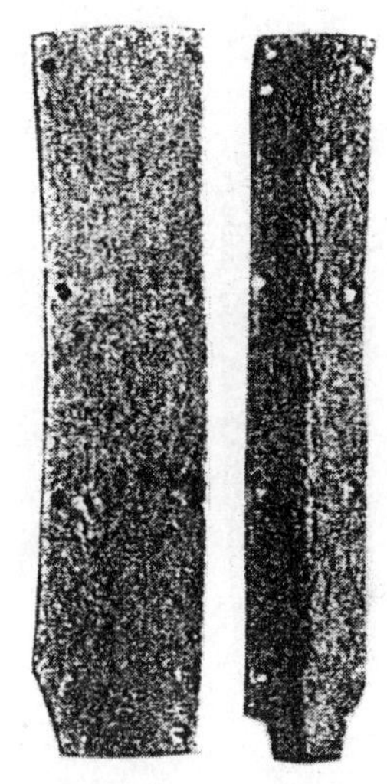

〈그림 2〉 범의구석 40호 집자리에서 출토된 골갑편

[숙신에는] 소와 양은 없고 돼지를 많이 길러, 그 고기는 먹고 가죽은 옷을 만들며 털은 짜서 포(布)를 만들었다.…… 석노(石砮)와 가죽과 뼈로 만든 갑옷이 있고, 단궁(檀弓)은 3자 5치이며, 고시(楛矢)의 길이는 1자가 조금 넘었다.[10]

숙신의 유적지로 추정되는 요령성 접경 내몽고자치구 적봉시(赤

---

9) 황기덕, 〈무산범의구석유적 발굴보고〉, 《고고민속론문집 6》, 사회과학원출판사, 1975, p.165. "길이 11.7센티미터, 너비 2.2~3센티미터, 두께 3밀리미터로 대칭되는 구멍을 두 줄로 뚫은 것이였다. 찰갑쪽은 노끈으로 연결시켰던 자리에 닳은 흔적이 있는 것으로 보아 본래 갑옷에 달았던 것이였음을 알 수 있었다."; 조선유적유물도감편찬위원회, 《조선유적유물도감》 1-원시편, p.203.

10) 《晉書》 卷97 〈東夷列傳〉 肅愼氏傳. "無牛羊, 多畜猪, 食其肉, 衣其皮, 積毛以爲布…… 有石砮·皮骨之甲, 檀弓三尺五寸, 楛矢長尺有咫."

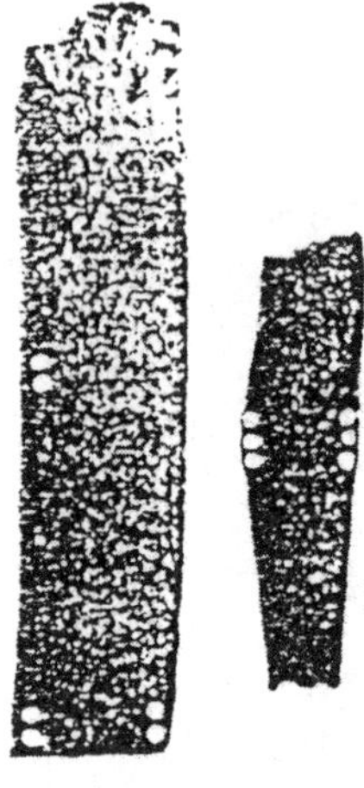

〈그림 3〉 하가점상층
유적에서 출토된
골갑편

峰市)의 하가점(夏家店)상층유적에서는 2개의 장방형 골갑편이 출토되었다(그림 3).[11] 발굴자들은 이 유적을, 출토된 청동 유물들과 중국에서 만들어진 청동 유물들을 기준으로 비교해, 서주 초기에서 춘추 시기에 속하는 것으로 보았고, 이 골갑편을 단순한 골패(骨牌)로 분류했다.[12]

이 골갑편이 출토된 하가점상층유적은 고조선문화의 특징인 비파형동검문화에 속한다. 그리고 서기 전 2500년경~서기 전 1500년경에 속하는 고조선 초기 청동기문화인 하가점하층문화를 계승하고 있다.[13] 한창균(韓昌均)은 한반도와 만주에서 발굴된 고고자료들을 종합적으로 분석해 하가점상층문화기를 서기 전 1500년 무렵에서 철기시대 이전에 속하는 것으로 보았다.[14] 철기시대로 진입한 고조선의 유적들에서는 항상 청동기와 철기가 함께 출토되었으며, 후기로 갈수록 철기의 비율이 차츰 높아지는 특징을 갖는다. 골갑편이 출토된 하가점상층유적에서는 철기 유물이 전혀 출토되지 않았다. 따라서 저자는 이 유적이 서주 초기에서 춘추 시기에 속한다고 보지 않는다. 고조선 철기문화는 중국보다 앞서 서기 전 12세기 이전으로 거슬러 올라가기[15] 때문에, 하가점상층유적은 서기

---

11) 中國科學院考古研究所內蒙古工作隊,〈赤峰藥王廟·夏家店遺址試掘報告〉,《中國考古集成》東北卷 靑銅時代(一), p.688의 圖版壹肆.

12) 같은 글, pp.663~688.

13) 한창균,〈고조선의 성립배경과 발전단계 시론〉,《國史館論叢》第33輯, 國史編纂委員會, 1992, p.10 ; 林炳泰,〈考古學上으로 본 濊貊〉,《韓國古代史論叢》1, 駕洛國史蹟開發研究院, 1991, pp.81~95.

14) 한창균,〈고조선의 성립배경과 발전단계 시론〉, pp.29~31.

전 12세기보다 앞설 것으로 생각한다. 따라서 숙신이 뼈 갑옷을 생산한 시대는 하가점상층문화보다도 앞설 것이다.

중국학자들은 골갑편을 골패로 보았지만, 저자는 그 모양이 장방형이고 대칭으로 구멍이 뚫린 것으로 보아 골갑편이 틀림없다고 생각한다. 중국학자들이 이를 골패로 본 것은 다음과 같은 이유에서였을 것이다. 첫째, 고대 중국은 뼈 갑옷을 만들지 않았기 때문에 이 지역의 유물을 중국의 유물로 편입시키는 과정에서 이 갑편의 기능을 잘못 처리한 것이다. 둘째, 중국학자들은 이 지역이 현재 그들의 영토이기 때문에 되도록 고대로부터의 연고권을 주장하고 싶어해서 이곳의 유적들을 늘 중국의 유적으로 보거나 혹은 중국의 유적과 관계지어 해석하고자 했다. 이 때문에 고대에 이 지역에 있었던 나라나 종족을 한국 고대사와 관계가 없는 것으로 해석하려는 경향이 강한데, 이 골편(骨片)이 발굴된 하가점상층유적 보고의 내용에서도 마찬가지였다. 그 결과 고조선에서 뼈로 갑옷을 만들었다는 사실을 언급하려고 하지 않았던 것이다.

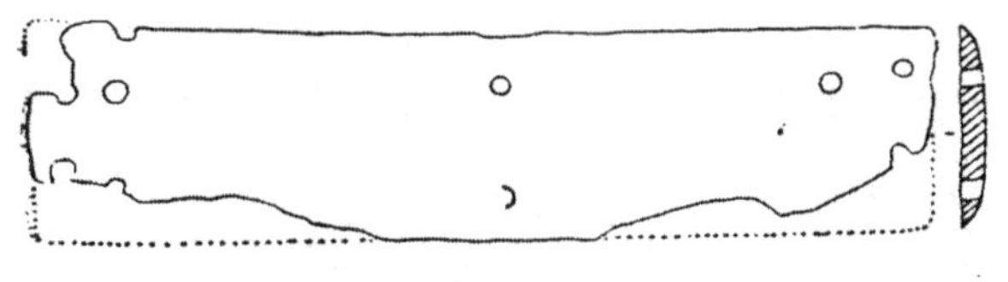

〈그림 4〉 경화유적에서 출토된 골갑편

흑룡강성 빈현(賓縣) 경화(慶華)유적에서 장방형의 골갑편 4점이 출토되었다(그림 4).[16] 이 유적은 전국 초기에서 서한 말기(서기 전

---

15) 이 글의 주 153 참조.

16) 黑龍江省文物考古研究所, 〈黑龍江賓縣慶華遺址發掘簡報〉, 《考古》, 1988年 第7期, pp.596~598. 骨甲片은 길이 13.4센티미터, 넓이 3.2센티미터, 구멍 0.3 센티미터이며 대칭하여 10개의 둥근 구멍이 뚫려 있다.

9세기~서기 3세기)에 속한다. 흑룡강성지역은 서기 전 1세기경 부여가 이주한 동부여로, 중국에 한번도 점령된 적이 없는 곳이다.

고조선문화권의 골갑편은 장방형을 특징으로 한다. 이와 달리 중국에서는 골갑(骨甲)을 생산했다는 문헌기록이 없고 아직까지 유물이 출토된 적도 없다. 따라서 이곳에서 발굴된 골갑은 고조선의 유물이라고 할 수 있을 것이다.

이상과 같이 고조선은 건국 초기부터 여러 지역에서 뼈 갑옷을 만들었으며, 붕괴될 때까지 줄곧 생산했던 것이다.

이제 가죽 갑옷에 대해서 살펴보자. 《진서(晋書)》〈동이열전(東夷列傳)〉숙신씨전(肅愼氏傳)은 앞의 돌화살, 가죽과 뼈 갑옷, 단궁, 호시에 관한 내용에 이어 다음과 같이 기재하고 있다.

주 무왕 때 그 고시(楛矢)와 석노를 바쳤다.…… 위 경원 말경에 고시(楛矢)·석노·궁·갑·초피(貂皮) 등을 바쳤다.[17]

이 내용으로부터 숙신은 서주 초와 조위(曹魏) 때에도 가죽 갑옷을 생산했음을 알 수 있다. 이는 비교적 후대의 기록이다. 그러나 숙신은 중국의 동북쪽에 거주했던 종족 가운데 가장 일찍 중국과 교류를 가졌다. 《죽서기년(竹書紀年)》에 따르면, 중국의 제순(帝舜) 25년(서기 전 2209년)에 숙신의 사신이 중국을 방문했다.[18] 그 뒤 서주 무왕(武王)이 상(商)을 멸망시키자(서기 전 12세기~서기 전 11세기경) 숙신의 사신이 서주를 방문하면서 고(楛)나무로 만든 화살과 돌화살촉을 가져갔는데, 무왕은 그의 딸이 우호공(虞胡公)과 결혼할 때 그 화살에 '숙신이 보낸 화살[肅愼氏貢矢]'이라는 글

---

17) 《晋書》 卷97 〈列傳〉 肅愼傳. "周武王時, 獻其楛矢·石砮.…… 魏景元末, 來貢楛矢·石砮·弓·甲·貂皮之屬."
18) 《竹書紀年》〈五帝本紀〉帝舜有虞氏 條.

을 새겨 기념으로 준 바 있다.[19] 이는 숙
신이 만든 화살과 돌화살촉이 우수한 품
질을 갖추었음을 말해주는 것이다. 그 생
산 연대는 서기 전 11세기경보다 훨씬 거
슬러 올라갈 것으로 생각되는데, 이 무기
들과 함께 생산한 가죽 갑옷의 경우도
마찬가지일 것으로 생각된다. 숙신에서
생산한 뼈 갑옷의 생산 시기가 신석기
후기까지 거슬러 올라가는 것으로 보아
가죽 갑옷의 생산 시기도 매우 이를 것
으로 생각된다.

〈그림 5〉 안양 서북강 1004
호묘에서 출토된 가
죽 갑옷편

중국의 경우 가장 이른 연대의 것은 안
양(安陽) 후가장(侯家莊) 서북강(西北岡) 1004
호 상나라묘에서 출토된 가죽 갑옷이다. 1004호묘가 만들어진 시기
는 서기 전 1300년경이며, 묘주는 무정(武丁)의 아들로 추정된다.[20]

---

19) 《國語》卷5 〈魯語〉下. "옛날 (周의) 武王이 商나라를 이겼을 때 道가 九
夷와 百蠻에 통하여 각각 그 지방의 재화를 가지고 와서 바치도록 하고 그
들의 직분을 잊지 않도록 했다. 그래서 肅愼氏는 호목으로 만든 화살과 돌
화살촉을 바쳤는데, 그 길이가 1자가 조금 넘었다. 先王은 그의 令德이 먼
곳까지 미친 사실을 밝혀 후인에게 보여 오래도록 거울을 삼게 하고 싶었
다. 그런 까닭에 그 호목에 '肅愼氏가 바친 화살'이라고 새겨 太姬에게 나누
어주고 虞胡公과 결혼시켜 陳에 봉했다(昔武王克商, 通道於九夷百蠻, 使各以
其方賄來貢, 使無忘職業, 於是肅愼氏貢楛矢石砮, 其長尺有咫. 先王欲昭其令
德之致遠也, 以示後人, 使永監. 故銘其楛曰肅愼氏貢矢, 以分太姬, 配虞胡公而
封諸陳)."
20) 張光直지음·尹乃鉉옮김, 《商文明(Shang Civilization)》, 民音社, 1989, pp.152~
167 ; Kwang-chih Chang, *The Archaeology of Ancient China*, Yale University, Fourth
edition 1986, pp.152~167·pp.322~331. M1004는 武丁의 아들의 무덤으로 武
丁 다음의 세대에 해당한다. 武丁의 묘인 M1001의 방사성탄소 측정 연대는
서기 전 1085(3035±100 B.P.)·서기 전 999년(2949±100 B. P.)년으로 나타났
고 수정 연대는 서기 전 1210±160 이다. 따라서 M1004는 이 시기에 속하거

가죽 갑옷의 앞가슴과 등 부분은 큰 조각의 두터운 가죽으로 만들었고(그림 5),[21] 어깨와 허리 부분은 활동에 편하도록 비교적 작은 장방형의 갑편을 연결해 만들었다. 중국의 경우 王室의 무덤에서만 이 같은 갑옷이 발견되는 점과 가죽갑편의 형태가 고조선 뼈 갑옷의 갑편 형태와 같은 장방형인 점에서, 이는 일찍부터 뼈와 가죽 갑옷을 생산했던 고조선의 영향이거나 고조선으로부터의 수입품일 가능성이 클 것으로 생각된다. 이는 〈그림 5〉에 보이는 상대 가죽 갑옷의 문양과 고조선의 고유한 문양 특징을 비교해보면 분명해진다.

갑옷은 복식의 일부이므로 우선 상대(商代) 복식에 나타나는 문양과 비교해보자. 안양 후가장의 은허(殷墟)유적에서 대리석으로 만들어진 후가장상(서기 전 1210±160)이 발굴되었다. 이 후가장상은 상민(商民)이고,[22] 깃과 허리에 두른 요대(腰帶)는 폭이 넓은 사회문(斜回紋)과 방승문(方勝紋)으로 둘려져 있다. 거의 같은 시기인 무정 말기에서 조경(祖庚) 시기로 추정되는,[23] 1976년 하남성 안양 은허 부호묘(婦好墓)에서 출토된 무릎을 꿇고 앉은 모습의 옥인(玉人)의 복식에서는 수면문(獸面紋)과 용문(龍紋)이 보인다.[24] 1986년

나 이 시기보다 조금 늦을 것이므로 서기 전 1300년경이다.

21) 楊泓, 〈中國古代的甲冑〉 上篇, 《考古學報》, 1976年 1期, pp.20~21.

22) 李濟, 〈跪坐蹲居與箕踞〉, 《李濟考古學論文集 上》, 聯經出版事業公司, 臺北, 1977, pp.563~588. 李氏는 이 글에서 侯家莊象의 꿇어앉은 모습과 小屯에서 출토된 두 다리를 쭈그리고 앉은 大理石象의 모습을 商代의 두 가지 습속으로 보고 두 石象에 보이는 서로 다른 문양으로부터 양자의 관계를 논했다. 그는 중국 經典에서 蹲踞와 箕踞의 모습을 예의 없는 東夷의 습속이라고 보는 관점에 대하여 그것은 周人의 관점으로부터 商人의 습속을 본 견해라고 밝히면서, 이를 뒷받침할 수 있는 자료로서 甲骨文의 象形文字에 묘사된 跪坐蹲踞의 모습을 제시했고 小屯石象의 寬條文飾이 彩陶文化의 彩會筆法을 이은 것과 달리 侯家莊石象에 조각된 細條文飾은 黑陶文化의 作風을 계승한 것으로 분석했다.

23) 李學勤, 〈論'婦好'墓的年代及有關問題〉, 《文物》, 1977年 第11期, pp.32~37.

사천성 광한시(廣漢市) 삼성퇴(三星堆)에서 출토된 상대 대형청동
인입상(大型靑銅人立象)에서도 성문(星紋)과 용문이 보인다.[25] 1929
년 하남성 안양에서 발굴된 소둔석상(小屯石像)(그림 6)[26]과 사반마
석조상(四盤磨石造像)(그림 7)[27]은 모두 수면문으로 덮여 있다. 상대 복
식의 문양은 사회문·방승문·수면문·도찬문(饕餮紋)·용문·요곡문(窈
曲紋)·성문을 그 특징으로 하고, 청동기의 문양은 주로 수면문과
호두문(虎頭紋) 및 용문 이외에도 인문(鱗紋)·환대문(環帶紋)·운뢰
문(雲雷紋) 등을 그 특징으로 한다.[28] 그러나 이와 달리 1004호묘에

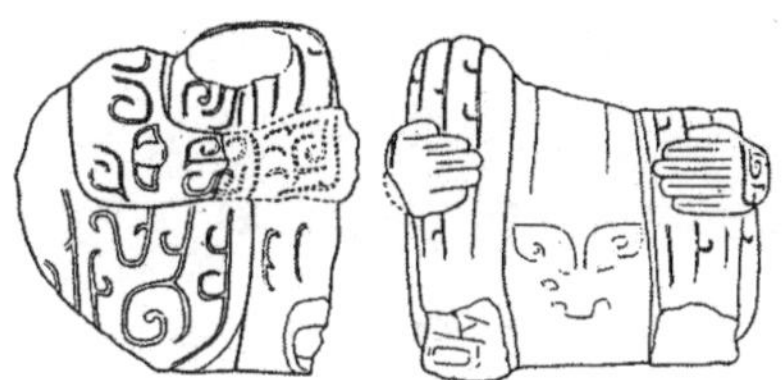

〈그림 6〉 안양에서 출토된 소둔석상

〈그림 7〉 안양에서 출토된
서반마석조상

---

24) 上海市戲曲學校中國服裝史硏究組編著, 周汛·高春明撰文, 《中國服飾五千年》, p.18.
25) 黃能馥·陳娟娟, 《中華服飾藝術源流》, 高等敎育出版社, 1994, p.45.
26) 李濟, 〈民國十八年秋季發掘殷墟之經過及其重要發現〉, 《安陽發掘報告》 第2
    期, pp.249～250.
27) 陳仁濤, 《金匱論古初集》, 香港亞洲石印局印, 1952.
28) 上海博物館靑銅器硏究組編, 《商周靑銅器紋飾》, 文物出版社, 1984.

서 출토된 가죽 갑옷은 잔줄무늬와 구름무늬로 장식되었는데, 이같은 문양은 고조선의 영역이던 한반도와 만주지역의 출토 유물에서 주로 나타나는 문양으로, 그 예는 다음과 같다.

질그릇의 경우, 황해북도 봉산군(鳳山郡) 지탑리(智塔里)유적의 신석기시대층(서기 전 4000년기 후반기~서기 전 3000년기 전반기)에서 출토된 새김무늬 토기에서 1004호묘 가죽 갑옷의 잔줄무늬와 비슷한 문식이 나타난다.[29] 또한 흑룡강성 송눈(松嫩)평원에서 발굴된 것으로, 서주(西周) 중기의 청동기문화인 백금보문화(白金宝文化)유적 출토의 질그릇 통형관(筒形罐)에서도 이와 비슷한 줄무늬가 나타나고(그림 8),[30] 같은 청동기시대에 속하는 길림성 대안현(大安縣) 한서대대(漢書大隊〔端基屯〕)유적에서 발굴된 질그릇 통형관에서도 역시 같은 문양이 나타난다.[31] 이 두 문화유적에서는 고조선의 특징적 유물인 청동단추와 청동방울이 질그릇과 함께 출토되었다.

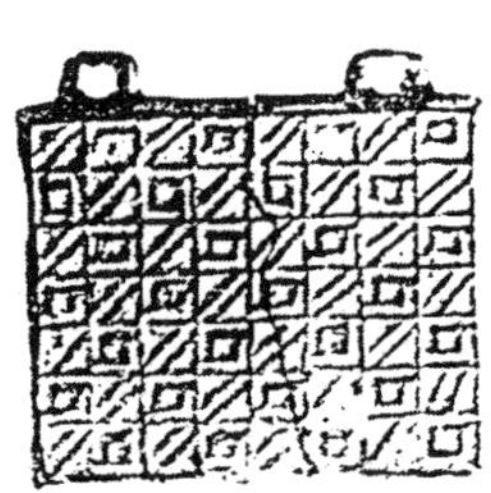

〈그림 8〉 백금보문화유적에서 출토된 질그릇

〈그림 9〉 오금당유적에서 출토된 장방편평형식

29) 조선유적유물도감편찬위원회,《조선유적유물도감》1－원시편, p.91.
30) 譚英杰·越善桐,〈松嫩平原靑銅文化芻議〉,《中國考古集成》東北卷 靑銅時代(三), p.2706.
31) 吉林大學歷史系考古專業·吉林省博物館考古隊,〈大安漢書遺址發掘的主要收獲〉,《中國考古集成》東北卷 靑銅時代(三), p.2536.

청동기로는 요령성 금서현(錦西縣) 오금당(烏金塘)유적에서 출토
된 장방편평형식(長方扁平形飾)(그림 9)[32]과 요령성 조양시(朝陽市)
고산자향(孤山子鄉) 대랍한구(大拉罕溝) 851호묘에서 발굴된 부채꼴
모양의 청동 도끼에서도 비슷한 모양의 문식이 나타난다.[33] 그리고
황해북도 봉산군(鳳山郡) 송산리(松山里) 솔뫼골돌림무덤에서 출토
된 잔줄무늬거울에서도 비슷한 문양이 보인다.[34]

구름무늬의 경우는 함경북도 선봉군 굴포리 서포항유적의 신석
기시대문화층(서기 전 5000년기~서기 전 3000년기 후반기)에서 출토
된 타래무늬가 새겨진 그릇들과 요령성 하가점하층문화에서 출토
된 고조선 초기의 채색 질그릇에서도 보인다(그림 10).[35] 흑룡강성
부유현(富裕縣) 소등과묘(小登科墓)유적에서 발굴된 청동단추에도
구름무늬가 나타나며,[36] 내몽고자치구 오한기(敖漢旗) 철장구묘(鐵
匠溝墓)에서 발굴된 청동 장식에서도 구름무늬가 보인다.[37] 이 구
름무늬는 상대 청동기의 운뢰문[38]과 큰 차이가 있다.

이상의 예에서 보듯이 후가장 1004호 상대의 묘에서 출토된 가
죽 갑옷의 문양은 상대의 복식이나 청동기 또는 질그릇 등에서는
찾아볼 수 없는 문양으로, 고조선의 영역에서 출토된 여러 가지의
청동기와 질그릇 문양에서 그 동질성이 확인된다. 이 같은 사실과
후가장 1004호 상대의 묘에서 출토된 가죽 갑옷이 부분적으로 장

---

32) 錦州博物館, 〈遼寧錦西縣烏金塘東周墓調査記〉, 《考古》, 1960年 第5期, pp.7~9.
33) 李殷福, 〈建平孤山子·楡樹林子靑銅時代墓葬〉, 《中國考古集成》 東北卷 靑銅
時代(二), p.1428.
34) 조선유적유물도감편찬위원회, 《조선유적유물도감》-고조선·진국·부여편, p.86.
35) 조선유적유물도감편찬위원회, 《조선유적유물도감》 1-원시편, pp.68~69.
36) 黑龍江省文物考古研究所, 〈黑龍江小登科墓葬及相關問題〉, 《中國考古集成》
東北卷 靑銅時代(三), p.2773.
37) 邵國田, 〈敖漢旗鐵匠溝戰國墓地調査簡報〉, 《中國考古集成》 東北卷 靑銅時
代(一), p.827.
38) 上海博物館靑銅器研究組編, 《商周靑銅器紋飾》, 文物出版社, 1984, p.310.

방형의 갑편으로 이루어진 것으로 보아 이것은 일찍부터 장방형
의 골갑편으로 구성된 갑옷을 생산했던 고조선의 영향이거나 고
조선으로부터의 수입품일 가능성이 크다. 그리고 이러한 내용으로
부터 고조선 초기의 가죽 갑옷은 위의 후가장 1004호 상대의 묘
에서 출토된 가죽 갑옷과 같이 큰 가죽편과 장방형의 가죽갑편을
부분적으로 연결하여 만들었을 것으로 추정된다.

〈그림 10〉 굴포리 서포항유적에서 출토된 타래무늬 그릇(왼쪽)과 하가점하
층문화유적에서 출토된 고조선 초기의 채색 질그릇(오른쪽)

고조선의 장방형 갑편 형태의 영향을 받은 중국의 갑편 형식은
춘추시대와 전국시대에도 그대로 이어진다. 춘추 후기에 속하는
호남성 장사 유성교(瀏城橋) 1호 무덤에서는 가죽 갑옷을 구성하
는 주된 가죽갑편이 장방형으로 나타난다.[39] 전국시대에 속하는 호
북성 강릉현(江陵縣) 등점(藤店) 1호묘에서 출토된 가죽갑편은 장

---

39) 楊泓,〈甲和鎧〉,《文物》, 1978年 第5期, p.77.

방형과 장호형(長弧形)이고,[40] 전국 후기에서 서한 초기로 구분되는 호북성 장사 좌가공산(左家公山) 54·장(長)·좌(左)15호묘에서 출토된 가죽갑편은 정방형에 가까운 장방형이었으며,[41] 이들 가죽갑편은 얇은 가죽 줄로 연결되었다. 그러나 서한시대에 속하는, 호북성 장사 남교(南郊) 후가당(侯家塘)에서 출토된 가죽갑편은 비교적 크기가 작은 장방형과 방원형 및 타원형을 띠고 있다.[42] 뒤의 철갑(鐵甲) 부분에서 밝히겠지만, 이는 중국보다 앞서 철찰갑편(鐵札甲片)을 생산했던 고조선 철갑편의 형제로서, 고조선으로부터 영향을 받았던 것으로 생각된다.

고조선의 가죽갑편으로 만들어진 가죽 갑옷은 고조선이 붕괴된 서기 전 1세기 이후에도 계속 생산되었으며, 중국이 선호하는 귀중품이었다. 그 예로 숙신은 조위 경원(景元) 말경(서기 260～263년)에도 고시(楛矢)·석노(石砮)·궁(弓)과 함께 갑옷을 중국에 예물로 보냈고, 대명(大明) 3년(서기 459년)에는 고구려가 중국에 숙신씨의 고시와 석노를 예물로 보내기도 했다.[43] 이는 고조선시대에 숙신이 생산한 무기와 방어 장비들이 그 뒤 오랫동안 계승되었으며 품질이 우수했다는 것을 알려주는 것이다. 그리고 한민족이 오랜 기간 동안 무기와 방어 장비들을 중국에 계속해서 수출하거나 예물로 보냈던 사실로 볼 때 중국의 무기와 갑옷 생산에 크게 영향을 주었을 것으로 생각된다.

---

40) 荊州地區博物館, 〈湖北江陵藤店一號墓發掘簡報〉, 《文物》, 1973年 第9期, pp.7～17.
41) 湖南省文物管理委員會, 〈長沙出土的三座大型木槨墓〉, 《考古學報》, 1957年 第1期, pp.93～102.
42) 湖南省文物管理委員會, 〈被盜掘過的古墓葬, 是否還值得清理?－記 55, 長, 侯, 中 M018號墓發掘〉, 《文物參考資料》, 1956年 10期, pp.37～41 ; 楊泓, 〈中國古代的甲冑〉 上篇, p.23.
43) 주 17과 같음.

(2) 청동 갑옷

고조선은 언제부터 청동을 갑옷의 재료로 이용했을까?

1970년대 이전 중국학자들은 서주시대 말기(서기 전 9세기경)의 위국(衛國)의 유적인 준현(濬縣) 신촌(辛村) 위묘(衛墓)에서 처음으로 발견된 크고 작은 청동 장식단추를 갑옷에 달아 사용했던 것으로 보고 이를 중국 갑옷의 기원으로 보았다.[44] 그러나 이후 이보다 앞선 상대 후기의 유적으로 밝혀진 하남성 안양 곽장촌(郭莊村)유적,[45] 산동성 보덕현(保德縣)유적,[46] 하남성 안양 곽가장(郭家莊) 상대 차마갱(車馬坑)유적,[47] 섬서성 수덕언두촌(綏德墕頭村)유적[48] 등에서 청동 장식단추가 출토되었다. 상대 후기에서 서주 초기의 유적으로 섬서성 순화현(淳化縣)유적[49]과 산동성 교현(膠縣) 서암(西菴)유적[50] 그리고 하북성 북경시 창평현(昌平縣) 백정(白淨)에서 청동 장식단추들이 출토되었다.[51] 이보다 후기에 속하는 서주시대의

---

44) 郭宝鈞, 〈濬縣辛村古殘墓之淸理〉, 《田野考古報告》 第1冊, p.188 ; 郭宝鈞, 〈殷周的青銅武器〉, 《考古》, 1961年 第2期, p.117 ; 內蒙古自治區文物工作隊, 〈呼和浩特二十家子古城出土的西漢鐵甲〉, 《中國考古集成》 東北卷 秦漢至三國(一), p.197.

45) 安陽市文物工作隊, 〈河南安陽郭莊村北發現一座殷墓〉, 《考古》, 1991年 第10期, pp.902~909.

46) 吳振錄, 〈保德縣新發現的殷代青銅器〉, 《文物》, 1972年 第4期, pp.62~64.

47) 中國社會科學院考古研究所安陽工作隊, 〈安陽郭家庄西南的殷代馬車坑〉, 《考古》, 1988年 第10期, pp.882~893.

48) 陝西省博物館, 〈陝西綏德墕頭村發現一批窖藏商代銅器〉, 《文物》, 1975年 第2期, pp.83~84.

49) 淳化縣文化館·姚生民, 〈陝西淳化縣出土的商周青銅器〉, 《考古與文物》, 1986年 第5期, pp.12~22.

50) 山東省昌濰地區文物管理組, 〈膠縣西菴遺址調查試掘簡報〉, 《文物》, 1977年 第4期, pp.63~71.

51) 北京市文物管理處, 〈北京地區的又一重要考古收穫－昌平白淨西周木槨墓的新啓示〉, 《考古》, 1976年 第4期, pp.246~258.

유적인 감숙성 영현(寧縣) 서구(西溝)유적,[52] 섬서성 부풍현(扶風縣) 소이촌(召李村)유적,[53] 하남성 평정산시(平頂山市)유적,[54] 강소성 단도(丹徒) 대항모자곽(大港母子墎)유적,[55] 섬서성 기산(岐山)·부풍(扶風)유적,[56] 장안(長安) 보도촌(普渡村)유적[57] 등에서도 청동 장식단추들이 출토되었다. 이들 청동 장식단추의 모양은 원형과 ' ⊥ '형이었다. 발굴자들은 이를 동포(銅泡)[58]로 지칭했고, 이후 중국학자들은 이를 갑포(甲泡)로 분류했다.[59] 이러한 출토 상황으로 보아 중국에서의 청동 장식단추의 생산은 그 상한 연대를 상대 후기인 서기 전 11세기경으로 잡을 수 있다.

고조선의 영역에서 발굴된 청동 장식단추로 가장 연대가 앞서는 것은 서기 전 25세기에 해당하는, 평양 부근 강동군 룡곡리 4호 고인돌유적에서 출토된 것이다.[60] 같은 청동기 초기에 속하는

---

52) 慶陽地區博物館, 〈甘肅寧縣集村西溝出土的一座西周墓〉, 《考古與文物》, 1989年 第6期, pp.25~26.

53) 扶風縣文化館·羅西章·陝西省文管會·吳鎭烽·尙志儒, 〈陝西扶風縣召李村一號西周墓淸理簡報〉, 《文物》, 1976年 第6期, pp.61~65.

54) 平頂山市文管會·張肇武, 〈河南平頂山市出土西周應國靑銅器〉, 《文物》, 1984年 第12期, pp.29~31.

55) 鎭江博物館·丹徒縣文管會, 〈江蘇丹徒大港母子墎西周銅器墓發掘簡報〉, 《文物》, 1984年 第5期, pp.1~10.

56) 陝西省文物管理委員會, 〈陝西岐山·扶風周墓淸理記〉, 《考古》, 1960年 第8期, pp.8~11.

57) 中國社會科學院考古硏究所灃西發掘隊, 〈1984年長安普渡村西周墓葬發掘簡報〉, 《考古》, 1988年 第9期, pp.769~777.

58) 銅泡라는 명칭은 중국 고고학자들에 의해 붙여진 이름이며, 서양학자들은 이것을 단추와 비슷하다고 하여 청동단추(bronze button)라 부른다. 저자는 고조선의 경우 이를 옷·신발·활집·투구·마구 등 여러 곳에 장식용으로 사용했으므로 청동 장식단추로 분류하고자 한다.

59) 楊泓, 〈戰車與車戰-中國古代軍事裝備禮記之一〉, 《文物》, 1977年 第5期, pp.82~90.

60) 강승남, 〈고조선시기의 청동 및 철 가공기술〉, 《조선고고연구》, 1995년 2기, 사회과학원출판사, pp.21~22 ; 김교경, 〈평양일대의 단군 및 고조선 유적유물에 대한 연대 측정〉, 《조선고고연구》, 1995년 제1호, 사회과학원출판

564

길림성 대안현 대가산(大架山)유적에서도 청동 장식단추가 출토되었다.[61] 이보다 늦은 것으로는 서기 전 20세기 후반기에 해당하는 황해북도 봉산군 신흥동유적에서 출토된 청동 장식단추로 보이는 조각이 있다.[62] 그리고 서기 전 16세기에 해당하는 요령성 대련시(大連市) 여순구구(旅順口區) 우가촌(于家村)상층유적[63]에서도 원형과 '⊥' 형의 청동 장식단추가 출토되었다. 고조선 청동 장식단추의 생산 연대는 중국보다 적어도 14세기 정도 앞선다. 이로 보아 중국의 청동 장식단추는 고조선의 영향을 받았을 가능성이 크다. 이는 상대 청동기가 고조선 초기의 하가점하층문화[64]와 밀접한 관계를 갖기 때문에 더욱 그러하다. 이 하가점하층문화에 대해서 장광직(張光直)은 다음과 같이 말하고 있다.

상(商)에 인접한 최초의 금속 사용 문화 가운데 하나였으므로 상의 가장 중요한 혁신 가운데 하나[청동기 주조]의 최초 기원을 동부 해

사, p.30.

61) 吉林省文物工作隊, 〈吉林大安縣洮兒河下游右岸新石器時代遺址調査〉, 《考古》, 1984年 第8期, pp.692~693.

62) 김용간, 〈금탄리 원시 유적 발굴 보고〉, 《유적발굴보고》 제10집, 사회과학원출판사, 1964, p.38.

63) 이 유적의 방사성탄소 측정 연대는 서기 전 3230±90년(5180±90 B.P.)·3280±85년(5230±85 B.P.)으로 교정 연대는 서기 전 3505~3555년이 된다 (中國社會科學院考古硏究所實驗室, 〈放射性碳素測定年代報告(七)〉, 《考古》, 1980年 第4期, p.373 ; 北京大學歷史系考古專業碳十四實驗室, 〈碳十四年代側定報告(三)〉, 《文物》, 1979年 第12期, p.78).

64) 北京 근처에 있는 灤河를 경계로 하여 그 동쪽에는 黃河유역의 초기 청동기문화인 二里頭文化나 商文化와는 전혀 다른 청동기문화인 夏家店하층문화(豊下文化라고도 부른다)가 있었는데, 시작 연대는 서기 전 2500년경으로 잡을 수 있다. 夏家店하층문화는 중국의 商시대보다 훨씬 앞선 시기부터 존재했으며 비파형동검문화인 夏家店상층문화의 전신으로서 고조선의 초기 청동기문화이다. 이 문화유적은 지금까지의 조사결과로는 요령성과 길림성 지역에 널리 분포되어 있는데, 3,000여 곳의 유적이 발견되어 있으나 발굴된 곳은 지금의 요서지역 몇 곳에 불과하다(윤내현, 《고조선연구》 참조).

안 쪽에서 찾는 것은 가능할 것이다.[65]

청동기문화는 황하유역에서 서기 전 2200년경에 시작되었고, 고조선지역과 문화적으로 관련이 있는 시베리아의 카라수크문화는 서기 전 1200년경에 시작되었으며, 고조선은 서기 전 2500년경에 시작되었다. 따라서 동아시아에서 고조선이 가장 이르다.[66] 이는 중국의 청동단추 생산이 고조선의 영향일 가능성을 뒷받침한다. 고조선 청동 장식단추가 갖는 다음과 같은 고유한 특징에서도 이를 확인할 수 있다.

첫째로 중국의 경우 위에 서술한 몇몇 지역 이외에도 감숙성·섬서성·하남성 등에서 소량의 청동 장식단추가 발견되었으나 그 출토지는 매우 적다. 그러나 고조선의 영역이었던 한반도와 만주지역에서는 거의 모든 청동기 유적에서 다양한 크기와 문양의 청동 장식단추들이 발견되고 있다(〈표 8〉 참조). 둘째로 앞에서 언급한 서암과 백부유적에서 발굴된 청동 장식단추는 신촌의 위묘에서 출토된 청동 장식단추와 마찬가지로 원형과 'ㅗ'형으로 둥근 가장자리에 좁은 선이 둘려져 있고, 큰 동포는 가운데 2개의 선이 중심부에 그어져 있을 뿐이다.[67] 이 같은 모양은 감숙성·섬서성·하남성 등에서 출토된 청동 장식단추의 경우도 마찬가지이다. 따라서 중국 청동 장식단추의 모양이나 문양은 중국의 청동기나 질그릇 및 가락바퀴 등에서 볼 수 있는 상대 문화의 특색을 나타내는 문양과는 전혀 다르며, 오히려 〈표 8〉의 6·12·20·28·29·33·34·37·40의 고조선 청동 장식단추와 같거나 비슷하다. 더욱이 신

---

65) 張光直 지음·尹乃鉉 옮김, 《商文明》, 民音社, 1988, p.435.
66) 주 8과 같음.
67) 山東省昌濰地區文物管理組, 〈膠縣西菴遺址調査試掘簡報〉, 《文物》, 1977年 第4期, p.66 圖 5의 8·13·14·15·16.

566

〈그림 11〉 정가와자 3지점에서 출토된
잔줄무늬 거울과 비파형 단검 검집

석기시대부터 고조선 영역의 가락바퀴와 청동기 및 질그릇 등에 특징적으로 보이는 새김무늬의 모양을 나타내거나 혹은 고조선의 청동거울이나 비파형동검 검집에 나타나는 문양(그림 11)[68]과 같은 잔줄문양(〈표 8〉의 19) 등을 보임으로써 고조선의 유물이 갖는 특징과 그 맥락을 같이한다. 고조선의 청동 장식단추는 〈표 8〉에서와 같이 원형이 주류를 이루고 있다.

이 같은 청동 장식단추는 고조선에서 의복뿐만 아니라 모자나 신발 또는 활집 등 복식의 여러 부분에 다양하게 사용되었다.[69] 특히 예(濊)에서는 일반적으로 남자들이 입은 곡령(曲領)에 청동 장식단추와 비슷한 약 5센티미터 이상이나 되는 은화(銀花)를 꿰매어 장식했다.[70] 이는 화려한 장식이 가능했던 고조선만이 갖는 복식의 특징으로 중국이나 호(胡)에서는 찾아볼 수 없는 것이다.[71]

---

68) 조선유적유물도감편찬위원회, 《조선유적유물도감》, p.68의 도111·도112.

69) 中國科學院考古研究所內蒙古工作隊, 〈赤峰葯王廟·夏家店遺址試掘報告〉, 《中國考古集成》 東北卷 靑銅時代(一), pp.678~680 ; 조선유적유물도감편찬위원회, 《조선유적유물도감》 1－고조선·진국·부여편, 외국문종합출판사, 1989, p.70 ; 박진욱, 《조선고고학전서》, 과학 백과사전 종합 출판사, 1997, p.50·pp.57~58.

70) 《三國志》 卷30 〈烏丸鮮卑東夷傳〉 濊傳. "男女皆衣著曲領, 男子繫銀花廣數寸以爲飾." 1寸은 10분의 1尺이다. 睡虎地秦墓竹簡整理小組는 《睡虎地秦墓竹簡》 〈倉律〉에서 1尺을 지금의 약 0.23미터로 보고 있어 이를 따르면 1寸은 2.3센티미터가 된다. 그러므로 濊에서 넓이가 數寸이 되는 銀花를 달았다는 것은 적어도 2寸 이상일 것으로 5센티미터 정도 이상되는 銀花를 달았음을 알 수 있는데, 당시 曲領이 보여주었을 화려함과 위엄은 현대의 우리들에게 경이감을 주기에 충분하다(이 책의 제2부 제6장 〈고대 한국 복식의 여밈새〔衽形〕〉 참조).

71) 같은 책.

이 같은 청동 장식단추의 사용은 5세기경으로 추정되는 고구려 마조총(馬糟塚)의 수렵도에[72] 보이는 기사(騎士)의 복식에도 있어, 고조선 복식의 특징이 오랜 기간 그대로 이어졌음을 알 수 있다.

고조선의 경우 청동 장식단추가 복식에 다양하게 사용되었던 점과 예의 곡령의 경우를 볼 때 청동 단추는 장식품으로 구분해야 할 것이다. 그러나 이를 꼼꼼히 살펴보면 청동 장식단추가 소량일 때는 청동 구슬 등과 함께 장식용으로 사용되었겠지만, 그 수량이 많을 때는 방어용 전의(戰衣)의 구성물로서 역할을 했을 것이다.

고조선의 여러 유적 가운데 누상 1호묘와 정가와자 6512호묘에서 청동 장식단추가 가장 많이 출토되었다. 누상 1호묘의 경우 청동 장식단추 41점이 출토되었는데, 이 1호묘는 서쪽 유물 절반이 완전히 없어진 상태[73]이므로 더욱 많은 양의 청동 장식단추가 있었을 것으로 생각된다. 이 청동 장식단추들의 모양은 대체로 원반형이고 직경이 3센티미터, 3.4센티미터, 4센티미터, 4.4센티미터, 4.8센티미터, 5.7센티미터, 6센티미터, 6.6센티미터, 8센티미터이다.[74] 이 3센티미터~8센티미터 크기의 청동 장식단추들을 가지고 남은 40여 개 정도를 최소치로 하여 저자가 실험해본 결과, 이를 옷에 매달았을 때 옷 표면을 거의 덮을 수 있기 때문에 갑옷으로서의 역할이 충분히 가능했을 것으로 생각된다. 정가와자 6512호묘의 경우 매장자의 발밑에서 청동 장식단추들이 발굴되었다. 따라서 이들은 가죽장화에 달았던 장식물로 보이며, 단추의 직경이 2.4센티

---

72) 王承禮·韓淑華, 〈吉林輯安通溝第12號高句麗壁畵墓〉, 《考古》, 1964年 第2期, pp.67~72.

73) 고고학연구소, 《고고민속론문집》 1, 사회과학원출판사, 1970, pp.86~93 ; 박진욱, 《조선 고고학 전서》, pp.34~39.

74) 고고학연구소, 《고고민속론문집》 1, 사회과학출판사, 〈도판 41〉 ; 조선유적유물도감편찬위원회, 《조선유적유물도감》 1-고조선·진국·부여편, p.60.

미터 되는 것이 124개이고, 1.7센티미터 되는 것이 56개이다.[75] 그 크기와 숫자를 통한 실험 결과, 가죽장화의 겉면을 장식했다기보다는 거의 다 덮을 정도이다. 이 같은 복장은 청동의 빛나는 색상으로 인하여 전쟁터에서 위엄을 보이기도 했을 것이고 방어용으로도 사용될 수 있으므로 청동 갑옷의 초기 형태로 보는 데 무리가 없을 것이다.

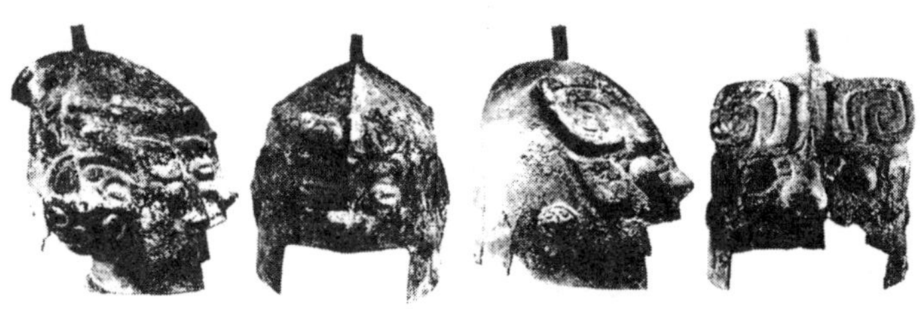

〈그림 12〉 후가장 1004호묘에서 출토된 청동 투구

고조선에서는 의복에 청동이나 은 등으로 화려한 장식을 했기 때문에 청동 장식단추가 갑옷에 응용되었을 것이다. 또한 청동을 사용하기 시작하면서부터 종래의 갑옷 재료인 가죽이나 뼈 등이 청동으로 대체되었을 것이다.

고조선에서 만들어진 청동 투구에도 청동 장식단추가 사용되었다. 이는 중국의 수면문식과 수비(獸鼻)의 모양을 특징으로 한 투구와 크게 구별된다. 중국의 안양 후가장 1004호묘에서 발굴된 청동 투구는 틀에 부어 만든 것으로, 수면문식과 수비의 모양을 보이거나(그림 12)[76] 간단히 수면(獸面)만이 나타나며(그림 13),[77] 청동 투구의 맨 윗부분에는 속이 빈 둥근 동관(銅管)을 세워 영식(纓飾)

---

75) 박진욱, 《조선 고고학 전서》 고대편, pp.56~59.
76) 沈從文, 《中國古代服飾研究》, 商務印書館, 香港, 1992, p.76, 圖 29의 5.
77) 黃能馥·陳娟娟, 《中華服飾藝術源流》, 高等教育出版社, 1994, p.41.

을 꽂도록 했다. 고조선에서는 요령성 소조달맹(昭烏達盟) 영성현(寧城縣) 남산근(南山根) 101호묘에서 284개의 청동 장식단추와 함께 청동 투구가 출토되었는데(그림 14), 그 가장자리에는 둥근 모양의 청동 장식단추가 장식되어 있다.[78] 소조달맹 적봉시(赤峰市)

〈그림 13〉 후가장 1004호묘에서 출토된 청동 투구

미려하(美麗河)에서 출토된 청동 투구도 남산근에서 출토된 것과 같은 형제로, 청동 장식단추가 청동 투구의 좌우에 각각 1개씩 장식되어 있다(그림 15).[79] 이와 동일한 형태의 청동 투구가 소조달맹 영성현 소흑석구(小黑石溝)에서도 발견되었다.[80] 이들 청동 투구의 맨 윗부분은 상대의 것과는 달리 네모진 장방형의 돌출 부위를 가지며, 이 돌출 부분에 네모난 구멍이 뚫려 있는 것이 특징이다. 이 청동 투구는 고조선 유물의 특징인 비파형동검과 부채꼴 모양의 도끼 및 청동 장식단추들과 함께 출토되었다.

이상과 같이 한국은 중국보다 적어도 16세기 정도 앞선 서기전 25세기에 청동 장식단추로 장식된 복식을 착용했고, 그 뒤에는 갑옷과 투구에 이를 응용했음을 알 수 있다. 시베리아의 청동기문화는 서기 전 1800년경에 시작되므로, 중국과 북방민족들보다 앞

---

78) 遼寧省昭烏達盟文物工作站, 〈寧省縣南山根的石槨墓〉, 《考古學報》, 1973年 2期, pp.27~40 ; 李逸友, 〈內蒙古昭烏達盟出土的銅器調査〉, 《考古》, 1959年 6期, pp.276~277.

79) 文物出版社, 《內蒙古出土文物選集》, 1963, p.22, 圖31 ; 李逸右, 〈內蒙昭烏達盟出土的銅器調査〉, pp.276~277.

80) 項春松, 〈小黑石溝發現的靑銅器〉, 《中國考古集成》 東北卷 靑銅時代(一), pp.752~754.

570

서 고조선이 가장 이른 시기에 청동 장식단추로 장식한 갑옷을
생산했을 것으로 추정된다.

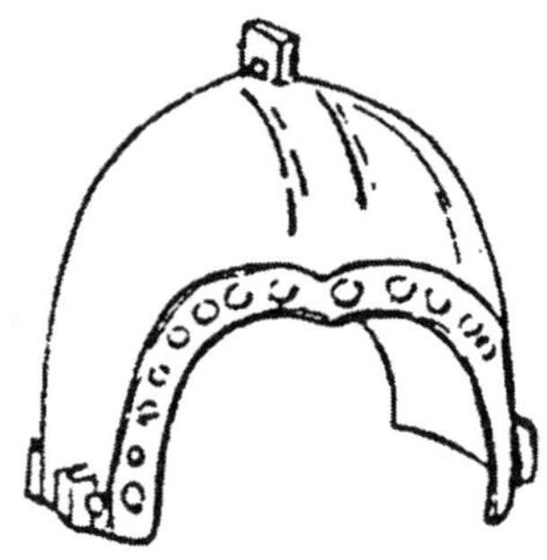

〈그림 14〉 남산근 101호묘에
서 출토된 청동 투구

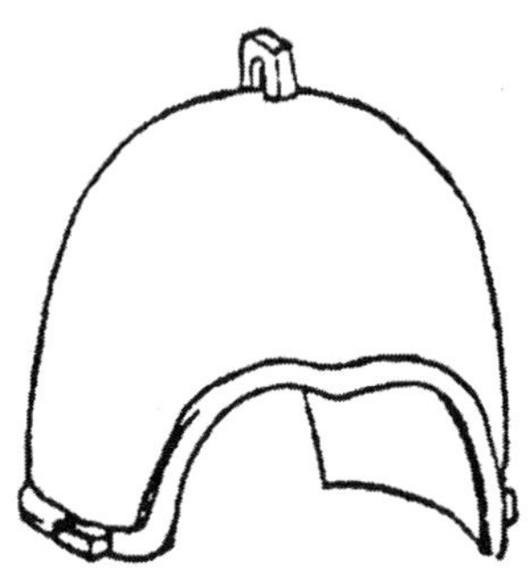

〈그림 15〉 미려하에서 출토된
청동 투구

중국의 춘추시대에 해당하는, 내몽고자치구 이극소맹(伊克昭盟)
준격이(準格爾) 기납림향(旗納林鄉) 유가거촌(劉家渠村)에서 청동갑
편이 출토되었다. 이 청동편은 고조선 유물의 특징인 청동단추들
과 함께 출토되었기 때문에 고조선의 유물임에 틀림없을 것이다.
중국학자들은 이를 청동편형식(靑銅片形飾)이라고 했으나, 크기가
15.7센티미터로 일반 갑편의 크기에 속하고 가운데에 구멍이 나
있으며 장방형이면서 제형(梯形)이 나타나는 것으로 보아[81] 갑옷의
한 부분을 구성했던 것으로 생각된다. 또 다른 예는 내몽고의 장성
지대에서 발굴된 고조선의 소형 청동갑편이다.[82] 중국의 경우에는 전
국 말기에서 서한 초기의 유적으로 분류된 운남성(雲南省) 강천(江

---

81) 伊克昭盟文物工作站, 〈內蒙古準格爾旗寶亥社發現靑銅器〉, 《文物》, 1987年
   12期, pp.81~83.
82) 江上波夫·水野淸一, 《內蒙古長城地帶》, 1953年版, p.61, 圖版8, 1-3 ; 第40
   圖, pp.27~29.

川) 이가산묘(李家山墓)에서 청
동으로 만들어진 개갑(鎧甲)이
발굴되었다. 하나는 〈그림 16〉
에서와 같이 전체가 큰 동편
(銅片)으로 구성된 것이었고,
다른 하나는 내몽고 장성지대
에서 발굴된 고조선의 것과
같은 장방형의 작은 청동갑편
으로 만들어진 것이었다.[83]

이 같은 예로 보아 고조선
은 장방형의 갑편을 특색으로

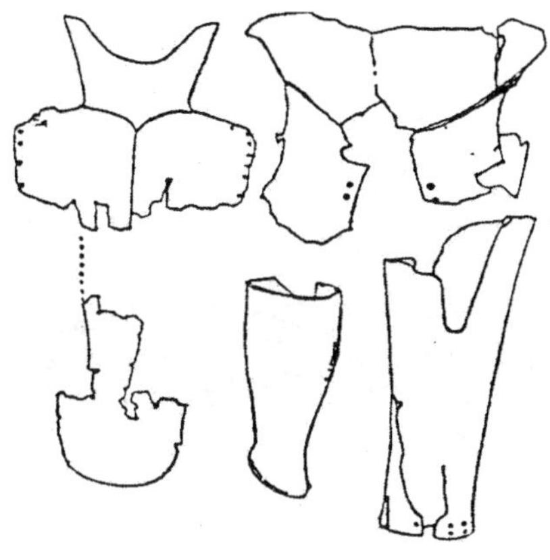

〈그림 16〉 이가산묘에서 출토된 갑편

하는 뼈 갑옷과 가죽 갑옷의 형식을 청동 갑옷에서도 지속했으며,
여기에 청동 장식단추가 독립적으로 혹은 청동갑편과 병용되어
갑옷의 구성물로 사용되었다고 하겠다.

(3) 철 갑옷

철갑의 경우도 고조선이 중국보다 훨씬 앞섰던 것으로 보인다.

고조선시대의 한의 진한(辰韓)과 변한(弁韓)에서 많은 철이 생산
되었고, 예·마한(馬韓) 및 왜(倭) 등에서 이것을 사갔으며, 모든 무
역에서 철을 화폐처럼 사용했다.[84] 이는 한(韓)에서 철의 생산이

---

83) 雲南博物館, 〈雲南江川李家山古墓群發掘報告〉, 《考古學報》, 1975年 第2期,
　　pp.97～156.

84) 《後漢書》 卷85 〈東夷列傳〉 韓傳. "(辰韓)에서는 철이 나고, 예·왜·마한이
　　모두 와서 사갔다. 무역은 모두 철을 화폐로 했다(國出鐵, 濊·倭·馬韓並從市
　　之. 凡諸貿易, 皆以鐵爲貨)."; 《三國志》 卷30 〈烏丸鮮卑東夷傳〉 弁辰傳. "(弁
　　辰)에서 철이 나는데, 한·예·왜인들이 모두 와서 가져갔다. 모든 매매는 마
　　치 중국에서 돈을 사용하는 것처럼 철을 사용했고, 두 군에도 공급했다(國

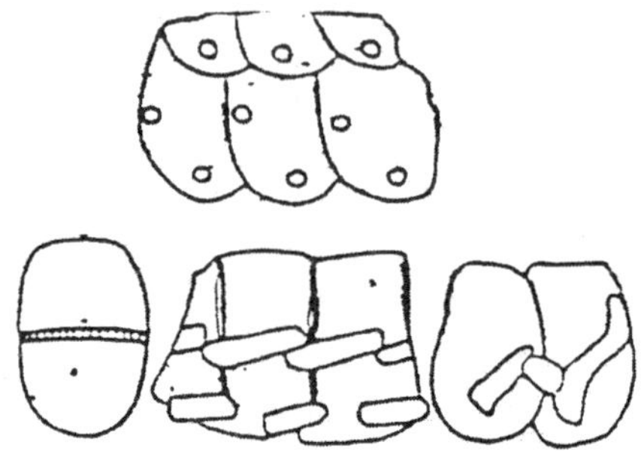

〈그림 17〉 정백동 1호묘에서 출토된 갑편

풍부했음을 의미하는데, 이같은 풍부한 철의 생산은 철제의 무기와 갑옷 생산을 보다 활발하게 했을 것이다.

서기 전 3세기경 고조선 후기유적으로 추정되는 평양시 낙랑구역 정백동 1호묘[85]에서 찰갑(札甲)이 출토되었다. 이 찰갑은 기본적으로 장방형이지만, 그 아래쪽을 둥글린 것 등도 있으며, 물고기비늘처럼 꿰어 붙였다(그림 17).[86] 이를 통해 고조선에서는 적어도 서기 전 3세기 이전부터 철 갑옷이 생산되었음을 알 수 있다.

내몽고자치구 조격기조력길공사(潮格旗鳥力吉公社) 서북쪽의 조

出鐵, 韓·濊·倭皆從取之. 諸市買皆用鐵, 如中國用錢, 又以供給二郡)."

85) 정백동 1호묘에서 '夫租薉君'이라고 새겨진 銀印이 출토되었다. 김정학은 이 銀印을 漢이 준 것으로 보고 墓의 연대를 서기 전 2세기 또는 서기 전 1세기경으로 추정했고(金廷鶴, 〈靑銅器의 展開〉, 《韓國史論》 13, 國史編纂委員會, 1983, p.133), 尹乃鉉은 古朝鮮이나 衛滿朝鮮에서 만들어졌을 것으로 보고 그 상한연대를 서기 전 3세기 정도로 추정했다(尹乃鉉, 《韓國古代史新論》, 一志社, 1993, pp.305~343). 초기 놋단검문화의 하한 연대를 서기 전 4세기로 본 북한의 박진욱은 정백동 1호묘에서 출토된 좁은 놋단검 검집의 형태변화와 함께 출토된 청동기와 철기로 만들어진 수장품들의 비율이 비슷하게 나타난 점을 들어 그 상한연대를 좁은 놋단검 후기로 진입되는 서기 전 3세기경으로 보았다(박진욱, 《조선 고고학 전서》 고대편, 과학백과사전종합출판사, 1988, pp.147~168참조).

86) 조선유적유물도감편찬위원회, 《조선유적유물도감》 1-고조선·진국·부여편, p.112. 오른쪽 아래의 것이 11.2센티미터. 찰편의 크기는 길이 3센티미터 내외, 너비 2센티미터 내외, 두께는 불과 2밀리미터로서 매우 작고 얇은 철판이다. 이러한 소찰편들을 쇠줄로 꿰어 붙였는데, 대개 찰편에는 상하 좌우 가장자리 가운데에 구멍이 뚫려 있다. 이것은 경주 황남리 109호 무덤에서 나온 작은 소찰과 유사하다(사회과학원 고고학 및 민속학 연구소, 〈고조선의 무기〉, 《고고민속》, 사회과학원출판사, 1966년 1기, p.39).

로고윤성(朝魯庫倫城)에서 3개의 철갑편과 2개의 철단추가 발굴되
었다(그림 18). 중국학자들은 이를 모두 철갑편으로 분류했다. 또
한 이 유적은, 출토된 오수전(五銖錢)이 초기 오수전의 특징을 가
지고 있지만 다른 유물들이 서한(西漢) 중기에 속하는 것으로 판
단되기 때문에 서한 중기에 해당하는 것으로 보인다.[87] 오수전은
무제(武帝) 원수(元狩) 5년(서기 전 118년)에 처음 만들어졌기 때문
에 적어도 이 유적의 상한은 서기 전 118년을 넘지 못할 것이다.
조로고윤성에 대한 기록이 없기 때문에 중국학자들은 이를 한(漢)
의 성이거나 북방민족의 성일 것이라고 막연히 설명하고 있다. 그
러나 이 조로고윤성의 위치가 진대(秦代)에 쌓은 장성의 외곽지역
에 위치하고 있기 때문에 고조선의 성일 가능성이 많다. 더구나
조로고윤은 몽고어(蒙古語)로 돌을 깎아 쌓았다는 석두성(石頭城)
이라는 뜻이다. 중국의 장성은 진·한 교체기에 이르기까지 거의가
토담이나 흙과 돌을 섞어 쌓았기 때문에, 완전히 돌로 쌓은 조로
고윤성은 중국의 성이라고 보기 어렵다. 고구려의 성은 돌로 쌓는
것을 특징으로 한다. 이로 보아 조로고윤성은 고구려의 성일 가능
성도 있다. 조로고윤성에서 멀지 않은 지역에는 소조달맹[88]·적봉[89]
등의 황하(黃河)유역 문화와는 다른 한반도문화와 같은 성격을 지
닌 유적지들이 있다. 마찬가지로 조로고윤성에서 출토된 철갑편의
형태를 통해서도 이 지역 문화가 황하유역 문화와 다름을 알 수

---

87) 蓋山林·陸思賢, 〈內蒙古境內戰國秦漢長城遺蹟〉, 《中國考古集成》 東北卷 靑
  銅時代(一), pp.1041~1048.
88) 내몽고자치구 昭鳥達盟 巴林左旗의 富河溝門유적에서는 점을 친 뼈가 출
  토되었는데, 이 유적의 방사성탄소 측정 연대는 서기 전 2785±110년이고
  그 교정 연대는 서기 전 3350±145년이다(中國科學院考古研究所內蒙古工作
  隊, 〈內蒙古巴林左旗富河溝門遺址發掘簡報〉, 《考古學報》, 1964年 1期, pp.1~
  3 ; 中國社會科學院考古研究所 編著, 《中國考古學中碳十四年代數據集》 참조).
89) 내몽고자치구의 赤峰에서는 신석기 후기의 성터가 발견되었다(佟柱臣, 〈赤
  峰東八家石城址勘查記〉, 《考古通迅》, 1957年 6期, pp.15~22).

〈그림 18〉 조로고윤성에서
출토된 철갑편

있다. 철갑편으로 분류된 5편 가운데 2개
는 장식단추의 형식을 띠고 있어, 고조
선에서 사용했던 청동 장식단추를 철로
만들었을 것으로 보인다. 중국은 서한시
대에 철갑편으로 만들어진 어린갑(魚鱗
甲) 형태의 갑옷은 사용했으나 철 장식
단추가 달린 갑옷은 사용하지 않았다.

이런 점으로 보아 조로고윤성유적은
고조선의 유적이라 할 수 있고, 고조선
은 청동기시대에 사용하던 청동 장식단추를 철기시대에 와서 철
장식단추로 만들어 이를 철갑편과 함께 갑옷의 구성 부분으로 사
용했으리라 생각된다.

요령성(遼寧省) 본계시(本溪市) 만족자치현(滿足自治縣) 남전진(南
甸鎮)의 적탑보자촌(滴塔堡子村)유적에서는 비파형동검과 부채꼴
모양의 철도끼 등과 함께 3개의 철주편(鐵胄片)이 출토되었다. 발
굴자들은 이 유적을 서한의 묘로 보았으나,[90] 장방형과 아래쪽이
둥근 장방형으로 된 철주편은 고조선 갑편의 형제를 그대로 나타
내고 있다.

중국은 춘추시대까지 철갑을 생산하지 못했다.

《여씨춘추(呂氏春秋)》〈귀졸편(貴卒編)〉에는 중산국(中山國)의 오
구구(吾丘鳩)가 철갑을 입고 싸웠다는 내용이 있다.[91] 연의 장군 소
진(蘇秦)은 한(韓) 선왕(宣王)을 찾아가 한군(韓軍)의 칼과 창은 적
의 견갑(堅甲)과 철막(鐵幕)을 자를 수 있는데 왜 진(秦)의 편에

---

90) 楊永葆, 〈本溪南甸滴塔堡子發現漢代鐵器〉, 《中國考古集成》 東北卷 秦漢之
三國(二), p.1177.

91) 《呂氏春秋》 卷21 〈貴卒編〉. "越氏攻中山. 中山之人多力者曰吾丘鳩, 衣鐵甲
操鐵杖以戰, 所擊無不碎, 所冲無不陷."

섰는지를 지적하며 진과 맞설 것을 설득하려고 했다. 철막에 대하여 유현(劉玄)은 팔과 다리를 덮은 철로 만든 옷이라고 했다. 이 기록에 따라 중국에서 철갑의 출현은 서기 전 4세기경인 전국 말년의 일로 추정하고 있다.[92] 그런데 전국 후기에 속하는 하북성 이현(易縣) 연하도(燕下都) 44호묘에서 원각장방형(圓角長方形)의 철갑편을 이어서 만든 투구가 출토되어[93] 전국시대에 이미 철갑편을 사용했고 청동갑편의 형식을 그대로 계승했음을 알 수 있게 되었다. 그러나 철갑의 사용이 일반화된 것은 아니었다. 진제국시대의 철갑 실물이 아직 발견되지 않은 것으로 보아 생산하지 않았을 가능성이 크다. 섬서(陝西) 임동(臨潼) 출토의 진병마용(秦兵馬俑)에 나타난 진제국시대 갑옷의 갑편은 모두가 가죽으로 만들어졌으며, 부분적으로 금속을 상감(上嵌)하거나 코뿔소의 가죽을 사용한 것이었다.[94] 이 같은 진용에서 보이는 갑옷은 주로 앞가슴과 등 뒷부분 및 어깨만을 덮는 것으로(그림 19), 고구려벽화에 보이는 몸 전체를 덮는 가죽 갑옷과는 큰 차이가 있다.

중국은 철갑이 서한에 와서야 보급되기 시작한다. 그러나 서한 초기인 무제 이전까지의 군대는 여전히 보병 위주였으며 철갑이 크게 보급되지 못했다. 철갑의 형태도 여전히 진의 형제를 따라 앞가슴과 등 부분을 주로 덮는 부분적인 것이었다. 그러나 무제에 이르러 흉노와의 전쟁으로 기병이 크게 증가했으며, 동시에 부분

---

92) 楊泓, 〈關于鐵甲·馬鎧和馬鐙問題〉, 《考古》, 1961年 第12期, pp.693~696 ; 《戰國策》 卷26 "當敵則斬甲盾鞼鍪鐵幕." ; 《史記》 卷69 〈蘇秦列傳〉의 鐵幕에 대해 劉玄은 "謂以鐵爲臂脛之衣. 言其劍利, 能斬之也"라고 했다. 蘇秦이 韓王에게 대책을 말했던 때는 서기 전 332~서기 전 312년 사이이다.
93) 上海市戲曲學校中國服裝史硏究組編著, 周迅·高春明撰文, 《中國服飾五千年》, 商務印書館香港分館, 1984, p.28.
94) 孫機, 《漢代物質文化資料圖說》, 文物出版社, 1991, pp.146~147 ; 上海市戲曲學校中國服裝史硏究組編著, 周汎·高春明撰文, 《中國服飾五千年》, pp.47~51.

적인 갑옷을 벗어나 철제의 개갑이 보급되기 시작했다. 그러나 여전히 가죽 갑옷이 철 갑옷보다 많이 사용되었으며, 이는 다음과 같은 자료를 통해 확인할 수 있다.

〈그림 19〉 임동에서 출토된 진병마용

　　서한시대 흉노와 전투하는 변방 부대는 철갑으로 무장했다. 그러나 《거연한간(居延漢簡)》에 철갑에 관한 자료가 있지만, 혁갑(革甲)과 혁제무(革鞮瞀)에 대한 기재가[95] 철갑과 철제무(鐵鞮瞀)에 대한 기재보다[96] 많은 것으로 보아, 군대의 일부만이 철갑으로 무장했던 것으로 보인다. 이 같은 상황은 실제로 다음의 예에서 확인된다. 양가만(楊家灣) 1호묘 등에서 찰갑이 발견되었으나 전체 기병용(騎兵俑) 가운데 찰갑을 입은 기병용은 100분의 8 정도밖에 되지 않

---

95) 居延漢簡 原簡號 99·1, 182·6, 14·22, 239·8, 184·4 등.

96) 勞榦, 《居延漢簡考釋》, 商務印書館, 1949年, p.409. "第五燧長李嚴, 鐵鞮瞀二中毌絮今已裝, 鐵鎧二中毌絮今已裝, ……" 《居延漢簡甲篇》 第12號(3·26)·"□鐵鎧"《居延漢簡甲篇》 第2286號(520·26)(中國科學院考古研究所, 《居延漢簡甲編》, 科學出版社, 1959年, p.2)·"□土燧長□宣, 鐵鎧二□, 鐵□,……"(3·7)·"登山燧, 鐵鞮瞀一"(28·18)·"鐵鉬瞀若干, 其若干幣絶可繼"(49·26).

았다.[97] 내몽고자치구 호화호특시교구(呼和浩特市郊區) 미대고성(美岱古城) 한대(漢代) 유적층에서도 철갑편이 출토되었으나 역시 매우 적은 양이다.[98] 또한 앞에서 서술한 전국 후기에서 서한 초기로 추정되는 호북성 장사시(長沙市) 좌가공산(左家公山) 15호묘와[99] 서한시대로 추정되는 호북성 장사시 남교 후가당에서[100] 모두 철갑이 아닌 가죽갑편이 출토된 것도 같은 이유 때문이라고 생각된다.

이 같은 상황은 한대 초기에는 철갑보다는 오히려 혁갑이 중요한 방어 장비였음을 말해주는 것으로, 철갑이 발달되지 않아 널리 보급되지 못했음을 의미한다. 그 가장 큰 원인은 기병의 부족에 있었다. 전국시대 조국(趙國)의 무령왕(武靈王)은 북방민족으로부터 기병의 전투 방식을 들여왔으나 군대에서 기병이 차지하는 비율은 100분의 8 정도였고,[101] 진국(秦國)과 연국(燕國)의 기병이 좀 우수하기는 하지만 역시 기병의 비율은 매우 낮았다.[102] 이후 진·한

---

97) 楊泓, 〈騎兵和甲騎具裝〉－中國古代軍事裝備禮記之二, 《文物》, 1977年 第10期, p.28.

98) 內蒙古自治區文物工作隊, 〈1959年呼和浩特郊區美岱古城發掘簡報〉, 《文物》, 1961年 9期 p.23.

99) 湖南省文物管理委員會, 〈長沙出土的三座大型木槨墓〉, 《考古學報》, 1957年 第1期, pp.93～102.

100) 주 42와 같음.

101) 《史記》 卷81 〈廉頗藺相如列傳〉. "이에 전차 1,300대, 말 13,000마리, 정예군사 5만 명, 활을 잘 쏘는 병사 10만 명을 선발하여 두루 갖추어 많은 전쟁 연습을 시켰다(於是乃具選車得千三百乘, 選騎得萬三千匹, 百金之士五萬人, 彀者十萬人, 悉勒習戰)."；《史記》 卷102 〈張釋之馮唐列傳〉. "그런 까닭에 李牧은 그의 지혜와 재능을 다하니 뽑은 전차 1,300대, 활을 쏘는 기병 13,000명, 정예군사 10만 명을 보내 북쪽으로는 선우를 몰아냈고,……(故李牧乃得盡其智能, 遣選車千三百乘, 彀騎萬三千, 百金之士十萬, 是以北逐單于,……)."

102) 《史記》 卷69 〈蘇秦列傳〉. "…… 燕나라 동쪽에는 朝鮮과 遼東이 있고, 북쪽으로 林胡와 樓煩이 있고, 서쪽으로 雲中과 九原이 있고,…… 갑옷을 두른 병사가 수십만이고, 전차가 600대, 말이 6,000필이 있고, 식량은 몇 년을 견딜 수 있다(…… 燕東有朝鮮·遼東, 北有林胡·樓煩, 西有雲中·九原,…… 帶甲數十萬, 車六百乘, 騎六千匹, 粟支數年)."；《史記》 卷70 〈張儀列傳〉. "秦나

교체기에도 군대에서는 여전히 보병이 주가 되었다. 흉노에 대한 대비책으로 문제(文帝) 때에 와서야 조착(鼂錯)의 양마(養馬)와 갑옷의 중요성을 주장하는 건의를 받아들여 말을 기르기 시작했다. 그러나 당시에는 문제의 즉위 문제로[103] 제후왕(諸侯王)과 열후(列侯)에게 정치와 경제의 독립을 인정하게 되어 철을 국유화시키지 못했기 때문에[104] 갑옷의 생산 여건이 불충분했다. 경제(景帝) 때에는 양마의 규모가 상당히 증가했으나,[105] 갑옷의 생산은 전과 마찬가지였다. 이후 오초칠국(吳楚七國)의 난이 평정된 뒤 무제 때에 이르러 제후왕과 열후가 완전히 식읍(食邑) 신분으로 변질되어 정치의 핵심에서 밀려나면서 비로소 염철(鹽鐵)이 국유화되고[106] 이에 따라 갑옷의 생산도 크게 발달하게 되었다. 따라서 중국의 군대는 무제시대부터 개갑으로 무장한 기병(騎兵)의 수가 크게 증가하고 갑편의 형제도 대형 찰갑에서 비교적 세밀한 어린갑으로 발전하는데, 이를 현갑(玄甲)이라 부르기도 했다. 서한 무제 때 흉노와의 전쟁에 큰 공을 세웠던 표기장군(驃騎將軍) 곽거병(霍去病)이 원수 6년(서기 전 117년)에 죽자 무제는 그를 애도하여 현갑군으로 송장(送葬)했는데, 이 현갑이 바로 철갑을 가리키는 것이다.[107] 이

라의 땅이 천하의 반이고,…… 虎賁의 군사가 100만 여명이고, 전차가 1,000대이며 말이 만 필이고, 쌓인 양식이 산더미 같다(秦地半天下,…… 虎賁之士百餘萬, 車千乘, 騎萬匹, 積粟如丘山).”

103) 朴仙姬, 〈西漢 帝國의 建國과 序二等 封建〉, 檀國大學校 博士學位論文, 1996, pp.202~226.

104) 朴仙姬, 〈漢文帝時 帝權變化에 대한 새로운 인식〉－汝陰侯家墓 출토자료 등을 근거로,《史學志》第25輯, 1992, pp.73~96.

105)《漢書》卷5〈景帝紀〉景帝 6年條. “匈奴入鴈門至武泉, 入上郡取苑馬.”'取苑馬'에 대하여 如淳은 “漢儀注太僕牧師諸苑三十六所, 分布北邊·西邊. 以郎爲苑監, 官奴婢三萬人, 養馬三十萬匹”이라 하여 36개 지역, 官奴婢 3만 명에게 말을 키우도록 했음을 알 수 있다.

106) 주 104와 같음.

107)《史記》卷111〈衛將軍驃騎列傳〉. “元狩六年而卒. 天子悼之, 發屬國玄甲軍,……”

현갑의 실제 모양은 서한 후기로 분류되는, 낙양(洛陽) 서교(西郊)
의 3023호 한묘(漢墓)에서 출토된 갑편에서 볼 수 있다(그림 20).[108]

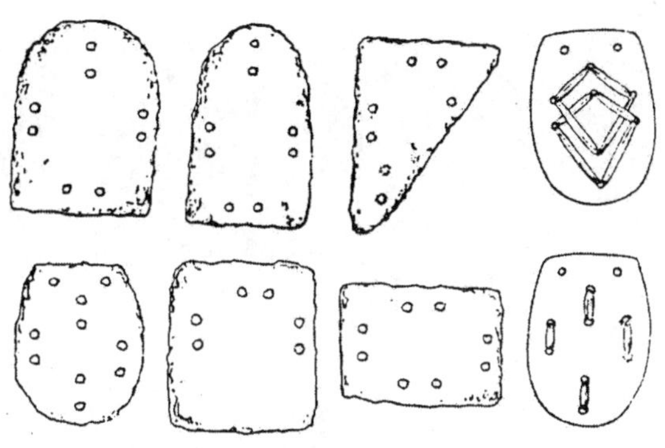

〈그림 20〉 낙양 3023호 한묘에서 출토된 갑편

무제 이전 서한시대 갑옷의 형제와 갑편의 형태를 고조선의 것
과 비교해보면 다음과 같다.

섬서성 함양시(咸陽市) 양가만(楊家灣) 1호묘에서 출토된 피갑(披
甲) 무사용(武士俑)의 갑편의 형제는 두 가지로 나누어지는데, 한
종류는 장방형의 갑편으로 가슴과 등 부분을 덮거나 가슴과 등
및 어깨부분을 덮게 되어 있다. 다른 한 종류는 이보다 조금 발달
하여 물고기비늘 모양의 아래쪽이 둥글고 긴 장방형의 소형 갑편을
이어서 만든 것으로 역시 가슴과 배 및 등 부분을 어린갑으로 사
용하여 활동하기에 편리하게 하고 허리띠 아랫부분과 어깨부분은
그대로 장방형의 갑편을 사용했다.[109] 발굴자들은 이 양가만 1호묘

《史記正義》에서 玄甲은 ‘鐵甲’이라고 했다.
108) 中國科學院考古硏究所洛陽發掘隊, 〈洛陽西郊漢墓發掘報告〉, 《考古學報》, 1963
    年 2期, pp.34~35, 圖27, 圖版壹, 4·5.

는 대략 서한 문제 시기(서기 전 179~서기 전 158년)에 속한다고
했다.[110]

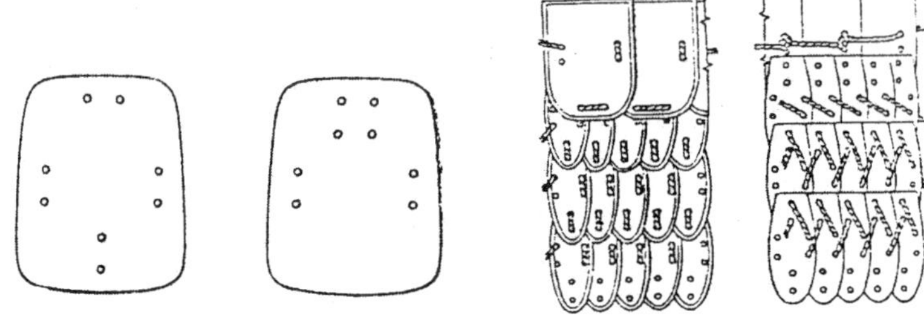

<table>
<tr><td>〈그림 21〉 제왕묘에서 출토된 철
갑편</td><td>〈그림 22〉 남월왕묘에서 출토
된 철갑편</td></tr>
</table>

  거의 같은 시기에 속하는 갑옷으로 서기 전 179년에 사망한 서
한 제왕(齊王) 유양(劉襄)의 묘에서 발굴된 철 갑옷의 경우는 양가
만 1호묘에서 출토된 어린갑과 거의 같은 형태로 어깨부분만을 장
방형의 갑편을 사용하고 팔과 가슴과 등 및 배 부분은 아래쪽이
둥근 장방형이나 양가만 1호묘의 것보다 짧은 갑편으로 연결했다
(그림 21).[111] 제왕 유양묘에서 출토된 철 갑옷의 특징은 일정 수량
의 갑편 위에 금편(金片) 혹은 은편(銀片)을 붙여 장식한 후 이들
갑편을 붉은 사대(絲帶)로 엮어 능형도안(菱形圖案)을 만든 점으로
양가만 1호묘에서 출토한 채회도용(彩繪陶俑)에서도 볼 수 있다.
또한 양가만의 갑편은 긴 장방형과 아래쪽이 둥근 긴 장방형이고,

---

109) 上海市戲曲學校中國服裝史硏究組編著, 《中國服飾五千年》, pp.47~51.
110) 陝西省文管會博物館·咸陽市博物館 楊家灣漢墓發掘小組, 〈咸陽楊家灣漢墓發
    掘簡報〉, 《文物》, 1977年 第10期, pp.10~21 ; 楊泓, 〈騎兵和甲騎具裝〉-中國
    古代軍事裝備禮記之二, 《文物》, 1977年 第10期, pp.27~32.
111) 山東省淄博市博物館·臨淄區文管所·中國社會科學院考古硏究所技術室, 〈西漢
    齊王鐵甲冑的復原〉, 《考古》, 1987年 第11期, pp.1032~1046.

제왕 유양의 어린(魚鱗)갑편은 거의 정사각형에 가까운 방형과 아래쪽이 둥근 장방형이다. 또한 서한 남월왕묘(南越王墓)에서 출토된 서기 전 128~서기 전 117년에 속하는 철 갑옷의 경우도 갑편의 형식은 모두 (그림 22)에서와 같이 사각말원적(四角抹圓的) 장방형이었다.[112]

섬서성 함양시 양가만 1호묘와 제왕 유양묘 및 남월왕묘에서 발굴된 이러한 갑편들의 형태는 위에 서술한 평양시 낙랑구역 정백동 1호묘에서 발견된 고조선 찰갑쪽의 형태와 거의 비슷하다. 단지 고조선의 아래쪽이 둥근 장방형의 찰갑은 연결 부분인 구멍이 한 모서리에 1개씩 뚫려 있는데, 양가만과 제왕 유양의 것은 한 모서리에 구멍이 2개씩 뚫려 있고 평평한 윗부분에서 중심으로 또 2개의 구멍이 뚫려 있다. 남월왕묘에서 출토된 찰갑의 연결 구멍은 두 가지 형식인데, 양가만 1호묘에서 출토된 도용(陶俑)이나 제왕 유양묘에서 출토된 갑옷처럼 사대로 엮어 능문도안(菱紋圖案)을 했다.[113] 이는 진대에 만들어진 갑옷의 엮음 방식에서 좀더 발전한 모양이다.

고조선 철 갑옷의 전체 모양을 알 수 없기 때문에 위에서 분석한 중국 철갑편의 생산 시기와 형태만을 고조선의 것과 비교하면 다음과 같이 정리할 수 있겠다.

첫째로 고조선의 경우 조로고윤성에서 출토된 것과 같은 철 장식단추는 고조선이 철기를 사용하기 시작한 연대인 서기 전 12세기경부터 생산되어 갑옷의 구성물로 사용되었을 것으로 추정된다. 철 장식단추 역시 청동 장식단추와 마찬가지로 중국에서는 찾아볼 수 없는 고조선 갑옷만이 갖는 특징이다. 둘째로 고조선의 경

---

112) 中國社會科學院考古研究所技術室·廣州市文物管理委員會, 〈廣州西漢南越王
      墓出土鐵鎧甲的復原〉, 《考古》, 1987年 第9期, pp.853~859.
113) 같은 글 참조.

우 물고기비늘 모양의 찰갑이 발굴된 정백동유적이 서기 전 3세기경에 속하는 것으로 추정되기 때문에, 현재까지 출토된 자료에 근거해 볼 때 고조선에서 어린갑이 생산된 시기는 중국에서 어린갑이 생산된 서한 초기보다 훨씬 빨랐음을 알 수 있다. 셋째로 고조선 어린갑 찰갑의 형태는 장방형인 것 그리고 아래쪽이 둥근 장방형과 타원형인 것이 특징인데, 중국의 서한 초기 묘들에서 발굴된 찰갑편의 형태는 대체로 고조선의 것과 비슷하다. 그러나 무제 시기에 오면 비교적 세밀하고 아래쪽이 긴 타원형의 찰갑이 사용된다. 넷째로 고조선의 철갑편과 중국의 철갑편은 앞에서 소개한 그림에서와 같이 그 연결 구멍에 차이가 있다. 다섯째로 고조선의 갑편은 연결 구멍을 쇠줄로 연결했으나[114] 중국의 갑편은 비단 끈이나 가죽 끈으로 연결했기 때문에 큰 차이를 보인다.

이상의 고찰로 중국은 무제 시기에 이르러 군대에서 철갑의 기병이 큰 비중을 차지했고 또한 찰갑편의 형태도 고조선의 것과 같이 비교적 세밀하게 발전했음을 알 수 있다. 이 시기는 고조선이 붕괴되어가는 때였는데, 이 같은 무제 시기 군대 장비의 변화는 위만조선과 고조선을 붕괴시킨 한 요인이 되었을 가능성이 있다. 무제는 위만조선을 쳐서 멸망시키고 그 지역에 낙랑·임둔·진번의 세 군을 설치한 뒤 여세를 몰아 고조선의 변경을 침략하여 그곳에 현도군을 설치했다. 이 과정에서 고조선은 중국과 큰 전쟁을 치르게 되었는데, 철갑 기병이 없었던 무제 이전의 대중국 전쟁과는 달리 그 피해가 매우 컸을 것으로 생각된다.

---

114) 박진욱, 〈3국 시기의 갑옷과 투구〉, 《고고민속》, 1963년, p.17 ; 사회과학원 고고학 및 민속학 연구소, 〈고조선의 무기〉, 《고고민속》, 1966년 1기, 사회과학원출판사, p.39 ; 전주농, 〈고조선의 공예〉, 《문화유산》, 1961년 1기, 사회과학원출판사, p.93.

3. 갑옷의 재료와 특징

(1) 뼈와 가죽

고조선이 일찍이 뼈와 가죽으로 갑옷을 생산한 것은 사냥과 목축업의 발달 및 가공 도구와 기술의 발달 때문이었다. 고조선은 일찍부터 가죽 가공이 발달했고,[115] 가죽을 복식의 재료로 널리 이용했다.

고조선에서는 서주 선왕(宣王, 서기 전 828~782년) 때에 특수한 고급 가죽을 서주에 수출했고,[116] 이후 춘추시대 고조선의 거수국인[117] 발(發)과 조선(朝鮮) 및 예는 중국에 고급 가죽과 품질이 우수하고 화려한 모직옷을 수출했다.[118] 이는 신석기시대부터 다양한 방법의 사냥 기술과 목축업이 발달하여 한민족이 야생동물가죽과 함께 많은 집짐승의 가죽을 생산할 수 있었기 때문이다. 청동기시대 유적들에서는 야생짐승들과 함께 돼지, 양, 말 등의 집짐승의 뼈가 많이 나타나, 이들이 당시 사람들에게 주요한 동물이었음을 알 수 있다.[119] 동물들의 먹이가 많은 북쪽의 초원지대에서는 다른 지역보다 먼저 집짐승 기르기가 발달하여 목축업으로 전환되어갔다. 그런 곳에서는 집짐승이 주요 식료 자원이 되기도 했겠지만, 집짐승의 가죽이나 뼈 및 털을 이용하여 의복과 갑옷의 재료로 삼았을 것이다.

---

115) 이 책의 제1부 제1장 〈고대 한국의 가죽과 모직물〉 참조.
116) 이 책의 제1부 제1장 〈고대 한국의 가죽과 모직물〉 참조.
117) 윤내현, 《고조선연구》, pp.441~474.
118) 주 115와 같음.
119) 사회과학원력사연구소 고고학연구소, 《조선전사》 1 – 원시편, 과학백과사전종합출판사, 1991(2판)(백산학회 영인본), p.229 ; 김신규, 〈우리나라 원시 유적에서 나온 포유 동물상〉, 《고고민속론문집》 2, 사회과학원출판사, 1970, pp.108~109.

고조선 후기에 이르면 철기가 사용되기 시작했다. 철기는 특히 농기구 제작에 많이 사용되어 농업 생산에 크게 기여했다. 고조선에서는 발달된 농업을 바탕으로 하여 수공업과 목축업이 이전보다 성행했다. 초기 철기시대에 오면 집짐승 기르기가 매우 발전하여 출토된 뼈 가운데 멧짐승보다 집짐승이 현저히 높은 비율을 차지한다.[120] 북방지역은 겨울에는 기온이 낮으므로 직물보다 짐승의 가죽으로 만든 옷을 계속 입었을 것이다. 복식의 재료로 이용된 가죽은, 사냥에 의존한 것도 있지만, 목축업의 발달로 집짐승의 가죽을 많이 이용했을 것이다.

부여에서는 건국신화에 돼지우리와 마구간이 등장하는 것[121]과 더불어 마가·우가·저가·구가 등의 짐승의 이름을 관직명으로 사용했는데,[122] 이로 볼 때 목축업이 발달했음을 알 수 있다. 토성자 유적의 대부분의 돌관무덤에서는 돼지의 이빨과 뼈가 대량으로 출토되어[123] 부여 사람들이 가축 가운데 돼지를 많이 길렀을 것으로 생각된다.[124] 고구려인들도 돼지털로 짠 모직물인 장일(障日)[125]

---

120) 김신규, 〈우리나라 원시 유적에서 나온 포유 동물상〉, pp.73~120 참조.

121) 《後漢書》 卷85 〈東夷列傳〉 夫餘傳. "왕이 그 아이를 돼지우리에 버리게 했으나, 돼지가 입김을 불어주어 죽지 않았다. 다시 마구간에 옮겼으나 말도 역시 그와 같이 해주었다(王令置於豕牢, 豕以口氣噓之, 不死. 復徙於馬蘭, 馬亦如之)."

122) 《後漢書》 卷85 〈東夷列傳〉 夫餘傳. "여섯 가지 가축의 이름으로 관명을 지어 마가·우가·구가가 있으며 그 나라의 읍락은 모두 諸加에 속했다(以六畜名官, 有馬加·牛加·狗加, 其邑落皆主屬諸加)."

123) 吉林省博物館, 〈吉林江北土城子古文化遺址及石棺墓〉, 《中國考古集成》 東北卷 靑銅時代(三), 北京出版社, pp.2358~2363.

124) 부여에서는 건국신화에 돼지우리가 등장하고 '猪加'로 관직명을 사용한 것으로부터(《後漢書》 卷85 〈東夷列傳〉 夫餘傳) 돼지를 많이 사육했음을 알 수 있고, 土城子 유적의 대부분의 돌관무덤에서는 돼지의 이빨과 돼지의 뼈가 대량으로 출토되어(吉林省博物館, 〈吉林江北土城子古文化遺址及石棺墓〉, 《中國考古集成》 東北卷 靑銅時代(三), 北京出版社, pp.2358~2363) 부여 사람들이 가축가운데 돼지를 많이 길렀음을 알게 해준다.

을 생산한 것으로 보아 돼지를 많이 생산했던 것으로 생각된다. 돼지는 다른 동물들과 함께 그 가죽과 뼈가 갑옷의 재료로 사용되었을 것이다.

중국의 경우,《좌전(左傳)》선공(宣公) 2년(서기 전 607년)조에 실린 풍자노래를 통해, 춘추시대 송(宋)나라가 만든 갑옷의 원료와 제작에 관한 사항을 알 수 있다. 이에 따르면, 갑옷은 소가죽과 코뿔소[犀] 및 외뿔소[兕]의 가죽으로 만들고 갑옷의 표면에 붉은 칠을 했다고 한다.[126]

숙신은 가죽과 뼈로 갑옷을 만들었다.[127] 숙신은 고조선이 붕괴되자 서기 전 1세기에 동쪽으로 이동하여 지금의 연해주지역에 자리를 잡고 읍루(挹婁)라고 했다.[128] 읍루 사람들은 소, 말, 돼지 등의 가축을 기르고 사냥을 통하여 질 좋은 담비가죽을 특산물로 생산했다. 그들은 돼지 기르기를 좋아하여 그 고기는 먹고 털로 모직물을 짰으며 가죽으로는 옷을 만들어 입었다고 하는데,[129] 이로 보아 읍루인들은 가축 가운데 돼지를 가장 많이 길렀던 것으로 생각된다. 그러므로 숙신인들이 갑옷의 재료로 사용한 가죽과

---

125)《翰苑》〈蕃夷部〉高(句)麗條.

126)《左傳》宣公 2年條에 서기 전 607년 당시 갑옷에 관한 노래가 있다. 宋의 華元이 감독관으로 둘러보았다. 이때 성을 쌓던 노역인들이 "저 눈이 큰 놈, 저 배가 뚱뚱한 놈, 갑옷을 버리고 돌아왔네, 털복숭이, 갑옷을 버리고 다시 돌아왔네((睅其目, 皤其腹, 弃甲而復. 于思于思, 弃甲復來)"라며 화원을 흉보았다. 이에 화원은 그 驂乘에게 "소에는 가죽이 있고, 코뿔소와 외뿔소 아직 많은데, 갑옷을 버렸다고 어떠랴?(牛則有皮, 犀兕尙多, 弃甲則那?)"라고 답하게 했다. 그러자 노역인들이 "가죽은 그렇다 하자, 붉은 칠은 어찌 할거냐!(從其有皮, 丹漆若何!)"라며 받아 말하자, 화원은 그들의 수가 많다며 그곳을 떠났다.

127)《晋書》卷97〈東夷列傳〉肅愼氏傳. "돌로 만든 화살촉과 가죽과 뼈로 만든 갑옷이 있고, 단궁은 3자 5촌이고, 호목으로 만든 화살은 길이가 1자가 조금 넘는다(有石砮·皮骨之甲, 檀弓三尺五寸, 楛矢長尺有咫)."

128) 윤내현,《한국열국사연구》, pp.31～41·pp.327～335.

129)《後漢書》卷85〈東夷列傳〉挹婁傳. "好養豕, 食其肉, 衣其皮."

뼈는 줄곧 돼지로부터 얻었을 가능성이 크다. 돼지는 사육이 빠르기 때문에 가죽을 대량으로 쉽게 얻을 수 있고 털이 적은 동물은 털이 많은 동물보다 가죽이 질기고 강한 장점[130]을 지니고 있기 때문이다.

중국학자들은 중국이 세계에서 최초로 돼지를 사육했다고 주장하고 있다.[131] 그러나 저자의 분석 결과 한민족 가운데 숙신은 중국보다 훨씬 앞선 신석기시대 전기에 이미 집돼지를 사육했다.[132] 따라서 숙신이 돼지의 가죽과 뼈를 복식의 재료로 널리 사용한 시기는 당연히 중국보다 앞설 것이며, 다른 짐승들의 뼈나 가죽과 함께 갑옷의 재료로 많이 사용되었을 것이다.

(2) 청동

앞에서 밝혔듯이 고조선은 중국보다 앞선 서기 전 25세기에 청동 장식단추로 옷을 장식하기 시작했다. 지금까지의 발굴자료에 따르면, 한반도와 만주를 그 영역으로 하고 있는 고조선지역의 청동기문화 시작 연대는 서기 전 2500년경으로 밝혀졌다. 그러나 중국의 황하유역의 청동기문화 시작 연대는 서기 전 2200년이고 고조선지역과 문화적으로 관련이 있는 시베리아의 카라수크문화는 서기 전 1200년경에 시작되었다.[133] 따라서 고조선지역에서 생산된 청동 장식단추가 중국이나 북방지역으로부터 전달되었을 것이라는 견해는 성립될 수 없다. 이 같은 사실은 다음에 분석될 고조선

---

130) 宋啓源·李茂夏·蔡榮錫, 《皮革과 毛皮의 科學》, 先秦文化史, 1998, p.42.
131) 種遲, 〈從河姆渡遺址出土猪骨和陶猪試論我國養猪的起源〉, 《文物》, 1976年 第 8期, pp.24~26.
132) 이 책의 제1부 제1장 〈고대 한국의 가죽과 모직물〉 참조.
133) 윤내현, 《고조선연구》, p.29.

과 중국 및 북방지역의 청동 합금이 진행된 시기와 청동기 성분의 차이에서 더욱 분명해진다.

청동은 자연계에서 손쉽게 구할 수 있는 자연동이나 산화동에서 얻기 시작했다. 그 뒤 자연동이나 산화동이 무른 단점을 보완하기 위하여 석과 연을 비롯한 다른 금속들을 합금시켜 단단하게 만드는 기술이 발전했다. 한국에서 이러한 청동 가공 기술은 서기전 2000년기의 유적들에서 이미 찾아볼 수 있다. 하가점상층유적인 요령성 임서현(林西縣) 대정(大井) 고동광(古銅礦)에서 출토된 고풍관(鼓風管)은 합금 과정에 필요한 열처리 조절 기술을 보여준다(그림 23).[134] 청동 가공 기술의 발전은 서기 전 2000년기 말에 이르면 더욱 두드러지게 나타난다. 이 시기 한반도와 만주지역에서 출토된 여러 청동 제품들은 동과 석 및 연 등이 주요 성분으로, 그 함유량이 기물의 특성에 맞게 제조되었다. 청동에서 석과 연은 합금의 세기를 높여주고 녹이 스는 것을 방지해준다. 사람들은 청동 제품의 특성에 맞게 견고하면서도 아름다운 색을 내는 청동을 만들기 위해 힘썼다.

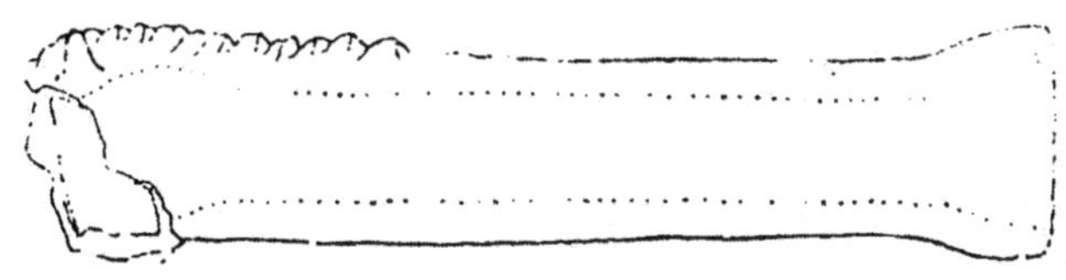

〈그림 23〉 대정에서 출토된 고풍관

고조선의 청동 합금은 초기부터 연과 석의 함량이 높은 것이 특징이다. 청동에서 연은 연신성을 높여주고 주물을 보다 쉽게 하

---

134) 靳楓毅,〈夏家店上層文化及其族屬問題〉,《中國考古集成》 東北卷 靑銅時代 (一), p.399, 圖 2의 19.

588

도록 하여 제품의 질을 높여준다.[135] 석은 청동기 표면에 윤택을
주고 산화 방지에도 도움이 된다. 석이 청동에 16~20퍼센트 들어
가면 세기가 가장 높아지며 그 이상일 때는 굳기는 하지만 쉽게
부서지는 성질을 가진다. 그것은 석이 16.0퍼센트 정도에서 'α-고
용체단상조직'으로 되지만 그 이상일 때는 부서지기 쉬운 'α+δ조
직'으로 되기 때문이다.[136] 또한 연은 석과 함께 청동 합금의 세기
를 높여주고 녹이 스는 것을 방지해주며 주물 온도를 낮추어준
다.[137] 이 같은 청동 합금의 성질을 참고로 하여 고조선과 중국 청
동기의 성분을 비교해보면 다음과 같다.

서기 전 약 2000년기에 속하는 중국의 감숙성(甘肅省) 제가문화(齊
家文化)유적에서 발굴된 홍동(紅銅)의 화학 성분은 다음과 같다.[138]

銅器·含量·成分	銅	鉛	錫	銻	鎳
銅刀(AT5：249)	大量	≤0.03%	0.1~0.3%	0.01%	0.03%
銅錐(T13：1)	大量	≤0.03%	0.1%	－	－

〈표 1〉 감숙성 제가문화유적에서 출토된 홍동의 화학 성분

고조선의 서기 전 2000년기 유적에서 출토된 청동기의 화학 성
분은 다음 표와 같다.[139]

---

135) 강승남, 〈고조선시기의 청동 및 철 가공기술〉, 《조선고고연구》, 1995년 제2
　　호, 사회과학원 고고학연구소, pp.22~23.
136) 강승남, 〈우리나라 원시 및 고대 유색금속의 이용에 대한 고찰〉, 《조선고
　　고연구》, 1992년 제4호, 사회과학원 고고학연구소, pp.39~43.
137) 강승남, 〈우리나라 고대 청동가공기술에 관한 연구〉, 《조선고고연구》, 1990
　　년 제3호, 사회과학원 고고학연구소, pp.34~38.
138) 甘肅省博物館, 〈甘肅武威皇娘娘台遺址發掘報告〉, 《考古學報》, 1960年　第2
　　期, pp.53~72 ; 北京鋼鐵學院　中國冶金簡史編寫小組, 《中國冶金簡史》, 科學
　　出版社, 1978, p.10.
139) 강승남, 〈우리나라 고대 청동가공기술에 관한 연구〉, p.35 〈표 1〉 참조 ; 강
　　승남, 〈서기 전 1000년기 후반기 우리나라 청동야금기술의 특징에 대하여〉,

유적명	유물명	화학조성(%)									
		Cu	Sn	Pb	Zn	As	Sb	Bi	Fe	Ni	Co
룡곡리 5호 고인돌	비파형 창끝	80.9	6.50	10.1	–	0.20	0.05	0.07	0.03	0.06	0.08
라진초도	장식품	53.93	22.3	5.11	13.7	–	–	–	–	–	–
라진초도	치레 거리	83.4	7.20	8.00	0.05	0.30	0.85	0.08	0.12	–	–
라진초도	청동 덩어리	67.23	25.0	7.50	0.05	흔적	0.24	0.05	0.14	–	0.002
북청군 토성	원판형 동기	57.7	25.0	7.00	1.00	5.00	2.00	0.30	2.00	–	–

〈표 2〉 서기 전 2000년기 고조선 청동 유물의 화학 성분

위 〈표 1〉과 〈표 2〉의 내용으로 보아 서기 전 2000년기 고조선의 유물과 중국의 유물은 그 화학 성분에서 매우 큰 차이가 있음을 알 수 있다. 이 시기의 중국 청동은 거의 자연동에 가까운 성분으로 보이기 때문에 야련(冶煉)을 거쳤다고 하기 어렵다. 이에 비하여 고조선의 청동기들은 제각기 기물의 용도에 맞는 성분으로 배합되어 있음을 알 수 있다. 비파형 창끝과 치렛거리의 경우 석과 연이 비슷한 양으로 섞여 있는데, 이는 석과 연이 10.0퍼센트를 넘지 않을 정도로 혼합될 경우 금속 조직이 치밀해지고 주물에서 액흐름성과 늘임성이 높아지는[140] 효과를 이용한 것이다. 장식품, 원판형 동기, 청동 덩어리는 복식에 매달아 장식 효과를 내는 것으로, 석의 함유량이 모두 20퍼센트 이상인 것은 석의 함량이 높으면 높을수록 청동이 아름다운 색깔의 광택을 나타내는 특성을 이용한 것이다. 석이 14.0퍼센트보다 많으면 회색을 띠기 시작하여 20.0퍼센트 이상에서는 뚜렷한 회색 또는 은백색의 아름다운 광택이 난다.[141]

《조선고고연구》, 1990년 제7기, p.32 〈표 1〉 참조.
140) 강승남, 〈우리나라 고대 청동가공기술에 관한 연구〉, p.36.

서기 전 16세기에 해당하는, 하남성 정주(鄭州)에서 출토된 방정(方鼎)의 경우 그 성분 분석을 보면 동(Cu) 75.09퍼센트, 석(Sn) 3.48퍼센트, 연(Pb) 17퍼센트, 규소(Si) 약 0.2퍼센트로 나타나[142] 이 시기에는 이미 동과 석 및 연의 합금 기술이 있었던 것으로 보인다. 그러나 연의 비율이 너무 높다. 서기 전 13세기에 해당하는, 하남성 안양에서 출토된 동괴(銅塊)의 성분 분석을 보면 동 83.79퍼센트, 석 13.07퍼센트, 연 0퍼센트이고, 동도(銅刀)의 경우 동 93.13퍼센트, 석 0퍼센트, 연 5.53퍼센트이며, 동족(銅鏃)의 경우 동 83.46퍼센트, 석 0퍼센트, 연 9.08퍼센트, 철(Fe) 1.40퍼센트, 니켈(Ni) 0.03퍼센트이다.[143] 지금 본 것처럼 동도와 동족의 경우에는 석이나 연이 전혀 섞이지 않았다.

같은 서기 전 13세기에 속하는 것으로 안양 소둔(小屯)에서 출토된 여러 가지 청동기들의 성분을 보면, 과(戈)의 경우 동 88.98퍼센트, 석 4.01퍼센트, 연 2.59퍼센트, 철 0.13퍼센트, 니켈 0.09퍼센트이고, 장식물의 경우 동 80.25퍼센트, 석 16.27퍼센트, 연 0.22퍼센트, 철 0.12퍼센트, 니켈 0.07퍼센트이며, 예기(禮器)의 경우 동 79.12퍼센트, 석 20.32퍼센트, 연 0.05퍼센트, 철 0.04퍼센트이다.[144] 이를 통해 석이 예기나 장식품에는 많이 포함되어 있고 견고해야 할 과(戈)에는 소량이 들어 있음을 알 수 있다. 또한 이들 청동기에서 연의 성분은 공통적으로 적게 나타나며, 석의 성분은 그 함량에서 기물의 용도에 적절하지 못하다. 서기 전 13세기 말에서 서기 전 12세기 초에 속하는 것으로 하남성 안양현 은허 부호묘에서 출토된 대형(大型) 예기(禮器)인 사모신대방정(司母辛大方鼎)

---

141) 강승남, 〈우리나라 고대 청동가공기술에 관한 연구〉, p.35.
142) 北京鋼鐵學院 中國冶金簡史編寫小組, 《中國冶金簡史》, p.24 表1-3 참조.
143) 같은 책 참조.
144) 北京鋼鐵學院 中國冶金簡史編寫小組, 《中國冶金簡史》, p.24 表1-2b 참조.

의 경우, 동 83.60퍼센트, 석 12.62퍼센트, 연 0.50퍼센트, 아연(Zn) 0.16퍼센트, 철 0퍼센트였다. 그리고 부호우방정(婦好偶方鼎)의 경우는 동 80.20퍼센트, 석 14.16퍼센트, 연 1.69퍼센트, 아연 0.33퍼센트, 철 0퍼센트였다.[145] 이와 같이 부호묘에서 출토된 예기의 경우도 여전히 연의 성분이 적고 석의 성분도 'α-고용체단상조직'이 될 수 있는 16.0퍼센트에 미치지 못하여, 강도가 높지 못하고 광택도 적을 것이다. 또한 고조선에서 청동의 질을 높이기 위하여 사용된 성분들인 비소(As), 안티몬(Sb), 비스무트(Bi), 코발트(Co), 은(Ag) 등의 성분은 결핍되어 있다. 그러나 이전 시기의 청동기에는 없던 아연 성분이 새로 보인다.

위의 〈표 2〉에서 보듯이 고조선은 서기 전 2000년기에 이미 아연[146]을 사용했는데, 중국은 이보다 늦은 상대 후반기부터 청동 합금에 아연 성분을 사용하기 시작했다. 중국의 이 같은 아연 합금 기술은 아래의 〈표 4〉에서 보는 것처럼 이후 서주시대로 이어진다. 이 같은 결과로 볼 때, 한국의 청동기에 아연이 함유되어 있고 중국의 청동기에 아연이 없다는 이유로 한국 청동기와 중국 청동기가 전혀 무관하며 오로지 스키토-시베리언 계통과만 직접적으로 관계가 있다고 하는 주장[147]은 성립될 수 없을 것이다.

한반도와 만주지역에서 출토된 청동 제품들은 앞의 내용처럼 동·석·연 등 3원소를 주요 합금으로 한다. 그러나 시베리아지역의 청동 합금은 동·비소 합금이거나 동·석·비소 합금으로, 동·석 합금은 극히 적은 비중을 차지한다. 또한 소련의 부깝까즈지역의 청

---

145) 中國社會科學院考古研究所, 《殷墟婦好墓》, 中國田野考古報告集, 考古學專刊, 丁種 第23號, 文物出版社, 1980, p.16.
146) 최상준, 〈우리나라 원시시대 및 고대의 쇠붙이 유물분석〉, 《문화유산》, 1966년 3호, pp.43~46.
147) 金貞培, 《韓國民族文化의 起源》, 高麗大學校出版部, 1973, p.137.

동 합금은 동·비소 합금이거나 동·석·비소 합금 또는 동·석 합금
등으로, 이들 지역에서 나온 청동 합금들은 비소를 많이 포함하고
있다.[148] 이 같은 북방지역 청동기 성분의 특징은 고조선의 청동기
가 스키토–시베리언 계통이 아님을 말해주는 것이다. 또한 위에서
분석한 것처럼, 고조선의 청동 합금 기술이 여러 면에서 중국보다
훨씬 다양하게 발달했다는 점은 한국 청동기의 기원을 중국 상대
의 청동기에서 찾는 방법이[149] 성립될 수 없음을 말해준다.

중국 청동기 전반에 나타나는 합금의 미발달 상황은 청동단추
의 경우도 역시 마찬가지이다. 발굴자들이 제시한 청동 분석표 가
운데 같은 시기에 만들어진 청동 장식단추가 분석된 예는 없다.
그러므로 비록 다른 시기이기는 하지만, 고조선 초기인 서기 전
25세기경에 만들어진 평양시 상원군 룡곡리 4호 고인돌유적 출토
의 청동 장식단추의 화학 성분과 서기 전 7세기에서 서기 전 5세
기에 속하는 정가와자 6512호묘 출토의 청동 장식단추의 화학 성
분 내용(표 3)[150]을 서주 시기(약 서기 전11세기~서기 전 9세기)에 만
들어진 청동 장식단추의 화학 성분 내용(표 4)과 비교해보면 다음
과 같다.

〈표 3〉과 〈표 4〉의 비교를 통해 고조선은 서기 전 25세기에 이
미 적당한 양의 석을 사용했고 이 같은 기술은 이후에도 그대로
이어졌음을 알 수 있다. 그러나 이보다 훨씬 후대에 속하는 서주
의 청동 장식단추 가운데 하나는 석을 적당량 섞었으나 다른 하

---

148) 강승남, 〈서기 전 1000년기 후반기 우리나라 청동야금기술의 특징에 대하
여〉, pp.31~36.
149) 李亨求, 〈靑銅器文化의 비교 I(東北亞와의 비교)〉, 《韓國史論》 13, 國史編
纂委員會,1986, pp.344~400.
150) 조선기술발전사편찬위원회, 《조선기술발전사》, 과학백과사전종합출판사,
1997, pp.44~46 ; 瀋陽故宮博物院·瀋陽市文物管理辦公室, 〈瀋陽鄭家窪子的兩
座靑銅時代墓葬〉, 《考古學報》, 1975年 第1期, p.153.

유적명	유물명	화학조성(%)											
		Cu	Sn	Pb	Zn	Bi	Sb	As	Fe	Ni	Co	Si	Ag
룡곡리 4호 고인돌	청동 단추	76.0	15.0	7.0	–	0.06 ~ 0.1	0.06 ~ 0.1	0.6 ~ 1	0.03 ~ 0.06	0.01 ~ 0.03	0.006 ~ 0.01	0.3 ~ 0.6	0.06 ~ 0.1
정가와자 6512호묘	청동 단추	73.08	11.26	5.53	微量	0.5 ~3		0.5 ~3	半微量	微量		微量	

〈표 3〉 정가와자 6512호묘 출토 청동 장식단추의 화학 성분

시대	유물명	화학조성(%)					
		Cu	Sn	Pb	Zn	Fe	Ni
서주시대	청동단추	74.48	16.16	3.97	0.08	0.07	–
서주시대	청동단추	85.45	9.44	2.33	0.07	0.10	0.01

〈표 4〉 서주시대 청동 장식단추의 화학 성분

나는 소량으로 적당량에 못 미친다. 연의 경우도 서주의 것이 훨씬 적은 양으로, 강도와 녹이 스는 것을 방지하는 데서 고조선의 것보다 못하다. 중국의 이 같은 청동 합금 기술의 낮은 수준은 고조선의 말기에 속하는 서한시대에 만들어진 청동갑편에서도 마찬가지로 나타난다. 운남성 전지(滇池)지구에서 출토된 청동기 가운데 비갑편(臂甲片) 2개와 갑편 1개의 성분 분석표를 보면 다음과 같다.[151]

試樣編號	試樣名稱	성분(%)				
		銅	錫	鉛	鐵	硅
D1	비갑편	92.951	7.048			
D2		89.880	10.120			
2개 갑편의 평균 성분		91.416	8.584			

〈표 5〉 운남성 전지지구 출토 비갑편과 갑편의 화학 성분

---

151) 何堂坤, 〈滇池地區幾件靑銅器的科學分析〉, 《文物》, 1985年 第4期, pp.59~64.

위의 표에서 보는 것처럼, 한대에도 석의 함유량이 16퍼센트에 훨씬 못미치고 연(鉛) 등의 기타 성분도 전혀 보이지 않기 때문에 청동 주조 수준은 분명히 고조선보다 훨씬 떨어진다.

이상의 비교를 통해 고조선은 중국보다 약 16세기 정도 앞서 우수한 청동으로 청동 장식단추를 생산하여 갑옷에 응용했고 이후에는 훨씬 강도가 높고 윤택이 풍부한 우수한 품질의 청동 장식 갑옷을 생산했음을 알 수 있다. 대부분의 청동 장식단추는 앞면이 볼록하고 뒷면은 오목하며 여기에 단추고리가 붙어 있는데, 이 같은 형태는 비파형동검 잔줄무늬 거울들과 함께 주물 기술이 매우 발달했음을 보여주는 좋은 예이다. 또한 중국보다 앞선 다양한 청동 합금 기술은 고대 한국의 청동 가공 기술이 중국이나 북방지역과 무관하게 독자적으로 발달했음을 알려준다.

(3) 철

고조선에서 언제부터 철로 된 찰갑으로 갑옷을 만들었는지는 정확히 알 수 없다. 지금까지 발견된 유물은 앞에서 소개한 평양시 낙랑구역 정백동 1호 무덤에서 발견된 철로 된 찰갑쪽뿐이다.

고조선 후기에 이르면 철기가 사용되기 시작한다. 중국의 철기문화 시작 연대는 대략 서기 전 8세기~6세기경으로 보고 있다.[152] 그러나 고조선의 철기문화 시작 연대는, 평양지역의 강동군 송석리 1호 무덤에서 서기 전 12세기에 해당하는 철기들이 출토됨으로써, 중국보다 무려 4세기 혹은 6세기 정도나 앞서는 것으로 밝혀졌다.[153]

---

152) 北京鋼鐵學院 中國冶金簡史編寫小組,《中國冶金簡史》, p.44 ; 黃展岳,〈關于中國開始冶鐵和使用鐵器的問題〉,《文物》, 1976年 第8期, pp.62~70.
153) 중국은 철기의 시작 연대를 대략 서기 전 8~6세기경으로 보고 있다. 金元

평양지역의 강동군 송석리 1호 무덤에서 나온 서기 전 12세기경(서기 전 3104±179년)[154]에 해당하는 쇠거울은 용해로에서 직접 얻은 강철[155]로 만들어진 것이다. 그런데 이 같은 질 좋은 강철은 연철이나 선철[156]의 생산 공정이 선행되어야 하는 것이기 때문에

龍은 한국의 철기시대 시작 연대를 서기 전 3세기로 보고 있으나(金元龍, 《韓國考古學槪說》 第3版, 一志社, 1986, pp.101~103), 황기덕과 김섭연은 吉林省 騷達溝遺蹟 돌곽무덤에서 출토된 철기에 대한 분석에 근거하여 서기 전 8~7세기 또는 그 이전으로 소급해보아야 한다고 주장했다(황기덕·김섭연, 〈우리나라 고대 야금기술〉, 《고고민속론문집》, 과학백과사전출판사, 1983, p.172). 윤내현은 중국의 전국시대에 해당하는 遼寧省지역의 유적에서 보편적으로 출토되는 철기의 제조 기술 수준이 황하 중류유역과 동등하고 철제 농구가 많이 출토되고 있다는 점에 근거하여 철기가 보편화되기까지는 오랜 기간을 필요로 할 뿐만 아니라 황하 중류유역과 기술 수준이 동등하다면 그 시작 연대도 비슷할 것으로 보고 한국의 철기 시작 연대는 서기 전 8세기보다 앞설 것으로 보고 있다(윤내현, 《고조선연구》, p.108). 이 같은 주장들을 보다 확실히 해줄 수 있는 유물이 서기 전 12세기경의 무덤인 강동군 송석리 문선당 1호 돌판무덤에서 출토되었다. 이 유적에서는 순도가 높은 철로 만든 쇠거울이 출토되었는데, 그것의 절대연대는 서기 전 3104년이어서(《조선기술발전사》, pp.42~43 ; 강승남, 〈고조선시기의 청동 및 철 가공기술〉, p.24) 한국의 철기 시작 연대가 서기 전 12세기 이전으로 거슬러 올라갈 수 있음을 입증해주었다. 이 유적의 발굴 결과는 윤내현·황기덕·김섭연의 주장을 확실하게 뒷받침해주고 있으며, 고조선의 철기 시작 연대가 중국보다 무려 4~6세기 정도나 앞섰음을 알게 해준다.

154) 조선기술발전사편찬위원회, 《조선기술발전사》 1-원시·고대편, p.47.
155) "쇠거울을 분석한 데 의하면, 그의 화학조성은 탄소가 0.06퍼센트, 규소 0.18퍼센트, 류황 0.01퍼센트인 저탄소강이며 굳기는 브리넬굳기로써 HB= 148이였다. 금상학적 소견은 훼리트에 뻬를리트가 함께 있는 강철조직이였다. 이 쇠거울은 연철이나 선철을 두드려서 만든 것이 아니고 용해로 같은 데서 직접 얻은 쇠물로써 주조한 것으로 인정된다. 탄소함량이 낮은 강철은 용해로 에서 선철과 산화제를 작용시켜서 얻어진다.…… 강철 쇠거울은 탄소가 적은 저탄소강임에도 불구하고 굳기가 연철보다 세고 조직도 훼리트와 뻬를리트가 함께 존재하며 개재물도 유황이 매우 적은 양이 들어 있었다. 이와 같이 쇠거울은 용해로에서 직접 얻은 강철이였다"(강승남, 〈고조선시기의 청동 및 철 가공기술〉, pp.24~25).
156) "철의 재질은 탄소의 함유량에 따라 연철·선철(주철)·강철 등으로 나누는데, 연철은 탄소 함유량이 0.01퍼센트 이하이며 선철은 2퍼센트 이상(보통

고조선의 철기 생산 시작 연대는 이보다 몇백 년 정도 더 거슬러 올라갈 것이다.[157] 중국인들은, 춘추 말기인 서기 전 6세기에 속하는 것으로 강소성(江蘇省) 육합정교(六合程橋) 동주(東周) 무덤에서 출토된 철환(鐵丸)과 구부러진 철조(鐵條)[158]를 감정한 결과, 철조가 초기에 만들어진 연철(煉鐵)이고 철환은 가장 일찍 만들어진 것으로 생철(生鐵)이라고 밝혔다.[159] 또한 전국 초기에 속하는 것으로 낙양 시멘트 공장에서 출토된 서기 전 5세기의 유물인 철분(鐵錛)과 철산(鐵鏟)을 감정하고, 그중 철산은 퇴화 처리를 거친 주철(鑄鐵)이었으나 둘 다 생철로 만들어진 것이라고 밝혔다.[160] 이 같은 예로 볼 때, 중국에서는 전국 초기까지 생철이 그대로 생산되었으며 제철 제강 수준은 거의 발달하지 않았다. 생철에서 주철[선철]로의 발전은 전국 중후기에 와서야 보편적으로 이루어지지만, 연강 기술은 여전히 초기 단계에 속하여 농기구 등에 강철 제품이 사용되지는 못했다.[161] 그러나 고조선에서는 같은 시기인 서기 전 6세기경에 이미 거의 모든 지역에서 주철을 생산하기 시작했고, 주철로부터 연철·선철·강철을 만들어[162] 무기와 공구 및 농기구 등

    3.7~4.3퍼센트)이다. 그리고 강철에는 탄소가 2퍼센트 이하(보통 0.7~0.8퍼센트)로 되어 있다."(리태영, 《조선광업사》, 공업종합출판사, 1991, p.61).

157) 강승남, 〈고조선시기의 청동 및 철 가공기술〉, p.25.

158) 江蘇省文物管理委員會·南京博物院, 〈江蘇六合程橋東周墓〉, 《考古》, 1965年 第3期, pp.105~115 ; 南京博物院, 〈江蘇六合程橋二號東周墓〉, 《考古》, 1974年 第2期, p.119.

159) 李衆, 〈中國封建社會前期鋼鐵冶煉技術發展的探討〉, 《考古學報》, 1975年 第2期, pp.1~22.

160) 주 158과 같음.

161) 大冶鋼歷·冶軍, 〈銅綠山古礦井遺址出土鐵制及銅制工具的初步鑒定〉, 《文物》, 1975年 第2期, pp.19~25.

162) 고조선은 서기 전 8~7세기경에 이미 압록강 중상류 및 두만강유역에서 연철을 생산하고 있었고(역사편집부, 《고고민속론문집》 8, 과학백과사전출판사, 1983년판 pp.172~174), 서기 전 7~5세기로 추정되는 무산범의구석유적 제5문화층에서 나온 쇠도끼를 실험분석한 데 따르면, 그것은 완전히 녹

에 널리 사용했다.

중국은 서한시대에 와서야 주철 제조 기술이 비교적 발달하지만,[163] 그 수준은 여전히 고조선에 미치지 못했다. 중국의 하남성 민지(澠池)에서 출토된 한(漢)·위(魏)시대의 철도끼와[164] 고조선의 서기 전 3세기에서 서기 전 1세기에 속하는 철도끼의 화학 성분[165]을 비교해보면 다음과 같다.

유물명	출토지	연대	화학조성(%)				
			C	Si	Mn	P	S
도끼	세죽리	서기 전 3~2세기	1.43	0.100	0.180	0.009	0.011
도끼	세죽리	서기 전 3~2세기	0.70	0.040	0.150	0.008	0.004
도끼	범의구석	서기 전 2~1세기	1.55	0.100	0.120	0.007	0.008
도끼	운성리	서기 전 2~1세기	0.62	0.250	0.010	0.041	0.012
도끼	풍천리	서기 전 2~서기 전후	0.45	0.009	0.040	0.070	0.016
도끼	로남리	서기 전 2~서기 전후	0.72	0.020	0.110	0.032	0.013
도끼	공귀리	서기 전 2~서기 전후	0.85	0.060	0.076	0.075	0.014

〈표 6〉 고조선(서기 전 3세기~서기 전 1세기) 강철 제품의 화학 성분

은 상태의 선철로 주조한 것으로 C 함유량은 4.2퍼센트였다(조선기술발전사편찬위원회,《조선기술발전사》, p.47). 또 서기 전 4~3세기로 추정되는 같은 유적의 제6문화층을 비롯하여 자강도 시중군 로남리, 풍청리, 중강군 토성리, 평안북도 영변군 세죽리 등 서기 전 2세기를 전후한 시기의 여러 유적들에서 나온 철기를 분석한 결과는 선철 제품과 함께 강철 제품이 있다는 것이 확인되었다(황기덕,《조선원시 및 고대의 사회기술발전》, 과학백과사전출판사, p.49). 특히 영변군 세죽리에서는 탄소가 4.2퍼센트로 함유된 쇠도끼가 출토되었다(조선기술발전사편찬위원회,《조선기술발전사》, p.42).

163) 주 158과 같음.

164) 澠池縣文化館 河南省博物館,〈澠池縣發現的古代窖藏鐵器〉,《文物》, 1976年 第8期, pp.45~51 ; 北京鋼鐵學員金屬材料系中心化驗室,〈河南澠池窖藏鐵器檢驗報告〉,《文物》, 1976年 第8期, pp.52~58.

165) 박영초,〈고조선에서의 제철 및 철재 가공기술의 발전〉,《조선고고연구》, 1989년 1기, pp.6~10.

原編號	器名	화학조성(%)				
		C	Si	Mn	P	S
254	"新安" II式斧	0.87	0.69	0.25	0.024	0.27
277	"電□□" II式斧	0.87	0.05	0.60	0.011	0.14
257	"陵右" II式斧	0.66~0.9	0.16	0.05	0.020	0.11
299	"電池軍□" II式斧	0.29	0.10	0.58	0.011	0.11
471	斧	0.24	0.16	0.41	0.014	0.14

〈표 7〉 하남성 민지에서 출토된 한·위 철도끼의 화학 성분

철은 탄소 성분의 함유량 정도에 따라 굳기와 세기가 달라진다. 보통 탄소 성분의 함유량이 0.5~0.6퍼센트까지 포함된 강철은 구조용강으로 쓰이며, 탄소 성분이 0.6~0.7퍼센트 이상 되는 경우에는 공구강으로 많이 이용된다. 위 〈표 6〉에서 분석된 철도끼들의 경우 풍천리에서 출토된 것을 제외하고 모두 탄소 함유량이 0.6퍼센트 이상인 공구강으로 제작되었다.[166] 이 같은 탄소 함유량으로 보아 고조선은 중국의 전국시대에 해당하는 시기에 이미 강철이 널리 생산되었음을 확인할 수 있다.

그러나 중국 민지(澠池)에서 출토된 철도끼들의 경우, 한대의 것으로 분류되는 원편호(原編號) 299와 471은 모두 탄소 함유량이 0.6퍼센트에 훨씬 미치지 못하고, 위(魏)의 것으로 분류되는[167] 원편호 254·277·257은 탄 함유량이 모두 0.6퍼센트 이상이 된다. 중국의 이 같은 강철 생산 기술의 낙후 현상은 갑편의 경우에서도 나타난다. 내몽고자치구 호화호특시(浩和浩特市) 이십가자고성(二十家子古城)에서 출토된, 서한 원제(元帝)부터 평제(平帝) 때(서기 전 48~서기 8년)에 속하는 갑편의 경우 탄소 함유량이 0.1~0.5퍼센트였다.[168]

---

166) 박영초, 〈고조선에서의 제철 및 철재 가공기술의 발전〉, pp.6~10.

167) 澠池縣文化館 河南省博物館, 〈澠池縣發現的古代窖藏鐵器〉, pp.49~51.

168) 內蒙古自治區文物工作隊, 〈浩和浩特二十家子古城出土的西漢鐵甲〉, 《中國考古集成》 東北卷 秦漢至三國(一), pp.190~198.

이 같은 예로 보아 중국은 고조선 후기에 해당하는 서한에 이르기까지 철기 제품이 용도에 맞게 제조되지 못했던 것으로 보인다. 그러나 이후 동한 중기에 만들어진 것으로 산동성 창산현(蒼山縣) 한묘에서 출토된 환수강도(環首鋼刀)는 탄소 함유량이 0.6~0.7퍼센트인[169] 강철로 만들어져 동한 시기부터 제철 제강 기술이 비교적 발전하기 시작한 것으로 보인다. 이 같은 중국의 제철 제강 기술은 양진남북조시대에 와서야 고조선의 수준에 이르게 된다.

이와 같이 고조선이 중국보다 앞선 제철 제강 기술을 가졌던 점으로 볼 때, 철찰갑도 중국의 것보다 훨씬 우수한 철로 만들어졌을 것이다. 이 같은 우수한 기술은 여러나라시대로 이어졌다. 이에 대해서는 이 책의 다음 장 〈여러나라시대의 갑옷〉에서 자세히 밝히려고 한다.

4. 닫는 글

저자는 지금까지 고조선 갑옷의 종류와 재료 및 특성에 대하여 고찰했다. 그 결과로 얻은 내용을 요약하면 다음과 같다.

고조선은 뼈·가죽·청동·철 등을 재료로 하여 다양한 갑옷을 생산했다. 먼저 뼈 갑옷의 생산을 살펴보자.

고조선의 영역에서 출토된 골갑편 가운데 가장 이른 연대의 것은 신석기 후기의 유적들에서 출토된 것으로 그 형태는 모두 장방형이었다. 이는 한민족이 적어도 청동기시대의 시작 연대인 서기 전 25세기보다 훨씬 이른 시기부터 뼈로 만든 갑옷을 생산했

---

169) 李衆, 〈中國封建社會前期鋼鐵冶練技術發展的探討〉, 《考古學報》, 1975年 第2期, p.14 ; 劉心健·陳自經, 〈山東蒼山發現東漢永初紀年鐵刀〉, 《文物》, 1974年 第12期, p.61.

음을 알게 해준다. 고조선의 숙신 유적지로 추정되는 내몽고자치구 적봉시의 하가점상층유적에서 장방형의 뼈로 만든 2개의 골갑편이 출토되었다. 따라서 숙신이 뼈를 이용한 갑옷을 생산한 연대는 이보다 앞섰을 것이다. 하가점상층문화기는 서기 전 1500년 무렵부터 문화 개시 이전 시기에 해당하는 것으로 편년되기 때문에 고조선 철기문화의 시작 연대인 서기 전 12세기 이전으로 거슬러 올라가게 된다. 또한 고조선의 유적인 서기 전 9세기에서 서기 3세기에 속하는 흑룡강성 빈현 경화유적에서 장방형의 골갑편 4편이 출토되었다. 이 같은 내용들은 고조선이 건국 초기부터 뼈 갑옷을 여러 지역에서 생산하기 시작해 멸망할 때까지 줄곧 생산했다는 점과 뼈갑편의 형태가 장방형을 특징으로 했음을 알려준다. 이와 달리 중국의 경우는 뼈로 만든 갑옷을 생산했다는 문헌기록은 물론 유물도 출토된 바가 없다.

그러면 가죽 갑옷은 어떠했을까? 숙신에서 생산한 뼈 갑옷의 생산 시기가 신석기 후기까지 올라가는 것으로 보아 가죽 갑옷의 생산 시기도 매우 이를 것으로 생각된다. 중국의 경우 가장 이른 연대의 것은 서기 전 1300년경에 속하는 안양 서북강 1004호 상왕조의 묘에서 출토된 가죽 갑옷이다. 이 가죽 갑옷은 앞가슴과 등 부분에 큰 조각의 두터운 가죽을 사용했고 활동에 편리하도록 어깨와 허리 부분에 비교적 작은 장방형의 갑편들을 연결했다. 중국의 경우 왕실의 무덤에서만 이 같은 갑옷이 발견되는데, 가죽갑편의 형태가 고조선 뼈 갑옷의 갑편 형태와 같은 장방형인 점은 일찍부터 뼈 갑옷과 가죽 갑옷을 생산했던 고조선의 영향이거나 고조선으로부터의 수입품이기 때문일 가능성이 크다. 이들 가죽 갑옷에 나타난 문양은 한반도와 만주지역에서 출토되는 청동기와 질그릇 등에서 볼 수 있는 특징적인 문양인 잔줄무늬와 구름무늬로, 중국의 복식과 청동기 등에서는 나타나지 않는 것이다. 이상의 내용으로 보아 고조선 초기의 가죽 갑옷은 위의 안양 서북강 1004호 상왕조의 묘에서 출토된 가죽 갑옷의 양식과 같이 큰 가죽편과 장방형의 가죽갑편을 부분적으로 연결하여 만들었을 것으로 추정된다. 고조선의 가죽갑편으로 만들어진 가죽 갑옷은 고조선이 붕괴된 이후에도 계속 생산되었으며 중국이 선호하는 귀중품이었다.

고조선의 영향을 받은 장방형의 중국 갑편은 춘추시대와 전국시대에도 같은 모양으로 나타난다. 이후 서한시대에 오면 이 같은 갑편은 이미 중국보다 앞서 생산된 고조선 철갑편 형제의 영향을 받아서 비교적 크기가 작은 장방형과 방원형 및 타원형을 띠게 된다.

고조선이 청동을 갑옷에 이용한 것은 언제부터였을까?

중국학자들은 서기 전 9세기에서 서기 전 11세기에 속하는 상대 후기와 서주 초기의 유적들에서 출토된 청동 장식단추를 전의(戰衣)에 달아 방어용 갑옷으로 사용했다고 보고, 이를 중국 갑옷의 기원으로 여기고 있다. 고조선의 영역에서 발굴된 청동 장식단추로 가장 연대가 앞서는 것은 서기 전 25세기에 해당하는 것으로 평양 부근 강동군 룡곡리 4호 고인돌유적에서 출토되었다. 고조선의 청동 장식단추 생산 연대는 중국보다 적어도 14세기 정도 앞선다. 따라서 중국의 청동 장식단추는 고조선의 영향으로부터 만들어졌을 가능성이 있는 것이다. 이는 중국 상왕조의 청동기가 고조선 초기의 문화인 하가점하층문화와 밀접한 관계를 갖기 때문이다. 중국학자들도 상왕조 청동기 주조의 최초의 기원이 고조선 초기의 문화인 하가점하층문화와 밀접한 관계를 가지고 있다고 보고 있다. 이 같은 견해는 고조선의 청동 장식단추가 갖는 고유한 특징에서 확인된다. 즉, 중국의 경우는 몇 개 지역에서만 청동 장식단추가 발견되지만 고조선의 영역이던 한반도와 만주지역에서는 거의 모든 청동기시대 유적에서 다양한 크기와 문양의 청동 장식단추들이 발견되고 있다. 또한 중국의 청동 장식단추에 보이는 문양은 중국의 청동기나 질그릇 및 가락바퀴 등에서 볼 수 있는 상왕조의 특색을 나타내는 문양과는 전혀 다르고, 오히려 고조선의 청동 장식단추와 같거나 고조선 청동 장식단추의 모양에 가깝다. 고조선의 청동 장식단추는 원형과 타원형의 형태가 주류를 이룬다. 더욱이 이는 고조선의 영역에서만 특징적으로 나타나는, 신석기시대부터 출현했던 가락바퀴나 질그릇 및 청동기 등에 보이는 것처럼 새김무늬의 모양을 나타내거나 혹은 청동거울이나 비파형동검 검집에 보이는 것처럼 잔줄문양을 나타내기 때문에 고조선의 유물이 갖는 특징과 그 맥락을 같이한다.

이 같은 청동 장식단추를 일반 의복의 화려한 장식으로 이용한 것은 고조선만이 갖는 복식의 특징으로, 중국이나 호에서는 찾아볼 수 없는 것이다. 고조선의 경우 청동 장식단추는 복식의 여러 부분에 다양하게 사용되었기 때문에 장식품으로 구분해야 할 것이다. 그러나, 출토된 청동 장식단추가 소량일 때는 장식용으로 사용되었겠지만, 그 수량이 다수일 때는 방어용 전의의 구성물로서 역할을 했을 것으로 생각된다. 고조선은 청동 투구의 경우에도 청동 장식단추를 장식하여, 중국의 수면문식과 수비의 모양을 특징으로 한 투구와는 크게 구별된다.

청동갑편으로 만들어진 고조선의 청동 갑옷 가운데 가장 이른 것은 시기상 춘추시대로 분류되는, 내몽고자치구와 내몽고 장성지대에서 청동 장식단추와 함께 발굴된 것이다. 중국의 경우는 전국 말기에서 서한 초기의 유적으로 분류되는 운남성에서 발굴된 것이 가장 이른데, 하나는 큰 청동편으로 구성된 것이고 다른 하나는 내몽고에서 발굴된 것과 같은 모양으로 장방형의 작은 청동갑편으로 만들어진 것이다. 이는 중국 청동갑편의 형제가 고조선의 영향으로부터 생산되었던 장방형 뼈와 가죽으로 만들어진 갑편의 형제를 그대로 계승하고 있음을 보여주는 사례이다.

그러면 철갑의 사용은 어떠했을까?

서기 전 3세기경으로 추정되는 고조선 후기의 유적인 평양시 낙랑구역 정백동 1호묘에서 찰갑쪽이 발견되었다. 그 형태는 아래쪽이 둥근 장방형과 타원형의 것 그리고 장방형의 것으로, 그것들을 꿰어 붙인 상태는 물고기비늘과 같은 인갑(鱗甲)이었다. 갑옷 전체의 모양은 알 수 없으나, 위의 자료를 통해 고조선에서는 적어도 서기 전 3세기 이전부터 인갑의 철 갑옷을 생산했음을 알 수 있다. 갑편의 형제는 장방형에서 약간의 변화를 보인다. 또한 고조선은 청동기시대에 사용하던 청동 장식단추를 철기시대에 이르러 철 장식단추로 만들고 이를 철갑편과 함께 갑옷의 구성 부분으로 사용했다. 그러나 고조선의 철갑 생산은 정백동 1호묘의 유물이 만들어진 서기 전 3세기경보다도 훨씬 앞선 연대를 가질 것으로 추정된다. 앞에서 서술한 바와 같이, 이는 고조선의 거수국인 숙신에서 이미 중국보다 앞서 뼈나 가죽으로 만든 갑옷을 생산했다는 점과 고조선이 중국보다 약 4세기 정도 앞선 서기 전 12세기 이전에 철기 생산을 시작했다는 점에서도 확인할 수 있다.

중국은 춘추시대에 철갑을 생산하지 못했다. 중국에서 철갑이 출현하는 것은 전국 말기에 와서인데, 원각장방형의 철갑편을 그대로 이어서 만든 투구가 발굴되었을 뿐이다. 진제국시대에는 철갑편이 출토되지 않은 것으로 보아 생산하지 않았을 것으로 생각된다. 그러므로 진제국시대의 갑옷은 갑편 모두가 가죽으로 만들어졌고 주로 앞가슴과 등 뒷부분 및 어깨만을 덮는 것이었다. 중국은 철갑이 서한시대에 와서야 보급되기 시작한다. 서한 초기인 무제 이전까지 군대는 보병 위주였으며 철갑이 크게 보급되지 못했다. 그러나 무제시대에 이르면 흉노와의 전쟁으로 개갑으로 무장한 기병의 수가 크게 증가하며 갑편의 형제도 큰 크기의 철찰갑에서 비교적 세밀한 어린갑으로 발전한다. 그러나 여전히 가죽 갑옷이 철 갑옷보다 많이 사용되었다.

고조선 철 갑옷의 전체 모양은 알 수 없으나 고조선 철 갑옷의 갑편 형태와 그 생산 시기를 중국과 비교하여 다음과 같이 정리해볼 수 있겠다.

첫째로 고조선의 경우 철 장식단추는 철기문화의 시작 연대인 서기 전 12세기경부터 생산되어 갑옷의 구성물로 사용되었을 것이다. 이는 고조선 갑옷만이 갖는 특징이다.

둘째로 고조선의 경우 물고기비늘 모양의 갑편이 발굴된 정백동유적이 서기 전 3세기경으로 추정되기 때문에, 지금까지의 발굴 자료에 따르면 고조선에서 어린갑이 생산된 시기는 중국에서 어린갑이 생산된 서한 중기보다 훨씬 빨랐음을 알 수 있다.

셋째로 고조선의 물고기비늘 모양 갑편의 형태는 장방형인 것과 아래쪽이 둥근 장방형 및 타원형인 것이 특징인데, 중국의 서한 초기 묘들에서 출토된 찰갑편의 형태는 대체로 고조선의 것과 비슷하다. 그러나 무제 시기에 오면 비교적 세밀하고 아래쪽이 긴 타원형의 찰갑으로 변한다.

넷째로 고조선의 철갑편과 중국의 철갑편은 그 연결 구멍에서 차이를 보인다.

다섯째로 고조선의 갑편은 연결 구멍을 쇠줄로 연결했으나 중국의 갑편은 비단 끈이나 가죽 끈으로 연결했다.

이상과 같이 고조선은 혁갑·동갑(銅甲)과 함께 철갑을 동아시아에서 가장 먼저 독자적으로 생산했음을 알 수 있다. 중국은 무제 때에 와서야 군대에서 철갑의 기병이 큰 비중을 차지하는데, 이 시기는 고조선이 붕괴되어 가는 시기로서 이 같은 무제 때의 군대 장비의 변화는 고조선 붕괴의 한 요인이 되었을 것으로 생각된다.

　이제 갑옷의 재료와 특징을 정리해보자.

　고조선은 일찍부터 특수한 고급 가죽과 일반 가죽을 많이 생산했다. 특수한 고급 가죽들은 중국과의 무역상품이었고 일반 가죽들은 일반 복식의 재료로서 큰 비중을 차지했다. 이것이 가능했던 것은 한민족이 신석기시대부터 다양한 방법의 사냥 기술과 목축업을 발달시켜왔고 야생짐승의 가죽은 물론 돼지, 양, 말 등의 집짐승의 가죽을 많이 생산했기 때문이다. 부여와 고구려 그리고 숙신 사람들이 돼지를 많이 생산했던 것으로 보아, 돼지는 다른 짐승들과 함께 그 뼈와 가죽이 갑옷의 재료로 이용되었을 것이다. 한민족은 중국보다 앞서 돼지를 사육했는데, 돼지는 성장이 빠르기 때문에 가죽을 쉽게 많이 얻을 수 있다. 또 털이 적은 동물은 털이 많은 동물보다 가죽이 질기고 강한 장점을 지니고 있기 때문에 이를 잘 이용했다. 중국의 경우는 갑옷의 재료로 주로 소가죽과 코뿔소가죽 그리고 외뿔소가죽을 사용했다.

　한민족이 금속을 갑옷에 사용한 것은 언제부터였을까?

　근래의 연구 결과에 따르면 한민족의 청동기문화 시작 연대는 서기 전 2500년경인데, 서기 전 2000년기 전반기의 유적들에서 이미 매우 발달된 청동 가공 기술을 볼 수 있다. 한반도와 만주에서 출토된 고조선 시기의 여러 청동 제품들은 동·석·연 등의 3원소 합금으로 제조된 것인데, 각 성분은 기물에 맞게 그 함유량이 맞추어져 있다. 또한 고조선의 청동기에는 초기부터 많은 양의 연이 포함되어 있었는데, 연은 석과 함께 청동 합금의 강도를 높여주고 녹이 스는 것을 방지해주며 주물 온도를 낮추어준다.

　서기 전 2000년기에 속하는 중국의 청동 유물과 같은 시기의 고조선의 청동 유물을 비교한 결과, 서기 전 2000년기에 중국 청동기는 거의 자연동에 가까운 성분을 보이고 야련의 과정을 거치지 못했으나, 고조선의 청동기들은 제각기 용도에 맞는 성분으로 석과 연의 함량이 배합되어 있었다. 서기 전 16세기부터 서기 전 13세기까지의 중국 청동 유물을 보면, 동과 석 및 연의 합금 기술을 가지고 있었으나, 연과 석의 비율이 너무 높거나 낮고, 석이나 연이 전혀 섞이지 않는 등 합금의 성분이 기물에 용도에 적합하지 못했다. 고조선 초기의 청동기들은 석과 함께 합금의 기계적 성질과 강도 및 연신율을 제고시키는 아연을 사용했으나 중국에서는 상대까지 아연이 전혀 사용되지 않았으며, 서주 초기부터 비로소 소량이 사용되기 시작하지만 청동의 질을 높이는 그 밖의 성분들, 곧 비소·안티몬·비스무트·코발트·은 등의 성분은 보이지 않는다. 이 같은 사정은 서한시대에 만들어진 청동갑편에서도 마찬가지로 볼 수 있는데, 석의 함유량이 부족하고 연 등의 기타 성분도 보이지 않아 청동 주조 수준이 고조선에 미치지 못한다. 이 같은 청동 가공 기술은 비소를 많이 사용한 시베리아지역이나 독립국가연합지역과도 큰 차이가 있으므로, 고대 한국의 청동 가공 기술은 중국이나 북방지역과 무관하게 독자적으로 발달했음을 알 수 있다.

따라서 한국의 청동기에 아연이 함유되어 있고 중국의 청동기에 아연이 없다는 이유로 한국의 청동기가 스키토-시베리언 계통과 직접적으로 관계가 있다고 하는 주장은 성립될 수 없으며, 한국 청동기의 기원을 중국 상대의 청동기에서 찾는 것도 잘못이라 하겠다.

평양지역의 강동군 송석리 1호묘에서 서기 전 12세기경의 강철로 만든 쇠거울이 출토되었는데, 강철은 연철이나 선철의 생산 공정이 선행되어야 하기 때문에 고조선의 철기 생산 시작 연대는 이보다 몇백 년 정도 더 앞설 것이다. 중국에서는 전국 초기까지 생철이 그대로 생산되어 제철 제강 수준은 거의 발달되지 않았다.

생철에서 주철로의 발전은 전국 중후기에 와서야 보편적으로 나타나지만, 연강(煉鋼) 기술은 여전히 초기 단계에 속하여 농기구 등에 강철 제품이 사용되지는 못했다. 그러나 고조선은 같은 시기인 서기 전 6세기경 거의 모든 지역에서 주철을 생산하기 시작했고, 주철로부터 연철·선철·강철을 만들어 무기와 공구 및 농기구 등에 널리 사용했다. 중국은 서한시대에 와서야 주철 생산 기술이 비교적 발달하지만, 그 수준은 여전히 고조선에 미치지 못했다. 철은 탄소 성분의 함유량 정도에 따라 굳기와 세기가 달라지는데, 고조선 후기에 해당하는 서한에 이르기까지 철기 제품의 탄소 함유량이 적절하지 못한 것으로 보아 철기 제품이 용도에 맞게 제조되지 못했음을 알 수 있다. 이후 동한 중기에 이르러 제철 제강 기술이 비교적 발달하고 양진남북조시대에 와서야 고조선의 수준에 이른다. 중국보다 앞선 이와 같은 고조선의 제철 제강 기술은 갑옷의 용품에도 그대로 이용되었을 것이다.

이상과 같이 고조선은 뼈 갑옷·가죽 갑옷·청동 갑옷·철 갑옷을 동아시아에서 가장 먼저 독자적으로 생산했으며, 이 같은 우수한 갑옷 생산 기술은 여러나라시대로 이어지게 되었다.

	출토지	銅泡의 지름 (단위 : cm)	근거 문헌자료	실물 모양
1	河北省 灤平縣 筍子溝	2.5	鄭紹宗, 〈中國北方靑銅短劍的分期及形制研究〉, 《中國考古集成》 東北卷 靑銅時代(一), p.60 圖 9의 6.	
2	河北省 平泉縣 東南溝	알 수 없음	朱永剛, 〈夏家店上層文化的初步硏究〉, 《中國考古集成》 東北卷 靑銅時代(一), p.370 圖 9의 17.	
3	內蒙古自治區 昭烏達盟 赤峰市 葯王墓	3	中國科學院考古硏究所內蒙古發掘隊, 〈內蒙古赤峰葯王廟·夏家店遺址試掘簡報〉, 《中國考古集成》 東北卷 靑銅時代(一), p.661 도판 2의 9.	
4	內蒙古自治區 昭烏達盟 安慶溝灌渠內	1.8, 2	中國科學院考古硏究所內蒙古工作隊, 〈赤峰葯王墓·夏家店遺址試掘報告〉, 《中國考古集成》 東北卷 靑銅時代(一), p.677~681 表 6 과 p.679 圖 30의 14.	
5	內蒙古自治區 寧城縣 南山根	0.85, 1.8, 2.3, 2.5, 3, 3.1, 4, 4.3, 6.5, 7.5	中國科學院考古硏究所內蒙古工作隊, 〈寧城南山根遺址發掘報告〉, 《中國考古集成》 東北卷 靑銅時代(一), pp.719~728. 中國社會科學院考古硏究所東北工作隊, 〈內蒙古寧城縣南山根102號石槨墓〉, 《中國考古集成》 東北卷 靑銅時代(一), pp.727~728 圖 4의 3. 遼寧省昭烏達盟文物工作站·中國科學院考古硏究所東北工作隊, 〈寧省縣南山根的石槨墓〉, 《中國考古集成》 東北卷 靑銅時代(一), p.745 도판 10.	
6	內蒙古 敖漢旗 古魯板蒿公社 周家地	1.5~3.7	中國社會科學院考古硏究所內蒙古工作隊, 〈內蒙古敖漢旗周家地墓地發掘簡報〉, 《中國考古集成》 東北卷 靑銅時代(一), pp.815~817 圖 9의 6.	
7	內蒙古 敖漢旗 新惠鄕 房申村 鐵匠溝	0.9, 2.1, 2.9, 3, 3.1, 3.3, 3.4, 4.2	邵國田, 〈敖漢旗鐵匠溝戰國墓地調查簡報〉, 《中國考古集成》 東北卷 靑銅時代(一), pp.827~828 圖 9의 1·2·3·5·6.	
8	內蒙古 昭烏達盟 翁牛特旗 烏蘭敖都公社 査干敖爾大隊 大泡子村	1.2~1.5, 3.4	賈鴻恩, 〈翁牛特旗大泡子靑銅短劍墓〉, 《中國考古集成》 東北卷 靑銅時代(一), pp.834~836 圖 2의 7.	

9	內蒙古 巴林右旗	2.9	董文義, 〈巴林右旗發現靑銅短劍墓〉, 《中國考古集成》 東北卷 靑銅時代(一), p.839 圖 1의 4.	
10	內蒙古 赤峰市 克什克騰旗 土城子	2.6	內蒙古自治區文物考古硏究所·克什克騰旗博物館, 〈內蒙古克什克騰旗龍頭山遺址第一·二次發掘簡報〉, 《中國考古集成》 東北卷 靑銅時代(一), pp.845~846 圖 11의 7.	
11	內蒙古 準格爾旗 寶亥社	2.1	伊克昭盟文物工作站, 〈內蒙古準格爾旗寶亥社發現靑銅器〉, 《中國考古集成》 東北卷 靑銅時代(一), pp.901~902 圖 6의 13과 陶 8의 2.	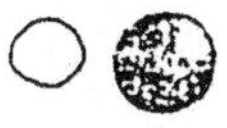
12	內蒙古 鳥盟凉城縣 于毛慶溝村	2.3	內蒙古自治區文物工作隊, 〈凉城飮牛溝墓葬淸理簡報〉, 《中國考古集成》 東北卷 靑銅時代(一), pp.905~906 圖 8의 3.	
13	內蒙古 包頭市 西園村	3~3.3, 5	內蒙古文物考古硏究所包頭市文物管理處, 〈包頭西園春秋墓地〉, 《中國考古集成》 東北卷 靑銅時代(一), pp.933~934 圖 5의 1.	
14	內蒙古自治區 土默特旗 水澗溝門村 大靑山	3.1~3.4, 4.5	鄭隆, 〈大靑山下發現一批銅器〉, 《中國考古集成》 東北卷 靑銅時代(一), p.941 圖 2의 5·6.	
15	內蒙古 鄂爾多斯	1.4, 1.7~4, 2.2, 2.9, 3.4	田廣金·郭素新, 〈鄂爾多斯靑銅器拾零〉, 《中國考古集成》 東北卷 靑銅時代(一), pp.952~953 圖 7의 11·12·13.	
16	遼寧省 朝陽縣 十二臺營子	1~1.8	조선유적유물도감 편찬위원회, 《조선유적유물도감》 1-고조선·진국·부여편, p.41.	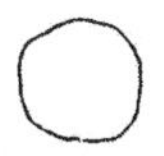
17	遼寧省 朝陽縣	알 수 없음	郭大順, 〈遼河流域'北方式靑銅器'的發現與硏究〉, 《中國考古集成》 東北卷 靑銅時代(二), p.1319 圖 3의 13.	
18	遼寧省 海城縣 大屯	4	朱貴, 〈遼寧朝陽十二臺營子靑銅短劍墓〉, 《中國考古集成》 東北卷 靑銅時代(二), p.1397 도판 3의 14.	
19	遼寧省 大城子鎭 南溝門村	3.2, 3.7, 3.8, 5.2~5.3	張靜·田子義·李道升, 〈朝陽小波赤靑銅短劍墓〉, 《中國考古集成》 東北卷 靑銅時代(二), p.1402 圖 3의 1·2·3.	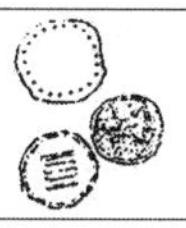
20	遼寧省 朝陽市 楡樹林子鄕 炮手營子村	알 수 없음	郭大順, 〈試論魏營子類型〉, 《中國考古集成》 東北卷 靑銅時代(二), p.1415 圖 2의 2·9.	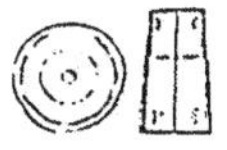

21	遼寧省 朝陽市 楡樹林子鄉 炮手 營子村	3.2	李殷福,《建平孤山子·楡樹林子靑銅時代墓葬〉,《中國考古集成》東北卷 靑銅時代(二), p.1429 圖 5의 7·8.	
22	遼寧省 建平縣 水泉村	3.5	遼寧省博物館·朝陽市博物館,〈建平水泉遺址發掘簡報〉,《中國考古集成》東北卷 靑銅時代(二), p.1444~1445 圖 14의 14.	
23	遼寧省 凌源縣 五道河子村	4.8, 8	遼寧省文物考古硏究所,〈遼寧凌源縣五道河子戰國墓發掘簡報〉,《中國考古集成》 東北卷 靑銅時代(二), p.1506~1509 圖 8의 25·26.	
24	遼寧省 錦西縣 李虎氏村	3.5	錦州市博物館,〈遼寧錦西縣烏金塘東周墓調查記〉,《中國考古集成》 東北卷 靑銅時代(二), p.1582~1583 圖 2의 6과 도판 2의 6·7.	
25	遼寧省 大連市 旅順口區 鐵山 公社 于家村	1.9	旅順博物館·遼寧省博物館,〈大連于家村坨頭積石墓地〉,《中國考古集成》東北卷 靑銅時代(二), p.1803.	알 수 없음
26	遼寧省 旅大市 旅順口區 營城子村	1.7, 3.2, 7.6	旅順博物館,〈旅順口區后牧城驛戰國墓淸理〉,《中國考古集成》東北卷 靑銅時代(二), p.1817~1819.	
27	遼寧省 旅大市 甘井子區	1.7, 3, 5.7	조선 유적 유물도감 편찬 위원회,《조선유적유물도감》 1-고조선·진국·부여편, p.60 그림 93.	
28	遼寧省 沈陽市 鄭家洼子	12	沈陽市文物工作組,〈沈陽地區出土的靑銅短劍資料〉,《中國考古集成》東北卷 靑銅時代(二), p.1880~1881 圖 1의 3과 도판 1의 6·7·8·9.	
29	遼寧省 太子河	알 수 없음	李恭篤·高美璇〈太子河上游洞穴墓葬探究〉,《中國考古集成》東北卷 靑銅時代(二), p.2025 圖 7의 1.	
30	吉林省 吉林市 騷達溝山頂大棺	2, 2.6, 3, 5.6, 6	閆素義〈對吉林省館藏石范的初步硏究〉,《中國考古集成》 東北卷 靑銅時代(三), p.2090 圖 2의 1. 劉景文,〈試論西團山文化中的靑銅器〉,《中國考古集成》 東北卷 靑銅時代(三), p.2181 圖 4의 4. 吉林省博物館·吉林大學考古專業,〈吉林市騷達溝山頂大棺整理報告〉,《中國考古集成》東北卷 靑銅時代(三), pp.2375~2376 圖 4의 1.	

31	吉林省 九台市 石砬山墓地·關馬山墓地	1.2, 1.6	吉林省文物考古研究所, 〈吉林九台市石砬山·關馬山西團山文化墓地〉, 《中國考古集成》 東北卷 青銅時代(三), pp.2456～2457 圖 5의 2와 圖 6의 3.	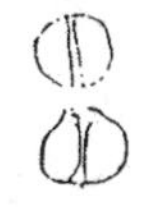
32	吉林省 鎭賚縣 坦途鎭 北崗子	0.7	郭珉·李景冰·劉雪山·韓淑華, 〈吉林省鎭賚縣坦途北崗子青銅時代墓葬淸理報告〉, 《中國考古集成》 東北卷 青銅時代(三), pp.2525～2526 圖 5의 11.	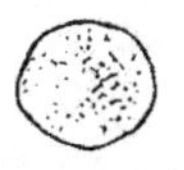
33	吉林省 大安縣 東山頭	1.4, 2.5, 3～3.4	匡瑜·方起東, 〈吉林大安東山頭古墓葬淸理〉, 《中國考古集成》 東北卷 青銅時代(三), p.2532 圖 2의 2·3·5.	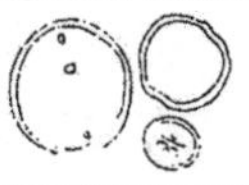
34	吉林省 東豊縣 大陽鎭	알 수 없음	金旭東, 〈1987年吉林東豊南部盖石墓調査與淸理〉, 《中國考古集成》 東北卷 青銅時代(三), p.2579 圖 7의 11.	
35	吉林省 吉林市 騷達溝	1.5	劉景文, 〈吉林市騷達溝石棺墓出土的幾件文物〉, 《中國考古集省》 東北卷 青銅時代(三), p.2382 圖 2.	
36	黑龍江省 官地 紅頭山		越善桐, 〈黑龍江官地遺址發現的墓葬〉, 《中國考古集成》 東北卷 青銅時代(三), p.2718 圖 5의 4.	
37	黑龍江省 泰來縣 洋磚歷墓	1.05, 1.3, 2.9, 3.6	黑龍江省文物考古研究所, 〈黑龍江泰來縣平洋磚歷墓地發掘簡報〉, 《中國考古集成》 東北卷 青銅時代(三), pp.2750～2754 圖 6의 10.	
38	黑龍江省 泰來縣 戰鬪村	0.8, 2.4	黑龍江省文物考古研究所, 〈黑龍江泰來縣戰鬪墓地發掘簡報〉, 《中國考古集成》 東北卷 青銅時代(三), pp.2760～2761 圖 3의 7.	
39	黑龍江省 富裕縣 大登科村	1～0.75, 1.45～1.5, 4.5～4.9	黑龍江省文物考古研究所, 〈黑龍江小登科墓葬及相關問題〉, 《中國考古集成》 東北卷 青銅時代(三), p.2773 圖 3의 7.	
40	黑龍江省 齊齊哈爾市 大道三家子	1～2.8, 2.4, 2.7, 2.8, 3.1	黑龍江省博物館·齊齊哈爾市文管站, 〈齊齊哈爾市大道三家子墓葬淸理〉, 《中國考古集成》 東北卷 青銅時代(三), pp.2776～2780 도판 2의 8·9.	
41	黑龍江省 林甸縣 東升公社 牛尾巴崗	1.6, 2.2, 3	金鑄, 〈黑龍江林甸牛尾巴崗發現青銅時代墓葬〉, 《中國考古集成》 東北卷 青銅時代(三), p.2805 圖 3의 4·5.	

42	함경북도 羅津市 草島	5.5	고고학 및 민속학 연구소, 《나진초도 원시유적 발굴보고서》-유적발굴보고 제1집, 과학원출판사, 1956, p.45 도판 CXXXI의 1.	
43	함경북도 戊山郡 범의구석 제5기	1.8, 2.5, 3.5	고고학연구소, 〈무산범의 구석유적 발굴보고〉, 《고고민속론문집》 6, 사회과학출판사, 1975, p.205 그림 85의 1·2·3.	
44	평안북도 龍川郡 新岩里	알 수 없음	王巍, 〈夏商周時期遼東半島和朝鮮半島西北部的考古學文化序列及其相互關係〉, 《東北考古集成》 東北卷 青銅時代(一), p.607 圖 21의 7.	
45	평안북도 江界郡 漁雷面 豊龍里	3.3	有光教一, 〈平安北道 江界郡 漁雷面 發見の一箱式石棺と其副葬品〉, 《考古學雜誌》, 31-2, 1941.	
46	평양시 강서군 태성리	2.3, 2.8	고고학연구소, 《고고민속논문집》 1, 사회과학출판사, 1969, 도판 52의 1·2·3·4.	
47	경상북도 永川郡 漁隱洞	2.9	국립경주박물관, 《국립경주박물관》, 통천문화사, 1995, p.17.	
48	경상북도 경주시 죽동리	4.1	국립경주박물관, 《국립경주박물관》, 통천문화사, 1995, p.80.	

<표 8> 청동 장식단추의 출토지 일람표

제12장 여러나라시대의 갑옷

1. 여는 글

이글은 고조선의 뒤를 이어 건국된 여러 나라의 갑옷이 고조선 갑옷의 특징을 그대로 이어 생산되었음을 밝히는 데 그 목적이 있다. 일반적으로 고대 한국의 갑옷은 사국시대[1] 초기부터 생산되었다고 인식해왔다. 또한 사국시대 초기부터 생산된 우리나라 갑옷의 원류가 주로 북방 유목민의 무장 형태에 있다는 주장도 있고,[2] 중국 문물과 밀접한 연관을 가지는 것으로 보기도 하며,[3] 북

---

1) 그 동안 학계에서는 가야가 존재했던 대부분의 기간을 삼국시대라고 이름 지어 고구려·백제·신라가 그 시대의 주역이었던 것으로 인식했으나, 지금은 이미 '任那日本府'설을 주장한 일본인들의 주장이 잘못이었음이 밝혀지고 가야의 실체도 밝혀졌으므로 이 시기는 당연히 사국시대라고 칭해야 할 것이다(윤내현, 《한국 열국사 연구》, pp.240~268).

2) 石田英一郎·江上波夫·岡正雄·八幡一郎, 〈朝鮮半島との關係〉, 《日本民族の起源》, 平凡社, 1969, pp.104~116 ; 駒井和愛, 〈スキタイの社會と文化－武器〉, 《考古學槪說》, 講談社, 1972, pp.380~381 ; 增田精一, 〈武器·武裝－騎馬戰鬪と札甲〉, 《考古學講座》 5 原史文化 下, 雄山閣, pp.284~285 ; 增田精一, 〈馬面と馬甲〉, 《國家の起源》, 日本 角川新書, 1966, pp.106~107 ; 이은창, 《한국

614

방 계통의 무장 모습을 기본으로 하면서 중국 계통의 무장 방법을 들여와 복합적으로 형성되었을 것으로 보기도 했다.[4] 더구나 일본 학계에서는 일본에서 출토된 갑주(甲冑)들이 자신들의 문화적 소산이며 나아가 한반도 남부 고분에서 출토된 갑주 또한 일본에서 만들어진 것이라고 주장한다.[5] 이 같은 견해들은 일본 학계의 통설로 되어 있으며, 이를 '임나일본부(任那日本府)'설을 방증하려는 하나의 근거로 삼고 있다.[6] 그러나 저자는 한민족이 이미 여러나라시대보다 앞선 고조선시대에 뼈 갑옷[7]과 청동 갑옷 그리고 철 갑옷을 생산했으며, 이들 갑옷의 생산 시작 연대가 모두 중국이나 북방지역보다 훨씬 앞선다는 것을 밝힌 바 있다.[8] 사국시대 초기부터 생산된 것으로 인식해온 갑옷은 주로 청동 갑옷과 철 갑옷을 카리킨다. 그러나 청동 갑옷의 경우, 고조선은 중국보다 16세기 정도나 앞선 서기 전 25세기경부터 청동 장식단추로 구성된 갑옷을 생산했으며, 청동 장식단추를 사용한 청동 투구를 만들어 중국의 수면문식(獸面紋飾)과 수비(獸鼻)의 모습을 한 투구와 구별되었다. 이후 중국보다 앞서 청동갑편과 청동 장식단추를 함께 사용한 청동 갑옷을 생산했다. 지금까지 출토된 청동갑편으

복식의 역사》-고대편, 교양국사총서, 1978, p.127 ; 전주농, 〈고구려 시기의 무기와 무장(II)〉, 《문화유산 1》, 사회과학원출판사, 1959, pp.53~68.

3) 金榮珉, 〈嶺南地域 板甲에 대한 一考察〉, 《古文化》 第46輯, 韓國大學博物館協會, 1995, p.124.

4) 李殷昌, 〈三國時代武具〉, 《韓國の考古學》, 河出書房, 1972, pp.229~237 ; 宋桂鉉·金舜圭, 〈古代의 軍服飾〉, 《韓國의 軍服飾發達史 1》, 國防軍史硏究所, 1997, pp.1~156.

5) 末永雅雄, 《增補 日本上代の甲冑》, 創元社, 1981 ; 野上丈助, 〈甲冑製作技法と系譜をめぐる問題點(上)〉, 《考古學硏究》 第21卷 第4號, 1975 ; 末永雅雄·伊東信雄, 《挂甲の系譜》, 雄山閣, 1979.

6) 穴澤和光·馬目順一, 〈南部朝鮮出土の鐵製鋲留甲冑〉, 《朝鮮學報》 第78輯, 1976.

7) 이 책의 제3부 제11장 〈고조선의 갑옷 종류와 특징〉 참조.

8) 같은 곳 참조.

로서 가장 이른 것은 춘추시대로 분류되는 유적에서 나온 것인데, 장방형의 청동갑편이 청동 장식단추와 함께 출토되었다. 중국의 경우 이보다 늦은 전국 말기에서 서한 초기의 유적에서 청동갑편이 출토되었다. 철 갑옷의 경우 서기 전 3세기경의 것으로 평양시 낙랑구역 정백동 유적에서 물고기비늘 모양의 철갑편이 발굴되었기 때문에, 고조선에서 적어도 서기 전 3세기 이전부터 어린갑(魚鱗甲)의 철 갑옷을 생산했음을 알 수 있다. 이후 중국의 서한 중기에 해당하는 시기의 고조선 유적에서 갑옷의 구성물인 철갑편과 철 장식단추가 함께 출토되었다. 지금까지 출토된 자료에 따르면, 고조선에서 어린갑이 생산된 시기는 중국에서 어린갑이 생산된 서한 초기보다 훨씬 이르다.[9]

이 같은 사실들은, 지금까지의 발굴자료를 통해 볼 수 있듯이, 고조선지역의 청동기문화 시작 연대가 중국보다 약 300~400년 정도 앞서고 고조선지역과 문화적으로 관련이 있는 시베리아의 카라수크문화보다 약 1300년 정도 앞선다는 점[10]을 확인시켜준다. 또한 고조선의 청동 합금 기술이 중국이나 북방지역보다 앞서 발달했기 때문에, 청동 장식단추와 청동갑편의 성분 분석 결과에서 고조선의 것이 중국이나 북방지역의 것보다 수준이 높고 성분 내용이 다양하다는 특성을 보여주었다.[11] 고조선 후기에 이르면 철기가 사용되기 시작했다. 중국은 철기문화의 시작 연대를 춘추 후기인 대략 서기 전 8~6세기경으로 보고 있다.[12] 그러나 고조선의 철기 시작 연대는, 평양지역의 강동군 송석리 1호 무덤에서 서기 전

---

9) 주 7과 같음.
10) 윤내현, 《고조선 연구》, 一志社, 1994, p.29.
11) 주 7과 같음.
12) 中國鋼鐵學院·中國冶金簡史編寫小組, 《中國冶金簡史》, 科學出版社, 1978, p.44 ; 黃展岳, 〈關于中國開始冶鐵和使用鐵器的問題〉, 《文物》, 1976年 第8期, pp.62~70.

12세기에 해당하는 철기들이 출토됨에 따라, 중국보다 무려 4~6세기 정도나 앞서는 것으로 밝혀졌다.[13] 고조선에서는 서기 전 6세기경 거의 모든 지역에서 이미 주철을 생산하기 시작했으나, 중국은 서한시대에 이르러 주철 제조 기술이 비교적 발전하게 되며 양진남북조시대에 와서야 고조선의 수준에 이른다. 이는 고조선의 철갑편과 중국의 철갑편에 대한 성분 분석과 비교를 통해서 확인할 수 있다.[14] 이 같은 내용들은 한국 갑옷의 원류가 북방 유목민의 무장 형태에 있다거나 혹은 북방 계통의 무장 모습을 기본으로 하면서 중국 계통의 무장 방법을 들여와 복합적으로 형성되었다는 등의 견해가 잘못된 것임을 밝혀주는 중요한 근거들이다.

따라서 이 글에서는 고조선 갑옷에 대하여 분석한 여러 내용들을 토대로, 이를 계승해 발전시킨 여러나라시대의 갑옷을 동부여·고구려·백제·가야·신라 갑옷의 특징을 중심으로 중국 및 북방지역의 것과 비교해보고자 한다. 이 같은 작업을 통해 여러나라시대 갑옷의 기원에 대한 종래의 잘못된 견해는 수정될 것이다. 아울러 일본의 갑옷 생산이 한반도의 영향으로부터 이루어졌음을 밝힘으로써, 한반도 남부 고분에서 출토된 갑주가 일본에서 만들어진 것이라고 주장하는 일본 학계의 통설 또한 수정될 것이다. 이러한 고찰은 안악 3호분 묘주의 국적 문제를 밝히는 데도 도움이 될 것이다.

2. 동부여의 갑옷

동부여의 갑옷과 관련하여 《삼국지(三國志)》〈오환선비동이전(烏

---

13) 이 책의 제3부 제11장 〈고조선의 갑옷 종류와 특징〉 주 153 참조.
14) 주 7과 같음.

丸鮮卑東夷傳)〉 부여전(夫餘傳)에는 다음과 같은 기록이 있다.

활·화살·칼·창을 무기로 하고, 집집마다 갑옷과 무기를 보유했다.[15]

개(鎧)에 대하여 《설문해자》에서는 "甲也"라고 했고, 《주례(周禮)》 사갑(司甲)의 정씨주(鄭氏注)에서는 "예전 가죽을 만든 것은 갑(甲)이라 하고, 지금 금속으로 만든 것은 개(鎧)라고 한다. 초학기(初學記)에 수개(首鎧)를 두무(兜鍪)라고 하고, 또한 주(冑)라고 했다. 팔에 가죽이나 금속으로 만든 것은 한(釬)이라 하고, 경개(頸鎧)는 아하(錏鍜)라 했다"[16]고 함으로써, 갑은 가죽으로, 개는 금속으로 만든 갑옷임을 밝히고 있다.

부여가 생산한 개는 철갑(鐵甲)[17]을 말하는데, 당시는 발달된 철기시대였기 때문에 철 갑옷이 많이 생산되어 집집마다 자체적으로 보유하고 있었을 것으로 생각된다. 이 같은 동부여의 철 갑옷은 다음의 출토자료에서 확인된다.

지금의 길림성 유수현(楡樹縣) 노하심촌(老河深村)의 한 묘에서 철 갑옷 조각과 철주편(鐵冑片), 즉 투구 조각이 출토되었다(그림 1). 발굴자들은 이 묘를 동한 초기 또는 이보다 약간 늦은 시기에

---

15) 《三國志》 卷30 〈烏丸鮮卑東夷傳〉 夫餘傳. "以弓矢刀矛爲兵, 家家自有鎧仗."
16) 賈公彦이 疏를 단 《周禮》에는 司甲이 없다. 그러나 《康熙字典》에는 周禮 夏官司甲疏를 인용했다. 《周禮》 司甲의 鄭氏注에는 다음과 같은 내용이 나온다. "古用皮謂之甲, 今用金謂之鎧. 初學記首鎧謂之兜鍪, 亦曰冑. 臂用皮鎧謂之釬, 頸鎧謂之錏鍜."
17) 《周禮》 〈司甲〉. "古用皮謂之甲, 今用金謂之鎧.";《周書》 〈費誓〉의 甲冑에 대하여 孔穎達의 疏에 "說文에 冑는 兜鍪라고 했고, 兜鍪는 首鎧라고 했다. 經典은 모두 甲冑이라고 했다. 秦 이래 鎧와 兜鍪의 글이 처음 쓰였다. 옛날 가죽으로 갑을 만들었고 秦漢以來 철을 사용했다. 鎧·鍪 두 글자 모두 金을 따르는 것은 모두 鐵로 이를 만들었기 때문에 이름으로 했다(說文云 : 冑, 兜鍪也. 兜鍪, 首鎧也. 經典皆言甲冑. 秦世已來始有鎧·兜鍪之文. 古之作甲用皮, 秦漢以來用鐵, 鎧·鍪二字皆從金, 盖用鐵爲之, 而因以作名也)"라고 했다.

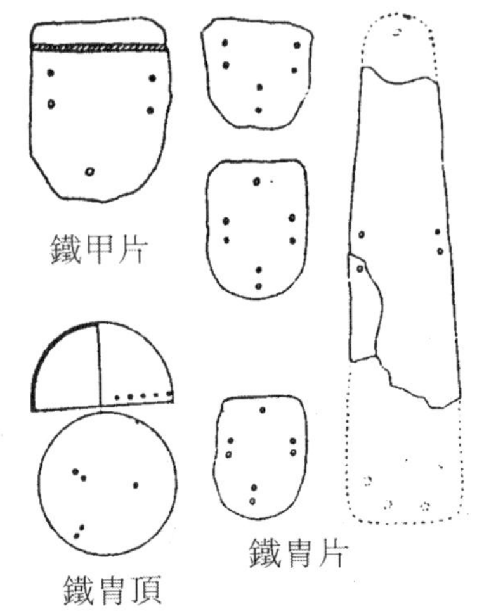

〈그림 1〉 노하심촌묘에서 출토된 철갑편·
철주정·철주편

속하는 것으로 보았고, 선비족의 유적[18] 또는 부여족의 유적이라고 했다.[19] 동부여는 고구려가 건국하기에 앞서 해부루왕(解夫婁王)이 동쪽의 가엽원(迦葉原), 즉 지금의 길림성 북부와 내몽고자치구 동부 일부 및 흑룡강성지역으로 이주해서 고구려에 투항할 때까지 거주했던 곳이다. 동한 시기(서기 25~서기 220년)에 동부여가 길림성지역에 있었으므로 노하심유적은 동부여의 유적으로 보아도 좋을 것이다.

발굴자들은 노하심유적이 요령성 서풍현(西豊縣) 서차구(西岔溝) 고묘군보다 생산력과 사회 수준이 발달했으며 이 두 고묘군에서 출토된 유물들이 밀접한 관계를 갖고 있다고 했다.[20] 노하심유적이 동부여의 유적임은 서차구에서 출토된 유물의 특성 비교를 통해서도 확인된다. 요령성 서풍 서차구 고묘는 서한 초에서 선제(宣帝) 초기(서기 전 206~서기 전 약 70년경)에 속하는 흉노족의 유적[21] 또는 부여족의 유적이라는 두 견해가 있다.[22] 즉, 서차구유적에서

---

18) 吉林省文物工作隊·長春市文管會·楡樹縣博物館,〈吉林楡樹縣老河深鮮卑墓群部分墓葬發掘簡報〉,《文物》, 1985年 第2期, pp.68~82.

19) 劉景文,〈從出土文物簡析古代夫餘族的審美觀和美的裝飾〉,《中國考古集成》東北卷 秦漢至三國(二), 北京出版社, 1992, pp.1242~1245.

20) 吉林省文物工作隊·長春市文管會·楡樹縣博物館,〈吉林楡樹縣老河深鮮卑墓群部分墓葬發掘簡報〉,《文物》, 1985年 第2期, pp.68~82.

21) 孫守道,〈'匈奴西岔溝文化'古墓群的發現〉,《文物》, 1960年 第8·9期, pp.25~36.

출토된 조형(鳥形) 안테나식 동병철검(銅柄鐵劍) 12개를 근거로 부
여족의 유적으로 추정한 것이다. 이 조형 안테나검은 한반도에서
는 평양과 대구에서 출토되었고, 만주에서는 요령성과 길림성에서
만 출토되었으며, 한반도의 영향을 받았던 일본에서는 대마도(對
馬島)에서만 출토되었을 뿐이다.[23] 이 조형 안테나식 동병철검(銅柄
鐵劍)에 대해 대영박물관(大英博物館)에서는 스키타이형 검이라고
설명하고 있고, 한국과 일본의 학자들은 내몽고 오르도스 지방에
서 출발된 형식이 서차구를 거쳐 한국에 나타났다[24]고 했다.

  그러나 이 같은 주장들이 매우 성급했음을 알려주는 다음과 같
은 유물이 발견되었다. 1986년 길림성 교하현(蛟河縣)에서 다른 동

---

22) 董學增, 〈關于我國東北系‘觸角式’劍的探討〉, 《中國考古集成》 東北卷 靑銅時
    代(一), 1992, pp.35~42.
23) 지금까지 발견된 안테나검은 모두 24개이다. 그중 銅柄銅劍으로 된 것이
    10개이고 銅柄鐵劍이 14개이다. 銅柄銅劍으로 된 것은 吉林省의 樺甸縣 西
    荒山에서 3개가 출토되었고(吉林省文物工作隊·吉林博物館, 〈吉林樺甸西荒山
    屯靑銅短劍墓〉, 《東北考古與歷史》, 1982年 1期), 吉林省 永吉縣 烏拉街汪屯
    에서 1개가 출토되었다(陳家槐, 〈吉林永吉縣烏拉街出土‘触角式劍柄’銅劍〉,
    《考古》, 1984年 2期). 日本의 對馬島에서도 2개가 출토되었다(中口裕, 《銅の
    考古學》, 東京, 1972年). 또한 출토지는 알 수 없으나 일본인 山本梯二郞이
    1개를 소장하고 있고(森貞次郞, 〈關于彌生時代細形劍的傳入-細形銅劍編年
    的考察〉), 江上波夫의 〈經路刀考〉에 2개가 수록되어 있으며(江上波夫, 〈經路
    刀考〉, 《東方學報》 第3冊), 영국의 Eumorfopoulos씨가 1개를 소장하고 있다
    (梅原末治, 〈有炳細形銅劍の一新例〉, 《考古學雜誌》, 昭和 20年 17卷 第9號).
    銅柄鐵劍은 14개인데, 遼寧省 西豊縣 西岔溝에서 12개가 출토되었고(孫守道,
    〈‘匈奴西岔溝文化’古墓群的發現〉, 《文物》, 1960年 8·9期), 吉林省 東遼縣 石
    驛鄉에서 1개가 출토되었으며 吉林市 郊兩半山에서 1개가 채집되었다(吉林
    省文物志編委會, 《吉林市郊區文物志》, 1983年). 大英博物館에 所藏되어 있는
    안테나검은 출토지가 정확하지 않은데 細形銅劍이므로 한국이나 일본 출토
    품으로 보기도 한다. 또한 한반도에서는 평양과 대구에서 발견되었으며 평
    양에서 출토된 것과 비슷한 것이 일본의 對馬 峰村三根에서 발굴되었다(金
    元龍, 《韓國考古學研究》, pp.241~244).
24) 金元龍, 《韓國考古學研究》, 一志社, 1992, pp.241~261 ; 秋山進吾, 〈中國東
    北地方の初期金屬文化の樣相(下)〉, 《考古學雜志》 54-4, pp.328~329.

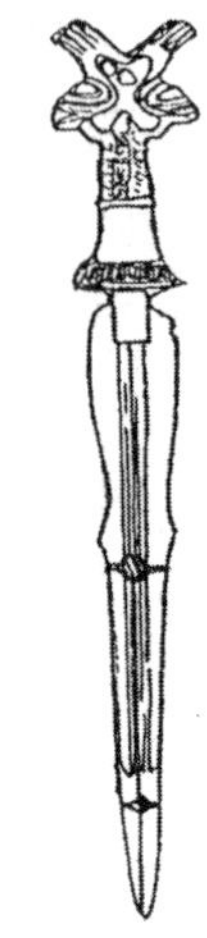

〈그림 2〉 교하현
에서 출토된
'대두쌍조수'
청동검

검(銅劍)들보다 자루 부분의 조형이 매우 사실적인 '對頭雙鳥首' 동검(그림 2)이 발굴되었다. 발굴자들은 이 동검이 만들어진 시기를 전국 초기인 서기 전 5세기경으로 보았다.[25] 교하현에서 발굴된 동검 자루 부분의 조형이 간화(簡化)되지 않고 사실적이라는 점과 교하현의 동검을 비롯하여 서차구와 한국 및 일본에서 발견된 안테나검이 모두 세형(細形)동검이라는 점은 교하현지역을 중심으로 조형 안테나검이 만들어지기 시작했을 가능성을 시사한다. 또한 교하현에서 출토된 동검의 자루에는 고조선지역에서 주로 나타나는 새김무늬의 문양이 둘려져 있고, 노하심유적과 서차구유적에서 모두 고조선 유적에서만 특징적으로 나타나는 문양의 청동 장식단추[26]와 청동방울[27]이 발굴되었다.

이상의 사실들은 노하심유적과 서차구유적 및 교하현유적들이 한민족의 유적임을 알려주는 충분한 증거가 될 것이다.

노하심유적에서 발굴된 철갑편은 고조선 갑편의 특징과 거의 같다. 앞의 그림에서 보듯이 어린(魚鱗)갑편은 좁고 긴 장방형과 아래쪽이 둥근 장방형을 보인다. 다만 철갑의 3면에 연결 구멍의

---

25) 董學增, 〈吉林蛟河發現'對頭雙鳥首'銅劍〉, 《中國考古集成》 東北卷 青銅時代 (三), pp.2466~2467.

26) 이 책의 제3부 제11장 〈고조선의 갑옷 종류와 특징〉 참조.

27) 고대사회의 종교의식에서 고대 중국인들은 음식과 술로 신을 대접하여 그의 환심을 사려했으나 이와 달리 고조선 사람들은 청동검과 청동거울, 청동방울 등을 손에 들고 몸을 치렛거리로 치장하고 노래와 춤으로 신을 기쁘게 하려고 했다(윤내현, 《고조선 연구》, p.692). 西岔溝유적에서는 고조선 청동기의 주류를 이루는 청동방울들이 출토되었는데, 그 형태가 고조선의 영역인 한반도와 만주지역에서 출토된 것과 같은 형태의 것이었다.

수가 고조선시대의 것보다 1개씩 더 많다. 또 하나 중요한 것은
소매 부분의 갑편[28] 위쪽이 둥근 장방형이라는 점이다. 이와 달리
북방지역의 것은 〈그림 3〉, 〈그림 5〉, 〈그림 7〉과 같이 소매 부분
을 어린갑편으로 만들지 않았다. 이러한 것들은 노하심유적의 철
갑편이 북방 계통과는 관계가 없는 동부여의 것임을 더욱 확실하
게 해준다. 동부여에서는 중국보다 앞선 고조선의 제철 제강 기술
을[29] 이어 우수한 어린갑의 갑옷과 말 갑옷을 생산했음을 알 수
있다.

〈그림 3〉 돈황막고굴 285굴 벽화에 보이는 양당개를 입은 기마인과 마갑

3. 고구려의 갑옷

고구려의 갑옷에 대하여 《주서(周書)》 〈열전(列傳)〉 고(구)려전
(高[句]麗傳)에서는,

병기는 갑옷·쇠뇌·활·화살·극(戟)·삭(矟)·모(矛)·정(鋌)이 있다.[30]

---

28) 〈吉林楡樹縣老河深鮮卑墓群部分墓葬發掘簡報〉, p.76.
29) 이 책의 제3부 제11장 〈고조선의 갑옷 종류와 특징〉 참조.

고 했고, 《양서(梁書)》〈동이열전(東夷列傳)〉 고(구)려전에서는,

> 고구려의 말은 모두 작아 산에 오르기 편리하다. 나라 사람들은
> 기력(氣力)을 숭상하여 활·화살·칼·창을 잘 다루었고, 철 갑옷을 입
> 고 전투를 익혀, 옥저(沃沮)·동예(東穢)가 모두 복속했다.[31]

고 하여, 고구려인들이 여러 무기와 함께 철 갑옷을 입고 싸웠음을 말하고 있다. 고구려가 철 갑옷을 입은 것은 옥저와 동예를 복속시켰을 때이다. 고구려는 태조대왕(太祖大王) 4년(서기 56년, 동한 광무제 중원[中元] 원년)에 동옥저를 복속시켰다.[32] 고구려가 건국된 것은 서기 전 37년의 일이므로, 이는 100여 년도 지나지 않은 건국 초기에 해당하는 일이다. 따라서 고구려가 철 갑옷을 입은 시점은 건국 이전까지 소급될 수 있을 것이고, 이는 고구려지역의 거주민들이 철 갑옷을 만들었음을 말해준다. 즉, 이들은 고조선의 갑옷을 이어받았을 것으로 생각된다. 그 간접적인 증거로는 고구려 보장왕 4년(서기 645년, 당 태종 정관[貞觀] 19년)에 당 태종이 고구려를 정벌할 때 요동성의 추모왕 사당에 있었다는 '소갑(銷甲)'에 관한 것을 들 수 있다.[33]

---

30) 《周書》卷49〈列傳〉高(句)麗傳. "兵器有甲弩弓箭戟矟矛鋋."
31) 《梁書》卷54〈列傳〉高(句)麗傳. "其馬皆小, 便登山. 國人尙氣力, 便弓矢刀矛. 有鎧甲, 習戰鬪, 沃沮·東穢皆屬焉."
32) 《三國史記》卷14〈高句麗本紀〉太祖大王 4年條. "秋七月, 伐東沃沮, 取其土地爲城邑, 拓境東至滄海, 南至薩水."
33) 《三國史記》卷21〈高句麗本紀〉. "(寶藏王 4년) 성안에 주몽의 사당이 있고 사당에는 철 갑옷과 날카로운 창이 있었는데, 망령되게 이전 연나라시대에 하늘이 내려준 것이라고 했다(城有朱蒙祠, 祀有銷甲銛矛. 妄言前燕世天所降)." ; 《三國史記》卷23〈百濟本紀〉. "(多婁王) 2년 봄 정월에 왕이 시조 동명왕의 사당에 배알했다(二年春正月, 謁始祖東明廟)"는 기재로 보아, 동명왕의 사당은 동명왕 사후에 세워져 고구려가 멸망할 때까지 남아 있었던 것으로 보인다.

고구려는 서기 전 37년 주몽에 의해 재건되었기 때문에 이 지역에 주몽의 사당이 있다는 기록은 옳을 것이다. 주몽왕은 고구려를 건국한 뒤 고조선 영토의 병합만이 아니라 통치질서와 사상의 재건까지를 의미하는 천하질서를 구축해야 한다는 다물(多勿)이념을 실현하고자 했다. 그러므로 고구려는 건국 다음해부터 국가의 기틀을 다지는 전쟁을 계속해나갔다. 이 전쟁 과정에서 고조선이 붕괴됨에 따라 고구려는 고조선의 거수국들뿐만 아니라 선비(鮮卑) 및 왕망(王莽)이 세운 신(新)의 고구려현(高句麗縣)을 병합하고 동한(東漢)의 요동태수(遼東太守)를 물리쳤다.[34] 이 같은 사실들로 보아 고구려는 고조선에서 사용하던 무기와 갑옷 등의 방어 장비를 더욱 발전시켜 사용했을 것이다. 무기와 갑옷이 사당에 보관된 것은 다물이념을 실현하겠다는 상징적인 의미였을 것으로 생각된다. 이 같은 고구려인들의 의지는 갑옷의 생산에도 큰 발전을 가져왔다. 그 예로 고구려 동천왕(東川王)은 재위 20년(서기 247년)에 철기(鐵騎) 5,000명을 거느리고 위(魏)나라의 관구검(毌丘儉)과 싸웠다.[35] 이 철기는 바로 병사와 말이 모두 갑옷을 착용한 군사를 말하는 것이다. 고조선시대에는 병사들만 입던 철제 찰 갑옷이 여러나라시대로 오면서 전쟁이 빈번해지자 말에게도 입혀진 것으로, 그 갑옷의 우수성은 물론 생산력이 활발했음을 짐작할 수 있다.

또한 《삼국사기(三國史記)》 〈고구려본기(高句麗本紀)〉 보장왕(寶藏王) 4년조의 관련 기재를 간추리면 다음과 같다.

이세적(李世勣)이 밤낮으로 12일을 공략해도 요동성은 함락되지

---

34) 윤내현, 《한국열국사연구》, pp.301~306.
35) 《三國史記》 卷17 〈高句麗本紀〉 東川王 20年條. "왕은 …… 곧 철기 5,000을 거느리고 진격했다. 관구검은 方陣을 치고 죽기로 싸워, 우리 군이 크게 무너지니 죽은 사람이 1만 8,000여 명이고, 왕은 1,000기로 압록원으로 도망했다(王…… 乃領鐵騎五千, 進而擊之. (毌丘)儉爲方陣, 決死而戰, 我軍大潰, 死者一萬八千餘人. 王以一千餘騎, 奔鴨淥原)."

〈그림 4〉 근남현 화상석에 보
이는 어린갑

않았다. 태종이 정병을 이끌고 수백 겹
으로 에워싸며 이세적을 지원해도 결국
함락되지 않았다. 그러자 요동성의 주
몽왕 사당에 전연(前燕)(서기 285~370년
모용외[慕容廆]) 때 하늘이 내린 소갑과
섬모(銛矛)가 있기 때문이라는 소문이
퍼졌다. 이세적의 공략이 다시 시작되
고 성안이 불안해지자 고구려는 소문을
이용하는 전법을 썼다. 즉, 미인을 부신
(婦神)으로 꾸며 추모왕이 기뻐하시니
성은 반드시 지켜질 것이라고 성안의 군사와 백성을 안심시키는
한편 용기를 북돋는 것이다. 이세적이 석포(石砲)로 공략하자 성안
에서는 그물로 막았으나 역부족이었다. 이때 금칠을 한 갑옷을 입
은 백제 군사가 당을 돕고 있었다. 태종과 이세적은 백제 군사가
입은 갑옷이 햇빛에 번쩍이는 것을 보고 화공(火攻)을 생각해냈고,
결국 요동성은 화공으로 함락되었다.

당군은 요동성에 이어 안시성을 공략했다. 다급해진 고구려는
북부의 욕살 고연수와 남부의 욕살 고혜진 및 말갈병 등 15만을
안시성으로 보냈지만, 결국 이들도 패배하여 고연수와 고혜진은
남은 36,800명을 이끌고 투항하고 남은 말갈병 3,800명은 모두 생
매장당했다. 이때 당이 고구려로부터 빼앗은 전리품은 말 5만 필
과 소 5만 필 및 명광(明光) 갑옷 1만으로,[36] 갑옷의 생산 규모가

---

36) 《三國史記》 卷21 〈高句麗本紀〉 寶臧王 4年條. "李世勣攻遼東城, 晝夜不息,
旬有二日. 帝引精兵會之, 圍其城數百重, 鼓噪聲振天地. 城有朱蒙祠, 祠有鎖甲
銛矛. 妄言前燕世天所降. 方圍急, 飾美女以婦神, 巫言：朱蒙悅, 城必完. 勣列
砲車, 飛大石過三百步, 所當輒潰. 吾人積木爲樓, 結絙罔, 不能拒, 以衝車撞陴
屋碎之. 時, 百濟上金髹鎧, 又以玄金爲文鎧, 士被以從. 帝與勣會, 甲光炫日.
南風急, 帝遣銳卒, 登衝竿之末, 爇其西南樓. 火延燒城中, 因揮將士登城. 我軍

매우 컸음을 알 수 있다. 고구려의 구원병은 이렇게 투항했지만 안시성만은 끝까지 지켜 당 태종을 회군하게 했다.

중국의 경우 동한시대에 속하는 것으로 산동성 기남현(沂南縣)에서 출토된 화상석묘(畫像石墓) 전실남벽에 갑개(甲鎧)가 새겨져 있어 어린갑(漁鱗甲)의 갑옷 모습을 볼 수 있다(그림 4).[37] 이 갑개는 어깨에서 팔꿈치까지 한 벌로 되어 있고 가슴을 보호하는 부분은 어린갑편으로 연결했다. 즉, 이 갑옷은 윗부분과 어깨 부분이 철갑으로 되어 있고 가슴 부분만 아래가 넓은 원형의 어린갑으로 이루어진

〈그림 5〉 양진시대의 용수개를 입은 무사 도용

것인데, 이는 진대(秦代)의 가죽 갑옷을 그대로 계승한 모습이다. 동한에서 삼국시대로 바뀌면서 철개(鐵鎧)의 제작이 활발해지는데, 이 철개를 강개(剛鎧)라고도 한다.[38] 이 철 갑옷은 양진(兩晋)시대에 주로 사용하던 용수개(筩袖鎧)(그림 5)[39]로 생각된다. 동한 후기로

力戰不克, 死者萬餘人. 見捉勝兵萬餘人, 男女四萬口, 糧五十萬石, 以其城爲遼州.…… 帝至安市城, 進兵攻之. 北部耨薩高延壽南部耨薩高惠眞帥我軍及靺鞨兵十五萬, 救安市.…… 延壽惠眞, 帥其衆三萬六千八百人, 請降, 入軍門, 拜伏請命. 帝簡耨薩已下官長三千五百人, 遷之內地, 餘皆縱之, 使還平壤, 收靺鞨三千三百人, 悉坑之. 獲馬五萬匹牛五萬頭明光鎧萬領, 它器械稱是."

37) 南京博物院, 《沂南古畫象石墓發掘報告》, 文物出版社, 1956年, p.15의 圖版31 ; 楊泓, 〈關于鐵甲·馬鎧和馬鐙問題〉, 《考古》, 1961年 第12期, pp.693~696.

38) 《太平御覽》 卷353 諸葛亮傳. "勅作部作五折剛鎧, 十折矛以給之."

39) 上海市戲曲學校中國服裝史研究組編著, 周汛·高春明撰文, 《中國服飾五千年》, 商務印書館香港分館, 1984, p.70.

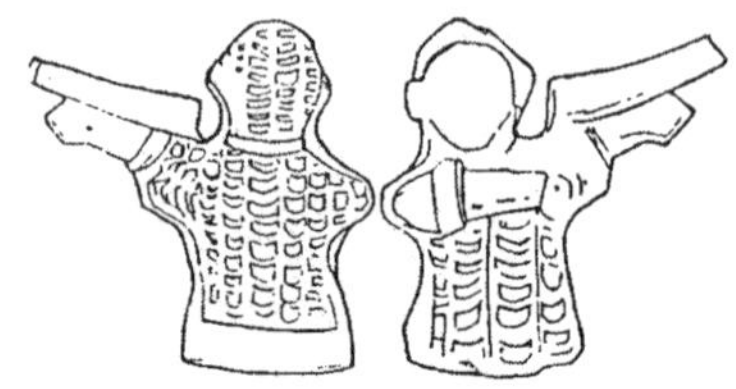

〈그림 6〉 유가거묘에서 출토된 도용

〈그림 7〉 낙양의 서진묘
에서 출토된 도용

분류되는 하남성 합현(陝縣) 유가거묘(劉家渠墓)에서 갑옷을 입고 활을 겨누고 있는 도용(陶俑)이 출토되었다(그림 6).[40] 이 도용의 갑옷은 용수개의 특징을 보여주고 있다.

용수개는 동한의 개갑(鎧甲)에서 발전한 것으로, 아랫부분이 넓은 원형 찰(札)을 어린처럼 연결하여 원용(圓筩) 모양으로 만든 것이 특징이다. 또 앞과 뒤가 이어져 있고 어깨부분에 어깨를 보호하는 좁고 기다란 소매가 있어 용수개라고 불린다.[41] 삼국양진 남북조시대에는 전쟁의 확대와 함께 북방의 소수민족들이 대거 남하하게 되는데, 황하유역의 한족(漢族)과 섞여 거주하면서 이들의 생활 습속은 점차 융합된다. 이에 따라 한족은 좁고 긴 소매의 짧은 웃옷과 허리띠가 있는 호복을 입기 시작했다. 용수개도 이 같은 호복의 영향으로 만들어진 것이다. 이러한 용수개는 서기 280년 서진(西晉)이 전국을 통일한 뒤 개갑의 주요 형제였음이 서진묘에서 출토된 도용을 통해 확인된다(그림 7).[42] 동진(東晉, 서기 317~419년)에서도 용수개는 크게 유행한 갑제(甲制)였는데, 넓은 장방

---

40) 黃河水庫考古隊,〈河南陝縣劉家渠漢墓〉,《考古學報》, 1965年 第1期, pp.135~136·p.138의 圖27·p139의 圖28과 圖版陸-2.

41) 上海市戲曲學校中國服裝史硏究組編著, 周汛·高春明撰文《中國服飾五千年》, p.70.

42) 河南省文化局文物工作隊第二隊,〈洛陽西晉墓的發掘〉,《考古學報》, 1957年 第1期, pp.169~186 ; 河南省文化局文物工作隊第一隊,〈河南鄭州晉墓發掘記〉,《考古通訊》, 1957年 第1期, pp.37~41.

형의 갑편(그림 8)을 연결한 모습도 보인
다.[43] 이러한 자료를 근거로 볼 때, 용수개
갑편의 형제는 아랫부분이 넓은 원형인 찰
갑편과 넓은 장방형의 찰갑편을 그 특징으
로 하고 있다고 하겠다.

이 같은 중국의 갑옷과 같은 시기, 곧 서
기 4세기에서 5세기에 속하는 고구려 고분
벽화에 보이는 고구려 갑옷의 특징을 정리
해보면 다음과 같다.

〈그림 8〉 동진벽화에 보
이는 무사

(1) 안악 2호분 남벽 입구부의 좌우 쪽에
서 수호 역할을 담당하고 있는 무사도(그림
9)의 찰은 위가 원형이다.[44]

(2) 찰의 접합 상태가 교차된 사행선(斜行
線)과 그 위에 수평의 평행선이 있는 모습
은 안악 2호분 연도 동측벽에 있는 무사도
(그림 10)와 감신총(서기 5세기 초)[45]의 무사
도(그림 11) 및 약수리 고분벽화(서기 4세기
말~5세기 초)의 투구를 쓴 무사의 頸甲 부
분(그림 12)에서 확인된다.[46]

(3) 장방형 찰의 아래쪽이 원형으로 되어
있는 것은 삼실총(서기 5세기 초) 제2실 서벽
에 그려진 무사(그림 13)를 통해 볼 수 있다.

〈그림 9〉 안악 2호분에
보이는 무사

43) 雲南省文物工作隊, 〈雲南省昭通后海子東晋壁畵墓淸理簡報〉, 《文物》, 1963年
    第12期, p.4, 圖版肆의 2.
44) 고고학 및 민속학 연구소, 〈안악 제1호 및 제2호분 발굴보고〉, 《유적발굴
    보고》 4, 사회과학원출판사, 1960, pp.13~21.
45) 金元龍, 《韓國壁畵古墳》, 一志社, 1983, pp.104~104.
46) 朝鮮畵報社, 《高句麗古墳壁畵》, 朝鮮畵報社出版部, 1985.

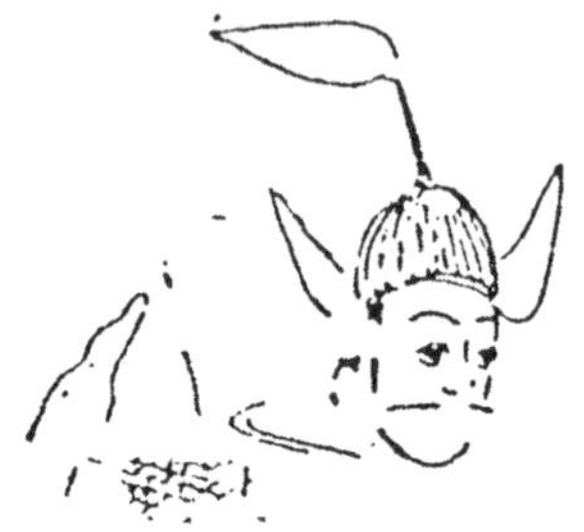

〈그림 10〉 안악 2호분에 보이는 무사

(4) 위의 예와 달리 좁은 장방형의 찰로서 구성된 모습은 안악 3호분(서기 4세기 중엽) 회랑의 대행렬도에 나타나는 무사들을 통해 볼 수 있는데, 행렬 좌우의 가장 바깥쪽에 배속되어 호위의 임무를 담당하고 있는 기마무사들의 경우가 그렇다(그림 14). 쌍영총 벽화(5세기 말)에 나타난 무사의 경우와 마조총(馬糟塚) 벽화에 보이는 무사(그림 15)의 경우도 이와 같지만, 안악 3호분의 것보다 찰의 길이가 짧게 표현되었다.

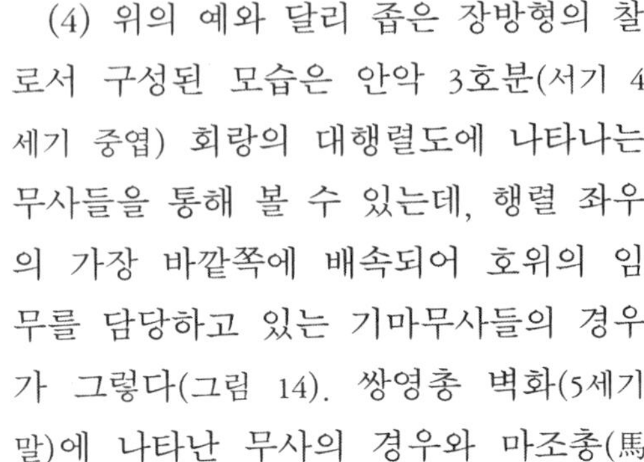

위 벽화에 보이는 찰의 모양들은 고구려 길림성 집안현(集安縣)에 위치한 동태자(東台子)유적(그림 16),[47] 우산하(禹山下) 41호 고분(그림 17),[48] 요령성 심양시(沈陽市) 동릉구(東陵區)에 위치한 석

〈그림 11〉 감신총 벽화고분에 보이는 무사

태자(石台子) 고구려산성유적,[49] 요령성 무순시(撫順市)에 위치한 고이산성(高爾山城)유적[50]에서 출토된 철갑편들에서도 확인된다.

---

47) 耿鐵華, 〈高句麗兵器初論〉, 《中國考古集成》 東北卷 兩晋至隋唐(二), 1992, pp.244～245.

48) 吉林省博物館文物工作隊, 〈吉林集安的兩座高句麗墓〉, 《中國考古集成》 東北卷 兩晋至隋唐(二), 1992, pp.569～576.

49) 李曉鐘·劉長江·佀俊岩, 〈沈陽石台子高句麗山城試掘報告〉, 《中國考古集成》 東北卷 兩晋至隋唐(二), 1992, pp.282～287.

50) 徐家國·孫力, 〈遼寧撫順高爾山城發掘簡報〉, 《中國考古集成》 東北卷 兩晋至隋唐(二), 1992, pp.298～310.

이와 같이 찰들로 튼튼히 구성된 갑옷은 용수개의 경우처럼 단순히 윗부분만을 보호하게 되어 있는 것이 아니라 전투에서 무사들의 역할과 기능에 따른 활동의 차이에 맞도록 다양하게 만들어졌다.

첫째로 벽화의 갑옷은 크게 두 가지로 구분할 수 있다. 갑옷은 저고리와 바지로 구성되는데, 갑옷 저고리의 허리 부분에 띠를 매어 갑옷이 몸에 맞도록 했다. 갑옷의 웃옷에는 소매가 있는 것과 소매가 없는 것이 있다. 소매가 있는 것에는 그 길이가 손목까지 오는 것과 팔꿈치까지 오는 것이 있다. 쌍영총의 기마무사와 마조총 전투도(戰鬪圖)[51]의 무사가 입은 것은 소매가 손목까지 오는 것이고, 〈그림 9〉·〈그림 11〉·〈그림 14〉의 무사가 입은 것은 소매가 팔꿈치까지 오는 것이며, 〈그림 13〉의 무사가 입은 것은 소매가 전혀 없는 것이다. 또한 무사들은 모두 목 부분을 보호하는 경갑(頸甲)을 하고 있다. 안악 2호 무덤 벽화의 수문장들은 경갑 아래에 나란히 매단 세 개의 방울을 앞가슴까지 드리웠는데(그림 9), 이는 무관들의 계급과 관계가 있을 것으로 생각된다. 이 같은 갑옷을 갖추어 입은 사람들은 모두 기병이다. 삼실총에 보이는 무사들이 입은 갑옷은 인체의 곡선에 잘 맞게 만들어져 활동성이 컸을 것으로 생각된다. 그리고 아래 갑옷은 발뒤축까지 내려와 땅에 끌릴 정도인데, 이와 같은 형상은 안악 3호분 벽화에서도 보인다. 삼실총 갑옷에서 보이는 좌우 팔의 부분은 찰제가 아니고 목과 어깨로부터 겨드랑이까지의 가장자리에 따로 선(襈)을 붙인 것과 같은 모습이다(그림 13).

둘째로 갑옷 저고리만 있는 경우가 있다. 갑옷 저고리만 있는 갑옷으로 소매가 팔꿈치까지 있는 것은 〈그림 14〉의 경우이다. 이

---

51) 王承禮·韓淑華, 〈吉林輯安通溝第12號高句麗壁畵墓〉, 《考古》, 1964年 第2期, p.70.

러한 종류의 갑옷에서 공통적으로 볼 수 있는 특징은 경갑이 없
다는 것이다. 또한 이 같은 종류의 갑옷을 입은 자는 보병으로,
갑옷 바지가 없는 대신에 정강이가리개를 사용했다. 정강이가리개
는 행동을 편리하게 할 뿐만 아니라 적의 화살로부터 다리를 보
호해주는 역할을 했을 것이다. 벽화에서 자세한 모습은 볼 수 없
으나 신라의 정강이가리개의 모습인 〈그림 18〉과 거의 같았을 것
으로 생각된다.

〈그림 12〉 약수리 고분
에 보이는 무사

〈그림 13〉 삼실총
에 보이는 무사

〈그림 14〉 안악 3호분에 보이
는 무사

〈그림 15〉 마조총에 보이는 무사

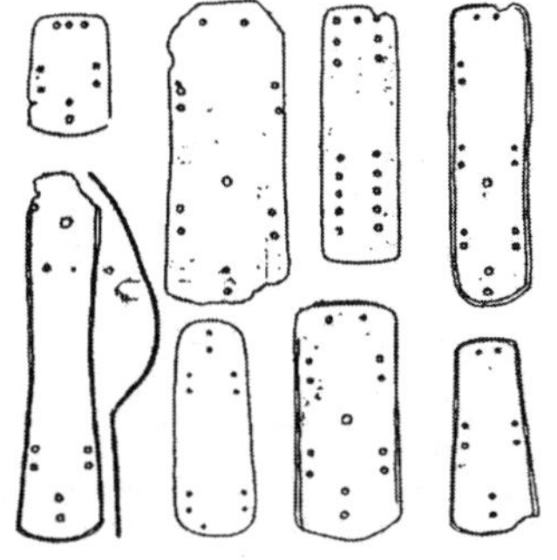

〈그림 16〉 동태자유적에 보이는 철갑편

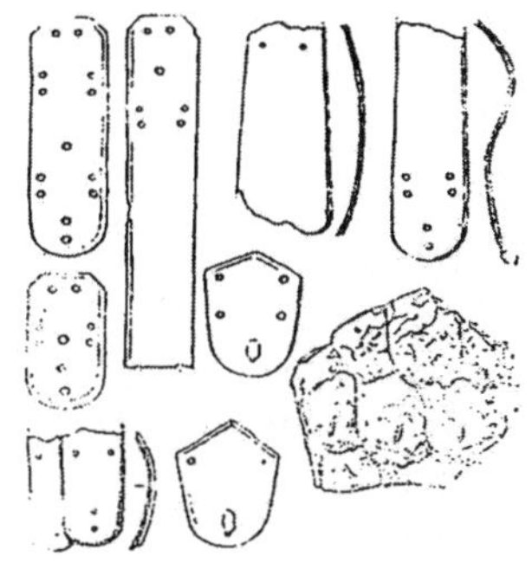

〈그림 17〉 우산하 41호묘에서 출토된 철갑편

셋째로 두루마기의 형식으로 된 갑옷이 있다. 안악 3호 고분의 행렬도에 보이는 두루마기 형식의 무사의 옷은 얼굴만 내놓고 머리와 목을 완전히 보호하는 형태를 하고 있는데, 투구의 모양이 행렬도의 좌우에 배치된 개마 기병들의 것과 같은 것으로 보아 갑옷임에 틀림없다.

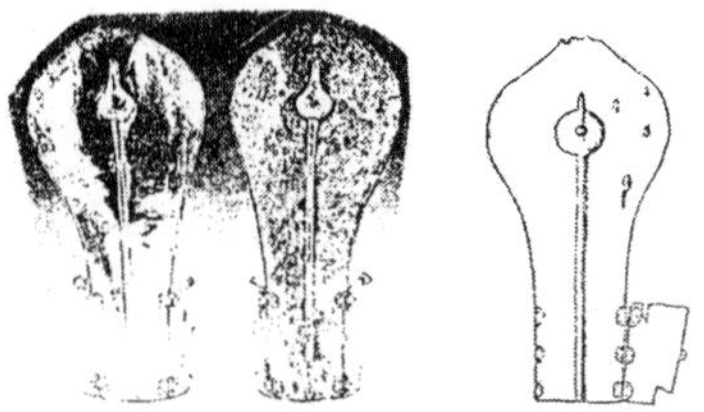

〈그림 18〉 황남대총에서 출토된 은제 정강이가리개(왼쪽)와 달서면 45호 벽화고분에서 출토된 정강이가리개(오른쪽)

이상의 내용을 통해, 중국이 일률적으로 거의 같은 모습의 용수개를 입은 것과 달리, 고구려의 갑옷은 기병과 보병으로 구성된 군대의 구성과 역할에 따라 그들의 기능을 충분히 발휘할 수 있도록 다양성을 지녔음을 알 수 있다. 투구의 경우도 용수개를 입은 중국의 무사는 〈그림 5〉와 〈그림 7〉에서와 같이 귀가 덮힌 투구를 썼다. 이 투구들은 주물 쇠투구이다. 또한 〈그림 41〉에서 보이는 북주(北周)의 투구는 가죽투구이다.[52] 반면에 안악 3호분(서기 4세기 중엽) 벽화의 행렬도 좌우에 배치된 개마를 탄 무사가 쓴 투

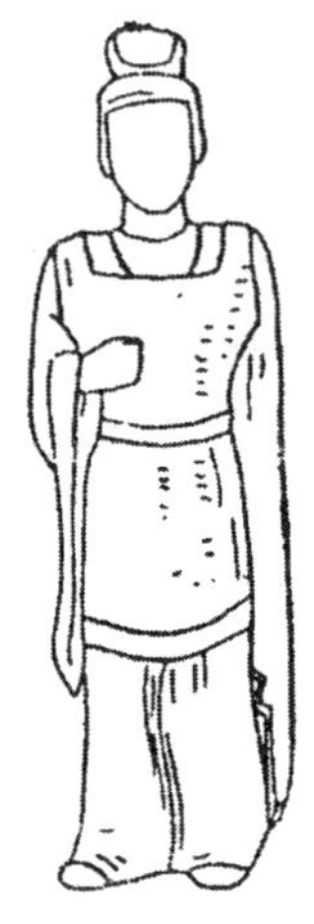

〈그림 19〉 하북
성 경현 봉
씨묘에서
출토된 무
사도용

구(그림 14)는 용수개에 쓴 투구와 비슷하게 귀에서 목 부분까지 완전히 가리고 있다. 그러나 고구려의 투구는 그 표면이 찰갑옷과 같이 소찰의 철합 상태가 표현되어 있고, 얼굴면에 속하는 투구의 가장자리는 붉게 채색되어 있다.[53] 또한 용수개에 쓴 투구의 꼭대기에는 긴 끈이 바로 투구 윗부분에 세워져 장식되어 있는데,[54] 고구려 투구의 경우 투구의 꼭대기에는 반구형(半求形)의 장식을 엎어 붙이고 그 위로 한 뼘 이상의 축관을 세워 그 상단에도 상평하원(上平下圓)의 장식을 올렸으며 여기에 긴 털을 하나 가득 담고 이것을 좌우로 반반씩 갈라 길게 수식했다.[55]

중국은 남북조시대에 이르러 기병이 군대의 중요한 부분을 차지하면서 갑옷이 더욱 발전했고, 이에 흉갑(胸甲)과 배갑(背甲)으로 이루어진 양당개(裲襠鎧)가 생산되었다. 출토된 도용과 벽화에서 이 시대 기병(騎兵)들이 철량당(鐵裲襠)을 입고 투구를 썼음을 알 수 있다. 이 시대의 유물인 하북성(河北省) 경현(景縣) 봉씨묘(封氏墓) 출토의 무사용(武士俑)(그림 19)과 하북성 곡양현(曲陽縣) 고씨묘(高氏墓) 출토의 도용(그림 20)[56]에서 양당개를 볼 수 있다. 또한 북조(北朝) 초기의 무덤인 서안(西安) 초력파(草歷坡) 1호 무덤에서 출토된 도용의 경

---

52) 柳涵, 〈北朝的鎧馬騎俑〉, 《考古》, 1959年 第2期, pp.97~100.
53) 전주농, 〈고구려 시기의 무기와 무장(II)〉-고분벽화 자료를 주로 하여, 《문화유산》, 1959, p.61.
54) 《中國服飾五千年》, p.70 ; 〈洛陽晋墓的發掘〉, pp.169~186.
55) 전주농, 〈고구려 시기의 무기와 무장(II)〉-고분벽화 자료를 주로 하여, p.61.
56) 河北省博物館 文物管理處, 〈河北曲陽發現北魏墓〉, 《考古》, 1972年 第5期, pp.33~35, 圖版拾.

〈그림 20〉 하북성 곡양현 고 씨 묘 에 서 출토된 무사도용

〈그림 21〉 서안 초장파 1호묘 에서 출토된 기마무사도용

〈그림 22〉 서안 백록원 유세공묘 에서 출토된 무사도용

〈그림 23〉 극자 석굴벽화에 보이는 무사

〈그림 24〉 맥적산 맥찰 127
굴 북위 벽화에 보이는
기마무사

우도 양당(裲襠)을 입었는데(그림 21),[57] 이는 《송사(宋史)》에서 말하는 '갑기구장(甲騎具裝)'으로 기병뿐만 아니라 말도 갑옷을 입고 있다.[58] 수대업(隋大業) 11년의 무덤인 서안 백록원(白鹿原) 유세공묘(劉世恭墓) 출토의 무사용은 목둘레에서 어깨까지 개갑으로 연결된 보다 발전된 양당의 모습을 보여주지만(그림 22),[59] 이 같은 갑옷의 모습은 지금의 고차(庫車) 부근에 위치했던 서역(西域)의 귀자국(龜茲國)의 병사들이 입었던 갑옷의 특징인 가슴 좌우 부분에 물고기비늘 모양의 타원형의 호심원(護心圓)을 짜넣은 모습을 그대로 모방하고 있어(그림 23)[60] 이 당시 중국의 갑옷은 서역의 영향을 많이 받고 있었음을 알 수 있다.

고구려의 갑옷은 그 찰의 형제가 매우 다양하다. 이 같은 찰들로 구성된 갑옷은 군대의 역할에 따라 다양하게 만들어졌다. 그러나 고구려의 갑옷에서는 위에 언급된 중국의 양당의 모습이나 초력파 1호 무덤에서 출토된 도용이 입고 있는 갑옷과 투구 및 말갑옷의 모습 또는 기남 화상석묘(畵象石墓)에 보이는 개갑의 모습은 전혀 보이지 않는다. 유세공묘에서 출토된 무사용의 갑옷과 같이 서역의 영향을 받은 갑옷의 모습도 찾아볼 수 없다.

고구려가 건국 이후 계속 갑옷을 발전시켜나간 것과는 달리 중

---

57) 陝西省文物管理委員會, 〈西安南郊草廣坡村北朝墓的發掘〉, 《考古》, 1959年 第6期, pp.285~287.

58) 《宋史》 卷148 〈儀衛志〉 儀衛6. "甲騎具裝, 甲人鎧也. 具裝, 馬鎧也."

59) 주 52과 같음.

60) 李肖冰, 《中國西域民族服飾研究》, 新疆人民出版社, 1995, p.130.

국은 동한 이후 철개가 활발히 만들어지기 시작했으나 양진시대에 이르기까지 용수개의 형제만 주로 사용된 점으로 보아 다양한 변화 없이 그 보급량만 확대되었던 것으로 생각된다. 이 같은 차이를 보이는 것은 고구려의 경우 중국보다 앞서 뼈 갑옷·가죽 갑옷·청동 갑옷·철 갑옷을 생산했던 고조선의 기술을 계승하여 이미 중국보다 앞선 생산 기술을 가지고 있었기 때문이었을 것으로 생각된다. 이 같은 바탕 위에 고조선의 천하질서를 재건하기 위한 계속된 대외전쟁을 치루면서 독자적인 형태의 갑옷을 지속적으로 발전시켜나갔을 것이다. 그러나 중국의 경우는 이와 달리, 비록 전

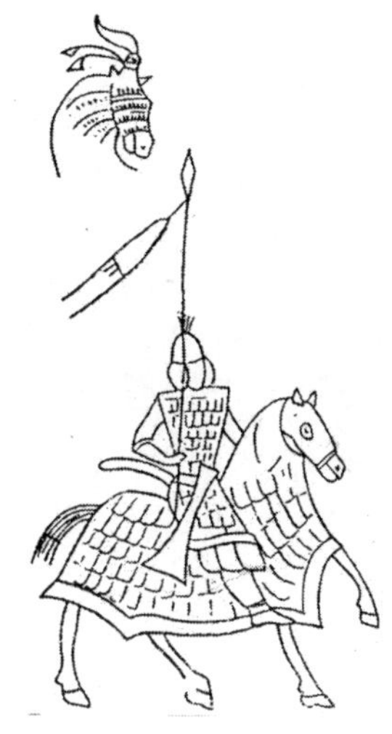

〈그림 25〉 돈황 285굴 서위 벽화에 보이는 기마무사

국 말기부터 철갑을 생산하기는 했지만, 진제국시대 와서도 주로 가죽갑편을 부분적으로 이용한 갑옷만을 생산했다. 서한 무제(武帝) 시기부터 흉노와의 전쟁으로 부분적인 갑옷에서 개갑으로 무장한 기병의 수가 크게 증가함에 따라 어린갑을 생산했지만, 여전히 가죽 갑옷이 철 갑옷보다 많이 사용되었다. 중국은 주철 제조 기술도 서한시대에 와서야 비교적 발전하지만 그 수준은 여전히 고조선에 미치지 못했으며, 동한 중기에 이르러 제철 제강 기술이 비교적 발전하고 양진남북조시대에 와서야 고조선의 수준에 이른다.[61] 양진남북조시대에는 북방민족들의 영향으로 황하유역을 중심으로 호복이 성행하는 국면이 형성되었는데, 이 같은 상황은 철갑의 형제에도 영향을 주게 되었다.

---

61) 이 책의 제3부 제11장 〈고조선의 갑옷 종류와 특징〉 참조.

〈그림 26〉 명옥유적에서 출
토된 무사 도용

〈그림 27〉 덕흥리 벽화고
분에 보이는 무사

그러면 북방의 경우는 어떠했는가?

북위(北魏)시대(서기 386~535년)에 속하는 것으로 맥적산(麥積山) 맥찰(麥察) 127굴 벽화에 보이는 갑옷과 말 갑옷의 모습(그림 24)[62] 그리고 돈황(敦煌) 285굴 서위(西魏) 벽화(서기 536~558년)에 보이는 기병의 모습(그림 25)은 가죽 갑옷에 철편을 드문드문 박아 넣거나 매우 큰 철편을 연결한 형태를 보여준다.[63] 또한 서방의 영향을 받은 것으로 명옥(明屋)에서 발견된 것은(그림 26) 그리스 무사들의 모습과 비슷하다. 이 같은 북방지역의 갑옷들은 고구려 갑옷과는 그 찰갑의 형태나 투구 또는 전체의 모습에서 완전히 차이를 보인다.

고구려 갑옷과 중국 및 북방지역 갑옷의 또 다른 큰 차이는 목 부분에서도 나타난다. 중국의 갑옷은 〈그림 4〉~〈그림 8〉과 〈그림 19〉·〈그림 22〉·〈그림 39〉에서 확인되는 바와 같이 목 부분을 달리 처리하지 않거나 투구를 길게 드리워서 덮었을 뿐이다. 북방지역의 것(그림 3·23·24·25·30)도 목 부분을 달리 처리하지 않고, 갑옷의 웃옷을 높이거나 목 뒷부분의 깃을 올리거나 또는 〈그림 26〉의 경우처럼

<hr>

62) 柳涵, 〈北朝的鎧馬騎俑〉, p.97 圖 2의 1.
63) 柳涵, 〈北朝的鎧馬騎俑〉, pp.97~100.

목 부분을 그대로 깊게 노출시킨 모습을 보여주고 있다. 그러나 이와 달리 고구려의 갑옷은 안악 2호 고분벽화(그림 9·10)에서 보는 것처럼 목의 윗부분에서 둘려져 앞부분에서 여미게 된 것으로, 귀밑까지 보호하게 되어 있다. 삼실총 벽화에 보

〈그림 28〉 동구 12호 고분벽화에 보이는 기마인

이는 갑옷(그림 13)의 경우는 밑에서부터 위로 벌려져 여며진 모습이다. 감신총의 경우에도 〈그림 11〉에서와 같이 목 부분을 찰편(札片)으로 만들어 두른 모습을 보여준다. 고구려의 철갑옷은 어떠한 무기도 방어할 수 있도록 매우 완벽한 짜임새를 가지고 있다.

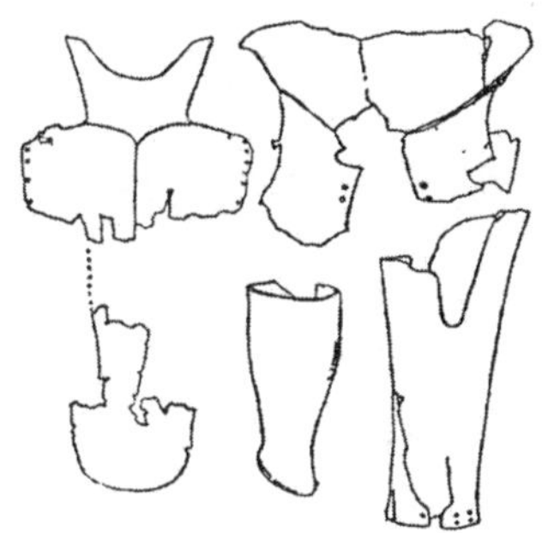

〈그림 29〉 강천 이가산묘에서 출토된 청동갑편

　고구려는 이 같은 찰갑(札甲) 이외에 단갑(短甲)을 생산했음이 덕흥리 고분벽화 행렬도(그림 27)와 길림성 집안현(輯安縣) 동구(洞溝) 12호 고분벽화에 보이는 기마인의 모습(그림 28)에서[64] 나타난다. 행렬도(行列圖)를 보면 가슴 부분은 단갑으로 하고 허리 아래와 바지는 찰갑으로 하여 활동하기에 매우 편리한 것이었음을 알 수 있다. 동구 12호 고분벽화에 보이는 기마인 역시 가슴 부분과 팔 부분을 단갑으로 하고 청동 장식단

─────────────

64) 李殿福, 〈1962年春季吉林輯安考古調査簡報〉, 《中國考古集成》 東北卷 兩晋至隋唐(二), 1992, pp.822~824.

〈그림 30〉 상해박물관에 소장
된 북위 도용

추를 좌우 대칭으로 2개씩 장식했다. 중국의 경우 지금까지 출토된 단갑으로 가장 이른 연대의 것은 전국 말기에서 서한 초기에 속하는, 운남성(雲南省) 강천(江川) 이가산묘(李家山墓)에서 출토된 청동으로 만든 단갑이다.[65] 이 단갑은 〈그림 29〉에서 보는 것처럼 앞가슴과 등 부분이 큰 통판으로 연결되어 있고 팔 갑옷과 정강이 갑옷의 경우는 전체가 긴 통으로 되어 있어 활동성이 고려되지 않은 매우 미숙한 모습이다. 또한 이보다 후대에 만들어진 〈그림 30〉에 보이는 상해(上海) 박물관에 소장된 북위 기마(騎馬) 도용에 보이는 단갑[66] 역시 모두 통판으로 되어 있기 때문에 고구려의 단갑과 비교해볼 때 고구려의 것이 훨씬 우수한 기술로 만들어졌음을 알 수 있다.

이상과 같이 고구려의 갑옷은 중국이나 북방지역의 것 또는 북방지역의 영향을 받은 중국의 갑옷과는 다른 모습으로, 동부여 갑옷과 마찬가지로 고조선 갑옷의 특징을 계승하여 독자적으로 발전시킨 것임을 알 수 있다.

특히 개마(鎧馬)의 경우 중국학자 유함(柳涵)은 중국에서 가장 이른 개마의 형상이 4세기 중엽에 속하는 안악 3호 고분벽화에 보이는 기병과 북조 초기에 속하는 초장파(草場坡) 1호 고분에서 출토된 개마기용(鎧馬騎俑)이라고 보고 있다.[67] 안악 3호 고분은 유함을 비롯하여 중국학자들이 중국의 것으로 인식하고 있는 등 그

---

65) 雲南省博物館, 〈雲南江川李家山古墓群發掘報告〉, 《考古學報》, 1975年 2期.
66) 楊泓, 《中國古代的甲胄》 下篇, 《考古學報》, 1976年 2期, p.64.
67) 柳涵, 〈北朝的鎧馬騎俑〉, p.100.

묘주에 대하여 국내외 학계에서 커다란 논란이 되고 있다. 그러나 저자는 이미 안악 3호 고분벽화에 보이는 복식의 내용을 분석하여 안악 3호분이 고구려 복식의 특징을 보여준다는 견해를 제시한 바 있다.[68] 더구나 위에서 분석된 안악 3호분에 보이는 고구려 갑옷의 고유한 특징은 복식 방면에서 안악 3호분이 고구려의 왕릉일 것임을 나타내는 또 하나의 귀중한 자료가 된다. 이점은 아래에 서술할 개마의 생산 연대와 개마 복식의 형제에서도 보완될 것이다.

고구려의 개마는 중국이나 북방지역보다 앞서 생산되었다. 서기 4세기 중엽에 속하는 고구려의 안악 3호 고분벽화에서 보이는 개마는 중국의 북조 초기에 속하는 초장파 1호 고분의 도용에서 보이는 개마보다 그 연대가 훨씬 앞선 것이다. 그런데 안악 3호분보다 앞선 서기 3세기경에 속하는 강원도 철령유적에서 개마모형들이 출토되었다. 이 개마모형들은 고구려 개마가 보여주는 모습을 모두 갖추고 있기 때문에, 고구려에서 개마의 출현 시기가 3세기 이전으로 올라갈 것이라는 추정을 가능하게 한다. 이는 《삼국사기》〈고구려본기〉에 보이는 아래의 내용에서도 확인되는데, 동천왕 20년(서기 246년)에,

> 왕이 모든 장수들에게 일러 말하기를 '위나라의 많은 군사가 도리어 우리의 적은 군사만 같지 못하다. 관구검은 위의 명장이지만 오늘에는 그의 목숨이 나의 손에 있구나' 하고 곧 철기 5,000을 거느리고 쫓아가서 쳤다.[69]

---

68) 이 책의 제2부 제6장 〈고대 한국 복식의 여밈새[衽形]〉 참조.
69) 《三國史記》 卷17 〈高句麗本紀〉 東川王 20年條. "王謂諸將曰 '魏之大兵, 反不如我之小兵. 毌丘儉者魏之名將, 今日命在我掌握之中乎' 乃領鐵騎五千, 進而擊之."

〈그림 31〉 장수산성에
서 출토된 개마모형

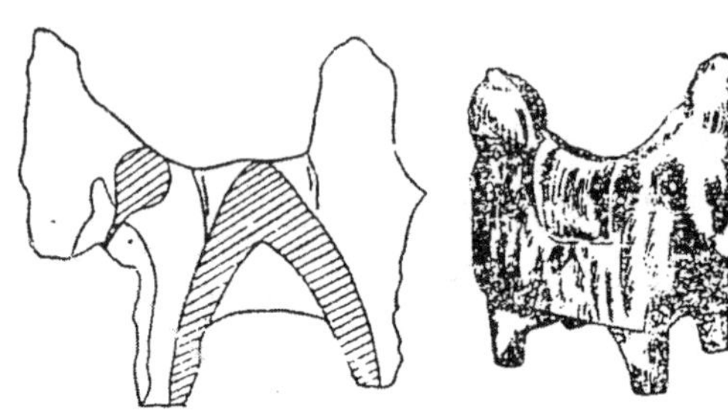

〈그림 32〉 철령유적에서 출토된 개마모형

고 하여, 갑옷을 입은 개마 기병이 5,000이었음을 알 수 있고, 서기 3세기 이전에 개마가 출현했다고 추정해볼 수 있다. 서기 3세기 이전에 개마가 출현했다는 사실은 찰갑으로 된 갑옷의 출현이 이보다 훨씬 앞섰을 것임을 알려준다.

개마복식의 형제를 고구려 고분벽화에 보이는 개마와 중국 및 북방지역에서 처음으로 보이는 개마의 모습에서 비교해보면, 그 형제에서 다음과 같은 차이를 갖는다. 물론 앞선 생산 연대를 갖는 고구려의 개마가 중국이나 북방지역보다 훨씬 발달된 모습을 보여준다. 고구려 개마의 형태를 보여주는 실물 자료로는 황해남도 신원군에 있는 장수산성의 고구려유적에서 나온 3세기경의 개마모형(그림 31)[70]을 들 수 있고, 또 안악 3호 고분벽화의 행렬도와 매우 비슷한 것으로 3세기를 전후한 시기로 편년되는[71] 강원도 고산군과 회양군의 경계에 위치한 철령의 고구려유적에서 나온 많은 양의 기마모형들과 갑옷을 입힌 개마들을 들 수 있다(그림 32).[72] 아울

70) 안병찬, 〈장수산일대의 고구려유적유물에 대하여〉, 《조선고고연구》, 1990년 제2호, pp.7~11.
71) 리순진, 〈강원도 철령유적에서 발굴된 고구려기마모형에 대하여〉, 《조선고 고연구》 1994년 제4호, pp.2~6.

러 안악 3호 고분벽화(그림 33), 약수리 고
분벽화(그림 34), 삼실총 벽화(그림 35), 개
마 고분벽화(그림 36), 쌍영총 벽화(그림 37),
덕흥리 고분벽화(그림 38)에서도 찾아볼 수
있다. 또한 장수산성유적과 철령유적에서
출토된 기마모형들 가운데는 간혹 등자
(鐙子)가 보이고 있어, 고구려의 등자 생
산 연대가 주변국보다 앞선 것으로 생각
된다. 고구려 개마는 크게 말 갑옷과 말
투구로 나누어 볼 수 있다. 말 갑옷의 경
우, 4세기 중엽에 속하는 안악 3호분과 4
세기 말에서 5세기 초에 해당하는 약수리
벽화무덤의 개마에서 가죽 갑옷과 철 갑
옷이 함께 보인다. 안악 3호무덤의 대행
렬도에는 철 갑옷 대오와 가죽 갑옷 대오
가 따로 분리되어 행진하는 모습이 보인
다. 그런데 가죽 갑옷의 행렬은 그 수가
적고 또 5세기경에 해당하는 벽화에는 나
타나지 않는 것으로 보아, 후대의 고구려

〈그림 33〉 안악 3호분에
보이는 기마무사

〈그림 34〉 약수리고분에 보
이는 기마무사

군대의 개마들은 모두 철갑으로 무장되었던 것으로 생각된다.

---

72) 기마모형은 청동으로 주조하여 만든 것은 4개와 철로 주조하여 만든 것
54개로 모두 58개가 발굴되었다. 기마모형의 크기와 형태는 크게 대, 중, 소
세 가지로 나누어지는데, 대형의 기마모형가운데서 가장 큰 것은 길이 28센
티미터, 높이 19센티미터, 질량 10킬로그램이고 중형의 기마모형가운데서
가장 큰 것은 길이 20센티미터, 높이 13.5센티미터, 무게 2.5킬로그램이며
소형의 기마모형가운데서 가장 큰 것은 길이 12센티미터, 높이 12.5센티미
터, 무게 0.9킬로그램이다(리순진, 〈강원도 철령유적에서 발굴된 고구려기마
모형에 대하여〉, 《조선고고연구》, 1994년 제4호, pp.2~6).

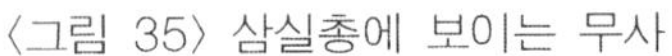

〈그림 35〉 삼실총에 보이는 무사

〈그림 36〉 개마총에 보이는 말 갑옷

말 투구의 경우 귀막이 부분은 꽃잎 모양으로 된 것과 둥근 모양으로 된 것 두 가지가 있다. 철령유적에서 나온 개마모형들과 삼실총·쌍영총·개마총의 고분벽화에 보이는 귀막이는 꽃잎 모양으로, 장식적인 효과를 나타낸 것이 특징이다. 안악 3호분과 약수리 고분벽화의 것은 둥근 모양으로 되어 있다. 이 같은 고구려의 개마와 5세기 혹은 6세기경에 처음으로 나타나는 중국 및 북방의 개마는 다음과 같은 차이를 갖는다.

첫째로, 고구려의 개마는 모두 말 투구를 했다. 그러나 함양(咸陽) 저장만(底張灣) 북주묘(서기 6세기경)의 개마기용(그림 39)[73]과 서안 초장파 1호묘(서기 5세기경)의 개마기용(그림 21)[74] 및 북조시대인 서기 5세기~6세기경에 속하는 하남(河南) 등현(鄧縣) 채회화전도상(彩繪畵磚圖象)(그림 40)[75]에서 보이는 개마들은 모두 말 투구가 씌워져 있지 않다. 북방지역의 서위 대통(大統) 5년(서기 539년)에 그려진 돈황 285굴 서위벽화(그림 25)[76]에 보이는 한 개마의 경

73) 柳涵, 〈北朝的鎧馬騎俑〉, p.97 圖 2의 1.
74) 陝西省文物管理委員會, 〈西安南郊草廣坡村北朝墓的發掘〉, 《考古》, 1959年 第6期, pp.285~287.
75) 陳大章, 〈河南鄧縣發現北朝七色彩繪畵象磚墓〉, 《文物》, 1958年 第6期, p.55.

우도 말 투구가 씌워지지 않았다. 고구려의 말 투구는 아래턱이
자유스럽게 된 금속판으로 만들어졌는데, 귀막이와 볼 보호용 구
조면이 있는 것이 특징이다. 그러나 북방지역의 돈황 285굴 서위
벽화에 보이는 말 투구는 말의 앞부분을 제외한 모든 부분을 철
갑으로 감싸고 있어 비교적 자유롭지 않게 보이며 고구려의 말

〈그림 37〉 쌍영총에 보이는 무사

〈그림 38〉 덕흥리고분에 보이는 무사

〈그림 39〉 저장만 북주묘에
서 출토된 기마도용

〈그림 40〉 등현에서 출토된 채회
화전도상

---

76) 黃能馥·陳娟娟, 《中華服飾藝術源流》, 高等教育出版社, 1994, p.160.

투구에 보이는 귀막이와 볼 보호용 구조면이 없다. 맥적산 맥찰 127굴 북위벽화(서기 5세기~6세기경)에 보이는 말 투구(그림 24)는 전체를 철판으로 씌웠는데, 입이나 코 부분이 자유롭지 않게 보이며 역시 귀막이와 볼 보호용 구조면이 없다.

둘째로, 고구려의 말 갑옷으로 서기 4세기경의 고분들인 태성리 1호 고분과 약수리 고분벽화에 그려진 개마들을 보면, 아랫부분이 타원형인 쇠패쪽을 연결한 찰갑옷이 입혀져 있으며, 나머지는 직사각형의 쇠패쪽을 연결한 찰갑옷을 말발굽만 보일 정도로 길게 드리우고 말잔등에는 갑옷을 덧씌운 모습이다. 맥적산 맥찰 127굴 북위벽화에 보이는 개마는 가죽 갑옷에 철편을 드문드문 박아 넣은 것이다. 함양 저장만 북주묘 개마기용(그림 39)은 육각형의 찰갑을 연결하여 만든 것으로, 말의 몸만 가리고 있어 말의 다리 부분은 그대로 드러난다. 서안 초장파 1호묘 개마기용(그림 21)은 말의 몸 부분만 갑옷을 씌우고 말머리와 말의 목 부분은 그대로 드러난 모습을 보여준다.

이상의 여러 가지 비교로부터 중국이나 북방지역 개마의 형태가 고구려 개마의 형태보다 훨씬 미숙한 것으로 확인되었다. 고구려 개마의 생산 시기가 중국이나 북방지역보다 약 2세기 정도 앞선다는 것이 실물에서 증명되었다. 따라서 중국이나 북방지역의 개마는 고구려의 영향을 받았을 가능성이 매우 클 것으로 추정되며, 고대 한국의 말 갑옷이 북방지역이나 중국의 영향을 받았을 것이라는 견해는[77] 수정되어야 할 것이다. 또한 집안 동구 12호 고분벽화와 장천 2호 고분벽화 및 삼실총에 보이는 개마무사들은 釘이 솟아 있는 신을 신었는데, 실제로 집안 경내(境內)에서 철정(鐵釘)과 유금동정(鎏金銅釘)[78]으로 만든 정이 솟은 신발이 출토되었다(그림 41).

---

77) 전주농, 〈고구려 시기의 무기와 무장(II)〉－고분벽화 자료를 주로 하여, p.66.
78) 耿鐵華, 〈高句麗文物古蹟四題〉, 《中國考古集成》 東北卷 兩晋至隋唐(二), 1992,

발굴자들은 이 신들이 매우 정교하게 만들어졌다고 했다. 이 같은 형제의 신은 중국이나 북방지역에서는 생산되지 않은 것이다.

고구려의 갑옷에서 엿볼 수 있는 한민족의 고유성의 계승은 그들이 추구했던 다물이념이 단순히 지난날의 고조선 영토의 병합만이 아니라 통치질서와 사상의 재건까지를 의미하는 것임을 말해준다.[79] 이 같은 실천 노력은 일반 복식 방면에서뿐만 아니라 군복에서도 예외가 아님을 보여주고 있는 것이다.

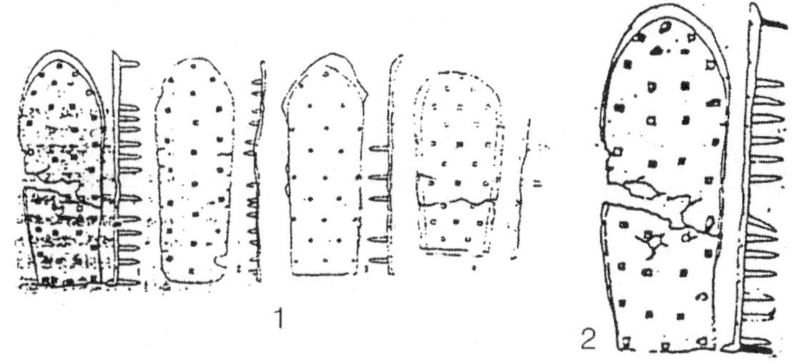

〈그림 41〉 집안에서 출토된 철정·유금동으로 만든 신

〈그림 42〉 몽촌토성에서 출토된
뼈갑편

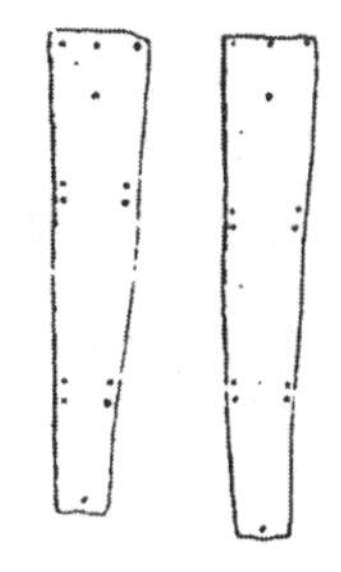

〈그림 43〉 남원 월산리에서 출토
된 철 투구편

pp.465~467.
79) 윤내현, 《한국 열국사 연구》, pp.297~326.

4. 백제의 갑옷

백제 왕실의 혈통은 부여계이므로 위에 서술한 동부여와 같이 고조선의 갑옷을 계승하여, 갑편은 고조선 갑편의 특징인 장방형을 위주로 하고 어린갑편은 좁고 긴 장방형과 아래쪽이 둥근 장방형으로 된 갑옷이었을 것이다. 실제로 백제 초기의 유적으로 알려진 몽촌토성(夢村土城)에서 장방형의 뼈로 만든 어린갑의 뼈갑편(그림 42)[80]들이 다량 출토되었고, 백제의 영역이던 남원(南原)에서 좁고 긴 장방형의 철갑편이 발견되었다(그림 43).[81] 이 갑편들은 그 형제로 보아 고조선 갑편의 형제를 그대로 계승한 것으로 생각된다.

백제는 고이왕 때 국가의 경제 기반을 튼튼히 하면서 서기 246년경부터는 지금의 북경과 천진지역에 진출했다. 이후 그 영역을 남쪽으로 확장해 하북성·산동성·강소성·절강성 등지의 동부 해안지역까지 그 세력을 넓혀 수(隋)나라가 중국을 통일하기 직전까지 중국 동부 해안지역을 지배해왔다. 시기에 따라 영역의 변화는 있었지만, 위덕왕(威德王) 때까지 그 지배가 계속되다가 서기 581년 수나라가 중국을 통일함으로써 마감되었다.[82] 앞에서 서술했듯이, 중국은 동한 시기에 철개가 발달하기 시작하여 삼국시대에 오면 용수개가 개갑의 주요 형제가 되고 마개(馬鎧)가 등장한다. 그러나 당시 군대에서 마개를 착용한 기병의 수는 아주 적고 귀한 것이었다.[83] 이후 동진(東晋)시대와 남북조시대에 와서야 양당개(裲襠鎧)와 함께 마개가 군대에서 보편적인 장비가 된다. 그러므로 백제가 위나라의 후방인 북경과 천진지역에 진출한 이 시기에는 위

---

80) 서울대학교박물관, 《서울대학교박물관 발굴 유물 도록》, 1977, p.270,

81) 金榮來, 《南原·月山里古墳發掘調査報告》, 全州, 1983.

82) 윤내현, 《한국열국사연구》, pp.381~418.

83) 《太平御覽》 卷356 〈魏武軍策令〉. "(袁)本初馬鎧三百具, 吾不能有十具.";
　　《晋書》 卷44 《列傳》 盧欽傳. "御府人馬鎧."

나라의 군대에는 개마가 매우 적었던 것으로 생각된다. 그런데 앞에서 밝혔듯이 고구려의 개마 생산 시기는 중국이나 북방지역보다 약 2세기 정도 앞서기 때문에, 백제 역시 고구려와 마찬가지로 군대에서 개마가 차지하는 비중이 컸을 것으로 생각되며, 이 같은 군대 장비의 우월성은 백제의 중국 진출에 크게 도움이 되었을 것으로 보인다.

백제는 이 같은 국력 신장과 사회 발전의 기초 위에서 고이왕 27년(서기 260년)에 관제와 신분제를 엄격하게 정돈했다. 관직과 품계에 따라 왕은 물론 관리들도 정해진 색깔의 옷을 입도록 하여 신분제를 확립하고 그에 따라 권위를 세우고자 했던 것이다.[84] 그런데 고구려와 마찬가지로, 이 같은 복식의 제정에서 중국의 복식제도는 받아들이지 않았다. 이러한 사실에서 백제는 적어도 수나라가 중국을 통일하기 이전(서기 589년)에 자신들이 중국의 동부 해안지역을 지배하던 시기까지는 정복국으로서의 면모를 가지며 백제의 복식을 고수했다고 볼 수 있다. 이는 사신도[85]에서 확인할 수 있다. 이 그림에 나타나는 고구려·백제·신라 사신들의 의복은 7세기의 모습인데, 이는 이보다 앞서 4세기에 해당하는 고구려 고분벽화인 안악 3호 고분벽화, 각저총과 약수리 고분벽화 등에 보이는 복식의 모습과 같다. 이는 문헌자료에서도 확인되는데,[86] 이들 세 나라는 같은 계통의 복식을 착용하고 있어 고조선시대부터 전해온 고대 한국 복식의 특징을 당(唐) 초기까지 그대로 고수했

---

84) 《三國史記》 卷 24 〈百濟本紀〉 古爾王 條. "(27년) 2월에 명령을 내려 6품 이상은 자줏빛 옷을 입고 은 꽃으로 관을 장식하며 11품 이상은 붉은 옷을 입으며 16품 이상은 푸른 옷을 입게 했다(二月, 下令六品以上服紫, 以銀花飾冠, 十一品以上服緋, 十六品以上服靑)."

85) 李天鳴, 《中國疆域的變遷》 上冊, 國立故宮博物院, 臺北, 1997, p.80.

86) 《隋書》 卷81 〈列傳〉 新羅傳. "風俗·刑政·衣服은 대략 고구려·백제와 같다(風俗·刑政·衣服略與高(句)麗百濟同)."

음을 알 수 있다. 이 같은 상황은 갑옷의 경우도 마찬가지였다. 앞의 검토를 통해 고구려 갑옷의 경우 고조선의 갑옷을 계승했음을 밝혔듯이, 백제 갑옷도 일반 복식의 경우와 마찬가지로 예외가 아닐 것이다. 이는 아래의 내용을 통해서 확인할 수 있다.

백제는 무왕(武王) 27년(서기 627년) 당나라에 명광개(明光鎧)를 예물로 보냈고[87] 무왕 38년(서기 638년)에는 철갑을 보냈으며[88] 무왕 40년에는 금갑(金甲)을 예물로 보냈다.[89] 또한 의자왕(義慈王) 6년(서기 646년)에는 고구려에 금휴개(金髹鎧)를 예물로 보내고 현금(玄金)으로 문개(文鎧)도 만들어 보내와 사졸(士卒)들이 입게 했다.[90] 이상의 자료로 보아 고구려와 백제는 명광개를 생산했고, 백제가 생산한 갑옷으로는 명광개 외에도 철갑·금갑·금휴개·문개가 보인다. 이것들은 어떠한 갑옷들이었을까?

중국은 남북조시대에 와서 명광개를 착용하기 시작했는데, 학자들이 분류한 북위의 명광개 모습(그림 44)과 북제(北齊)의 명광개 모습(그림 45)은[91] 모두 서역 갑옷의 특징을 보인다. 즉, 가슴 좌우 부분에 어린상(魚鱗狀) 타원형의 호심원을 짜 넣은 양당개의 모습에서 호심원만을 찰갑이 아닌 철판으로 크게 확대시킨 모습이고, 다른 부분도 찰갑이 아닌 것으로 나타난다. 중국의 문헌자료에는

---

87) 《三國史記》 卷27 〈百濟本紀〉 武王 條. "27년에 당나라에 사신을 보내여 명광개라는 갑옷을 예물로 보냈다(遣使入唐, 獻明光鎧)."

88) 《三國史記》 卷27 〈百濟本紀〉. "遣使入唐, 獻鐵甲雕斧."

89) 《三國史記》 卷27 〈百濟本紀〉. "又遣使於唐, 獻金甲雕斧."

90) 《三國史記》 卷21 〈高句麗本紀〉. "(寶藏王 4年) 때에 백제(의자왕 6년)가 金髹鎧를 바치었고, 또 玄金으로 文鎧를 만들어서 사졸들이 입고 다녔는데, 당주가 勣과 만나자 갑옷의 광채가 태양에 빛났다(時百濟上金髹鎧, 又以玄金爲文鎧, 士被以從. 帝與勣會, 甲光炫日)."; 《新唐書》 卷220 〈列傳〉 高(句)麗傳. "이때 百濟가 金髹鎧를 바치고, 또 玄金으로 山五文鎧를 만들어(보내와), 士卒들이 (그것을) 입고 從軍했다. 太宗과 (李)勣의 (군사가) 모이자 갑옷이 햇빛에 번쩍거렸다(時百濟上金髹鎧, 又以玄金爲山五文鎧, 士被以從)."

91) 楊泓, 〈中國古代的甲胄〉 下篇, 《考古學報》, 1976年 2期, pp.69~71.

명광개라는 명칭에 대한 설명이 보이지 않는다. 학자들은 다만 가
슴에 둥글게 한 원호(圓護) 부분이 태양 광선에 반사되어 빛나기
때문에 명광개라고 불렀을 것으로 추측할 뿐이다.[92]

〈그림 44〉 1·2. 원희묘 도용, 3. 원소묘 도용, 4. 함양저장
만 북주묘 도용, 5. 북제 범최묘 도용

《주서》〈채우전(蔡祐傳)〉에는 남북조시대 북제와 북주의 군대가
망산(邙山)에서 전쟁을 할 때 북주의 장군인 채우(蔡祐)가 명광개
를 입어 북제의 군사들은 그를 철맹수(鐵猛獸)라고 부르면서 모두
당황하여 이를 피했다는 내용[93]이 있다. 이것으로 볼 때 당시 중국
에서 명광개는 군대의 통솔자만이 입었던 귀한 것이었음을 알 수
있다. 그런데 중국의 경우와는 달리, 《신당서(新唐書)》〈고(구)려
전〉에는 보장왕 4년 고구려와 당의 전쟁에서 당나라 군사가 고구
려의 명광개를 1만 벌씩이나 노획했다는 내용이 있는 것으로 보
아,[94] 고구려는 명광개를 매우 많이 생산했던 것으로 보인다. 또한

---

92) 楊泓,〈中國古代的甲冑〉下篇, p.69 ;《中國服飾五千年》, p.70.

93) 《周書》卷27〈列傳〉蔡祐傳. "祐時著明光鎧, 所向無前. 敵人咸曰, 此是鐵猛
獸也, 皆遽避之."

94) 《三國史記》卷21〈高句麗本紀〉寶藏王 4年條. "…… 靺鞨사람 3,300명을

〈그림 45〉 북제의 명광개를 입은 조상

백제에서 당나라에 명광개를 예물로 보냈던 사실 등으로 미루어, 중국에서는 명광개가 매우 귀했던 것으로 보인다. 또한 고구려벽화에서 중국학자들이 명광개로 분류한 가슴에 둥근 원의 모습을 넣은 갑옷은 전혀 찾아볼 수 없어, 《주서》와 《신당서》에 기재된 명광개는 고구려 벽화에 보이는 어린 갑옷의 한 종류일 가능성이 크다. 《신당서》가 씌어진 송대와 《주서》가 씌어진 당대에는 중국에서도 몸 전체를 덮는 어린갑으로 된 갑옷과 말 갑옷이 크게 보급된 시기이기 때문에, 위의 그림에 보이는 호심원을 짜 넣은 양당개와 고구려에서 생산한 어린 갑옷류를 구분하지 못하여 동일하게 명광개라고 했을 리는 없을 것이다. 따라서 현재 중국학자들이 호심원이 있는 양당개를 명광개로 보는 것은 잘못이라 하겠다.

신라의 금관무덤에서 나온 찰갑의 경우, 뒤에서 자세히 언급하겠지만, 동으로 만든 것과 철로 만들고 동을 씌운 것이 있는데, 철로 만든 것과는 달리 그 빛이 금보다 더욱 화려하다. 이 같은 예로 보아 고구려와 백제에서 만든 명광개와 백제에서 만든 금갑은 동으로 만들었거나 철로 만들고 동을 씌운 것일 가능성이 매

붙잡아서 전부 산채로 묻어 버렸다. 말 5만 필, 소 5만 두, 명광 갑옷 1만 벌을 노획했고 기타 기재들도 이만큼 되었다(收靺鞨三千三百人悉坑之. 獲馬五萬匹·牛五萬頭·明光鎧萬領, 它器械稱是).";《新唐書》卷220〈列傳〉高(句)麗傳. "太宗은 酋長 3,500명을 가려내어 모두 벼슬을 주어서 내지로 들여보내고, 나머지 3만 명은 (그 나라로) 돌려보냈다. 靺鞨 사람 3,000여 명은 목을 베었다. 노획물은 牛馬 10만 필과 明光鎧 1만 벌이었다(帝料酋長三千五百人, 悉官之, 許內徙, 餘衆三萬縱還之. 誅靺鞨三千餘人, 獲馬牛十萬, 明光鎧萬領)."

우 크다.

 백제에서 생산한 금휴개는 금빛이 나는 칠을 한 갑옷이라고 해석되는데, 이 금칠에 대한 《통전(通典)》의 다음 내용을 볼 때 금휴개는 철갑편 위에 황칠수(黃漆樹)의 수액(樹液)인 금칠을 했을 가능성이 크다.

 서남쪽으로 바다 가운데 세 섬이 있는데, 거기에서 황칠수가 난다. 그 나무는 소가수(小榎樹)와 비슷하나 크다. 6월에 즙을 받아 기물(器物)에 칠을 하면 황금과 같이 그 광채가 눈이 부셨다.[95]

 여기서 기재한 황칠금(黃漆金)이 나는 섬은 《해동역사(海東繹史)》에서는 완도(莞島)로[96] 《성호사설(星湖僿說)》에서는 제주도로[97] 설명하고 있다. 금휴개는 금빛 나는 칠을 한 갑옷이라고 해석되므로, 이러한 칠을 한 갑옷을 금휴개라고 불렀을 가능성이 크다. 중국에서는 이 금칠이 생산되지 않으므로 금휴개는 당연히 수입품이거나 예물로 받은 귀한 물건이었다고 하겠다. 그러면 문개는 무엇으로 만들었을까? 문개는 현금으로 만들어졌다[98]고 한다. 현갑(玄

---

 95) 《通傳》卷185. "西南海中有三島, 出黃漆樹似小榎樹而大, 六月取汁漆器物, 若黃金其光奪目."；《新唐書》卷220〈列傳〉百濟傳. "有三島, 生黃漆, 六月刺取潘, 色若金."

 96) 《海東繹史》卷26. "謹按, 黃漆金産於唐津加里浦島, 古所謂莞島也, 我邦一域, 惟此島産黃漆."

 97) 《星湖僿說》卷21〈經史門〉徐市. "통전에서 말하길 백제는 바다 가운데 세 섬이 있어 황칠수가 나는데, 6월에 그 즙을 내어서 그릇에다 칠하면 황금빛과 같다고 했다. 이는 지금의 황칠이란 것인데, 오직 제주에서만 생산된다(通典云, 百濟海中有三島, 出黃漆樹, 六月取汁柒器物, 若黃金, 此乃今之黃漆, 而惟濟州産)."

 98) 《三國史記》卷21〈高句麗本紀〉寶藏王4年 條. "이때 백제가 금휴개를 바치고, 또 현금으로 만든 문개를 군사들에게 입혀 종군했다(時, 百濟上金髹鎧, 又以玄金爲文鎧, 士被以從)."

甲)은 철갑이라[99] 하여 철로 만들어진 것으로 보인다. 그러면 현금은 철이나 금 같은 금속으로 만들어진 갑옷으로 설명할 수 있다. 뒤에서 언급하겠지만, 신라 사람들은 유석(鍮石)이라 불리는 황금 같은 빛이 나는 황동(黃銅)을[100] 많이 사용했기 때문에 백제의 경우도 유석을 철과 함께 사용하여 문개를 만들었을 것으로 생각된다. 《삼국사기》에서 문개가 현금으로 만들어졌다고 설명한 것은 이러한 이유 때문이었을 것이다. 금갑도 유석으로 만들었을 것으로 생각된다. 따라서 금휴개나 명광개를 단순히 도금한 쇠찰갑으로 보거나[101] 백제의 명광개를 황칠(黃漆)을 한 금휴개와 같은 것으로 보는 것[102]은 잘못이다.

한·위의 문학작품에는 현갑에 대한 내용이 자주 보이는데, 반고(班固)의 〈봉연산명(封燕山銘)〉에는 '현갑요일(玄甲耀日)'[103]이라 표현되어 있고, 《삼국지》에는 조비(曹丕)가 황초(黃初) 6년에 광릉(廣陵)에서 병사들을 바라보며 지은 시구 가운데 '현갑요일광(玄甲耀日光)'의[104] 내용으로 현갑의 빛나는 모습을 묘사한 부분이 있다. 백제의 금휴개와 문개의 모습에 대하여 《삼국사기》에서 '갑광현일(甲光炫日)'이라 하여 중국의 현갑보다 더욱 밝게 빛나는 모습으로

---

99) 《史記》 卷111 〈衛將軍驃騎列傳〉에 '玄甲'에 대한 주석으로 실린 正義에서 "玄甲, 鐵甲也"라 했다.

100) 《演繁露》. "黃銀者, 果何物也. 世有鍮石者, 質實爲銅, 而色如黃金, 特差淡耳, 黃銀殆鍮石也. 鍮金屬也, 而附石爲字者, 爲其不皆天然自生, 亦有用盧甘石煮鍊而成者, 故兼擧兩物而合爲之名也."；《本草綱目》 〈金石部〉. "赤銅下李時珍曰, '赤銅爲用最多, 人以爐甘石鍊爲黃銅, 其色如金'."

101) "…… 갑옷을 만든 재료도 3국이 모두 쇠를 썼거나 또는 거기에 도금했다. 도금한 쇠찰갑은 고구려나 백제에서 다 '명광개' '금휴개'라고 불리었는데, 이것은 고구려 백제의 도금한 쇠찰갑이 같았다는 것을 의미하는 것이다." (고고학연구소, 《고고민속론문집 2》, 사회과학원출판사, 1970, pp.59~60).

102) 이도학, 《새로 쓰는 백제사》, 푸른역사, 1997, p.529.

103) 《六臣注文選》 卷56 《四部叢刊》 第28冊 〈封燕山銘〉.

104) 《三國志》 卷2 〈魏書〉 文帝紀.

묘사되어 있어[105] 금휴개와 문개의 우수성을 짐작할 수 있다.

5. 신라와 가야의 갑옷

　신라는 고조선의 거수국이었던 한의 진한지역에서 건국되었고 가야는 한의 변한지역에서 건국되었으므로 신라와 가야는 모두 한의 사회 수준을 계승한 나라였는데, 한은 고조선을 계승한 나라 가운데 하나로서 상당히 발달한 국가 단계의 사회였다.[106] 고조선의 여러 거수국 가운데 한(韓)의 진한과 마한 및 변한은 방패[楯]와 큰 방패[櫓]를 잘 사용했다.[107] 한은 고조선의 거수국 시기에 북쪽으로 지금의 청천강 하류유역과 대동강 상류유역을 경계로 하고 있었다. 그리고 진국(辰國)은 단군의 직할국(直轄國)으로서 지금의 요하유역으로부터 청천강유역에 이르는 지역을 차지하고 있었다. 따라서 한과 진국은 청천강 하류와 대동강 상류를 경계로 하여 남북으로 접하고 있는 상태였다. 한은 고조선의 거수국으로서 단군의 통솔을 받았지만 때에 따라서는 진국의 통치자인 비왕(裨王)의 지시를 받기도 했다. 따라서 한은 고조선의 중앙 문화를 많

---

105) 《說文解字》에 따르면 炫은 "燿燿也"라 했고, 燿는 "照也"라 했다. 照는 "明也"라 하여 炫과 燿는 같은 의미이나 위의 해석으로 보아 炫이 燿보다 강한 의미를 가지고 있다.

106) 윤내현, 《한국 열국사 연구》, pp.242~268.

107) 《晋書》 卷97 〈列傳〉 馬韓. "활·방패·창·큰 방패를 잘 쓰며,……(善用弓楯矛櫓)."; 《晋書》 卷97 〈列傳〉 辰韓. "그 풍속은 마한과 비슷하며, 병기도 역시 마한과 비슷하다(其風俗可類馬韓, 兵器亦與之同)."; 《三國志》 卷30 〈烏丸鮮卑東夷傳〉 弁辰傳. "(弁辰)의 나라에서는 철이 생산되는데, 한·예·왜인들이 모두 와서 사간다. 모든 시장에서의 매매는 철로 이루어져서 마치 중국에서 돈을 쓰는 것과 같으며 또 두군에도 공급했다.…… 步戰을 잘하며 兵仗器는 馬韓과 같다(國出鐵, 韓·濊·倭皆從取之. 諸市買皆用鐵, 如中國用錢, 又以供給二郡…… 便步戰, 兵仗與馬韓同)."

654

이 받아들였다.[108] 이 같은 상황이었기 때문에 신라와 가야의 갑옷
은 고조선의 갑옷 생산양식을 거의 그대로 이었을 것으로 생각된
다. 진한과 마한에서 사용한 방패와 큰 방패도 고조선의 그것을
이었을 것이다. 더욱이 진한과 변한에서는 철이 생산되어 마한과
동예[109] 및 왜에 수출했다. 아울러 모든 무역에서 철을 화폐로 사
용했다는 사실은[110] 철의 생산이 풍부했음을 의미하는데, 이 같은
풍부한 철의 생산은 갑옷과 무기의 생산을 보다 활발하게 했을
것이다.

　신라는 진골·6두품·5두품·4두품뿐만이 아니라 일반 평민들도
차기(車騎)와 기물 및 가옥에 이르기까지 금·은·유석·철·동·납 등
을 사용했다.[111] 이로 볼 때 철뿐만이 아니라 금·은·유석·동·납의

---

108) 윤내현, 《고조선 연구》, pp.512~526 참조.

109) 고조선시대에 고조선의 거수국인 濊는 지금의 灤河유역에 있었으나 여러
　　나라시대에는 그 일족이 지금의 강원도로 이동하여 東濊를 건국했다. 이 東
　　濊를 濊라고도 불렀다(윤내현, 《고조선 연구》, pp.451~454 ; 윤내현, 《한국
　　열국사 연구》, pp.327~354 참조).

110) 《後漢書》 卷85 〈東夷列傳〉 韓傳. "(辰韓)에서는 철이 생산되는데, 예·왜·
　　마한이 모두 와서 사간다. 모든 무역에서 철을 화폐로 사용한다(國出鐵, 濊·
　　倭·馬韓並從市之. 凡諸(貨)貿易, 皆以鐵爲貨)."; 《三國志》 卷30 〈烏丸鮮卑東
　　夷傳〉 弁辰傳. "(弁辰)의 나라에서는 철이 생산되는데, 한·예·왜인들이 모두
　　와서 사간다. 시장에서의 모든 매매는 철로 이루어져서 마치 중국에서 돈을
　　쓰는 것과 같으며 또 두군에도 공급했다(國出鐵, 韓·濊·倭皆從取之. 諸市買
　　皆用鐵, 如中國用錢, 又以供給二郡)."

111) 《三國史記》 卷33 〈雜志〉 車騎 條. "진골은…… 고리는 금·은·유석을 금하
　　며 말방울도 금·은·유석을 금했다. 6두품은…… 고리는 유석·동·철을 쓴
　　다.…… 진골은…… 자갈과 등자는 금·유석을 쓰거나 도금을 하거나 구슬을
　　다는 것을 금하며…… 6두품은…… 자갈과 등자는 금·은·유석을 쓰거나 도
　　금·도은을 하거나 구슬 다는 것을 금하며…… 6두품여자는…… 자갈과 등
　　자는 금·은·유석을 쓰거나 도금·도은을 하거나 구슬 다는 것을 금하며……
　　5두품은…… 자갈과 등자는 금·은·유석을 금하고 도금·도은을 하거나 새겨
　　넣지 못하며,…… 5두품여자는…… 자갈과 등자는 금·은·유석을 금하고,……
　　(眞骨…… 環禁金銀鍮石, 步搖亦禁金銀鍮石. 六頭品…… 環用鍮銅鐵…… 眞
　　骨…… 銜鐙禁金鍮石鍍金綴玉,…… 六頭品…… 銜鐙禁金銀鍮石及鍍金銀綴

생산도 많았음을 알 수 있다. 신라는 법흥왕 때 6부 사람들의 복색에서 존비를 구별하는 제도를 처음으로 규정했는데, 이전에는 우리의 습속에 의했다고 한 것[112]으로 보아 계층의 큰 구분 없이 금·은·유석·철·동·납 등을 복식·거마·기물·가옥 등에 사용했던 것으로 생각된다. 따라서 갑옷의 경우에도 철과 유석 및 동 등을 자유롭게 재료로 사용했을 것이다. 신라 사람들이 즐겨 사용한 유석은 바로 금과 같은 색이 나는 황동을 가리키는 것인데,[113] 고구려와 백제가 만든 명광개 혹은 금갑이 바로 이 황동으로 만든 갑옷으로 금빛을 띠었던 것이다. 《삼국사기》의 기재에 유석이 금과 은 다음으로 나열되고 동이나 철 및 납보다 앞에 나열된 것으로 보아, 신라인들은 유석을 귀중한 금속재료로 삼았음을 알 수 있다. 또한 신라인들은 도금(鍍金)과 도은(鍍銀)의 기술이 매우 발달

玉,…… 六頭品女…… 衘鐙禁禁金銀鍮石及鍍金銀綴玉,…… 五頭品…… 衘鐙禁金銀鍮石,…… 五頭品女…… 衘鐙禁金銀鍮石,…… 四頭品女至百姓女…… 衘鐙禁金銀鍮石,……).";《三國史記》卷33〈雜志〉器用條. "4두품에서 백성들에 이르기까지 금·은·유석과 붉은 바탕에 돋음을 한 칠그릇의 사용을 금하며,……(四頭品至百姓, 禁金銀鍮石朱裏平文物,……).";《三國史記》卷33〈雜志〉屋舍條. "진골은 금·은·유석과 채색으로 장식하지 못하며,…… 6두품은…… 금·은·유석·백랍과 채색으로 장식하지 못하며,…… 5두품은…… 금·은·유석·동·랍과 채색으로 장식하지 못하며,…… 4두품에서 백성에 이르기까지,…… 금·은·유석·동·랍으로 장식하지 못하며,……(眞骨,…… 不飾以金銀鍮石五彩,…… 六頭品,…… 不飾以金銀鍮石白鑞五彩,…… 五頭品,…… 不以金銀鍮石銅鑞五彩爲飾,…… 四頭品至百姓,…… 不以金銀鍮石銅鑞爲飾,……)."

112) 《三國史記》卷33〈雜志〉色服. "신라 초기의 의복제도는 그 색갈을 상고할 수 없다. 23대 법흥왕에 이르러 처음으로 6부 사람들의 복색에서 존비를 구별하는 제도를 규정했는데, 그때까지는 아직 동방 습속에 의거했다(新羅之初, 衣服之制, 不可考色. 至第二十三葉法興王, 始定六部人服色尊卑之制, 猶是夷俗)."

113) 《演繁露》. "黃銀者, 果何物也. 世有鍮石者, 質實爲銅, 而色如黃金, 特差淡耳, 黃銀殆鍮石也. 鍮金屬也, 而附石爲字者, 爲其不皆天然自生, 亦有用盧甘石煮鍊而成者, 故兼擧兩物而合爲之名也.";《本草綱目》〈金石部〉. "赤銅下李時珍曰, '赤銅爲用最多, 人以爐甘石鍊爲黃銅, 其色如金'."

하여[114] 금관뿐만이 아니라 갑옷에도 이를 이용했을 것으로 생각된다. 그 실제 예로 경주 황남리 109호 고분[115]과 금관 고분[116]을 비롯한 신라 고분들에서 철과 유석으로 만든 갑편이 출토되었다. 황남리 109호 고분에서 출토된 것은 철로 만든 여섯 가지 종류의 장방형의 것으로 약 440여 개가 나왔는데, 가장 큰 것은 길이가 17센티미터이고 너비가 약 8센티미터이며, 가장 작은 것은 길이가 약 4센티미터이고 너비가 약 3센티미터이다(그림 46). 이 찰갑들과 함께 갑옷의 경개(頸鎧)로 인정되는 찰갑의 부분도 출토되었다. 황오동 54호 고분과[117] 황오리 14호 고분[118]에서 나온 것도 이와 같은 형태의 찰갑들이다. 금관 고분에서는 크고 작은 두 종류의 긴 장방형 찰갑 조각들이 출토되었다. 큰 것은 길이가 약 26센티미터이고 너비가 약 3센티미터인 금동으로 만든 것으로(그림 47) 29개가 나왔다. 그중 4개에는 상·중·하 세 개소에 작은 띠고리〔鉸具〕가 붙어 있어, 양옆에서 채우도록 되어 있었다. 작은 것은 철판에 금동을 씌운 것인데, 약 30개가 출토되었다. 황남리 109호 고분과 황오리 고분 및 금관 고분에서 출토된 찰갑들이 장방형인 점으로 보아 고조선 갑옷의 형제를 그대로 계승했음을 알 수 있다.

---

114) 주 112와 같음.
115) 齋藤忠, 〈慶州皇南里第109號墳〉, 《昭和9年度古蹟調査報告》 第1冊, 1937 ; 李熙濬, 〈慶州 皇南洞 第109號墳의 構造再檢討〉, 《三佛金元龍敎授停年退任紀念論叢》, 1987.
116) 濱田耕作·梅原末治, 〈慶州金冠塚と其遺物〉, 《古蹟調査報告》 第3冊, 1924 ; 朝鮮總督府, 〈慶州金冠塚と其遺寶〉, 《古蹟調査特別報告 第3冊》, 似玉堂, 1924.
117) 有光敎一, 〈皇吾里第54號墳甲塚〉, 《古蹟調査槪報 慶州古墳昭和八年》, 1934.
118) 齋藤忠, 〈慶州皇南里第109號墳皇吾里第14號墳調査報告〉, 《昭和九年度古蹟調査報告》 1, 1937.

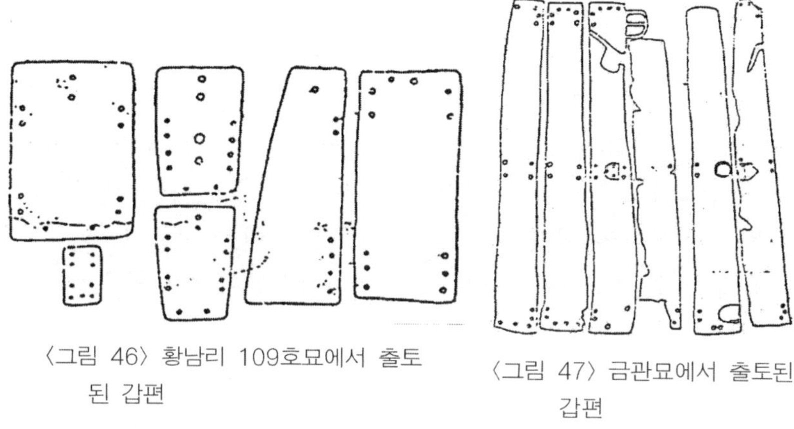

<그림 46> 황남리 109호묘에서 출토
된 갑편

<그림 47> 금관묘에서 출토된
갑편

또한 보병의 경우 무릎과 다리를 보호하는 경갑(脛甲)을 사용했
다. 그 예로 황남동 98호분 남분[119]에서는 은제 경갑이 출토되었고
(그림 18[왼쪽]), 금관고분과 천마총[황남동 155호분][120] 그리고 달서
면 34호 고분(그림 18[오른쪽])에서는 금동제 경갑이 출토되었다.
이 갑편들은 길이가 약 40센티미터로 금동의 얇은 판으로 만들었
으며, 윗부분은 보주 모양으로 되어 있고 아래로 내려오면서 좁아
지는 형태이다. 아랫부분의 좌우에는 각각 한 개씩의 네모난 판을
쇠 장식으로 잇대어 붙이고 이것을 다리의 뒷부분에 돌려 맞닿게
함으로써 쇠고리로 고정시킬 수 있게 했다. 이렇게 다리 부분을
보호하는 갑편의 연결 부분이 작고 둥근 단추형 철징으로 이루어
진 것처럼 고구려·백제·신라·가야의 찰갑은 대체로 작고 둥근 단
추형 철징으로 고정시키는 방법을 사용했는데, 이는 고조선시대의
기술을 이은 것으로[121] 갑옷이 해체될 염려가 없도록 한 것이라 생

---

119) 金正基 外, 《慶州皇南洞 98號古墳(南墳)發掘略報告》, 1976 ; 金正基 外,
      《皇南大塚(北墳)》, 1985.
120) 金正基 外, 《天馬塚》, 1974.
121) 이 책의 제3부 제11장 〈고조선의 갑옷 종류와 특징〉 참조.

658

각된다. 이 같은 찰갑에 대항하기 위한 무기로 생각되는 것이 고
구려와[122] 신라와[123] 가야[124]에서 만든, 창과 같은 모습의 가시 돋친
무기들(그림 48)이다. 《삼국사기》의 〈귀산전(貴山傳)〉에는 백제군을
무찌르고 전진하던 신라군이 지쳐서 물러갈 때 백제군의 복병(伏
兵)이 갑자기 뛰어나와서 대열의 맨 뒤에 있던 신라 장군 무은(武
殷)을 걸어서 끌어내렸다는 기록이 있다.[125] 이 기록으로부터 가시
돋친 무기가 고구려와 신라 그리고 가야뿐만이 아니라 백제에도
있었음을 알 수 있다.

  가야에서 갑옷과 투구를 생산했음을 알려주는 문헌자료를 살펴
보면, 《三國遺事》의 〈駕洛國記〉에 다음과 같이 갑옷을 입고 투구
를 쓴 가야 무사의 모습이 설명되고 있다.

  그들이 처음 왔을 때 몸에 갑옷을 입고 투구를 쓰고 활에 화살을
  당긴 한 용사가 사당 안에서 나오더니…….[126]

---

122) 耿鐵華, 〈高句麗兵器初論〉, p.243.
123) 박진욱은 이 무기를 가시 돋친 무기라 부르고 그림에 보이는 형태와 같이
    (1) 가시가 앞으로 향한 것, (2) 가시가 뒤로 향한 것, (3) 가시가 둥근 것,
    (4) 가시가 돋친 낫으로 분류했다. 이들은 (1)의 경우는 경주 皇南里 109호
    무덤 제2곽과 82호 무덤 동쪽 主郭·경북 達城郡 達西面 50호 무덤 제2석곽·
    경주 金鈴塚에서 출토되었다. (2)의 경우는 경북 達城郡 達西面 37호 무덤
    과 59호 무덤·경주 飾履塚·경주 皇吾里 무덤 남곽과 황오리 14호 무덤 제2
    곽에서 출토되었다. (3)의 경우는 황오리 무덤 북곽·황남리 109호 무덤 제3
    곽과 82호 무덤 서쪽 주곽에서 출토되었다. (4)의 경우는 금령무덤에서 출
    토되었다(박진욱, 〈신라의 가시 돋친 무기에 대한 약간의 고찰〉, 《고고민
    속》 1963년 3, pp.21~32 참조).
124) 李賢珠, 〈有刺利器에 대해서〉, 《東萊 福泉洞古墳群》 2, 釜山大, 1990, pp.87~97.
125) 《三國史記》 卷45 〈列傳〉 貴山傳. "伏猝出, 鉤而下之."
126) 《三國遺事》 卷2 〈駕洛國記〉. "初之來也, 有躬擐甲冑, 張弓挾矢, 猛士一人從
    廟中出."

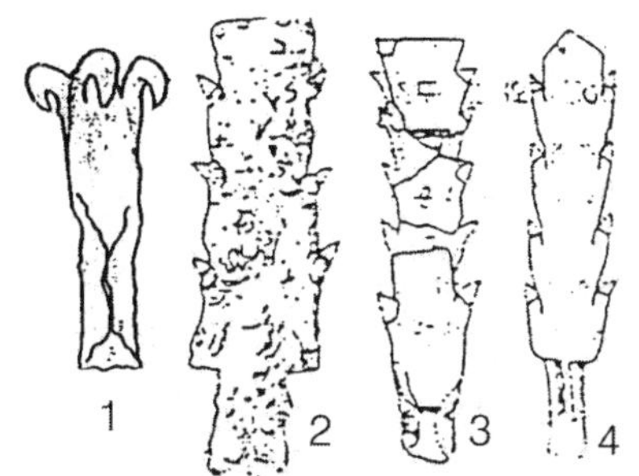

〈그림 48〉 1. 동태자유적 출토, 2. 달서면 50호묘 출토, 3. 금령총 출토, 4. 황남리 82호묘 출토의 가시 돋친 무기들

〈그림 49〉 금령총에서 출토된 기마도용

  이 같은 가야의 갑옷과 투구의 모습을 실제 출토 유물에서 확인해보자. 김해지역 출토의 개마무인상토기에 보이는 말은 마갑으로 무장되어 있고 기사는 단갑과 투구로 무장했으며 방패로 앞을 보호했다.[127] 개마무인상토기에 보이는 투구는 경주 금령총(金鈴塚)[128]의 기마 인물상 토기의 무장 모습에서 보는 것과 같은 철제 변모형 투구이다. 금령총에서 출토된 기마 인물상 토기는(그림 49) 단갑의 웃옷과 찰갑으로 된 바지를 착용하고 철제변모(鐵製弁帽)로 추정되는 투구를 쓴 모습이다. 이 기마인물상의 단갑은 앞에 서술한 덕흥리 고분벽화 행렬도에서 보이는 기마인물상이 입은 단갑과 같은 형제로 생각된다. 이는 중국의 남북조시대 단갑의 형제와는 전혀 다른 것으로, 고조선 갑옷의 형제를 그대로 계승하여 보다 발전시킨 모습이라 하겠다. 이처럼 고구려와 신라 및 가야의

---

127) 李殷昌, 〈新羅馬刻土製品과 伽倻鎧馬武人像土器〉, 《新羅伽倻文化》 11, pp. 8~11.

128) 梅原末治, 〈慶州金鈴塚飾履塚發掘調査報告〉, 《大正十三年度古蹟調査報告》, 1932年.

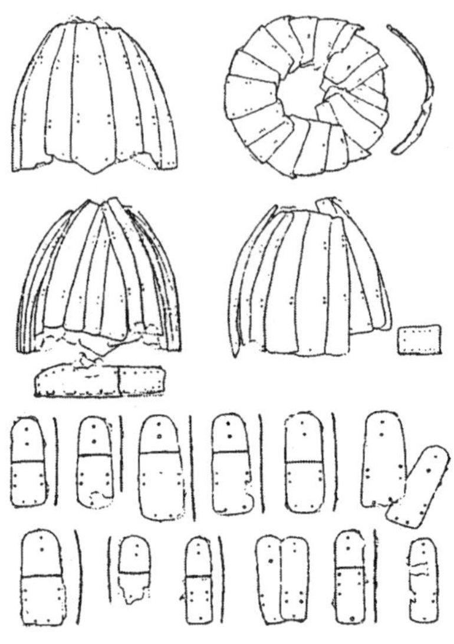

〈그림 50〉 김해 예안리 150호묘에서
출토된 철 투구편

기마인물상이 입은 것과 같은 형제의 단갑을 뒷받침해주는 유물이 다음과 같이 출토되었다.

서기 4세기경에 속하는 김해 예안리(禮安里) 150호 고분에서 철제 투구를 구성했던 긴 장방형 혹은 윗면이 둥근 장방형의 철갑편들이 출토되었다(그림 50).[129] 가야는 서기 42년에 독립국으로 출범하여 서기 400년경까지는 지금의 김해지역에 있었던 금관가야가 대가야로서 가야 전체를 통치했다. 그러므로 예안리 150호 고분은 금관가야의 유물이라고 할 수 있다. 따라서 가야에서는 기마 인물상에서 보이는 철제 변모형 투구뿐만이 아니라 예안리 150호 고분에서 출토된 찰갑편을 연결하여 만든 투구도 사용했음을 알 수 있다. 이와 같은 형제의 투구는 안악 2호 고분벽화에 보이는 무사가 쓰고 있는데, 그 실제 유물이 요령성 무순시(撫順市) 고이산성(高爾山城)유적(그림 51)[130]과 조양시(朝陽市) 십이태향(十二台鄕) 전력(磚歷) 88M1묘에서 경갑과 함께 출토되었다.[131] 서기 5세기 중엽에 속하는 동래구(東萊區) 복천동(福泉洞) 10호와 11호 고분에서 출토된 투구와

---

129) 申敬澈, 〈金海禮安里古墳群第4次發掘調査報告〉, 《韓國考古學年報》 8, 1980, pp.154～162.

130) 徐家國·孫力, 〈遼寧撫順高爾山城發掘簡報〉, 《中國考古集成》 東北卷 兩晋至隋唐(二), 1992, pp.298～310.

131) 遼寧省文物考古硏究所·朝陽市博物館, 〈朝陽十二台鄕磚歷88M1發掘簡報〉, 《文物》, 1977年 第11期, pp.19～32.

경갑 및 단갑(그림 52)[132] 그리고 서기 5
세기 후반기에 속하는 경상북도 고령 지
산동 32호 고분에서 출토된 투구(그림
53)[133]와 부산시 시립박물관에 소장된 단
갑(그림 54)은 찰갑편의 크기는 서로 다
르지만 모두 긴 장방형의 모습을 공통적
인 특징으로 하고 있다. 그 밖에 경상남
도 부산시 동래 연산리(連山里)에서 출토
된 단갑(그림 55)과 서기 5세기 후반에
속하는 전라북도 함양 상백리(上栢里) 무
덤에서 출토된 단갑(그림 56)[134]들은 삼각
형 혹은 장방형 및 방형의 갑편들을 연
결하여 만들었다. 이들은 위에 서술한 긴
장방형의 갑편으로 연결한 단갑과 비교
할 때 연결 갑편의 형태가 서로 다르지

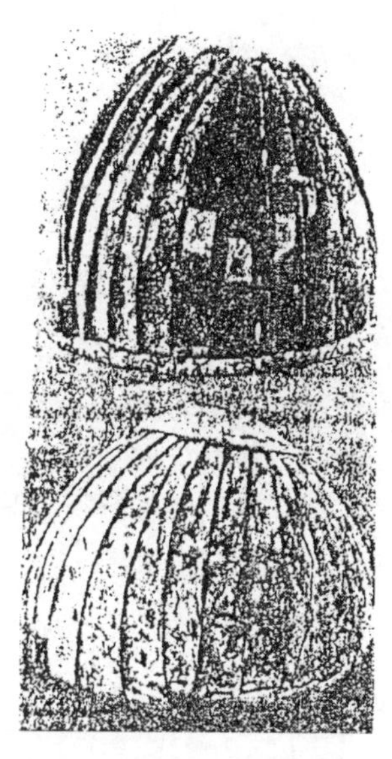

〈그림 51〉 고이산성유적에
서 출토된 투구

만 작고 둥근 단추형 철징으로 이음새를 처리한 점을 공통적인
특징으로 하고 있다. 이 같은 이음새의 처리 방식을 고구려의 신
기법이 한반도 남부에 들어온 것으로 보는 견해가 있으나,[135] 이는
고조선의 청동 장식단추와 철 장식단추의 기법을 그대로 계승하여
이은 것이다. 또한 동래(東萊)·고령(高靈)·함양·부산(釜山)은 가야
가 차지했던 영역으로,[136] 이곳에서 출토된 것들은 가야의 유물이므

---

132) 申敬澈, 〈釜山市福泉洞古墳群遺跡—次發掘調查槪要와 意義〉, 《釜山直轄市
    立博物館年報》 第三輯, 1981 ; 鄭澄元·申敬澈, 〈東萊福泉洞古墳群I〉, 《釜山大
    學校博物館遺跡調查報告》 第5輯, 1983.
133) 金鐘徹, 〈高靈池山洞古墳群〉, 《啓明大學校博物館遺跡調查報告》 第一輯, 1982.
134) 金東鎬, 〈咸陽上栢里古墳群發掘調查報告〉, 《東亞大學校博物館 1972年度古
    蹟調查報告》, 1972.
135) 鄭澄元·申敬澈·定森秀夫 譯, 〈古代 韓國甲胄斷想〉, 野上尤助 編, 《論集 武
    具》, 學生社, 1991, pp.281~282.

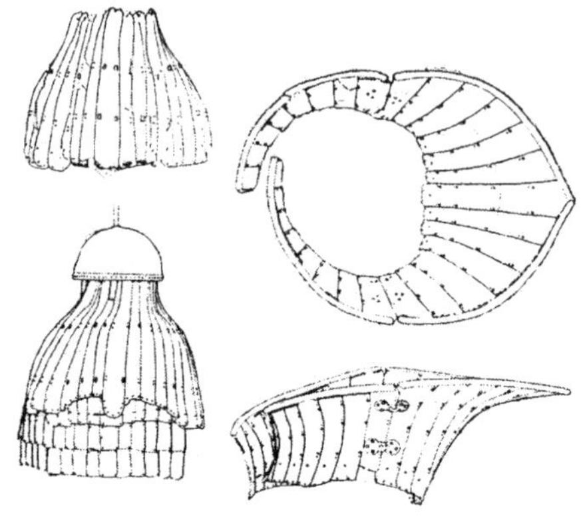

〈그림 52〉 복천동 10·11호묘에서 출토된
갑주와 경갑

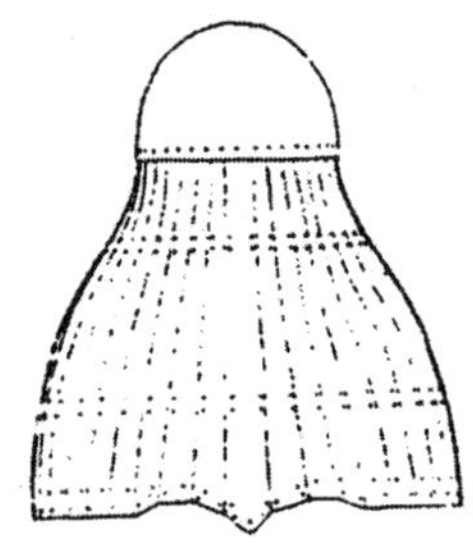

〈그림 53〉 고령 지산동
32호묘에서 출토된
철 투구

로 단갑의 전체적인 형태가 같은 특징을 갖는 것은 당연한 것이다. 1988년부터 1991년까지 발굴된 경상남도 의 창군 동면의 서기 전 1세기경으로 추정되는 다호리(茶戶里)유적에서는 칠기 찰갑 편이 출토되었다.[137] 이는 신라에 못지 않게 가야의 갑옷 생산이 건국 이전부터 매우 발달한 기초 위에서 다양하게 이어져왔음을 말해주는 것이다.

또한 서기 5세기 후반에 속하는 부산시 연산동 고분에서 출토되었다고 전하는 철 투구(그림 57)[138]와 출토지 미상인 숭전대학교 박물관 소장 철 투구(그림 58) 그리고 고려대학교 박물관 소장 철 투구(그림 59)는 공통점을 갖는다. 즉, 그림에서와 같이 모두 챙이 있고 투구를 구성한 찰갑의 형태가 모두 장방형의 모습이며, 위에 서술한 단갑의 경우와 마찬가지로 투구의 찰갑과 찰갑의 연결 부분에 작고 둥근

---

136) 윤내현, 《한국 열국사 연구》, pp.259~268.

137) 李建茂 등, 〈義昌 茶戶里遺蹟 發掘進展報告(I)〉, 《考古學誌》 第1輯, 韓國考古美術硏究所, 1989, pp.5~174 ; 〈昌原 茶戶里遺跡 發掘進展報告(II)〉, 《考古學誌》 第3輯, 韓國考古美術硏究所, 1981, pp.5~111 ; 〈昌原 茶戶里遺跡 發掘進展報告(III)〉, 《考古學誌》 第5輯, 韓國考古美術硏究所, 1994, pp.5~113.

138) 穴澤和光·馬目順一, 〈南部朝鮮出土の鐵製鋲留甲冑〉, 《朝鮮學報》 第七六輯, 1975.

장식단추형 철징을 이용함으로써 장식 효과도 더하고 있다. 이 같
은 장식단추형의 철징을 사용하는 연결 기법은 중국이나 북방지
역에 없는 고조선 청동 투구만이 갖는 특징인데,[139] 이들 투구들은
고조선시대에 만들어진 청동 투구의 형식을 그대로 이은 것으로
서 고조선의 청동 투구보다 많은 청동 장식단추를 사용하여 장식

〈그림 54〉 부산시
립박물관 소
장 단갑

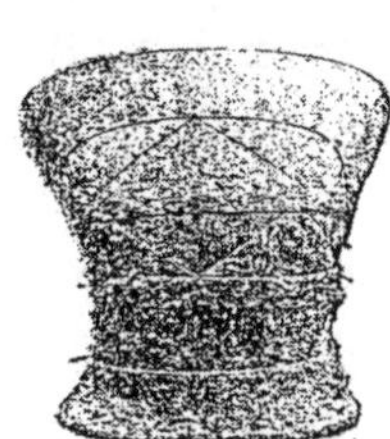

〈그림 55〉 동래구
연 산 리 에 서
출토된 단갑

〈그림 56〉 함양 상백리 무덤에서 출
토된 단갑

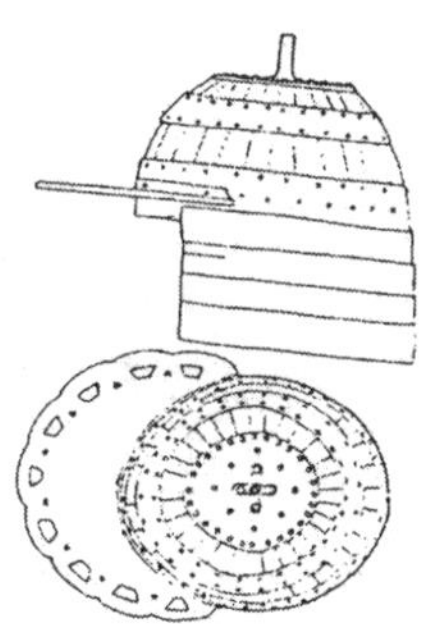

〈그림 57〉 연산동
고분에서 출토
된 철 투구

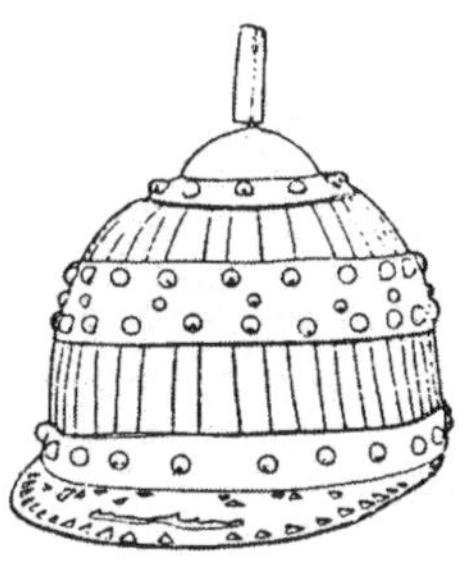

〈그림 58〉 숭전대학교
박물관 소장 철 투구

139) 이 책의 제3부 제11장 〈고조선의 갑옷 종류와 특징〉 참조.

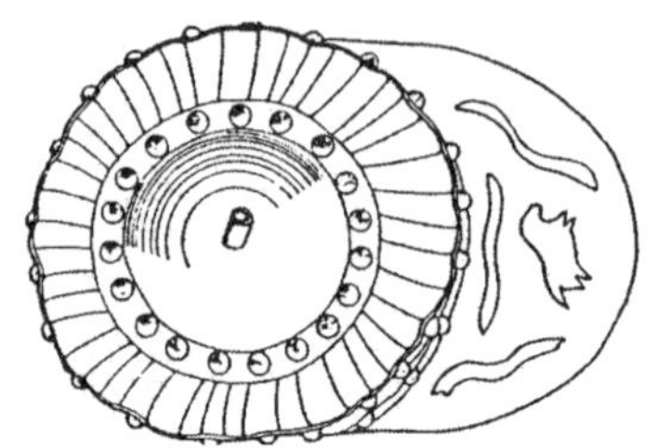

〈그림 59〉 고려대학교박물관 소장
철 투구

효과를 높였다. 숭전대학교 박물관 소장 철 투구와 고려대학교 박물관 소장 철 투구는 한반도 남부에서 발견되었다는 점과 그 형태로 볼 때 신라나 가야의 유물로 추정된다.

고구려의 경우 쌍영총 연도 동벽의 기마무사도의 경우와 삼실총의 기마 무장의 경우를 보면 쌍각(雙角) 철 투구를 쓰고 있으나, 약수리고분·감신총·안악 3호분·안악 2호분 벽화에 보이는 무사들은 모두 챙이 없는 철 투구와 같은 모습의 투구를 쓰고 있다. 고구려의 철 투구는 숭전대학교 박물관 소장 철 투구나 고려대학교 박물관 소장 철 투구와 형태는 거의 같은 모습을 하고 있으나, 앞부분에 챙이 없다는 점에서 차이를 보인다. 또한 서기 5세기 중엽에 속하는 동래구 복천동 10호·11호 고분에서 출토된 투구와[140] 서기 5세기 후기에 속하는 경상북도 고령 지산동 32호 고분에서 출토된 투구[141]의 경우, 그 모습이 긴 장방형의 찰갑으로 구성되어 있어 다른 투구들보다 비교적 긴 형태이며 윗부분은 둥글게 마무리되어 있다. 이 둥근 꼭대기 부분의 철제복발(鐵製伏鉢)을 북방적인 요소로 보고[142] 몽고발형(蒙古鉢形) 투구라고 부르면서, 고구려가 몽골의 영향을 받았다고 보는 견해가 있다.[143]

그러나 북방지역에서는 〈그림 3〉, 〈그림 23〉~〈그림 25〉, 〈그림

140) 申敬澈, 〈釜山市福泉洞古墳群遺跡一次發掘調査槪要와 意義〉, 《釜山直轄市立博物館年報》 第三輯, 1981 ; 鄭澄元·申敬澈, 〈東萊福泉洞古墳群I〉, 《釜山大學校博物館遺跡調査報告》 第5輯, 1983.
141) 金鐘徹, 〈高靈池山洞古墳群〉, 《啓明大學校博物館遺跡調査報告》 第一輯, 1982.
142) 〈古代 韓國甲冑斷想〉, p.282.
143) 末永雅雄, 《日本上代の甲冑》, 創元社, 1944.

40〉, 〈그림 44〉에서와 같이 꼭대기 부분이 둥근 철제복발을 하거나 긴 장방형의 찰갑을 연결하여 만든 투구를 사용하지 않았다. 이는 지난날 일부 학자들이 고구려의 갑옷과 투구가 북방지역의 영향을 받았을 것이라는 선입관을 갖고 있었기 때문에 얻은 결론인 것이다. 오히려 신라나 가야의 투구는 고구려 투구와 같은 모습을 하고 있으면서 단지 꼭대기 부분의 마무리에서만 변형을 보일 뿐이다. 고구려와 신라 그리고 가야의 유적에서 이 투구들과 함께 발견된 경갑의 경우도 투구를 구성한 찰갑과 같은 모양의 찰갑으로 연결하여 만들어진 것이며, 여미는 부분은 신라 고분에서 발견된 정강이가리개와 같은 모습으로 마무리되어 있다. 이 같은 경갑은 중국이나 북방지역에서는 사용하지 않은 것이다.

또한 경주 인왕동 고분에서 마갑(馬甲)을 덮은 마각화(馬刻畵) 토제품(土製品)이 출토되고[144] 합천(陜川) 옥전고분군(玉田古墳群)에서 마갑이 출토됨으로써[145] 고구려 고분벽화에 보이는 찰갑 기마 무장이 낙동강유역의 신라와 가야지역에도 있었음을 알려주고 있다. 따라서 한반도 남쪽지역에서 출토된 갑옷편과 그 부속물들은 찰갑의 형태가 고조선의 장방형을 그대로 계승하고 있고 전체 모습에서 고구려 갑옷의 모습과 같은 모습으로 나타나기 때문에 고조선의 양식을 계승한 것으로 판단된다. 이 같은 한반도의 갑옷 생산 기술은 일본의 초기 갑옷 생산에 깊은 영향을 주게 된다. 일본에서 서기 4세기[146]와 5세기경에 만들어진 철 갑옷과 철 투구들은 신라와 가야의 갑옷과 같은 모습을 하고 있다. 이에 대하여 일

---

144) 이은창, 《한국 복식의 역사》-고대편, p.137.
145) 경상대학교 박물관, 〈합천 옥전고분 1차 발굴조사개보〉, 1986 ; 〈합천 옥전고분군I-목곽묘〉, 1988 ; 〈합천 옥전고분군 II-M3호분〉, 1990 ; 〈합천 옥전고분군III-M1·M2호분〉, 1992 ; 〈합천 옥전고분군IV-M4·M6·M7호분〉, 1993.
146) 小野山節, 〈古墳時代の裝身具と武器〉, 《日本原始美術大系 5》, 誹談社, 1978, pp.81~82, 圖35.

본학자들은 도래(渡來)한 대륙 공인(工人)의 제작 기술을 응용하여,[147] 또는 도래한 대륙의 공인과 한반도 남부에서 귀화해온 기술자들과의 기술 교류에 의하여,[148] 또는 일본의 공인과 조선과 중국에서 도래한 공인을 통합한 공인조직에 의하여[149] 모두 일본에서 만들어졌다는 견해를 제시하고 있다. 혹은 연산동(連山洞)과 상백리(上栢里)에서 출토된 갑주를 일본의 것으로 단정하고, 일본이 한반도 남부를 경영했다는 방증(傍証) 자료로 삼기도 한다.[150] 중국학자들은 서기 4~5세기의 일본 갑옷이 중국의 영향을 받은 한반도의 기술을 이은 것이라고 주장한다.[151] 그러나 앞에서 밝혔듯이, 고구려 갑옷의 다양한 특징들은 북방지역의 것 또는 북방지역의 영향을 받은 중국의 갑옷과는 다른 모습을 보여주며, 부여의 갑옷과 마찬가지로 고조선 갑옷의 특징을 계승한 것이다. 또한 고구려 개마의 생산 시기가 중국이나 북방지역보다 약 2세기 정도 앞선다는 점 등은 일본의 고분에서 출토된 갑옷과 투구들이 신라나 가야로부터 수입된 것이거나 한반도의 영향을 받아서 만들어졌다는 것을 말해준다. 일본의 고분에서는 고조선의 유적에서 발견되는 것과 같은 청동제 갑편은 출토되지 않는다. 1872년 대판부계시(大阪府堺市)에 위치한, 인덕릉(仁德陵)이라 전하는 대산고분(大山古墳)에서 금과 같은 청동으로 만든 단갑이 발굴되었으나, 무슨 이유에

---

147) 北野耕平,〈中期古墳の副葬品とその技術史的意義〉－鐵製甲冑における新技術の出現,《武具》, 學生社, 1991, pp.75~95.
148) 野上伙助,〈古墳時代における甲冑の變遷とその技術史的意義〉,《武具》, 學生社, 1991, pp.97~137.
149) 小林謙一,〈甲冑製作技術の變遷と工人の系統〉,《武具》, 學生社, 1991, pp.149~198.
150) 穴澤和光·馬目順一,〈南部朝鮮出土の鐵製鋲留甲冑〉,《朝鮮學報》 第七六輯,《武具》, 1975, pp.235~269.
151) 楊泓,〈日本古墳時代甲冑及其和中國甲冑的關係〉,《考古》, 1985年 第1期 pp.61~77；楊泓,〈中國古代馬具的發展和對外影響〉,《文物》, 1984年 第9期, pp.45~54.

서인지 다시 매장되고 모습만을 그림으로 남겼다.[152] 중국학자 양
홍(楊泓)은 이 인덕릉에서 출토된 갑옷의 형태와 화려한 미관으로
볼 때 일본이 철 갑옷을 사용하기 이전 단계에 생산된 청동 갑옷
을 보여주는 것으로는 볼 수 없다고 했다.[153] 한반도와 만주에서는
서기 전 2600~2500년경에 청동기문화가 출현했고 서기 전 13세
기경에 철기문화가 출현했으나, 왜열도에는 서기 전 300년경에 그
간 한민족이 이루어놓은 청동기문화와 철기문화가 한꺼번에 전달
되었다. 위와 같은 일본의 갑옷 생산 상황은 이러한 문화 이식 현
상에 기인하는 것이다. 왜열도에는 이 야요이문화(彌生文化)의 뒤
를 이어 서기 4세기경에 고훈문화가 출현하는데, 이 문화는 한반
도의 가야지역에서 건너간 것이었다. 서기 4세기부터 철정(鐵鋌)이
가야지역에서 일본열도로 전달되어, 일본에서도 이를 이용한 본격
적인 철기 생산을 할 수 있게 되었다. 서기 5세기 전반기에 철제
마구류 등이 만들어졌고 서기 5세기 후반에 철제의 갑주가 제조되
었는데, 이 같은 제조 기술 역시 한반도의 가야에서 건너간 것이었
다.[154] 그러므로 인덕릉에서 발견된 단갑의 재질이 금과 같은 청동
이라 한 것은 앞에서 언급한 신라 사람들이 즐겨 사용한 유석, 즉
황동을 가리키는 것으로 보이며, 신라나 가야로부터의 수입품일
것으로 생각된다. 또한 내량현(奈良縣) 오조시(五條市) 묘총(猫塚)
고분 출토 철투구, 자하현(滋賀縣) 신개(新開) 고분, 대판부(大阪府)
의 칠관(七觀) 고분에서 출토된 단갑[155] 등은 가야의 유적인 동래(東
萊) 복천동(福川洞) 10호와 11호 고분의 유물과 거의 일치하며, 내

---

152) 末永雅雄, 《增補 日本上代の甲冑》, 木耳社, 1981, pp.81~82, 圖35.
153) 楊泓, 〈日本古墳時代甲冑及其和中國甲冑的關係〉, 《考古》, 1985年 第1期, p.61.
154) 윤내현, 《한국열국사연구》, pp.453~497 참조.
155) 網干善教, 《五條猫塚古墳》, 奈良縣史跡名勝天然記念物調査報告, 1962 ; 西田
　　弘·鈴木博司·金關恕, 《新開古墳》, 滋賀縣史跡調査報告 第12冊, 1961 ; 樋口隆
　　康·岡崎敬·宮川徏, 〈和泉國七觀古蹟調査 報告〉, 《古代學研究》 27, 1961.

량 지방의 초기 고총고분(高塚古墳)은 입지 조건과 내부 구조 그리고 장법 등에서 한반도의 가야 고분과 비슷한 양상을 띠고 있다.[156] 이 같은 사실들은 이 유적과 유물의 주인공들이 한반도의 가야계였음을 말해주는 것으로,[157] 일본에서 출토되는 갑주들은 한반도로부터의 수입품이거나 한반도에서 일본열도로 이주한 가야인들이 한민족의 발달한 문화를 그곳에 전달했던 결과라고 생각된다.

6. 닫는 글

지금까지 동부여·고구려·백제·가야·신라 갑옷의 특징을 그 생산 시기와 형태를 중심으로 중국과 북방 및 일본의 갑옷과 비교하여 살펴보았다.

동부여는 고조선의 뒤를 이은 가장 정통성을 지닌 국가로, 그들의 갑옷과 무기는 고조선의 것을 잘 계승하고 있었으며 집집마다 자체적으로 철 갑옷과 무기를 보유하고 있었다. 실제로 동부여의 유적인 길림성 유수현 노하심(老河深)유적에서 북방 계통의 것과는 다른 고조선 갑편의 특징인 좁고 긴 장방형과 아래쪽이 둥근 장방형으로 된 어린갑편이 출토되었다.

고구려는 고조선의 거수국에서 독립국으로 되면서 고조선의 갑옷 생산 기술을 이어 보다 발달된 철 갑옷을 활발히 생산했다.

서기 4세기에서 5세기에 걸쳐 만들어진 고구려벽화에 나타나는 고구려 갑옷의 특징과 같은 시기의 중국 및 북방의 갑옷과 비교해보면 다음과 같다. 중국은 삼국양진시대에 군대에서 일률적으로

---

156) 尹石曉, 〈伽倻의 倭地進出에 대한 一研究〉, 《百濟·新羅·伽倻史 研究》, 白山資料院, 1995, p.302.
157) 윤내현, 《한국열국사연구》, pp.482~483.

같은 모습의 용수개를 입었고, 남북조시대에 이르러 기병이 군대에서 중요한 부분을 차지하면서 양당개가 생산되었다. 고구려벽화에서는 이 같은 중국의 용수개와 양당개에서 보이는 형제의 특징을 지닌 갑옷을 일률적으로 착용한 모습이 전혀 보이지 않는다. 고구려는 군대의 구성과 역할에 따라 매우 다양한 갑옷을 입었다. 따라서 찰갑편의 형태와 크기가 다양하게 나타나고 갑옷의 형식도 매우 다양하다. 이 같은 현상은 고구려가 중국보다 앞서 뼈 갑옷·가죽 갑옷·청동 갑옷·철 갑옷을 생산했던 고조선의 기술을 계승하여 이미 중국보다 뛰어난 생산 기술을 갖고 있었기 때문이다. 따라서 고구려의 갑옷은 중국의 영향과는 무관하게 부여의 갑옷과 마찬가지로 고조선의 갑옷을 계승하여 독자적으로 발전시킨 것임을 알 수 있다.

북방의 경우 북위시대에 속하는 맥적산 맥찰 127굴 벽화에 보이는 갑옷과 말 갑옷 그리고 돈황 285굴 서위 벽화에 보이는 기병의 옷에서 가죽갑편에 철편을 드문드문 박아 넣은 모습을 볼 수 있다. 또한 명옥에서 발견된 것은 그리스 무사들의 모습과 비슷하다. 이 같은 모습들은 고구려의 갑옷에서는 전혀 보이지 않는다. 고구려의 갑옷과 중국 및 북방지역의 갑옷의 또 다른 큰 차이는 목 부분의 처리에 있다. 중국의 갑옷과 북방지역의 갑옷은 목 부분을 특별하게 처리하지 않았으나, 고구려의 경우는 다양한 여밈새의 경갑으로 귀밑까지 보호하게 되어 있어서 매우 우수함을 알 수 있다.

또한 말 갑옷의 경우 고구려는 그 생산 시기가 중국이나 북방지역보다 적어도 2세기 정도 앞서기 때문에, 중국이나 북방지역의 말 갑옷은 고구려의 영향을 받았을 가능성이 클 것으로 추정된다.

백제 왕실의 혈통은 부여계로서 동부여와 같이 고조선의 갑옷을 계승했다. 따라서 이들 갑옷은 장방형을 위주로 하며, 어린갑편은 좁고 긴 장방형과 아래쪽이 둥근 장방형이다. 백제는 고구려와 마찬가지로 당시 중국의 복식제도를 받아들이지 않았다. 이러한 사실을 통해 백제는 적어도 수나라가 중국을 통일하기 이전 자신들이 중국 동부 해안지역을 지배하던 시기까지는 정복국으로서의 면모를 가지며 백제의 복식을 고수했다고 볼 수 있다.

백제는 고구려와 마찬가지로 명광개를 생산했고 그 밖에 철갑·금갑·금휴개·문개를 생산했다. 고구려와 백제에서 만든 명광개와 백제에서 만든 금갑은 황동으로 만든 것이다. 그리고 백제에서 황칠수가 생산되었던 것으로 보아 금휴개는 철갑편 위에 황칠수의 수액인 금칠을 하여 만들었을 것이다. 따라서 금휴개나 명광개를 단순히 도금한 쇠찰갑으로 보는 것은 잘못이다. 문개는 철로 만들어진 갑옷이다.

신라와 가야는 모두 한(韓)의 사회 수준을 계승한 나라인데, 한은 고조선을 계승한 나라 가운데 하나로서 상당히 발달한 국가 단계의 사회였다. 한은 고조선의 문화를 많이 계승했다. 따라서 신라와 가야의 갑옷은 고조선의 갑옷 양식을 거의 그대로 이었던 것으로 보인다. 더욱이 진한과 변한에서는 철의 생산이 풍부하여 갑옷과 무기의 생산을 보다 활발하게 했을 것이다.

신라는 갑옷을 생산하는 데 철과 유석을 사용했다. 유석은 바로 황동을 가리키는 것으로, 고구려와 백제가 만든 명광개 혹은 금갑은 바로 이 황동으로 만든 갑옷이다. 그 실제 예로 신라 무덤들에서 철과 유석으로 만든 갑편이 출토되었는데, 갑편들이 장방형인 점으로 보아 고조선 갑옷의 형태를 그대로 계승한 것으로 보인다.

또한 보병의 경우 무릎과 다리를 보호하는 경갑을 사용했다. 다리를 보호하는 경갑의 연결 부분이 쇠못으로 이루어진 것은 고구려와 백제 및 신라에서 찰갑을 대체로 철징을 박는 방법으로 고정시킨 것과 같은 것으로서 고조선의 기술을 이은 것이다. 이렇게 해체되기 어려운 찰갑에 대항하기 위해 만들어진 것이 고구려와 신라 및 백제의 창과 같은 모습을 한 여러 형태의 가시 돋친 무기이다.

가야에서는 철제 변모형 투구뿐만이 아니라 찰갑편을 연결하여 만든 투구도 사용했다. 서기 4세기경에 속하는 것으로 금관가야의 유물로 추정되는 김해 예안리 150호 고분에서는 철제 투구를 구성했던 긴 장방형과 윗면이 둥근 장방형의 철갑편들이 출토되었다. 이 같은 형제의 투구는 안악 2호분 고분벽화에 보이는 무사가 쓰고 있는 것과 같은 것으로, 그 실제 유물이 고구려유적인 요령성 무순시(撫順市) 고이산성(高爾山城)유적에서 출토되어 가야 역시 고구려와 같은 기술을 이었음을 알 수 있다. 서기 5세기 중엽과 서기 5세기 후반에 속하는 동래·고령·함양지역의 가야의 무덤에서 출토된 단갑들은 갑편의 형태가 서로 다를 뿐 단갑 전체의 형태는 서로 같다. 가야는 칠기 찰갑편을 사용한 갑옷도 생산했는데, 이는 가야의 갑옷 생산이 가야의 건국 이전부터 매우 발달한 기초 위에서 이어졌음을 말해준다.

서기 5세기 후반에 속하는 것으로 부산시 연산동 무덤에서 출토되었다고 전하는 철 투구와 출토지 미상의 숭전대학교 박물관 소장 철 투구 그리고 고려대학교 박물관 소장 철 투구는 다음과 같은 공통점을 갖는다. 즉, 투구를 구성한 찰갑의 형태가 모두 장방형이고, 투구의 찰갑과 찰갑의 연결 부분에 청동 장식단추를 이용함으로써 장식 효과도 더하고 있다. 이 같은 청동 장식단추 장식은 중국이나 북방지역에는 없는 것으로, 고조선 청동 투구만이 갖는 특징이다. 이로 보아 가야의 투구는 고조선시대에 만들어진 청동 투구의 형식을 그대로 이은 것이면서도 고조선의 청동 투구보다 더욱 많은 장식 효과를 내도록 만들어졌다. 또한 서기 5세기 중엽에 속하는 것으로 동래구 복천동 10호·11호 무덤에서 출토된 투구와 서기 5세기 후반에 속하는 것으로 경상북도 고령 지산동 32호 무덤에서 출토된 투구의 경우, 그 모습이 긴 장방형의 찰갑으로 구성되어 다른 투구의 경우보다 비교적 긴 형태이면서 윗부분은 둥글게 마무리되어 있다. 이 꼭대기 부분이 둥근 철제복발을 일본학자들은 북방적인 요소로 보고 몽고발형 투구라 부르며 고구려가 받은 몽골의 영향이 이어진 것으로 보고 있다. 그러나 북방지역의 경우 꼭대기 부분이 둥글게 철제복발을 하거나 긴 장방형의 찰갑을 연결하여 만든 투구를 사용하지 않았다. 이러한 설명이 나온 것은 일본학자들과 한국학자들이 고구려의 갑옷과 투구가 북방지역의 영향을 받았을 것이라는 선입관을 가지고 있었기 때문이다. 이러한 투구들은 고구려 투구와 같은 모습을 한 것이며 꼭대기 부분의 마무리에서만 변형을 보이는 것이다. 이 투구들과 함께 발견된 경갑의 경우도 투구를 구성한 찰갑과 같은 모양의 찰갑으로 연결하여 만들었고, 여미는 부분은 신라무덤에서 발견된 경갑과 같은 모습으로 마무리되어 있다. 이 같은 경갑은 중국이나 북방지역에서는 사용되지 않았다.

또한 경주 인왕동 고분에서 출토된 마갑을 덮은 마각화(馬刻畵) 토제품(土製品)을 통해 고구려 고분벽화에 보이는 찰갑 기마 무장이 낙동강유역의 신라와 가야지역에도 있었음을 알 수 있다. 따라서 한반도 남쪽지역에서 출토된 갑옷편과 그 부속물들은 찰갑의 형태에서 고조선의 장방형을 그대로 계승하고 있고 전체 모습에서 고구려의 갑옷 모습과 같기 때문에 고조선의 양식을 계승한 것임을 알 수 있다. 이 같은 신라와 가야의 갑옷은 일본의 초기 갑옷 생산에 깊은 영향을 주어 서기 4세기와 5세기경에 만들어진 일본의 철 갑옷과 철 투구들은 신라와 가야의 갑옷과 같은 모습을 하고 있다. 이에 대하여 일본학자들은 일본의 갑옷 생산이 도래한 대륙의 공인으로부터의 제작 기술을 응용하여, 또는 도래한 대륙의 공인과 한반도 남부에서 온 귀화한 기술자들과의 기술 교류에 의하여 이루어졌을 것이라는 견해를 내세운다. 한편 일본의 공인과 조선 및 중국에서 도래한 공인을 통합한 공인조직에 의하여 모두 일본에서 만들어졌을 것이라는 주장도 하고 있다. 더구나 연산동과 상백리에서 출토된 갑주를 일본의 것으로 단정하여, 일본의 한반도 남부 경영을 방증하는 자료로 삼기도 한다. 중국학자들은 서기 4~5세기 일본의 갑옷 생산이 중국의 영향을 받은 한반도의 기술을 이은 것이라고 주장한다. 그러나 고구려 갑옷의 다양한 특징들은 북방지역의 갑옷이나 북방지역의 영향을 받은 중국의 갑옷과는 다른 모습으로, 부여의 갑옷과 마찬가지로 고조선 갑옷의 특징을 계승한 것이다. 또한 고구려 말 갑옷의 생산 시기는 중국이나 북방지역보다 적어도 2세기 정도 앞서기 때문에, 일본의 고분에서 출토된 갑옷과 투구들은 신라와 가야로부터 수입된 것이거나 한민족에 의해서 만들어진 것으로 해석해야 할 것이다.

이상의 고찰로서 여러나라시대의 갑옷은 고조선의 갑옷을 계승하여 나라마다 다소 특징적으로 발전했으며 같은 시기의 중국이나 북방지역의 갑옷보다 훨씬 우수했음을 확인했다. 여러나라시대에 동부여·고구려·백제·신라·가야 등의 대외 활동은 이 같은 주변국보다 뛰어난 무구와 무력의 우월성이 그 기반이 되었을 것으로 생각된다.

맺으며 : 고대 한국 복식의 원형

　저자는 고대 한국 복식의 원형을 복원하기 위해 복식 재료에 대한 분석과 이를 토대로 복식의 각 부분을 세분화하여 고찰했다. 이 고찰 과정에서 한국의 복식을 중국과 북방지역 및 일본의 고대 복식과 비교·분석했다. 그 결과를 묶어 정리하면 다음과 같다.

　고대 한국 복식의 기본이 되는 의복의 재료로는 가죽과 모직물·마직물·사직물·면직물 등이 있다.

　고대 한민족이 생산했던 가죽은 특수 가죽과 일반 가죽으로 분류된다. 특수 가죽으로는 비(貔), 붉은 표범, 누런 말곰, 표범, 반어(斑魚), 흰 사슴, 흰 노루, 자색(紫色) 노루, 주표(朱豹), 세미계(細尾雞), 삼각사슴, 꼬리가 긴 토끼, 낙타, 자줏빛 여우, 흰매, 흰말 등의 가죽이 생산되었다. 이 같은 동물들의 가죽은 당시 중국에 수출하거나 예물로 보냈던 희귀한 것들이다. 일반 가죽으로는 멧돼지, 사슴, 여우, 너구리, 말, 담비, 놜(豽), 호랑이, 곰, 노루, 꿩, 족제비, 수달, 돼지, 개, 소, 말사슴, 사향노루, 복작노루, 승냥이, 토끼, 산양, 양, 낙타, 오소리, 물소, 청서, 물개, 넝에, 고래 등 여러 동물의 가죽이 재료로 이용되었을 것이다. 한민족은 신석기시대부터 사냥 기술과 목축업의 발전으로 야생동물의 가죽과 함께 많은 집짐승의 가죽을 생산했다. 청동기시대에 오면 청동기의 보급과 함께 농업과 목축업 및 수공업이 발달하여 사냥에 많이 의존했던 복식 재료가 집짐승의 가죽이나 그 털로 짠 모직물로 바뀌게 된다. 고조선 후기에 이르면 철기가 사용되어 농업 생산이 크게 증대함으로써 이를 바탕으로 목축업이 한층 발달하여 집짐승의 가죽이 수공업품의 재료로서 이전보다 훨씬 많이 사용되었다. 또한 고조선지역에서 가죽 가공 방법에 대한 지식이 발달하여 질 좋은 수출 상품을 생산할 수 있었다.

신석기시대 전기의 유적에서는 가락바퀴 외에 씨실넣기에 쓴 갈구리가 출토되었고 신석기시대 중기의 유적에서는 날실 사이에 씨실을 넣기 위한 도구인 북이 출토되어, 신석기시대 중기부터 직물이 활발하게 생산되었음이 확인되었다. 따라서 고조선지역에서 모직물이 생산된 것은 신석기시대 전기인 서기 전 6000~5000년경이고 모직물 생산이 널리 진행된 것은 신석기시대 중기인 서기 전 4000년경이었을 것으로 추정된다. 고조선의 모직은 서기 전 23세기경부터 중국에 알려지기 시작했다. 그 품질의 우수성으로 춘추시대에 와서는 중국 수입 품목의 중요한 부분이 되었다. 실제로 고조선 중기의 유적인 성성초(土土哨) 유적에서 발굴된 모직물은 오늘날 생산되는 다소 거친 모직물에 가까운 것으로, 고조선에서 무척 정교한 모직물을 생산했음을 알게 해주었다. 숙신인들은 일찍부터 돼지를 기르고 그 털로 모직물을 생산했으며, 고구려 사람들도 돼지털로 짠 모직물인 장일(障日)을 생산했다. 고대 한민족이 돼지를 사육하기 시작한 연대는 동아시아에서 가장 앞서므로, 고조선 사람들이 집돼지의 털로 모직물을 짜기 시작한 것은 매우 오래되었을 것이다. 마한 사람들과 부여 사람들은 고급 사직물과 같은 수준의 화려한 청색 빛깔의 모직물인 계(罽)를 생산하여 널리 보급시켰다. 이 같은 기술은 이후 신라와 백제로 이어져 유구(氍氈)·구수(毬毹)·탑등(毾㲪, 氍毹) 등의 생산을 가져왔다.

중국은 고대에 모직물이 전혀 발달되지 않았다. 중국은 한대에 이르기까지 모직물이 발달되지 못하여 대부분을 수입품에 의존했다. 고대 胡의 모직물 수준도 고조선보다 뒤떨어졌던 것으로 보인다. 고대 호복의 재료 가운데 모직으로 된 가장 이른 연대의 것은 그 지역의 청동기시대 초기(서기 전 1000년)에 속하는 고묘에서 출토된 유물들로, 그 수준이 매우 낮다. 반면에 고조선지역에서는 신석기시대 초기에 발명된 원시적인 방직 기계를 점차 발전시켜 청동기시대 말기로부터 철기시대에 이르러서는 가락바퀴가 점차 사라지고 물레와 북이 사용되었다. 그리고 직기가 개발되어 고조선의 직물 수준에 큰 발전을 가져왔다.

구석기시대부터 한반도와 만주지역에 거주하던 사람들은 줄기 섬유를 널리 이용했고, 신석기시대에 이르면 마 종류의 식물성 섬유로 실을 만들어 다양한 용도로 사용했다. 한반도와 만주 및 중국의 신석기시대 유물 가운데 마섬유와 관계된 자료를 비교해본 결과, 이 세 지역은 신석기시대가 거의 비슷한 시기에 진행되었고 가락바퀴의 출현 시기나 마섬유로 실을 생산한 시기도 거의 같았다. 그런데 지금까지 출토된 유물에 따르면 한반도는 중국보다 직기(織機)를 사용하기 시작한 연대가 앞서기 때문에 마직물을 생산하기 시작한 연대는 한반도가 중국보다 훨씬 앞섰을 가능성이 있다. 이 같은 가능성은 한반도의 범의구석 8호 유적에서 출토된 유물과 중국의 전산양(錢山樣) 유적에서 출토된 유물의 비교나 가락바퀴 무게의 비교에서도 충분히 입증된다.

신석기시대의 이른 시기부터 실 생산에 사용되던 가락바퀴는 이후 청동기시대 말기에서 철기시대 초기에 점차 사라지고, 실의 생산량을 늘리고 질을 높이며 천의 종류를 확대시킬 수 있는 물레가 개발되었다. 물레의 등장과 더불어 짐승의 어깨뼈로 만든 바디와 흙추가 출토되어 흙추를 이용한 수직식 직기가 사용되었음을 알게 되었다.

고조선 후기에 이르면 철기가 사용되기 시작했다. 출토된 유물에 따르면 철기는 농구 제작에 가장 많이 사용되었는데, 이 같은 상황은 삼베 등의 농업 생산물의 증대와 이를 직물로 생산하는 수공업의 발달을 가져왔다. 실제로 이 시기의 천 유물들은 방직기를 사용하여 생산된 매우 정교한 직물이다. 비록 어떠한 방직기였는지는 확인할 수 없으나, 대안리(大安里) 1호와 마선구(麻線溝) 1호 고구려 고분벽화에 보이는 '기직도(機織圖)'를 통하여 직기의 복원이 가능하다. 우리나라의 직기는 요기(腰機)로 구분되는데, 이 직기의 경사도는 오늘날 베틀의 경사도와 유사하다. 이 같은 고구려의 직기는 경사도가 매우 가파른 중국의 사직기(斜織機)와 크게 구별된다. 이 같은 고구려와 중국의 직기 구조의 차이는 신석기시대부터 발달하기 시작한 고대 한국의 직물 생산 기술이 줄곧 독자적으로 진행되어왔음을 알려주는 것이다.

고대 한국에서는 대마(大麻)와 저마(苧麻)를 생산했다. 고조선의 모든 지역에서는 마직물을 짜서 복식의 재료로 삼았다. 고조선이 붕괴되고 여러 나라들이 독립국으로 되면서 더욱 기술이 발달하여 섬세한 갖가지 종류의 포(布)를 생산하게 되었다. 고구려와 부여 사람들은 대마로 추포(麤布)를 생산했고, 경마(檾麻)로 세포(細布)인 전(絟)과 저포(紵布)를 생산했으며, 세백포(細白布)와 세포의 한 종류로 무늬 있는 전인 60종포(綜布)를 생산했다. 마한과 변한 및 진한 사람들은 경마로 생산한 저포와 전을 넓은 폭으로 짜 광폭세포(廣幅細布) 및 백저포(白紵布)를 생산했다. 신라는 한(韓)의 마직물 생산 기술을 이어 매우 정교한 30승포와 40승포를 생산했

고, 크고 작은 폭의 대소포(大小布)와 모시포(毛施布) 및 금실을 꼬
아 섞어 짠 섬세한 저포인 금총포(金總布) 등을 생산했다. 고구려
는 경마로 고운 실을 만들어 물감을 들여 짠 청포(靑布)를 생산했
다. 백제 왕실은 부여계의 혈통이었고 고구려에 거주했기 때문에
부여와 고구려가 생산했던 마직물의 생산 기술을 그대로 이었고,
백제가 건국한 지역은 과거 한의 일부였으므로 한의 생산 기술을
그대로 이었다.

  포를 가름했던 치수를 살펴보면, 고구려가 사용한 척(尺)과 신
라가 문무왕(文武王) 5년 이전과 이후 실시한 포의 길이를 가름하
는 치수제도는 중국이나 북방지역의 척도를 따른 것이 아니다. 또
한 포의 승수(升數)로부터 포의 섬세도를 살펴보면, 중국의 옛 문
헌에서 30승포를 가장 섬세한 세포로 설명한 것으로 볼 때 고대 한
국에서 생산한 40승포는 동아시아에서 가장 섬세한 마직물이었다.

  이상의 마직물에 관한 중국과의 비교와 분석을 통하여 고대 한
국은 동아시아에서 가장 이른 시기에 마직물을 생산하여 경제의
기초로 삼았고, 또한 가장 높은 수준의 정교한 마직물을 다양하게
생산했음이 확인된다.

  종래의 연구에서는 고대 한국의 양잠 기술이 서기 전 12세기 말
경 기자(箕子)에 의해 중국으로부터 수입된 것이라는 견해가 지배
적이었다. 이는 문헌자료인 《한서》의 〈지리지〉와 《후한서》의 〈동
이열전〉에 기재된 서로 다른 내용을 무분별하게 해석한 결과였다.
중국에서의 사직물 생산은 서기 전 2700년경부터였다. 고조선지역
의 신석기시대 유적에서 통잎뽕나무 조각무늬가 새겨진 질그릇이
출토됨으로써 한민족의 거주지역에서 메누에가 토종 뽕누에로 순
화된 시기가 신석기시대였음이 밝혀졌다. 그리고 평양의 낙랑유적
에서 출토된 고조선 시기의 사직물을 실험·분석한 결과 고조선이
생산했던 사직물의 독자성과 고유성이 확인되었다. 고대의 같은

시기에 생산된 한국의 견(絹)과 중국 견을 비교한 결과 실 직경과 굵기에서 서로 다른 특징을 보여주었다. 또한 고조선의 견은 중국의 견과 달리 견섬유의 정련 공정에서 약간의 세리신을 남겨두고 있어 탄성이 좋은 장점과 더불어 염색에도 큰 효과를 갖는 것으로 나타났다. 이 같은 실험 결과들은 고조선의 견 생산 기술이 중국으로부터 수입된 것이 아니라는 것을 말해준다.

고조선 평문견(平紋絹)의 섬유 직경은 약 7~11미크론으로 오늘날 생산되는 견섬유 직경의 대체적인 평균 범위인 12~18미크론보다도 굵기가 훨씬 가늘어 그 기술의 우수성을 확인할 수 있다. 또한 고조선에서 겸(縑)을 생산하기 시작한 연대는 서기 전 3세기경으로 중국의 전국 후기에 해당하는데, 중국에서는 이보다 늦은 한대에 와서야 겸이 생산되기 때문에 고조선에서 겸을 직조한 연대는 중국보다 앞선다는 것을 알 수 있다. 고조선 겸의 실 직경은 병사(幷絲)로 짠 것임에도 불구하고 중국 평문견에 사용된 병사하지 않은 날실이나 씨실의 실 직경보다도 매우 가늘다. 또한 겸의 날실과 씨실의 올수도 고조선의 겸이 중국의 것보다 세밀하다.

고조선의 나(羅)는 중국보다 생산 시기가 앞설 뿐만 아니라 그 조직 또한 세밀했다. 중국의 나는 날실이 비교적 굵고 씨실은 가는데, 고조선의 사직물은 나·평직견·겸 등이 모두 날실이 씨실보다 가늘다. 이는 현대의 사직물 직조 방법과 비슷한 것이다. 날실과 씨실의 밀도도 고조선의 나가 중국의 것보다 세밀하다. 이 같은 사실들은 고조선의 사직물 생산 기술이 중국으로부터 수입된 것이 아닌 독자적인 것임을 입증해주는 것이다.

이상의 결과로부터 대동강유역에서 출토된 사직물들이 모두 고조선의 생산품임을 입증할 수 있게 되었다. 아울러 평양지역을 한사군의 낙랑군지역으로 보아왔던 지난날 한국 사학계의 통설이 오류였다는 점도 지적할 수 있게 되었다. 그리고 고조선은 신석기

시대부터 양잠 기술을 발전시켜왔으므로, 기자에 의하여 고조선에 양잠 기술이 전달되었다는 《후한서》의 〈동이열전〉에 나오는 기록은 기자를 높이기 위해 중국인들이 윤색한 것임도 알 수 있었다.

고조선의 다양한 사직물 생산 기술과 발달 상황은 고조선 붕괴 이후 여러 나라로 그대로 이어졌다. 고대 한국에서 생산되었던 사직물(絲織物)의 종류는 금(錦)·견·면(緜)·주(紬)·겸·증(繒)·백(帛)·능(綾)·기(綺)·환(紈)·나·사(紗)·단(緞)·연(練)·사곡(紗縠)·초(綃) 등이었는데, 그 특징은 다음과 같다. 금은 물감을 들인 오색실로 섞어 짠 사직물로, 운포금(雲布錦)·오색금(五色錦)·자지힐문금(紫地纈文錦)·대화어아금(大花魚牙錦)·소화어아금(小花魚牙錦)·조하금(朝霞錦) 등이 생산되었다. 신라와 백제에서는 금을 중국에 예물로 보냈는데, 이는 한국에서 생산된 금의 품질이 중국에서 생산된 것보다 우수했을 가능성을 말해준다. 고대 한민족은 금을 일반에 이르기까지 널리 대중화하여 사용했으나, 이와 달리 중국에서는 漢에 이르기까지 상인과 평민들은 사용할 수 없었고 지배계층도 제한적으로 사용했다.

견은 가공하지 않은 누에고치실로 짠 사직물로, 오색힐견(五色纈絹)도 생산되었다. 면은 한반도 남부에 있던 예(濊)와 한에서 생산했다. 종래의 복식사 연구에서는 면포(緜布)를 식물성 섬유로 보았다. 그러나 고대에 면은 누에고치솜 또는 누에고치실을 말하는 것이었고 면포는 사직물을 말하는 것이었다. 면포는 바로 주이다. 겸은 가늘고 고운 겹실로 매우 치밀하게 짠 것이다. 중국의 경우 겸을 지배계층에서 외출복으로 삼은 것과는 달리 한(韓)에서는 겸이 대중화되어 있었다. 백은 천연의 고치실로 짠 사직물인데, 후에는 채백(彩帛)도 생산되었다. 나는 무늬가 성글게 난 사직물이다. 고조선의 나는 중국보다 생산 시기가 앞설 뿐만 아니라 그 조직이 중국의 나보다 세밀하다. 기는 흰색 실로 얼음결과 같은 무늬를 넣어 짠 사직물이며, 능은 세밀하고 얇은 사직물로 그 무늬가 두꺼운 얼음결과 같은 것이다. 사는 누에고치실을 꼬아 짜지 않아 천이 얇고 곱다. 단은 물들인 실로 짠 것으로 재질이 두텁고 촘촘하며 한쪽 면이 광택이 나고 윤기가 흐르는 사직물이다. 비단(緋緞)과 주단(綢緞)은 동일한 종류의 사직물로, 붉은색이 나는 것을 비단이라고 한다. 고대 한국에서는 단이 생산되지 않았으나 고려시대에 이르면 단이 세금으로 징수될 정도로 생산이 일반화되었다. 사직물을 일반적으로 주단 혹은 비단이라고 부른 것은 고려시대부터였을 것으로 생각된다. 연은 생사를 삶아서 부드럽고 하얗게 만든 사직물이다. 곡(穀)은 누에고치실을 바싹 꼬아 짰기 때문에 작은 매듭이 주름처럼 무늬져 보이는 천을 말한다. 초는 생사로 짠 두터운 사직물이다.

고대 한국에서는 매우 일찍부터 면직물을 생산했는데, 고구려에서 생산한 것은 백첩포(白疊布)였고 신라에서 생산한 것은 백첩포(白氎布)와 면주포(綿紬布) 혹은 시면주포(純綿紬布)였다. 이 직물들 가운데 백첩포(白疊布) 혹은 백첩포(白氎布)는 동일한 면직물이며, 면주포와 시면주포는 면(綿)과 사(絲)의 합성 직물이었다. 그러므로 한국에서 면직물이 생산되기 시작한 것은 고려시대 문익점이 원(元)나라에서 목면 종자를 들여오면서부터라는 일반적인 인식은 잘못된 것이다. 이 백첩(白疊)은 고대에 생산되던 면 종자로, 동아시아에서 한국과 지금의 신강(新疆)지역이 생산지였다. 백첩포는 버들개지처럼 생긴 꽃으로부터 가는 실을 얻어 布를 짠 것인데, 매우 희고 부드러운 것이 특징이다. 그러나 고려시대 문익점이 들여온 목면 종자는 중면(中棉)으로 길패(吉貝) 또는 오동목화(梧桐木花)나 동화(橦花)라고 불리는 것이다. 이는 중국의 남방지역에서부터 재배되기 시작했다. 백첩포는 풀에서 나는 꽃이지만, 길패는 나무에서 술잔만 한 크기의 꽃이 피며 거위털과 같은 솜을 밖으로

드러내는 것이 특징이다. 또한 백첩포가 매우 곱고 깨끗하며 밝게
빛나는 것과 달리, 길패는 면섬유를 수확할 때 면섬유에 부착되어
있는 면실의 껍질 또는 나뭇잎 조각 등의 불순물로 인하여 깨끗
하지 못한 것이 특징이다.

고대 중국은 첩포(疊布)를 생산하지 못했고 모든 지역에서 중면
이 재배되었다. 그러므로 고대 한국에서 생산된 백첩포는 고대 한
국에서 자생한 야생면인 초면(草綿)으로 짠 것이며, 중국의 영향과
는 무관하다. 고대 한국은 신강지역보다 훨씬 앞서 청동기와 철기
제작이 시작되었고 발달된 공구를 사용했기 때문에 백첩포의 생
산도 신강보다 훨씬 앞섰다. 이는 신라가 40승의 매우 섬세한 백
첩포를 생산했던 높은 기술을 가지고 있었던 데서도 확인된다.

초면의 면방울은 아주 작기 때문에 생산량이 낮고, 면방울이 성
숙했을 때도 방울의 껍질이 열리는 것은 크지 않으므로 채취하기
가 불편하다. 이 같은 이유 때문에, 고대 한국에서 이 초면으로
백첩포를 생산했음에도 사직물처럼 대중화되지 못했다. 중국의 경
우는 남송(南宋)시대부터, 남방에서 재배되던 목면 종자로서 인도
를 원산지로 하고 있는 길패가 한족(漢族)지역으로 들어왔다. 이후
관리들에 의해 길패의 재배가 적극적으로 권장되어 원대 초부터
는 면방직 기술이 보편화되기에 이르렀다. 고려시대에 문익점이
원에서 가지고 온 목면 종자는 바로 이 인도면인 중면이었다. 중
면은 생산량은 많으나 백첩포처럼 섬세하지 않고 거친 것이 특징
이다.

고구려와 신라에서 생산한 백첩포 이외에 신라에서는 면주포를
생산했다. 면주포는 초면의 면(綿)실과 주를 짜는 사(絲)실을 섞어
직조한 면과 사의 합사직물로, 현대의 실크면과 같은 성격의 직물
이다. 즉, 면주포는 초면과 굵은 사로 두텁게 짠 합사직물이며 시
면주포는 초면과 굵은 사로 두텁고 거칠게 짠 합사직물로서 신라

의 특산물이었다. 신라 면은 초면이라 생산량이 적었기 때문에, 이를 생산량이 많은 사와 섞어 짠 직물을 생산했던 것이다. 흥덕왕(興德王) 9년의 교지에 따르면, 평민에 이르기까지 복식 재료로서 사직물과 함께 이 면주포와 시면주포를 널리 사용하도록 했는데, 이 교지는 법흥왕(法興王) 7년에 제정된 복식의 내용을 반영하고 있는 것으로 생각된다. 그러므로 신라는 적어도 6세기경 이전부터 면주포를 사용했다고 볼 수 있다. 신라가 건국된 진한지역은 원래 마한에 종속되어 한의 일부를 이루고 있었기 때문에, 신라는 건국 당시 한의 발달된 양잠 기술을 받아들임으로써 면주포의 생산이 가능했을 것이다. 이러한 사실들을 통해 볼 때, 고려시대에 원나라로부터 목면 종자가 들어온 이후 비로소 한반도에서 면직물이 생산되었다는 지금까지의 인식은 잘못된 것이며, 한민족의 면직물 생산 수준은 그 이전에 이미 높은 단계에 도달해 있었음을 알 수 있다.

앞에서 말한 바와 같이 고조선의 가죽과 모직물의 생산 수준은 당시 중국이나 북방지역보다 상당히 앞서 있었음을 알 수 있는데, 중국에서는 지배계층에서만 모직물이 사용되었던 것과 달리 고조선에서는 가죽과 고급 모직물이 사직물이나 마직물 및 면직물 등과 함께 복식 재료로서 이미 대중화되어 있었다.

지금까지는 일반적으로 고대 한국 복식의 성격을 임형(衽形)을 기준으로 하여 중국 한복(漢服) 계통의 요소와 북방계 호복(胡服) 계통의 요소로 구분해왔다. 우임은 중국 한복 계통의 요소이고 좌임은 북방계 호복 계통의 요소라는 것이다. 이중 북방계 호복 계통의 좌임이 고대 한국 복식의 주요소였는데, 후에 중국 한복 계통의 영향을 받아 우임으로 바뀌게 되었다고 본 것이다. 그러나 고대 중국의 복식을 보면 상시대부터 전국시대까지의 중국의 임형은 좌임과 우임이 혼용된 착수(窄袖)의 옷을 주로 입었다. 중국

의 상시대에서 춘추전국시대에 이르는 기간은 서기 전 1700년경
부터 서기 전 222년까지로, 한국사에서는 고조선 중기와 후기에
해당한다. 고구려는 고조선의 거수국으로 있다가 독립국이 되었으
므로 고구려 고분벽화에 나타나는 복식의 모습은 고조선 복식의
많은 부분을 계승했을 것이다. 기록에 따르면 고조선은 서기 전
2200년경부터 중국과 우호적인 교류를 가져왔기 때문에 복식 방
면에도 서로 접촉과 영향이 있었을 것이다. 그런데도 고분벽화에
보이는 고구려 복식은 상시대부터 춘추전국시대까지의 중국 복식
의 특징이 보이지 않는다. 이것은 고조선을 계승한 고구려의 복식
이 고대 한국의 복식이 갖는 독자성을 계속 유지했음을 말해주는
것이다.

중국에서는 진제국시대부터 주로 우임의 관복을 입었으나 고구
려 관복은 관직에 관계없이 임형에서 자유스러웠다. 그리고 중국
의 경우 춘추전국시대까지 의복은 주로 착수였고 진·한시대에도
대수(大袖)와 함께 착수가 혼용되었으나, 고구려에서는 착수가 거
의 보이지 않는다. 그러므로 고구려는 진·한시대까지도 중국 복식
의 영향을 받지 않았다고 보아야 할 것이다.

중국의 삼국양진남북조시대 복식은 여전히 진·한시대의 것을
따랐으나, 현학(玄學)과 불교(佛敎) 및 도교(道敎)의 영향 아래 대금
(對襟)의 관삼대수(寬衫大袖)가 유행했다. 그런데 전쟁의 확대와 함
께 북방민족이 대거 남하하여 한족과 함께 거주하게 되면서 생활
습속이 점차 혼합됨에 따라, 한족은 착수의 단의(短衣)와 요대(腰
帶)의 갖춘 호복을 입기 시작했고 원령(圓領)의 양당(裲襠)과 대금
(大襟)이나 대금(對襟)으로 된 고습(袴褶)을 입게 되었다. 따라서
삼국양진남북조시대의 임형은 주로 좌임(左衽)·우임(右衽)·대금(大
襟)·대금(對襟)·원령이었던 것으로 정리된다. 이 시기는 진·한시대
와 달리 고구려가 중국의 나라들에 자주 사신을 파견하여 화친

관계를 유지했던 때로, 중국으로부터 유교·불교·음양오행사상 등을 받아들였다. 고분벽화에는 오행사상과 관련된 내용이 많이 보이는데, 복식의 임형 및 내용은 받아들이지 않았던 것으로 확인된다. 고구려 고분벽화의 복식을 보면, 좌임과 우임은 나타나지만 대금(大襟)과 대금(對襟) 및 원령은 나타나지 않고, 추상적인 인물들의 의복에서만 대금(對襟)이 일부 나타날 뿐이다. 그러므로 고구려의 임형은 중국의 삼국양진남북조시대에 해당하는 시기에도 앞선 시대와 마찬가지로 중국의 영향을 받지 않았음을 알 수 있다.

호복은 중국의 전국시대 이전까지 임형이 정착되지 않았고, 전국시대부터 진·한시대에 이르는 시기에 좌임과 원령의 임형이 형성되었다. 한 무제 때 비단길이 열리면서 북방에서는 이전보다 견직물을 많이 사용하게 되었지만, 여전히 대금(對襟)·좌임·원령의 임형과 좁은 폭과 착수의 옷을 주된 형제로 하고 있었다. 그러나 중국의 삼국양진남북조시대에 해당하는 시기의 호복 임형에 보이는 대금(對襟)과 원령이 고구려 고분벽화에서는 보이지 않으며 고습 역시 나타나지 않는다. 따라서 이 시기까지 고구려 복식은 호복의 영향과는 무관했다고 하겠다.

그러므로 고대 한국의 복식에서 우임은 중국 한복 계통이고 좌임은 북방 호복 계통으로부터 영향을 받았다는 계통론과 변천론은 수정되어야 할 것이다. 고구려 고분벽화의 경우 약 3세기에 걸쳐 동일하게 좌임·우임·대금사령(大襟斜領)·곡령(曲領)·합임형(合袵形) 등의 임형만이 사용되었다. 당시 중국이나 호에서는 곡령을 제외한 위의 여러 임형과 그 밖에 대금(對襟)·원령의 임형을 오랜 기간 사용했으나, 고구려에서는 이를 받아들이지 않았다. 이로 보아 곡령을 포함한 위에 나열된 임형은 모두 고대 한국의 전통적인 임형이었다고 말할 수 있으며, 고구려 복식에 나타난 임형은 고조선으로부터 계승된 것으로서 쉽게 변동되지 않고 지속성을 보여주는 것이라고 말할 수 있겠다.

고대 한민족이 입었던 웃옷은 크게 삼(衫)과 유(襦) 및 포(袍)로 구분되는데, 남자들은 삼을 입고 여자들은 유를 입었으며, 포는 긴 길이와 넓은 소매를 특징으로 하는 겉옷으로 남녀 모두 입었다.

고대 한국 복식의 원류를 논하는 데 임형과 더불어 수(袖)는 주요한 근거가 되어왔다. 수의 경우 종래에는 착수와 통수(筒袖)는 북방 계통의 것이고 광수(廣袖)와 대수 등은 중국 계통의 것으로 구분했다. 그러나 고대 중국은 상(商)시대와 주(周)시대의 경우 모두 착수였다. 춘추전국시대에 와서야 대수와 관수(寬袖)가 출현하지만, 착수가 여전히 큰 비중을 차지했다. 진·한시대에는 대수와 착수가 병행되었다. 삼국양진시대의 복식은 진·한의 것을 따랐으나, 남북조시대의 복식은 한족의 의복과 북방민족들의 호복이 공존하면서 대수와 착수가 병행되었다. 호복은 착수와 통수를 특징으로 한다. 그러나 고조선에서는 큰 소매의 포를 입었고 이는 이후 고구려·백제·신라에 그대로 계승되었다. 이 같은 임형과 수에 관한 비교와 검토는 고대 한국 복식의 원형이 중국이나 북방 호복 계통으로부터 영향을 받아 이루어졌다는 종래의 통설을 수정하는 데 중요한 근거가 된다.

고대 한국 복식의 원형이 북방이나 중국의 영향을 받아 이루어지지 않았다는 것은 삼·유·포에 두른 선(襈)에 대한 고대 한국과 중국 및 북방지역과의 비교와 분석에서 보다 분명해진다. 고대의 호복에는 전국시대부터 선이 출현했으나 크게 강조되지는 않았고, 한시대에 와서 보편적으로 선을 달기 시작하여 삼국양진남북조시대에 해당하는 시기에 호복의 특징으로 그대로 계승되었다. 포의 경우 그 형제는 선이 끝동과 도련에 둘려진 것, 깃과 끝동에 좁은 선이 둘려진 것, 깃과 섶 및 끝동과 도련에 폭이 매우 넓은 선이 둘려진 것, 선이 둘려지지 않은 것 등으로 분류된다.

유의 경우는 깃과 끝동에 좁은 선이 둘려진 것, 깃과 섶에 좁은 선이 둘려진 것으로 분류된다. 그러나 고구려 고분벽화에는 이 같은 호복의 특징에서 보이는 선의 형제가 나타나지 않는다. 고구려 고분벽화에서 삼·유·포에 보이는 선의 형제는 중국 복식과의 비교에서도 마찬가지로 그 고유성이 확인된다. 고구려 고분벽화에 보이는 포와 유 및 삼은 중국의 경우처럼 문식 있는 천으로 만들어진 것이 없고 모두 단색으로 되어 있다. 선으로 두른 천 역시 중국은 모두 문식 있는 천으로 했으나 고구려 고분벽화에서는 모두 단색으로 했다. 고구려 고분벽화에 보이는 포와 유 및 삼의 선은 크게 깃과 도련 및 끝동만을 두른 경우와 끝동과 깃에서 섶을 지나 도련까지 두른 경우의 두 가지로 나타난다. 그러나 상시대부터 춘추전국시대까지 중국의 모든 포와 유는 반드시 끝동과 깃에서 섶을 지나 도련까지 모두 선이 둘려진 것을 특징으로 한다.

고구려 고분벽화에 보이는 포의 깃과 끝동에는 반드시 선을 둘렀다. 섶의 경우 선을 두를 것인지의 여부는 여밈새와 관계가 있다. 대금사령과 합임직령(合袵直領)의 경우에는 섶에 선을 두르지 않았다. 좌임직령(左袵直領)과 우임직령(右袵直領)의 경우에도 앞여밈새를 옷고름으로 처리한 경우에는 섶에 선을 두르지 않았다. 이와 같이 옷고름이 있는 경우 섶에 선을 두르지 않고 옷고름이 없는 경우만 섶에 선을 두른 것은 여밈새의 처리 문제와 관계가 있다고 생각된다. 이는 선이 둘려지고 옷고름이 그 위에 매어지는 복잡한 분위기의 형제를 선택하지 않은 것으로, 고대 한국인들의 여유 있는 미적 감각을 말해준다.

고대 한국은 포의 깃·소매·섶·도련에 같은 색과 같은 폭의 선을 두르는 것을 기본적인 형제로 하고 있었으며, 신분에 따라 선의 형제(形制)에 다양한 변화를 주었다. 예를 들어, 포의 깃과 끝동에는 두 가지 색상의 선이 서로 다른 폭으로 둘려졌는데, 일반적으로 포에 한 줄의 선이 있는 것과 달리 세 줄로 두른 것이 있는가 하면 포의 깃·끝동·도련 혹은 섶에 두 가지 색상의 서로 다른 폭의 선을 두르거나 포의 어깨에 이중으로 선을 두른 것도 있다. 또한 포의 다른 부분에 두른 선과 같은 색의 선으로 어깨를 둘렀는가 하면 긴 소매에 매우 넓은 선을 두른 것도 있으며, 포의 도련과 도련에서 올라온 부분에 이중으로 선을 두른 것도 있다. 포에 두른 선의 특징으로 보아 신분이 높은 계층의 경우 선을 이중·삼중으로 두르거나 색상과 폭을 달리하여 보다 화려한 복식을 했음을 알 수 있다.

삼과 유에 둘려진 선의 형제는 포와 마찬가지로 깃·끝동·도련 혹은 섶에 같은 색과 같은 폭의 선을 둘렀다. 그러나 포의 경우에는 옷고름의 여부가 섶에 선을 두르는 것의 여부와 관계가 있지만, 삼과 유는 여밈새와 관계없이 선을 두르는 것에 일정한 형제를 두지 않았다. 그리고 신분에 따라 포와 마찬가지로 선의 폭과 색상에 다양한 변화를 주었다. 진·한시대로 오면서 중국의 남자 포는 주로 대금사령이었는데, 그 모습을 보면 소매는 대수이며 깃과 끝동은 문식 있는 천으로 선을 둘렀다. 진·한시대에 이어 양진 남북조시대에 이르기까지 포의 도련에는 선을 두르기도 하고 두르지 않기도 했는데, 도련 부분이 그대로 길게 드리워진 것과 포의 길이가 무릎 아래까지 내려오고 도련이 굴곡지거나 삼각형이 중첩된 모습을 나타내는 것 두 가지가 있다.

그러나 고구려 고분벽화에 보이는 포에는 이같이 도련이 곡선으로 되거나 삼각형으로 된 것은 없다. 고구려 고분벽화에서 보는 것처럼, 대체로 모든 계층에서 포의 도련에 선을 두른 것으로 보아 포에는 반드시 도련에 선을 둘렀을 것으로 생각된다. 따라서 고대 한국의 포는 깃·끝동·도련에 반드시 선을 두르는 것을 고유의 형제로 했음을 알 수 있다. 또한 이 같은 형제는 남녀의 구분

690

이나 계층과 신분의 구분이 없이 동일하게 적용되었다는 것도 알 수 있다. 고구려 고분벽화에 보이는 삼·유·포에는 중국의 상시대부터 춘추전국시대까지 계속해서 나타나는 좁은 폭과 좁은 소매가 보이지 않는다. 또한 고대 한국 삼·유·포에서 보이는 또 다른 고유성은, 사람들이 삼·유·포 안에 겉옷과 다른 엷은 색의 속옷을 단정히 입었다는 점이다. 속옷과 겉옷의 서로 다른 색감이 조화를 이루는 단아한 복식의 형제는 겉옷만이 강조되는 중국이나 북방지역의 복식이 주는 강한 분위기와 크게 다르다.

고대 한민족이 착용한 아래옷인 고(袴)와 군(裙)은 웃옷과 긴 겉옷인 삼·유·포와 함께 고조선시대부터 계승해온 한민족 고유의 복식 형제이다. 고대 한국의 남자들은 고를 겉옷으로 입었고 여자들은 고를 군 속에 입었다. 고대 한민족은 신분과 계층에 큰 구분 없이 궁고(窮袴)를 입었는데, 이 궁고는 바로 대구고(大口袴)이며 당(襠)이 있는 고를 말한다. 이 같은 한민족의 고와 달리 중국 고의 원류는 밑이 터진 형태였다. 서한 때 중국의 고는 당이 터진 것과 당이 끈으로 막힌 곤당고(緄襠袴) 두 가지가 있었으며, 신분이 높은 사람들은 당이 터진 고를 입었다. 즉, 고는 심의(深衣)나 앞을 가리는 상(裳) 등을 입었을 때 입는 속옷이었고, 관직이 낮거나 노동일을 하는 사람의 경우 긴 웃옷을 입을 수 없으므로 당이 막힌 곤(褌)을 입었다.

고대 한민족의 고유 복식이 북방계 호복인 고습이라는 일반적인 견해가 있어왔지만, 문헌자료와 실제 고고학 출토자료인 도용(陶俑)에 보이는 고습의 고와 습(褶)의 모습을 통해 이러한 견해가 잘못된 것임이 확인되었다. 북방지역 고습의 고는 넓은 폭으로 길이는 땅에 끌릴 정도로 길고 무릎 바로 밑에서 묶어지며, 바지부리는 고대 한국의 고처럼 여며지는 것이 아니었다. 종래의 복식사 연구에서는 고대 한국의 고가 북방 계통이라는 주장을 할 때 노인-울라(Noin-ula)에서 출토된 궁고가 그 근거로 제시되었는데, 그것은 고대 한민족 복식의 영향을 받아 만들어졌거나 한민족으로부터의 수입품일 가능성이 크다.

중국은 상시대부터 춘추전국시대에 이르기까지 통이 매우 좁은 바지를 주로 입었다. 진·한시대에 오면 곡거심의(曲裾深衣) 아래에 비교적 통이 넓은 바지를 입었는데, 무릎 밑에서 동여매는 형식이었다. 양진남북조시대에 오면 포 안에 폭이 넓은 긴 길이의 바지를 땅에 끌리게 입었다. 그러나 고대 한국의 복식에는 이 같은 중국 고의 모습이 보이지 않는다. 고대 한국의 고는 서기 6세기까지 계층과 신분에 관계없이 고의 바지부리를 여몄으나, 서기 7세기에 오면 여미는 대신 선을 두르는 형제도 출현한다. 폭은 대체로 넓은 폭과 보통 폭으로 구분되며 길이는 긴 것과 무릎 아래에서 여며지는 것이 있는데, 이는 신분을 나타내기보다는 하는 일에 따라 폭과 길이에 변화를 주어 편리성을 도모했던 것으로 생각된다. 신라의 고는 주름이 잡혀 있어 고구려의 고보다 풍부해 보이며 바지부리는 역시 여며져 있다.

고대 한국 군의 형제도 고와 마찬가지로 중국이나 북방지역의 영향으로부터 이루어진 것이 아니었다. 고대 한국의 여자들은 겉옷으로 반드시 군을 입고 속에 고를 입었는데, 군은 도련까지 주름이 잡힌 것과 허리에만 주름이 잡힌 것으로 크게 구분된다. 유나 포와 함께 입은 군은 모두 도련에 선이 둘려져 있는데, 유에 입은 군의 선은 가늘고 포에 입은 군의 선은 이보다 넓다. 이 고대 한국의 군을 입은 모습을 보면, 군의 허리에 연결된 띠로 묶거나 또는 그 위에 보다 넓은 폭의 띠를 두른 모습이다.

고대에 한국은 여자만이 군을 입었는데, 중국은 남녀 모두 입었다. 한국과 중국은 모두 포와 유 아래에 군을 입었는데, 중국은 유의 길이가 매우 짧고 군의 도련에 선을 두르지 않았으나 한국은 유의 길이가 길고 모든 군의 도련에 반드시 선을 둘렀다. 고대 중국에서는 굴곡지거나 삼각형 모양을 한 도련의 포와 함께 군을 입었지만, 고대 한국에서는 그러한 예가 없다. 북방지역에서는 여자들도 주로 고를 입었으나, 고대 한국의 여자들은 군 안에 고를 입는 등 군과 함께 고를 착용하는 것을 복식의 주요 형제로 하고 있다. 이로 볼 때 고대 한국의 복식이 중국 계통의 의복에 뿌리를 두었다고 할 수 없으며, 또한 북방 계통의 고습이라고 할 수도 없다.

위에서 언급한, 중국이나 북방지역의 복식 형제에서는 볼 수 없는 고대 한국의 고와 군의 형제 및 착용 방법들은 여러나라시대의 각 나라에 모두 공존하던 것들이기 때문에, 고조선시대부터 줄곧 이어져온 한민족의 고유한 복식 형제임을 알 수 있다.

고대 한민족은 일반 복식에서뿐만 아니라 갑옷에서도 독특한 형제와 전통을 가지고 있었다.

고조선은 뼈·가죽·청동·철 등을 재료로 하여 동아시아에서 가장 이른 시기에 다양한 갑옷을 생산했다. 고조선은 건국 초기부터 여러 지역에서 뼈 갑옷을 만들었으며 붕괴될 때까지 줄곧 생산했다. 이들 뼈갑편의 형태는 장방형을 특징으로 한다. 이와 달리 중국의 경우는 뼈로 만든 갑옷을 생산했다는 문헌기록이나 유물이 발견된 바가 없다. 고조선의 가죽 갑옷을 보면 가죽갑편의 형태가 뼈갑편의 형태와 같은 장방형이다. 가죽 갑옷은 고조선 붕괴 이후에도 계속 생산되었는데, 이는 중국이 선호하는 귀중품이었다.

중국의 갑편은 고조선의 영향을 받았기 때문에 춘추전국시대에도 고조선 갑편의 특징인 장방형의 모습을 보인다. 이후 서한시대에 오면 이 같은 갑편은 이미 중국보다 앞서 생산된 고조선 철갑편 형제의 영향을 받아서 비교적 크기가 작은 장방형과 방원형 및 타원형을 띠게 된다.

고조선은 서기 전 25세기경부터 청동 장식단추를 생산하여 복식에 사용했다. 이 같은 청동 장식단추를 복식의 화려한 장식으로 이용한 것은 고조선만이 갖는 특징으로, 중국이나 호에서는 찾아볼 수 없다. 고조선의 경우 청동 장식단추는 복식의 여러 부분에 다양하게 사용되었으므로 장식품으로 구분되어야 할 것이다. 그러나 출토된 청동 장식단추가 소량일 때는 장식용으로 사용되었다고 볼 수 있겠지만, 그 수량이 많을 때는 방어용 전의(戰衣)의 구성물로 쓰였다고 보아야 할 것이다. 고조선은 청동 투구의 경우에도 청동 장식단추를 장식하여, 중국의 수면(獸面)문식과 수비(獸鼻)의 모습을 특징으로 한 투구와는 크게 구별된다. 지금까지 출토된 청동갑편으로 만들어진 고조선의 청동 갑옷은, 춘추시대에 해당되는 것으로 분류된 유적에서 청동 장식단추와 함께 발굴된 것이 가장 이른 것이다. 중국에서는 전국 말기에서 서한 초기에 해당하는 유적에서 출토된 것이 가장 이른데, 앞 시대에 고조선의 영향을 받아 생산했던, 뼈와 가죽으로 만든 장방형 갑편의 형제를 그대로 계승하고 있다.

고조선에서는 적어도 서기 전 3세기 이전부터 물고기비늘 모양의 철 갑옷이 생산되었는데, 갑편의 형제는 장방형에서 약간의 변화를 보인다. 또한 고조선은 청동기시대에 사용하던 청동 장식단추를 철기시대에 와서는 철 장식단추로 만들어 이를 철갑편과 함께 갑옷의 구성 부분으로 사용했다. 그러나 고조선의 철 갑옷 생산은 정백동 1호묘의 유물이 만들어진 서기 전 3세기경보다도 훨씬 앞선 연대를 가질 것이다. 숙신에서는 이미 중국보다 앞서 뼈나 가죽으로 만든 갑옷을 생산했다.

중국은 춘추시대에 철갑을 생산하지 못했다. 중국에서 철갑의 출현을 보면, 전국 말기에 와서 원각장방형(圓角長方形)의 철갑편을 그대로 이어서 만든 투구가 출토되었을 뿐이다. 진제국시대의 갑옷은 갑편이 모두 가죽으로 만들어졌는데, 그것도 주로 앞가슴과 등 뒷부분 그리고 어깨만을 덮는 것이었다. 중국에서는 서한시대에 와서야 철갑이 보급되기 시작한다. 서한 초기인 무제 이전까지의 군대는 보병이 위주가 되었으며, 철갑은 크게 보급되지 못했다. 그러나 무제시대에 이르면 흉노와의 전쟁으로 개갑(鎧甲)으로 무장한 기병의 수가 크게 증가하며, 갑편의 형제도 큰 크기의 철찰갑(鐵札甲)에서 비교적 세밀한 물고기비늘 모양의 갑편으로 발전한다. 그러나 여전히 가죽 갑옷이 철 갑옷보다 많이 사용되었다. 이 시기는 고조선이 붕괴되어가는 시기로, 이 같은 무제 때의 군대 장비의 변화는 고조선 붕괴 요인의 한 부분이 되었을 것으로 생각된다.

고조선은 일찍부터 특수한 고급 가죽과 일반 가죽을 많이 생산했다. 특수한 고급 가죽은 중국과의 무역상품이었고 일반 가죽은 일반 복식과 갑옷의 재료로서 큰 비중을 차지했다. 부여와 고구려 및 숙신 사람들은 돼지를 많이 생산했던 것으로 보아 돼지는 다른 짐승과 함께 그 뼈와 가죽이 갑옷의 재료로 이용되었을 것이다. 중국의 경우는 갑옷의 재료로 주로 소가죽과 코뿔소가죽 및 외뿔소가죽을 사용했다.

근래의 연구 결과에 따르면, 한민족의 청동기문화 시작 연대는 서기 전 2500년경인데, 서기 전 2000년기 전반기의 유적들에서 이미 청동 가공 기술의 매우 발달된 모습을 볼 수 있다. 고조선 시기 한반도와 만주에서 출토된 여러 청동 제품들은 동(Cu)·석(Sn)·연(Pb) 등의 3원소 합금인데, 그 합금 비율이 기물의 용도에 따라 다르게 제련되었다. 또한 고조선의 청동기에는 초기부터 많은 양의 연이 포함되어 있는데, 연은 석과 함께 청동 합금의 강도를 높여주고 녹이 스는 것을 방지해주며 주물 온도를 낮추어준다.

서기 전 2000년기에 속하는 중국의 청동 유물과 이와 같은 시기에 속하는 고조선의 청동 유물을 비교한 결과, 중국의 청동기는 서기 전 2000년기에 거의 자연동에 가까운 성분으로 야련(冶煉)의 과정을 거치지 못했으나, 고조선의 청동기들은 제각기 용도에 맞는 성분으로 석과 연의 함량이 배합되어 있었다. 서기 전 16세기부터 서기 전 13세기까지의 청동 유물을 볼 때, 중국은 동과 석 및 연의 합금 기술을 가지고 있었다. 그러나 연과 석의 비율이 너무 높거나 낮고, 석이나 연이 전혀 섞이지 않는 등 합금의 성분이 기물의 용도에 적절하지 못한 것으로 나타났다. 또한 고조선 초기의 청동기들은 석과 함께 합금의 기계적 성질과 강도 및 연신율을 제고시키는 아연을 사용했으나, 중국에서는 상시대까지는 아연이 전혀 사용되지 않았다. 서주 초기부터 비로소 소량의 아연이 사용되기 시작하지만, 그 밖에 청동의 질을 높이는 성분들인 비소(As), 안티몬(Sb), 비스무트(Bi), 코발트(Co), 은(Ag) 등의 성분은 보이지 않는다. 이러한 사정은 고조선 후기에 해당하는 서한시대에 만들어진 청동갑편에서도 마찬가지인데, 석의 함유량이 부족하고 연 등의 기타 성분도 보이지 않아 청동 주조 수준이 고조선 수준에 미치지 못한다. 이 같은 청동 가공 기술은 비소를 많이 사용한 시베리아지역이나 독립국가연합지역과도 큰 차이를 보이기 때문에 고대 한국의 청동 가공 기술은 중국이나 북방지역과 무관하게 독자적으로 발달했음을 알 수 있다.

중국은 전국 초기까지 생철이 그대로 생산되어 제철 제강 수준은 거의 발달되지 않았다. 생철에서 주철로의 기술 발전은 전국 중후기에 와서야 보편적으로 이루어지지만, 연강(煉鋼) 기술은 여전히 초기 단계에 속하여 강철 제품이 농기구 등에 사용되지는 못했다. 그러나 고조선은 같은 시기인 서기 전 6세기경에 거의 모든 지역에서 이미 주철을 생산하기 시작했고, 주철로부터 연철·선철·강철을 만들어 무기와 공구 및 농기구 등에 널리 사용했다. 중국은 서한시대에 와서야 주철 생산 기술이 비교적 발달하지만, 그 수준은 여전히 고조선에 미치지 못했다. 철은 탄소 성분의 함유량의 정도에 따라 굳기와 세기가 달라지는데, 고조선 후기에 해당하는 서한에 이르기까지 철기 제품의 탄소 함유량이 적절하지 못한 것으로 보아 철기 제품이 용도에 맞게 제조되지는 못했음을 알 수 있다. 이후 동한 중기에 이르러 제철 제강 기술이 비교적 발달하여 양진남북조시대에 와서야 고조선의 수준에 이른다. 중국보다 앞선 이와 같은 고조선의 제철 제강 기술은 갑옷의 용품에도 그대로 이용되었을 것이다. 이 같은 우수한 갑옷 생산 기술은 여러 나라시대로 이어진다.

동부여는 고조선의 뒤를 이은 가장 정통성을 지닌 국가로, 그들의 갑옷과 무기는 고조선의 것을 잘 계승하고 있었으며 집집마다 자체적으로 철 갑옷과 무기를 보유하고 있었다. 실제로 동부여의 유적인 길림성 유수현(楡樹縣) 노하심(老河深)유적에서 고조선 갑편의 특징인 좁고 긴 장방형과 아래쪽이 둥근 장방형으로 된 물고기비늘 모양의 갑편이 출토되었다.

고구려는 고조선의 갑옷 생산 기술을 이어 보다 발달된 철 갑옷을 활발히 생산했다. 고구려 고분벽화에 나타나는 고구려의 갑옷을 같은 시기 중국 및 북방지역의 갑옷과 비교해보면 다음과 같다. 삼국양진시대의 중국 군대는 일률적으로 같은 모습의 용수개(筩袖鎧)를 입었으며, 남북조시대에 이르러 기병이 군대에서 중요한 부분을 차지하면서 양당개(裲襠鎧)가 생산되었다. 중국의 이 같은 용수개와 양당개에서 보이는 형제의 특징을 지닌 갑옷을 착용한 모습은 고구려 고분벽화에서는 전혀 찾아볼 수 없다. 고구려는 군대의 구성과 역할에 따라 매우 다양한 갑옷을 입었다. 따라서 찰갑편의 형태와 크기가 다양하게 나타나고 갑옷의 형식도 매우 다양하다. 이러한 현상은 고구려가 중국보다 앞서 뼈 갑옷·가죽 갑옷·청동 갑옷·철 갑옷을 생산했던 고조선의 기술을 계승하

여 이미 중국보다 뛰어난 갑옷 생산 기술을 가지고 있었기 때문
이다.

　북방의 경우, 북위(北魏)시대에 해당하는 벽화에 보이는 갑옷과
말 갑옷 및 기병들의 모습에서 가죽갑편에 철편을 드문드문 박아
넣었음을 확인할 수 있다. 이 같은 모습은 고구려 갑옷에서는 보
이지 않는다. 고구려 갑옷과 중국 및 북방지역 갑옷의 또 다른 큰
차이는 목 부분의 처리이다. 중국의 갑옷과 북방지역의 갑옷은 목
부분을 특별하게 처리하지 않았으나, 고구려의 갑옷을 보면 다양
한 여밈새의 경갑(頸甲)으로 귀밑까지 보호하게 되어 있다. 또한
말 갑옷의 경우, 고구려의 말 갑옷 생산 시기가 중국이나 북방지
역보다 적어도 2세기 정도 앞서기 때문에 중국이나 북방지역의
말 갑옷은 고구려의 영향을 받았을 가능성이 크다.

　백제는 고조선의 갑옷을 계승하여 장방형의 갑편을 위주로 하
고 있는데, 물고기비늘 모양의 갑편은 좁고 긴 장방형과 아래쪽이
둥근 장방형이다. 백제는 고구려와 마찬가지로 명광개(明光鎧)를
생산했고, 그 밖에 철갑(鐵甲)·금갑(金甲)·금휴개(金鵂鎧)·문개(文
鎧)를 생산했다. 신라와 가야의 갑옷은 고조선의 갑옷 양식을 거
의 그대로 이었다.

　이 같은 신라와 가야의 갑옷은 일본의 초기 갑옷 생산에 깊은
영향을 주어, 서기 4세기와 5세기경에 일본에서 만들어진 철 갑옷
과 철 투구들은 신라와 가야의 갑옷과 같은 모습들이다. 이에 대
하여 일본학자들 가운데는 일본 갑옷 생산의 기원이 일본일 것이
라고 보는 이들도 있다. 더구나 연산동(連山洞)과 상백리(上栢里)에
서 출토된 甲胄를 일본의 것으로 단정하여 일본의 한반도 남부
경영을 방증하는 자료로 삼기도 한다. 중국학자들은 서기 4~5세
기 일본의 갑옷 생산은 중국의 영향을 받은 한반도의 기술을 이
은 것이라고 주장한다.

그러나 고구려 갑옷의 다양한 특징들은 북방지역의 갑옷이나 북방지역의 영향을 받은 중국의 갑옷과는 다른 모습으로, 이는 부여의 갑옷과 마찬가지로 고조선 갑옷의 특징을 계승한 것이다. 또한 고구려 말 갑옷의 생산 시기가 중국이나 북방지역보다 적어도 2세기정도 앞선다는 사실은 일본의 고분에서 출토된 갑옷과 투구들이 신라와 가야로부터 수입된 것이거나 일본열도로 이주한 한민족에 의해 만들어진 것이라고 해석하는 데 근거가 된다. 여러나라시대의 갑옷은 고조선의 갑옷을 계승하여 나라마다 다소 특징적으로 발전했으며, 같은 시기의 중국이나 북방지역의 갑옷보다 훨씬 우수했다. 여러나라시대에 동부여·고구려·백제·신라·가야 등이 벌인 강력한 대외 군사 활동은 주변국보다 뛰어난 이 같은 무구와 무력의 우월성이 그 기반이 되었을 것이다.

고대 한민족은 머리에 쓰는 것으로 고조선시대부터 변(弁)과 책(幘) 및 절풍(折風)을 한반도와 만주의 모든 지역에서 사용해왔다. 고구려에서는 절풍을 주로 가죽으로 만들었고, 신라와 가야에서는 가죽은 물론 자작나무 껍질로도 만들었다. 한반도와 만주에 있던 고구려·북부여·백제·신라에서 모두 절풍에 새 깃을 꽂았던 것으로 보아, 한민족은 고조선시대부터 이 같은 풍습을 가졌던 것으로 생각된다. 이후 지배계층에서는 이 같은 새 깃과 사슴귀 장식 등을 금이나 은 및 금동으로 만들어 사용했다. 책은 변에서 변화한 것인데, 고구려의 책은 수(收)가 없고 중국의 책은 수가 있다. 고대 한국의 책을 설명할 때 흔히 안악 3호 고분벽화와 덕흥리 고분벽화에 보이는 책을 예로 든다. 이들 책이 관과 더불어 중국의 것과 유사하다고 보면서, 이것이 고분이나 묘주가 중국계임을 알려주는 것이라며 주장하기도 한다.

그러나 안악 3호 고분벽화와 덕흥리 고분벽화에 보이는 책들은 중국이나 북방지역의 것과는 전혀 다르다. 중국이나 북방지역의 것은 양(梁)이나 수가 있는가 하면 옥(屋)의 부분이 크게 올라오거나 가사관(加沙冠)이 덧붙여 있으나, 이들 고분벽화의 것은 그렇지 않다. 또한 중국은 혜문관(惠文冠)이나 칠사롱관(漆紗籠冠) 등을 매우 성근 사로 만들었기 때문에 이를 고분벽화 등에서 그물로 표현했으나, 고구려에서는 비교적 고운 나로 만들었기 때문에 안악 3호 고분벽화의 주인공이 쓴 백라관(白羅冠)은 투명하게 표현되어 있다. 덕흥리 고분벽화나 쌍영총 주인도의 청라관(靑羅冠)이 섬세한 그물로 표현된 것은 왕관인 백라관보다 성근 나로 만들었기 때문이다.

고구려의 부인들은 신분의 구분 없이 머리에 건괵(巾幗)을 했고 일반 백성 남자들은 흑색 건(巾)을 많이 썼다. 고구려의 귀한 신분의 남자들은 나로 만든 골소(骨蘇)를 썼는데, 그 위에 금과 은으로 장식이 되어 있다. 고구려왕의 관은 흰색 나로 만들고 그 위에 금테나 금단추로 장식했으며, 대신들은 금테나 금단추와 은테나 은단추를 섞어 장식했다. 백제의 왕은 검은색 나관(羅冠)에 금화(金花)로 장식하고 관인(官人)들은 은화(銀花)로 장식했다. 금테를 두른 왕관의 경우 그 실제 모습을 안악 3호 고분벽화의 주인공이 쓴 백라관에서 확인할 수 있다. 안악 3호 고분벽화가 만들어진 4세기 중엽까지 고구려의 왕이 백라관을 사용한 것으로 보아 관 전체를 금으로 만든 금관은 아직 만들어지지 않았던 것으로 생각되며, 금관의 초기 형태는 나관 위에 금테나 금단추 또는 금화 등을 장식하는 양식으로부터 시작되었을 것으로 추정된다.

고조선에서는 서기 전 25세기경부터 원형과 복숭아 모양의 장식단추를 의복·갑옷·신발·모자·활집 등에 달거나 귀걸이로 만들어 화려하고 높은 수준의 복식 형제를 이루었다. 이후 이 같은 장식단추의 사용은 더욱 발전했는데, 요령성의 여러 지역에서는 서기 3세기~4세기경 고구려가 복숭아 모양의 장식으로 꽃가지[花

樹] 모양의 금관식을 만들어 사용했음을 알려주는 유물들이 출토되었다. 금관식은 나뭇가지가 뻗어 나가고 그 가지마다 원형이나 복숭아 모양의 장식을 달며 끝 부분을 복숭아 모양으로 마무리한 것을 공통점으로 하고 있는데, 이 같은 형제는 신라 금관의 구성요소로 이어졌다. 이로부터 금관은 외부의 영향으로 이루어진 것이 아니라, 고대 한민족이 널리 사용하던 변과 절풍 및 책의 변화 위에, 고조선 초기부터 계승된 한민족 고유의 원형과 복숭아 모양의 장식단추 형제와 나무줄기 모습의 형제가 결합되어 만들어진 것임을 알 수 있다.

고대 한국 대(帶)도 북방이나 중국의 영향을 받은 것이라는 종래의 주장들이 잘못되었음을 밝힐 수 있었다. 대는 고구려의 경우 복식에서 필수적인 요소가 아니었으며, 요대를 묶는 방향도 신분과 직업에 관계없이 자유스러웠다. 또한 요대의 폭은 거의 깃과 같은 정도이고, 색상은 옷에 두른 선이나 옷과 같은 단색으로 하여 의복에서 강조되지 않았다.

중국의 대는 상대로 올라가지만, 웃옷 등을 여미는 역할 외에 불패 등을 다는 장식적 역할로 발전했고, 춘추전국 때에 이르러 북방민족의 복식과 대를 받아들이기 시작했다. 중국의 요대는 폭이 매우 다양하고 무늬 있는 천을 사용하거나 옷과 다른 색상으로 만들었으며, 반드시 앞이나 뒷부분에 묶는 것이 특징으로 의복에서 크게 강조되었다. 고대 북방지역은 의복에서 요대를 반드시 사용하지는 않았지만, 사용하는 경우에는 옷과 같은 색상의 좁은 폭의 요대를 앞에서 짧게 묶는 방식을 취했다. 이후 양진남북조시대에 해당하는 시기부터는 긴 대와 교구 등을 사용하는 것으로 정착되었다.

고대 한국에서는 요대의 재료로서 가죽·모직물·면직물·마직물·사직물 등을 다양하게 사용했다. 이 같은 요대의 재료들은 뼈·금(金)·

유금(鎏金)·은(銀)·유석(鍮石)·청동(靑銅)·철(鐵) 등을 재료로 한 교구(鉸具)와 함께 사용되기도 했다. 고조선지역에서는 북방지역보다 앞선 시기에 이미 대식을 사용하기 시작했는데, 춘추 후기에서 전국 초기에 해당하는 시기에는 무늬 없는 긴고리 모양 대구가 출현하기 시작했다. 고조선의 무늬 없는 긴고리 모양 대구는 고조선 붕괴 이후 여러 나라로 이어진다. 그러나 서기 3세기경부터는 긴고리 모양 대구가 차츰 사라지고 고구려를 중심으로 고조선 초기부터 사용되던 복숭아 모양의 장식 형제를 적용한, 철 또는 유금으로 만든 대식이 출현하며 그 형태도 다양해진다. 한민족은 이들 대식을 주된 형제로 하면서 이와 함께 동물 모습 등의 다양한 대구들을 발전시켰다.

고구려·동부여·백제·가야·신라의 여러 지역에서는 복숭아 모양의 장식을 한 대구로부터 보다 발전한 모습의 여러 종류의 과대(銙帶)가 출토되었다. 과대의 형태로는 금속편에 장식 못을 박고 앞 연결 부분에 복숭아 모양 장식을 단 것, 기부(基部)에 고조선 초기부터 사용되던 운문(雲紋)이 투조된 복숭아 모양의 장식을 단 것, 그리고 동부여의 경우처럼 금과 은으로 만든 장식과 함께 원형과 물고기 모양의 청동 장식을 매단 것 등이 있다.

고구려에는 후기에 당의 영향으로 과대에 요패(腰佩)를 늘어뜨리는 형제가 출현했다. 그러나 과대의 형제는 고조선의 것을 그대로 계승하면서 패식(佩飾)에서만 당(唐)의 일곱 가지 패식제도 가운데 두 가지[숫돌과 오도자(五刀子)를 차는 것]를 수용한 것이다. 다른 패식은 고구려의 고유한 패식 내용을 유지했다. 이는 신라의 경우도 마찬가지이다. 패식 가운데 물고기 장식은 서방의 영향에 의한 것이라는 견해가 제시되기도 했지만, 고대 한국에서는 신석기시대부터 물고기 문식이나 장식을 사용해왔고 그 모습이 서방이나 중국 및 북방지역의 것과 다르기 때문에 이러한 주장은 역시 성립할 수 없다. 따라서 고대 한국의 과대와 요패는 중국이나 북방지역의 것을 받아들인 것이라고 말할 수 없다.

이상의 분석에서 보았듯이, 중국이나 북방 및 서방의 대식 형제에서는 볼 수 없는 고대 한국의 요대와 대식은 고조선시대부터 줄곧 이어진 한민족의 고유한 형제이다.

이제 마지막으로 고대 한민족의 신발을 살펴보자. 고대 한민족은 모두 목이 없는 이(履)를 신의 기본 형제로 했으며, 금은 등으로 장식하는 것을 의례로 삼았다. 이는 성별이나 신분이나 직업 등을 가리지 않고 모두 신은 것으로, 바닥이 얇고 목이 없으며 앞부분이 조금 뽀족하게 올라온 모양이다. 고조선의 여러 나라들 가운데 북방지역에 위치하고 있던 고구려와 부여 사람들은 주로 가죽으로 만든 이를 신었고, 남쪽에 위치하고 있던 한·백제·신라 사람들은 혁리(革履)와 초리(草履)를 겸용했음을 알 수 있는데, 이 같은 차이는 기후의 영향 때문이었을 것이다.

이상과 같이 고대 한국 복식의 원형을 복원해가는 과정에서 다음과 같은 또 다른 중요한 사실들을 알 수 있었다.

첫째, 신석기시대부터 청동기시대까지의 유적에서 출토된 가락바퀴를 검토하는 과정에서 고대 한민족의 가락바퀴의 특징을 확인할 수 있었다. 중국의 가락바퀴는 중국의 채색 질그릇에 보이는 채색문양을 하거나 등문(滕紋) 혹은 팔각등문(八角滕紋)을 특징으로 하고 있으며 호의 가락바퀴는 거의 무늬가 없는 것이 특징이지만, 고조선의 가락바퀴는 다양한 모습의 새김무늬를 그 특징으로 하고 있다는 점이다.

둘째, 고조선의 영역이던 한반도와 만주지역에서는 거의 모든 청동기시대 유적에서 다양한 크기와 문양의 청동 장식단추들이 발견되고 있다. 고조선의 청동 장식단추는 원형과 타원형의 형태가 주류를 이룬다. 그런데 중국의 청동 장식단추에 보이는 문양은 중국의 청동기나 질그릇 및 가락바퀴 등에서 볼 수 있는 특색의 문양과는 전혀 다르며, 오히려 고조선의 청동 장식단추와 같거나 고조선 청동 장식단추의 모양에 가깝다. 이러한 특징은 중국보다 훨씬 먼저 고조선지역에서 나타난 것으로, 신석기시대부터 출현했던 가락바퀴나 질그릇 등에 보이는 것처럼 새김무늬의 모양을 나타내거나 혹은 청동거울이나 비파형동검 검집에 보이는 것처럼 잔줄문양을 나타내기 때문에 고조선의 유물이 갖는 특징과 그 맥락을 같이한다. 따라서 중국의 청동단추는 고조선의 영향을 받아 만들어진 것임을 알 수 있다.

셋째, 고조선지역에서는 북방지역보다 앞선 시기에 이미 대식을 사용하기 시작했는데, 중국의 춘추 후기에서 전국 초기에 해당하는 시기에는 긴고리 모양의 대구가 출현하기 시작했다. 이 무늬 없는 긴고리 모양 대구는 한반도와 만주 전 지역에서 광범위하게 출토되기 때문에 고조선의 전 지역에서 이를 사용했음을 알 수 있다.

넷째, 한반도와 만주 전 지역에 보이는 복식 재료와 복식 형제에서 동질성이 확인되었다. 이러한 동질성은 신석기시대부터 그 이후로 이어지는, 황하유역이나 시베리아지역과는 다른 고조선지역의 토착 문화로서, 한민족이 독특한 성격의 문화권을 형성하고 있었음을 확인시켜주는 것이다. 따라서 지금까지 고찰한 고조선의 복식 형제들은 고대 한민족의 토착 문화로서 자리매김될 수 있을 것이다.

이상의 복식과 복식 재료에서 추출한 고대 한국만이 갖는 고유한 형제와 특징들은, 고조선의 영역을 비파형동검, 세형동검, 청동거울, 새김무늬 질그릇 등이 출토되는 고고학 자료에 근거하여 한반도와 만주지역으로 잡고 있는 견해에 매우 좋은 보완 자료로도 이용될 수 있을 것이다.

참고문헌

1. 문헌자료

《嘉禮都監儀軌》　　《本草綱目》　　《魏略》
《管子》　　《史記》　　《魏書》
《史記索隱》　　《資治通鑑》　　《格致鏡原》
《史記正義》　　《潛夫論》　　《古今注》
《史記集解》　　《諸蕃志》　　《高麗史》
《山海經》　　《帝王韻紀》　　《高麗史節要》
《三國史記》　　《戰國策》　　《古事記》
《三國遺事》　　《朝鮮王朝實錄》　　《舊唐書》
《三國志》　　《周禮》　　《國語》
《尙書》　　《周書》　　《今本竹書紀年》
《西漢會要》　　《竹書紀年》　　《南史》
《釋名》　　《晉書》　　《南齊書》
《宣和奉使高麗圖經》　　《秦會要》　　《論語》
《說文解字》　　《天工開物》　　《論衡》
《星湖僿說》　　《冊府元龜》　　《唐會要》
《續日本紀》　　《春秋左傳》　　《大載禮記》
《宋書》　　《太平御覽》　　《東京通志》
《水經注》　　《通典》　　《東觀漢記》
《隋書》　　《風俗通儀》　　《東明王編》

《新唐書》　　　　　　《漢官六種》　　　　　《東史綱目》
《新增東國輿地勝覽》　《韓非子》　　　　　　《梁書》
《詩經》　　　　　　　《漢書》　　　　　　　《孟子》
《呂氏春秋》　　　　　《漢書新證》　　　　　《文獻通考》
《演繁露》　　　　　　《翰苑》　　　　　　　《渤海國志長編》
《鹽鐵論》　　　　　　《海東高僧傳》　　　　《方言》
《爾雅》　　　　　　　《後漢書》　　　　　　《北堂書鈔》
《北史》　　　　　　　《日本書紀》　　　　　《淮南子》
《北齊書》　　　　　　《逸周書》

2. 고고학자료

경상대학교 박물관, 〈합천 옥전 고분 1차 발굴조사개보〉, 1986.
경상대학교 박물관, 〈합천 옥전 고분군 I－목곽묘〉, 1988.
경상대학교 박물관, 〈합천 옥전 고분 II－M3호분〉, 1990.
경상대학교 박물관, 〈합천 옥전 고분군 III－M1·M2호분〉, 1992.
경상대학교 박물관, 〈합천 옥전 고분군 IV－M4·M6·M7호분〉, 1993.
慶州 斷石山 神仙寺 石窟의 磨崖 供養 人物像.
경주 사적 관리사무소, 〈銀製 冠飾〉, 《경주 황남동 제98호 고분 발굴 약보고》,
　　　1974.
고고학 및 민속학 연구소, 《나진 초도 원시유적 발굴보고서》－유적발굴보고 제1
　　　집, 사회과학원출판사, 1956.
고고학 및 민속학 연구소, 《궁산리 원시유적 발굴보고》－유적발굴보고 제2집, 사
　　　회과학원출판사, 1957.
고고학 및 민속학 연구소, 《강계시공귀리 원시유적 발굴보고》－유적발굴보고 제6
　　　집, 사회과학원출판사, 1959.
고고학 및 민속학 연구소, 〈안악 제1호 및 제2호분 발굴보고〉, 《유적발굴보고》 4,
　　　사회과학원출판사, 1960.
고고학 및 민속학 연구소, 《회령오동 원시유적 발굴보고》－유적발굴보고 제7집,
　　　사회과학원출판사, 1960.
고고학연구소, 〈기원전 천년기전반기의 고조선문화〉, 《고고민속론문집》 1, 사회
　　　과학원출판사, 1969.
고고학연구소, 〈서포항 원시유적 발굴보고〉, 《고고민속론문집》 4, 사회과학원출
　　　판사, 1972.
과학원 고고학 및 민속학 연구소, 《강계시 공귀리 원시 유적 발굴보고》－유적발

굴보고 6, 사회과학원출판사, 1959.
《廣開土王陵碑文》
國立夫餘文化財研究所, 《綾山里 百濟古墳 發掘調査報告書》, 1988.
國立慶州博物館, 《慶州 月成路 古墳群》, 1990.
국립경주박물관, 《국립경주박물관》, 통천문화사, 1995.
국립광주박물관, 《국립광주박물관》, 통천문화사, 1994.
국사편찬위원회소장, 《慶州 栢栗寺 石幢記》.
金基雄, 《韓國의 壁畵古墳》－韓國史選書, 同和出版公社, 1982.
金東鎬, 〈咸陽上栢里古墳群發掘調査報告〉, 《東亞大學校博物館 1972年度古蹟調査
        報告》, 1972.
金榮來, 《南原·月山里古墳發掘調査報告》, 全州, 1983.
김용간, 〈금탄리 원시 유적 발굴보고〉, 《유적발굴보고》 제10집, 사회과학원출판
        사, 1964.
金元龍, 《韓國美術全集》Ⅰ－原始美術, 同和出版公社, 1973.
김재원·윤무병, 《義城 塔里 古墳》, 국립박물관, 1962.
金鐘徹, 《高靈池山洞古墳群》, 啓明大學校博物館 學術調査報告 第1輯, 1981
도유호·황기덕, 〈지탑리 유적 발굴 중간보고(1)〉, 《문화유산》 5, 사회과학원출판
        사, 1957.
檀國大學校 史學會, 《史學志》 12－丹陽新羅赤城碑特輯號, 檀國大學校 史學會,
        1978.
리순진, 〈신암리 유적 발굴 중간 보고〉, 《고고 민속》, 사회과학원출판사, 1965년 2
        호.
문화공보부·문화재관리국, 《慶州皇南洞第98號古墳(南墳)發掘略報告》, 1976.
文化財管理局, 《武寧王陵》, 發掘調査報告書, 文化公報部 文化財管理局, 1973.
문화재 관리국, 《경주 황남동 제155호 고분 발굴 약보고》, 1973.
문화재관리국, 《天馬塚 發掘 調査 報告書》, 1974.
文化財管理局 文化財研究所, 《黃南大塚》, 慶州市 黃南洞 第98號古墳 北墳發掘調
        査報告書, 文化財管理局, 1985.
문화재 연구소, 《益山 笠店里 古墳群》, 1989.
文化財管理局 文化財研究所, 《黃南大塚》, 慶州市 黃南洞 第98號古墳 南墳發掘調
        査報告書, 文化財管理局, 1993.
사회과학원 고고학연구소 전야고고대, 〈나무곽무덤－정백동 37호무덤〉, 《고고학
        자료집》 제5집, 과학백과사전출판사, 1978.
서울대학교박물관, 《서울대학교박물관 발굴 유물 도록》, 1977.
성환 문화원, 〈天安 埋藏文化財 關聯 資料集〉, 《鄕土文化 第13輯》, 1997.
손보기, 《구석기유적》－한국·만주, 한국선사문화연구소, 1990.
申敬澈, 〈釜山市福泉洞古墳群遺跡─次發掘調査槪要와 意義〉, 《釜山直轄市立博物

館年報》 第三輯, 1981.

安承周·李南奭, 《論山 六谷里 百濟古墳 發掘調査報告書》, 百濟文化開發研究院, 1988.

역사편집부, 《궁산원시유적발굴보고》, 과학백과사전출판사, 1983.

李建茂 등, 〈義昌 茶戶里遺蹟 發掘進展報告(I)〉, 《考古學誌》 第1輯, 韓國考古美術研究所, 1981.

李建茂 등, 〈昌原 茶戶里遺跡 發掘進展報告(II)〉, 《考古學誌》 第3輯, 韓國考古美術研究所, 1989.

李建茂 등, 〈昌原 茶戶里遺跡 發掘進展報告(III)〉, 《考古學誌》 第5輯, 韓國考古美術研究所, 1994.

李亨求, 《晉州 大坪里 玉房 5地區 先史遺蹟》, 선문대학교, 2001.

李浩官·趙由典, 〈楊平郡兩水里支石墓發掘報告〉, 《八堂·昭陽댐水沒地區遺蹟發掘綜合調査報告》, 文化財管理局, 1974.

이청규·강창화·고재원·오연숙, 《濟州 高山里遺蹟》, 北濟州郡·濟州大學校博物館, 1998.

任孝宰·權鶴洙, 《鰲山里遺蹟》-서울大學校博物館 考古人類學叢刊 9冊, 서울대박물관, 1984.

任孝宰·李俊貞, 《鰲山里遺蹟 III》, 서울大學校博物館 , 1988.

장호수 엮음, 〈범의구석유적 청동기시대층(2~4기)〉, 《북한의 선사고고학》-청동기시대와 문화, 백산문화, 1992.

장호수 엮음, 〈서포항유적 청동기문화층〉, 《북한의 선사고고학》 3-청동기시대와 문화, 백산문화, 1992.

장호수 엮음, 〈청동기시대 짐승〉, 《북한의 선사고고학》 3-청동기시대와 문화, 백산문화, 1992.

鄭澄元·申敬澈, 〈東萊福泉洞古墳群I〉, 《釜山大學校博物館遺跡調査報告》 第5輯, 1983.

정찬영, 《압록강, 독로강 유역 고구려유적 발굴보고》-유적발굴보고 제13집, 과학백과사전출판사, 1983.

조선유적유물도감편찬위원회, 《조선유적유물도감》 1-원시편, 조선유적유물도감편찬위원회, 1988.

조선유적유물도감편찬위원회, 《조선유적유물도감》 2-고조선·부여·진국편, 조선유적유물도감편찬위원회, 1989.

朝鮮畫報社, 《高句麗古墳壁畫》, 朝鮮畫報社出版部, 1985.

조중 공동 고고학 발굴대, 《중국 동북지방의 유적발굴보고》, 사회과학원출판사, 1966.

崔盛洛, 《靈巖 長川里 住居址》 2, 木浦大學博物館, 1986.

韓國古代社會硏究所 編, 《韓國古代金石文》 제1권, 駕洛國史蹟開發研究院, 1992.

한국문화재보호재단, 《문화유적발굴도록》, 한국문화재보호재단, 1993.
許興植 編, 《韓國金石全文》 中世下, 亞細亞文化社, 1984.
황기덕, 〈무산범의구석유적 발굴보고〉, 《고고민속론문집》 6, 사회과학원출판사,
　　　 1975.

國家文物局古文獻硏究室·新疆維吾爾自治區博物館·武漢大學歷史系, 《吐魯番出土
　　　 文書》 第一冊, 文物出版社, 1981.
喀左縣文化館·朝陽地區博物館·遼寧省博物館, 〈遼寧省喀左縣山灣子出土商周靑銅
　　　 器〉, 《文物》, 1977年 12期.
喀左縣文化館·朝陽地區博物館·遼寧省博物館 北洞文物發掘小組, 〈遼寧喀左縣北洞
　　　 村出土的殷周靑銅器〉, 《考古》, 1974年 第6期.
郭大順·張克擧, 〈遼寧省喀左縣東山嘴紅山文化建築群址發掘簡報〉, 《文物》, 1984年
　　　 11期.
吉林省博物館·永吉縣文化館, 〈吉林永吉星星哨石棺墓第三次發掘〉, 《考古學集刊》 3,
　　　 中國社會科學出版社, 1983.
吉林市文物管理委員會·永吉縣星星哨水庫管理處, 〈永吉星星哨水庫石棺墓及遺址調
　　　 査〉, 《考古》, 1987年 第3期.
吉林市博物館·永吉縣文化館, 〈吉林永吉星星哨石棺墓第三次發掘〉, 《考古學集刊》 3,
　　　 1983.
吉林地區考古短訓班, 〈吉林猴石山遺址發掘簡報〉, 《考古》, 1980年 2期.
佟柱臣, 〈赤峰東八石城址勘査記〉, 《考古通訊》, 1957年 6期.
文物編輯委員會, 《文物考古工作三十年》, 文物出版社, 1979.
南京博物院, 〈沂南古畵象石墓發掘報告〉, 文物出版社, 1956年.
睡虎地秦墓竹簡整理小組, 《睡虎地秦墓竹簡》, 文物出版社, 1978.
沈陽古宮博物館·沈陽市文物管理辨公室, 〈沈陽鄭家洼子的兩座靑銅時代墓葬〉, 《考
　　　 古學報》, 1975年 第1期.
楊虎, 〈內蒙古敖漢旗興隆洼遺址發掘簡報〉, 《考古》, 1985年 10期.
熱河省博物館籌備組, 〈熱河凌源縣海島營子村發現的古代靑銅器〉, 《文物參考資料》,
　　　 1955年 第8期.
有光敎一, 〈皇吾里第54號墳甲塚〉, 《古蹟調査槪報 慶州古墳昭和八年》, 1934.
王增新, 〈遼寧撫順市蓮花堡遺址發掘簡報〉, 《考古》, 1964年 6期.
遼寧省文物干部培訓班, 〈遼寧北票縣豊下遺址1972年春發掘報告〉, 《考古》, 1976年
　　　 第3期.
遼寧省文物調査訓練班, 〈1979年朝陽地區文物調査發掘的主要收獲〉, 《遼寧文物》,
　　　 1989年 1期.
遼寧省博物館文物工作隊·朝陽地區博物館文物組, 〈遼寧建平縣喀口刺沁河東遺址試

掘簡報〉,《考古》, 1983年 第11期.
田廣金, 〈近年來內蒙古地區的匈奴考古〉,《考古學報》, 1983年 1期.
田廣金, 〈桃紅巴拉的匈奴墓〉,《考古學報》, 1976年 1期.
浙江省文管會·浙江省博物館, 〈河姆渡發現原始社會重要遺址〉,《文物》, 1976年 8期.
中國科學院考古研究所內蒙古工作隊, 〈寧城南山根遺址發掘報告〉,《考古學報》, 1975年
　　　第1期.
中國科學院考古研究所內蒙古工作隊, 〈內蒙古巴林左旗富河溝門遺址發掘簡報〉,《考
　　　古學報》, 1964年 1期.
中國科學院考古研究所,《新中國的考古收獲》, 文物出版社, 1962.
中國社會科學院考古研究所,《新中國的考古發現和研究》, 文物出版社, 1984.
中國社會科學院考古研究所 編著,《中國考古學中碳14年代數據集》, 文物出版社,
　　　1983.
中國社會科學院考古研究所實驗室, 〈放射性碳素測定年代報告(一五)〉,《考古》, 1988年
　　　7期.
中國社會科學院考古研究所東北工作隊, 〈內蒙古寧城縣南山根102號石棺墓〉,《考古》,
　　　1981年 4期.
中國社會科學院考古研究所內蒙古工作隊, 〈內蒙古敖漢旗興隆洼遺址發掘簡報〉,《考
　　　古》, 1985年 10期.
《泉男產 墓誌銘》.
河姆渡遺址考古隊, 〈浙江河姆渡遺址第二期發掘的主要收獲〉,《文物》, 1980年 5期.

網干善教,《五條猫塚古墳》, 奈良縣史跡名勝天然記念物調查報告, 1962.
關野貞 等,《樂浪郡時代の遺蹟》－古蹟調查特別報告 第4冊, 朝鮮總督府, 昭和2
　　　(1927).
奈良國立博物館,《正倉院展圖錄》, 昭和 53(1978).
奈良國立博物館,《正倉院展圖錄》, 1994.
東京國立博物館,《日本古美術展 圖錄》, 1964.
東京國立博物館,《黃河文明展 圖錄》, 1986.
東京國立博物館,《高松塚などからの新發見の考古品 圖錄》, 1977.
東京國立博物館·京都國立博物館·朝日新聞社, *Central Asian Art from the Museum of
　　　Indian ART, Berlin, SMPK*, 朝日新聞社, 1991.
東京國立博物館·日本中國文化交流協會·日本經濟新聞社,《曾侯乙墓 特別展 圖錄》,
　　　1992.
東京帝國大學文學部,《樂浪》, 刀江書院, 昭和五年(1930).
馬場是一郎·小川敬吉, 〈梁山夫婦塚と其遺物〉,《古蹟調查特別報告》 第5冊, 朝鮮總
　　　督府, 1926.

梅原末治, 〈慶州金鈴塚飾履塚發掘調査報告〉, 《大正十三年度古蹟調査報告》 第1冊, 朝鮮總督府, 1924.

梅原末治, 〈羅州潘南里の寶冠〉, 《朝鮮學報》 第14輯 高橋先生頌壽紀念號, 1959.

濱田耕作·梅原末治, 〈慶州金冠塚と其遺寶〉, 《古蹟調査特別報告》 第3冊, 朝鮮總督府, 1924.

濱田靑陵, 《慶州の金冠塚》, 〈第6, 金銅冠其他の帽幘〉, 慶州古蹟保存會, 1932.

西田弘·鈴木博司·金關恕, 《新開古墳》, 滋賀縣史跡調査報告 第12冊, 1961.

小場恒吉·榧本龜次郎, 《樂浪王光墓》, 朝鮮古蹟研究會, 昭和 10(1935).

小泉顯夫·梅原末治·藤田亮策, 〈慶尙南北道忠淸南道古蹟調査報告〉, 《大正11年度古蹟調査報告》 第1冊, 朝鮮總督府, 1922.

日本經濟新聞社, 《中華人民共和國古代靑銅器展 圖錄》, 1976.

齋藤忠, 〈慶州皇南里第109號墳皇吾里第14號墳調査報告〉, 《昭和九年度古蹟調査報告》 1, 1937.

齋藤忠, 〈慶州皇南里第109號墳〉, 《昭和9年度古蹟調査報告》 第1冊, 1937.

朝鮮古蹟研究會, 〈慶尙北道 達成郡 遠西面 古蹟調査報告〉, 《1923年度古蹟調査報告》 第1冊, 1923.

朝鮮古蹟研究會, 〈慶尙北道 古蹟調査報告〉, 《1923年度古蹟調査報告》 第1冊, 1923.

朝鮮總督府, 〈慶州金冠塚と其遺寶〉, 《古蹟調査特別報告 第3冊》, 似玉堂, 1924.

朝日新聞社, 《大英圖書館收藏 敦煌·樓蘭古文書展 圖錄》, 1983.

樋口隆康·岡崎敬·宮川徏, 〈和泉國七觀古蹟調査 報告〉, 《古代學研究》 27, 1961.

河北新報社·日本對外文化協會, 《河北新報創刊85周年·十字屋仙台店開店10周年記念 草原のシルクロード展 圖錄》, 1982.

3. 논저 : 단행본

姜仁求, 《百濟古墳研究》, 一志社, 1977.

高福男, 《韓國傳統服飾史研究》, 一潮閣, 1991.

국립중앙박물관, 《국립중앙박물관》, 통천문화사, 1991.

김기흥, 《삼국 및 통일신라 세제의 연구》, 역사비평사, 1994.

金東旭, 《增補 韓國服飾史研究》, 亞細亞文化社, 1979.

金東旭, 《新羅의 服飾》, 新羅文化宣揚會, 1979.

金東旭, 《百濟의 服飾》, 百濟文化開發研究院, 1985.

金文子, 《韓國服飾文化의 源流》, 민족문화사, 1994.

김병모, 《금관의 비밀》, 푸른역사, 1998.

김석형, 《초기조일관계사》(하), 사회과학원출판사, 1988.

김영숙·김명숙, 《한국복식사》, 청주대학교출판부, 1998.
金仁圭·申東泰, 《섬유재료》, 白山出版社, 1996.
김용준, 《고구려 고분벽화 연구》, 사회과학원출판사, 1958.
金貞培, 《韓國民族文化의 起源》, 高麗大學校出版部, 1973.
김원룡, 《한국미술사》, 汎文社, 1968.
金元龍, 《韓國壁畵古墳》, 一志社, 1983.
金元龍, 《韓國考古學研究》 第3版, 一志社, 1992.
金哲埈, 《韓國古代史研究》, 서울대학교 출판부, 1990.
金哲埈, 《韓國古代社會研究》, 知識産業社, 1976.
金泰植, 《伽倻聯盟史》, 一潮閣, 1993.
南相瑀, 《被服材料學》, 修學社, 1998.
남중희·신봉섭, 《실크과학》, 서울대학교출판부, 1998.
도유호, 《조선 원시 고고학》, 백산자료원 영인본, 1994.
리순진·장주협 편집, 《고조선문제 연구》, 사회과학원출판사, 1973.
리상호 역, 《삼국유사》, 사회과학원출판사, 1959.
리지린, 《고조선 연구》, 학우서방, 1964.
리태영, 《조선광업사》, 공업종합출판사, 1991.
무함마드 간수, 《新羅西域交流史》, 檀國大學校出版部, 1992.
민길자, 《세계의 직물》, 한림원, 1998.
민길자, 《전통옷감》, 대원사, 1998.
民族文化社 編輯部, 《新羅考古學》, 民族文化社, 1992.
朴南守, 《新羅手工業史》, 신서원, 1996.
朴一錄, 《韓國 絹의 文化史的 研究》, 圓光大學校 出版局, 1997.
박진욱, 《조선 고고학 전서》-고대편, 과학백과사전종합출판사, 1997.
朴眞奭·姜孟山외 공저, 《中國境內 高句麗遺蹟研究》, 예하출판주식회사, 1991.
박진석·강맹산, 《고구려 유적과 유물연구》, 東北朝鮮民族敎育出版社, 1999.
백영자·최해율, 《한국의 복식문화》, 경춘사, 2000.
百濟文化研究院, 《古墳과 窯址》, 1997.
사회과학원 고고학연구소, 《고조선문제연구론문집》, 사회과학원출판사, 1977.
사회과학원 고고학연구소, 《조선고고학개요》, 과학백과사전출판사, 1977.
사회과학원력사연구소, 《조선고대사》, 과학백과사전출판사, 1979.
사회과학원력사연구소, 《조선문화사》, 과학백과사전출판사, 1988.
사회과학원력사연구소, 《고조선사·부여사·구려사·진국사》, 과학백과사전출판사,
    1991.
사회과학원력사연구소, 《백제·전기 신라 및 가야사》, 과학백과사전출판사, 1991.
사회과학원력사연구소, 《조선전사》 1-원시편, 과학백과사전출판사, 1979.
사회과학원력사연구소, 《조선전사》 2-고대편, 과학백과사전출판사, 1979.

사회과학원력사연구소, 《고구려사》, 과학백과사전출판사, 1991.

사회과학원력사연구소 고고학연구소, 《원시사》, 과학백과사전출판사, 1997.

尙秉和, 《歷代社會風俗事物考》, 臺灣商務印書館, 1975.

손영종, 《고구려사》 2, 과학백과사전출판사, 1997.

손영종, 《고구려사》 3, 과학백과사전출판사, 1999.

宋桂鉉·金舜圭, 〈古代의 軍服飾〉, 《韓國의 軍服飾發達史 1》, 國防軍史硏究所, 1997.

宋啓源·李茂夏·蔡榮錫, 《皮革과 毛皮의 科學》, 先進文化社, 1998.

申采浩, 《朝鮮上古史》, 人物硏究所, 1982.

申瀅植, 《百濟史》, 이화여자대학교 출판부, 1992.

申瀅植, 《新羅史》, 이화여자대학교 출판부, 1985.

심연옥, 《중국의 역대직물》, 한림원, 1998.

유 엠 부찐 씀, 이항제·이병두 옮김, 《고조선》, 소나무, 1990.

유송옥·이은영·황선진, 《복식문화》, 敎文社, 1997.

柳喜卿, 《한국 복식사 연구》, 이화여자대학교출판부, 1980.

尹武炳, 《韓國 靑銅器文化硏究》, 藝耕産業社, 1996.

尹乃鉉, 《商王朝史의 硏究》, 景仁文化社, 1978.

尹乃鉉, 《中國의 原始時代》, 檀國大學校 出版部, 1982.

尹乃鉉, 《商周史》, 民音社, 1984.

尹乃鉉, 《韓國古代史新論》, 一志社, 1986.

尹乃鉉, 《윤내현 교수의 한국고대사》, 三光出版社, 1989.

尹乃鉉·朴成壽·李炫熙, 《새로운 한국사》, 三光出版社, 1989.

윤내현, 《고조선 연구》, 一志社, 1994.

윤내현, 《한국 열국사 연구》, 지식산업사, 1998.

李京子, 《韓國服飾史論》, 一志社, 1998.

李基東, 《百濟史硏究》, 一潮閣, 1997.

李基白, 《韓國史新論》, 一潮閣, 1977.

李基白·李基東, 《韓國史講座》(1)－古代編, 一潮閣, 1982.

이난영, 《신라의 토우》, 교양 국사 총서 편찬위원회, 1976.

李道學, 《百濟 고대국가 연구》, 一志社, 1995.

이도학, 《새로 쓰는 백제사》, 푸른역사, 1997.

李丙燾, 《韓國古代史硏究》, 博英社, 1981.

李如星, 《朝鮮服飾考》, 白楊堂, 1947.

이은창, 《한국 복식의 역사》－고대편, 세종대왕기념사업회, 1978.

李龍範, 《韓滿交流史 硏究》, 同和出版公社, 1989.

李鐘旭, 《新羅國家形成史硏究》, 一潮閣, 1982.

李賢惠, 《三韓社會形成過程硏究》, 一潮閣, 1984.

李亨求,《韓國古代文化의 起源》, 까치, 1991.

仁濟大學校 加耶文化研究所,《加耶諸國의 鐵》, 신서원, 1995.

杉本正年 著·문광희譯,〈동양복장사논고〉 고대편, 경춘사, 1995.

임영미,《한국의 복식문화 1》, 경춘사, 1996.

鄭玩燮,《織物의 起源과 交流》, 書景文化社, 1997.

장국종·홍희유,《조선농업사》 1, 농업출판사, 1989.

張光直지음·尹乃鉉옮김,《商文明(Shang Civilization)》, 民音社, 1988.

조선기술발전사편찬위원회,《조선기술발전사》 원시·고대편, 과학백과사전종합출판사, 1997.

조희승,《가야사연구》, 사회과학원출판사, 1994.

조희승,《일본에서 조선소국의 형성과 발전》, 과학백과사전종합출판사, 1990.

千寬宇,《古朝鮮史·三韓史研究》, 一潮閣, 1991.

千寬宇,《伽倻史研究》, 一潮閣, 1991.

채희국,《고구려 역사 연구》-평양 천도와 고구려의 강성, 김일성종합대학출판사, 1982.

최무장·임연철,《高句麗壁畵古墳》, 신서원, 1990.

崔秉鉉,《新羅古墳研究》, 一志社, 1992.

최상준 등,《조선기술발전사》 2-삼국시기·발해·후기신라편, 과학백과사전종합출판사, 1996.

崔鐘圭,《三韓考古學研究》, 書景文化社, 1995.

河文植,《古朝鮮 地域의 고인돌 研究》, 백산자료원, 1999.

韓國考古學研究會,《韓國考古學地圖》, 서울대학교 고고미술사학과, 1984.

韓國文化財保護協會,《韓國의 服飾》, 文化公報部文化財管理局, 1982.

한국사특강편찬위원회,《한국사특강》, 서울대학교출판부, 1990.

황기덕,《조선 원시 및 고대 사회의 기술발전》, 과학백과사전출판사, 1997.

丘光明,《中國歷代度量衡考》, 科學出版社, 1992.

國家計量總局·中國歷史博物館·古宮博物院 主編,《中國古代度量衡圖集》, 文物出版社, 1984.

國家文物局古文獻研究室·新疆維吾爾自治區博物館·武漢大學歷史系,《吐魯番出土文書》 第八冊, 文物出版社, 1987.

國立故宮博物院,《故宮書畵錄 增訂本一》, 國立故宮博物院, 1956.

段拭,《漢畵》, 中國古典藝術出版社, 1958.

覃旦冏,《中華藝術史綱》 上冊, 光復書局, 1972.

覃旦冏,《中華藝術史論》, 光復書局, 1980.

佟冬,《中國東北史》, 吉林文史出版社, 1987.

董粉和,《中國秦漢科技史》, 人民出版社, 1994.

勞榦,《居廷漢簡考釋》, 商務印書館, 1949年.

勞榦,《秦漢史》, 華岡出版有限公司, 1975.

勞榦, 〈漢代常服述略〉,《勞榦學術論文集》甲編 上冊, 藝文印書館, 1976.

北京鋼鐵學院 中國冶金簡史編寫小組,《中國冶金簡史》, 科學出版社, 1978.

北京大學中國文學史教研室選注,《魏晉南北朝文學史參考資料》, 宏智書店, 1961.

上海市戲曲學校中國服裝史研究組編著, 周迅·高春明撰文,《中國服飾五千年》, 商務
　　　印書館香港分館, 1984.

上海博物館青銅器研究組編,《商周青銅器紋飾》, 文物出版社, 1984.

孫機,《漢代物質文化紫蓼圖說》, 文物出版社, 1991.

宋鎭豪,《中國春秋戰國習俗史》, 人民出版社, 1994.

史念海,《河山集》, 生活·讀書·新知三聯書店, 1963.

謝崇安,《商周藝術》, 巴蜀書社, 1997.

新疆維吾爾自治區博物館,《新疆歷史文物》, 文物出版社, 1978.

沈福文,《中國漆藝美術史》, 人民美術出版社, 1992.

沈從文,《中國古代服飾研究》, 商務印書館, 香港, 1992.

岳慶平,《中國秦漢習俗史》, 人民出版社, 1994.

楊寬,《中國古代冶鐵技術發展史》, 上海人民出版社, 1982.

吳洛,《中國度量衡史》, 臺灣商務印書館, 1937.

王肯·隋書金·宮欽科·耿瑛·宋德胤·任光偉,《東北俗文化史》, 春風文藝出版社, 1992.

王綿厚,《秦漢東北史》, 遼寧人民出版社, 1994.

王伯敏,《中國美術通史》, 山東教育出版社, 1987.

王迅,《東夷文化與淮夷文化研究》, 北京大學出版社, 1994.

王宇清,《中國服裝史綱》, 中華大典編印會, 1978.

王禹浪·王宏北,《高句麗·渤海古城址研究滙編》(上), 哈爾濱出版社, 1994.

王孝通,《中國商業史》, 臺灣商務印書館, 1974.

王恢,《中國歷史地理》上下冊, 臺灣 學生書局, 1976.

容鎔,《中國上古時期科學技術史話》, 中國環境科學出版社, 1990.

劉慶孝·諸葛鎧,《敦煌裝飾圖案》, 山東人民出版社, 1982.

李德潤·張志立,《古民俗研究》, 吉林文史出版社, 1990.

李福順·劉曉路,《中國春秋戰國藝術史》, 人民出版社, 1994.

李浴·劉中澄·凌瑞蘭·李震·可平·王乃功,《東北藝術史》, 春風文藝出版社, 1992.

李肯冰,《中國西域民族服飾研究》, 新疆人民出版社, 1995.

李天鳴,《中國疆域的變遷》上冊, 國立故宮博物院, 臺北, 1997.

李學勤,《東周與秦代文明》, 文物出版社, 1984.

張廣文,《玉器史話》, 紫禁城出版社, 1991.

蔣孔陽 主編,《中國古代美學藝術史論文集》, 上海古籍出版社, 1981.

張博泉·魏存成, 《東北古代民族·考古與疆域》, 吉林大學出版社, 1998.

張英, 《吉林出土銅鏡》, 文物出版社, 1990.

張仲立, 《秦陵銅車馬與車馬文化》, 陝西人民教育出版社, 1994.

張曉凌, 《中國原始藝術精神》, 重慶出版社, 1992.

蔣猷龍, 《家蠶遺傳育種學》, 中國農業科學院 蠶業研究所主編, 1981.

田昌五, 《古代社會形態研究》, 天津人民出版社, 天津, 1980.

鄭若葵, 《中國遠古暨三代習俗史》, 人民出版社, 1994.

陳夢家, 《漢簡綴述》 考古學專刊甲種第十五號, 中國社會科學院考古研究所編輯, 中華書局, 北京, 1980.

陳仁濤, 《金匱論古初集》, 香港亞洲石印局印, 1952.

陳玉龍·楊通方·夏應元·范毓周, 《漢文化論綱》－兼述中朝中日中越文化交流, 北京大學出版社, 1993.

陳恩林, 《中國春秋戰國軍事史》, 人民出版社, 1994.

周迅·高春明, 《中國古代服飾大觀》, 重慶出版社, 1995.

中國科學院考古研究所, 《廟底溝與三里橋》, 科學出版社, 1959.

中國社會科學院考古研究所編, 《新中國的考古發現和研究》, 文物出版社, 1984.

中國鋼鐵學院·中國冶金簡史編寫小組, 《中國冶金簡史》, 科學出版社, 1978.

中原虎南, 《織物雜考》, 紡織雜誌社, 1934.

天津藝術學院美術理論教研組, 《中國古代繪畫百圖》, 人民美術出版社, 1978

馮澤芳, 《中國的棉花》, 財政經濟出版社, 1956.

郝欽銘, 《棉作學》 上冊, 商務印書館, 1939.

項春松, 〈小黑石溝發現的青銅器〉, 《中國考古集成》東北卷 青銅時代(一), 北京出版社.

玄應, 《一切經音義》 卷1 〈大方等大集經〉 卷15 "音義".

胡竟良, 〈關于棉業的史料〉, 《胡竟良先生棉業論文選集》, 中國棉業出版社, 1948.

湖南省博物館·中國科學院考古研究所, 《長沙馬王堆一號漢墓》, 文物出版社, 1973.

湖北省荊州地區博物館, 《江陵馬山一號楚墓》, 文物出版社, 北京, 1985.

黃能馥·陳娟娟, 《中華服飾藝術源流》, 高等教育出版社, 1994.

回顧, 《中國絲綢紋樣史》, 黑龍江美術出版社, 1990.

侯外盧, 《漢代社會與漢代思想》, 香港 嵩華出版事業公司, 1978.

慧琳, 《一切經音義》 卷4 〈大般若經〉 卷398 "音義".

江上波夫, 《ユーテンの古代北方文化の研究》, 山川出版社, 1951.

關野貞, 《朝鮮の建築と美術》, 岩波書店, 1941.

駒井和愛, 〈スキタイの社會と文化－武器〉, 《考古學概說》, 講談社, 1972.

駒井和愛, 《樂浪》, 中央公論社, 昭和 47(1972).

吉田光邦, 《染織の東西交涉》, 京都書院, 1982.

瀧川龜太郎, 〈史記會注考證〉, 宏業書局 影印, 民國 63(1974).

大塚初重·白石太一郎·西谷 正·町田 章, 《考古學による日本歷史》 1〜18冊, 雄山閣, 1996.

杜石然·范楚玉·陳美東·金秋鵬·周世德·曹婉如 編著, 川原秀城·日原傳·長谷部英一·藤井隆·近藤浩之譯, 《中國科學技術史》上, 東京大學出版會, 1997.

渡邊素舟, 《中國古代文樣史(上)》, 雄山閣, 昭和 51(1976).

東京國立博物館·京都國立博物館·日本中國文化交流協會·朝日新聞社, 《中和人民共和國出土文物展》, 朝日新聞東京本社企劃部, 1973.

笠井倭人, 《古代の日朝關係と日本書紀》, 吉川弘文館, 2000.

末永雅雄, 《日本上代の甲冑》, 創元社, 1944.

末永雅雄·伊東信雄, 《挂甲の系譜》, 雄山閣, 1979.

末永雅雄, 《增補 日本上代の甲冑》, 創元社, 1981.

梅原末治, 《蒙古ノイン·ウテ發見の遺物》, 平凡社, 1960.

石田英一郎·江上波夫·岡正雄·八幡一郎, 〈朝鮮半島との關係〉, 《日本民族の起源》, 平凡社, 1969.

石澤良昭·生田 滋, 《東南アヅアの傳統と發展》世界の歷史13, 中央公論社, 1998.

小場恒吉·榧本龜次郎, 《樂浪王光墓》, 朝鮮古蹟研究會, 昭和 10(1935).

狩谷掖齋 著·富谷至 校注, 〈本朝度巧〉, 《本朝度量權衡巧》, 現代思潮社.

岩村忍, 《中央アジアの遊牧民族》, 講談社, 1970.

李成市, 《古代東アヅアの民族と國家》, 岩波書店, 1998.

田村晃一, 《樂浪と高句麗の考古學》, 同成社, 2001.

町田章, 《古代東アヅアの裝飾墓》, 同朋舍, 1987.

齊藤 忠, 《北朝鮮考古學の新發見》, 雄山閣, 1996.

齊藤 忠, 《古墳文化と壁畵》, 雄山閣, 1997.

中口裕, 《銅の考古學》, 東京, 1972年.

朝鮮古墳研究會, 《樂浪王光墓》, 民族文化, 1935.

村上恭通, 《東夷世界の考古學》, 青木書店, 2000.

香山陽坪, 《騎馬民族の遺產》, 新潮社, 1970.

黃展岳, 《中國古代の殉葬習俗》, 第一書房, 2000.

片岡宏二, 《彌生時代渡來人と土器·青銅器》, 雄山閣, 1999.

Akishev. K. A., *Issyk Mound*, Moscow, 1978.

Artamonov, M. I, *Treasures from Scythian Tombs*, trans Kupriyanova, Thames & Hudson, 1969.

Chang, Kwang-chih, *Early Chinese Civilization : Anthropological Perspectives*, Harvard-Yenching institute, 1976.

Chang, Kwang-chih, *The Archaeology of Ancient China*, Yale University, Fourth edition, Yale University Press, 1986.

Jettmar. K, *Art of the Stepps*, Heidlberg, 1966.

Marcel Granet, *The Religion of the Chinese People*, Camelot press, ltd. 1975.

Parrot, Andre, *Nineveh and Babylon*, Thames and Hudson 1972, p.74.

Rice, T. T, *The Scythians*, London, Thames and Hudson, 1957.

Rudenko, S. I, *Frozen Tombs of Siberia*, trans M. W. Thompson, J. M. dent & Sons Ltd, 1970.

Sergei I, Rudeuko, *Frozen Tombs of Siberia —The Pazyryk Burials of Iron—Age Horsemen*, University of California, 1970.

Sullivan, Michael, *The Arts of China*, Revised Edition, Univ. of California Press, 1979.

4. 논저 : 논문

강승남, 〈우리나라 고대 청동가공기술에 관한 연구〉, 《조선고고연구》, 1990년 제3호, 사회과학원 고고학연구소.

강승남, 〈기원전 1000년기 후반기 우리나라 청동야금기술의 특징에 대하여〉, 《조선고고연구》, 1990년 제7기, 사회과학원 고고학연구소.

강승남, 〈우리나라 원시 및 고대 유색금 속의 이용에 대한 고찰〉, 《조선고고연구》, 1992년 제4호, 사회과학원 고고학연구소.

강승남, 〈고조선시기의 청동 및 철 가공기술〉, 《조선고고연구》, 1995년 2기, 사회과학원 고고학연구소.

강승남, 〈락랑유적의 금속 유물에 대하여〉, 《조선고고연구》, 1996년 제2호, 사회과학원 고고학연구소.

姜仁求, 〈中國東北地方의 古墳〉, 《韓國 上古史의 諸問題》, 韓國精神文化研究院, 1987.

강인숙, 〈고구려에 선행한 고대국가 구려에 대하여〉, 《력사과학》, 과학백과사전출판사, 1991년 2기.

고고학연구소, 〈두만강 류역의 청동기시대 문화〉, 《고고민속론문집》 2, 사회과학원출판사, 1970.

孔錫龜, 〈安岳 3號墳 主人公의 冠帽에 대하여〉, 《高句麗研究》 第5輯, 高句麗研究會, 1998.

奇修延, 〈東夷의 개념과 실체의 변천에 관한 연구〉, 《白山學報》 第42輯, 1993.

奇修延, 〈'後漢書' 東夷列傳 '序'에 대한 분석 연구〉,《白山學報》第45輯, 1997.
奇修延, 〈'後漢書' 東夷列傳 高句麗傳에 대한 연구〉,《史學志》第31輯, 1998.
奇修延, 〈'後漢書' 東夷列傳 韓傳에 대한 연구〉,《白山學報》第57輯, 2000.
奇修延, 〈中國文獻에 보이는 '東夷'와 '朝鮮'〉,《단군학 연구》42, 2000.
김교경, 〈흑요석의 물붙임층 연대측정법〉,《조선고고연구》, 1990년 제3호, 사회과
　　학원 고고학연구소.
김교경, 〈평양일대의 단군 및 고조선 유적유물에 대한 연대 측정〉,《조선고고연
　　구》, 1995년 제1호, 사회과학원 고고학연구소.
김신규, 〈립석리 원시 유적에서 나온 짐승 뼈에 대하여〉,《고고민속》, 1965년 1호,
　　사회과학원출판사.
김신규, 〈미송리 동굴의 동물 유골에 대하여〉,《문화유산》, 1961년 6호, 사회과학
　　원출판사.
김신규, 〈농포 원시 유적의 동물 유골에 대하여〉,《문화유산》, 1962년 2호, 사회과
　　학원출판사.
김신규, 〈회령오동원시유적의 포유 동물상〉,《고고민속》3호, 사회과학원출판사,
　　1963.
김신규, 〈무산 범의 구석 원시 유적에서 나온 짐승 뼈에 대하여〉,《고고민속》,
　　1963년 4호, 사회과학원출판사.
김신규, 〈우리나라 원시 유적에서 나온 포유 동물상〉,《고고민속론문집》2, 사회
　　과학원출판사, 1970.
金秉模, 〈古代 韓國과 西域關係〉－阿踰陀國考Ⅱ,《韓國學論集》第14輯, 漢陽大學
　　校 韓國學硏究所, 1988.
김용간·안영준, 〈함경남도·량강도 일대에서 새로 알려진 청동기시대유물에 대한
　　고찰〉,《조선고고연구》, 사회과학원 고고학연구소, 1986년 제1호.
김용남, 〈궁산문화에 대한 연구〉,《고고민속론문집》8, 과학백과사전출판사, 1983.
김용준, 〈백제 복식에 관한 자료〉,《문화유산》, 사회과학원출판사, 1959.
김용준, 〈안악 제3호분(하무덤)의 연대와 그 주인공에 대하여〉,《문화유산》,
　　1957.
金榮珉, 〈嶺南地域 板甲에 대한 一考察〉,《古文化》第46輯, 韓國大學博物館協會,
　　1995.
金元龍, 〈廣州渼沙里 櫛文土器遺蹟〉,《歷史學報》14, 1961.
金元龍, 〈益山 五金山出土 多鈕細紋鏡과 細形銅劍〉,《考古美術》, 第8卷 第3號(通
　　卷 八十號), 1967.
金元龍, 〈春川校洞 穴居遺跡과 遺物〉,《歷史學報》20, 1963.
金正基, 〈新石器時代 住生活〉,《韓國史論》17, 國史編纂委員會, 1987.
金廷鶴, 〈靑銅器의 展開〉,《韓國史論》13－韓國의 考古學 Ⅱ·上, 國史編纂委員會,
　　1983.

김혜숙, 〈고구려 벽화 무덤에 그려진 수렵도 류형에 대하여〉, 《조선고고연구》, 사회과학원출판사, 1993년 제4호.

權兌遠, 〈百濟의 冠帽系統考〉－百濟의 陶俑人物像을 中心으로, 《考古美術史》－史學志 論文輯 1, 檀國大 史學會, 1994.

盧泰敦, 〈한국인의 기원과 국가형성〉, 《한국사특강》, 서울대학교출판부, 1990.

리순진, 〈강원도 철령유적에서 발굴된 고구려기마모형에 대하여〉, 《조선고고연구》 1994년 제2호, 사회과학원 고고학연구소.

리지린, 〈고조선과 3한 사람들의 해상활동〉, 《력사과학》, 과학백과사전출판사, 1962년 제1호.

리태형, 〈고구려의 철광업과 제철야금기술의 발전〉, 《력사과학》, 1990년 제2호, 과학백과사전출판사.

리화선, 〈안악궁의 터 자리 복원을 위한 몇 가지 문제〉, 《력사과학》, 1980년 제1호, 과학백과사전출판사.

림영규, 〈원시시대 집짐승 기르기에 대한 몇 가지 고찰〉, 《조선고고연구》, 1996년 제1호, 사회과학원 고고학연구소.

閔吉子, 〈織物의 歷史〉, 《토프론》(Summer), 동양 나일론, 1993.

朴京子, 〈古墳壁畵에서 본 高句麗服飾 小考〉, 《韓國服飾論巧》, 新丘文化社, 1983.

朴京子, 〈德興里 古墳壁畵의 服飾史的 研究〉, 《韓國服飾論巧》, 新丘文化社, 1983.

朴仙姬, 〈西漢帝國의 建國과 序二等 封建〉, 檀國大學校 博士學位論文, 1996.

朴仙姬, 〈漢文帝時 帝權變化에 대한 새로운 인식〉－汝陰侯家墓 출토자료 등을 근거로, 《史學志》 第25輯, 檀國史學會, 1992.

朴仙姬, 〈고대 한국 복식의 衽形〉, 《韓國民俗學》 30, 民俗學會, 1998.

朴仙姬, 〈고대 한국의 복식 재료〉－가죽과 모직, 《史學志》 第31輯, 檀國史學會, 1998.

朴仙姬, 〈고대 한국의 絲織〉, 《白山學報》 第53號, 白山學會, 1999.

朴仙姬, 〈고대 한국 棉의 기원과 발달〉, 《史學硏究》 第58·59合集號, 韓國史學會, 1999.

朴仙姬, 〈고대 한국의 마직물〉, 《先史와 古代》 13, 韓國古代學會, 1999.

朴仙姬, 〈고조선의 갑옷 종류와 특징〉, 《白山學報》 第56·57號, 白山學會, 2000.

朴仙姬, 〈열국시대의 갑옷〉, 《史學志》 第33輯, 檀國史學會, 2000.

朴仙姬, 〈고대 한국의 衫·襦·袍〉－고조선 복식 形制에 관한 시론 I, 《史學硏究》 第61號, 韓國史學會, 2000.

朴仙姬, 〈고대 한국의 袴와 裙〉－고조선 복식 形制에 관한 시론 II, 《단군학연구》 제3호, 단군학회, 2000.

朴仙姬, 〈복시자료를 통해 본 고조선의 영역〉, 《白山學報》 第61號, 白山學會, 2001.

박영초, 〈고조선에서의 제철 및 철재 가공기술의 발전〉, 《조선고고연구》, 1989년

1기, 사회과학원 고고학연구소.

박진욱, 〈3국 시기의 갑옷과 투구〉,《고고민속》 3, 사회과학원출판사, 1963.

박진욱, 〈신라의 가시 돋친 무기에 대한 약간의 고찰〉,《고고민속》 3, 사회과학원출판사, 1963.

박진욱, 〈비파형단검문화의 발원지와 창조자에 대하여〉,《비파형단검문화에 대한 연구》, 과학백과사전출판사, 1987.

백련행, 〈부조예군의 도장에 대하여〉,《문화유산》 1962년 4호, 사회과학원출판사.

복기대, 〈하가점 하층문화의 기원과 사회성격에 관한 시론〉,《한국상고사학보》 19, 한국상고사학회, 1995.

복기대, 〈魏營子文化의 최근 성과와 해석〉,《선사와 고대》 11호, 한국고대학회, 1998년 12월.

복기대, 〈對夏家店下層文化原流及與其他文化的再認識〉,《青果集》(吉林大學校考古學系建系十周年記念 論文集), 吉林大學校 考古學系編, 知識出版社, 1998.

복기대, 〈臨屯太守章封泥를 통해 본 漢四郡의 위치〉,《白山學報》 第61號, 白山學會, 2001년 12월.

사회과학원 고고학 및 민속학 연구소, 〈고조선의 무기〉,《고고민속》, 1966년 1기, 사회과학원출판사.

사회과학원 고고학 및 민속학 연구소, 〈고조선의 무기〉,《고고민속》, 사회과학원출판사, 1966년 1기.

사회과학원력사연구소, 〈조선사람의 기원과 인종적 특징〉,《조선전사》 1 - 원시편, 과학백과사전출판사, 1979.

선희창, 〈여러 가지 구리 합금과 그 이름〉,《고고민속》 1, 사회과학원출판사, 1966.

孫寶基, 〈石莊里의 後期 舊石器時代 집자리〉,《韓國史研究》 9, 1973.

손보기, 〈구석기문화〉,《한국사》 1, 국사편찬위원회, 1977.

손영종, 〈덕흥리벽화무덤의 주인공의 국적문제에 대하여〉,《력사과학》, 1987년 제1호, 과학백과사전출판사.

손영종, 〈덕흥리벽화무덤의 피장자 망명인 설에 대한 비판(1)〉,《력사과학》, 1991년 제1호, 과학백과사전출판사.

손영종, 〈덕흥리벽화무덤의 피장자 망명인 설에 대한 비판(2)〉,《력사과학》, 1991년 제2호, 과학백과사전출판사.

宋鎬晸, 〈遼東地域 青銅器文化와 美松里型土器에 관한 考察〉,《韓國史論》 24, 1991.

申敬澈, 〈金海禮安里古墳群第4次發掘調查報告〉,《韓國考古學年報》 8, 1980.

申敬澈, 〈釜山市福泉洞古墳群遺跡一次發掘調查概要와 意義〉,《釜山直轄市立博物館年報》 第三輯, 1981.

신숙정, 〈한국 신석기-청동기시대의 전환과정에 대하여 - 문화발달 과정에 대한 자연스러운 이해를 위한 몇 가지 제언〉,《서울대 학물관 연보》 10, 1999.

沈在勳, 〈中國 古代國家 形成의 普遍性과 特殊性〉,《史學志》 第22輯, 檀國大學校

史學會, 1989.

안병찬, 〈장수산일대의 고구려유적유물에 대하여〉, 《조선고고연구》, 1990년 제2호, 사회과학원 고고학연구소.

劉頌玉, 〈高句麗의 服飾構造〉, 《韓國의 服飾》, 韓國文化財保護協會, 1982.

尹乃鉉, 〈漢四郡의 樂浪郡과 平壤의 樂浪〉, 《韓國古代史論》, 一志社, 1986.

尹乃鉉, 〈古朝鮮과 三韓의 관계〉, 《韓國學報》 第52輯, 一志社, 1988.

尹乃鉉, 〈三韓지역의 사회발전〉, 《白山學報》 第35輯, 白山學會, 1988.

尹乃鉉, 〈古代文獻에 나타난 朝鮮의 地理槪念〉-제4차 조선학국제학술토론회 발표논문, 북경, 1992.

尹乃鉉, 〈古代朝鮮考〉, 《中齋張忠植博士 華甲紀念論叢》, 中齋張忠植博士 華甲紀念論叢刊行委員會, 1992.

尹乃鉉, 〈古朝鮮과 中國의 交涉〉, 《배달문화》 제10호, 민족사바로찾기국민회의, 1993.

尹乃鉉, 〈古朝鮮의 經濟的 基盤〉, 《白山學報》 第41號, 白山學會, 1993.

尹乃鉉, 〈古朝鮮 社會의 身分構成〉, 《傳統과 現實》, 第4號, 高峰學術院, 1993.

尹乃鉉, 〈古朝鮮의 宗敎와 그 思想〉, 《東洋學》 第23輯, 檀國大學校附設 東洋學研究所, 1993.

尹乃鉉, 〈人類社會 進化上의 古朝鮮 位置〉, 《史學志》 第26輯, 檀國史學會, 1993.

尹乃鉉, 〈扶餘의 분열과 變遷〉, 《祥明史學》 第三·四合輯, 祥明史學會, 1995.

尹乃鉉, 〈高句麗의 移動과 建國〉, 《白山學報》 第45號, 1995.

尹乃鉉, 〈백제의 중국 동부 지배〉, 《傳統과 現實》 第7號, 高峰學術院, 1996.

尹乃鉉, 〈가야의 건국과 성장에 대한 재고찰〉, 《史學志》, 第30輯, 1997.

尹乃鉉, 〈고구려의 多勿理念 실천〉, 《竹堂 李炫熙敎授 華甲紀念韓國史論叢》, 東方圖書, 1997.

尹乃鉉, 〈百濟의 建國과 成長에 대한 再考察〉, 《民俗文學과 傳統文化》, 박이정, 1997.

尹武炳, 〈遼寧地方의 靑銅器文化〉, 《韓國上古史의 諸問題》, 韓國精神文化研究院, 1987.

尹石曉, 〈伽倻의 倭地進出에 대한 一研究〉, 《百濟·新羅·伽倻史 研究》, 白山學會, 1995.

李基白, 〈古朝鮮의 國家 형성〉, 《韓國史市民講座》 第2輯, 一潮閣, 1988.

李丙燾, 〈夫餘考〉, 《韓國古代史研究》, 博英社, 1981.

李蘭暎, 〈百濟 金屬工藝의 對外交涉〉-금공기법을 중심으로, 《百濟 美術의 對外交涉》, 藝耕, 1998.

李鮮馥, 〈신석기·청동기시대 주민교체설에 대한 비판적 검토〉, 《韓國古代史論叢》 1, 駕洛國史蹟開發研究院, 1991.

이영문, 〈韓半島 出土 琵琶形銅劍 形式分類 試論〉, 《博物館紀要》 7, 檀國大學校

中央博物館, 1991.

李榮文, 〈韓國 支石墓 年代에 대한 檢討－남한지역의 청동기시대 연대와 관련하여〉, 《先史와 古代》 14, 韓國古代學會, 2000년 6월.

李仁淑, 〈신라와 가야의 裝身具〉, 《한국고대사논총》 제3집, 한국고대사회연구소, 1992.

이은주, 〈의생활의 역사〉, 《한국민속사입문》, 1996.

李殷昌, 〈三國時代武具〉, 《韓國の考古學》, 河出書房, 1972.

이융조, 〈編年〉, 《韓國史論》 12, 國史編纂委員會, 1986.

李龍範, 〈三國史記에 보이는 이슬람 商人의 貿易品〉, 李弘稙博士回甲紀念 《韓國史學論叢》, 新丘文化社, 1969.

李龍範, 〈海外貿易의 發展〉, 《韓國史》 3, 국사편찬위원회, 탐구당, 1981.

李賢珠, 〈有刺利器에 대해서〉, 《東萊 福泉洞古墳群》 2, 釜山大, 1990.

李亨求, 〈青銅器文化의 비교I(東北亞와의 비교)〉, 《韓國史論》 13, 國史編纂委員會, 1986.

李熙濬, 〈慶州 皇南洞 第109號墳의 構造再檢討〉, 《三佛金元龍教授停年退任紀念論叢》, 1987.

林炳泰, 〈考古學上으로 본 濊貊〉, 《韓國古代史論叢》 1, 駕洛國史蹟開發研究院, 1991.

임진숙, 〈고대 및 중세초기 우리나라의 동합금기술〉, 《력사과학》 1991년 제4호, 과학백과사전출판사.

任孝宰, 〈新石器時代 編年〉, 《韓國史論》 12, 國史編纂委員會, 1983.

全相運, 〈韓國古代金屬技術의 科學史的 研究〉, 《傳統科學》 第1輯, 漢陽大學校 韓國傳統科學研究所, 1980.

전주농, 〈안악 하무덤(3호분)에 대하여〉, 《문화유산》, 사회과학원출판사, 1959.

전주농, 〈고구려 시기의 무기와 무장(I)〉, 《문화유산 5》, 사회과학원출판사, 1958.

전주농, 〈고구려 시기의 무기와 무장(II)〉, 《문화유산 1》, 사회과학원출판사, 1959.

전주농, 〈고조선의 공예〉, 《문화유산》, 1961년 1기, 사회과학원출판사.

정찬영, 〈기원 4세기까지의 고구려 묘제에 관한 연구〉, 《고고민속론문집》 5, 사회과학원출판사, 1973.

趙由典, 〈青銅器時代 研究史〉, 《國史館論叢》 第19輯, 國史編纂委員會, 1990.

조희승, 〈평양 락랑유적에서 드러난 고대 비단에 대하여〉, 《조선고고연구》, 사회과학원 고고학연구소, 1996년 제1호.

주영헌, 〈약수리 고분을 통한 고구려 벽화분의 연대에 관한 연구〉, 《문화유산 3》, 사회과학원출판사, 1959.

주영헌, 〈고구려의 유주에 대하여〉, 《역사과학》, 1980년 제4호, 과학백과사전 출판사.

秦弘燮, 〈百濟·新羅의 冠帽·冠飾에 關한 二三의 問題〉, 《史學志》, 檀國大學校 史

學會, 1973.

천석근, 〈고구려옷의 기본형태와 일본 고분시대옷의 변천〉, 《력사과학》, 과학백과
　　사전출판사, 1981년 제1호.

천석근, 〈안악 제3호 무덤벽화의 복식에 대하여〉, 《조선고고연구》, 사회과학원 고
　　고학연구소, 1986년 제3호.

천석근, 〈고구려 옷에 반영된 계급 신분 관계의 고찰〉, 《력사과학》, 과학백과사전
　　출판사, 1987.

崔夢龍, 〈古代國家成長과 貿易〉, 《韓國古代의 國家와 社會》, 一潮閣, 1985.

崔孟植, 〈陵山里 百濟古墳 出土 裝飾具에 관한 一考〉, 《百濟文化》第27輯, 1998.

최상준, 〈우리나라 원시시대 및 고대의 쇠붙이 유물분석〉, 《고고민속》 1, 사회과
　　학원출판사, 1966.

崔盛洛, 《靈巖 長川里 住居址》 2, 木浦大學博物館, 1986.

崔淑卿, 〈渼沙里遺蹟의 一磨石器〉, 《考古美術》第4卷 第6號, 1963.

최택선, 〈고구려 벽화무덤의 주인공 문제에 대하여〉, 《력사과학》, 과학백과사전출
　　판사, 1985년 4호.

최택선, 〈고구려의 인물풍속도무덤과 인물풍속 및 사신도 무덤 주인공들의 벼슬
　　등급에 대하여〉, 《력사과학》, 과학백과사전출판사, 1988년 제1호.

최원희, 〈고구려 녀자 옷에 관한 연구〉, 《문화유산 2》, 사회과학원출판사, 1962.

최원희, 〈과거 조선 남자 관모의 몇 가지에 대하여〉, 《고고민속》, 사회과학원출판
　　사, 1965.

최원희, 〈과거 우리나라 남자 평상복〉, 《고고민속 1》, 사회과학원출판사, 1966.

한인호, 〈고조선초기의 금제품에 대한 고찰〉, 《조선고고연구》, 1995년 제1호, 사
　　회과학원출판사.

한창균, 〈고조선의 성립배경과 발전단계 시론〉, 《國史館論叢》第33輯, 國史編纂委
　　員會, 1992.

허순산, 〈고구려 금귀걸이〉, 《력사과학》, 과학백과사전출판사, 1985년 4호.

洪思俊, 〈南原出土 百濟冠飾具〉, 《考古美術》 通卷 90號, pp.363~364.

황기덕, 〈무산범의구석유적 발굴보고〉, 《고고 민속 론문집》 6, 사회과학원출판사,
　　1975.

황기덕·김섭연, 〈우리나라 고대 야금기술〉, 《고고민속론문집》, 과학백과사전출판
　　사, 1983.

황욱, 〈평양 청암리 토성 부근에서 발견된 고구려 금동유물〉, 《문화유산》, 1958년
　　5호, 사회과학원출판사.

황철산, 〈狗皮衣에 관한 고찰〉, 《문화유산》 1957년 5호, 사회과학원출판사.

嘉峪關市文物淸理小組, 〈嘉峪關漢畫像磚墓〉, 《文物》, 1972年 第12期.

甘肅省博物館, 〈甘肅武威皇娘娘台遺址發掘報告〉, 《考古學報》, 1960年 第2期.

邯鄲市文物保管所·邯鄲地區磁山考古隊短訓班, 〈河北磁山新石器時代遺址試掘〉, 《考古》, 1977年 第6期.

江蘇省文物管理委員會·南京博物院, 〈江蘇六合程橋東周墓〉, 《考古》, 1965年 第3期.

耿鐵華, 〈高句麗兵器初論〉, 《中國考古集成》 東北卷 兩晋至隋唐(二), 1992.

耿鐵華, 〈高句麗文物古蹟四題〉, 《中國考古集成》 東北卷 兩晋至隋唐(二), 1992.

蓋山林·陸思賢, 〈內蒙古境內戰國秦漢長城遺蹟〉, 《中國考古集成》 東北卷 靑銅時代 (一).

開封地區文管會·新鄭縣文管會, 〈河南新鄭裵李崗新石器時代遺址〉, 《考古》, 1978年 第2期.

高漢玉·王任曹·陳雲昌, 〈台西村商代遺址出土的紡織品〉, 《文物》, 1979年 第6期.

考古硏究所 西安工作隊, 〈新石器時代村落遺址的發現－西安半坡〉, 《考古通迅》, 1955年 第3期.

郭宝鈞, 〈濬縣辛村古殘墓之淸理〉, 《田野考古報告》 第1冊, 1960.

郭宝鈞, 〈殷周的靑銅武器〉, 《考古》, 1961年 第2期.

靳楓毅, 〈夏家店上層文化及其族屬問題〉, 《中國考古集成》 東北卷 靑銅時代(一), 北京出版社.

靳楓毅, 〈論中國東北地區含曲刃靑銅短劍的文化遺存〉, 《考古學報》, 1982年 4期.

錦州博物館, 〈遼寧錦西縣烏金塘東周墓調査記〉, 《考古》, 1960年 第5期.

吉林省博物館·永吉縣文化館, 〈吉林永吉星星哨石棺墓第3次發掘〉, 《考古學集刊》 3, 中國社會科學出版社, 1983.

吉林省博物館, 〈吉林江北土城子古文化遺址及石棺墓〉, 《中國考古集成》 東北卷 靑銅時代(三), 北京出版社.

吉林地區考古短訓班, 〈吉林猴石山遺址發掘簡報〉, 《考古》, 1980年 第2期.

吉林大學歷史系考古專業·吉林省博物館考古隊, 〈大安漢書遺址發掘的主要收獲〉, 《中國考古集成》 東北卷 靑銅時代(三), 北京出版社.

吉林省博物館輯安考古隊, 〈吉林輯安麻線溝一號壁畵墓〉, 《考古》, 1964年 第10期.

吉林省文物工作隊, 〈吉林大安縣洮兒河下游右岸新石器時代遺址調査〉, 《考古》, 1984年 第8期.

吉林省文物工作隊后崗組, 〈鎏金靑銅飛馬牌飾〉, 《中國考古集成》 東北卷 秦漢至三國(二), 北京出版社.

吉林省文物工作隊·長春市文管會·楡樹縣博物館, 〈吉林楡樹縣老河深鮮卑墓群部分墓葬發掘簡報〉, 《文物》, 1985年 第2期.

吉林省文物工作隊·吉林博物館, 〈吉林樺甸西荒山屯靑銅短劍墓〉, 《東北考古與歷史》, 1982年 1期.

吉林省博物館文物工作隊, 〈吉林集安的兩座高句麗墓〉, 《中國考古集成》 東北卷 兩晋至隋唐(二), 1992, 北京出版社.

吉林省文物工作隊·集安文管所,〈1976年集安洞溝高句麗墓清理〉,《中國考古集成》
　　　東北卷　兩秦至隋唐(二), 北京出版社.
吉林集安縣文管所,〈集安万寶汀墓區242號古墓清理簡報〉,《考古與文物》, 1982年
　　　第6期.
吉林省文物工作隊,〈吉林大安縣洮兒河下游右岸新石器時代遺址調查〉,《考古》,
　　　1984年 8期.
吉林文物工作隊,〈吉林集安長川二號封土墓發掘紀要〉,《考古與文物》, 1983年 第1期.
吉林省文物工作隊,〈高句麗羅通山城調查簡報〉,《文物》, 1985年 第2期.
金立,〈江陵鳳凰山8號漢墓竹簡試釋〉,《文物》, 1976年 第6期.
洛陽市第二文物工作隊,〈洛陽市朱村東漢壁畫墓發掘簡報〉,《文物》, 1992年 第12期.
南京博物院,〈江蘇六合程橋二號東周墓〉,《考古》, 1974年 第2期.
內蒙古自治區文物工作隊,〈呼和浩特二十家子古城出土的西漢鐵甲〉,《中國考古集
　　　成》東北卷 秦漢至三國(一), 北京出版社.
內蒙古自治區文物工作隊,〈1959年呼和浩特郊區美岱古城發掘簡報〉,《文物》, 1961
　　　年 9期.
內蒙古自治區文物工作隊,〈浩和浩特二十家子古城出土的西漢鐵甲〉,《中國考古集成》
　　　東北卷 秦漢至三國(一), 北京出版社.
內蒙古文物考古研究所·呼倫貝爾盟文物管理站·額爾古納右旗文物管理所,〈額爾古
　　　納右旗拉布達林鮮卑墓郡發掘簡報〉,《中國考古集成》東北卷 兩晉至隋唐(一),
　　　北京出版社.
內蒙古自治區文物工作隊,〈內蒙古陳巴爾虎旗完工古墓清理簡報〉,《考古》, 1965年
　　　第6期.
內蒙古文物工作隊·內蒙古博物館,〈和林格爾發現一座重要的東漢壁畫墓〉,《文物》,
　　　1974年 第1期.
內蒙古文物考古研究所·包頭市文物管理處,〈包頭西園春秋墓地〉,《中國考古集成》
　　　東北卷 青銅時代(一), 北京出版社.
內蒙古自治區文物工作隊,〈內蒙古陳巴爾虎旗完工古墓清理簡報〉,《考古》, 1965年
　　　第6期.
段拭,〈江蘇銅山洪樓東漢墓出土紡織畫象石〉,《文物》, 1962年 第3期.
丹化沙,〈黑龍江肇源望海屯新石器時代遺址〉,《考古》, 1961年 第10期.
譚英杰·越善桐,〈松嫩平原青銅文化鄒議〉,《中國考古集成》 東北卷 青銅時代(三),
　　　北京出版社.
譚英杰,〈密山新開流遺址〉,《中國考古集成》東北卷 新石器時代(二), 北京出版社.
大冶鋼歷·冶軍,〈銅綠山古礦井遺址出土鐵制及銅制工具的初步鑒定〉,《文物》, 1975
　　　年 第2期.
佟柱臣,〈赤峰東八家石城址勘查記〉,《考古通迅》, 1957年 6期.
董展岳,〈近年出土的戰國兩漢鐵器〉,《考古學報》, 1957年 第3期.

董學增, 〈關于我國東北系‘觸角式’劍的探討〉, 《中國考古集成》 東北卷 靑銅時代(一), 北京出版社.

董學增, 〈吉林蛟河發現‘對頭雙鳥首’銅劍〉, 《中國考古集成》 東北卷, 靑銅時代(三), 北京出版社.

澠池縣文化館 河南省博物館, 〈澠池縣發現的古代窖藏鐵器〉, 《文物》, 1976年 第8期.

撫順市博物館, 〈撫順小甲邦東漢墓〉, 《中國考古集成》 東北卷 秦漢至三國(二), 北京出版社.

方殿春·劉葆華, 〈遼寧阜新縣胡頭溝紅山文化玉器墓的發現〉, 《文物》, 1984年 第6期.

方起東, 〈吉林輯安高句麗霸王朝山城〉, 《考古》, 1962年 第11期.

付惟光·辛建, 〈滕家崗遺址出土的刻劃紋飾藝術〉, 《中國考古集成》 東北卷 新石器時(二), 北京出版社.

北京市文物管理處, 〈北京地區的又一重要考古收穫－昌平白浮西周木槨墓的新啓示〉, 《考古》, 1976年 第4期.

北京鋼鐵學院金屬材料系中心化驗室, 〈河南澠池寶藏鐵器檢驗報告〉, 《文物》, 1976年 第8期.

北京大學歷史系考古專業碳十四實驗室, 〈碳十四年代側定報告(三)〉, 《文物》, 1979年 第12期.

沙比提, 〈從考古發掘資料看新疆古代的棉花種植和紡織〉, 《文物》, 1973年 第10期.

山東省昌濰地區文物管理組, 〈膠縣西菴遺址調查試掘簡報〉, 《文物》, 1977年 第4期.

山東省淄博市博物館·臨淄區文管所·中國社會科學院考古研究所技術室, 〈西漢齊王鐵甲胄的復原〉, 《考古》, 1987年 第11期.

山西省文物管理委員會·山西省考古研究所, 〈侯馬東周殉人墓〉, 《文物》, 1960年 第8·9期.

上海市紡織科學研究院·上海市絲綢工業公司文物研究組, 《長沙馬王堆一號漢墓出土紡織品的研究》, 文物出版社, 1980.

徐殿魁·曹國鑒, 〈偃師杏園東漢壁畵墓的清理與臨摹禮記〉, 《考古》, 1987年 第10期.

徐家國·孫力, 〈遼寧撫順高爾山城發掘簡報〉, 《中國考古集成》 東北卷 兩晋至隋唐(二), 北京出版社.

陝西省文管會博物館·咸陽市博物館 楊家灣漢墓發掘小組, 〈咸陽楊家灣漢墓發掘簡報〉, 《文物》, 1977年 第10期.

陝西省文物管理委員會, 〈西安南郊草廣坡村北朝墓的發掘〉, 《考古》, 1959年 第6期.

沈陽市文物工作組, 〈沈陽伯官屯漢魏墓葬〉, 《考古》, 1964年 第11期.

瀋陽故宮博物院·瀋陽市文物管理辦公室, 〈瀋陽鄭家窪子的兩座靑銅時代墓葬〉, 《考古學報》, 1975年 第1期.

邵國田, 〈內蒙古昭鳥達盟敖漢旗李家營子出土的石范〉, 《中國考古集成》 東北卷 靑銅時代(一), 北京出版社.

邵國田, 〈敖漢旗鐵匠溝戰國墓地調查簡報〉, 《中國考古集成》 東北卷 靑銅時代(一),

北京出版社.

孫守道, 〈'匈奴西岔溝文化'古墓群的發現〉, 《文物》, 1960年 第8·9期.

宋伯胤·黎忠義, 〈從漢畫象石探索漢代織機構造〉, 《文物》, 1962年 第3期.

隨縣擂鼓墩一號墓考古發掘隊, 〈湖北隨縣曾侯乙墓發掘簡報〉, 《文物》, 1979年
　　　第7期.

安志敏, 〈裴李崗·磁山和仰韶〉, 《考古》, 1979年 第4期.

梁思永, 〈遠東考古學上的若干問題〉, 《梁思永考古論文集》, 科學出版社, 1959.

楊虎, 〈內蒙古敖漢旗興隆洼遺址發掘簡報〉, 《考古》, 1985年 10期.

楊泓, 〈關于鐵甲·馬鎧和馬鐙問題〉, 《考古》, 1961年 第12期.

楊泓, 〈戰車與車戰－中國古代軍事裝備禮記之一〉, 《文物》, 1977年 第5期.

楊泓, 〈甲和鎧〉, 《文物》, 1978年 第5期.

楊泓, 〈騎兵和甲騎具裝〉－中國古代軍事裝備禮記之二, 《文物》, 1977年 第10期.

楊泓, 〈中國古代的甲冑〉上篇, 《考古學報》, 1976年 1期.

楊泓, 〈中國古代的甲冑〉下篇, 《考古學報》, 1976年 2期.

楊泓, 〈日本古墳時代甲冑及其和中國甲冑的關係〉, 《考古》, 1985年 第1期.

楊泓, 〈中國古代馬具的發展和對外影響〉, 《文物》, 1984年 第9期.

楊泓, 〈日本古墳時代甲冑及其和中國甲冑的關係〉, 《考古》, 1985年 第1期.

嚴文明, 〈黃河流域新石器時代早期文化的新發現〉, 《考古》, 1979年 第1期.

黎瑤渤, 〈遼寧北票縣西官營子北燕馮素弗墓〉, 《文物》, 1973年 第3期.

旅順博物館·新金縣文化館, 〈遼寧新金縣花兒山漢代貝墓第一次發掘〉, 《中國考古集
　　　成》東北卷 秦漢至三國(二), 北京出版社.

吳鵬·辛發·魯寶林, 〈錦州國和街漢代貝墓發掘簡報〉, 《中國考古集成》 東北卷 秦漢
　　　至三國(二), 北京出版社.

吳震, 〈介紹八件高昌契約〉, 《文物》, 1962年 第7·8期.

姚鑒, 〈河北望都縣漢墓的墓室結構和壁畫〉, 《文物參考資料》, 1954年 第12期.

容觀琼, 〈關于我國南方棉紡織歷史研究的一些問題〉, 《文物》, 1979年 第8期.

于臨祥, 〈考古簡訊－旅順老鐵山發現古墓〉, 《考古通訊》, 1956年 3期.

于臨祥, 〈營城子貝墓〉, 《中國考古集成》 東北卷 秦漢至三國(二), 北京出版社.

王國范, 〈吉林通榆新石器時代遺址調查〉, 《中國考古集成》 東北卷 新石器時代(二),
　　　北京出版社.

王承禮·韓淑華, 〈吉林輯安通溝第12號高句麗壁畫墓〉, 《考古》, 1964年 第2期.

王珍仁·于臨祥, 〈大連地區漢代花紋小磚鄒議〉, 《中國考古集成》 東北卷, 秦漢至三
　　　國(二), 北京出版社.

王禹浪·王宏北, 〈高句麗·渤海古城址研究滙編〉(上), 哈爾濱出版社, 1994.

遼寧省博物館 外, 〈長海縣廣鹿島大長山島貝丘遺址〉, 《考古學報》, 1981年 第1期.

遼寧省博物館·遼陽博物館, 〈遼陽舊城東門里東漢壁畫墓發掘報告〉, 《文物》, 1985年
　　　第6期.

遼寧省文物干部培訓班,〈遼寧北票豊下遺址1972年春發掘簡報〉,《考古》, 1976年 3期.
遼寧省昭烏達盟文物工作站,〈寧省縣南山根的石槨墓〉,《考古學報》, 1973年 2期.
遼寧省文物考古研究所·朝陽市博物館,〈朝陽十二台鄕磚歷88M1發掘簡報〉,《文物》, 1997年 第11期.
遼寧省文物考古研究所·朝陽市博物館·朝陽縣文物管理所,〈遼寧朝陽田草溝晋墓〉,《文物》, 1997年 第11期.
遼寧省文物考古研究所,〈遼寧凌源縣五道河子戰國墓發掘簡報〉,《中國考古集成》 東北卷 靑銅時代(二), 北京出版社.
雲南博物館,〈雲南江川李家山古墓群發掘報告〉,《考古學報》, 1975年 第2期.
雲南省文物工作隊,〈雲南省昭通后海子東晋壁畵墓淸理簡報〉,《文物》, 1963年 第12期.
劉心健·陳自經,〈山東蒼山發現東漢永初紀年鐵刀〉,《文物》, 1974年 第12期.
劉觀民,〈內蒙古東南部地區靑銅時代的幾個問題〉,《中國考古集成》 東北卷 靑銅時代(一), 北京出版社.
劉謙,〈遼寧錦州漢代貝壹墓〉,《考古》, 1990年 第8期.
劉景文,〈從出土文物簡析古代夫餘族的審美觀和美的裝飾〉,《中國考古集成》 東北卷 秦漢至三國(二), 北京出版社.
劉升雁,〈東遼縣石驛公社古代墓群出土文物〉,《中國考古集成》 東北卷 秦漢至三國(二), 北京出版社.
柳涵,〈北朝的鎧馬騎俑〉,《考古》, 1959年 第2期.
陸思賢·陳棠棟,〈達茂旗出土的古代北方民族金飾件〉,《文物》, 1984年 第1期.
尹玉山,〈吉林永吉學古漢墓淸理簡報〉,《中國考古集成》 東北卷 秦漢至三國(二), 北京出版社.
李恭篤,〈昭烏達盟石棚山考古新發現〉,《中國考古集成》 東北卷 新石器時代(1), 北京出版社.
李恭篤,〈本溪發現多處洞穴墓地域遺址〉,《中國文物報》, 1988年 12月 9日 3版.
伊克昭盟文物工作站,〈內蒙古準格爾旗寶亥社發現靑銅器〉,《文物》, 1987年 12期.
李文信,〈遼陽發現的三座壁畵古墓〉,《文物參考資料》, 1955年 第5期.
李逸友,〈內蒙古昭烏達盟出土的銅器調查〉,《考古》, 1959年 6期.
李殿福,〈1962年春季吉林輯安考古調査簡報〉,《中國考古集成》 東北卷 兩晋至隋唐(二), 北京出版社.
李殿福,〈建平孤山子·楡樹林子靑銅時代墓葬〉,《中國考古集成》 東北卷 靑銅時代(二), 北京出版社.
李殿福,〈集安洞溝三座壁畵墓〉,《考古》, 1983年 第4期.
李衆,〈中國封建社會前期鋼鐵冶煉技術發展的探討〉,《考古學報》, 1975年 第2期.
李濟,〈跪坐蹲居與箕踞〉,《李濟考古學論文集 上》, 聯經出版事業公司, 臺北, 1977.
李濟,〈民國十八年秋季發掘殷墟之經過及其重要發現〉,《安陽發掘保幸》 第2期.
李曉鐘·劉長江·佴俊岩,〈沈陽石台子高句麗山城試掘報告〉,《中國考古集成》 東北卷兩晋至隋唐(二), 北京出版社.

李學勤, 〈論'婦好'墓的年代及有關問題〉, 《文物》, 1977年 第11期.

李孝定, 〈從幾種史前和有史早期陶文的觀察蠡測中國文化的起源〉, 《南陽大學學報》 第3期, 1969.

李宇峰, 〈中國東北史前農作物的考古發現與研究〉, 《中國考古集成》 東北卷 綜述(一), 北京出版社.

林沄, 〈中國東北系銅劍初論〉, 《考古學報》, 1980年 第2期.

張朋川, 〈河西出土的漢晋繪畫簡述〉, 《文物》, 1978年 第6期.

張柏忠, 〈內蒙古科左中旗六家子鮮卑墓群〉, 《考古》, 1989年 第5期.

張雪岩, 〈吉林集安東大坡高句麗墓葬發掘簡報〉, 《考古》, 1991年 第7期.

田廣生, 〈通楡出土金馬牌飾〉, 《文物》, 1987年 第3期.

浙江省文管會·浙江省博物館, 〈河姆渡發現原始社會重要遺址〉, 《文物》, 1976年 第8期.

浙江省博物館自然組, 〈河姆渡遺址動植物遺存的鑒定研究〉, 《考古學報》, 1978年 第1期.

浙江省文物管理委員會, 〈吳興錢山漾遺址第一·二次發掘報告〉, 《考古學報》, 1960年 第2期.

載麗君, 〈敖包山遺址的陶人〉, 《中國考古集成》 東北卷 新石器時代(二), 北京出版社.

鄭紹宗, 〈略論中國北部長成地帶發現的動物紋青銅飾牌〉, 《中國考古集成》, 東北卷 青銅時代(一), 北京出版社.

鄭紹宗, 〈河北省發現的青銅短劍〉, 《考古》, 1975年 4期.

趙承澤, 〈星星哨石棺墓織物殘片的初步探討〉, 《考古學集刊》 3, 中國社會科學出版社, 1983.

鐘遐, 〈從蘭溪出土的棉毯談到我國南方棉紡織的歷史〉, 《文物》, 1976年 第1期.

種遐, 〈從河姆渡遺址出土猪骨和陶猪試論我國養猪的起源〉, 《文物》, 1976年 第8期.

朱貴, 〈遼寧朝陽十二臺營子青銅短劍墓〉, 《中國考古集成》 東北卷 青銅時代(一), 北京出版社.

朱風瀚, 〈吉林奈曼旗大沁他拉新石器時代遺址調查〉, 《中國考古集成》 東北卷 新石器時代(一), 北京出版社.

中國科學院考古研究所內蒙古工作隊, 〈內蒙古巴林左旗富河溝門遺址發掘簡報〉, 《考古》, 1964年 第1期.

中國科學院考古研究所內蒙古工作隊, 〈內蒙古巴林左旗富河溝門遺址發掘簡報〉, 《考古學報》, 1964年 1期.

中國社會科學院考古研究所實驗室, 〈放射性碳素測定年代報告(六)〉, 《考古》, 1979年 第1期.

中國社會科學院考古研究所, 《中國考古學中碳十四年代數据集》 1965～1991, 文物出版社, 1992.

中國社會科學院考古研究所實驗室,〈放射性碳素測定年代報告(七)〉,《考古》, 1980年 第4期.

中國社會科學院考古研究所,《殷墟婦好墓》, 中國田野考古報告集, 考古學專刊, 丁種 第23號, 文物出版社, 1980.

中國科學院考古研究所洛陽發掘隊,〈1959年河南偃師二里頭試掘簡報〉,《考古》, 1961年 第2期.

中國科學院考古研究所發掘隊,〈河南偃師二里頭遺址發掘簡報〉,《考古》, 1965年 第5期.

中國社會科學院考古研究所·河北省文物管理處,《滿城漢墓發掘報告》 上冊, 文物出版社, 1980.

中國社會科學院考古研究所東北工作隊,〈沈陽肇工街和鄭家洼子遺址的發掘〉,《中國考古集成》 東北卷 靑銅時代(二), 北京出版社.

中國科學院考古研究所內蒙古工作隊,〈赤峰葯王廟·夏家店遺址試掘報告〉,《中國考古集成》 東北卷 靑銅時代(一), 北京出版社.

中國科學院考古研究所洛陽發掘隊,〈洛陽西郊漢墓發掘報告〉,《考古學報》, 1963年 2期.

中國社會科學院考古研究所技術室·廣州市文物管理委員會,〈廣州西漢南越王墓出土鐵鎧甲的復原〉,《考古》, 1987年 第9期.

中國社會科學院考古研究所內蒙古工作隊,〈內蒙古敖漢旗周家地墓地發掘簡報〉,《考古》, 1984年 5期.

陳家槐,〈吉林永吉縣烏拉街出土'触角式劍柄'銅劍〉,《考古》, 1984年 2期.

陳大爲,〈淸原縣英額門山城子調查記〉,《中國考古集成》 東北卷 兩晋至隋唐(二), 北京出版社.

陳大章,〈河南鄧縣發現北朝七色彩繪畵象磚墓〉,《文物》, 1958年 第6期.

陳大爲,〈遼寧北票房身村晋墓發掘簡報〉,《考古》, 1960年 1期.

集安縣文物保管所,〈集安高句麗墓葬發掘簡報〉,《考古》, 1983年 第4期.

集安縣文物保管所,〈集安縣上, 下活龍村高句麗古墓淸理簡報〉,《文物》, 1984年 第1期.

集安縣文物保管所,〈集安縣兩座高句麗積石墓的淸理〉,《中國考古集成》 東北卷 兩晋至隋唐(二), 北京出版社.

崔雙來,〈從考古學角度談丹東地區蠶業的起源與發展〉,《中國考古集成》 東北卷 綜述(二), 北京出版社.

巴林右旗博物館,〈內蒙古巴林右旗那斯台遺址調查〉,《考古》, 1987年 第6期.

河南省文化局文物工作隊第二隊,〈洛陽西晋墓的發掘〉,《考古學報》, 1957年 第1期.

河南省文化局文物工作隊第一隊,〈河南鄭州晋墓發掘記〉,《考古通訊》, 1957年 第1期.

河北省博物館 文物管理處,〈河北曲陽發現北魏墓〉,《考古》, 1972年 第5期.

河姆渡遺址考古隊,〈浙江河姆渡遺址第二期發掘的主要收穫〉,《文物》, 1980年 第5期.

夏鼐,〈碳一14測定年代和中國史前考古學〉,《考古》, 1977年 第4期.

夏鼐, 〈我國古代蠶,桑,絲,綢的歷史〉, 《考古》, 1972年 第2期.

郝思德·楊志軍·李陳奇, 〈平洋墓葬族屬初論〉, 《中國考古集成》 東北卷 靑銅時代(三), 北京出版社.

何堂坤, 〈滇池地區幾件靑銅器的科學分析〉, 《文物》, 1985年 第4期.

許倬雲, 〈東周到秦漢國家形態的發展〉, 《中國史研究》, 1986年 4期.

許玉林·蘇小幸, 〈略談郭家村新石器時代遺址〉, 《中國考古集成》 東北卷 新石器時代(二), 北京出版社.

許玉林, 〈遼寧蓋縣東漢墓〉, 《文物》, 1993年 第4期.

許玉林, 〈遼南地區花紋磚墓和花紋磚〉, 《考古》, 1987年 第9期.

許玉林, 〈東北地區新石器時代文化槪述〉, 《東北考古集成》 東北卷 新石器時代(一), 北京出版社.

許玉林·傅仁義·王傳普, 〈遼寧東溝縣后洼遺址發掘槪要〉, 《中國考古集成》 東北卷, 新石器時代(二), 北京出版社.

許玉林, 〈后洼遺址考古新發現與研究〉, 《中國考古集成》 東北卷, 新石器時代(二), 北京出版社.

荊州地區博物館, 〈湖北江陵馬山磚廣一號墓出土大批戰國時期絲織品〉, 《文物》, 1982年 第10期.

荊州地區博物館, 〈湖北江陵藤店一號墓發掘簡報〉, 《文物》, 1973年 第9期.

亳縣博物館, 〈安徽亳縣發現一批漢代字磚和石刻〉, 《文物資料叢刊》 2, 文物出版社, 1978.

黃展岳, 〈關于中國開始冶鐵和使用鐵器的問題〉, 《文物》, 1976年 第8期.

黃河水庫考古隊, 〈河南陝縣劉家渠漢墓〉, 《考古學報》, 1965年 第1期.

黃河水庫考古工作隊, 〈一九五六年秋河南陝縣發掘簡報〉, 《考古通迅》, 1957年 第4期.

湖南省文物管理委員會, 〈長沙出土的三座大型木槨墓〉, 《考古學報》, 1957年 第1期.

湖南省文物管理委員會, 〈被盜掘過的古墓葬, 是否還值得淸理〉-記 55, 長, 侯, 中 M018號墓發掘〉,

湖南省博物館·中國科學院考古研究所·文物編輯委員會, 〈長沙馬王堆一號漢墓發掘簡報〉, 《文物》, 文物出版社, 1972.

湖南省博物館·中國科學院考古研究所·文物編輯委員會, 〈長沙馬王堆一號漢墓發掘簡報〉, 文物出版社, 1972.

湖北省宜昌地區博物館, 〈當陽金家山春秋楚墓發掘簡報〉, 《文物》, 1989年 第11期.

黑龍江省文物考古工作隊, 〈密山縣新開流遺址〉, 《中國考古集成》 東北卷 新石器時代(二), 北京出版社.

黑龍江省博物館, 〈黑龍江寧安大牡丹屯發掘報告〉, 《考古》, 1961年 第10期.

黑龍江省文物考古研究所, 〈黑龍江賓縣慶華遺址發掘簡報〉, 《考古》, 1988年 第7期.

黑龍江省文物考古研究所, 〈黑龍江小登科墓葬及相關問題〉, 《中國考古集成》 東北卷靑銅時代(三), 北京出版社.

黑龍江省文物考古研究所, 〈黑龍江泰來縣戰鬪墓地發掘簡報〉, 《中國考古集成》東北
　　卷 靑銅時代(三), 北京出版社.

黑龍江省博物館·齊齊哈爾市文管站, 〈齊齊哈爾市大道三家子墓葬淸理〉, 《考古》, 1988年
　　第12期.

黑龍江省文物考古研究所, 〈黑龍江泰來縣平洋磚歷墓地發掘簡報〉, 《中國考古集成》
　　東北卷 靑銅時代(三), 北京出版社.

駒井和愛, 〈スキタイの社會と文化－武器〉, 《考古學槪說》, 講談社, 1972.

梅原末治, 〈羅州潘南面の寶冠〉, 《朝鮮學報》 第14輯, 朝鮮學會, 1959.

梅原末治, 〈有炳細形銅劍の一新例〉, 《考古學雜誌》 昭和 20年 17卷 第9號.

北野耕平, 〈中期古墳の副葬品とその技術史的意義〉－鐵製甲冑における新技術の出
　　現, 《武具》, 學生社, 1991.

石田英一郎·江上波夫·岡正雄·八幡一郎, 〈朝鮮半島との關係〉, 《日本民族の起源》,
　　平凡社, 1969.

小野山節, 〈古墳時代の裝身具と武器〉, 《日本原始美術大系 5》, 誹談社, 1978.

小林謙一, 〈甲冑製作技術の變遷と工人の系統〉, 《武具》, 學生社, 1991.

水野淸一, 〈滿洲舊石器時代の骨角器資料〉, 《人類學雜誌》 48－12, 1933.

深津行德, 〈臺灣故宮博物院所藏 '梁職貢圖'模本について〉, 《朝鮮半島に流入した諸
　　文化要素の硏究(2)》, 學習院大學東洋文化硏究所 調査硏究報告 No. 44,
　　1999.

野上丈助, 〈甲冑製作技法と系譜をめぐゐ問題點(上)〉, 《考古學硏究》 第21卷 第4號,
　　1975.

野上伎助, 〈古墳時代における甲冑の變遷とその技術史的意義〉, 《武具》, 學生社, 1991.

直良信夫, 〈朝鮮 潼關鎭 發掘舊石器時代の遺物〉, 《滿蒙學術調査硏究報告》 6－3,
　　1940.

朝鮮總督府, 〈梁山夫婦と其遺物〉, 《古蹟調査特別報告》 第5冊, 1927.

增田精一, 〈武器·武裝－騎馬戰鬪と札甲〉, 《考古學講座》 5 原史文化 下, 雄山閣,
　　1965.

增田精一, 〈馬面と馬甲〉, 《國家の起源》, 日本 角川新書, 1966.

秋山進吾, 〈中國東北地方の初期金屬文化の樣相(下)〉, 《考古學雜志》 54－4.

太田英藏, 〈'天工開物'中的機織技術〉, 《天工開物硏究論文集》, 東方學出版社, 1959.

穴澤和光·馬目順一, 〈南部朝鮮出土の鐵製鋲留甲冑〉, 《朝鮮學報》 第78輯, 1976.

穴澤和光·馬目順一, 〈南部朝鮮出土の鐵製鋲留甲冑〉, 《朝鮮學報》 第七六輯, 《武具》,
　　1975.

색인

곤(緄)　417

곤(褌)　415, 418, 419, 437, 439, 457

곤당(褌襠)　419

곤당고(緄襠袴)　417, 420, 456

골갑편(骨甲片)　551~553

골소(骨蘇)　251, 252, 291

골패(骨牌)　553

공귀리유적　65, 100

공민왕(恭愍王)　190, 192, 208

공석구(孔錫龜)　241, 254

공양왕(恭讓王)　181, 208

공영달(孔穎達)　296

공자(孔子)　335, 540

공작하(孔雀河) 묘　49, 72, 349

과(跨)　414

과대(銙帶)　460, 461, 475, 477

과요대(銙腰帶)　533

과하마(果下馬)　51

곽가촌유적　56

곽거병(霍去病)　578

곽광(霍光)　416

곽락대(郭落帶)　479

곽장촌(郭莊村)유적　562

관(冠)　233, 251, 252

관고(寬袴)　358

관구검(毌丘儉)　623, 639

《관당집림(觀堂集林)》　423

관면(冠冕)　343

관모(冠帽)　221, 356

관삼대수(寬衫大袖)　307, 359

관식(冠飾)　221, 223, 463

관영(冠纓)　257

《관자(管子)》　28, 30

관중(管仲)　28, 336

광개토왕　114

광수(廣袖)　365, 379, 406

광수삼(廣袖衫)　318

《광아(廣雅)》　164

《광운(廣韻)》　525, 526

교견(鮫絹)　166

교구(鉸具)　471, 477, 479~481, 488, 490, 498, 503

교답(蹻蹋)　517

교령(交領)　349

교주(交州)　202

교지(交趾)　199

교차(攪車)　209

교하현(蛟河縣)　619, 620

구구(絇屨)　513

구뉴(鉤鈕)　479

구단 2호 무덤　273

《구당서(舊唐書)》　252, 260, 368, 473, 474

구름무늬　559

구석기　54

구석기시대　65, 87, 549

구수(毬毱)　25, 52, 53, 73

구유(氍毹)　25, 52, 53, 73

구피대의(裘皮大衣)　359

구피포(裘皮袍)　359

국립경주박물관　519

국화가(國和街)　484

군(裙)　411, 413, 440, 443, 445, 447, 450, 452, 454~456, 458, 470

군대(裙帶)　446

군무도(群舞圖)　319

궁(弓)　561

궁고(窮袴)　229, 412, 415, 416, 428, 430, 456, 457

궁산유적　37, 56, 60, 89, 93

궁산유적 1기층　44

귀자국(龜玆國)　634

극(戟)　621

글바위 2호 무덤　272

민풍현(民豊縣)   452

【ㅂ】

바늘   352
바빌로니아   500
박혁거세거서간(朴赫居世居西干)   164
박현(亳縣)   256
반(襻)   166, 453
반대(鞶帶)   467
반령(盤領)   303
반문(蟠紋)   391
반어(斑魚)   69
반어피(斑魚皮)   29
반파(半坡)유적   92
반포(斑布)   201
발(髮)   28, 30, 132, 583
발식(髮飾)   280, 312
발해(渤海)   29, 108~110, 169, 206, 211
《발해국지장편(渤海國志長編)》   43, 108, 211
방각복두(放角幞頭)   533
방령(方領)   294
방로(紡纑)   180
방목사(方目紗)   279
방승문(方勝紋)   333, 557
방신촌(房身村)   277, 288, 289
방심곡령(方心曲領)   301
방안사(方眼紗)   148, 149, 176
《방언(方言)》   238, 513, 524
방정(方鼎)   590
방포(方袍)   309
배리강문화(裵李崗文化)유적   55, 60, 89
백(帛)   125, 174, 187

백금보문화(白金宝文化)유적   558
백라관(白羅冠)   178, 253, 254, 258, 314
백률사(栢栗寺)   431
백부(白浮)유적   565
백어(帛魚)   492, 493, 500
백저(白紵)   107, 109
백저포(白紵布)   111, 115
백제   52, 73, 114, 152~154, 156, 158, 163, 173, 176, 179, 183, 187, 225, 228, 233, 238, 264, 286, 290, 300, 329, 330, 340, 374~376, 415, 421, 436, 477, 478, 497, 499, 503, 517, 519, 520, 536, 537, 540, 541, 616, 646~648, 655, 657
백첩(白氎)   201, 205, 427
백첩자(白疊子)   195
백첩포(白疊布)   194, 205, 206
백첩포(白氎布)   113, 189, 191, 194, 205, 207
백피소대(白皮小帶)   474
백화수피(白樺樹皮)   222
번개무늬   360
번령(翻領)   307, 378, 379, 406
〈번이부(蕃夷部)〉   194
범의구석유적   64, 231, 551
법흥왕(法興王)   152, 265, 453, 490, 655
변(弁)   221, 222, 226, 228, 231, 232, 234, 237, 239, 320
변진   173
변한(弁韓)   31, 86, 110, 653, 571
보덕현(保德縣)유적   562
보도촌(普渡村)   563
보요관(步搖冠)   279
보요관식(步搖冠飾)   279, 280, 285
보장왕(寶藏王)   622, 649